educamos·sm

Caro aluno, seja bem-vindo à sua plataforma do conhecimento!

A partir de agora, você tem à sua disposição uma plataforma que reúne, em um só lugar, recursos educacionais digitais que complementam os livros impressos e são desenvolvidos especialmente para auxiliar você em seus estudos. Veja como é fácil e rápido acessar os recursos deste projeto.

1 Faça a ativação dos códigos dos seus livros.

Se você NÃO tiver cadastro na plataforma:

- Para acessar os recursos digitais, você precisa estar cadastrado na plataforma educamos.sm. Em seu computador, acesse o endereço <br.educamos.sm>.
- No canto superior direito, clique em "**Primeiro acesso? Clique aqui**". Para iniciar o cadastro, insira o código indicado abaixo.
- Depois de incluir todos os códigos, clique em "**Registrar-se**" e, em seguida, preencha o formulário para concluir esta etapa.

Se você JÁ fez cadastro na plataforma:

- Em seu computador, acesse a plataforma e faça o *login* no canto superior direito.
- Em seguida, você visualizará os livros que já estão ativados em seu perfil. Clique no botão "**Adicionar livro**" e insira o código abaixo.

Este é o seu código de ativação! → **DQZUL-X6UBR-ACCXD**

2 Acesse os recursos.

Usando um computador

Acesse o endereço <br.educamos.sm> e faça o *login* no canto superior direito. Nessa página, você visualizará todos os seus livros cadastrados. Para acessar o livro desejado, basta clicar na sua capa.

Usando um dispositivo móvel

Instale o aplicativo **educamos.sm**, que está disponível gratuitamente na loja de aplicativos do dispositivo. Utilize o mesmo *login* e a mesma senha da plataforma para acessar o aplicativo.

Importante! Não se esqueça de sempre cadastrar seus livros da SM em seu perfil. Assim, você garante a visualização dos seus conteúdos, seja no computador, seja no dispositivo móvel. Em caso de dúvida, entre em contato com nosso canal de atendimento pelo **telefone 0800 72 54876** ou pelo *e-mail* **atendimento@grupo-sm.com**.

BRA145187_114

ser Protagonista

LÍNGUA PORTUGUESA 2

ENSINO MÉDIO 2º ANO

ORGANIZADORA EDIÇÕES SM
Obra coletiva concebida, desenvolvida e produzida por Edições SM.

EDITOR RESPONSÁVEL
Rogério de Araújo Ramos

As ilustrações das capas mostram artisticamente a evolução da escrita: no volume 2, o ponto de partida foram os hieróglifos egípcios, que misturam elementos pictográficos, semelhantes ao que representam, com elementos ideográficos, que já perderam essa semelhança.

Cecília Bergamin
Bacharela em Letras pela Faculdade de Filosofia, Letras e Ciências Humanas da Universidade de São Paulo (USP).
Mestra em Literatura Brasileira pela Faculdade de Filosofia, Letras e Ciências Humanas da USP.

Cristiane Escolástico Siniscalchi
Bacharela e Mestra em Letras pela Faculdade de Filosofia, Letras e Ciências Humanas da USP.
Professora de Língua Portuguesa na rede privada de ensino.

Marianka Gonçalves-Santa Bárbara
Licenciada em Letras pela Univesidade Federal de Campina Grande (UFCG-PB).
Mestra em Linguística Aplicada e Estudos da Linguagem pela Pontifícia Universidade Católica (PUC-SP).
Professora do Curso de Leitura e Produção de Texto na Coordenadoria Geral de Especialização, Aperfeiçoamento e Extensão (Cogeae) da PUC-SP.

Matheus Martins
Licenciado em Letras pela Faculdade de Letras da Universidade Federal de Minas Gerais (UFMG).
Mestre em Letras pela Faculdade de Letras da UFMG.

Mirella L. Cleto
Bacharela em Letras pela Faculdade de Filosofia, Letras e Ciências Humanas da USP.
Licenciada em Letras pela Faculdade de Educação da USP.
Professora de Língua Portuguesa na rede privada de ensino.

Ricardo Gonçalves Barreto
Bacharel e Licenciado em Letras pela Universidade Presbiteriana Mackenzie (Mackenzie).
Mestre e Doutor em Letras pela Faculdade de Filosofia, Letras e Ciências Humanas da USP.

São Paulo,
2ª edição 2014

Ser Protagonista Língua Portuguesa – Volume 2
© Edições SM Ltda.
Todos os direitos reservados

Direção editorial	Juliane Matsubara Barroso
Gerência editorial	Angelo Stefanovits
Gerência de processos editoriais	Rosimeire Tada da Cunha
Coordenação de área	Rogério de Araújo Ramos
Edição	Cristina do Vale, Isadora Perassollo, Maurício Vieira, Rosemeire Carbonari, Thaíse Costa Macêdo
Apoio editorial	Cristiane Escolástico Siniscalchi, Kelaine Azevedo, Mirella L. Cleto
Assistência de produção editorial	Alzira Aparecida Bertholim Meana, Flávia R. R. Chaluppe, Silvana Siqueira
Preparação e revisão	Cláudia Rodrigues do Espírito Santo (Coord.), Ana Carolina Ribeiro, Angélica Lau P. Soares, Cristiano Oliveira da Conceição, Fátima Valentina Cezare Pasculli, Izilda de Oliveira Pereira, Janaína L. Andreani Higashi, Maya Indra Souarthes Oliveira, Maíra Cammarano, Rodrigo Nakano, Rosinei Aparecida Rodrigues Araujo, Valéria Cristina Borsanelli, Marco Aurélio Feltran (apoio de equipe)
Coordenação de *design*	Erika Tiemi Yamauchi Asato
Coordenação de arte	Ulisses Pires
Edição de arte	Andressa Fiorio, Heidy Clemente Olim
Projeto gráfico	Erika Tiemi Yamauchi Asato, Catherine Ishihara
Capa	Erika Tiemi Yamauchi Asato, Adilson Casarotti sobre ilustração de Kathleen Usova
Iconografia	Priscila Ferraz, Daniela Baraúna, Etoile Shaw, Jaime Yamane, Mariana Zanato, Odete Pereira, Sara Alencar
Tratamento de imagem	Robson Mereu, Claudia Fidelis
Editoração eletrônica	Vivian Dumelle, Estúdio Anexo
Fabricação	Alexander Maeda
Impressão	Forma Certa

Dados Internacionais de Catalogação na Publicação (CIP)
(Câmara Brasileira do Livro, SP, Brasil)

Ser protagonista : língua portuguesa, 2º ano :
  ensino médio / obra coletiva concebida,
  desenvolvida e produzida por Edições SM. —
  2. ed. — São Paulo : Edições SM, 2014. —
  (Coleção ser protagonista ; 2)

Vários autores
Bibliografia.
ISBN 978-85-418-0225-3 (aluno)
ISBN 978-85-418-0226-0 (professor)

1. Português (Ensino médio) I. Série.

14-06355	CDD-469.07

Índices para catálogo sistemático:
1. Português : Ensino médio 469.07

2ª edição, 2014
3ª impressão, 2021

Edições SM Ltda.
Rua Tenente Lycurgo Lopes da Cruz, 55
Água Branca 05036-120 São Paulo SP Brasil
Tel. 11 2111-7400
edicoessm@grupo-sm.com
www.edicoessm.com.br

Apresentação

Caro estudante:

As novas tecnologias dão acesso a um enorme acervo de informações, mas também trazem desafios: Como lidar com esses conteúdos de forma crítica, indo além da superficialidade? Como transformar tanta informação em conhecimentos que contribuam para a formação de cidadãos éticos e autônomos, em vez de simples consumidores das novidades do momento?

Essas questões relacionam-se profundamente com o estudo de Língua Portuguesa, pois a linguagem está em tudo o que diz respeito à vida em sociedade. Esta coleção tem o objetivo de ajudá-lo a se tornar um leitor atento do mundo e, com isso, contribuir para que você exerça uma participação social construtiva.

Esse propósito permeia os três volumes, repletos de atividades de leitura, abrangendo grande variedade de textos verbais e não verbais, em cada uma das três partes nas quais esta coleção se divide: Literatura, Linguagem e Produção de texto.

Na parte de Literatura, você vai ler e estudar textos que remetem à tradição literária em língua portuguesa. Nessas obras, os escritores foram experimentando e ampliando as possibilidades de expressão em nosso idioma. Conhecê-las é uma forma de entrar em contato com questões que caracterizam a experiência humana de diferentes épocas e, assim, enriquecer sua formação cultural.

Na frente de Linguagem, você vai refletir sobre a língua em suas múltiplas dimensões – social, cultural, política, ideológica, expressiva –, ao mesmo tempo que vai estudar de forma crítica os principais temas da tradição gramatical. A educação linguística é entendida assim de maneira ampla: a língua é tomada como objeto de estudo, mas também como parte inseparável da vida cotidiana.

Nessa abordagem, damos destaque à noção de adequação linguística, que não passa por um julgamento sobre o que é "certo" ou "errado" na língua. Esse tipo de distinção, em geral, acaba por discriminar grupos de falantes que não têm o mesmo prestígio social do que aqueles que conhecem a norma culta. Aqui, você encontrará diversas manifestações da nossa língua, que é patrimônio de todos. Entenderá também que, embora a norma culta seja apenas uma das diversas variedades do português, é fundamental conhecê-la e se apropriar dela para o exercício pleno da cidadania, para o enriquecimento cultural e para o prosseguimento dos estudos formais.

Nas atividades de Produção de texto, você não aprenderá simplesmente um conjunto de técnicas. Mais importante do que isso é entender para que se fala ou se escreve, levando em conta quem é o seu interlocutor. Produzir um texto significa ocupar um lugar social, relacionar-se com outros usuários da língua, participar de uma prática que envolve saberes diversos. Alguns dos gêneros textuais que você vai produzir o desafiarão a propor soluções bem fundamentadas para problemas da sociedade atual.

Literatura, Linguagem e Produção de texto. Três caminhos para você aprofundar sua leitura do mundo e para estimular sua participação ativa na sociedade do século XXI.

A equipe

A organização do livro

» Partes

O livro é dividido em três partes – **Literatura**, **Linguagem** e **Produção de texto** – subdivididas em unidades e capítulos. Algumas seções e boxes propõem a articulação entre as partes.

Literatura

As unidades de **Literatura** abordam as estéticas literárias em uma perspectiva histórica. Em cada unidade, o capítulo inicial contextualiza a estética estudada, enfatizando aspectos históricos, culturais e literários. Nos capítulos seguintes, estuda-se a produção literária dos principais autores do período em Portugal e no Brasil.

Linguagem

As unidades de **Linguagem** realizam a revisão crítica dos principais temas da tradição gramatical, tomando-os como ponto de partida para a reflexão sobre os usos efetivos da língua.

Produção de texto

As unidades de **Produção de texto** propõem o estudo de grupos de gêneros textuais orais e escritos. Cada capítulo aborda a leitura e a produção de um gênero específico.

Interdisciplinaridade

Este ícone indica a relação dos temas estudados com outras disciplinas do Ensino Médio.

» Atividades em seções e boxes

Em **Literatura**, as seções *Sua leitura*, *Uma leitura* e *Ler o(a) [nome da estética]* propõem abordagens variadas para o texto literário: leitura comparada com outras linguagens, articulação com o contexto de produção, observação dos recursos expressivos. O boxe *Margens do texto* acompanha os textos que ilustram a estética estudada. No fim do capítulo, o boxe *O que você pensa disto?* convida à reflexão sobre um tema da atualidade.

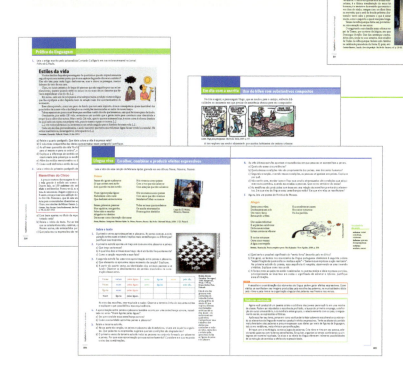

Em **Linguagem**, a seção *Prática de linguagem* apresenta atividades com textos variados. O boxe *Usina literária* propõe o estudo da língua em textos literários. A seção *Língua viva* dá destaque a uma questão de uso da língua, a partir da leitura de um texto, e o boxe *Texto em construção* propõe uma produção textual relacionada ao assunto ou ao gênero estudado.
A seção *Em dia com a escrita* focaliza diferentes aspectos do texto escrito (ortografia, pontuação, recursos de coesão textual, prescrições relativas à norma culta, etc.).

Todos os capítulos de **Produção de texto** contam com uma seção de leitura e outra de produção textual. Na seção *Produzir um(a) [nome do gênero textual]*, o planejamento, a elaboração, a avaliação e a reescrita do texto são orientados passo a passo. Em alguns capítulos, a seção *Entre o texto e o discurso* aprofunda um aspecto discursivo relacionado ao gênero estudado. No boxe *Observatório da língua*, o gênero também dá margem à observação sobre questões linguísticas.

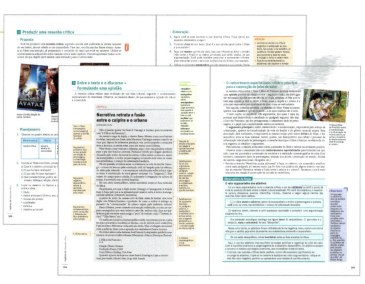

5

A organização do livro

» Boxes de ampliação e sistematização do conteúdo

Hipertexto é o boxe que indica articulações de diversos tipos entre as três partes do livro.

Vale saber e *Lembre-se*, respectivamente, indicam e retomam conceitos e informações breves, pertinentes ao desenvolvimento do capítulo.

O boxe *Repertório* aprofunda ou estabelece relações com os temas estudados. Já o boxe *Ação e cidadania* aborda questões de interesse coletivo que merecem a sua atenção.

Em **Linguagem** e **Produção de texto**, o boxe *Anote* resume conceitos e informações abordados no capítulo, para facilitar uma consulta rápida.

Fone de ouvido, *Passaporte digital*, *Livro aberto* e *Sétima arte*, respectivamente, dão dicas de música, *sites*, livros e filmes que podem servir de fonte de pesquisa e ampliar seu repertório em relação aos assuntos estudados.

» Seções de fim de unidade

As unidades de **Literatura** se encerram com as seções *Ferramenta de leitura* e *Entre textos*. Na primeira, a leitura do texto literário é enriquecida por conceitos da crítica literária e de outras áreas do conhecimento, como a Filosofia, a Sociologia, a Psicanálise, etc. A segunda aponta relações intertextuais dos textos estudados na unidade com textos de outras estéticas, épocas e/ou linguagens.

Duas seções fecham as unidades de **Linguagem**. *Articulando* propõe o debate de questões linguísticas atuais e de relevância social, com base na leitura de textos de especialistas. *A língua tem dessas coisas* destaca aspectos curiosos ou engraçados da língua.

Todas as unidades se encerram com questões de *Vestibular*, ou de *Vestibular e Enem*, relacionadas ao tema da unidade. Na parte de **Produção de texto**, há propostas de redação.

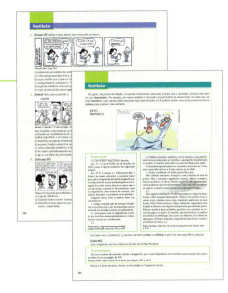

Nas páginas finais do livro estão dois projetos semestrais. Com orientações detalhadas, eles apresentam propostas a serem desenvolvidas com a comunidade escolar e a extraescolar.

7

Sumário

Literatura: os movimentos do século XIX — 12

Unidade 1 – O Romantismo — 14

Capítulo 1 — **O Romantismo – a expressão da interioridade** — 16
- Sua leitura:
  Cavalos árabes lutando no estábulo (Eugène Delacroix) — 16
  Os sofrimentos do jovem Werther (J. Wolfgang von Goethe) — 17
  O contexto de produção — 18
- Uma leitura:
  "A uma taça feita de um crânio humano" (Lord Byron) — 22
- Ler o Romantismo:
  "A morte amorosa" (Théophile Gautier) — 23

Capítulo 2 — **O Romantismo em Portugal** — 24
O contexto de produção — 24
Almeida Garrett: o símbolo da transição — 26
Alexandre Herculano: a tradição das narrativas históricas — 27
Camilo Castelo Branco: narrativas passionais — 28
- Sua leitura:
  Amor de perdição (Camilo Castelo Branco) — 30

Capítulo 3 — **O Romantismo no Brasil** — 32
O contexto de produção — 32
Tendências do Romantismo no Brasil — 34
- Sua leitura:
  "Canção do exílio" (Gonçalves Dias) — 36
  O demônio familiar (José de Alencar) — 37

Capítulo 4 — **Alencar: expressão da cultura brasileira** — 38
Alencar indianista: os fundadores da nação — 38
Alencar histórico: a recriação do passado — 39
- Sua leitura: *O guarani* (José de Alencar) — 40
Alencar regional: recortes do Brasil — 42
Alencar urbano: análise de costumes — 43
- Sua leitura: *Lucíola* (José de Alencar) — 44

Capítulo 5 — **Joaquim Manuel de Macedo e Manuel Antônio de Almeida: o rumor das ruas** — 46
Joaquim Manuel de Macedo: o nascimento do romance brasileiro — 46
- Sua leitura:
  A Moreninha (Joaquim Manuel de Macedo) — 47
Manuel Antônio de Almeida: a malandragem em cena — 48
- Sua leitura:
  Memórias de um sargento de milícias (Manuel Antônio de Almeida) — 49

Capítulo 6 — **Taunay e Bernardo Guimarães: ângulos do regional** — 50
Taunay: observação atenta — 50
- Sua leitura:
  Inocência (Visconde de Taunay) — 51

Bernardo Guimarães: desafio aos tabus — 52
- Sua leitura:
  A escrava Isaura (Bernardo Guimarães) — 53

Capítulo 7 — **Gonçalves Dias: inovações na poesia** — 54
O canto indígena — 54
Lírica contida — 55
- Sua leitura:
  "I-Juca Pirama" (Gonçalves Dias) — 56
  "Olhos verdes" (Gonçalves Dias) — 57

Capítulo 8 — **Casimiro de Abreu, Álvares de Azevedo e Fagundes Varela: o individualismo extremado** — 58
Casimiro de Abreu: ingenuidade e memória — 58
- Sua leitura: "No lar" (Casimiro de Abreu) — 59
Álvares de Azevedo: "medalha de duas faces" — 60
- Sua leitura:
  "Soneto" (Álvares de Azevedo) — 61
- Sua leitura:
  Noite na taverna (Álvares de Azevedo) — 63
- Sua leitura:
  Macário (Álvares de Azevedo) — 65
Fagundes Varela: poeta maldito — 66
- Sua leitura:
  "Noturno" (Fagundes Varela) — 67

Capítulo 9 — **Castro Alves: a superação do egocentrismo** — 68
O canto dos aflitos — 68
- Sua leitura:
  "Navio negreiro" (Castro Alves) — 70

Capítulo 10 — **Martins Pena: o teatro da época romântica** — 72
O surgimento do teatro brasileiro — 72
Martins Pena e a comédia de costumes — 73
- Sua leitura: *O noviço* (Martins Pena) — 74

- Ferramenta de leitura: O individualismo e a massificação — 76
- Entre textos:
  Texto 1 – *Viva o povo brasileiro* (João Ubaldo Ribeiro) — 78
  Texto 2 – "Soneto do Corifeu" (Vinicius de Moraes) — 79
  Texto 3 – *O filho eterno* (Cristovão Tezza) — 79
- Vestibular — 80

Unidade 2 – O Realismo — 82

Capítulo 11 — **O Realismo – diagnóstico da sociedade** — 84
- Sua leitura:
  Os madeireiros (Jean-François Millet) — 84
  Madame Bovary (Gustave Flaubert) — 85
O contexto de produção — 86
- Uma leitura:
  O primo Basílio (Eça de Queirós) — 90
- Ler o Realismo:
  Esaú e Jacó (Machado de Assis) — 91

Capítulo 12 — **O Realismo em Portugal** — 92
O contexto de produção — 92
A poesia realista — 94

8

- Sua leitura:
  "Sentimento de um ocidental"
  (Cesário Verde) 95
Eça de Queirós:
o espelho da sociedade em crise 96
- Sua leitura:
  O primo Basílio (Eça de Queirós) 98

Capítulo 13   O Realismo no Brasil **100**
O contexto de produção 100
Machado de Assis romancista:
as duas pontas da vida 102
- Sua leitura:
  Memórias póstumas de Brás Cubas
  (Machado de Assis) 104
  Dom Casmurro (Machado de Assis) 105
Machado contista 106
- Sua leitura:
  "Noite de almirante"
  (Machado de Assis) 107
Raul Pompeia: "crônica de saudades" 110
- Sua leitura:
  O Ateneu (Raul Pompeia) 111

- Ferramenta de leitura: Psicanálise e literatura 112

- Entre textos:
  Texto 1 – *A vida e as opiniões do cavaleiro*
  Tristam Shandy (Laurence Sterne) 114
  Texto 2 – *As vinhas da ira* (John Steinbeck) 115
  Texto 3 – *Capitu* (Lygia Fagundes Telles
  e Paulo Emílio Salles Gomes) 115

- Vestibular e Enem 116

Unidade 3 – O Naturalismo   118

Capítulo 14   O Naturalismo – o diálogo entre literatura e ciência **120**
- Sua leitura:
  Os comedores de batatas
  (Vincent van Gogh) 120
  Germinal (Émile Zola) 121
O contexto de produção 122
- Uma leitura:
  "O vagabundo"
  (Guy de Maupassant) 124
- Ler o Naturalismo:
  Teresa Raquin (Émile Zola) 125

Capítulo 15   O Naturalismo no Brasil **126**
O contexto de produção 126
Aluísio Azevedo 128
- Sua leitura:
  O cortiço (Aluísio Azevedo) 130
Outros autores 131

- Ferramenta de leitura: O determinismo e o comportamento de personagens literárias 132

- Entre textos:
  Texto – *Cidade de Deus* (Paulo Lins) 134

- Vestibular e Enem 135

Unidade 4 – O Parnasianismo   136

Capítulo 16   O Parnasianismo – a arte pela arte **138**
- Sua leitura:
  Proserpina (Hiram Powers) 138
  "L'art" ["A arte"] (Théophile Gautier) 139
O contexto de produção 140
- Uma leitura:
  "Vaso grego" (Alberto de Oliveira) 142
- Ler o Parnasianismo:
  "Profissão de fé" (Olavo Bilac) 143

Capítulo 17   O Parnasianismo no Brasil **144**
O contexto de produção 144
Olavo Bilac: um artista consagrado 146
- Sua leitura:
  "A um poeta" (Olavo Bilac) 147
  "Via láctea" (Olavo Bilac) 147
Outros autores 148

- Ferramenta de leitura: Literatura × linguagem popular 149

- Entre textos:
  Texto 1 – "Inferno" – *A divina comédia* (Dante Alighieri) 150
  Texto 2 –"Nel mezzo del camin..." (Olavo Bilac) 150
  Texto 3 – "No meio do caminho"
  (Carlos Drummond de Andrade) 150

- Vestibular 151

Unidade 5 – O Simbolismo   152

Capítulo 18   O Simbolismo – a arte *fin-de-siècle* **154**
- Sua leitura:
  A aparição (Gustave Moreau) 154
  "Obsessão" (Charles Baudelaire) 155
O contexto de produção 156
- Uma leitura:
  "Ao longe os barcos de flores"
  (Camilo Pessanha) 158
- Ler o Simbolismo:
  "Siderações" (João da Cruz e Sousa) 159

Capítulo 19   O Simbolismo em Portugal **160**
O contexto de produção 160
Eugênio de Castro e Antônio Nobre 161
Camilo Pessanha: sem artificialismos 162
- Sua leitura:
  "Água morrente" (Camilo Pessanha) 163

Capítulo 20   O Simbolismo no Brasil **164**
O contexto de produção 164
Cruz e Sousa: a tragédia da existência 166
- Sua leitura:
  "O Assinalado" (João da Cruz e Sousa) 167
Alphonsus de Guimaraens: memória
e melancolia 168
- Sua leitura:
  Poema de Alphonsus de Guimaraens 169

- Ferramenta de leitura:
  A imensidão interior sugerida pela poesia 170

- Entre textos:
  Texto 1 – "Dois barcos" (Marcelo Camelo) 171
  Texto 2 –"Calendário" (Eucanaã Ferraz) 171

- Vestibular e Enem 172

Sumário

Linguagem: analisar, classificar, produzir sentido — **174**

Unidade 6 – Língua: forma, funções e sentidos — **176**

Capítulo 21 — **Escolher e combinar** **178**
Eixos e níveis da língua 178
Escolher e combinar nos vários níveis da língua 179
- Prática de linguagem 182
- Língua viva: Escolher, combinar e produzir efeitos expressivos 184
  "Peixes" (Mariana Aydar) 184
- Em dia com a escrita: Hipônimos e hiperônimos como recursos coesivos 186

Capítulo 22 — **Três faces da palavra** **188**
Analisar, descrever e classificar palavras 188
As dez classes de palavras 190
- Prática de linguagem 192
- Língua viva: A metalinguagem na construção poética 194
  "Gramática" (Luiz Tatit e Sandra Peres) ... 194
- Em dia com a escrita: Os homônimos e a ortografia 196

■ Articulando: Gírias e jargões 198
■ A língua tem dessas coisas: Palíndromos 200
● Vestibular 201

Unidade 7 – Seres, objetos, quantidades e qualidades — **203**

Capítulo 23 — **Substantivos** **204**
O conceito de substantivo 204
Classificação no interior das classes de palavras 206
Tipos de substantivo 206
Flexão dos substantivos 207
Grau dos substantivos 207
- Prática de linguagem 208
- Língua viva: Os valores semânticos do grau 210
  "Biruta" (Lygia Fagundes Telles) 210
- Em dia com a escrita: Uso do hífen com substantivos compostos 212

Capítulo 24 — **Artigos e numerais** **214**
O conceito de artigo 214
Tipos de artigo 215
- Prática de linguagem 216
O conceito de numeral 218
Tipos de numeral 219
A diferença entre o numeral *um* e o artigo *um* ... 220
- Prática de linguagem 221
- Língua viva: O artigo definido e a referenciação 222
  "O peregrino, o colar e o perfumista" (tradução de Mamede Mustafá Jarouche) ... 222
- Em dia com a escrita: O numeral como recurso coesivo 224

Capítulo 25 — **Adjetivos** **226**
O conceito de adjetivo 226
Tipos de adjetivo 228
Flexão dos adjetivos 228
Grau dos adjetivos 228
- Prática de linguagem 229
- Língua viva: O valor semântico da colocação do adjetivo 231
  "Um pé de milho" (Rubem Braga) 231
- Em dia com a escrita: Flexão de número em adjetivos que indicam cores 233

Capítulo 26 — **Pronomes** **234**
O conceito de pronome 234
Tipos de pronome (I) 235
- Prática de linguagem 237
Tipos de pronome (II) 238
- Prática de linguagem 239
- Língua viva: Pronomes: propriedades 240
  "O homem nu" (Fernando Sabino) 240
- Em dia com a escrita: Emprego dos pronomes demonstrativos 242

■ Articulando: O valor social da escrita 244
■ A língua tem dessas coisas: A escrita bustrofédica 246
● Vestibular 247

Unidade 8 – Ações, estados e circunstâncias — **249**

Capítulo 27 — **Verbos I** **250**
O conceito de verbo 250
- Prática de linguagem 254
- Língua viva: Os verbos performativos e a ação pela linguagem 256
  "Amores silenciosos" (Contardo Calligaris) 256
- Em dia com a escrita: Os tempos verbais e a ancoragem 258

Capítulo 28 — **Verbos II** **260**
Formas nominais 260
Voz 261
Locução verbal e verbos auxiliares 262
- Prática de linguagem 264
Verbos regulares, irregulares e anômalos 266
Verbos defectivos 267
Verbos abundantes 267
- Prática de linguagem 268
- Língua viva: Verbos de elocução 270
  "'Inflação ameaça ficar incômoda', diz economista da Fipe" (Flávio Leonel) 270
- Em dia com a escrita: Concisão e detalhamento 272

Capítulo 29 — **Advérbios** **274**
O conceito de advérbio 274
Tipos de advérbio 276

- Prática de linguagem 278
Grau dos advérbios 280
Parece advérbio, mas não é 280
  - Prática de linguagem 281
  - Língua viva: Os advérbios delimitadores e a especificação 282
    "O poder das palavras" (Aron Belinky) 282
  - Em dia com a escrita: Coesão textual pelo emprego de advérbios 284
- Articulando: Visões sobre a língua: gramáticos × linguistas 286
- A língua tem dessas coisas: Tumitinhas, virunduns e outros tropeços auditivos 288
- Vestibular 289

Unidade 9 – Conexões e expressão   291

Capítulo 30   Preposições, conjunções e interjeições   292
O conceito de preposição 292
  - Prática de linguagem 294
O conceito de conjunção 295
Tipos de conjunção 297
  - Prática de linguagem 298
O conceito de interjeição 300
Tipos de interjeição 300
  - Prática de linguagem 301
  - Língua viva: A conjunção como recurso coesivo 302
    "A internacionalização do mundo" (Cristovam Buarque) 302
  - Em dia com a escrita: Emprego de preposição antes do pronome relativo 304
- Articulando: O perigo das generalizações 306
- A língua tem dessas coisas: Mais vale um *pendrive* na mão do que dois voando 308
- Vestibular e Enem 309

Produção de texto: construindo os gêneros   314

Unidade 10 – Narrar   316

Capítulo 31   Crônica   318
  - Leitura: "A última crônica" (Fernando Sabino) 318
Ler uma crônica 320
Entre o texto e o discurso – Comentário do cotidiano 322
Produzir uma crônica 324
- Vestibular 326

Unidade 11 – Relatar   327

Capítulo 32   Perfil biográfico   328
  - Leitura: "Zé Peixe" (Marcia Bindo) 328
Ler um perfil biográfico 330
Produzir um perfil biográfico 332
- Vestibular 334

Unidade 12 – Expor   335

Capítulo 33   Artigo enciclopédico   336
  - Leitura: "Dengue" 336
Ler um artigo enciclopédico 338
Produzir um artigo enciclopédico 340

Capítulo 34   Artigo expositivo de livro ou de *site* didático   342
  - Leitura: "Direitos Humanos" (Antonio Carlos Olivieri) 342
Ler um artigo expositivo de *site* didático 344
Entre o texto e o discurso – A progressão textual 346
Produzir um artigo expositivo de livro ou de *site* didático 348
- Vestibular 350

Unidade 13 – Argumentar   351

Capítulo 35   Editorial   352
  - Leitura:
    "Resíduos sólidos em Fortaleza: como coletar e reciclar" (jornal *O Povo*, Fortaleza) 352
    "O que fazer com o entulho da reforma ou construção?" (jornal *O Povo*, Fortaleza) 353
Ler um editorial 354
Entre o texto e o discurso – A validade do argumento 356
Produzir um editorial 358

Capítulo 36   Resenha crítica   360
  - Leitura:
    "Memórias quase póstumas" (Carlos Graieb) 360
Ler uma resenha crítica 362
Entre o texto e o discurso – Formulando uma opinião 364
Produzir uma resenha crítica 366

Capítulo 37   Debate regrado   368
  - Leitura:
    Transcrição do debate do *Jornal da Cultura* 368
Ler um debate regrado 370
Entre o texto e o discurso – Estudando o ponto de vista do oponente 372
Produzir um debate regrado 374

Capítulo 38   Fala em audiência pública   376
  - Leitura:
    Transcrição da fala de Yann Evanovick em audiência pública no Senado 376
Ler uma fala em audiência pública 378
Produzir uma fala em audiência pública 380
- Vestibular 382
- **Projeto 1:** Casa da Pessoa – museu da comunidade 384
- **Projeto 2:** Revista literária da comunidade 386
- Anexo 388
- Referências bibliográficas 391
- Siglas dos exames e das universidades 392
- Créditos complementares de textos 392

Literatura: os movimentos do século XIX

UNIDADES

1 O Romantismo

2 O Realismo

3 O Naturalismo

4 O Parnasianismo

5 O Simbolismo

TURNER, William. *O naufrágio* (detalhe), 1805. Óleo sobre tela, 170,5 cm × 241,6 cm. Tate Gallery, Londres, Inglaterra.

Na primeira metade do século XIX europeu, características comuns nas artes deram origem ao que se chamou de movimento romântico, centrado na subjetividade. Nas obras românticas, a natureza frequentemente simbolizava estados de espírito. Nesta pintura do artista inglês William Turner (1775-1851), observa-se a intensidade dramática com que o mar foi retratado, ressaltando a impotência humana diante da supremacia da natureza.

Na segunda metade do século XIX, surgiram outros movimentos que ora se opunham ao Romantismo, ora recuperavam suas características. O Realismo e o Naturalismo, por exemplo, valorizavam a representação do real. Cenas da vida cotidiana, como as misérias sociais advindas da urbanização industrial, ganharam espaço nas artes. Já o Parnasianismo preocupava-se com a estética do texto e a autonomia da arte em relação à realidade. O Simbolismo, além de valorizar aspectos formais do texto, voltou a dar importância às emoções do indivíduo.

Você vai conhecer esses movimentos na literatura e algumas de suas principais obras.

UNIDADE 1

O Romantismo

Nesta unidade

1. O Romantismo – a expressão da interioridade
2. O Romantismo em Portugal
3. O Romantismo no Brasil
4. Alencar: expressão da cultura brasileira
5. Joaquim Manuel de Macedo e Manuel Antônio de Almeida: o rumor das ruas
6. Taunay e Bernardo Guimarães: ângulos do regional
7. Gonçalves Dias: inovações na poesia
8. Casimiro de Abreu, Álvares de Azevedo e Fagundes Varela: o individualismo extremado
9. Castro Alves: a superação do egocentrismo
10. Martins Pena: o teatro da época romântica

BIERSTADT, Albert. *As Montanhas Rochosas, Pico de Lander*, 1863. Óleo sobre tela, 186,7 cm × 306,7 cm. The Metropolitan Museum of Art, Nova York, EUA.

O movimento denominado Romantismo pretendeu realizar uma ruptura com a tradição literária. Para atender a essa proposta, introduziu grande variedade de temas: o individualismo, a solidão, a exaltação do amor, o refúgio na natureza, na religião ou na morte, a valorização do passado nacional.

Este último tema, no Brasil, coincidiu com o processo de independência observado ao longo do século XIX. A vinda da família real portuguesa para o Rio de Janeiro e a posterior formação do Império contribuíram de forma decisiva para a construção de uma identidade nacional, projeto levado adiante por intelectuais e artistas românticos brasileiros em suas produções.

Os temas românticos já mencionados também aparecem nos textos brasileiros, alinhando-os ao que se fazia na Europa.

A imagem abaixo, reprodução da tela do pintor prussiano Albert Bierstadt (1830-1902), que viveu muitos anos nos Estados Unidos, destaca a paisagem e o povo nativo da América. As culturas e os cenários considerados exóticos foram outros dos grandes temas românticos muito apreciados pelo público do período.

CAPÍTULO

1

O Romantismo – a expressão da interioridade

O que você vai estudar

- As transformações sociais, políticas e econômicas do século XIX.
- As características do movimento romântico e suas representações artísticas.
- O rompimento com o Neoclassicismo.

No fim do século XVIII, a burguesia era uma classe em ascensão, que pretendia mudar a estrutura social. Suas ideias de rebeldia e liberdade coincidiam com as de muitos artistas da época, que rejeitavam a expressão racional e regrada do Neoclassicismo (chamado de Arcadismo na literatura).

Neste capítulo, você começará a estudar o Romantismo, estilo de época que se estendeu até a metade do século XIX.

Sua leitura

Os dois textos a seguir são obras românticas. O primeiro é uma pintura do artista francês Eugène Delacroix (1789-1863) que retrata uma cena com cavalos, tema recorrente em sua obra e na de outros pintores românticos.

O segundo é um trecho do romance *Os sofrimentos do jovem Werther*, do escritor alemão Goethe (1749-1832). Trata-se de um romance epistolar, forma literária em que a história é contada por meio de cartas. Nele, o protagonista Werther confidencia ao melhor amigo, Wilhelm, sua dramática paixão pela bela Lotte, que, comprometida com outro homem, rejeita Werther.

Cavalos árabes lutando no estábulo

DELACROIX, Eugène. *Cavalos árabes lutando no estábulo*, 1860. Óleo sobre tela, 64,5 cm × 81 cm. Museu do Louvre, Paris, França.

Este quadro representa uma violenta luta entre dois cavalos árabes. A observação de cavalos desse tipo, durante uma viagem ao Marrocos, permitiu a Delacroix formar grande parte de seu repertório sobre o tema.

Os sofrimentos do jovem Werther

Caro Wilhelm, encontro-me na situação daqueles infelizes que se acham possuídos por um espírito maligno. É algo que me acontece às vezes: não se trata de angústia, nem de desejo... É um tumulto interior, desconhecido, que ameaça dilacerar-me o peito, e me aperta a garganta. Ai de mim! ai de mim! Nesses momentos, vagueio por entre as horrendas cenas noturnas dessa época inimiga dos homens.

Ontem à noite, não pude ficar em casa. O degelo chegou de repente. Disseram-me que o rio havia transbordado, que todos os riachos estavam cheios e que, de Wahlheim até aqui, todo o meu querido vale ficara inundado. Eram mais de onze horas quando saí de casa. Que espetáculo assombroso ver, do rochedo, ao luar, as torrentes furiosas invadindo os campos, prados e cercados, e o grande vale formando um só mar sublevado, em meio ao rugir do vento. E quando a lua reapareceu por sobre uma nuvem negra e, diante de mim, as torrentes de águas, com reflexo terrível e magnífico, se entrechocavam, despedaçando-se, percorreu-me, então, um tremor, seguido de um desejo brutal. Ah! Com os braços abertos, debrucei-me sobre o abismo, enquanto me perdia num pensamento prazeroso: precipitar as minhas dores e os meus sofrimentos na voragem das águas, deixando-me arrastar por aquelas ondas! Oh!... E dizer que não tive coragem de levantar os pés do chão e acabar com todos os meus tormentos! Sinto que minha hora ainda não chegou! Oh, Wilhelm, com que prazer teria renunciado à minha vida de homem para romper as nuvens nesse vento tempestuoso e subverter as ondas!

Quão doloroso foi lançar os olhos para o recanto em que descansara com Lotte, sob um salgueiro, após um passeio num dia de muito calor, e ver que ali também estava inundado. Wilhelm, mal reconheci o salgueiro.

"E os seus prados", pensei, "e o campo em torno da residência de caça!... E nosso caramanchão, como deve ter sido devastado pelas águas devoradoras!"

E um raio de sol do passado brilhou em minha alma, da mesma forma como sonhar com rebanhos, pradarias, honras ou glórias deve iluminar a alma de um prisioneiro. Eu estava lá!... Não me censuro, porque tenho coragem para morrer... Teria... Agora, estou aqui sentado como uma mulher velha, que cata a sua lenha ao longo das cercas e mendiga o pão de porta em porta, a fim de atenuar e prolongar um pouco mais a sua triste e miserável vida.

GOETHE, J. Wolfgang von. *Os sofrimentos do jovem Werther*. Trad. Leonardo César Lack. São Paulo: Nova Alexandria, 1999. p. 109-110.

▶ Hipertexto

Nos textos narrativos, os **advérbios** e as **locuções adverbiais** são responsáveis pelo detalhamento das circunstâncias em que ocorrem as ações. Conheça outras propriedades dos advérbios na parte de Linguagem (**capítulo 29**, p. 274).

Vocabulário de apoio

caramanchão: abrigo coberto de vegetação

degelo: derretimento de gelo

dilacerar: despedaçar

precipitar: lançar de cima para baixo

sublevado: rebelde, revoltado

subverter: perturbar, desordenar

torrente: grande deslocamento de água

voragem: movimento rápido e circular que destrói

Sobre os textos

1. Na pintura de Delacroix, que aspectos da postura corporal dos animais e das pessoas retratadas sugerem tensão e movimento?

2. Na imagem, há uma oposição visual entre dois "blocos" de figuras: os animais em luta, à esquerda, e as pessoas, à direita.
   a) A imagem sugere que um dos lados está em posição de inferioridade? Explique.
   b) Tomando os cavalos como representação figurada da natureza, que ideia a pintura transmite sobre a relação entre natureza e ser humano?

3. *Os sofrimentos do jovem Werther* conta a história por meio de cartas. Na carta aqui reproduzida, Werther relata a seu amigo um desastre natural ocorrido na região em que mora.
   a) Que desastre é esse?
   b) Há uma sintonia entre a cena observada e o estado de espírito da personagem. O que os torna semelhantes?

4. No último parágrafo, Werther menciona um "raio de sol", imagem que se opõe à cena que vem sendo retratada. Que pensamentos o desviam de suas reflexões anteriores?

5. Adjetivos como *horrenda*, *magnífico* e *brutal*, entre outros encontrados na carta de Werther, sugerem qualidades extraordinárias, que fogem do comum. Pode-se dizer, assim, que há uma ênfase na **intensidade** de expressão.
   a) Localize no texto e registre no caderno outros exemplos de adjetivos que transmitam a ideia de intensidade.
   b) De que forma essa intensidade de expressão pode ser relacionada à pintura de Delacroix?
   c) Qual dos adjetivos apontados você usaria para caracterizar a luta entre os cavalos?

❯ O contexto de produção

Entre o final da Idade Média e o século XVIII, inúmeras mudanças ocorreram na Europa. Na maior parte do continente, no entanto, a estrutura da sociedade conservava traços do período feudal, como os privilégios concedidos à nobreza, a classe mais próxima ao rei. A classe pobre não era atendida pela política real, e a burguesia enriquecida com o comércio raramente ocupava postos importantes no governo.

Essa estrutura, conhecida como **Antigo Regime**, começou a desmoronar na passagem para o século XVIII, com a ascensão burguesa, e o Romantismo foi o movimento artístico que representou os primeiros resultados dessa mudança.

❯ O contexto histórico

A burguesia defendia os direitos do cidadão, tais como a garantia de liberdade e a igualdade de todos perante a lei. Ela recusava a manutenção dos privilégios que vinham sendo dados à nobreza e ao clero há vários séculos.

As revoluções burguesas, que possibilitaram a ascensão dessa classe social, tiveram origem na Inglaterra no final do século XVII, quando o país se tornou uma monarquia constitucional. Foi a **Revolução Francesa**, todavia, ocorrida cerca de um século depois (em 1789), que se tornou o marco histórico da luta contra o regime absolutista – assim chamado por se basear no poder absoluto do rei – e contra a estrutura política e social da época.

A ascensão dos burgueses pela força das armas foi uma particularidade francesa. No restante do continente europeu, essa ascensão deveu-se, sobretudo, à própria Revolução Industrial. Com a evolução do sistema fabril, resultante de inovações tecnológicas, a burguesia acelerou seu enriquecimento e passou a dominar os Estados nacionais, que pouco a pouco instituíram políticas públicas direcionadas para atender aos interesses dessa classe.

O novo quadro econômico alterou também a vida nas classes mais pobres da sociedade. Trabalhadores provenientes do campo ou do comércio começaram a empregar-se nas fábricas. Com isso, a sociedade do século XIX passou a ter um perfil industrial e urbano e se dividiu em duas classes fundamentais e antagônicas: burgueses e operários.

DELACROIX, Eugène. *A liberdade conduzindo o povo*, 1830. Óleo sobre tela, 260 cm × 325 cm. Museu do Louvre, Paris, França.

> **Hipertexto**
> Os direitos defendidos pelos movimentos burgueses dos séculos XVIII e XIX foram retomados pela Declaração Universal dos Direitos Humanos, promulgada em 1948. Leia, na parte de Produção de texto (**capítulo 34**, p. 342), um artigo expositivo sobre o contexto de produção da declaração e os princípios que ela divulga.

O quadro *A liberdade conduzindo o povo*, de Delacroix, inspirado em uma revolta popular francesa ocorrida em 1830, costuma ser citado como símbolo da turbulência que levou à queda do Antigo Regime. A mulher que ergue a bandeira da França e lidera os combatentes, avançando sobre uma barricada vencida, é uma figura simbólica. O próprio título do quadro associa essa figura ao ideal de liberdade. Do lado esquerdo, destacam-se em pé um homem de cartola e casaco, o que sugere uma condição social superior, e outro com roupas mais modestas, indicando que se trata de alguém do povo. Do lado direito, está um menino. Há ainda, aos pés da figura feminina, um homem com roupas de artesão. Todo esse elenco sugere a união de vários grupos em torno de um interesse comum.

Ação e cidadania

Embora os princípios de "liberdade, igualdade e fraternidade", lema da Revolução Francesa, não tenham se efetivado na prática, essa revolução que nasceu de uma manifestação popular trouxe, no tempo, ganhos políticos e sociais para as classes mais desprestigiadas.

Atualmente, os protestos e as manifestações populares pacíficas são um poderoso instrumento de mobilização social. Eles constituem uma maneira de a população fazer com que suas reivindicações sejam ouvidas, bem como de influenciar a opinião de pessoas que têm poder de decisão sobre o assunto reivindicado, como os políticos e o governo.

Manifestantes formam mensagem de apelo durante protesto contra a devastação da Amazônia, ocorrido na abertura do Fórum Social Mundial em Belém, no Pará, em 2009.

O contexto cultural

O **liberalismo** foi a principal corrente de pensamento da época. Na política, o liberalismo defendia a capacidade do cidadão de buscar sua realização pessoal sem desrespeitar os direitos da coletividade. No plano econômico, pregava a liberdade de iniciativa e a livre concorrência, atacando os privilégios comerciais que eram concedidos à nobreza do Antigo Regime.

No prefácio (texto de apresentação) do drama *Hernani*, de 1828, o escritor francês Victor Hugo defende o "liberalismo literário":

> Jovens, coragem! Por muito penoso que nos queiram fazer o presente, o futuro será belo. O Romantismo, tantas vezes mal definido, não é senão, afinal, o liberalismo em literatura e é essa a sua definição verdadeira se o considerarmos sob o aspecto militante. Esta verdade já foi compreendida por quase todos os espíritos nobres, cujo número é elevado; e, em breve, visto que a tarefa está bem adiantada, o liberalismo literário não será menos popular do que o liberalismo político. A liberdade na arte, a liberdade na sociedade, é essa a dupla finalidade para a qual devem contribuir unidos todos os espíritos coerentes e lógicos [...]. Ora, depois de tantas coisas notáveis que os nossos antecessores realizaram e nós testemunhamos, transpusemos a velha ordem social; por que não deixaríamos para trás a velha ordem poética? Para um povo novo, uma nova arte. [...]
>
> Citado por: GOMES, Álvaro C.; VECHI, Carlos A. *A estética romântica*: textos doutrinários comentados. São Paulo: Atlas, 1992. p. 130.

Victor Hugo (1802-1885), escritor romântico francês, fotografado por Félix Nadar em 1878.

Margens do texto

1. Qual é o tom desse prefácio? O que esse tom sugere sobre o contexto de produção da obra prefaciada?
2. Para Victor Hugo, por que a arte precisa ser inovada?

Conforme exposto no prefácio, a expectativa de liberdade política transferiu-se para o plano da arte e estimulou a posição de rebeldia contra o sistema instituído; rebeldia essa que se tornou uma característica distintiva do Romantismo.

Um dos primeiros efeitos desse espírito inovador pôde ser visto na pintura, que ampliou os temas retratados. Enquanto a maioria das obras antigas representava episódios religiosos ou mitológicos, as românticas escolhiam cenas de obras literárias, episódios históricos ou heroicos e paisagens, pintados de modo a despertar a imaginação. Alguns pintores se valiam de pesadelos e visões místicas e religiosas, que faziam referência ao **irracional**, ao **exótico** e ao **mórbido** (doentio, depressivo).

A pintura deixou de dar valor aos métodos adotados pelos grandes mestres do passado e retransmitidos pelos mestres acadêmicos: agora, o que importava era a **expressão da individualidade**. Os românticos tinham um desenho menos exato e linear, privilegiando o movimento, a luz e a cor para obter efeitos mais expressivos. Valorizavam a **subjetividade**, isto é, os sentimentos e pensamentos pessoais que se projetam no mundo objetivo.

Nesta pintura, a composição dos elementos provoca no espectador a sensação de que ele está dentro da cena, experimentando o drama do evento retratado, o naufrágio de um navio. É frequente, na pintura romântica, a referência à grandiosidade da paisagem em contraposição à fragilidade ou ao apequenamento do ser humano.

FRIEDRICH, Caspar David. *O mar de gelo*, 1823-1824. Óleo sobre tela, 96,7 cm × 126,9 cm. Hamburger Kunsthalle, Hamburgo, Alemanha.

> O contexto literário

A incorporação dos valores burgueses levou os românticos a produzirem uma arte menos intelectualizada, e o século XIX assistiu à popularização da literatura. Vejamos como isso aconteceu.

O sistema literário do Romantismo

O novo **público** não possuía formação culta, como os nobres, que eram os leitores das obras neoclássicas. Faltava a ele conhecimento de textos da tradição literária e dos temas da mitologia e da filosofia. Assim, as novas narrativas adotaram linguagem simples, personagens com as quais o leitor pudesse se identificar e tramas baseadas em amor e aventuras.

A estrutura mais livre do **romance**, com várias ações paralelas que provocam diferentes sensações ao longo da leitura, fez dessa forma literária a preferida do público.

A aproximação com o indivíduo comum também possibilitou a **profissionalização** do artista e o fim do mecenato, ou seja, do apoio financeiro recebido de pessoas ricas. Em lugar de criar sob o comando de um mecenas, o escritor romântico passou a ter de agradar a um público maior e mais diversificado. Os autores, em geral, provinham da pequena burguesia e dependiam das vendas de seus livros para sobreviver.

Embora partilhassem as ideias liberais com a burguesia, os artistas românticos rejeitavam seu materialismo excessivo e denunciavam sua hipocrisia, por entender que a burguesia se valia dos lemas de igualdade e fraternidade da Revolução Francesa mas, de modo contraditório, reforçava preconceitos sociais e impunha novas formas de dominação por meio da exploração do trabalho.

Essa incompatibilidade traduziu-se de maneiras bem diversas. Alguns artistas mais ativos politicamente, por exemplo, protestaram contra a injustiça e a opressão. Outros reagiram pelo viés da **fuga da realidade**: o narrador ou eu lírico buscava refúgio na natureza, na religião ou na morte.

Também faz parte da contestação romântica o gosto pelo mórbido, que aparece principalmente na Alemanha e na Inglaterra. Trata-se de uma forma de se opor ao racionalismo que marcou a época clássica, assim como ao materialismo que caracterizava a época burguesa.

Na **poesia** romântica, a expressão da individualidade atingiu seu nível máximo com a produção de uma arte confessional, que tratava das paixões e das angústias do eu lírico, como vemos nestes versos do poeta francês Alfred de Musset (1810-1857):

ZOFANNY, Johann. *Biblioteca de Charles Towneley em Park Street*, 1783. Óleo sobre tela, 127 cm × 99 cm. Towneley Hall Art Gallery and Museum, Burnley, Inglaterra.

A pintura neoclássica acima mostra cavalheiros de gosto refinado, em um ambiente repleto de referências clássicas. Esse grupo, representativo do público leitor do século XVIII, contrasta fortemente com a humilde leitora retratada na imagem abaixo. Tal contraste expressa claramente a diferença de repertório entre os públicos do Arcadismo e do Romantismo.

> Amo e quero empalidecer; amo e quero sofrer;
> amo e por um beijo eu daria meu gênio;
> amo e quero sentir em minhas faces magras
> correr uma fonte impossível de estancar.
>
> Citado por: MACY, John. *História da literatura mundial*. Trad. Monteiro Lobato. 5. ed. São Paulo: Companhia Editora Nacional, 1967. p. 281.

• **Hipertexto**
A conjunção *e* aparece repetidamente nesse texto. Leia sobre valores semânticos das conjunções na parte de Linguagem (**capítulo 30, p. 296**).

JERICHAU-BAUMANN, Anna Maria. *Retrato de uma jovem lendo*, 1863. Coleção particular.

As mulheres formavam parte significativa do público burguês. Para alimentar sua imaginação, os romances incluíam casos amorosos e situações aventurescas, com heroínas nas quais elas pudessem se espelhar. Ainda que o Romantismo também oferecesse obras complexas e críticas, não era esse o perfil de leitura do público feminino da época; em geral, a mulher lia para se entreter e tinha à mão uma literatura voltada para o gosto médio.

Não havia regras, critérios de beleza preestabelecidos ou modelos a serem imitados. A criação, fruto da inspiração do autor, devia representar sua interioridade de maneira intuitiva e direta.

O autocentramento dos artistas românticos muitas vezes resultou em expressões pessimistas e melancólicas, em que se afirmava a falta de sentido da vida e o desejo de morte. Esse estado de espírito ficou conhecido como **mal do século**.

O papel da tradição

O Romantismo rompeu radicalmente com o Neoclassicismo. Inspirados pelos ideais iluministas de racionalismo e objetividade, os neoclássicos buscavam a criação de obras harmônicas e equilibradas, de acordo com os padrões de beleza da arte grega. Enquanto prevaleceu essa atitude, outras formas de arte foram consideradas inferiores.

Ao longo do século XVIII, porém, uma lenta transformação do gosto artístico incorporou novas formas de manifestação. Na Alemanha, surgiu o *Sturm und Drang* (Tempestade e Ímpeto), um dos primeiros movimentos a veicular o espírito romântico. Reunindo nomes que se destacariam no cenário do Romantismo mundial, como Schiller e Goethe, esse movimento passou a cultivar os sentimentos individuais e os valores populares. Os jovens autores entendiam que a arte não deveria se apegar a um sistema atemporal e universal, como fizeram os neoclássicos, mas explorar as tradições locais.

Tentando construir uma nova identidade cultural, os escritores românticos redescobriram e revalorizaram lendas e contos medievais, muitos dos quais incluíam o mistério e o terror, elementos correntes na cultura popular e opostos ao racionalismo aristocrático. O movimento de incorporação da língua, da religião, da cultura e dos costumes populares dedicou-se, frequentemente, à recuperação das tradições da pátria e do passado histórico, que levaram ao **medievalismo**, com a valorização do momento em que os Estados nacionais europeus se formaram.

Outra fonte de inspiração importante veio do filósofo suíço Jean-Jacques Rousseau (1712-1778), que valorizava a natureza em vez da sofisticação racional. Rousseau afirmava que o ser humano era originalmente puro e inocente, mas que havia sido corrompido pelo contato com a sociedade. Inspirados por essas ideias, muitos românticos se voltaram para a natureza, como uma rota de fuga da civilização. O mesmo impulso de fuga se revela na exaltação do mundo infantil, no interesse pelos indígenas e na valorização da consciência religiosa. Apesar de bastante diversos, esses aspectos são resultantes da busca pelo indivíduo em estado "natural" pensado por Rousseau.

SPITZWEG, Carl. *O leitor de breviário, a manhã*, c. 1845. Óleo sobre tela, 29 cm × 23 cm. Museu do Louvre, Paris, França.

A leitura de um livro religioso em meio à paisagem natural mostra a correspondência entre a harmonia da natureza e os ensinamentos da palavra divina. Essa correspondência está presente em diversas obras românticas.

Passaporte digital

A arte de William Blake

O inglês William Blake (1721-1827) foi um dos primeiros artistas a rejeitar os padrões do Neoclassicismo. Suas gravuras, muitas vezes produzidas para ilustrar os poemas do próprio artista, mostravam suas visões, aquilo que seu eu interior lhe revelava e não era compreendido por seus contemporâneos.

Nesta gravura, feita para seu poema "Europa, uma profecia", Blake representou o ser criador do mundo como um ancião agachado, medindo o globo com um compasso. A imagem tem uma atmosfera de pesadelo, com o criador emergindo das sombras. Veja outras pinturas de Blake no *site* <http://www.wga.hu/>. Acesso em: 4 dez. 2012.

BLAKE, William. *O ancião dos dias*, 1794. Água-forte com aquarela, 23,2 cm × 17 cm. Whitworth Art Gallery/The University of Manchester, Inglaterra.

Uma leitura

O poema "A uma taça feita de um crânio humano" foi escrito pelo poeta inglês *Lord* Byron (1788-1824), cuja obra influenciou muitos escritores do século XIX. Geralmente marcada pelo tom irônico, sua poesia expressa o pessimismo romântico e a rebeldia ante as regras morais da época. A tradução que você vai ler foi feita pelo poeta brasileiro Castro Alves, grande admirador de Byron.

Alguns aspectos do texto estão analisados nos boxes de cor laranja. No caderno, responda às questões apresentadas nos boxes numerados para concluir a análise do poema.

> O horror e o sobrenatural são referências constantes em boa parte das obras românticas.

1. Observe a visão de mundo sugerida nesses versos. Qual característica marcante do Romantismo eles revelam?

A uma taça feita de um crânio humano

Não recues! De mim não foi-se o espírito...
Em mim verás – pobre caveira fria –
Único crânio, que ao invés dos vivos,
Só derrama alegria.

2. Observe os verbos usados pelo eu lírico para recontar sua vida. Que tipo social o romântico assume?

Vivi! amei! bebi qual tu: Na morte
Arrancaram da terra os ossos meus.
Não me insultes! empina-me!... que a *larva*
Tem beijos mais sombrios do que os teus.

> Parte dos românticos expressa seu nojo do mundo e o ataca por meio de tom irônico ou agressivo e de representações mórbidas.

Mais val guardar o sumo da parreira
Do que ao verme do chão ser pasto vil;
– Taça – levar dos Deuses a bebida,
Que o pasto do réptil.

> A valorização do estado de embriaguez – frequente no período – revela a dificuldade do eu lírico em aceitar a ordem comum e o racionalismo.

Que este vaso, onde o espírito brilhava,
Vá nos outros o espírito acender.
Ai! Quando um crânio já não tem mais cérebro
... Podeis de vinho o encher!

Bebe, enquanto inda é tempo! Uma outra raça,
Quando tu e os teus fordes nos fossos,
Pode do abraço te livrar da terra,
E ébria folgando profanar teus ossos.

3. A leitura de um poema em voz alta diz muito sobre o entendimento que se tem dele. Que entonação você daria para a leitura dos dois versos finais? Por quê?

Vocabulário de apoio

ébrio: bêbado
empinar: elevar, erguer
lodo: depósito de terra e matéria orgânica
profanar: violar, tratar com desrespeito
sumo da parreira: vinho
val: vale
vil: desprezível

E por que não? Se no correr da vida
Tanto mal, tanta dor aí repousa?
É bom fugindo à podridão do lodo
Servir na morte enfim p'ra alguma coisa!...

LORD BYRON. Lines Inscribed upon a Cup formed from a Skull. In: ALVES, Castro. *Espumas flutuantes*. Salvador: GRD, 1970. p. 9-10.

Livro aberto

Contos fantásticos do século XIX, vários autores
Companhia das Letras, 2004.

Este livro, organizado pelo escritor italiano Italo Calvino, traz uma coletânea de narrativas repleta de fantasmas, horror e mistérios, entre outros temas exemplares da literatura romântica. Todas elas suscitam a mesma dúvida: teria aquela história realmente ocorrido ou tudo não passa da imaginação de uma mente perturbada?

Capa de *Contos fantásticos do século XIX*.

Ler o Romantismo

Você vai ler os três primeiros parágrafos de "A morte amorosa", famoso conto fantástico do escritor francês Théophile Gautier (1811-1872). Nele é relatada a transformação ocorrida na vida de Romuald, um sacerdote recém-ordenado, depois que ele encontra a misteriosa Clarimonde.

> Você me pergunta, irmão, se amei; sim. É uma história singular e terrível, e embora eu tenha sessenta e seis anos, mal me atrevo a remexer as cinzas dessa lembrança. Não quero lhe recusar nada, mas não faria um relato desses a uma alma menos sofrida. São fatos tão estranhos que não consigo acreditar que tenham me acontecido. Durante mais de três anos fui o joguete de uma ilusão singular e diabólica. Eu, pobre pároco de aldeia, levei em sonho todas as noites (queira Deus que seja um sonho!) uma vida de alma danada, uma vida de mundano e de Sardanapalo. Um só olhar cheio de condescendência lançado para uma mulher por pouco não causou a perda de minha alma; mas, afinal, com a ajuda de Deus e de meu santo padroeiro, consegui expulsar o espírito maligno que se apoderara de mim. Minha existência tinha se enredado nessa existência noturna totalmente diferente. De dia, eu era um padre do Senhor, casto, ocupado com as preces e as coisas santas; de noite, mal fechava os olhos, tornava-me um jovem nobre, fino conhecedor de mulheres, cães e cavalos, jogando dados, bebendo e blasfemando; e quando, no raiar da aurora, eu despertava, parecia-me que, inversamente, eu adormecia e sonhava que era padre.
>
> Dessa vida sonâmbula restaram-me lembranças de objetos e palavras contra as quais não consigo me defender, e, embora nunca tenha ido além dos muros de meu presbitério, quem me ouvisse diria que eu era um homem que provou de tudo e deu as costas para o mundo, entrou para a religião e quer terminar no seio de Deus, enterrando os dias agitados demais, e não um humilde seminarista que envelheceu numa paróquia ignorada, no fundo de um bosque e sem nenhuma relação com as coisas do século.
>
> Sim, amei como ninguém no mundo amou, com um amor insensato e furioso, tão violento que estou espantado por não ter feito meu coração explodir. Ah!, que noites! Que noites!
> [...]
>
> GAUTIER, Théophile. A morte amorosa. In: CALVINO, Italo (Org.). *Contos fantásticos do século XIX*: o fantástico visionário e o fantástico cotidiano. São Paulo: Companhia das Letras, 2004. p. 214.

Vocabulário de apoio

blasfemar: insultar as coisas sagradas
casto: puro, que se priva dos prazeres sexuais
condescendência: atitude atenciosa, compreensiva
enredado: envolvido
joguete: pessoa que serve de brinquedo, diversão para alguém
mundano: ligado aos prazeres do mundo
pároco: padre
presbitério: residência do pároco
Sardanapalo: governador da Babilônia que viveu cercado de tesouros e festas
século: vida civil, leiga, que não pertence à igreja

1. Com o Romantismo, o público da literatura tornou-se maior e mais diversificado. Leia novamente a primeira frase do conto e explique que estratégia Gautier usou para cativar seus leitores.

2. O narrador explica que durante mais de três anos viveu uma experiência muito estranha, sendo o "joguete de uma ilusão singular e diabólica". O que lhe acontecia?

3. Em "A morte amorosa", dois mundos se contrapõem e se fundem na personagem Romuald. Explique essa afirmação.

4. A primeira vez que encontra Clarimonde, Romuald esboça um sentimento diferente do que apresentará depois. Localize no trecho e registre no caderno:
   a) uma passagem no primeiro parágrafo que revela certa atenção, ainda sem malícia, de Romuald em relação a Clarimonde.
   b) uma passagem no último parágrafo que expressa a intensidade do sentimento de Romuald.

5. O poema "A uma taça feita de um crânio humano", estudado na seção *Uma leitura* (página 22), e o conto "A morte amorosa" relacionam-se com o Romantismo de modo semelhante. Identifique e comente elementos que ambos têm em comum.

O que você pensa disto?

O conto acima é um bom exemplo da diversidade de temas do Romantismo. Apesar disso, é costume associar o termo *romântico* exclusivamente a histórias de amor adocicadas.

- Na sua opinião, associar o Romantismo unicamente a esse tipo de narrativa pode criar preconceito contra esse movimento literário e afastar o jovem estudante da literatura romântica? Por quê?

Cena do filme *Para sempre* (EUA e outros, 2012), estrelado por Rachel McAdams e Channing Tatum. Esse filme pertence ao gênero que costuma receber o rótulo de "romântico".

CAPÍTULO 2

O Romantismo em Portugal

O que você vai estudar

- A implantação do liberalismo em Portugal.
- Almeida Garrett.
- Alexandre Herculano.
- Camilo Castelo Branco.

Acredita-se que Camões tenha escrito *Os Lusíadas* em Macau, antigo território português e atual região administrativa da China. A vida aventureira e desregrada do poeta tornou-se tema para muitos artistas portugueses, que associaram a inquietude de Camões ao espírito romântico e buscaram em sua obra o patriotismo que o momento histórico exigia. Observe, nesta imagem, que o pintor procurou retratar as emoções das personagens e o mergulho de cada uma na própria interioridade: embora estejam lado a lado, parecem solitárias nesse momento particular.

METRASS, Francisco Augusto. *Camões na gruta de Macau*, 1880. Óleo sobre tela, 163 cm × 132 cm. Museu Nacional de Arte Contemporânea – Museu do Chiado, Lisboa, Portugal.

❯ O contexto de produção

Nas primeiras décadas do século XIX, Portugal ainda não apresentava as condições que favoreceram a consolidação do Romantismo em outros países europeus. A Revolução Industrial e a ascensão burguesa não haviam ocorrido e persistia o apego à cultura clássica.

Após a transferência da corte para o Brasil, em 1808, Portugal viveu anos de turbulência política que resultaram na Revolução do Porto, em 1820, uma vitória do liberalismo burguês. Em 1826, no entanto, com a morte de dom João VI, as forças conservadoras se ergueram e só foram derrotadas pelos liberais 12 anos depois, com a queda e o exílio do então rei português dom Miguel, irmão de dom Pedro I.

A partir daí Portugal abriu-se para a Europa. Livre e fortalecida, a imprensa informava e divulgava opiniões, o que ampliou a capacidade crítica dos leitores e contribuiu para formar cidadãos. Ao veicular textos dos principais autores portugueses e traduções de romances estrangeiros, os jornais democratizavam a cultura e ampliavam o público interessado em literatura. Publicações como a revista *Panorama*, de 1836, foram decisivas para consolidar o Romantismo em Portugal.

> O contexto político retratado na literatura

A complicada implantação do liberalismo em Portugal foi registrada por muitos autores românticos, entre os quais Júlio Dinis. No trecho reproduzido a seguir, do romance *Os fidalgos da casa mourisca*, as personagens dom Luís e padre Januário criticam a mobilidade social e a modernização dos costumes e das instituições.

> — Todos hoje têm aspirações a subir — refletiu D. Luís com ironia.
> — A maré sobe.
> — Eu bem sei o que é que dá causa a estas tolerias. Tudo isso vem da barulhada que estes liberalões fizeram na sociedade. Tudo está remexido e ninguém se entende. O sapateiro que nos vem tomar medida de umas botas parece um visconde. Onde isso é bonito, segundo dizem, é em Lisboa. Hoje todos por lá têm excelência!
> Nestes sediços comentários sobre o estado do século deixaram-se ficar os dois por muito tempo, desafogando assim a sua má vontade contra as instituições modernas. [...]
>
> DINIS, Júlio. *Os fidalgos da casa mourisca*. São Paulo: Saraiva, 1972. p. 25.

Hipertexto
Os **sufixos** que indicam grau (aumentativo e diminutivo) atribuem novos sentidos às palavras. Leia sobre o assunto na parte de Linguagem (**capítulo 23**, p. 210-211) e reflita sobre o efeito do uso do sufixo em *liberalões* (aumentativo de *liberais*).

Vocabulário de apoio
século: vida civil, leiga, que não pertence à igreja
sediço: ultrapassado, entediante
toleria: tolice

Note que alguns comentários produzem um efeito irônico: ao desqualificar os que enriquecem pelo trabalho honesto e valorizar a tradição, as personagens mostram-se anacrônicas, isto é, em desacordo com o tempo em que vivem. A obra de Dinis expõe, assim, as transformações sociais ocorridas em Portugal em um momento de consolidação do liberalismo.

> Tendências românticas em Portugal

Embora a consolidação do Romantismo em Portugal só viesse a ocorrer anos depois, o ano de 1825 é considerado o marco inicial do movimento no país. Nesse ano é publicado o poema "Camões", de Almeida Garrett.

Contribuições fundamentais para o êxito do Romantismo português vieram de autores liberais, como Garrett e Alexandre Herculano. Exilados durante o governo de dom Miguel, eles tiveram contato com a arte que se difundia na França e na Inglaterra. Em suas obras, destacaram-se os temas nacionalistas e históricos.

Nas décadas de 1840 e 1850, observa-se o pleno domínio do Romantismo na literatura. Nessa época, temas como melancolia e morte eram frequentes, principalmente na poesia. Na prosa, destacou-se a extensa produção de Camilo Castelo Branco, com narrativas urbanas.

Após 1860, as novas tendências da literatura francesa começam a influir na literatura portuguesa. Júlio Dinis representa bem essa fase, que se encerra com o início da literatura realista, em 1865.

Essa litografia do francês Honoré Daumier representa o embate entre liberais e conservadores. À esquerda, os liberais: dom Pedro I (de volta a Portugal, após renunciar ao governo do Brasil) apoia-se em Luís Filipe, rei francês. À direita, os conservadores: dom Miguel, apoiado por Nicolau I, czar da Rússia. A figura sugere o jogo de interesses dessas potências da época em relação à afirmação do liberalismo. A França industrializada representa o progresso, e a Rússia, ainda feudal na época, simboliza o atraso.

DAUMIER, Honoré. *Ksssse! Pedro... Ksssse! Ksssse! Miguel! (Estes dois covardes jamais se farão mal algum)*, c. 1833. Caricatura sobre dom Pedro I e seu irmão dom Miguel, 22,3 cm × 28,2 cm. The Metropolitan Museum of Art, Nova York, EUA.

Almeida Garrett: o símbolo da transição

Almeida Garrett (1799-1854) é reconhecido como intelectual talentoso e combativo, principalmente por sua campanha a favor do liberalismo. Essa posição o levou ao exílio na França e na Inglaterra durante o governo de dom Miguel. Foi um período fundamental para o autor, pois permitiu seu contato com o movimento romântico, já desenvolvido naqueles países, e estimulou a composição do poema "Camões", considerado o marco inicial do Romantismo português. Sobre esse poema, Garrett comentou:

> Conheço que ele [o poema] está fora das regras; e que, se pelos princípios clássicos o quiserem julgar, não encontrarão aí senão irregularidades e defeitos. Porém declaro desde já que não olhei a regras nem a princípios, que não consultei Horácio nem Aristóteles, mas fui insensivelmente depós o coração e os sentimentos da natureza, que não pelos cálculos da arte e operações combinadas do espírito. [...]
>
> GARRETT, Almeida. In: MOISÉS, Massaud. *A literatura portuguesa*. 34. ed. São Paulo: Cultrix, 2006. p. 112.

Margens do texto

Quais características, apontadas por Garrett, permitem associar seu poema ao Romantismo?

"Camões" trata da composição de *Os Lusíadas* e recria a vida sentimental de seu autor. Mais que seu tema, o que se destaca no poema é a intenção de romper com as convenções neoclássicas. Essa intenção, no entanto, não se realiza plenamente, já que, nessa obra e em outros poemas produzidos na mesma época, nota-se certo artificialismo, como se o poeta calculasse o modo de expor as emoções.

Gradativamente, porém, a poesia de Garrett vai se desinibindo. Em seus últimos livros, *Flores sem fruto* e *Folhas caídas*, o eu lírico confessa abertamente e de modo mais natural experiências e angústias pessoais. Leia um poema dessa fase do autor.

Este inferno de amar

Este inferno de amar – como eu amo! –
Quem mo pôs aqui n'alma... quem foi?
Esta chama que alenta e consome,
Que é a vida – e que a vida destrói –
Como é que se veio atear,
Quando – ai quando se há de apagar?

Eu não sei, não me lembra: o passado,
A outra vida que dantes vivi
Era um sonho talvez... – foi um sonho –

Em que paz tão serena a dormi!
Oh! que doce era aquele sonhar...
Quem me veio, ai de mim! despertar?

Só me lembra que um dia formoso
Eu passei... dava o Sol tanta luz!
E os meus olhos, que vagos giravam,
Em seus olhos ardentes os pus.
Que fez ela? eu que fiz? – Não no sei;
Mas nessa hora a viver comecei...

GARRETT, Almeida. In: Moisés, Massaud. *A literatura portuguesa através dos textos*. 29. ed. São Paulo: Cultrix, 2004. p. 252.

Vocabulário de apoio

alentar: animar, encorajar
atear: acender
dantes: contração da preposição *de* com o advérbio *antes*
ir depós o coração: seguir o coração
mo: contração dos pronomes *me* e *o*

Observe como o eu lírico confessa a intensidade do sentimento por meio de uma linguagem bastante emotiva, que dá vazão a sua subjetividade. O ritmo dos versos, por sua vez, aproxima-se da fluência coloquial e cria a impressão de maior sinceridade.

Apesar da tensão entre a expressão clássica e a romântica, a preocupação de Garrett com a valorização de temas populares e das raízes nacionais o vincula às principais tendências do Romantismo. Na prosa, ele dedica grande atenção ao conteúdo histórico, à paisagem e à vida social de Portugal.

ANUNCIAÇÃO, Tomás da. *Paisagem de amora*, 1852. Óleo sobre tela, 675 cm × 885 cm. Museu Nacional de Arte Contemporânea – Museu do Chiado, Lisboa, Portugal.

Como Garrett, o pintor romântico Tomás da Anunciação (1818-1879) mostrou especial interesse pelo ambiente rural lusitano.

Alexandre Herculano: a tradição das narrativas históricas

Os retratos de Alexandre Herculano (1810-1877) geralmente o mostram com uma expressão severa. E, de fato, o que mais caracterizou esse intelectual foi o rigor crítico, a erudição e a seriedade com que elaborava suas obras de historiografia, gênero que cultivou introduzindo métodos modernos e ainda inéditos em Portugal.

Os mesmos traços estão presentes em sua importante produção ficcional, que combina imaginação e fatos históricos.

Suas narrativas costumam fazer referência ao período medieval, o que explica o conteúdo vinculado à magia e à bruxaria, presentes no imaginário da época, e às lutas de cristãos contra mouros, como neste fragmento do conto "A morte do lidador".

> Quem hoje ouvir recontar os bravos golpes que no mês de julho de 1170 se deram na veiga da frontaria de Beja notá-los-á de fábulas sonhadas; porque nós, homens corruptos e enfraquecidos por ócios e prazeres de vida afeminada, medimos por nosso ânimo e forças as forças e o ânimo dos bons cavaleiros portugueses do século XII; e todavia, esses golpes ainda soam, através das eras, nas tradições e crônicas, tanto cristãs como agarenas.
>
> Depois de deixar assinadas muitas armaduras mouriscas, o Lidador vibrara pela última vez a espada e abrira o elmo e o crânio de um cavaleiro árabe. O violento abalo que experimentou fez-lhe rebentar em torrentes o sangue da ferida que recebera das mãos de Almoleimar e, cerrando os olhos, caiu morto ao pé do Espadeiro, de Mem Moniz e de Afonso Hermigues de Baião, que com eles se ajuntara. Repousou, finalmente, Gonçalo Mendes da Maia de oitenta anos de combates!
>
> HERCULANO, Alexandre. *Lendas e narrativas*. 2. ed. Venda Nova-Amadora: Livraria Bertrand, 1970. p. 115.

Nesse trecho, evidencia-se que documentos – "tradições e crônicas" – apoiam a narrativa sobre o evento histórico. Mas Herculano opta por recontar imaginativamente o passado, sem comprometer a verdade. Por isso, seus textos contêm descrições detalhadas de costumes de época e relatos de acontecimentos, que ganham caráter novelesco com a criação de tensões e a construção de diálogos e pensamentos.

Herculano também combina o real com o fictício na construção de suas personagens heroicas. O autor idealizou conhecidas personagens da história medieval portuguesa como indivíduos fortes e valorosos, capazes de se sacrificar pela fé e por seus ideais, tornando-se modelos morais.

Da mesma forma que seus heróis, a vida pessoal do autor também foi marcada pela firmeza de caráter. Como Almeida Garrett, Herculano era defensor do liberalismo e esteve exilado na França. Sempre procurou lutar por seus ideais, o que lhe valeu uma série de confrontos, como a polêmica com a Igreja de Portugal por tê-la criticado no documento *Eu e o clero*.

Hipertexto

A produção de efeitos de sentido expressivos na literatura pressupõe o uso consciente do **eixo das escolhas** e do **eixo das combinações** da língua. É o que ocorre nessa frase, em que isso fica evidente no nível de descrição sintática. Leia mais sobre isso na parte de Linguagem (**capítulo 21**, p. 181).

Vocabulário de apoio

agareno: árabe
elmo: peça da armadura medieval que protegia a cabeça
frontaria: fortificação situada na fronteira
lidador: lutador, combatente
mourisca: moura
ócio: falta de ocupação
veiga: campo fértil

Margens do texto

1. O narrador afirma que sua narrativa pode ser entendida como "fábulas sonhadas". Que fato contado por ele pode ser assim considerado? Por quê?
2. O narrador faz uma crítica. A quem se dirige e o que a motiva?

MACEDO, Manuel de. *A morte de Gonçalo Mendes da Maia, o Lidador*, c. 1900. Biblioteca Nacional, Lisboa, Portugal.

Representação do cavaleiro medieval Gonçalo Mendes da Maia, o Lidador, um dos heróis portugueses tematizados por Herculano.

PINHEIRO, Columbano Bordalo. *Passos Manuel, Almeida Garrett, Alexandre Herculano e José Estevão de Magalhães* (detalhe), 1926. Óleo sobre tela. Assembleia da República, Lisboa, Portugal.

Alexandre Herculano (em último plano), Almeida Garrett (sentado à sua frente) e outras personalidades ilustres da época.

Camilo Castelo Branco: narrativas passionais

Camilo Castelo Branco (1825-1890) foi um escritor de enorme produção. Sua obra inclui poemas, peças teatrais, cartas, textos jornalísticos, exemplos de historiografia e crítica literária e, principalmente, novelas e romances. Essa produtividade se explica pelo fato de Camilo ter-se dedicado exclusivamente ao ofício de escritor, dele obtendo toda a sua renda.

Ao gosto da burguesia

A produção ficcional de Camilo Castelo Branco inclui temas históricos, aventuras, mistérios, sátiras e paixões. Essa variedade gerava grande interesse no público, já acostumado à tradução dos folhetins franceses e ingleses e receptivo ao Romantismo, graças à produção de Almeida Garrett e de Alexandre Herculano. A obra de Camilo corresponde à segunda etapa do movimento romântico em Portugal.

Embora fosse muito hábil no manejo narrativo de ficção histórica – nem sempre fiel a reconstituições – e de mistério, o autor se tornou célebre especialmente por causa de suas **novelas passionais**, que alcançaram grande sucesso entre as mulheres, principais leitores do período.

Os enredos dessas novelas sempre giravam em torno do conflito entre os irrefreáveis impulsos angustiantes do coração e os tirânicos valores racionais da sociedade.

Leia a seguir uma passagem de *Amor de perdição*, a principal novela passional de Camilo Castelo Branco. A fala da personagem neste trecho destaca o trágico desfecho do relacionamento amoroso entre Simão Botelho e Teresa de Albuquerque, enfocando o grande sofrimento da moça em razão de seu sentimento.

PINHEIRO, Rafael Bordalo. Retrato de Camilo Castelo Branco em *Álbum das Glórias*, 1882. Litografia, 30,8 cm × 19,4 cm. Coleção particular.

> — Quando em Miragaia me contaram a morte daquela senhora, pedi a uma pessoa relacionada no convento que me levasse a ouvir de alguma freira a triste história. Uma religiosa ma contou; mas eram mais os gemidos que as palavras. Soube que ela, quando descíamos na altura do Oiro, proferia em alta voz: — "Simão, adeus até à eternidade!" — E caiu nos braços duma criada. A criada gritou, e outras foram ao mirante, e a trouxeram meia morta para baixo, ou morta, melhor direi, que nenhuma palavra mais lhe ouviram. Depois, contaram-me o que ela penara em dois anos e nove meses naquele mosteiro; o amor que ela lhe tinha, e as mil mortes que ali padeceu, de cada vez que a esperança lhe morria. Que desgraçada menina, e que desgraçado moço o senhor é!
>
> CASTELO BRANCO, Camilo. *Amor de perdição*. São Paulo: Saraiva, s.d. p. 181.

Sétima arte

Um amor de perdição (Portugal, 2008)
Direção de Mário Barroso

Esse filme é uma adaptação livre do romance *Amor de perdição*, de Camilo Castelo Branco, ambientada na Lisboa dos dias atuais. A história se concentra na figura de Simão Botelho, um adolescente solitário e rebelde, que segue sua própria moral. No filme, a personagem Teresa é uma espécie de aparição, um pretexto para dar vazão às manifestações de revolta de Simão.

Os atores Tomás Alves e Ana Moreira interpretam Simão e Teresa no filme *Um amor de perdição*.

Nas novelas passionais, o amor aparece como um sentimento incondicional, mas que não pode se concretizar por meio do casamento.

Essa impossibilidade é fruto de um agente externo, como a família ou a comunidade. Torna-se, no entanto, também uma pressão interna, uma vez que os apaixonados compartilham os valores desse agente, o que amplia o drama pessoal vivido por cada um. Assim, impulsionados pela paixão, eles enfrentam tanto obstáculos do meio quanto obstáculos criados por sua própria consciência.

As novelas passionais costumam trazer duas soluções: ora os amantes aceitam a moralidade burguesa e reencontram a tranquilidade indo para o campo ou casando-se por conveniência com outra pessoa, ora são levados à loucura e ao suicídio, tornando-se símbolos do amor superior e trágico.

> Um romântico que destoa

As novelas passionais camilianas repetem uma fórmula: a impossibilidade de uma paixão se concretizar por preconceito ou por questões de honra e dinheiro. Os enredos, no entanto, bastante imaginativos e com estilo próprio, mostram que Camilo era um perspicaz observador da sociedade portuguesa, sobretudo da região do Porto, onde vivia. Seus textos aliavam a imaginação ao registro do momento histórico e da sociedade. Neles, era frequente a denúncia moral feita com ironia. É o que evidencia este outro trecho de *Amor de perdição*, em que uma freira fala do comportamento de outra:

> — Esta escrivã não é má rapariga. Só tem o defeito de se tomar da pingoleta; depois, não há quem a ature. Tem uma boa tença, mas gasta tudo em vinho, e tem ocasiões de entrar no coro a fazer *ss*, que é mesmo uma desgraça. Não tem outro defeito; é uma alma lavada, e amiga da sua amiga. É verdade que, às vezes... (aqui a prelada ergueu-se a escutar nos dormitórios, e fechou por dentro a porta) é verdade que, às vezes, quando anda azoratada, dá por paus e por pedras, e descobre os defeitos das suas amigas. A mim já ela me assacou um aleive, dizendo que eu, quando saía a ares, não ia só a ares, e andava [...] a fazer o que fazem as outras. Forte pouca vergonha! Lá que outra falasse, vá; mas ela, que tem sempre uns namorados pandilhas que bebem com ela na grade, isso lá me custa; mas, enfim, não há ninguém perfeito!... Boa rapariga é ela... se não fosse aquele maldito vício...
>
> CASTELO BRANCO, Camilo. *Amor de perdição*. São Paulo: Saraiva, s.d. p. 69.

■ Margens do texto
Ao criticar a companheira fofoqueira, a prelada acaba por fazer o mesmo que ela. Destaque um trecho do texto que mostre isso.

Vocabulário de apoio
aleive: mentira, injúria
assacar: caluniar
azoratado: transtornado
dar por paus e por pedras: cometer loucuras
engonço: dobra, articulação
espanejado: que balança as roupas quando anda
fornido: abastecido
otomana: tipo de sofá
pandilha: canalha
pingoleta: pequena porção de bebida alcoólica
prelada: superiora de convento, madre
prostrado: caído sem forças
sair a ares: sair para tomar ar fresco
tença: ajuda financeira mensal destinada a religiosos

O trecho acima apresenta a contradição entre a vida casta e piedosa que se espera encontrar em um convento e o comportamento mundano das freiras, que se embebedam, têm namorados e são fofoqueiras. A ironia reforça-se, ainda, pelo fato de o convento ser o local escolhido pelo pai da protagonista para preservá-la de um relacionamento que ele julga prejudicial.

Esse momento satírico, dentro de uma narrativa passional, contrasta com o idealismo característico das obras do Romantismo e, assim, aponta para o esgotamento desse movimento. O abandono do idealismo é ainda mais acentuado nas **novelas satíricas**, como mostra o fragmento a seguir.

> [...] Se alguma vez o romancista nos dá, no primeiro capítulo, uma menina bem fornida de carnes e rosada e espanejada como as belas dos campos, é contar que, no terceiro capítulo, ali a temos prostrada numa otomana, com olheiras a revelar o cavado do rosto, com a cintura a desarticular-se dos seus engonços, com as mãos translúcidas de magreza, os braços em osso nu e os olhos apagados nas órbitas, orvalhadas de lágrimas.
>
> CASTELO BRANCO, Camilo. *Coração, cabeça e estômago*. Portugal: Publicações Europa-América, s.d. p. 102-103.

▸ Hipertexto
O autor se valeu da **antonímia** para construir sua sátira ao Romantismo. Leia sobre esse recurso de linguagem, que estabelece uma relação de oposição, no boxe *Observatório da língua* (parte de Produção de texto, **capítulo 35**, p. 357).

Ao ridicularizar a previsibilidade dos efeitos físicos dos sofrimentos de amor, Camilo sugere que o sentimentalismo exagerado foi uma convenção criada pela literatura romântica e praticada pelos autores filiados ao movimento. Aliás, a sátira ao Romantismo é evidente no romance *Coração, cabeça e estômago*, cujo protagonista vai do idealismo ao realismo cotidiano: no início da história, desespera-se por ser seguidamente rejeitado; no final, contenta-se com a boa mesa e a esposa dedicada, mas sem graça, e morre precocemente pelo excesso alimentar.

Embora promova a crítica, a sátira não cumpre função moralista na obra camiliana; bastante descrente, o autor não acredita que a literatura possa restaurar os valores da sociedade. Além disso, subverte o Romantismo, mas não chega a apontar, com clareza, novos rumos para a literatura.

Sua leitura

Você lerá a seguir um fragmento do segundo capítulo de *Amor de perdição*. O trecho apresenta o casal Simão e Teresa e o início da sua paixão e de suas dificuldades.

Perdido o ano letivo, foi para Viseu Simão. O corregedor repeliu-o da sua presença com ameaças de o expulsar de casa. A mãe, mais levada do dever que do coração, intercedeu pelo filho e conseguiu sentá-lo à mesa comum.

No espaço de três meses fez-se maravilhosa mudança nos costumes de Simão. As companhias da ralé desprezou-as. Saía de casa raras vezes, ou só, ou com a irmã mais nova, sua predileta. O campo, as árvores e os sítios mais sombrios e ermos eram o seu recreio. Nas doces noites de Estio demorava-se por fora até ao repontar da alva. Aqueles que assim o viam admiravam-lhe o ar cismador e o recolhimento que o sequestrava da vida vulgar. Em casa encerrava-se no seu quarto, e saía quando o chamavam para a mesa.

D. Rita pasmava da transfiguração, e o marido, bem convencido dela, ao fim de cinco meses, consentiu que seu filho lhe dirigisse a palavra.

Simão Botelho amava. Aí está uma palavra única, explicando o que parecia absurda reforma aos dezessete anos.

Amava Simão uma sua vizinha, menina de quinze anos, rica herdeira, regularmente bonita e bem-nascida. Da janela do seu quarto é que ele a vira pela primeira vez, para amá-la sempre. Não ficara ela incólume da ferida que fizera no coração do vizinho: amou-o também, e com mais seriedade que a usual nos seus anos.

Os poetas cansam-nos a paciência a falarem do amor da mulher aos quinze anos, como paixão perigosa, única e inflexível. Alguns prosadores de romances dizem o mesmo. Enganam-se ambos. O amor aos quinze anos é uma brincadeira; é a última manifestação do amor às bonecas; é a tentativa da avezinha que ensaia o voo fora do ninho, sempre com os olhos fitos na ave-mãe, que a está de fronde próxima chamando: tanto sabe a primeira o que é amar muito, como a segunda o que é voar para longe.

Teresa de Albuquerque devia ser, porventura, uma exceção no seu amor.

O magistrado e sua família eram odiosos ao pai de Teresa, por motivos de litígios, em que Domingos Botelho lhes deu sentenças contra. Afora isso, ainda no ano anterior, dois criados de Tadeu de Albuquerque tinham sido feridos na celebrada pancadaria da fonte. É, pois, evidente que o amor de Teresa, declinando de si o dever de obtemperar e sacrificar-se ao justo azedume de seu pai, era verdadeiro e forte.

E este amor era singularmente discreto e cauteloso. Viram-se e falaram-se três meses, sem darem rebate à vizinhança e nem sequer suspeitas às duas famílias. O destino que ambos se prometiam era o mais honesto: ele ia formar-se para poder sustentá-la, se não tivessem outros recursos; ela esperava que seu velho pai falecesse para, senhora sua, lhe dar, com o coração, o seu grande patrimônio. Espanta discrição tamanha na índole de Simão Botelho, e na presumível ignorância de Teresa em coisas materiais da vida, como são um patrimônio!

Na véspera da sua ida para Coimbra, estava Simão Botelho despedindo-se da suspirosa menina, quando subitamente ela foi arrancada da janela. O alucinado moço ouviu gemidos daquela voz que, um momento antes, soluçava comovida por lágrimas de saudade. Ferveu-lhe o sangue na cabeça; contorceu-se no seu quarto como o tigre contra as grades inflexíveis da jaula. Teve tentações de se matar, na impotência de socorrê-la. As restantes horas daquela noite passou-as em raivas e projetos de vingança. Com o amanhecer esfriou-lhe o sangue e renasceu a esperança com os cálculos.

CASTELO BRANCO, Camilo. *Amor de perdição*. São Paulo: Saraiva, s.d. p. 20-22.

Vocabulário de apoio

alva: primeiro clarear da manhã
cismador: pensativo
declinar: desviar, rejeitar
ermo: deserto
estio: verão
fronde: copa de uma árvore
incólume: ilesa
litígio: ação judicial
obtemperar: ponderar, avaliar
rebate: desconfiança
repontar: amanhecer, despertar

HAYEZ, Francesco. *O beijo*, 1859. Óleo sobre tela, 112 cm × 88 cm. Pinacoteca de Brera, Milão, Itália.

O tema do amor ocupou lugar de destaque no Romantismo, por representar a superioridade dos sentimentos sobre os valores materiais da sociedade burguesa.

Sobre o texto

1. O trecho apresenta a personagem Simão. Que elementos tornam evidente que ele é um típico herói romântico?
2. Releia com atenção o segundo parágrafo. Quais comportamentos apresentados por Simão são característicos do Romantismo?
3. Nesse romance, o papel exercido pelas famílias é fundamental.
   a) Como se caracteriza a relação de Simão com seus familiares?
   b) O que justifica a rivalidade das famílias Botelho e Albuquerque?
   c) De que forma as famílias se posicionam em relação ao amor entre Simão e Teresa?
4. O narrador dessa novela classifica-se como **onisciente intruso**. Isso significa que ele conhece todos os fatos e sentimentos das personagens e faz comentários sobre as ações delas, como acontece no sexto parágrafo.
   a) O que o narrador pensa do amor de uma adolescente?
   b) Explique a comparação expressa no trecho a seguir: "tanto sabe a primeira o que é amar muito, como a segunda o que é voar para longe".
   c) O comentário do narrador sobre o amor de uma adolescente se aplica ao caso de Teresa? Justifique sua resposta.
5. Ao longo deste capítulo, você entrou em contato com muitas informações sobre o enredo de *Amor de perdição*. Leia a seguir mais um trecho do romance e anote no caderno o que se pode concluir sobre a história e o destino de Simão e Teresa.

> [...] Esse infeliz moço, contra quem o senhor solicita desvairadas violências, conserva a honra na altura da sua imensa desgraça. Abandonou-o o pai, deixando-o condenar à forca; e ele da sua extrema degradação nunca fez sair um grito suplicante de misericórdia. Um estranho lhe esmolou a subsistência de oito meses de cárcere, e ele aceitou a esmola, que era honra para si e para quem lhe dava. [...] Há grandeza neste homem de dezoito anos, senhor Albuquerque. Se vossa senhoria se tivesse consentido que sua filha amasse Simão Botelho Castelo Branco, teria poupado a vida ao homem sem honra que se lhe atravessou com insultos e ofensas corporais de tal afronta, que desonrado ficaria Simão se as não repelisse como homem de alma e brios. Se vossa senhoria se não tivesse oposto às honestíssimas e inocentes afeições de sua filha, a justiça não teria mandado arvorar uma forca, nem a vida de seu sobrinho teria sido imolada aos seus caprichos de mau pai. [...]
>
> CASTELO BRANCO, Camilo. *Amor de perdição*. São Paulo: Saraiva, s.d. p. 139-140.

Vocabulário de apoio

afronta: ofensa, agressão
arvorar: levantar
cárcere: prisão
degradação: destituição da dignidade
imolado: sacrificado

O que você pensa disto?

O drama narrado em *Amor de perdição* é semelhante ao que é contado em um dos textos mais conhecidos da literatura ocidental, a peça *Romeu e Julieta*, de William Shakespeare, que também trata de um amor impossível devido ao ódio entre duas famílias.

- Pense nos casais atuais. Eles costumam enfrentar obstáculos impostos pela família e pela sociedade? Que circunstâncias podem, hoje, impedir a realização do amor? Essas circunstâncias são iguais às de antigamente ou diferentes delas?

Leonardo Di Caprio e Claire Danes em versão cinematográfica de *Romeu e Julieta*, de William Shakespeare (EUA, 1996, direção de Baz Luhrman).

CAPÍTULO 3
O Romantismo no Brasil

O que você vai estudar

- Efeitos da Independência do Brasil.
- Tendências do romantismo em prosa.
- Gerações da poesia romântica.
- Teatro romântico.

Rochet, Louis. Monumento a D. Pedro I, 1855-1862. Bronze, 1500 cm. Praça Tiradentes, Rio de Janeiro.

Esse monumento foi o primeiro erigido em homenagem a dom Pedro I. João Mafra, que concebeu o projeto, pretendia mostrar o imperador e os demais participantes do movimento de independência. Louis Rochet, escultor responsável pela execução da obra, introduziu figuras de indígenas para representar simbolicamente os principais rios do Brasil. Após a independência política proclamada por dom Pedro I, o Romantismo lançou-se à construção de uma identidade nacional para o país, e nessa construção o indígena desempenhou papel importante. Fotografia de 2006.

› O contexto de produção

O processo que resultou na **Independência do Brasil** iniciou-se em 1808, quando a Família Real portuguesa transferiu-se para o Rio de Janeiro para fugir das tropas napoleônicas que haviam invadido Portugal. Em território brasileiro, o rei dom João VI iniciou uma gestão que atendia aos **interesses da elite local** – os proprietários de terras. Com o retorno do rei a Portugal em 1821, o Brasil voltava à condição de colônia, o que gerou insatisfação na elite. Pressionado, o príncipe regente dom Pedro I declarou a independência e iniciou um **regime imperial** já no ano seguinte.

Dom Pedro II, que deu continuidade a esse regime, também não efetuou uma real ruptura com a tradição colonial: manteve os latifúndios, a produção de gêneros primários para exportação e a escravidão. Apesar disso, a ampliação dos privilégios das elites rurais resultou em transformações no cenário nacional, sobretudo nas cidades. A crescente urbanização – principalmente no Rio de Janeiro, sede do poder –, aliada à necessidade de consolidar a independência, favoreceu o surgimento e o desenvolvimento do **Romantismo** no país.

O Romantismo brasileiro, entretanto, não serviu à expressão da burguesia, como ocorreu nos países da Europa, pois essa classe apenas começava a se formar no Brasil. Assim, o Romantismo no Brasil correspondeu à **expressão da classe rural**, formada por exportadores de produtos agrícolas que, procurando ampliar sua participação nas decisões do governo, estabeleciam-se nos **centros urbanos**.

> Uma sociabilidade inédita

Com o deslocamento dos grandes proprietários de terras para as cidades, estas se modernizaram a fim de acomodá-los e também aos novos segmentos sociais – comerciantes e seus empregados, artesãos, profissionais liberais, funcionários públicos, entre outros. O desenvolvimento desse novo grupo de profissionais vinha sendo estimulado desde 1808, por causa de medidas tomadas por dom João VI, como a **abertura dos portos** para o comércio internacional, a **criação de indústrias** e a **fundação de instituições educacionais**. Tais ações também marcaram os governos de seus descendentes – dom Pedro II, por exemplo, trouxe para o Brasil **novas tecnologias**, como o telégrafo e o telefone.

A sociabilidade instaurada no período foi registrada por artistas, conforme exemplifica esta bem-humorada apresentação da rua do Ouvidor, principal rua da capital do Império:

> Que festa! quem viver em 1880 verá o que há de haver.
> Em 1880 – o centenário!...
> Preparai-vos, ó modistas, floristas, fotografistas, dentistas, quinquilharistas, confeitarias, charutarias, livrarias, perfumarias, sapatarias, rouparias, alfaiates, hotéis, espelheiros, ourivesarias, fábricas de instrumentos óticos, acústicos, cirúrgicos, elétricos e as de luvas, e as de postiços, e de fundas, de indústria, comércio e artes, e as de lamparinas, luminárias, faróis, e os focos de luz e de civilização, e vulcões de ideias que são as gazetas diárias, e os armazéns de secos e molhados representantes legítimos da filosofia materialista, e a democrata, popularíssima e abençoada *carne-seca* no princípio da rua, e no fim Notre Dame de Paris, a fada misteriosa de três entradas e saídas e com labirintos, tentações e magias no vasto seio – preparai-vos todos para a festa deslumbrante do centenário da Rua do Ouvidor!...
>
> MACEDO, Joaquim Manoel de. *Memórias da rua do Ouvidor*. Brasília: Ed. da UnB, 1988. p. 41.

■ **Margens do texto**

O narrador menciona os vários segmentos comerciais da rua do Ouvidor. Que efeito estilístico se obtém com essa longa enumeração?

Vocabulário de apoio

funda: atiradeira, estilingue
gazeta: publicação periódica, em geral sobre alguma área especializada
modista: quem confecciona roupa feminina
ourivesaria: loja de objetos feitos em ouro
postiço: acessório para maquiagem
secos e molhados: alimentos sólidos e líquidos

Esse novo ambiente do Rio de Janeiro, retratado por Joaquim Manuel de Macedo, criou as condições necessárias para o desenvolvimento do Romantismo. A recém-surgida **imprensa** (liberada no Brasil por dom João VI) ofereceu os meios de produção e divulgação das obras literárias. A **nova sociabilidade** forneceu o público, formado principalmente por jovens estudantes e mulheres, as quais abandonavam a exclusividade do convívio familiar e passavam a ocupar as ruas, a frequentar o comércio e os espaços de cultura e lazer.

Em 1816, dom João VI contratou um grupo de artistas franceses para fundar a Academia de Belas Artes, na qual os alunos brasileiros poderiam aprender a pintar, desenhar e esculpir à moda neoclássica europeia. Jean-Baptiste Debret destacou-se entre os artistas desse grupo. Suas obras retratavam cenas do cotidiano no Brasil, muitas delas mostrando as diversas atividades executadas por negros escravizados.

DEBRET, Jean-Baptiste. *O jantar no Brasil*, 1827. Aquarela sobre papel, 21,9 cm × 15,9 cm. Museu Castro-Maya, Rio de Janeiro.

Tendências do Romantismo no Brasil

A simultaneidade entre o auge do Romantismo na Europa e a Independência do Brasil estimulou a arte local. Sintonizados com a atitude contestadora e o espírito livre do movimento, os intelectuais e artistas brasileiros elaboraram um projeto capaz de, ao mesmo tempo, alinhar a arte brasileira às produções europeias e colocá-la a serviço da nação que se formava. Nesse sentido, a tendência nacionalista do Romantismo foi muito aproveitada, o que permitiu à produção grande influência na construção de uma identidade brasileira.

O Romantismo alcançou todas as formas de manifestação artística do Brasil, com importantes obras nas artes plásticas, na música e na literatura. Nesta última, o estilo foi aplicado na poesia, no teatro e na prosa.

A poesia: três sensibilidades

A poesia brasileira do período romântico costuma ser dividida em três gerações. A primeira, chamada geração **nacionalista**, introduziu o movimento e cultivou os temas necessários à construção de um ideário nacional. Seus poemas frequentemente exaltavam a natureza ou tratavam do exílio em confissões sobre a saudade da pátria. Outro tema adotado com o fim de remeter ao glorioso passado pátrio foi o do indígena, submetido a forte idealização. A ele eram atribuídos valores como coragem, honra e generosidade, características típicas do cavaleiro medieval – herói romântico por excelência da literatura europeia. **Gonçalves Dias** é o principal poeta dessa primeira geração.

A segunda geração, denominada **ultrarromântica** ou **byroniana**, afastou-se do projeto nacionalista. Os poetas dessa geração expressavam idealismo e evasão. Seus assuntos mais comuns envolviam o apego à morte, a fuga para a infância ou para a natureza e a relação ambígua com a mulher, sexualizada e, ao mesmo tempo, idealizada, inatingível. As obras continham forte individualismo e um tom que ora tendia ao confessional, ora ao sarcasmo. São destaques **Álvares de Azevedo**, **Casimiro de Abreu**, **Junqueira Freire** e **Fagundes Varela**.

Já a terceira geração, chamada **condoreira**, propunha uma poesia socialmente engajada, fundada na ideia de que a arte deveria contribuir para o progresso da humanidade, cabendo ao poeta – privilegiado por sua visão superior e distanciada, como um condor – orientar os indivíduos comuns. Essa concepção de poesia, surgida na segunda metade do século XIX, coincidia com o início das lutas de classes na Europa e, no Brasil, com as campanhas pela abolição da escravatura e pela instauração da República. A poesia dos condoreiros era elaborada para ser declamada em público e para empolgar o ouvinte. O maior nome dessa geração foi **Castro Alves**.

O teatro: consolidação do público

A atividade teatral no Brasil intensificou-se a partir do século XIX, quando a urbanização aumentou e consolidou-se o público para a dramaturgia. A construção de vários teatros possibilitou a apresentação de companhias estrangeiras no país. Ao mesmo tempo, formavam-se companhias nacionais, o que permitiu a profissionalização dos atores e ampliou a produção dos textos.

Gonçalves de Magalhães inaugurou o teatro nacional com a peça *Antônio José ou o poeta e a Inquisição*, de 1838. Nela atuou João Caetano, o primeiro grande ator brasileiro. Os dramaturgos de maior destaque foram José de Alencar, Qorpo Santo e, principalmente, o comediógrafo Martins Pena, responsável por introduzir no país a comédia de costumes.

Repertório

Um marco do Romantismo brasileiro

A revista *Niterói* foi publicada em 1836 por um grupo de intelectuais brasileiros residentes em Paris. Tinha como proposta a pesquisa sobre as necessidades culturais, científicas, políticas e econômicas do Brasil. No primeiro número, um artigo de Gonçalves de Magalhães apresentou a teoria do Romantismo e sugeriu que os autores adequassem os temas propostos pelos árcades – principalmente o indianismo – aos novos padrões estéticos, a fim de dar continuidade ao esforço de diferenciação da literatura local em relação à lusitana. Esse artigo e seu livro de poemas *Suspiros poéticos e saudades*, lançado no mesmo ano, constituem documentos essenciais para compreender o processo de transposição do Romantismo europeu às terras brasileiras.

Estátua em homenagem ao ator João Caetano (1808-1863), um dos principais responsáveis pela formação do teatro brasileiro. Ele priorizou a encenação de textos de autores nacionais e estimulou a presença de atores brasileiros nas peças. Profissional autodidata, em 1833 organizou a primeira companhia dramática nacional e, em 1860, criou uma escola gratuita para atores.

PINHEIROS, Chaves. Estátua de João Caetano, 1850-1860. Bronze, tamanho natural. Praça Tiradentes, Rio de Janeiro, fotografia de 2013.

> A prosa: amplo painel do Brasil

Os romances românticos brasileiros costumam ser classificados como indianistas, históricos, urbanos ou regionalistas, conforme o tema predominante.

O **romance indianista** tinha como figura principal o indígena, considerado o autêntico representante da nacionalidade do país. Sua inocência, sua força física e seu valor moral foram ressaltados com alta carga de idealização, na tentativa de equipará-lo aos heróis da tradição europeia. Ao mesmo tempo, esses romances registraram os costumes e a linguagem dos indígenas, tornando-se por isso documentos da cultura desses povos. Destacam-se as obras *Iracema*, *O guarani* e *Ubirajara*, de José de Alencar.

O **romance histórico** procurava reinterpretar fatos e personagens do passado brasileiro. O principal autor do gênero também foi José de Alencar, destacando-se as obras *As minas de prata* e *A guerra dos mascates*.

O **romance urbano** desenvolveu temas ligados à vida nas cidades, sobretudo no Rio de Janeiro. Tratava especialmente das particularidades do cotidiano de uma burguesia atrelada à elite rural. Em algumas das obras, assuntos como casamento por interesse, dependência feminina ou ascensão social a qualquer custo propiciavam a crítica social. Entre os romances urbanos estão *A moreninha*, de Joaquim Manuel de Macedo, *Memórias de um sargento de milícias*, de Manuel Antônio de Almeida, *Lucíola* e *Senhora*, de José de Alencar.

No **romance regionalista**, os romancistas representavam e valorizavam as diferenças étnicas, linguísticas, sociais e culturais que marcavam as várias regiões do território nacional e, com isso, construíam um rico panorama do Brasil. Essas histórias, por se passarem longe dos centros urbanos – que eram altamente influenciados pelo contato com a Europa –, mostravam as peculiaridades do povo, seus valores e sua existência determinada pelo espaço físico. São exemplos de romances regionalistas as obras *O sertanejo* e *O gaúcho*, de José de Alencar; *Inocência*, de Visconde de Taunay; e *A escrava Isaura*, de Bernardo Guimarães.

Repertório

Identificação entre leitores e personagens

Em uma passagem do livro *Como e por que sou romancista*, José de Alencar relata o entusiasmo do público pela leitura dos romances românticos. De modo geral, os leitores se viam retratados no texto e identificavam-se com as personagens:

"Uma noite, daquelas em que eu estava mais possuído do livro, lia com expressão uma das páginas mais comoventes de nossa biblioteca. As senhoras, de cabeça baixa, levavam o lenço ao rosto, e poucos momentos depois não puderam conter os soluços que rompiam-lhes o seio.

Com a voz afogada pela comoção e a vista empanada pelas lágrimas, eu também cerrando ao peito o livro aberto, disparei em pranto e respondia com palavras de consolo às lamentações de minha mãe e suas amigas."

ALENCAR, José de. *Como e por que sou romancista*. Campinas: Pontes, 1990. p. 28.

MEIRELLES, Victor. *Batalha dos Guararapes*, 1875-1879. Óleo sobre tela, 925 cm × 500 cm. Museu Nacional de Belas Artes, Rio de Janeiro.

O quadro de Victor Meirelles remete à principal batalha travada pelos portugueses para expulsar os holandeses de Pernambuco, encerrando o período das invasões holandesas no Brasil no século XVII. As dimensões monumentais da pintura são uma estratégia para engrandecer a ação retratada, aspecto característico do Romantismo.

Sua leitura

Nesta seção você lerá dois textos: um poema de Gonçalves Dias que se tornou célebre pelo conteúdo nacionalista e o trecho de uma cena da peça *O demônio familiar*, de José de Alencar.

Texto 1

Canção do exílio

Kennst du das Land, wo die Zitronen blühn,
Im dunkeln Laub die Goldorangen glühn?
Kennst du es wohl? – Dahin, dahin!
Möcht' ich ziehn.

Goethe

Minha terra tem palmeiras,
Onde canta o Sabiá;
As aves, que aqui gorjeiam,
Não gorjeiam como lá.

Nosso céu tem mais estrelas,
Nossas várzeas têm mais flores,
Nossos bosques têm mais vida,
Nossa vida mais amores.

Em cismar, sozinho, à noite,
Mais prazer encontro eu lá;
Minha terra tem palmeiras,
Onde canta o Sabiá.

Minha terra tem primores,
Que tais não encontro eu cá;
Em cismar – sozinho, à noite –
Mais prazer encontro eu lá;
Minha terra tem palmeiras,
Onde canta o Sabiá.

Não permita Deus que eu morra,
Sem que eu volte para lá;
Sem que desfrute os primores
Que não encontro por cá;
Sem qu'inda aviste as palmeiras,
Onde canta o Sabiá.

DIAS, Gonçalves. *Antologia*. São Paulo: Melhoramentos, 1966. p. 41.

Vocabulário de apoio

cismar: divagar ou pensar insistentemente
exílio: viver fora da pátria por imposição ou por livre escolha
gorjear: emitir sons melodiosos
primor: de qualidade superior, perfeito
qu'inda: contração do pronome relativo *que* com o advérbio *ainda*; que até lá
várzea: extensão de terra plana, terreno à margem de um rio ou ribeirão

Sobre o texto

1. No poema, o eu lírico lamenta estar longe da pátria. Que argumento ele utiliza para justificar sua dor?

2. O eu lírico não menciona os nomes da terra do exílio e da terra natal. Que palavras foram empregadas para distingui-las?

3. A condição psicológica no exílio também é uma forma de exaltação da terra natal. Descreva o estado emocional do eu lírico.

4. "Canção do exílio" apresenta um tema facilmente identificável e vocabulário singelo. Existe contraste entre essa simplicidade e a métrica e as rimas escolhidas pelo poeta? Explique sua resposta.

5. As **epígrafes** são citações colocadas no início de textos para resumir seu sentido ou indicar uma motivação. A epígrafe de "Canção do exílio" foi extraída de um poema de Goethe e traduzida do alemão por Manuel Bandeira da seguinte forma:

   > Conheces o país onde florescem as laranjeiras?
   > Ardem na escura fronde os frutos de ouro...
   > Conhecê-lo? Para lá para lá quisera eu ir!
   >
   > BANDEIRA, Manuel. *Gonçalves Dias*: poesia. 3. ed. Rio de Janeiro: Agir, 1964. p. 11

   Qual é a relação entre o conteúdo dessa epígrafe e o poema de Gonçalves Dias?

6. Muitos poetas do período, influenciados por Gonçalves Dias, também compuseram poemas com o tema do exílio. Considere o momento histórico em que o texto foi escrito e dê uma explicação provável para a opção por essa temática.

7. Releia a segunda estrofe do poema. Que conhecido texto brasileiro remete a esse trecho de "Canção do exílio"?

Texto 2

ALFREDO — É raro encontrá-lo agora, Sr. Azevedo. Já não aparece nos bailes, nos teatros.

AZEVEDO — Estou-me habituando à existência monótona da família.

ALFREDO — Monótona?

AZEVEDO — Sim. Um piano que toca, duas ou três moças que falam de modas; alguns velhos que dissertam sobre a carestia dos gêneros alimentícios e a diminuição do peso do pão, eis um verdadeiro *tableau* de família no Rio de Janeiro. [...]

ALFREDO — E havia de ser um belo quadro, estou certo; mais belo sem dúvida do que uma cena de salão.

AZEVEDO — Ora, meu caro, no salão tudo é vida; enquanto que aqui, se não fosse essa menina que realmente é espirituosa, D. Carlotinha, que faríamos, senão dormir e abrir a boca?

ALFREDO — É verdade; aqui dorme-se, porém sonha-se com a felicidade; no salão vive-se, mas a vida é uma bem triste realidade. Ao invés de um piano há uma rabeca, as moças não falam de modas, mas falam de bailes; os velhos não dissertam sobre a carestia, mas ocupam-se com a política. Que diz deste quadro, Sr. Azevedo, não acha que também vale a pena de ser desenhado por um hábil artista, para a nossa "Academia de Belas-Artes"?

AZEVEDO — A nossa "Academia de Belas-Artes"? Pois temos isto aqui no Rio?

ALFREDO — Ignorava?

AZEVEDO — Uma caricatura, naturalmente... Não há arte em nosso país.

ALFREDO — A arte existe, Sr. Azevedo, o que não existe é o amor dela.

AZEVEDO — Sim, faltam os artistas.

ALFREDO — Faltam os homens que os compreendam; e sobram aqueles que só acreditam e estimam o que vem do estrangeiro.

AZEVEDO (*com desdém*) — Já foi a Paris, Sr. Alfredo?

ALFREDO — Não, senhor; desejo, e ao mesmo tempo receio ir.

AZEVEDO — Por que razão?

ALFREDO — Porque tenho medo de, na volta, desprezar o meu país, ao invés de amar nele o que há de bom e procurar corrigir o que é mau.

AZEVEDO — Pois aconselho-lhe que vá quanto antes! Vamos ver estas senhoras!

ALFREDO — Passe bem.

ALENCAR, José de. *O demônio familiar.* Campinas: Pontes, 2002. p. 63.

> **Hipertexto**
> Palavras como *estrangeiro* podem ser substantivos ou adjetivos, conforme o contexto de uso. Em casos desse tipo, o **critério sintático** determina a que classe a palavra pertence. Conheça os três critérios de análise e divisão das palavras em classes na parte de Linguagem, (**capítulo 22**, **p. 189**).

Vocabulário de apoio

carestia: preço elevado, acima do valor real
rabeca: tipo de violino
salão: reunião de pessoas da sociedade
tableau: do francês, "retrato, quadro vivo"

Sobre o texto

1. O diálogo que se desenrola nesta cena apresenta a contraposição de dois comportamentos. Caracterize-os.

2. Pode-se dizer que Alfredo, assim como o eu lírico do poema "Canção do exílio", é um ufanista, isto é, admira em excesso seu país? Justifique.

3. Observe as características que podem ser atribuídas a cada uma das personagens em função de suas falas.
   a) É correto afirmar que uma delas é apresentada de modo mais simpático? Por quê?
   b) O que essa caracterização das personagens pode indicar sobre as concepções políticas de José de Alencar?

O que você pensa disto?

Os autores românticos valorizaram o exotismo e a grandiosidade da natureza brasileira. Essa foi uma das formas que encontraram para firmar a identidade do país. Atualmente, a natureza ainda é o principal mote da propaganda que se faz do Brasil quando se quer incentivar a vinda de turistas estrangeiros.

• Na sua opinião, é desejável manter esse comportamento? Por quê?

Marca dos Jogos Olímpicos Rio 2016. Entre os conceitos explorados para sua concepção está o item "Natureza exuberante", conforme apresentado no *site* oficial do evento: <http://www.rio2016.org/os-jogos/olimpicos/marca>. Acesso em: 10 dez. 2012.

CAPÍTULO 4
Alencar: expressão da cultura brasileira

O que você vai estudar
- A criação de heróis indígenas.
- O painel do Brasil pelo regionalismo.
- A crítica social no romance urbano.

MEDEIROS, José Maria de. *Iracema*, 1881. Óleo sobre tela, 168,3 cm × 255 cm. Museu Nacional de Belas Artes, Rio de Janeiro.

José Maria de Medeiros baseou-se no romance *Iracema*, de José de Alencar, para pintar este quadro, um dos mais importantes do indianismo brasileiro. Na tela, a flecha que a jovem olha está enfeitada com flores de maracujá, símbolo do amor que ela sentia por Martim. A paisagem exuberante foi retratada em detalhes.

❯ Alencar indianista: os fundadores da nação

Após a independência política do país, o Romantismo buscou a **figura do indígena** como forma de distinguir o Brasil de Portugal e mostrar as potencialidades da nova nação. Como resultado desse primeiro momento, o indianismo invadiu a cultura do século XIX e teve em José de Alencar (1829-1877) seu mais célebre romancista.

Peri, primeira personagem indígena do autor a conquistar o interesse do público, protagoniza o romance *O guarani* (1857). A narrativa gira em torno do envolvimento do goitacá Peri em uma luta entre indígenas e brancos, causada pela morte acidental de uma jovem aimoré por um jovem português. Peri luta para defender a família portuguesa recém-estabelecida na terra da vingança dos Aimorés. Totalmente devotado a Cecília (Ceci), filha do fidalgo dom Antônio de Mariz, recebe deste a incumbência de garantir a sobrevivência da moça.

Iracema (1865), segundo romance indianista de Alencar, conta a história da jovem tabajara que deveria permanecer virgem a fim de cumprir seu papel de sacerdotisa. Ao se apaixonar pelo colonizador português Martim, entrega-se a ele; por isso, passa a ser considerada traidora da tribo. Sua breve vida será marcada pela tristeza, e o nascimento de seu filho, Moacir, determinará sua morte. Na tela de José Maria de Medeiros, a solidão e a melancolia de Iracema sugerem seu sacrifício para tornar possível o nascimento do povo mestiço do Brasil.

Por fim, *Ubirajara* (1874) narra as provas vividas pelo herói indígena que dá nome ao romance para liderar a união de povos inimigos em uma única nação fortalecida.

A chamada **trilogia indianista** de José de Alencar mostra, portanto, em ordem inversa à dos eventos históricos, as três etapas da relação do indígena com o colonizador: *O guarani* trata do processo de povoamento português; *Iracema*, da chegada dos primeiros brancos e da miscigenação; *Ubirajara*, da convivência entre as nações indígenas quando os brancos ainda não haviam aportado.

> ## Heróis brasileiros

José de Alencar tratou a cultura indígena como marca específica da nacionalidade e, por isso, seus representantes são típicos **heróis**. Em nenhum momento, entretanto, o herói indígena supera o branco colonizador. Ambos se equivalem em honra e coragem para que seus descendentes, frutos da miscigenação, possam justificar o orgulho patriótico.

O perfil idealizado das personagens indígenas incorpora, de um lado, os traços positivos dos **europeus** e, de outro, a grandiosa **natureza local** com a qual seu aspecto físico é comparado.

> Iracema, a virgem dos lábios de mel, que tinha os cabelos mais negros que a asa da graúna e mais longos que seu talhe de palmeira.
> O favo da jati não era doce como seu sorriso; nem a baunilha recendia no bosque como seu hálito perfumado.
> ALENCAR, José de. *Iracema*. São Paulo: Companhia Editora Nacional, 2004. p. 19.

■ Margens do texto
Que figura de linguagem predomina neste trecho? Que efeito o narrador obtém ao utilizá-la?

Ao destacar a beleza delicada da personagem, o autor promove uma idealização que cumpre duas funções: alinhar o indianismo aos ideais românticos e minimizar a crença, vinda desde o início da colonização, de que os indígenas constituíam uma etnia inferior e rústica. Trata-se, é evidente, de uma **abordagem etnocêntrica**, já que a valorização do povo nativo não ocorreu por suas qualidades próprias, mas sim por aquilo que os fazia parecidos com o que o europeu considerava bom e belo.

O autor contribuiu, não obstante, para modificar o preconceito quanto à cultura nativa ao incluir, na introdução dos romances e em inúmeras notas de rodapé, informações históricas e vocabulário tupi-guarani, frutos de seus estudos sobre os diversos povos indígenas. Aliás, a incorporação de **palavras indígenas** e o trabalho com a linguagem em geral foram elementos fundamentais na elaboração de seus romances.

> — Jurandir é moço; ainda conta os anos pelos dedos e não viveu bastante para saber o que os anciões da grande nação tocantim aprenderam nas guerras e nas florestas.
> O moço é o tapir que rompe a mata, e voa como a seta. O velho é o jabuti prudente que não se apressa.
> O tapir erra o caminho e não vê por onde passa. O jabuti observa tudo, e sempre chega primeiro. [...]
> ALENCAR, José de. *Ubirajara*. São Paulo: FTD, 1994. p. 62.

■ Sétima arte

Avatar
(EUA, 2009)
Direção de James Cameron
Colonizadores originários da Terra misturam-se ao povo que habita outro planeta, no qual há reservas de um minério valiosíssimo. Um dos colonizadores, o protagonista, estabelece uma ligação afetiva com esse povo e, mais especificamente, com uma habitante do gênero feminino. Maior bilheteria até 2009, *Avatar* esbanja tecnologia e efeitos especiais, mas seu enredo tem afinidades com o de algumas obras do indianismo literário do século XIX, particularmente com *Iracema*, de José de Alencar. Leia o livro, veja o filme e confira.

Tanto na descrição e na construção de suas personagens quanto na maneira de narrar os fatos, Alencar procura garantir, pela aproximação do universo próprio do nativo, maior credibilidade à imagem favorável que está sendo construída. Tal estratégia favorece a concretização do projeto do autor: criar heróis capazes de ser assimilados pelos brasileiros.

> ## Alencar histórico: a recriação do passado

Várias personagens dos romances indianistas realmente fizeram parte da história do Brasil e, por isso, tais obras de Alencar são também consideradas **históricas**. Essa classificação, porém, cabe melhor ao conjunto de narrativas que trataram das riquezas da terra brasileira, de sua posse definitiva e do alargamento de suas fronteiras. São romances que relatam episódios históricos desde o início da conquista do país. Entrelaçam-se neles enredos imaginativos e o registro de fatos, datas e locais, com o objetivo de mostrar a origem do povo brasileiro.

As minas de prata (1862) é um exemplo do gênero, que, a propósito, não alcançou grande popularidade. Em meio a duelos, conspirações, perseguições e outras peripécias, o romance retrata a saga dos desbravadores do sertão brasileiro na busca por metais preciosos. A obra traz também uma crítica à cobiça dos bandeirantes e aos atos dos religiosos da Companhia de Jesus.

Cena do filme *Avatar*.

Sua leitura

A seguir, você lerá o trecho de *O guarani* em que Peri explica suas ações para a família de dom Antônio de Mariz.

"Quando Ararê deitou o seu corpo sobre a terra para não tornar a erguê-lo, chamou Peri e disse: 'Filho de Ararê, teu pai vai morrer; lembra-te que tua carne é a minha carne; e o teu sangue é o meu sangue. Teu corpo não deve servir ao banquete do inimigo'.

Ararê disse, e tirou suas contas de frutos que deu a seu filho: estavam cheias de veneno; tinham nelas a morte.

Quando Peri fosse prisioneiro, bastava quebrar um fruto, e ria do vencedor que não se animaria a tocar no seu corpo.

Peri viu que a senhora sofria, e olhou as suas contas; teve uma ideia; a herança de Ararê podia salvar a todos.

Se tu deixasses fazer o que queria, quando a noite viesse não acharia um inimigo vivo; os brancos e os índios não te ofenderiam mais."

Toda a família ouvia esta narração com uma surpresa extraordinária; compreendiam dela que havia em tudo isto uma arma terrível – o veneno; mas não podiam saber os meios de que o índio se servira ou pretendia servir-se para usar desse agente de destruição.

— Acaba! disse D. Antônio; por que modo contavas então destruir o inimigo?

— Peri envenenou a água que os brancos bebem, e o seu corpo, que devia servir ao banquete dos Aimorés!

Um grito de horror acolheu essas palavras ditas pelo índio em um tom simples e natural.

O plano que Peri combinara para salvar seus amigos acabava de revelar-se em toda a sua abnegação sublime e com o cortejo de cenas terríveis e monstruosas que deviam acompanhar a sua realização.

Confiado nesse veneno que os índios conheciam com o nome de curare, e cuja fabricação era um segredo de algumas tribos, Peri com a sua inteligência e dedicação descobrira um meio de vencer ele só aos inimigos, apesar do seu número e da sua força.

Sabia a violência e o efeito pronto daquela arma que seu pai lhe confiara na hora da morte; sabia que bastava uma pequena parcela desse pó sutil para destruir em algumas horas a organização a mais forte e a mais robusta. O índio resolveu pois usar deste poder que na sua mão heroica ia tornar-se um instrumento de salvação e o agente de um sacrifício tremendo feito à amizade.

Dois frutos bastaram; um serviu para envenenar a água e as bebidas dos aventureiros revoltados; e o outro acompanhou-o até o momento do suplício, em que passou de suas mãos aos seus lábios.

[...]

O que porém dava a esse plano um cunho de grandeza e de admiração, não era somente o heroísmo do sacrifício; era a beleza horrível da concepção, era o pensamento superior que ligara tantos acontecimentos, que os submetera à sua vontade, fazendo-os suceder-se naturalmente e caminhar para um desfecho necessário e infalível.

[...]

Atacando os Aimorés, a sua intenção era excitá-los à vingança; precisava mostrar-se forte, valente, destemido, para merecer que os selvagens o tratassem como um inimigo digno de seu ódio. Com a sua destreza e com a precaução que tomara tornando o seu corpo impenetrável, contava evitar a morte antes de poder realizar o seu projeto; quando mesmo caísse ferido, tinha tempo de passar o veneno aos lábios.

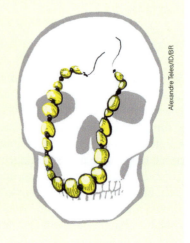

A sua previsão porém não o iludiu; tendo conseguido o que desejava, tendo excitado a raiva dos Aimorés, quebrou a sua arma e suplicou a vida ao inimigo; foi de todo o sacrifício o que mais lhe custou.

Mas assim era preciso; a vida de Cecília o exigia; a morte que o havia respeitado até então podia surpreendê-lo; e Peri queria ser feito prisioneiro, como foi, e contava ser.

ALENCAR, José de. *O guarani*. São Paulo: Escala Educacional, 2006. p. 258-260.

Hipertexto

Neste trecho, os **pronomes possessivos**, além de relacionar os substantivos às pessoas do discurso, criam uma identidade entre as personagens de Peri e seu pai, Ararê. O valor semântico desses pronomes, portanto, é ampliado pelo contexto. Leia mais sobre os pronomes possessivos na parte de Linguagem, (**capítulo 26**, p. 236).

Vocabulário de apoio

abnegação: sacrifício voluntário dos próprios desejos

conta: pequena peça, feita de materiais diversos, usada como adorno em colares e pulseiras

cunho: tendência, traço, qualidade

destreza: habilidade; facilidade e rapidez de movimentos

Sobre o texto

1. Nesse fragmento, Peri conta à família Mariz o plano que elaborou para salvá-la. Explique, resumidamente, esse plano.

2. No trecho de *O guarani*, há referência ao ritual de devoração dos inimigos, sobre o qual Alencar escreveu esta nota de rodapé no romance *Ubirajara*.

> Ninguém pode seguramente abster-se de um sentimento de horror ante essa ideia do homem devorado pelo homem. [...]
> Mas antes de tudo cumpre investigar a causa que produziu entre algumas, não entre todas as nações indígenas, o costume da antropofagia. [...]
> [...] Era esse ato um perfeito sacrifício, celebrado com pompa [...].
> Parece-nos pois que a ideia da gula deve ser repelida sem hesitação. [...]
> Também pela contraprova, havemos de excluir a ferocidade como razão do canibalismo americano. [...]
> Não era [...] a vingança a verdadeira razão da antropofagia. [...]
> [...] O sacrifício humano significava uma glória insigne reservada aos guerreiros ilustres ou varões egrégios quando caíam prisioneiros. Para honrá-los, os matavam no meio da festa guerreira; e comiam sua carne que devia transmitir-lhes a pujança e valor do herói inimigo.
> ALENCAR, José de. *Ubirajara*. São Paulo: FTD, 1994. p. 47-49.

Vocabulário de apoio

egrégio: distinto, importante, digno de admiração
insigne: famoso, ilustre
pujança: grande força, domínio, grandeza
varão: homem destemido

a) Explique que função cumpre essa nota em um romance indianista.
b) Em *O guarani*, não há nota sobre o ritual; este deve ser compreendido pela fala de Peri. Por meio de quais informações o leitor pode entender sua importância?

3. Em uma passagem anterior do romance, dom Mariz comenta sobre Peri.

> — [...] Desde o primeiro dia que aqui entrou, salvando minha filha, a sua vida tem sido um só ato de abnegação e heroísmo. Crede-me, Álvaro, é um cavalheiro português no corpo de um selvagem!
> ALENCAR, José de. *O guarani*. São Paulo: Ática, 2006. p. 45.

a) Como as características valorizadas por dom Mariz aparecem na passagem em que Peri conta seu plano?
b) Dentre as qualidades percebidas por dom Mariz, qual é a mais importante para o próprio Peri? Explique.
c) No trecho em que Peri explica suas ações, o narrador indicou também outras qualidades desse herói. Identifique-as e comente-as.
d) Mesmo valorizando o povo nativo do Brasil, o indianismo revelou uma visão ética e moral apegada à sociedade europeia. Justifique como essa visão se revela na fala de dom Antônio de Mariz e nos atos de Peri.

4. Na ilustração ao lado, Angelo Agostini representou o Brasil por meio de um indígena. Compare a simbologia dessa ilustração com a de *O guarani*.

AGOSTINI, Angelo. *Índio cansado representando o império*, s.d.
Ilustração do desenhista italiano Angelo Agostini (1843-1910).

Ação e cidadania

Indianismo e identidade nacional

No Romantismo, a construção de uma identidade nacional afinada com a visão do indígena era uma herança inventada. Os nativos não haviam participado de maneira relevante da formação do povo brasileiro, e suas influências linguísticas e culturais eram poucas diante do modelo europeu. As convenções românticas que marcaram boa parte do indianismo deixaram de lado as condições reais de vida dos indígenas, bem como o desaparecimento violento de muitas etnias.

Em 1967, foi criada a Fundação Nacional do Índio (Funai), um órgão do governo federal voltado para a defesa dos direitos indígenas. A Funai promove políticas de desenvolvimento sustentável das populações indígenas, de conservação do meio ambiente e de vigilância das terras indígenas, entre outras ações.

Sede da Funai em Brasília (DF). Fotografia de 2010.

❯ Alencar regional: recortes do Brasil

O **regionalismo** de Alencar corresponde a um desdobramento de seu indianismo, pois nas obras consideradas regionalistas o autor criou, também, mitos de origem do país. Elegeu, para isso, figuras masculinas de áreas que distavam dos centros mais desenvolvidos, cuja autêntica brasilidade estaria preservada pelo contato menor com os europeus. Assim, o escritor pôde compor um quadro social bem abrangente do Brasil, ao colocar em cena sertanejos, gaúchos, fluminenses e paulistas interioranos.

Nesse tipo de romance, além de retratar a fauna e a flora da região, Alencar revela, com grande poder criativo, particularidades culturais da **sociedade rural**. É o que se percebe neste trecho de *O sertanejo* (1875), no qual Arnaldo explica para sua mãe por que não acatará as ordens do capitão-mor, principal autoridade da região.

> — Não cometi nenhum crime para carecer de perdão, mãe.
> Justa denunciou no semblante a estranheza que lhe causavam as palavras do filho:
> — Pois não desobedeceste ao senhor capitão-mor, Arnaldo?
> — Para desobedecer-lhe era preciso que ele tivesse o poder de ordenar-me que fosse um vil; mas esse poder, ele não o possui, nem alguém neste mundo. O senhor capitão-mor exigiu de mim que lhe entregasse Jó, e eu recusei.
> — Mas filho, o senhor capitão-mor não é o dono da Oiticica? Não é ele quem manda em todo este sertão? Abaixo de El-rei que está lá na sua corte, todos devemos servi-lo e obedecer-lhe.
> — Pergunte aos pássaros que andam nos ares, e às feras que vivem nas matas, se conhecem algum senhor além de Deus? Eu sou como eles, mãe.
> — Tu és meu filho, Arnaldo. Lembra-te do que foi para teu pai esta casa onde nasceste, e do que ainda é hoje para tua mãe.
> — Os benefícios, eu os pagarei sendo preciso com a vida; mas essa vida que me deu, mãe, se eu a vivesse sem honra, meu pai lá do céu me retiraria sua bênção.
>
> ALENCAR, José de. *O sertanejo*. São Paulo: Ática, 1975. p. 80-81.

O fragmento mostra valores e costumes do universo interiorano. Por meio dele, sabe-se do poder quase irrestrito do capitão-mor, que assume a função do Estado na região, determinando regras, exigindo seu cumprimento e punindo os desobedientes. Sabe-se, igualmente, que a família do protagonista recebeu benefícios desse proprietário e, por isso, sente-se em dívida permanente. Esses elementos refletem as relações entre proprietários e empregados no sertão à época.

É nesse universo peculiar que surge Arnaldo, o herói idealizado em quem se une a tradição europeia do indivíduo honrado com os traços particulares do sertanejo do Brasil. Assim como no romance indianista, os elementos do cenário nativo – a liberdade dos pássaros e das feras – são incluídos na composição da personagem para criar o mito. As virtudes do indivíduo interiorano são destacadas e muitas vezes confrontadas com as características do morador da cidade, vil ou insignificante. É uma forma de Alencar criticar o progresso, quando este altera os valores e a aparência das regiões.

Margens do texto

1. Que traços são utilizados para definir o perfil de Arnaldo, o protagonista?
2. Aponte as semelhanças e os contrastes entre Arnaldo, de *O sertanejo*, e Peri, de *O guarani*.

Vocabulário de apoio

El-rei: o imperador do Brasil (à época, dom Pedro II)
Oiticica: no romance, uma rica fazenda de criação de gado
semblante: rosto, fisionomia
vil: desprezível, indigno

A tela de Pedro Weingärtner retrata uma cena de costumes em que estão representados carreteiros gaúchos em momento de descanso. O pintor, atento aos detalhes, usou formas e cores bem definidas para obter a precisão da cena. Sua obra ganha, por isso, traços de um "realismo documental", semelhante ao que se vê em alguns romances regionalistas da época.

WEINGÄRTNER, Pedro. *Pousada de carreteiros*, 1914. Óleo sobre tela, 37 cm × 73 cm. Pinacoteca Aplub, Porto Alegre.

▷ Alencar urbano: análise de costumes

Nos **romances urbanos**, a **figura feminina** emerge e recebe caracterização psicológica repleta de sutilezas e ambiguidades. Por isso, é comum a alusão aos perfis de mulheres construídos por José de Alencar.

Em suas principais obras do ciclo urbano, *Lucíola* (1862), *Diva* (1864) e *Senhora* (1875), o autor trata de mulheres de personalidade forte, responsáveis por suas próprias vidas; incomuns, portanto, para a sociedade da época. Em *Senhora*, a protagonista Aurélia, subitamente enriquecida por uma herança do avô, "compra" o homem que ama, oferecendo-lhe um dote em dinheiro. Este a abandonara, quando ela era pobre, por uma moça rica, mas depois, necessitado, aceita o contrato de casamento. Nesta passagem, logo após o casamento, ela humilha Fernando Seixas por ter aceitado sua proposta.

> — A riqueza que Deus me concedeu chegou tarde; nem ao menos permitiu-me o prazer da ilusão, que têm as mulheres enganadas. Quando a recebi, já conhecia o mundo e suas misérias; já sabia que a moça rica é um arranjo e não uma esposa; pois bem, disse eu, essa riqueza servirá para dar-me a única satisfação que ainda posso ter neste mundo. Mostrar a esse homem que não me soube compreender, que mulher o amava, e que alma perdeu. Entretanto ainda eu afagava uma esperança. Se ele recusa nobremente a proposta aviltante, eu irei lançar-me a seus pés. Suplicar-lhe-ei que aceite a minha riqueza, que a dissipe se quiser; mas consinta-me que eu o ame. Essa última consolação, o senhor a arrebatou. Que me restava? Outrora atava-se o cadáver ao homicida, para expiação da culpa; o senhor matou-me o coração, era justo que o prendesse ao despojo de sua vítima. Mas não desespere, o suplício não pode ser longo: este constante martírio a que estamos condenados acabará por extinguir-me o último alento; o senhor ficará livre e rico.
>
> ALENCAR, José de. *Senhora*. São Paulo: Scipione, 1994. p. 87.

O desejo de vingança dá vigor e autoridade a Aurélia. Suas concepções românticas, entretanto, dão origem a sua mágoa, pois ela acredita no amor único e verdadeiro. Aurélia não é uma "feminista", nem deseja abrir mão do destino da mulher, que era se casar. O centro da trama está no desequilíbrio amoroso produzido pelo dinheiro na vida conjugal. Neste e em outros romances urbanos de José de Alencar, orgulho, inveja e amor ferido revelam a crítica do autor aos valores burgueses.

Tal tendência poderia ter levado o romance urbano de Alencar em direção ao Realismo, uma tendência literária que se consolidaria posteriormente. Seus enredos e as convicções de suas personagens, no entanto, permaneceram românticos. Na sequência dos acontecimentos, o narrador reconstrói a dignidade do herói e mantém a idealização romântica: Fernando se reabilita, e Aurélia pode amá-lo como herói honrado que ele passa a ser.

Em síntese, mesmo movidos pela idealização romântica, os romances de Alencar registram de forma crítica os valores da época. Além disso, cumprem um papel de crônicas de costumes do Rio de Janeiro imperial ao descrever a vida burguesa na corte.

Vocabulário de apoio

alento: respiração, fôlego
aviltante: humilhante, desonroso
consentir: permitir
despojo: algo que se toma de um inimigo; bens capturados
dissipar: gastar rapidamente, fazer sumir
expiação: castigo que se cumpre para compensar uma culpa

■ Margens do texto

1. Qual aspecto da vida social do século XIX se destaca no trecho ao lado?
2. Por que Aurélia se refere à "ilusão das mulheres enganadas"?

• Hipertexto

A coesão de um texto é garantida, entre outros fatores, pelo uso de pronomes, que podem retomar ou antecipar um referente. Leia sobre os mecanismos de **anáfora** e **catáfora** na parte de Linguagem (**capítulo 26**, p. 241).

Ilustrações do *Novo Correio das Modas: jornal do mundo elegante consagrado às famílias brasileiras*. Moda e prosa ficcional faziam parte do conteúdo da publicação, dirigida ao público feminino do Rio de Janeiro oitocentista. O periódico circulou entre 1852 e 1854.

Sua leitura

O fragmento a seguir foi extraído de *Lucíola* e narra o momento em que Paulo, recém-chegado do Recife, conhece Lúcia, a protagonista, descrita como uma famosa cortesã do Rio de Janeiro.

A lua vinha assomando pelo cimo das montanhas fronteiras; descobri nessa ocasião, a alguns passos de mim, uma linda moça, que parara um instante para contemplar no horizonte as nuvens brancas esgarçadas sobre o céu azul e estrelado. Admirei-lhe do primeiro olhar um talhe esbelto e de suprema elegância. O vestido que o moldava era cinzento com orlas de veludo castanho e dava esquisito realce a um desses rostos suaves, puros e diáfanos, que parecem vão desfazer-se ao menor sopro, como os tênues vapores da alvorada. Ressumbrava na sua muda contemplação doce melancolia e não sei que laivos de tão ingênua castidade, que o meu olhar repousou calmo e sereno na mimosa aparição.

— Já vi esta moça! disse comigo. Mas onde?...

Ela pouco demorou-se na sua graciosa imobilidade e continuou lentamente o passeio interrompido. Meu companheiro cumprimentou-a com um gesto familiar; eu, com respeitosa cortesia, que me foi retribuída por uma imperceptível inclinação da fronte.

— Quem é esta senhora? perguntei a Sá.

A resposta foi o sorriso inexprimível, mistura de sarcasmo, de bonomia e fatuidade, que desperta nos elegantes da corte a ignorância de um amigo, profano na difícil ciência das banalidades sociais.

— Não é uma senhora, Paulo! É uma mulher bonita. Queres conhecê-la?...

Compreendi e corei de minha simplicidade provinciana, que confundira a máscara hipócrita do vício com o modesto recato da inocência. Só então notei que aquela moça estava só, e que a ausência de um pai, de um marido, ou de um irmão, devia-me ter feito suspeitar a verdade.

Depois de algumas voltas descobrimos ao longe a ondulação do seu vestido, e fomos encontrá-la, retirada a um canto, distribuindo algumas pequenas moedas de prata à multidão de pobres que a cercava. Voltou-se confusa ouvindo Sá pronunciar o seu nome:

— Lúcia!

— Não há modos de livrar-se uma pessoa desta gente! São de uma impertinência! disse ela mostrando os pobres e esquivando-se aos seus agradecimentos.

Feita a apresentação no tom desdenhoso e altivo com que um moço distinto se dirige a essas sultanas do ouro, e trocadas algumas palavras triviais, meu amigo perguntou-lhe:

— Vieste só?
— Em corpo e alma.
— E não tens companhia para a volta?

Ela fez um gesto negativo.

— Neste caso ofereço-te a minha, ou antes a nossa.
— Em qualquer outra ocasião aceitaria com muito prazer; hoje não posso.
— Já vejo que não foste franca!
— Não acredita?... Se eu viesse por passeio!
— E qual é o outro motivo que te pode trazer à festa da Glória?
— A senhora veio talvez por devoção? disse eu.
— A Lúcia devota!... Bem se vê que a não conheces.
— Um dia no ano não é muito! respondeu ela sorrindo.
— É sempre alguma coisa, repliquei.

Sá insistiu:

— Deixa-te disso; vem conosco.
— O senhor sabe que não é preciso rogar-me quando se trata de me divertir. Amanhã, qualquer dia, estou pronta. Esta noite, não!
— Decididamente há alguém que te espera.
— Ora! Faço mistério disto?
— Não é teu costume decerto.
— Portanto tenho o direito de ser acreditada. As aparências enganam tantas vezes! Não é verdade? disse voltando-se para mim com um sorriso.

Não me lembro o que lhe respondi; alguma palavra que nada exprimia, dessas que se pronunciam às vezes para ter o ar de dizer alguma coisa.

Quanto a Lúcia, fazendo-nos um ligeiro aceno com o leque, aproveitou uma aberta da multidão e penetrou no interior da igreja, em risco de ser esmagada pelo povo.

ALENCAR, José de. *Lucíola*. São Paulo: Ática, 1995. p. 13-16.

Vocabulário de apoio

aberta: passagem
altivo: ilustre
assomar: surgir
bonomia: bondade
cimo: topo
contemplar: observar
desdenhoso: indiferente
diáfano: delicado
esbelto: elegante
fatuidade: vaidade
fronte: cabeça
laivo: sinal
orla: acabamento
profano: não iniciado em certos conhecimentos
provinciano: que não pertence à capital
ressumbrar: revelar
talhe: forma física

O quadro *Olympia*, de Édouard Manet, que retrata uma cortesã nua, causou escândalo ao ser exibido no Salão Oficial de 1863.

MANET, Édouard. *Olympia*, 1863. Óleo sobre tela, 103,5 cm × 190 cm. Museu d'Orsay, Paris, França.

Sobre o texto

1. No trecho, o narrador-personagem é apresentado à protagonista da história.
   a) Que impressão inicial a moça causa em Paulo?
   b) O diálogo que Paulo e seu amigo têm com ela confirma essa impressão? Por quê?

2. No final do mesmo capítulo, o narrador, que na verdade está escrevendo uma longa carta, comenta com a senhora que a vai receber:

   > Nunca lhe sucedeu, passeando em nossos campos, admirar alguma das brilhantes parasitas que pendem dos ramos das árvores, abrindo ao sol a rubra corola? E quando ao colher a linda flor, em vez da suave fragrância que esperava, sentiu o cheiro repulsivo de torpe inseto que nela dormiu, não a atirou com desprezo para longe de si?

   a) Explique a metáfora das "brilhantes parasitas", considerando a impressão que Lúcia causara no narrador.
   b) Considere o sentido da palavra *parasita* e procure relacioná-lo à visão do narrador-personagem sobre a protagonista.

3. O primeiro parágrafo do fragmento (página 44) mostra um aspecto estilístico típico das narrativas de Alencar. Qual?

4. As narrativas urbanas apresentam as convenções sociais do período.
   a) Que convenção, mencionada pelo narrador, é importante para compreendermos a condição diferenciada da vida de Lúcia?
   b) O que a presença de Lúcia em uma festa popular sugere sobre a sociedade do período? Justifique.

5. O doutor Sá e Paulo são homens com diferentes conhecimentos da sociabilidade da corte. Compare-os e justifique essa diferença.

O que você pensa disto?

Como vimos, em seus romances urbanos, José de Alencar critica explicitamente a sociedade movida por interesses financeiros. Nos romances indianistas e regionalistas, embora indireta, a crítica é feita pela construção de heróis exemplares, opostos aos indivíduos que viviam os vícios da corte. Alencar registrou, de várias formas, o mal-estar com certos valores sociais, como o casamento por interesse, a vida de exploradoras das cortesãs ou mesmo a subserviência financeira a um senhor regional.

- Tente se lembrar de manifestações culturais de nossa época no cinema, na música, nas artes plásticas, etc., que também critiquem a excessiva valorização da aparência e do dinheiro. Opine sobre a importância e o alcance dessas críticas.

Nesta obra, o artista plástico Andy Warhol questiona os valores da sociedade capitalista e o modo de vida estadunidense.
WARHOL, Andy. *Dollar Sign*, 1981. *Silk-screen* e acrílica sobre tela, 229 cm × 178 cm. Coleção particular.

Vocabulário de apoio

corola: parte da flor formada por pétalas
torpe: repugnante

Repertório

Entre *As asas de um anjo* e *Lucíola*

O Romantismo precisava criar também a arte teatral no Brasil para a solidez de nossa identidade – como diziam os intelectuais da época. E José de Alencar foi um fértil criador de dramas e comédias. Uma de suas peças gerou grande alarde: *As asas de um anjo* (1857) foi suspensa logo ao início das representações. Julgada pelos censores do Rio de Janeiro como "ofensiva à moral pública", por tratar da vida de uma mulher que se tornara cortesã no Rio de Janeiro, causou grande repercussão em nossos jornais. *Lucíola*, publicado em 1862, novamente trataria desse assunto. Com enredo bastante similar ao da peça, o romance, publicado sob pseudônimo, não enfrentou restrições, e os leitores não se indignaram, tomando-o como exemplo didático de moralização da sociedade.

PINHEIRO, Rafael Bordalo. Retrato de dom Pedro II em *Álbum das glórias*, 1880. Litografia, 30,8 cm × 19,4 cm. Coleção particular.

Dom Pedro II polemizou com Alencar em jornais a respeito da literatura e das artes no país.

CAPÍTULO 5

Joaquim Manuel de Macedo e Manuel Antônio de Almeida: o rumor das ruas

O que você vai estudar

- O início do romance no Brasil.
- A crônica de costumes de Joaquim Manuel de Macedo.
- A malandragem na obra de Manuel Antônio de Almeida.

FERREZ, Marc. *Ilha de Paquetá*, 1890. Fotografia. Coleção Gilberto Ferrez/Instituto Moreira Salles, São Paulo.

Paisagem da ilha de Paquetá, na baía de Guanabara (RJ), fotografada por Marc Ferrez (1843-1923), autor de importantes registros fotográficos do século XIX. Embora não seja mencionada nominalmente na obra, sabe-se que essa ilha é o cenário do romance *A Moreninha*, de Joaquim Manuel de Macedo.

Neste capítulo, serão estudados dois escritores que, com José de Alencar, compõem o principal grupo de autores românticos preocupados em retratar o **cenário urbano** brasileiro: Joaquim Manuel de Macedo e Manuel Antônio de Almeida.

❯ Joaquim Manuel de Macedo: o nascimento do romance brasileiro

Joaquim Manuel de Macedo (1820-1882) pode ser considerado o primeiro romancista brasileiro. Em 1844, mesmo ano em que se formou em Medicina, lançou sua primeira e mais célebre obra: *A Moreninha*. O autor escreveria mais 17 romances, todos seguindo a mesma fórmula bem-sucedida da obra de estreia: narrativas leves, envolventes, cheias de diálogos e com final surpreendente.

A Moreninha narra os desdobramentos de uma aposta entre um grupo de estudantes de Medicina em viagem à ilha onde mora a avó de um deles, de nome Filipe. Tudo acontece porque um dos jovens, Augusto, afirma ser incapaz de amar apenas uma mulher, e os demais afirmam que ele voltará apaixonado da viagem, o que o obrigaria a escrever um romance sobre o acontecimento.

Augusto perde a aposta, pois se apaixona pela irmã de Filipe, Carolina, a Moreninha. Todavia, a paixão passa por complicações, uma vez que o rapaz havia jurado seu amor a alguém que conhecera aos 13 anos. O conflito só tem solução ao final da narrativa, quando o rapaz faz uma surpreendente descoberta.

A Moreninha e os demais romances de Macedo apresentam protagonistas **moralmente virtuosos**, que se caracterizam pela pureza afetiva e têm no casamento o objetivo redentor de sua vida, alcançado somente após um longo período de conflitos e sofrimentos. Esse sentimentalismo exacerbado, tipicamente romântico, divide espaço com a **crônica dos costumes** da sociedade burguesa, embora não chegue a ressaltar as contradições e os conflitos desse meio social.

Sua leitura

Você vai ler um trecho de *A Moreninha* que ilustra o modo como o narrador descreve os costumes da época.

Capítulo 16 – O sarau

Um sarau é o bocado mais delicioso que temos, de telhado abaixo. Em um sarau todo o mundo tem que fazer. O diplomata ajusta, com um copo de *champagne* na mão, os mais intrincados negócios; todos murmuram e não há quem deixe de ser murmurado. O velho lembra-se dos minuetes e das cantigas do seu tempo, e o moço goza todos os regalos da sua época; as moças são no sarau como as estrelas no céu; estão no seu elemento: aqui uma, cantando suave cavatina, eleva-se vaidosa nas asas dos aplausos, por entre os quais surde, às vezes, um bravíssimo inopinado, que solta de lá da sala do jogo o parceiro que acaba de ganhar sua partida no *écarté*, mesmo na ocasião em que a moça se espicha completamente, desafinando um sustenido; daí a pouco vão outras, pelos braços de seus pares, se deslizando pela sala e marchando em seu passeio, mais a compasso que qualquer de nossos batalhões da Guarda Nacional, ao mesmo tempo que conversam sempre sobre objetos inocentes que movem olhaduras e risadinhas apreciáveis. [...] Finalmente, no sarau não é essencial ter cabeça nem boca, porque, para alguns é regra, durante ele, pensar pelos pés e falar pelos olhos.

E o mais é que nós estamos num sarau. Inúmeros batéis conduziram da corte para a ilha de... senhoras e senhores, recomendáveis por caráter e qualidades; alegre, numerosa e escolhida sociedade enche a grande casa, que brilha e mostra em toda a parte borbulhar o prazer e o bom gosto.

Entre todas essas elegantes e agradáveis moças, que com aturado empenho se esforçam por ver qual delas vence em graças, encantos e donaires, certo que sobrepuja a travessa Moreninha, princesa daquela festa.

Hábil menina é ela! Nunca seu amor-próprio presidiu com tanto estudo seu toucador e, contudo, dir-se-ia que o gênio da simplicidade a penteara e vestira. Enquanto as outras moças haviam esgotado a paciência de seus cabeleireiros, posto em tributo toda a habilidade das modistas da Rua do Ouvidor e coberto seus colos com as mais ricas e preciosas joias, D. Carolina dividiu seus cabelos em duas tranças, que deixou cair pelas costas: não quis adornar o pescoço com seu adereço de brilhantes nem com seu lindo colar de esmeraldas; vestiu um finíssimo, mas simples vestido de garça, que até pecava contra a moda reinante, por não ser sobejamente comprido. E vindo assim aparecer na sala, arrebatou todas as vistas e atenções.

Porém, se um atento observador a estudasse, descobriria que ela adrede se mostrava assim, para ostentar as longas e ondeadas madeixas negras, em belo contraste com a alvura de seu vestido branco, para mostrar, todo nu, o elevado colo de alabastro, que tanto a formoseia, e que seu pecado contra a moda reinante não era senão um meio sutil de que se aproveitara para deixar ver o pezinho mais bem-feito e mais pequeno que se pode imaginar. [...]

Neste momento a orquestra assinalou o começo do sarau. [...] Os velhos lembraram-se do passado, os moços aproveitaram o presente, ninguém cuidou do futuro. Os solteiros fizeram por lembrar-se do casamento, os casados trabalharam por esquecer-se dele. Os homens jogaram, falaram em política e requestaram as moças; as senhoras ouviram finezas, trataram de modas e criticaram desapiedadamente umas às outras. [...]

<small>MACEDO, Joaquim Manuel de. *A Moreninha*. 7. ed. São Paulo: FTD, 1998. p. 107-108, 110.</small>

Alexandre Teles/ID/BR

Sobre o texto

1. De acordo com o texto, o que é um sarau? Você já conhecia essa palavra?

2. A que classe social pertencem os convidados? Justifique com uma passagem do texto.

3. O narrador critica ou elogia as situações descritas no sarau? Justifique.

4. Com base na resposta anterior, comente o seguinte trecho: "Um sarau é o bocado mais delicioso que temos, de telhado abaixo. Em um sarau todo o mundo tem que fazer. [...] todos murmuram e não há quem deixe de ser murmurado".

5. Em relação à caracterização da personagem Carolina, qual aspecto da estética romântica pode ser identificado? Justifique com trechos do texto.

Hipertexto

O objetivo dos dois primeiros parágrafos deste trecho é explicar ao leitor o que é um sarau. Embora a divulgação de informações também ocorra no **artigo enciclopédico**, nele se busca a impessoalidade e a objetividade. Leia sobre esse gênero textual na parte de Produção de texto (**capítulo 33, p. 336**) e reflita sobre as diferenças no modo de exposição.

Vocabulário de apoio

adrede: de propósito

batel: pequena embarcação

cavatina: melodia cantada por solista

colo de alabastro: pescoço claro como o alabastro (pedra)

desapiedadamente: sem piedade

donaire: garbo, graça, distinção

écarté: jogo de cartas

garça: tipo de tecido muito fino

inopinado: surpreendente

minuete: composição musical

murmurar: criticar em voz baixa

requestar: cortejar

sobejamente: demasiado; mais que o necessário

sobrepujar: sobressair

surdir: emergir

toucador: cômoda, penteadeira

❯ Manuel Antônio de Almeida: a malandragem em cena

Órfão e de origem humilde, Manuel Antônio de Almeida (1831-1861) teve de trabalhar desde cedo para sobreviver. Formou-se em Medicina, mas dedicou-se quase sempre ao jornalismo, ora como revisor, ora como redator do *Correio Mercantil*. Foi nesse jornal que publicou, na forma de folhetim, seu único romance, *Memórias de um sargento de milícias*, entre 1852 e 1853. A obra foi suficiente para consagrá-lo.

Embora seja contemporâneo de Joaquim Manuel de Macedo e dê continuidade ao romance urbano iniciado por este, Manuel Antônio de Almeida apresenta mais diferenças do que semelhanças com o autor de *A Moreninha* e a maioria dos escritores da época. Sua linguagem tem um **tom coloquial**, mais próximo da linguagem jornalística, bem diferente do rebuscamento e da abundância de metáforas adotados no romance urbano.

Além disso, não há na obra de Manuel Antônio de Almeida idealização nem do protagonista nem da figura feminina. Outra novidade a destacar é que nas *Memórias* o espaço retratado é o do **indivíduo comum**, da classe média baixa do centro urbano, em contraste com o ambiente da burguesia abastada, como acontece, por exemplo, em *A Moreninha*.

Diferentemente dos narradores tipicamente românticos que criticam e elogiam de maneira exagerada a realidade sobre a qual falam, Manuel Antônio de Almeida apresenta em sua obra uma observação satírica e irônica das relações de interesse entre personagens. Algumas destas nem sequer têm nome; sua designação restringe-se ao papel social que desempenham: o barbeiro, a parteira, etc. Em uma passagem de *Memórias*, o narrador chega a ironizar o termo *romântico*: "mas o homem era romântico, como se diz hoje, e babão como se dizia naquele tempo".

Ao contrário do virtuoso herói romântico, Leonardo, protagonista da obra, é um **malandro** – Almeida foi um dos primeiros escritores a introduzir na literatura brasileira essa figura simbólica que posteriormente se tornaria tão forte no imaginário nacional. O malandro é aquele que, sem se dedicar a um trabalho convencional, e também sem ser necessariamente um criminoso, equilibra-se entre essas duas esferas, driblando as adversidades da vida a fim de sobreviver. Leonardo é um anti-herói moderno, mais próximo de uma pessoa comum, constituída de virtudes e defeitos.

> **Hipertexto**
> Em narrativas da tradição árabe, algumas personagens não recebem nomes, sendo identificadas pelo seu **papel social**. Um exemplo desse procedimento pode ser visto na narrativa "O peregrino, o colar e o perfumista", na parte de Linguagem (**capítulo 24**, p. 222).

Repertório

A tradição dos pícaros

Alguns estudiosos da obra de Manuel Antônio de Almeida associam o protagonista, Leonardo, ao **pícaro**, tipo de personagem antigo na literatura que ganha expressão nas novelas espanholas do século XVI, particularmente em *A vida de Lazarillo de Tormes* (1554), de autor anônimo. O pícaro é caracterizado como alguém que age movido pelas circunstâncias da vida, transitando entre moral e amoralidade; sobrevive usando meios ilícitos, mas mantém sua ingenuidade. A perspectiva do narrador da novela picaresca é realista e satírica. O crítico Antonio Candido, no entanto, questiona essa identificação de Leonardo com um pícaro. Entre outros aspectos, faltaria o abandono, as dificuldades de sustento e o estado de servilismo que determinam o destino do pícaro, já que a personagem de Almeida sempre contou com o apoio das pessoas próximas. Como malandro, ele agiria em nome dos próprios interesses, sem consideração moral.

O cego a quem Lazarillo servia deu a ele uma linguiça para assar. Esfomeado, Lazarillo trocou a linguiça por um nabo, comendo-a em seguida. Esta tela representa o momento em que o cego, desconfiando da trapaça, enfiou a mão na boca de Lazarillo e o fez vomitar a linguiça.

GOYA, Francisco de. *El Lazarillo de Tormes*, 1819. Óleo sobre tela, 80 cm × 65 cm. Coleção particular.

Sua leitura

A seguir, você vai ler um trecho de *Memórias de um sargento de milícias* que trata da adolescência de Leonardo, o protagonista.

A custa de muitos trabalhos, de muitas fadigas, e sobretudo de muita paciência, conseguiu o compadre que o menino frequentasse a escola durante dois anos e que aprendesse a ler muito mal e escrever ainda pior. Em todo esse tempo não se passou um só dia em que ele não levasse uma remessa maior ou menor de bolos; e, apesar da fama que gozava o seu pedagogo de muito cruel e injusto, é preciso confessar que poucas vezes o fora para com ele: o menino tinha a bossa da desenvoltura, e isso, junto com as vontades que lhe fazia o padrinho, dava em resultado a mais refinada má-criação que se pode imaginar. Achava ele um prazer suavíssimo em desobedecer a tudo quanto se lhe ordenava; se se queria que estivesse sério, desatava a rir como um perdido com o maior gosto do mundo; se se queria que estivesse quieto, parece que uma mola oculta o impelia e fazia com que desse uma ideia pouco mais ou menos aproximada do moto-contínuo. Nunca uma pasta, um tinteiro, uma lousa lhe durou mais de 15 dias: era tido na escola pelo mais refinado velhaco; vendia aos colegas tudo que podia ter algum valor, fosse seu ou alheio, contanto que lhe caísse nas mãos: um lápis, uma pena, um registro, tudo lhe fazia conta; o dinheiro que apurava empregava sempre do pior modo que podia. Logo no fim dos primeiros cinco dias de escola declarou ao padrinho que já sabia as ruas e não precisava mais de que ele o acompanhasse; no primeiro dia em que o padrinho anuiu a que ele fosse sozinho fez uma tremenda gazeta; tomou depois gosto a esse hábito, e em pouco tempo adquiriu entre os companheiros o apelido de gazeta-mor da escola, o que também queria dizer apanha-bolos-mor. Um dos principais pontos em que ele passava alegremente as manhãs e tardes em que fugia à escola era a igreja da Sé. O leitor compreende bem que isso não era de modo algum inclinação religiosa; na Sé à missa, e mesmo fora disso, reunia-se gente, sobretudo mulheres de mantilha, de quem tomara particular zanguinha por causa da semelhança com a madrinha, e é isso o que ele queria, porque, internando-se na multidão dos que entravam e saíam, passava despercebido e tinha segurança de que o não achariam com facilidade se o procurassem.

ALMEIDA, Manuel Antônio de. *Memórias de um sargento de milícias*. São Paulo: Moderna, 1993. p. 48-49.

Sobre o texto

1. Descreva o perfil de Leonardo, conforme traçado no trecho.
2. Compare esse perfil com a figura do protagonista típico das obras românticas.
3. Destaque do texto uma passagem que comprove que a malandragem já se insinuava na personagem Leonardo quando ele era ainda jovem. Justifique sua escolha.
4. No texto, qual é o significado das expressões *bossa da desenvoltura* e *apanha-bolos-mor*? Explique por que essas expressões contrastam com a linguagem típica do romance urbano.

Vocabulário de apoio

alheio: de outra pessoa
anuir: deixar, concordar, permitir
apurar: juntar, reunir
bolo: castigo físico
bossa: vocação, talento
desenvoltura: desembaraço, valentia, habilidade
fadiga: cansaço
gazeta: "matar aula", deixar de ir à escola para vadiar
mantilha: véu feminino
moto-contínuo: máquina fictícia que reutilizaria indefinidamente a energia gerada por seu próprio movimento
pena: peça metálica usada para escrever
registro: livro de anotações
velhaco: esperto, trapaceiro, enganador

O que você pensa disto?

O sarau, como o descrito por Joaquim Manuel de Macedo na página 47, era uma festa comum na sociedade burguesa do século XIX, com música, dança e literatura. Versos eram declamados ao público, o que contribuía para a divulgação da obra dos autores da época. Depois de caírem em considerável desuso, os saraus recentemente voltaram a acontecer com regularidade em várias cidades brasileiras. E, no século XXI, não são mais exclusividade das classes favorecidas. O sarau da Cooperifa (Cooperativa Cultural da Periferia), por exemplo, começou em 2001 na cidade de Taboão da Serra, na Grande São Paulo, e tornou-se um ritual semanal na vida de muitas pessoas, grande parte delas moradora da periferia e com pouco contato anterior com a literatura.

Sarau da Cooperifa, comandado por Sergio Vaz, em São Paulo (SP). Fotografia de 2012.

- Em uma época com tantos recursos tecnológicos de entretenimento, qual seria, na sua opinião, o atrativo de promover encontros para declamar ou cantar versos em público?

CAPÍTULO 6

Taunay e Bernardo Guimarães: ângulos do regional

O que você vai estudar

- O regionalismo romântico.
- Visconde de Taunay: *Inocência*.
- Bernardo Guimarães: *O seminarista* e *A escrava Isaura*.

ALMEIDA JÚNIOR. *O violeiro*, 1899. Óleo sobre tela, 141 cm × 172 cm. Pinacoteca do Estado de São Paulo, São Paulo.

A prosa romântica se alinha ao projeto nacionalista de construir uma identidade para o Brasil por meio da representação da vida interiorana e sertaneja. O pintor Almeida Júnior, em momento um pouco posterior ao Romantismo, também dedicou uma parte de sua obra a personagens regionais, como estes habitantes do interior de São Paulo.

Taunay: observação atenta

Os representantes da tendência regionalista do Romantismo entendiam que a imagem de um Brasil autêntico deveria retratar um espaço que não tivesse recebido influência da cultura europeia, marcante nos centros urbanos. Por isso, elegeram o interior e o sertão como cenários para representar esse Brasil ingênuo e original.

Alfredo D'Escragnolle Taunay, ou Visconde de Taunay (1843-1899), apesar de ter apenas uma obra de maior peso (*Inocência*, publicada em 1872), é considerado o melhor realizador da prosa regionalista romântica. Engenheiro, militar, pintor e político, Taunay era um atento observador, sendo menos influenciado pela fantasia e pelo idealismo do Romantismo.

O enredo de *Inocência* tem como ambientação o interior ao sul de Mato Grosso, onde vivem Pereira e sua filha Inocência, que estava prometida em casamento para um vaqueiro truculento, de nome Manecão Doca, embora fosse apaixonada por Cirino, um jovem boticário (farmacêutico).

A descrição objetiva da paisagem e dos valores morais da sociedade local coexiste com características típicas do estilo romântico, como o amor impossível entre Inocência e Cirino; o conflito do bem contra o mal apresentado de maneira esquemática; e o perfil idealizado da personagem principal (cabocla sertaneja com características típicas de heroína romântica: pele alva e fragilidade física).

Quanto à linguagem, em *Inocência* o estilo culto do narrador, de formação urbana, alterna-se com o registro da língua oral sertaneja, nas falas das personagens locais.

Sua leitura

Você vai ler o trecho do romance *Inocência* em que a protagonista e Cirino confessam o amor que sentem um pelo outro. A primeira fala é de Cirino.

Capítulo XVIII – Idílio

— Porque eu amo... amo-a, e sofro como um louco... como um perdido.

— Ué, exclamou ela, pois amor é sofrimento?

— Amor é sofrimento, quando a gente não sabe se a paixão é aceita, quando se não vê quem se adora; amor é céu, quando se está como eu agora estou.

— E quando a gente está longe, perguntou ela, que é que se sente?...

— Sente-se uma dor, cá dentro, que parece que se vai morrer... Tudo causa desgosto: só se pensa na pessoa a quem se quer, a todas as horas do dia e da noite no sono, na reza, quando se pede a Nossa Senhora, sempre ela, ela, ela!... o bem amado... e...

— Oh! interrompeu a sertaneja com singeleza, então eu amo...

— Você? indagou Cirino sofregamente.

— Se é como... mecê diz...

— É... é... eu lhe juro!...

— Então... eu amo, confirmou Inocência.

— E a quem?... Diga: a quem?

Houve uma pausa, e a custo retrucou ela ladeando a questão:

— A quem me ama.

— Ah! exclamou o jovem, então é a mim... é a mim, com certeza, porque ninguém neste mundo, ninguém, ouviu? é capaz de amá-la como eu... Nem seu pai... nem sua mãe, se viva fosse... Deixe falar seu coração... Se quer ver-me fora deste mundo... diga que não sou eu, diga!...

— E como ia mecê morrer? atalhou ela com receio.

— Não falta pau para me enforcar, nem água para me afogar.

— Deus nos livre! não fale nisso... Mas, por que é que mecê gosta tanto de mim? Mecê não é meu parente, nem primo, longe que seja, nem conhecido sequer... Eu *lhe* vi apenas pouco tempo... e tanto se agradou de mim?

— E com você... não sucede o mesmo? perguntou Cirino.

— Comigo?

— Sim, com você... Por que é que está acordada a estas horas? Por que é que não pode dormir?... que a cama lhe parece um braseiro, como a mim também parece?... Por que pensa em alguém a todo o instante? Entretanto, esse alguém não é primo seu, longe que seja, nem conhecido sequer?...

— É verdade, confessou Inocência com doce candura.

[...]

E, apesar de alguma resistência, fraca embora, mas conscienciosa, que lhe foi oposta, conseguiu que a formosa rapariga se recostasse ao peitoril da janela.

— Amar, observou ela, deve ser coisa bem feia.

— Por quê?

— Porque estou aqui e sinto tanto fogo no rosto!... Cá dentro me diz um palpite que é pecado mortal que faço...

— Você tão pura! contestou Cirino.

— Se alguém viesse agora e nos visse, eu morria de vergonha. Sr. Cirino, deixe-me... vá-se embora!... o Sr. me atirou algum quebranto... aquela sua mezinha tinha alguma erva para *mim* tomar... e me virar o juízo...

— Não, atalhou o mancebo com força, eu lhe juro! Pela alma de minha mãe... o remédio não tinha nada!

— Então por que fiquei... *ansim*, que me não conheço mais?... Se papai aparecesse... não tinha o direito de me matar?...

Foi-se-lhe a voz tornando cada vez mais baixa e sumiu-se num golfão de lágrimas.

Atirou-se Cirino de joelhos diante dela. [...]

TAUNAY, Visconde de. *Inocência*. 28. ed. São Paulo: Ática, 1999. p. 95-97.

Vocabulário de apoio

atalhar: interromper
candura: pureza, inocência
consciencioso: que tem consciência do que deve ser feito
golfão: jorro, jato
idílio: namoro, romance
indagar: perguntar
ladear: contornar
mancebo: moço
mecê: redução de *vossa mercê* (o mesmo que *você*)
mezinha: medicamento caseiro
quebranto: espécie de feitiço, mau-olhado
singeleza: simplicidade
sofregamente: com ansiedade

Hipertexto

A expressão *vossa mercê* deu origem às formas *mecê* (usada por Inocência) e *você* (usada por Cirino). Leia mais sobre o pronome *você*, muito empregado atualmente no português brasileiro, na parte de Linguagem (**capítulo 26**, p. 236, item "Pronomes de tratamento" e boxe *Diversidade*).

Sobre o texto

1. Qual é a ideia de amor que se percebe nas falas de Cirino?
2. Descreva Inocência com base em suas falas e nas informações dadas pelo narrador.
3. Ao grafar as palavras *lhe*, *mim* e *ansim* em itálico, o que o narrador parece mostrar ao leitor?
4. Cirino é boticário, o que permite supor que ele tem mais educação formal do que Inocência. Além de na linguagem, de que outra forma esse fato transparece no diálogo entre os dois?

Bernardo Guimarães: desafio aos tabus

Bernardo Guimarães (1825-1884) estreou na poesia, mas, como Taunay, consagrou-se como romancista. A simplicidade de suas tramas as aproxima de "causos" da literatura oral ou, ainda, da dinâmica narrativa dos folhetins, o que contribuiu enormemente para o sucesso de sua obra.

Bernardo Guimarães dedicou-se a retratar a vida interiorana de Minas Gerais e Goiás, com seus regionalismos culturais e linguísticos, sem, no entanto, abandonar a linguagem convencional e repleta de adjetivos, típica de um cidadão letrado da cidade.

> Era por uma linda e calmosa tarde de outubro. [...] A viração saturada de balsâmicos eflúvios se espreguiçava ao longo das ribanceiras acordando apenas frouxos rumores pela copa dos arvoredos, e fazendo farfalhar de leve o tope dos coqueiros, que miravam-se garbosos nas lúcidas e tranquilas águas da ribeira.
> GUIMARÃES, Bernardo. *A escrava Isaura*. São Paulo: FTD, 2011. p. 11.

Vocabulário de apoio

balsâmico: aromático, perfumado
eflúvio: exalação, perfume
farfalhar: produzir sons rápidos
garboso: elegante
tope: topo
viração: vento suave, brisa

■ **Margens do texto**
A linguagem usada pelo narrador contrasta com o cenário descrito no trecho. Explique essa afirmação.

Da numerosa obra de Bernardo Guimarães, apenas dois romances são destacados pela crítica: *O seminarista* (1872) e *A escrava Isaura* (1875). *O ermitão de Muquém* (1870), lançado dois anos antes de *O gaúcho*, de José de Alencar, é historicamente o primeiro romance regionalista romântico.

> *O seminarista*: um amor impossível

O seminarista narra a história de amor entre Margarida e Eugênio. Mandado para um seminário pela família, que intercepta a correspondência do casal, Eugênio acredita ter sido esquecido pela amada e se ordena padre. Tragicamente, a primeira missa rezada por ele em sua cidade natal é a do velório de Margarida, fato que o enlouquece.

A obra retrata a sociedade interiorana — especialmente a força da Igreja sobre seus costumes — e aborda o delicado tema do celibato clerical (proibição de relações conjugais aos religiosos). Predominam, no entanto, os lugares-comuns românticos, como o amor impossível entre heróis virtuosos, embora frágeis, e o sentimentalismo exacerbado, num texto carregado de adjetivos.

> *A escrava Isaura*: o triunfo do bem

Romance mais conhecido de Bernardo Guimarães, *A escrava Isaura* trata de outro tema delicado para a época: a escravidão. O caráter abolicionista do livro, no entanto, precisa ser visto com reservas, uma vez que a escrava em questão é uma mulher branca, culta e refinada, aos moldes das heroínas românticas:

> A tez é como o marfim do teclado, alva que não deslumbra, embaçada por uma nuança delicada, que não saberíeis dizer se é leve palidez ou cor-de-rosa desmaiada.
> GUIMARÃES, Bernardo. *A escrava Isaura*. São Paulo: FTD, 2011. p. 13-14.

Em outra passagem, diz Malvina, senhora de Isaura:

> És formosa, e tens uma cor tão linda, que ninguém dirá que gira em tuas veias uma só gota de sangue africano.
> GUIMARÃES, Bernardo. *A escrava Isaura*. São Paulo: FTD, 2011. p. 15.

Assim, de origem negra, mas, segundo o narrador, "de cor clara e delicada como de qualquer branca", Isaura é perseguida por Leôncio, seu perverso e obstinado senhor. Também aqui a temática social é marcada pelos lugares-comuns do Romantismo: o conflito entre Isaura e Leôncio é a expressão de um embate entre bem e mal, justiça e injustiça, pureza e vício, resultando na vitória das personagens de bom coração.

Vocabulário de apoio

deslumbrar: ofuscar por excesso de luz ou brilho
nuança: o mesmo que nuance, tonalidade
tez: pele

Bianca Rinaldi como a protagonista de *A escrava Isaura* (Rede Record, 2004-2005), telenovela inspirada no romance homônimo de Bernardo Guimarães.

Sua leitura

Você vai ler um trecho do romance *A escrava Isaura*. Trata-se do momento em que Leôncio, proprietário de Isaura e por ela apaixonado, chega à casa onde a escrava está escondida com Álvaro, rival amoroso de Leôncio. O narrador comenta inicialmente a situação.

Capítulo XVIII

Deplorável contingência, a que somos arrastados em consequência de uma instituição absurda e desumana!

O devasso, o libertino, o algoz, apresenta-se altivo e arrogante, tendo a seu favor a lei, e a autoridade, o direito e a força, lança a garra sobre a presa, que é objeto de sua cobiça ou de seu ódio, e pode fruí-la ou esmagá-la a seu talante, enquanto o homem de nobre coração, de impulsos generosos, inerme perante a lei, aí fica suplantado, tolhido, manietado, sem poder estender o braço em socorro da inocente e nobre vítima, que deseja proteger. Assim, por uma estranha aberração, vemos a lei armando o vício, e decepando os braços à virtude.

Estava pois Álvaro em presença de Leôncio como o condenado em presença do algoz. A mão da fatalidade o socalcava com todo o seu peso esmagador, sem lhe deixar livre o mínimo movimento.

Vinha Leôncio ardendo em fúrias de raiva e de ciúme, e prevalecendo-se de sua vantajosa posição, aproveitou a ocasião para vingar-se de seu rival, não com a nobreza de cavalheiro, mas procurando humilhá-lo à força de impropérios.

— Sei que há muito tempo [...] V. Sa. retém essa escrava em seu poder contra toda a justiça, iludindo as autoridades com falsas alegações, que nunca poderá provar. Porém agora venho eu mesmo reclamá-la e burlar os seus planos, e artifícios.

— Artifícios não, senhor. Protegi e protejo francamente uma escrava contra as violências de um senhor, que quer tornar-se seu algoz; eis aí tudo.

— Ah!... agora é que sei que qualquer aí pode subtrair um escravo ao domínio de seu senhor a pretexto de protegê-lo, e que cada qual tem o direito de velar sobre o modo por que são tratados os escravos alheios.

— V. Sa. está de disposição a escarnecer, e eu declaro-lhe que nenhuma vontade tenho de escarnecer, nem de ser escarnecido. Confesso-lhe que desejo muito a liberdade dessa escrava, tanto quanto desejo a minha felicidade, e estou disposto a fazer todos os sacrifícios possíveis para consegui-la. Já lhe ofereci dinheiro, e ainda ofereço. Dou-lhe o que pedir... dou-lhe uma fortuna por essa escrava. Abra preço...

— Não há dinheiro que a pague; nem todo o ouro do mundo, porque não quero vendê-la.

— Mas isso é um capricho bárbaro, uma perversidade...

— Seja capricho da qualidade que V. Sa. quiser; porventura não posso ter eu os meus caprichos, contanto que não ofenda direitos de ninguém?... porventura V. Sa. não tem também o seu capricho de querê-la para si?... mas o seu capricho ofende os meus direitos, e eis aí o que não posso tolerar.

GUIMARÃES, Bernardo. *A escrava Isaura*. São Paulo: FTD, 2011. p. 159-161.

Vocabulário de apoio

aberração: anormalidade, absurdo
algoz: carrasco, indivíduo cruel
a seu talante: conforme bem entender
burlar: enganar, estragar
contingência: casualidade, fato imprevisível
decepar: cortar
devasso: depravado, obsceno
escarnecer: zombar, ridicularizar
fruir: desfrutar
impropério: insulto
inerme: indefeso
libertino: que leva uma vida voltada para os prazeres carnais
manietado: subjugado, dominado
socalcar: pisar, achatar
suplantado: submetido, derrotado
velar: vigiar

Sobre o texto

1. Pode-se afirmar que o narrador assume uma posição de neutralidade em relação às personagens Álvaro e Leôncio? Justifique sua resposta.
2. Segundo as leis da época, qual personagem está com a razão? Por quê?
3. No enredo do romance, Álvaro critica a escravidão. No trecho transcrito, seu comportamento é coerente com essa crítica? Justifique sua resposta.

O que você pensa disto?

Neste capítulo, você conheceu um escritor romântico que retratava as falas de personagens regionais com uma postura de superioridade, destacando os supostos "erros" contidos nessas falas. Atualmente, algumas redes de televisão de alcance nacional, com sede no Sudeste, veiculam com frequência programas com personagens de outras regiões.

- Observe os gêneros de programas em que tais personagens aparecem. Os atores que as representam nasceram na própria região ou são atores do Sudeste "com sotaque"? Há cuidado na forma como as personagens são representadas ou os atores recaem em estereótipos?

CAPÍTULO 7
Gonçalves Dias: inovações na poesia

O que você vai estudar
- O indianismo na poesia.
- Poesia amorosa.
- O trabalho com o ritmo e com as imagens.

AMOEDO, Rodolfo. *Marabá*, 1882. Óleo sobre tela, 151,5 cm × 200,5 cm. Museu Nacional de Belas Artes, Rio de Janeiro.

O poema "Marabá", de Gonçalves Dias, inspirou este quadro. O pintor retrata a indígena mestiça com aparência europeia, como pode ser percebido por sua cor, pelos traços da face e pelo formato do corpo. A tristeza da moça se expressa por meio de seu isolamento na paisagem natural e do semblante reflexivo.

❯ O canto indígena

Gonçalves Dias, como José de Alencar, construiu **personagens indígenas** conforme as convenções românticas. Em seus poemas, porém, a ênfase não recai sobre a personalidade do herói e seus feitos, mas sobre seus **valores** e **sentimentos**. E, apesar do exagero de certos traços de bravura, a representação do indígena e de sua cultura é verossímil. Isso contribuiu para a aceitação, pelo leitor da época, do nativo como modelo para o orgulho pátrio.

Ao permitir que o indígena se expresse nos poemas ou que assuma o papel de eu lírico, o poeta explicita a sensibilidade desse indivíduo. Assim, neste trecho de "Marabá", que quer dizer "mestiça", é a indígena que se lamenta por ser desprezada pelos homens da tribo:

Vocabulário de apoio

anajá: palmeira típica do Brasil
anilado: que tem cor de anil; azulado
anojado: enojado, com nojo
feitura: obra, criação
fulgente: brilhante
garço: esverdeado
luzente: brilhante
retinto: de cor muito escura
Tupã: o mesmo que Tupá, divindade indígena suprema das etnias de língua tupi
vaga: onda

Eu vivo sozinha; ninguém me procura!
Acaso feitura
Não sou de Tupá?
Se algum dentre os homens de mim não se
[esconde
— "Tu és", me responde,
"Tu és Marabá!"

Meus olhos são garços, são cor das safiras,
Têm luz das estrelas, têm meigo brilhar;

Imitam as nuvens de um céu anilado,
As cores imitam das vagas do mar!

Se algum dos guerreiros não foge a meus
[passos:
— "Teus olhos são garços",
Responde anojado, "mas és Marabá:
"Quero antes uns olhos bem pretos, luzentes,
"Uns olhos fulgentes,
"Bem pretos, retintos, não cor d'anajá!"

DIAS, Gonçalves. *Poesia*. 8 ed. Rio de Janeiro: Agir, 1977. p. 54.

No poema, Gonçalves Dias usou o eu lírico feminino e uniu dois dos principais temas de sua poética: a **frustração amorosa** e o **indianismo**. Dois ideais de beleza se contrapõem: de um lado, o ideal europeu – a moça tem olhos esverdeados; de outro, o ideal indígena – o rapaz prefere olhos bem negros, como é típico de seu povo.

54

> Lírica contida

Gonçalves Dias é reconhecido como um grande **poeta lírico**. Suas composições são marcadas pela **melancolia** e pela **saudade**, como se nota no fragmento abaixo de "Ainda uma vez, adeus!", poema que trata do reencontro inesperado de namorados após anos de separação.

> Mas que tens? Não me conheces?
> De mim afastas teu rosto?
> Pois tanto pôde o desgosto
> Transformar o rosto meu?
> Sei a aflição quanto pode,
> Sei quanto ela desfigura,
> E eu não vivi na ventura...
> Olha-me bem, que sou eu!
>
> Nenhuma voz me diriges! ...
> Julgas-te acaso ofendida?
> Deste-me amor, e a vida
> Que ma darias – bem sei;
> Mas lembrem-te aqueles feros
> Corações que se meteram
> Entre nós; e se venceram,
> Mal sabes quanto lutei!
>
> DIAS, Gonçalves. *Poesia*. 8. ed. Rio de Janeiro: Agir, 1977. p. 61.

■ Margens do texto

1. Com quem fala o eu lírico neste poema?
2. Os fatos que motivaram a ruptura do relacionamento estavam claros para ambos? Explique.

Vocabulário de apoio

fero: violento, cruel
ma: contração dos pronomes *me* e *a*
ventura: fortuna, felicidade

O poeta produz uma poesia mais equilibrada e, nesse sentido, mais **clássica**. Assim, mesmo quando seu tema é a desilusão amorosa, o êxtase religioso ou a morte, seus poemas raramente expressam um sentimentalismo espontâneo e exagerado. Em seu lugar, buscam a palavra precisa e a imaginação contida, características que revelam a influência de autores portugueses, como Almeida Garrett e Alexandre Herculano, ambos com formação neoclássica.

> Inovação e técnica

O **domínio da língua portuguesa** e a **capacidade técnica** destacam Gonçalves Dias dentre os poetas nacionais. Observe estes fragmentos. O primeiro, a seguir, extraído de "O canto do Piaga", traz o alerta de um sacerdote indígena que prevê a chegada dos brancos.

> Ó Guerreiros da Taba sagrada,
> Ó Guerreiros da Tribo Tupi,
> Falam Deuses nos cantos do Piaga,
> Ó Guerreiros, meus cantos ouvi.
>
> Esta noite – era a lua já morta –
> Anhangá me vedava sonhar;
> Eis na horrível caverna, que habito,
> Rouca voz começou-me a chamar.
>
> DIAS, Gonçalves. *Poesia*. 8. ed. Rio de Janeiro: Agir, 1977. p. 45.

Vocabulário de apoio

anhangá: gênio do mal, na cultura indígena
piaga: sacerdote indígena
taba: aldeia indígena
vedar: impedir

Nessas duas estrofes, todos os versos possuem nove sílabas poéticas. Além disso, os acentos tônicos recaem sempre na terceira, na sexta e na nona sílabas, criando um ritmo bem cadenciado. Como o poema trata de uma premonição do sacerdote da tribo, o ritmo repetitivo diferencia a fala deste do discurso comum, atribuindo a suas palavras um valor mágico, religioso.

Este segundo trecho, extraído da obra *Sextilhas de Frei Antão*, retoma um conteúdo medieval:

> Bom tempo foy o d'outr'ora
> Quando o reyno era christão,
> Quando nas guerras de mouros
> Era o rey nosso pendão,
> Quando as donas consumião
> Seos teres em devação.
> [...]
>
> DIAS, Gonçalves. *Poesia*. 8. ed. Rio de Janeiro: Agir, 1977. p. 195.

Vocabulário de apoio

devação: devoção, veneração
mouro: indivíduo originário do Norte da África que segue a religião islâmica
pendão: bandeira, guia
ter: bem, posse

A impressão de que se trata de uma obra medieval surge da forma arcaica como as palavras estão grafadas e das referências históricas: luta de cristãos e mouros; presença do rei. O poema trata da saudade dos tempos antigos, aos quais retrocede pela própria forma de escrita.

Note-se que, tanto em um trecho quanto em outro, a linguagem ajusta-se ao conteúdo. O ritmo cadenciado do primeiro expressa o solene alerta feito pelo eu lírico. Já a linguagem do segundo remete ao quadro histórico tratado. Gonçalves Dias testou estruturas e ritmos diversos, sempre procurando associá-los aos fatos narrados ou aos estados psicológicos que pretendia expressar.

Sua leitura

Leia a seguir dois textos de Gonçalves Dias. O **Texto 1** é um fragmento do poema dramático "I-Juca Pirama". Nele, um pai recrimina o filho por implorar pela liberdade diante da morte, ato indigno para a cultura indígena. O rapaz, no entanto, não queria deixar desamparado o pai cego e fraco. O **Texto 2**, "Olhos verdes", é um exemplar da lírica amorosa de Gonçalves Dias.

Texto 1

I-Juca Pirama – Parte VIII

Tu choraste em presença da morte?
Na presença de estranhos choraste?
Não descende o covarde do forte;
Pois choraste, meu filho não és!
Possas tu, descendente maldito
De uma tribo de nobres guerreiros,
Implorando cruéis forasteiros,
Seres presa de vis Aimorés.

Possas tu, isolado na terra,
Sem arrimo e sem pátria vagando,
Rejeitado da morte na guerra,
Rejeitado dos homens na paz,
Ser das gentes o espectro execrado;
Não encontres amor nas mulheres,
Teus amigos, se amigos tiveres,
Tenham alma inconstante e falaz!

Não encontres doçura no dia,
Nem as cores da aurora te ameiguem,
E entre as larvas da noite sombria
Nunca possas descanso gozar:
Não encontres um tronco, uma pedra,
Posta ao sol, posta às chuvas e aos ventos,
Padecendo os maiores tormentos,
Onde possas a fronte pousar.

Que a teus passos a relva se torre;
Murchem prados, a flor desfaleça,
E o regato que límpido corre,
Mais te acenda o vesano furor;
Suas águas depressa se tornem,
Ao contacto dos lábios sedentos,
Lago impuro de vermes nojentos,
Donde fujas com asco e terror!

Sempre o céu, como um teto incendido,
Creste e punja teus membros malditos
E oceano de pó denegrido
Seja a terra ao ignavo tupi!
Miserável, faminto, sedento,
Manitôs lhe não falem nos sonhos,
E do horror os espectros medonhos
Traga sempre o covarde após si.

Um amigo não tenhas piedoso
Que o teu corpo na terra embalsame,
Pondo em vaso d'argila cuidoso
Arco e frecha e tacape a teus pés!
Sê maldito, e sozinho na terra;
Pois que a tanta vileza chegaste,
Que em presença da morte choraste,
Tu, covarde, meu filho não és.

Dias, Gonçalves. *Poesia*. 8. ed. Rio de Janeiro: Agir, 1977. p. 40-42.

> **Vocabulário de apoio**
>
> **arrimo**: apoio
> **crestar**: queimar
> **desfalecer**: enfraquecer, morrer
> **espectro**: fantasma
> **execrado**: odiado
> **falaz**: traiçoeiro
> **furor**: fúria extrema
> **ignavo**: covarde
> **incendido**: ardente
> **manitô**: divindade indígena
> **pungir**: ferir
> **tacape**: um tipo de arma indígena
> **vesano**: louco
> **vil**: desprezível
> **vileza**: indignidade

Sobre o texto

1. Neste fragmento, o pai, envergonhado, lança sobre o filho uma terrível maldição.
   a) Transcreva os versos da primeira estrofe que explicitam a diferença entre pai e filho.
   b) Segundo a tradição indígena, por que o pai sente vergonha do filho?
   c) Considerando essa tradição, explique como deve ser entendido o verso "Na presença de estranhos choraste?".

2. O pai evoca infortúnios a serem vividos por seu filho. Explique, com outras palavras, quais são os castigos mencionados ao longo do poema.

3. O trabalho com o ritmo é fundamental para a criação de uma atmosfera psicológica condizente com a cena.
   a) Divida os versos em sílabas poéticas e indique a posição de suas sílabas tônicas.
   b) Qual é o efeito produzido por esse ritmo?

4. Com base na leitura desse fragmento de "I-Juca Pirama", explique o comentário do crítico Antonio Candido acerca do indianismo de Gonçalves Dias, transcrito a seguir.

> Como poeta, [...] ele procura nos comunicar uma visão geral do índio, por meio de cenas ou feitos ligados à vida de um índio qualquer, cuja identidade é puramente convencional e apenas funciona como padrão. [...]
>
> Candido, Antonio. *Formação da literatura brasileira*. 8. ed. Belo Horizonte: Itatiaia, 1997. v. 2. p. 73.

> **Hipertexto**
>
> Na **voz passiva** do verbo, emprega-se em geral a preposição *por* para introduzir o agente da ação. Em momentos históricos anteriores, usava-se com frequência a preposição *de* para introduzir esse agente, como se observa neste verso do poema. O conceito de voz verbal é abordado na parte de Linguagem (**capítulo 28**, p. 261).

Texto 2

Olhos verdes

Eles verdes são:
E têm por usança,
Na cor esperança,
E nas obras não.

Camões, *Rimas*

São uns olhos verdes, verdes,
Uns olhos de verde-mar,
Quando o tempo vai bonança;
Uns olhos cor de esperança,
Uns olhos por que morri;
    Que ai de mi!
Nem já sei qual fiquei sendo
    Depois que os vi!

Como duas esmeraldas,
Iguais na forma e na cor,
Têm luz mais branda e mais forte,
Diz uma – vida, outra – morte;
Uma – loucura, outra – amor.
    Mas ai de mi!
Nem já sei qual fiquei sendo
    Depois que os vi!

São verdes da cor do prado,
Exprimem qualquer paixão,
Tão facilmente se inflamam,
Tão meigamente derramam
Fogo e luz do coração;
    Mas ai de mi!
Nem já sei qual fiquei sendo
    Depois que os vi!

São uns olhos verdes, verdes,
Que podem também brilhar;
Não são de um verde embaçado,
Mas verdes da cor do prado,
Mas verdes da cor do mar.
    Mas ai de mi!
Nem já sei qual fiquei sendo
    Depois que os vi!

Como se lê num espelho,
Pude ler nos olhos seus!
Os olhos mostram a alma,
Que as ondas postas em calma
Também refletem os céus;
    Mas ai de mi!
Nem já sei qual fiquei sendo
    Depois que os vi!

Dizei vós, ó meus amigos,
Se vos perguntam por mi,
Que eu vivo só da lembrança
De uns olhos cor de esperança,
De uns olhos verdes que vi!
    Que ai de mi!
Nem já sei qual fiquei sendo
    Depois que os vi!

Dizei vós: Triste do bardo!
Deixou-se de amor finar!
Viu uns olhos verdes, verdes,
Uns olhos da cor do mar:
Eram verdes sem esp'rança,
Davam amor sem amar!
Dizei-o vós, meus amigos,
    Que ai de mi!
Não pertenço mais à vida
    Depois que os vi!

Dias, Gonçalves. *Poesia*. 8. ed. Rio de Janeiro: Agir, 1977. p. 49-51.

Sobre o texto

1. Neste poema, os "olhos verdes" podem ser vistos como uma metonímia da amada. Que efeito eles exercem sobre o eu lírico? Explique.
2. Qual é a concepção de amor apresentada no poema?
3. Em "Olhos verdes", a epígrafe (fragmento que pode servir de mote para o poeta) é de um texto de Camões.
   a) Explique, com suas palavras, o que diz o fragmento camoniano.
   b) Transcreva no caderno os versos da última estrofe que retomam diretamente a epígrafe.
4. A lírica de Gonçalves Dias retoma a tradição das cantigas de amor medievais. Que características da estrutura da cantiga de amor estão presentes no poema?
5. O poeta romântico costuma ser identificado por um espírito rebelde, criativo e inovador. Nota-se, no entanto, que Gonçalves Dias apresenta influências de alguns autores de formação neoclássica. Há incoerência nesse comportamento? Por quê?

Vocabulário de apoio

bardo: poeta
bonança: tempo calmo, com mar tranquilo
finar: morrer

Hipertexto

O poema versa sobre a cor dos olhos da amada, propondo várias associações entre o substantivo *olhos* e adjetivos (ou locuções adjetivas) que o qualificam. Leia, na parte de Linguagem (**capítulo 25**, **p. 233**), sobre a flexão de número em adjetivos que indicam **cores**.

O que você pensa disto?

Vimos, no poema "I-Juca Pirama", a decepção de um pai em relação a seu filho. Na cultura indígena, os jovens deveriam manter a honra da família e perpetuar a fama de bravos guerreiros de seus ancestrais.
- Existe essa expectativa em nossa sociedade? Os pais esperam que os filhos deem continuidade às suas tradições e aos seus valores?

Apresentação de *taiko* no Rio de Janeiro (RJ), com tambores típicos japoneses, em homenagem às vítimas de terremoto no Japão. A tradição do *taiko* é preservada há várias gerações. Fotografia de 2011.

CAPÍTULO 8

Casimiro de Abreu, Álvares de Azevedo e Fagundes Varela: o individualismo extremado

O que você vai estudar

- A segunda geração romântica: o ultrarromantismo.
- Casimiro de Abreu: recordação de vivências pessoais.
- Álvares de Azevedo: da convenção à transgressão.
- Fagundes Varela: vida problemática e temas sociais.

FRIEDRICH, Caspar David. *Lua nascendo sobre o mar*, 1822. Óleo sobre tela, 55 cm × 71 cm. Antiga Galeria Nacional, Berlim, Alemanha.

Na tela de Friedrich, três pessoas observam o entardecer. O momento de transição do dia para a noite representa uma nova experiência pessoal e social. O espectador é convidado a fruir do mesmo ponto de vista das personagens, absortas pela imensidão do Universo. O ato de sentir o mundo é uma constante na poesia romântica da segunda geração, carregada de subjetividade.

Este capítulo aborda a segunda geração romântica, também chamada **ultrarromântica** ou **byroniana**. Os poetas dessa geração cultivaram o **"mal do século"**, sentimento de tédio e desilusão que os levava ao desejo de morte, assim como à fuga para a infância e para a natureza. A representação da mulher era ambígua, associando sexualização e idealização. O individualismo extremado tendia ora ao confessionalismo, ora ao sarcasmo.

❯ Casimiro de Abreu: ingenuidade e memória

Casimiro de Abreu (1839-1860) é um dos poetas mais populares do Romantismo em língua portuguesa. A linguagem fácil e a qualidade musical de sua obra são as principais causas disso.

Leia um trecho do poema "Amor e medo", um dos mais conhecidos do escritor.

> [...]
> Oh! não me chames coração de gelo!
> Bem vês: traí-me no fatal segredo.
> Se de ti fujo é que te adoro e muito,
> És bela – eu moço; tens amor, eu – medo!...
> [...]
>
> ABREU, Casimiro de. *Poesia*. 4. ed. Rio de Janeiro: Agir, 1974. p. 65.

Carregado de erotismo, o poema trata o amor como um fato, e não como uma expectativa: a amada provoca o eu lírico, queixando-se de sua frieza; este, entretanto, confessa seu temor. A contradição entre desejo e medo sintetiza uma das questões mais relevantes para a geração ultrarromântica: o eu lírico ama intensamente, mas teme perder o controle e, assim, perverter a essência angelical da amada.

A complexidade alcançada nesse texto, entretanto, não se estende ao conjunto da produção de Casimiro de Abreu. Nela, diferentemente da obra dos demais ultrarromânticos, predominam amores mais palpáveis e uma melancolia muito mais sutil.

Também estão muito presentes em sua obra tanto o universo público da burguesia brasileira (os bailes, por exemplo) quanto as situações vividas na intimidade do lar. Mesmo ao tratar do tema "saudade da pátria", Casimiro de Abreu condiciona seu nacionalismo à recordação da infância e do convívio familiar. Aborda da mesma forma a natureza do país: para retratá-la, toma como referência as paisagens dos lugares em que viveu.

Sua leitura

A fuga para a infância é um dos temas recorrentes do Romantismo. Leia, a seguir, a primeira parte do poema "No lar", de Casimiro de Abreu.

No lar

Terra da minha pátria, abre-me o seio
Na morte – ao menos ....
Garrett

I

Longe da pátria, sob um céu diverso
Onde o sol como aqui tanto não arde,
Chorei saudades do meu lar querido
– Ave sem ninho que suspira à tarde. –

No mar – de noite – solitário e triste
Fitando os lumes que no céu tremiam,
Ávido e louco nos meus sonhos d'alma
Folguei nos campos que meus olhos viam.

Era pátria e família e vida e tudo,
Glória, amores, mocidade e crença,
E, todo em choros, vim beijar as praias
Por que chorara nessa longa ausência.

Eis-me na pátria, no país das flores,
– O filho pródigo a seus lares volve,
E concertando as suas vestes rotas,
O seu passado com prazer revolve! –

Eis meu lar, minha casa, meus amores,
A terra onde nasci, meu teto amigo,
A gruta, a sombra, a solidão, o rio
Onde o amor me nasceu – cresceu comigo.

Os mesmos campos que eu deixei criança,
Árvores novas... tanta flor no prado!...
Oh! como és linda, minha terra d'alma,
– Noiva enfeitada para o seu noivado! –

Foi aqui, foi ali, além... mais longe,
Que eu sentei-me a chorar no fim do dia;
– Lá vejo o atalho que vai dar na várzea...
Lá o barranco por onde eu subia! ...

Acho agora mais seca a cachoeira
Onde banhei-me no infantil cansaço...
– Como está velho o laranjal tamanho
Onde eu caçava o sanhaçu a laço! ...

Como eu me lembro dos meus dias puros!
Nada m'esquece!... e esquecer quem há-de? ...
– Cada pedra que eu palpo, ou tronco, ou folha,
Fala-me ainda dessa doce idade!

Eu me remoço recordando a infância,
E tanto a vida me palpita agora
Que eu dera oh! Deus! a mocidade inteira
Por um só dia do viver d'outrora!

E a casa?... as salas, estes móveis... tudo,
O crucifixo pendurado ao muro...
O quarto do oratório... a sala grande
Onde eu temia penetrar no escuro! ...

E ali... naquele canto... o berço amado!
E minha mana, tão gentil, dormindo!
E mamãe a contar-me histórias lindas
Quando eu chorava e a beijava rindo!

Oh! primavera! oh! minha mãe querida!
Oh! mana! – anjinho que eu amei com ânsia –
Vinde ver-me, em soluços – de joelhos –
Beijando em choros este pó da infância!

ABREU, Casimiro de. *Poesia*. 4. ed. Rio de Janeiro: Agir, 1974. p. 30-32.

Vocabulário de apoio

ávido: ansioso, impaciente
concertar: pôr em ordem, harmonizar
filho pródigo: em parábola da Bíblia cristã, jovem que retorna arrependido à casa do pai após desperdiçar todos os seus bens
fitar: olhar fixamente
folgar: descansar
laço: armadilha para apanhar caça
lume: luz, brilho
palpar: apalpar, tocar
remoçar: tornar mais moço, rejuvenescer
roto: esfarrapado, rasgado
sanhaçu: pássaro com plumagem azulada ou esverdeada
várzea: terreno baixo à margem de um rio
volver: voltar, regressar

Hipertexto

A sequência de **interjeições** cria a impressão de espontaneidade, sugerindo que os sentimentos vão brotando da alma sem controle. Leia sobre essas expressões na parte de Linguagem (**capítulo 30, p. 300**).

Sobre o texto

1. Como pode ser entendida a metáfora que encerra a primeira estrofe?
2. Nas quatro primeiras estrofes, o eu lírico ocupa dois espaços diferentes. Identifique-os e caracterize o estado de espírito do eu lírico relacionado a cada um deles.
3. Diante da paisagem de sua pátria, o eu lírico nota algumas mudanças.
    a) Transcreva dois versos em que isso se evidencia.
    b) Explique o que a percepção dessas mudanças indica.
4. Quando Casimiro de Abreu publicou "No lar", o poema "Canção do exílio", que você leu na página 36, já era conhecido. Releia o poema de Gonçalves Dias e compare-o a "No lar".
    a) Os dois poemas referem-se ao mesmo tipo de paisagem? Justifique.
    b) O que diferencia o tipo de recordação dos dois exilados?

59

> Álvares de Azevedo: "medalha de duas faces"

Álvares de Azevedo (1831-1852) escreveu seu único livro de poemas – *Lira dos vinte anos* – quando cursava a Academia de Direito de São Paulo. A dualidade entre idealismo e realismo se manifesta na organização do livro, descrito pelo autor como uma "medalha de duas faces".

A obra é composta por duas partes principais. A primeira, mais longa, contém temas mais comumente associados a Álvares de Azevedo: a atração pela morte – desdobrada em morbidez, tédio, pessimismo e autodestruição – e o erotismo reprimido pela culpa, ambos tratados de forma séria e exageradamente sentimental. Na segunda parte estão poemas mais leves e irônicos, baseados na realidade e com a presença do humor, contrastando com os temas e o tom da primeira parte. Há uma terceira parte, complementar à primeira, inserida em edição posterior.

Apesar de ter cultivado o ultrarromantismo até o desgaste, algumas vezes recorrendo a fórmulas prontas, Álvares de Azevedo também se mostra consciente e crítico sobre essa tendência. Leia o que o poeta diz no prefácio da segunda parte de *Lira dos vinte anos*.

> Cuidado, leitor, ao voltar esta página! [...]
> A razão é simples. É que a unidade deste livro funda-se numa binomia. Duas almas que moram nas cavernas de um cérebro pouco mais ou menos de poeta escreveram este livro, verdadeira medalha de duas faces.
> Demais, perdoem-me os poetas do tempo, isto aqui é um tema, senão mais novo, menos esgotado ao menos que o sentimentalismo tão *fashionable* desde Werther e René.
> Por um espírito de contradição, quando os homens se veem inundados de páginas amorosas, preferem um conto de Boccaccio, uma caricatura de Rabelais, uma cena de Falstaff no *Henrique IV* de Shakespeare, um provérbio fantástico daquele *polisson* Alfredo de Musset, a todas as ternuras elegíacas dessa poesia de arremedo que anda na moda [...].
> AZEVEDO, Álvares de. *Lira dos vinte anos*. Porto Alegre: L&PM, 1998. p. 119.

Vocabulário de apoio
arremedo: imitação malfeita
binomia: dualidade
elegíaco: lamentoso
***fashionable*:** na moda (em inglês)
***polisson*:** malicioso (em francês)

■ Margens do texto
Pense na organização de *Lira dos vinte anos* e na posição ocupada por este prefácio. Que efeito o alerta inicial causa no leitor? Por que sua inserção é coerente?

Ciente de sua contradição, o poeta defende a necessidade de renovar a literatura. Note seu tom agressivo quando afirma haver uma "poesia de arremedo" dos autores sentimentais, como Goethe e Chateaubriand – autores de *Os sofrimentos do jovem Werther* e *René*, respectivamente. Como contraponto à maçante leitura dos ultrarromânticos, Álvares de Azevedo retoma uma poesia inspirada nas narrativas satíricas de Boccaccio, na ironia de Rabelais, nas cenas cômicas de Shakespeare e no humor cáustico de Alfredo de Musset. Para isso, aplica na segunda parte da *Lira dos vinte anos* o sarcasmo e o realismo no tratamento de seus temas, como se vê nestas estrofes extraídas de "Minha desgraça".

> Minha desgraça, não, não é ser poeta,
> Nem na terra de amor não ter um eco,
> E meu anjo de Deus, o meu planeta
> Tratar-me como trata-se um boneco...
> [...]
> Minha desgraça, ó cândida donzela,
> O que faz que o meu peito assim blasfema,
> É ter para escrever todo um poema,
> E não ter um vintém para uma vela.
> AZEVEDO, Álvares de. *Lira dos vinte anos*. Porto Alegre: L&PM, 1998. p. 195.

Vocabulário de apoio
blasfemar: amaldiçoar, dizer palavras de insulto
cândido: puro, inocente
vintém: antiga moeda de prata; dinheiro

Embora contenha uma queixa pessoal, o poema foge dos padrões da poesia pessimista e melancólica. Além de reverter os chavões românticos, o eu lírico substitui o tom melancólico pelo jocoso. Os últimos versos fazem referência à situação de produção do poema, que, para ser escrito, depende da luz de um objeto banal – uma vela – inacessível ao eu lírico. Assim, os tormentos amorosos e existenciais mencionados ironicamente por ele perdem importância diante do aborrecimento prático.

Sua leitura

O poema a seguir apresenta algumas das características mais frequentes da primeira e da terceira parte de *Lira dos vinte anos*. Leia-o com atenção.

Soneto

Pálida à luz da lâmpada sombria,
Sobre o leito de flores reclinada,
Como a lua por noite embalsamada,
Entre as nuvens do amor ela dormia!

Era a virgem do mar, na escuma fria
Pela maré das águas embalada!
Era um anjo entre nuvens d'alvorada
Que em sonhos se banhava e se esquecia!

Era mais bela! o seio palpitando
Negros olhos as pálpebras abrindo
Formas nuas no leito resvalando

Não te rias de mim, meu anjo lindo!
Por ti – as noites eu velei chorando,
Por ti – nos sonhos morrerei sorrindo!

AZEVEDO, Álvares de. *Lira dos vinte anos*. Porto Alegre: L&PM, 1998. p. 64.

Vocabulário de apoio

embalsamar: impregnar de aromas
escuma: espuma
resvalar: deslizar, tocar levemente
velar: passar [a noite] acordado

Sobre o texto

1. A forma como a amada é apresentada em determinados cenários do poema contribui para sua caracterização.
   a) Imagine a cena descrita na primeira estrofe. Que adjetivos você usaria para qualificar a moça nesse cenário? Justifique.
   b) Nessa estrofe, a ênfase em uma cor também contribui para a caracterização da amada. Identifique que cor é essa, que termos a sugerem e a que sentidos ela se associa.
2. A atmosfera do poema sofre uma alteração no primeiro terceto. O que muda?
3. Leia agora um fragmento de "Teresa", outro poema de Álvares de Azevedo.

Não acordes tão cedo! enquanto dormes
Eu posso dar-te beijos em segredo...
Mas, quando nos teus olhos raia a vida,
Não ouso te fitar... eu tenho medo!

Enquanto dormes, eu te sonho amante,
Irmã de serafins, doce donzela;
Sou teu noivo... respiro em teus cabelos
E teu seio venturas me revela...

AZEVEDO, Álvares de. *Poesia*. Rio de Janeiro: Agir, 1957. p. 90.

a) Em "Soneto" e "Teresa", o eu lírico prefere contemplar a amada enquanto ela dorme. Por quê?
b) Destaque a passagem do poema "Teresa" em que o eu lírico se refere a essa questão de modo explícito.

Essa tela retrata a morte de Ofélia, personagem da peça *Hamlet*, de Shakespeare. Assim como ocorre com as personagens femininas de Álvares de Azevedo, essa representação de Ofélia associa características angelicais e eróticas. A posição do corpo e a expressão facial denotam certa sensualidade, e não o rigor da morte. (Na peça de Shakespeare, Ofélia comete suicídio e seu corpo surge boiando em meio a flores.)

CABANEL, Alexandre. *Ofélia*, 1883. Óleo sobre tela, 77 cm × 117,5 cm. Coleção particular.

› *Noite na taverna*: byronismo brasileiro

Na obra em prosa *Noite na taverna*, mais do que em seus poemas, Álvares de Azevedo filia-se à escola de Byron, escritor britânico que exerceu grande influência sobre os jovens artistas e intelectuais do século XIX. Desperdiçando dinheiro e atirando-se sem hesitar ao prazer e ao perigo, Byron viveu concretamente o desregramento. Escandalizou a sociedade com seus envolvimentos amorosos e participou de vários movimentos revolucionários, até morrer na luta pela independência da Grécia. Essas experiências pessoais intensas marcaram sua obra com rebeldia, pessimismo, irreverência e satanismo.

Observe, no trecho a seguir, extraído de *Noite na taverna*, como Álvares de Azevedo foi inspirado por Byron.

> Quando dei acordo de mim estava num lugar escuro: as estrelas passavam seus raios brancos entre as vidraças de um templo. As luzes de quatro círios batiam num caixão entreaberto. Abri-o: era o de uma moça. Aquele branco da mortalha, as grinaldas da morte na fronte dela, naquela tez lívida e embaçada, o vidrento dos olhos mal apertados... Era uma defunta! ... e aqueles traços todos me lembraram uma ideia perdida... – Era o anjo do cemitério! Cerrei as portas da igreja, que, ignoro por quê, eu achara abertas. Tomei o cadáver nos meus braços para fora do caixão. Pesava como chumbo.
>
> [...] Tomei-a no colo. Preguei-lhe mil beijos nos lábios. Ela era bela assim: rasguei-lhe o sudário, despi-lhe o véu e a capela como o noivo os despe à noiva. Era uma forma puríssima. Meus sonhos nunca me tinham evocado uma estátua tão perfeita. Era mesmo uma estátua: tão branca era ela. A luz dos tocheiros dava-lhe aquela palidez de âmbar que lustra os mármores antigos. [...]
>
> AZEVEDO, Álvares de. *Noite na taverna*. 2. ed. São Paulo: Nova Alexandria, 1997. p. 23-24.

A narrativa busca despertar espanto no leitor. É essa a reação esperada diante de uma história sobre um homem que satisfaz seu desejo com uma jovem morta, desprezando qualquer regra moral ou religiosa.

Esse clima de vício e de descontrole caracteriza as narrativas de *Noite na taverna*. Nelas, assassinatos, incesto, canibalismo, necrofilia e loucura são praticados em ambientes corrompidos e povoados por figuras fantasmagóricas. O amor romântico permanece como referência indireta – está, por exemplo, na menção à beleza e à pureza da defunta –, mas se associa ao prazer desmedido e à morte, além de aparecer como justificativa das ações criminosas.

A obra é composta por sete capítulos. No primeiro, que funciona como uma "moldura" dos demais, um narrador em terceira pessoa apresenta o cenário – uma taverna – e as personagens – jovens embriagados dispostos a contar histórias sanguinolentas. Esse narrador aparece muito pouco nos capítulos seguintes: apenas introduz diálogos, pontua o estado psicológico das personagens ou acrescenta dados relativos ao tempo e ao espaço. Assim, a voz narrativa é transferida para as outras personagens.

Nos cinco capítulos subsequentes, cada um dos jovens narra lembranças do passado – as quais, pelo conteúdo macabro e chocante, revelam personalidades ensandecidas.

O sexto capítulo, penúltimo do livro, é narrado por Johann e envolve duas personagens. No capítulo final, o narrador principal retorna, mostrando Johann e os demais na taverna. Então, aparecem as personagens da narrativa de Johann em busca de vingança.

Noite na taverna é considerado o melhor exemplo do horror na literatura brasileira e, independentemente dos exageros, desperta o interesse dos leitores pela força imaginativa e pela apropriação dos modelos da arte europeia.

Vocabulário de apoio

âmbar: cor entre amarelado e acastanhado
capela: coroa de flores
cerrar: fechar
círio: vela
grinalda: coroa de flores
lívido: muito pálido
sudário: mortalha; lençol que envolve o cadáver
tez: pele do rosto
tocheiro: castiçal para sustentar tochas
vidrento: vidrado; sem brilho, sem vida

Repertório

O gótico e a literatura de horror

O termo *gótico*, na literatura, dá nome a uma vertente da prosa ficcional surgida na Inglaterra no final do século XVIII. Voltada a eliminar as fronteiras entre real e imaginário, a literatura gótica cria um universo demonizado e misterioso. Depois, essa vertente incorporou outros motivos – vícios, violência, sexualidade transgressora e loucura – e mudou seu foco para a experiência do terror diante do desconhecido, classificando-se como "literatura de horror".

FUSELI, Henry. *O pesadelo*, c. 1781. Óleo sobre tela, 101,6 cm × 127 cm. Museu Goethe, Frankfurt, Alemanha.

Nessa tela, a figura de uma mulher dormindo e as imagens que ela vê em seu pesadelo são observadas simultaneamente, expressando a fusão entre realidade e imaginação.

Sua leitura

O fragmento a seguir, narrado pela personagem Bertram, pertence ao terceiro capítulo da obra *Noite na taverna*. Leia-o para fazer as atividades.

Amei muito essa moça, chamava-se Ângela. Quando eu estava decidido a casar-me com ela, quando após longas noites perdidas ao relento a espreitar-lhe da sombra um aceno, um adeus, uma flor – quando após tanto desejo e tanta esperança eu sorvi-lhe o primeiro beijo – tive de partir da Espanha para a Dinamarca onde me chamava meu pai. [...]

Quando voltei, Ângela estava casada e tinha um filho...

Contudo meu amor não morreu! Nem o dela! [...]

Uma noite, dois vultos alvejavam nas sombras de um jardim, as folhas tremiam ao ondear de um vestido, as brisas soluçavam aos soluços de dois amantes, e o perfume das violetas que eles pisavam, das rosas e madressilvas que abriam em torno deles era ainda mais doce perdido no perfume dos cabelos soltos de uma mulher.

Essa noite – foi uma loucura! foram poucas horas de sonhos de fogo! e quão breve passaram! Depois a essa noite seguiu-se outra, outra... e muitas noites as folhas sussurraram ao roçar de um passo misterioso, e o vento se embriagou de deleite nas nossas frontes pálidas...

Mas um dia o marido soube tudo: quis representar de Otelo com ela. Doido...

Era alta noite: eu esperava ver passar nas cortinas brancas a sombra do anjo. Quando passei, uma voz chamou-me. Entrei – Ângela com os pés nus, o vestido solto, o cabelo desgrenhado e os olhos ardentes tomou-me pela mão... Senti-lhe a mão úmida... Era escura a escada que subimos: passei a minha mão molhada pela dela por meus lábios. – Tinha saibo de sangue.

— Sangue, Ângela! De quem é esse sangue?

A espanhola sacudiu seus longos cabelos negros e riu-se.

Entramos numa sala. Ela foi buscar uma luz, e deixou-me no escuro.

Procurei, tateando, um lugar para assentar-me: toquei numa mesa. Mas ao passar-lhe a mão senti-a banhada de umidade; além senti uma cabeça fria como neve e molhada de um líquido espesso e meio coagulado. Era sangue...

Quando Ângela veio com a luz, eu vi... Era horrível. O marido estava degolado.

Era uma estátua de gesso lavada em sangue... Sobre o peito do assassinado estava uma criança de bruços. Ela ergueu-a pelos cabelos... Estava morta também: o sangue que corria das veias rotas de seu peito se misturava com o do pai!

— Vês, Bertram, esse era o meu presente: agora será, negro embora, um sonho do meu passado. Sou tua e tua só. Foi por ti que tive força bastante para tanto crime... Vem, tudo está pronto, fujamos. A nós o futuro!

AZEVEDO, Álvares de. *Noite na taverna*. 2. ed. São Paulo: Nova Alexandria, 1997. p. 28-30.

Sobre o texto

1. Por que se pode afirmar que, inicialmente, o amor de Bertram e Ângela estava dentro dos limites das convenções românticas?

2. O relacionamento entre os dois modifica-se quando Bertram volta da Dinamarca e reencontra Ângela. Que palavras ou expressões evidenciam essa mudança?

3. Na peça *Otelo, o mouro de Veneza*, Otelo é o marido ciumento que mata a esposa Desdêmona. Explique que expectativa o trecho a seguir cria no leitor que conhece a história de Otelo: "Mas um dia o marido soube tudo: quis representar de Otelo com ela. Doido...".

4. Explique de que maneira o emprego da gradação contribui para criar um clima de horror crescente nos parágrafos finais do texto.

5. Como o nome Ângela (do latim *angelus*, "anjo") se relaciona à caracterização da personagem?

6. O crítico Alcides Villaça, comentando as narrativas de *Noite na taverna*, afirmou: "O sentido geral de todas elas é único: as paixões mais intensas são fatais e levam os amantes a todo e qualquer tipo de transgressão [...]". (AZEVEDO, Álvares de. *Noite na taverna*. São Paulo: Nova Alexandria, 1997. p. 9.) Identifique o parágrafo que melhor comprova a afirmação do crítico. Justifique sua escolha.

Hipertexto

O uso da palavra *essa* explicita que o fragmento reproduzido não é o início do capítulo. O pronome demonstrativo *esse* e suas flexões indicam um referente já conhecido ou enunciado. Saiba mais sobre os usos desses pronomes na parte de Linguagem (**capítulo 26**, p. 242).

Vocabulário de apoio

alvejar: raiar, destacar-se na escuridão

espreitar: observar atentamente de lugar oculto

madressilvas: flores aromáticas amareladas e vermelhas

Otelo: personagem da peça *Otelo, o mouro de Veneza*, do inglês William Shakespeare (1564-1616)

relento: sereno, umidade da noite

roto: que se rompeu; esburacado

saibo: sabor, em geral desagradável

sorver: absorver, embeber-se de

vulto: figura ou imagem pouco nítida

> Teatro: imaginação e denúncia social

A experiência de Álvares de Azevedo como dramaturgo deu-se com a escrita de *Macário*. O texto é teatral, mas se presta mais à leitura do que à encenação no palco porque não apresenta rubricas (instruções para a encenação).

A peça é composta por dois episódios. No primeiro, o jovem Macário, em viagem para realizar seus estudos, encontra um estranho – que descobre ser Satã. Este o leva até São Paulo e lhe mostra os habitantes da cidade. O episódio termina quando Macário acorda em uma pensão e conclui ter sonhado com a viagem, mas logo nota marcas de pés de cabra no chão.

No segundo episódio, Macário e outros estudantes estão na Europa e se mostram desiludidos na busca pelo amor puro. Penseroso, um dos estudantes mais melancólicos, comete suicídio. Antes disso, tem uma discussão com Macário acerca da produção artística brasileira. No desfecho, Satã leva Macário até uma taverna, onde o jovem ouvirá estranhas narrativas.

Leia um trecho do primeiro episódio, no qual São Paulo é tematizada.

Vocabulário de apoio

alumiar-se: adquirir conhecimento, cultura
a rolo: abundantemente
devasso: entregue aos prazeres do sexo, libertino
dissoluto: desavergonhado, amoral
ébrio: bêbado
insípido: sem sabor, sem graça
lascivo: sensual, movido pelo desejo
pagode: festa, farra
spleen: melancolia (em inglês)

SATÃ
Mulheres, padres, soldados e estudantes. As mulheres são mulheres, os padres são soldados, e os soldados são padres, os estudantes são estudantes: para falar mais claro: as mulheres são lascivas, os padres dissolutos, os soldados ébrios, os estudantes vadios. Isto salvo honrosas exceções, por exemplo, de amanhã em diante, tu.

MACÁRIO
Esta cidade deveria ter o teu nome.

SATÃ
Tem o de um santo: é quase o mesmo. Não é o hábito que faz o monge. Demais, essa terra é devassa como uma cidade, insípida como uma vila, e pobre como uma aldeia. Se não estás reduzido a dar-te ao pagode, a suicidar-te de *spleen*, ou a alumiar-te a rolo, não entres lá. É a monotonia do tédio. Até as calçadas!

AZEVEDO, Álvares de. *Macário, Noite na taverna*. São Paulo: Globo, 2007. p. 41.

■ Margens do texto

1. Satã diz que "as mulheres são mulheres" e "os estudantes são estudantes". Qual é o efeito dessas repetições em relação ao que é dito a seguir sobre esses dois grupos?

2. A descrição de São Paulo é feita por meio de uma gradação. Explique o efeito produzido pelo uso dessa figura de linguagem no trecho.

Na peça, o ambiente, o assunto, o tom e as personagens (voltadas para os prazeres proibidos e vivendo na marginalidade) revelam a grande influência do ultrarromantismo de Byron e dos escritores da literatura de horror. Apesar do aspecto fantástico, contudo, a realidade se impõe pela escolha do cenário: São Paulo, seus habitantes e costumes, mencionados geralmente sob uma perspectiva crítica.

▌Repertório

A Sociedade Epicureia

Muito da imagem libertina e mórbida associada a Álvares de Azevedo se deve a seu possível convívio com a Sociedade Epicureia. Fundada em 1845 por estudantes, essa sociedade secreta escandalizava a provinciana São Paulo ao exercer práticas incomuns, como orgias e rituais em cemitérios, propostas nas obras de Byron. Não há, porém, comprovação de que Álvares os acompanhasse. Alguns críticos defendem, inclusive, que a atividade boêmia representada nos textos do poeta era restrita à sua imaginação. A formulação do modelo de artista transgressor seria, antes, resultado de suas leituras de escritores românticos europeus, principalmente Byron.

AZEVEDO, Militão Augusto de. *Igreja de São Francisco e Academia*, c. 1862. Fotografia. Museu Paulista, USP, São Paulo.

Academia de Direito de São Paulo, no Largo São Francisco, em São Paulo (SP), onde Álvares de Azevedo estudou.

Sua leitura

A seguinte passagem, também extraída da primeira parte de *Macário*, descreve Satã apresentando a cidade de São Paulo ao protagonista.

MACÁRIO
Mas, como dizias, as mulheres...

SATÃ
Debaixo do pano luzidio da mantilha, entre a renda do véu, com suas faces cor-de-rosa, olhos e cabelos pretos (e que olhos e que longos cabelos!) são bonitas. Demais, são beatas como uma bisavó; e sabem a arte moderna de entremear uma Ave-Maria com um namoro; e soltando uma conta do rosário lançar uma olhadela.

MACÁRIO
Oh! a mantilha acetinada! os olhares de Andaluza! e a tez fresca como uma rosa! os olhos negros, muito negros, entre o véu de seda dos cílios. Apertá-las ao seio com seus ais, seus suspiros, suas orações entrecortadas de soluços! Beijar-lhes o seio palpitante e a cruz que se agita no seu colo! Apertar-lhes a cintura, e sufocar-lhes nos lábios uma oração! Deve ser delicioso!

SATÃ
Tá! tá! tá! – Que ladainha! parece que já estás enamorado, meu Dom Quixote, antes de ver as Dulcineias.

MACÁRIO
Que boa terra! É o Paraíso de Mafoma!

SATÃ
Mas as moças poucas vezes têm bons dentes. A cidade colocada na montanha, envolta de várzeas relvosas tem ladeiras íngremes e ruas péssimas.

É raro o minuto em que não se esbarra a gente com um burro ou com um padre. Um médico que ali viveu e morreu deixou escrito numa obra inédita, que para sua desgraça o mundo não há de ler, que a virgindade era uma ilusão. E contudo, não há em parte alguma mulheres que tenham sido mais vezes virgens que ali.

MACÁRIO
Tem-se-me contado muito bonitas histórias. Dizem na minha terra que aí, à noite, as moças procuram os mancebos, que lhes batem à porta, e na rua os puxam pelo capote. Deve ser delicioso! Quanto a mim, quadra-me essa vida excelentemente, nem mais nem menos que um Sultão escolherei entre essas belezas vagabundas a mais bela. Aplicarei contudo o ecletismo no amor. Hoje uma, amanhã outra: experimentarei todas as taças. A mais doce embriaguez é a que resulta da mistura dos vinhos.

SATÃ
A única que tu ganharás será nojenta. Aquelas mulheres são repulsivas. O rosto é macio, os olhos lânguidos, o seio morno... Mas o corpo é imundo. Têm uma lepra que ocultam num sorriso. Bufarinheiras de infâmia dão em troco do gozo o veneno da sífilis. Antes amar uma lazarenta!

AZEVEDO, Álvares de. *Macário, Noite na taverna*. São Paulo: Globo, 2007. p. 42-43.

Sobre o texto

1. Segundo a personagem Satã, como é o espaço urbano de São Paulo?

2. Satã distingue dois tipos de mulheres que moram em São Paulo.
   a) Caracterize cada tipo.
   b) O que é comum a ambas?

3. Releia as falas de Macário.
   a) Que tema se repete em todas elas e o que essa repetição sugere?
   b) A segunda fala de Macário aproxima a sexualidade e o sagrado. Que efeito essa aproximação produz?
   c) É correto dizer que Satã apoia Macário em suas intenções? Justifique.

4. Observe o chiste (gracejo) produzido por esta frase: "É raro o minuto em que não se esbarra a gente com um burro ou com um padre". Explique de que modo a frase pode ser interpretada e como o efeito de chiste foi produzido.

Vocabulário de apoio

acetinado: macio e brilhante

andaluz: habitante da Andaluzia, sul da Espanha

beata: mulher muito dedicada à religião católica

bufarinheiro: vendedor ambulante de quinquilharias

capote: capa

conta: pequena peça esférica que compõe o rosário

Dulcineia: musa imaginária da personagem Dom Quixote

ecletismo: capacidade de variar

entremear: intercalar

ladainha: falação, lenga-lenga

lazarento: aquele que tem lepra

lepra: nome popular da hanseníase, doença infecciosa

luzidio: lustroso

Mafoma: Maomé

mancebo: moço

mantilha: véu feminino

quadrar: encaixar, combinar

relvoso: coberto de relva

rosário: instrumento do catolicismo para oração composto de três terços

sífilis: doença sexualmente transmissível

Fagundes Varela: poeta maldito

Fagundes Varela (1841-1875) viveu concretamente a experiência do "poeta maldito": artista socialmente deslocado, que procura em vão elevar a alma pela poesia e expandir a sensibilidade de seus contemporâneos. Essa condição explica inúmeros **conflitos** traduzidos em sua poética, entre eles a oposição entre o campo e a cidade, vista nas estrofes finais de "A roça".

A roça

[...]
Voto horror às grandezas do mundo,
Mar coberto de horríveis parcéis,
Vejo as pompas e galas da vida
De um cendal de poeira através.

[...]
Mas um gênio impiedoso me arrasta,
Me arremessa do vulgo ao vaivém,
E eu soluço nas ondas olhando
Minhas serras queridas além!

Varela, Fagundes. *Poemas de Fagundes Varela*. São Paulo: Cultrix, 1982. p. 92-93.

Vocabulário de apoio

cendal: cortina
parcel: recife
vulgo: povo

O eu lírico sofre por estar dividido entre os prazeres urbanos, considerados deploráveis por ele, e o espaço natural, que o tranquiliza. Frequentemente, ao recorrer à fuga para a natureza acolhedora, espelho do divino, Varela mostra sua incompatibilidade com a vida em sociedade.

Em alguns poemas, no entanto, o conflito interior é substituído por passagens mais realistas. O poema "Mimosa", por exemplo, se aproxima da temática do amor efetivamente concretizado, oposto ao amor idealizado da primeira geração romântica. O poeta também manifesta preocupação com a temática social em poemas voltados às campanhas abolicionista e republicana.

A tendência ao realismo, contudo, não predomina no conjunto dos textos, sendo superada pela **poesia egocêntrica**, marcada pela forte melancolia e pelo desejo de morte. Mesmo poemas críticos, que denunciam as hipocrisias do trato social, como "A roça", têm um viés subjetivo, isto é, apontam para o **eu**.

A trajetória pessoal de excentricidades, errância e alcoolismo contribuiu para reforçar a sensação de mal-estar transmitida em seus poemas. De todas as experiências dolorosas transformadas em material de poesia, a mais significativa parece ter sido a do falecimento do primeiro filho do escritor, ainda bebê. Para ele, Varela compôs "Cântico do calvário".

Vocabulário de apoio

estio: verão
idílio: ilusão; poema curto
messe: colheita
pegureiro: pastor
porvir: futuro
varar: penetrar, atravessar

Cântico do calvário

Eras na vida a pomba predileta
Que sobre um mar de angústias conduzia
O ramo da esperança. – Eras a estrela
Que entre as névoas do inverno cintilava
Apontando o caminho ao pegureiro.
Eras a messe de um dourado estio.
Eras o idílio de um amor sublime.

Eras a glória, – a inspiração, – a pátria,
O porvir de teu pai! – Ah! no entanto,
Pomba, – varou-te a flecha do destino!
Astro, – engoliu-te o temporal do norte!
Teto – caíste! – Crença, já não vives!
[...]

Varela, Fagundes. *Poemas de Fagundes Varela*. São Paulo: Cultrix, 1982. p. 67-68.

Margens do texto

Considerando as metáforas empregadas no poema, explique o valor da criança para o eu lírico.

Essa canção fúnebre é construída pelo acúmulo de imagens poéticas, criadas com o intuito de evidenciar um eu interior despedaçado. O poema se estende por 168 versos e se encerra com certa positividade: a certeza do voo do filho para junto de Deus devolve ao eu lírico a vontade de viver para resgatar a própria alma.

Fone de ouvido

Robert Schumann

O compositor alemão Robert Schumann (1810-1856) foi um dos artistas que melhor representou o espírito romântico. Suas composições trazem tanto o aspecto idílico quanto o satânico e pessimista. Uma das grandes fontes de inspiração de Schumann foram os autores da literatura romântica, como Byron, cujo poema dramático *Manfred* foi tema de uma peça musical do compositor.

Litografia representando Robert Schumann.

Sua leitura

O poema "Noturno" tem traços marcantes do ultrarromantismo de Fagundes Varela. Leia-o e responda às questões.

Noturno

Minh'alma é como um deserto
Por onde o romeiro incerto
Procura uma sombra em vão;
É como a ilha maldita
Que sobre as vagas palpita
Queimada por um vulcão!

Minh'alma é como a serpente
Que se torce ébria e demente
De vivas chamas no meio;
É como a doida que dança
Sem mesmo guardar lembrança
Do cancro que rói-lhe o seio!

Minh'alma é como o rochedo
Donde o abutre e o corvo tredo
Motejam dos vendavais;
Coberto de atros matizes,
Lavrado das cicatrizes
Do raio, nos temporais!

Nem uma luz de esperança,
Nem um sopro de bonança
Na fronte sinto passar!
Os invernos me despiram,
E as ilusões que fugiram
Nunca mais hão de voltar!

Tombam as selvas frondosas,
Cantam as aves mimosas
As nênias da viuvez;
Tudo, tudo, vai finando,
Mas eu pergunto chorando:
Quando será minha vez?

No véu etéreo, os planetas,
No casulo as borboletas
Gozam da calma final;
Porém meus olhos cansados
São, a mirar, condenados
Dos seres o funeral!

Quero morrer! Este mundo
Com seu sarcasmo profundo
Manchou-me de lodo e fel!
Minha esperança esvaiu-se,
Meu talento consumiu-se
Dos martírios ao tropel!

Quero morrer! Não é crime
O fardo que me comprime,
Dos ombros, lançá-lo ao chão;
Do pó desprender-me rindo
E as asas brancas abrindo
Perder-me pela amplidão!

Vem, oh! Morte! A turba imunda
Em sua ilusão profunda
Te odeia, te calunia,
Pobre noiva tão formosa
Que nos espera amorosa
No termo da romaria!

Virgens, anjos e crianças
Coroadas de esperanças
Dobram a fronte a teus pés!
Os vivos vão repousando!
E tu me deixas chorando!
Quando virá minha vez?

Minh'alma é como um deserto
Por onde o romeiro incerto
Procura uma sombra em vão;
É como a ilha maldita
Que sobre as vagas palpita
Queimada por um vulcão!

VARELA, Fagundes. *Melhores poemas.* São Paulo: Global, 2005. p. 71-74.

Vocabulário de apoio

atro: sombrio
cancro: câncer
ébrio: embriagado; extasiado
esvair: evaporar, desaparecer
etéreo: sublime, divino
fel: amargor, rancor
finar: morrer
frondoso: denso, com muitas folhas e ramos
lavrado: esculpido
matiz: gradação de uma ou mais cores
motejar: zombar
nênia: canto fúnebre
romeiro: andarilho
termo: término, fim
tredo: traiçoeiro
tropel: movimento desordenado
turba: multidão
vaga: onda

Sobre o texto

1. Nas três estrofes iniciais de "Noturno", o eu lírico descreve seu estado de espírito.
   a) O que as imagens usadas na descrição sugerem quanto a esse estado?
   b) Identifique a figura de linguagem empregada na construção dessas imagens e o efeito obtido por esse recurso estilístico.

2. "Noturno" tematiza a incompatibilidade entre o sujeito e o mundo.
   a) Qual é, segundo o eu lírico, o efeito do mundo sobre ele?
   b) Como o tratamento dado ao tema da morte contribui para afirmar essa incompatibilidade?

3. Identifique, na oitava e na nona estrofes, os termos usados pelo eu lírico para se referir à vida. O que essa associação revela sobre a visão de mundo dele?

O que você pensa disto?

Em *Macário*, de Álvares de Azevedo, a personagem Satã destaca alguns aspectos negativos de São Paulo. Recorde o que você sabe sobre essa ou outra grande cidade. Valem tanto experiências como morador quanto informações obtidas em uma viagem, ou por meio de notícias.

- Que aspectos "infernais" um "Satã" de hoje poderia apontar nas grandes cidades? Comente-os.

Congestionamento recorde em São Paulo (SP). Fotografia de 2012.

67

CAPÍTULO 9
Castro Alves: a superação do egocentrismo

O que você vai estudar

- Poesia social: emocionalismo e grandiosidade.
- Poesia amorosa: contato físico dos amantes.

DEBRET, Jean-Baptiste. *Loja de rapé*, 1823. Aquarela sobre papel.

Nesta aquarela de Debret, veem-se escravos urbanos presos por correntes e gargalheiras, semelhantes a coleiras de ferro. Na literatura romântica, o indígena herói e livre prestou-se à idealização ficcional. Já o negro, ligado ao trabalho e à submissão, ficou longe da pena dos escritores, apenas obtendo alguma atenção nas últimas décadas do século XIX.

O canto dos aflitos

Castro Alves (1847-1871) é considerado o maior nome da **poesia social romântica**, também conhecida como **poesia condoreira**. Escreveu em uma época de transformações sociais, quando o Império mostrava sinais de decadência e já havia campanhas que atraíam a juventude acadêmica para a causa republicana e abolicionista.

O poeta tratou das questões nacionais com uma **postura crítica**, distante do nacionalismo ufanista, como demonstra este fragmento de poema.

Vocabulário de apoio

cativo: homem escravizado
discorde: incompatível; desafinado
retinir: produzir som metálico
soberbo: grandioso
vil: miserável

Ao romper d'alva

[...]
Oh! Deus! não ouves d'entre a imensa orquestra
Que a natureza virgem manda em festa
   Soberba, senhoril

Um grito que soluça, aflito, vivo,
O retinir dos ferros do cativo,
   Um som discorde e vil?
[...]

ALVES, Castro. *Os escravos*. São Paulo: Martins, 1972. p. 19-20.

O texto dá à natureza um tratamento diferente do concedido pelos primeiros românticos, pois a crítica à escravidão é feita justamente pelo confronto entre os sons próprios da natureza festiva e os sons associados à condição servil do negro (gritos e ruídos de ferros).

Um poema como esse revelava um lado nada glorioso do país que, até então, havia sido ignorado pelo movimento romântico.

Entre os temas sociais abordados por Castro Alves, o mais importante foi a **denúncia da escravidão**, que lhe valeu o epíteto (a qualificação) de "Poeta dos Escravos". O autor fez do negro seu protagonista e mudou a orientação do Romantismo: em vez de mostrar o escritor voltado para si mesmo, mostrou-o atento ao mundo e combatendo suas injustiças.

> Poesia social: comover para persuadir

Influenciado pelo poeta francês Victor Hugo, Castro Alves escreveu uma poesia que pretendia sensibilizar o leitor para a questão do trabalho escravo, preferindo persuadir com base na **emoção** a convencer pela argumentação. Seus poemas retratam a natureza humana do negro escravizado, realidade até então ignorada.

A linguagem utilizada por Castro Alves tem um tom grandioso e emocional, adequado à declamação persuasiva e envolvente em espaços públicos – em geral, os poemas eram apresentados em locais como praças e teatros. Experimente ler em voz alta as estrofes do poema reproduzido abaixo.

Vozes d'África

Deus! ó Deus! onde estás que não respondes?
Em que mundo, em qu'estrela tu t'escondes
 Embuçado nos céus?
Há dois mil anos te mandei meu grito,
Que embalde desde então corre o infinito...
 Onde estás, Senhor Deus?...

Qual Prometeu tu me amarraste um dia
Do deserto na rubra penedia
 — Infinito: galé!...
Por abutre — me deste o sol candente,
E a terra de Suez — foi a corrente
 Que me ligaste ao pé...
[...]

ALVES, Castro. *Poesia*. 5. ed. Rio de Janeiro: Agir, 1977. p. 87-88.

O poema pede do leitor um tom vibrante para dar voz ao continente africano, que reclama a reparação da injustiça e o fim dos crimes contra seu povo. As metáforas e comparações, acompanhadas do apelo inicial dirigido a Deus, tornam o texto sonoramente impactante. O abundante emprego de **figuras de linguagem** é uma das marcas da poesia social de Castro Alves.

> Poesia amorosa: superação das convenções

Em certos poemas, Castro Alves ainda se alinha com a segunda geração do Romantismo. Há neles traços da morbidez byroniana, da sensualidade reprimida e da melancolia características dessa geração. Não é esse, porém, o tom da maioria dos poemas do escritor, que subvertem as convenções da conduta amorosa romântica.

Boa-noite

Boa-noite, Maria! Eu vou-me embora.
A lua nas janelas bate em cheio.
Boa-noite, Maria! É tarde... é tarde...
Não me apertes assim contra teu seio.

Boa-noite!... E tu dizes — Boa-noite.
Mas não digas assim por entre beijos...
Mas não mo digas descobrindo o peito
— Mar de amor onde vagam meus desejos.
[...]

ALVES, Castro. *Poesia*. 5. ed. Rio de Janeiro: Agir, 1977. p. 39.

Em "Boa-noite", apresenta-se uma mulher sensual e ativa: Maria recusa a partida do eu lírico e procura reverter sua decisão, seduzindo-o com seu corpo e seus beijos, o que revela uma mulher consciente de seus desejos. Por outro lado, embora a intenção do eu lírico de se afastar tenha semelhança com os modelos do ultrarromantismo, ele não é motivado pelo medo – o poema, considerado integralmente, sugere que a partida vai ocorrer tarde da noite, após o encontro amoroso.

Castro Alves substituiu a figura da virgem idealizada pela **mulher concreta**, corpórea. Essa transformação revela a superação do amor adolescente, que marcava os ultrarromânticos com suas confissões de medo e culpa, e a aceitação do envolvimento amoroso como experiência de prazer.

■ Margens do texto

Castro Alves costuma se valer de inversões para construir seus versos. Coloque os versos sétimo e oitavo na ordem direta e explique a comparação ali presente.

Vocabulário de apoio

candente: ardente; quente como brasa

embalde: em vão, inutilmente

embuçado: oculto

galé: um tipo de embarcação; indivíduo condenado a remar nessa embarcação

penedia: rocha grande

Prometeu: na mitologia grega, semideus que roubou o fogo dos deuses para levá-lo aos humanos e, como castigo, foi acorrentado a um rochedo onde todos os dias um abutre devorava seu fígado, que se regenerava diariamente

rubro: vermelho intenso

terra de Suez: região do canal de Suez, no Norte da África

Livro aberto

Navios negreiros, de Castro Alves e Heinrich Heine
Edições SM, 2009

Quinze anos antes de Castro Alves escrever um de seus poemas mais conhecidos, "Navio negreiro" (1869), o escritor romântico alemão Heinrich Heine publicara um poema com o mesmo nome. Os dois textos foram compilados na obra *Navios negreiros*, com ilustrações de Maurício Negro, permitindo uma comparação interessante entre os tratamentos bastante diversos dados por dois escritores românticos a um mesmo tema histórico.

Capa do livro *Navios negreiros*.

Edições SM/Arquivo da editora.

Sua leitura

"Navio negreiro" é o poema mais famoso de Castro Alves. Quando foi composto, em 1868, o tráfico de escravizados já estava proibido no país; contudo, a escravidão e seus efeitos persistiam. Para denunciar a condição desumana dos escravizados, o poeta expôs o drama dos negros em sua travessia da África para o Brasil. Leia, a seguir, uma das seis partes que compõem o poema.

IV

Era um sonho dantesco... O tombadilho
Que das luzernas avermelha o brilho,
Em sangue a se banhar.
Tinir de ferros... estalar do açoite...
Legiões de homens negros como a noite,
Horrendos a dançar...

Negras mulheres, suspendendo às tetas
Magras crianças, cujas bocas pretas
Rega o sangue das mães:
Outras, moças... mas nuas, espantadas,
No turbilhão de espectros arrastadas,
Em ânsia e mágoa vãs.

E ri-se a orquestra, irônica, estridente...
E da ronda fantástica a serpente
Faz doudas espirais...
Se o velho arqueja... se no chão resvala,
Ouvem-se gritos... o chicote estala.
E voam mais e mais...

Presa nos elos de uma só cadeia,
A multidão faminta cambaleia,
E chora e dança ali!
....
Um de raiva delira, outro enlouquece...
Outro, que de martírios embrutece,
Cantando, geme e ri!

No entanto o capitão manda a manobra
E após, fitando o céu que se desdobra
Tão puro sobre o mar,
Diz do fumo entre os densos nevoeiros:
"Vibrai rijo o chicote, marinheiros!
Fazei-os mais dançar!..."

E ri-se a orquestra irônica, estridente...
E da roda fantástica a serpente
Faz doudas espirais...
Qual n'um sonho dantesco as sombras voam!...
Gritos, ais, maldições, preces ressoam!
E ri-se Satanás!...

ALVES, Castro. *Poesia*. 5. ed. Rio de Janeiro: Agir, 1977. p. 78-79.

Vocabulário de apoio

açoite: chicote
arquejar: respirar com dificuldade
dantesco: relativo ao escritor italiano Dante Alighieri (1265-1321); diabólico, pavoroso
doudo: o mesmo que doido
espectro: fantasma
fumo: fumaça
luzerna: lampião
ressoar: ecoar, repercutir
resvalar: escorregar, cair
rijo: rígido
tombadilho: estrutura que fica na parte posterior de uma embarcação
vã: inútil

Repertório

Condições de transporte nos navios negreiros

Os donos dos navios negreiros ganhavam de acordo com a quantidade de pessoas transportadas. Por isso, faziam de tudo para transportar o maior número possível de cativos a cada viagem. Não havia preocupação alguma com o que se pudesse chamar de "conforto". No início, os negros eram transportados nos porões dos navios. Do século XVII em diante passaram a ser construídos navios maiores, de três andares. No andar inferior da embarcação, ficavam os moleques, os rapazes e os adultos homens; no andar intermediário, as mulheres; e, no superior, as grávidas e as crianças menores. Os prisioneiros viajavam sentados em filas paralelas, de uma extremidade à outra de cada andar, com a cabeça apoiada sobre o corpo de quem estava à sua frente. A superlotação, somada às péssimas condições de higiene, levava à morte um grande número de passageiros a cada viagem.

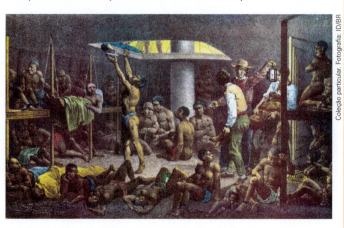

Os traficantes de escravos nos porões do navio (à direita) encarregavam-se de evitar disputa pela escassa alimentação.

RUGENDAS, Johann Moritz. *Navio negreiro*, c. 1830. Litografia, 15,4 cm × 25,5 cm. Coleção particular.

Sobre o texto

1. Logo no início da parte lida, o eu lírico compara o navio negreiro a um "sonho dantesco". Com essa expressão, faz referência às terríveis cenas descritas pelo escritor italiano Dante Alighieri, em "O inferno", parte da obra *A divina comédia*. O aspecto "infernal" da cena é sugerido por referências a uma "dança" e a uma "orquestra".
   a) Como o grupo de marinheiros é relacionado à metáfora da "dança" e da "orquestra"?
   b) O público leitor da época era constituído em sua maioria por membros da elite econômica proprietária de escravizados. Entre suas diversões culturais, estavam os espetáculos de dança e as óperas representadas por companhias estrangeiras que vinham atuar no Brasil, devidamente acompanhadas por uma orquestra. Considerando tal informação, que efeito as metáforas da dança e da orquestra empregadas pelo eu lírico poderiam ter sobre esse público?

2. Identifique no poema os tipos que formam o conjunto de pessoas escravizadas e explique por que o eu lírico selecionou esses tipos.

3. O eu lírico faz largo uso das figuras de linguagem para enfatizar ideias e criar efeitos.
   a) Identifique as expressões da primeira estrofe que, assim como *sonho dantesco*, são exemplos de hipérbole. Explique que efeito criam no poema.
   b) Na penúltima estrofe, há uma antítese que contrapõe o céu puro sobre o mar e a figura do capitão cercado de fumaça. Explique o efeito expressivo dessa antítese.

4. Leia algumas estrofes de "Adeus, meu canto", poema em que o eu lírico defende uma concepção de poesia.

Adeus, meu canto

Adeus, meu canto! É a hora da partida...
O oceano do povo s'encapela.
Filho da tempestade, irmão do raio,
Lança teu grito ao vento da procela. [...]

A cada berço levarás a crença.
A cada campa levarás o pranto.
Nos berços nus, nas sepulturas rasas,
– Irmão do pobre – viverás, meu canto.

E pendido através de dois abismos,
Com os pés na terra e a fronte no infinito,
Traze a bênção de Deus ao cativeiro,
Levanta a Deus do cativeiro o grito!

[...]

ALVES, Castro. *Poesia*. 5. ed. Rio de Janeiro: Agir, 1977. p. 64-66.

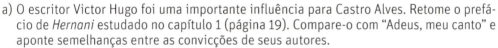

a) O escritor Victor Hugo foi uma importante influência para Castro Alves. Retome o prefácio de *Hernani* estudado no capítulo 1 (página 19). Compare-o com "Adeus, meu canto" e aponte semelhanças entre as convicções de seus autores.
b) De que modo "Navio negreiro" realiza a denúncia social anunciada pelo eu lírico de "Adeus, meu canto"?
c) A imagem de "grito" deste poema tem o mesmo significado de "gritos" do outro poema?

Hipertexto

Castro Alves atribui à sua poesia uma missão social e, para isso, trata de assuntos dessa esfera. Os tropicalistas, que produziram sua arte durante o regime militar brasileiro, defenderam a ideia de que a experiência estética podia ser um **instrumento social** revolucionário, como se percebe no artigo expositivo "Tropicalismo" (parte de Produção de texto, **capítulo 34, p. 346**).

Vocabulário de apoio

campa: túmulo, sepultura
encapelar-se: agitar-se
fronte: cabeça
pender: estar pendurado, suspenso
procela: tempestade, tormenta

O que você pensa disto?

Atualmente, há no Brasil vários museus que se propõem a pesquisar, conservar e exibir elementos relacionados à cultura negra. Mais do que expor objetos, esses museus visam rediscutir a história do Brasil a fim de evidenciar a contribuição dos afrodescendentes para a formação de nossa sociedade e cultura.
- Além da fundação de museus dedicados à cultura negra, que outras ações seriam necessárias para que essa cultura fosse devidamente valorizada?

Interior do Museu Afro-brasileiro, no Terreiro de Jesus, Salvador (BA), cidade em que cerca de 80% da população é negra. Fotografia de 2009.

CAPÍTULO

10 Martins Pena: o teatro da época romântica

O que você vai estudar

- A produção teatral do século XIX.
- O início da comédia de costumes.

Para encerrar esta unidade, você vai conhecer agora o papel do teatro no cenário do Romantismo brasileiro.

Fachada do teatro João Caetano (à época, teatro São Pedro de Alcântara), em meados de 1905. Localizado na praça Tiradentes, no centro do Rio de Janeiro, esse é o mais antigo teatro da capital fluminense. Fundado em 1813, abrigou boa parte das peças mais importantes que estiveram em cartaz durante o século XIX.

❯ O surgimento do teatro brasileiro

Em 1838, foi encenada pela primeira vez a tragédia *Antônio José ou o poeta e a Inquisição*, de Gonçalves de Magalhães (1811-1882). De acordo com o próprio autor, foi "a primeira tragédia escrita por um brasileiro" e, até então, a "única de assunto nacional".

Apoiado pelo ator e agitador cultural João Caetano (1808-1863), Gonçalves de Magalhães lançou as bases para uma produção teatral que se consolidaria nas mãos do carioca Luís Carlos Martins Pena (1815-1848), dando início à dramaturgia brasileira. Muitos escritores românticos posteriores escreveram peças teatrais; entre eles, José de Alencar, Joaquim Manuel de Macedo, Castro Alves, Casimiro de Abreu, Gonçalves Dias e Qorpo Santo.

As diferenças de estrutura entre as peças de Gonçalves de Magalhães e de Martins Pena são marcantes. Enquanto o primeiro ainda segue o modelo da tragédia clássica, estabelecido pelo filósofo grego Aristóteles, Martins Pena incorpora mudanças introduzidas pelo Romantismo.

Segundo o modelo do teatro clássico, uma tragédia deveria conter cinco atos e as falas das personagens teriam versos ritmados, regulares. Além disso, seu protagonista deveria ser sempre um herói, sujeito capaz de "ações de caráter elevado", como apontado por Aristóteles.

Martins Pena substitui a tragédia clássica pelo drama burguês, sem essa restrição aos cinco atos. Também adota o texto em prosa e transforma o ser humano comum em protagonista de suas tramas.

Martins Pena e a comédia de costumes

Como o teatro de Gonçalves de Magalhães ainda apresenta características marcadamente clássicas, Martins Pena pode ser considerado o primeiro dramaturgo romântico do Brasil.

A incorporação da prosa como estilo, a representação inédita de um Brasil urbano e da sociedade burguesa no teatro e o uso do humor na crítica aos costumes fizeram de Martins Pena um dramaturgo muito popular em seu tempo. Suas peças se tornaram um sucesso de público e crítica. Por isso, o escritor também costuma ser considerado o verdadeiro inventor do teatro brasileiro.

Martins Pena produziu intensamente: de 1833 a 1847 escreveu quase 30 peças teatrais. Sua obra, constituída em sua maior parte por comédias, satiriza a sociedade do século XIX. A desigualdade entre ricos e pobres, os casamentos por interesse, a corrupção da máquina pública, a exploração religiosa, o contrabando de mão de obra escravizada: todos esses temas são alvo da sátira social de Martins Pena.

Mesmo sem se aprofundar na caracterização psicológica de suas personagens ou nas questões sociais que suas peças abordam, o dramaturgo consegue traçar um amplo painel da sociedade urbana carioca e brasileira do século XIX, época marcada pelo desenvolvimento do capitalismo e pela ascensão da burguesia, tornando explícito o poder do capital como intermediador das relações sociais.

Uma das fórmulas utilizadas com sucesso por Martins Pena foi o humor gerado pelo contraste entre personagens que representam o tipo interiorano – o "roceiro", o "caipira" – e personagens com hábitos sociais do centro urbano. Tradições e costumes populares são representados nas obras, assim como a linguagem do sertanejo, cuja caricatura é exagerada pelo autor para despertar o riso na plateia da cidade.

Em relação à estrutura formal do texto, a utilização da prosa na construção dos diálogos confere às comédias de Martins Pena um dinamismo até então desconhecido da plateia, acostumada às encenações declamadas, ritmadas pelo verso metrificado e regular. A construção do humor muitas vezes se dá pela sucessão veloz de expressões e comentários irônicos atravessando os discursos, como podemos ver no trecho de *Os dous ou o inglês maquinista*, em que a inocente Mariquinha conversa com a esperta Cecília a respeito de amores e namorados:

> MARIQUINHA — Com efeito! E amavas a todos?
> CECÍLIA — Pois então?
> MARIQUINHA — Tens belo coração de estalagem!
> CECÍLIA — Ora, isto não é nada!
> MARIQUINHA — Não é nada?
> CECÍLIA — Não. Agora tenho mais namorados que nunca; tenho dous militares, um empregado do Tesouro, o cavalo rabão...
> MARIQUINHA — Cavalo rabão?
> CECÍLIA — Sim, um que anda num cavalo rabão.
> MARIQUINHA — Ah!
> CECÍLIA — Tenho mais outros dous que eu não conheço.
> MARIQUINHA — Pois também namoras a quem não conheces?
> CECÍLIA — Pra namorar não é preciso conhecer. [...]

PENA, Martins. Os dous ou o inglês maquinista. In: *Teatro de Martins Pena*: comédias. Rio de Janeiro: Instituto Nacional do Livro, 1956. p. 107.

Em resumo, a simplicidade da linguagem e a dinâmica dos diálogos, somadas à crítica de costumes, à sátira e ao humor, dão o tom das comédias de Martins Pena. Algumas das principais comédias que escreveu são *O noviço*, *Os dous ou o inglês maquinista* e *O Judas em sábado de aleluia*.

Repertório

O teatro de vanguarda de Qorpo Santo

Qorpo Santo é o pseudônimo com que o gaúcho José Joaquim de Campos Leão (1829-1883) assinava suas obras. O nome incomum corresponde a uma produção teatral igualmente estranha para os moldes da época. Ainda que as peças de Qorpo Santo, como *As relações naturais*, deem, de certa forma, sequência à comédia de costumes iniciada por Martins Pena, elas desafiam quem tenta classificá-las. Certas características inovadoras, como a quebra da linearidade e o intenso uso do *nonsense* (situações e falas ilógicas, absurdas), levaram Qorpo Santo a ser considerado um antecipador do vanguardista Teatro do Absurdo, cujas peças, surgidas logo após a Segunda Guerra Mundial, apresentavam situações incomuns. Talvez por ser tão diferente do que havia em sua época, no entanto, o dramaturgo gaúcho morreu sem ter seu talento reconhecido. Publicadas em 1866, suas peças demoraram um século para ser encenadas.

Vocabulário de apoio

dous: forma arcaica do numeral *dois*
estalagem: hospedaria; no texto, refere-se ao fato de a personagem estar sempre aberta a receber (amar) alguém
Tesouro: órgão do governo que administra os recursos financeiros do país

Margens do texto

O diálogo entre as duas personagens apresenta um tema incomum no Romantismo. Que tema é esse?

Sua leitura

Você vai ler agora um trecho extraído do primeiro ato da peça *O noviço*, de Martins Pena. Nesse trecho, Carlos, após fugir do seminário, encontra-se secretamente com sua prima Emília.

Cena VII

Carlos, com hábito de noviço, entra assustado e fecha a porta.
[...]
EMÍLIA — Meu Deus, o que tens, por que estás tão assustado? O que foi?
CARLOS — Onde está minha tia, e o teu padrasto?
EMÍLIA — Lá em cima. Mas o que tens?
CARLOS — Fugi do convento, e aí vêm eles atrás de mim.
EMÍLIA — Fugiste? E por que motivo?
CARLOS — Por que motivo? Pois faltam motivos para se fugir de um convento? O último foi o jejum em que vivo há sete dias... Vê como tenho esta barriga, vai a sumir-se. Desde sexta-feira passada eu não mastigo pedaço que valha a pena.
EMÍLIA — Coitado!
CARLOS — Hoje, já não podendo, questionei com o D. Abade. Palavras puxam palavras; dize tu, direi eu, e por fim de contas arrumei-lhe uma cabeçada, que o atirei por esses ares.
EMÍLIA — O que fizeste, louco?
CARLOS — E que culpa tenho eu, se tenho a cabeça esquentada? Para que querem violentar minhas inclinações? Não nasci para frade, não tenho jeito nenhum para estar horas inteiras no coro a rezar com os braços encruzados. Não me vai o gosto para aí... Não posso jejuar; tenho, pelo menos três vezes ao dia, uma fome de todos os diabos. Militar é que eu quisera ser; para aí chama-me a inclinação. Bordoadas, espadeiradas, rusgas é que me regalam; esse é o meu gênio. Gosto de teatro, e de lá ninguém vai ao teatro, à exceção de Frei Maurício, que frequenta a plateia de casaca e cabeleira para esconder a coroa.
EMÍLIA — Pobre Carlos, como terás passado estes seis meses de noviciado!
CARLOS — Seis meses de martírio! Não que a vida de frade seja má; boa é ela para quem a sabe gozar e que para ela nasceu; mas eu, priminha, eu que tenho para a tal vidinha negação completa, não posso!
EMÍLIA — E os nossos parentes, quando nos obrigam a seguir uma carreira para a qual não temos inclinação alguma, dizem que o tempo acostumar-nos-á.
CARLOS — O tempo acostumar! Eis aí por que vemos entre nós tantos absurdos e disparates. Este tem jeito para sapateiro: pois vá estudar medicina... Excelente médico! Aquele tem inclinação para cômico: pois, não senhor, será político... [...] Aqueloutro chama-lhe toda a propensão para a ladroeira; manda o bom senso que se corrija o sujeitinho, mas isso não se faz; seja tesoureiro de repartição fiscal, e lá se vão os cofres da nação à garra... [...].
EMÍLIA — Tens muita razão; assim é.
CARLOS — Este nasceu para poeta ou escritor, com uma imaginação fogosa e independente, capaz de grandes coisas, mas não pode seguir sua inclinação, porque poetas e escritores morrem de miséria no Brasil... E assim o obriga a necessidade a ser o mais somenos amanuense em uma repartição pública e a copiar cinco horas por dia os mais soníferos papéis. O que acontece? Em breve matam-lhe a inteligência e fazem do homem pensante máquina estúpida, e assim se gasta uma vida? É preciso, é já tempo que alguém olhe para isso, e alguém que possa.
EMÍLIA — Quem pode nem sempre sabe o que se passa entre nós, para poder remediar; é preciso falar.
CARLOS — O respeito e a modéstia prendem muitas línguas, mas lá vem um dia que a voz da razão se faz ouvir, e tanto mais forte quanto mais comprimida.
[...]
EMÍLIA — Mas que queres tu que se faça?
CARLOS — Que não se constranja ninguém, que se estudem os homens e que haja uma bem entendida e esclarecida proteção, e que, sobretudo, se despreze o patronato, que assenta o jumento nas bancas das academias e amarra o homem de talento à manjedoura. Eu, que quisera viver com uma espada à cinta e à frente do meu batalhão, conduzi-lo ao inimigo através da metralha, bradando:

Fioravante Almeida e Camila Bevilacqua, da companhia teatral paulista Aves de Arribação, em montagem da peça *O noviço*, apresentada em 2007.

Vocabulário de apoio

amanuense: funcionário de escritório
coroa: calvície circular no alto da cabeça de padres
espadeirada: golpe com espada
fogoso: impetuoso, vigoroso
hábito: vestes próprias de sacerdotes
inclinação: vocação natural para algo
manjedoura: recipiente onde se coloca comida para os animais em estábulos
noviciado: estágio inicial pelo qual passa quem deseja entrar para o sacerdócio
patronato: apoio moral ou material dado por alguém
regalar: satisfazer
remediar: corrigir
rusga: desentendimento, pequena briga
somenos: inferior

Hipertexto

A palavra *carreira*, empregada por Emília, é um **hiperônimo**. As várias profissões citadas por Carlos nas falas seguintes são **hipônimos**. Leia sobre a função coesiva desses recursos na parte de Produção de texto (**capítulo 33**, boxe *Observatório da língua*, p. 339).

"Marcha... (*Manobrando pela sala, entusiasmado:*) Camaradas, coragem, calar baionetas! Marchem, marchem! Firmeza, avança! O inimigo fraqueia... (*Seguindo Emília, que recua, espantada:*) Avancem!"

EMÍLIA — Primo, primo, que é isso? Fique quieto!

CARLOS (*Entusiasmado*) — "Avancem, bravos companheiros, viva a Pátria! Viva!" – e voltar vitorioso, coberto de sangue e poeira... Em vez desta vida de agitação e glória, hei de ser frade, revestir-me de paciência e humildade, encomendar defuntos... (*Cantando:*) Requiescat in pace... a porta inferi! amém... O que seguirá disto? O ser eu péssimo frade, descrédito do convento e vergonha do hábito que visto. Falta-me a paciência.

EMÍLIA — Paciência, Carlos, preciso eu também ter, e muita. Minha mãe declarou-me positivamente que eu hei de ser freira.

CARLOS — Tu, freira? Também te perseguem?

EMÍLIA — E meu padrasto ameaça-me.

CARLOS — Emília, aos cinco anos estava eu órfão, e tua mãe, minha tia, foi nomeada por meu pai sua testamenteira e minha tutora. Contigo cresci nesta casa e à amizade de criança seguiu-se inclinação mais forte... Eu te amei, Emília, e tu também me amaste.

EMÍLIA — Carlos!

CARLOS — Vivíamos felizes esperando que um dia nos uniríamos. Nesses planos estávamos quando apareceu este homem, não sei donde, e que soube a tal ponto iludir tua mãe, que a fez esquecer-se de seus filhos que tanto amava, de seus interesses e contrair segundas núpcias.

EMÍLIA — Desde então nossa vida tem sido tormentosa...

PENA, Martins. *O noviço*. São Paulo: Paulus, 2004. p. 17-19.

Vocabulário de apoio

a porta inferi: "a porta do inferno", em latim

requiescat in pace: "descanse em paz", em latim (citação de trecho de oração do catolicismo)

testamenteiro: pessoa encarregada de fazer cumprir as cláusulas de um testamento

tutor: pessoa encarregada de substituir os pais na educação de um filho

Sobre o texto

1. Identifique o tema central desse trecho e explique em quais subtemas ele se desdobra.

2. A personagem Carlos cita alguns casos de desvio da inclinação pessoal por pressão social. Para cada vocação que menciona, ele contrapõe uma profissão que não apresenta relação com essa vocação, gerando efeitos humorísticos.
    a) Copie o quadro ao lado no caderno e complete-o com os exemplos citados por Carlos. (Se precisar, crie novas linhas.)
    b) Cite algum exemplo do texto que, em sua opinião, se aplicaria à época atual. Justifique sua resposta.

vocação	profissão
sapateiro	médico
cômico	

3. Duas das principais características inauguradas no teatro pelo Romantismo estão presentes em *O noviço*: a sátira aos hábitos e costumes e o uso do texto em prosa, em oposição às peças versificadas. Com base no trecho lido, associe uma característica à outra: em que o texto em prosa contribui para reforçar o efeito da sátira de costumes?

O que você pensa disto?

Por meio da sátira social, Martins Pena criticava os hábitos e costumes da sociedade de sua época. A sátira é uma técnica literária que ridiculariza os vícios e as imperfeições de indivíduos, grupos, classes sociais ou instituições. A crítica presente nela não é feita de forma direta. Cabe ao leitor ou espectador perceber a ironia ou o sarcasmo com que as situações são apresentadas, o que implica uma análise do comportamento humano.

- Hoje em dia, a sátira social continua sendo usada como forma de crítica. Cite exemplos de meios de comunicação, de programas e de gêneros textuais que fazem uso da sátira. Atualmente, que tipos de hábitos e costumes da sociedade tendem a ser alvo da sátira social? Ela ainda é uma forma de crítica eficiente?

O programa *Custe o que custar* (CQC), exibido pela Band, é conhecido pela irreverência de sua equipe. Fotografia de 2013.

Ferramenta de leitura

O individualismo e a massificação

HAUSER, Arnold. História social da arte e da literatura. São Paulo: Martins Fontes, 1998.

A ideologia política de esquerda contida em *História social da arte e da literatura* causou polêmica na década de 1950, época em que foi lançado o original em inglês.

Você viu nesta unidade que o Romantismo floresceu no século XIX, época de importantes mudanças na história do mundo ocidental. A queda do Antigo Regime alterou as relações socioeconômicas, contribuindo para a consolidação do capitalismo, processo liderado pela burguesia e iniciado no século XVIII. Foi nesse contexto de mudanças que o temperamento romântico encontrou espaço propício para sua expressão e expansão.

Você lerá abaixo trechos de um texto do historiador e crítico literário húngaro Arnold Hauser (1892-1978). O texto, que integra sua mais célebre obra, *História social da arte e da literatura* (1950), analisa a relação entre o capitalismo e o contexto artístico e literário do período em que ocorreu o Romantismo.

> [...] A economia moderna começa com a introdução do princípio de *laissez-faire*, enquanto a ideia de liberdade individual logra estabelecer-se pela primeira vez como a ideologia desse liberalismo econômico. [...]
> HAUSER, Arnold. *História social da arte e da literatura*. São Paulo: Martins Fontes, 1998. p. 556.

Hauser, nesse trecho, aborda o liberalismo econômico, um marco da sociedade moderna. O liberalismo econômico tinha como pressuposto a não intervenção do Estado na economia, o que permitia a livre concorrência e a autorregulação dos preços pelo mercado. Uma mercadoria escassa que tivesse muita procura teria seu valor de mercado automaticamente aumentado, enquanto outra que existisse em abundância teria um valor menor.

> O distanciamento do autor em relação a seus personagens, seu enfoque estritamente intelectual do mundo, o comedimento em seu relacionamento com o leitor, numa palavra, a sua circunspecção classicista-aristocrática chega ao fim quando o liberalismo econômico começa a estabelecer-se. Os princípios da livre concorrência e da livre iniciativa têm um paralelo no desejo do autor de expressar seus sentimentos subjetivos, de transmitir a influência de sua própria personalidade e de converter o leitor em testemunha direta de um conflito íntimo envolvendo espírito e consciência.
> HAUSER, Arnold. *História social da arte e da literatura*. São Paulo: Martins Fontes, 1998. p. 556-557.

O trecho acima mostra como o liberalismo econômico contagiou e transformou os autores românticos e a forma como eles transferiram essa sensação de liberdade para a literatura. Enquanto no Classicismo o narrador, porta-voz da nobreza, anulava sua identidade, privilegiando a objetividade na narrativa, no Romantismo o narrador buscava exatamente o oposto. O narrador romântico expressa sua subjetividade, ou seja, apresenta sua personalidade para o leitor. Aproximando-o de suas angústias e conflitos, mostra-se como um "eu" que pode compartilhar as suas ideias e vivências sentimentais particulares.

> Esse individualismo, no entanto, não é simplesmente a tradução do liberalismo econômico para a esfera literária, mas também um protesto contra a mecanização, o nivelamento por baixo e a despersonalização da vida relacionados com uma economia deixada à rédea larga.
> HAUSER, Arnold. *História social da arte e da literatura*. São Paulo: Martins Fontes, 1998. p. 557.

Como se vê, a expressão dos sentimentos do indivíduo também revela uma oposição à padronização e à mecanização das relações sociais, geradas pelo capitalismo. Numa sociedade regida por valores liberais e burgueses, tudo tende a ser visto e tratado como mercadoria, processo conhecido como reificação.

Vocabulário de apoio

à redea larga: à vontade, sem muito controle
circunspecção: prudência, cautela
comedimento: moderação
ideologia: conjunto de ideias políticas, morais e sociais que reflete os interesses de um grupo (no caso, a classe dominante)
lograr: conseguir, alcançar
laissez-faire: expressão francesa que significa "deixe fazer"

Os românticos utilizaram a expressão subjetiva, isto é, a expressão do "eu", para combater a reificação de certos valores – por exemplo, a transformação do amor, do casamento, em uma mercadoria guiada por interesses financeiros.

O texto que você lerá a seguir trata desse assunto. Ele faz parte do primeiro capítulo do romance *Senhora*, de José de Alencar, uma das mais importantes obras do Romantismo brasileiro.

O preço

Na sala, cercada de adoradores, no meio das esplêndidas reverberações de sua beleza, Aurélia bem longe de inebriar-se da adoração produzida por sua formosura, e do culto que lhe rendiam, ao contrário parecia unicamente possuída de indignação por essa turba vil e abjeta.

Não era um triunfo que ela julgasse digno de si, a torpe humilhação dessa gente ante sua riqueza. Era um desafio, que lançava ao mundo; orgulhosa de esmagá-lo sob a planta, como a um réptil venenoso. [...]

As revoltas mais impetuosas de Aurélia eram justamente contra a riqueza que lhe servia de trono, e sem a qual nunca por certo, apesar de suas prendas, receberia como rainha desdenhosa a vassalagem que lhe rendiam.

Por isso mesmo considerava ela o ouro um vil metal que rebaixava os homens; e no íntimo sentia-se profundamente humilhada pensando que para toda essa gente que a cercava, ela, a sua pessoa, não merecia uma só das bajulações que tributavam a cada um de seus mil contos de réis. [...]

Convencida de que todos os seus inúmeros apaixonados, sem exceção de um, a pretendiam unicamente pela riqueza, Aurélia reagia contra essa afronta, aplicando a esses indivíduos o mesmo estalão.

Assim costumava ela indicar o merecimento relativo de cada um dos pretendentes, dando-lhes certo valor monetário. Em linguagem financeira, Aurélia cotava os seus adoradores pelo preço que razoavelmente poderiam obter no mercado matrimonial.

ALENCAR, José de. *Senhora*. São Paulo: Scipione, 1994. p. 6.

Vocabulário de apoio

abjeto: desprezível, baixo
cotar: avaliar, fixar preço
desdenhoso: que demonstra desprezo ou indiferença
estalão: padrão, medida
inebriar-se: arrebatar-se, deliciar-se
planta: sola do pé
prenda: qualidade, habilidade
reverberação: repercussão
torpe: obscena, vil
tributar: dar como tributo, homenagem
turba: multidão
vassalagem: homenagem, submissão

Aurélia Camargo, personagem interpretada por Christine Fernandes na novela televisiva *Essas mulheres*, exibida pela rede Record em 2005. A adaptação, de autoria de Marcílio Moraes e Rosane Lima, mesclou na mesma narrativa as personagens e os conflitos de três romances de Alencar: *Senhora*, *Diva* e *Lucíola*.

Sobre o texto

1. Releia: "parecia unicamente possuída de indignação por essa turba vil e abjeta". Qual é o conflito, presente nesse trecho, entre Aurélia e a sociedade?

2. O narrador de *Senhora* mergulha no íntimo da protagonista, revelando os sentimentos e pensamentos de Aurélia sem restrições. Essa expressão do "eu", do indivíduo, é uma tendência do Romantismo, que pode ser relacionada às grandes transformações vividas pela sociedade burguesa. Explique essa relação tendo por base os textos teóricos de Arnold Hauser.

Repertório

A condição social da mulher

Aurélia deixa claro que o interesse demonstrado por seus inúmeros admiradores recai, na verdade, sobre sua riqueza e não sobre sua pessoa. Um dos motivos que os levam a disputar sua mão é o fato de que, segundo o costume da época, o noivo, ao se casar, recebia um dote – valor em dinheiro ou em bens oferecido pela família da noiva.

Em uma sociedade patriarcal como a do Brasil no século XIX, na qual o homem tinha o controle total da família, era extremamente importante que o pai casasse suas filhas, pois ter uma filha solteira representava uma humilhação perante a sociedade. É nesse contexto que surgiu a expressão "ficar para titia", referindo-se à mulher solteira após certa idade. Hoje a condição social da mulher é outra – ela tem liberdade para decidir não se casar.

Entre textos

O Romantismo influenciou grande parte da produção literária surgida depois dele. Nesta seção, apresentamos textos que dialogam com diferentes tendências do movimento romântico.

TEXTO 1

Viva o povo brasileiro

[Xangô] Falou assim e levantou-se, sua estatura se comparando à de uma torre e seu olhar quente como cem fogueiras. E logo estava, com seu irmão Oxóssi, campeando pelo terreno incendiado de Tuiuti. O que primeiro fizeram foi entrar pelos corações e cabeças de seus filhos, trazendo-lhes às gargantas os gritos de guerra dos ancestrais, cada Oxóssi mais estonteante, cada Xangô mais irresistível, nenhum sentindo medo, nenhum sentindo dor, todos combatendo como o vento vergando o capim. Xangô viu seu filho Capistrano do Tairu, cercado por três cavaleiros paraguaios nos alagadiços, atirar fora a carabina molhada e emperrada, apoderar-se de uma lança caída e fazer uma careta para um dos inimigos, o qual, esporeando seu cavalo numa manobra que levantou salpicos de água sangrenta por todos os lados, atacou. Xangô apareceu a seu filho e lhe disse:

— Capistrano, não foi em vão que fizeste tua cabeça em meu nome, nem que me saudaste em meus dias de festa, nem que te comportaste sempre para honra e grandeza minhas. A comida que me serviste e os animais que abateste para mim, de tudo isso eu tenho boa lembrança. Segura firme tua lança, não temas o inimigo, pois nada teme o bom filho de Xangô. Estou a teu lado e a teu lado combaterei.

Ouviu essas palavras e fortaleceu seu ânimo o valente filho das praias mansas do Tairu, onde o peixe é farto e as mulheres amáveis.

— *Ca-uô-ô-ca-biê-sile*, meu grande pai Xangô! Não temi quando muitas vezes me vi sozinho no mar, enfrentando o temporal e os grandes peixes. Nunca conheci o medo e nunca tremi no escuro e não seria agora que tremeria, ainda mais tendo meu grande pai a meu lado. Antes que morra aqui nestes campos estrangeiros e meus parentes façam meu axexê na minha ausência e joguem minhas coisas de preceito na água do rio, eu levo um comigo, não morro por nada. E ninguém me verá virar as costas ou arredar pé daqui.

Xangô, uma faísca vermelha e branca incandescente, achou do outro lado, no terreno seco, um outro filho seu, o soldado Presciliano Braz, de Santo Amaro do Catu. Não quis perder tempo em falar-lhe, apenas entrou em sua cabeça e lhe dirigiu o olhar para os dois outros cavaleiros que ameaçavam Capistrano. Presciliano carregou a clavina e, guiado pela mão do santo, acertou um tiro na testa de um dos cavaleiros, cuja montaria saiu em disparada, arrastando-o pelas poças. Logo Xangô já trazia outro cartucho à mão de Presciliano e outra vez lhe orientou a pontaria certeiramente. Feito isto, voou para o lado do cavaleiro que fazia carga contra Capistrano e, no momento em que ele baixava a lança contra seu filho, deu-lhe um sopro de fogo, um sopro tão forte que o desequilibrou na sela, fazendo com que errasse o lançaço e ficasse cravado na arma de Capistrano, quase uma bandeira à ponta do mastro.

E por toda parte lutavam Xangô e Oxóssi, ao lado de seus filhos mais valorosos. [...]

RIBEIRO, João Ubaldo. *Viva o povo brasileiro*. Rio de Janeiro: Nova Fronteira, 1984. p. 442-443.

Vocabulário de apoio

alagadiço: terreno que se alaga com facilidade
axexê: ritual fúnebre afro-brasileiro realizado por ocasião da morte de um filho de santo
campear: mover-se pelos campos
carabina/clavina: espingarda de cano curto
emperrado: travado
esporear: cutucar com a espora (artefato de metal que se prende à bota do cavaleiro, no calcanhar)
fazer carga contra: pressionar
lançaço: golpe dado com lança
Oxóssi: divindade africana da caça e da fartura
preceito: doutrina, crença
salpico: pingo
vergar: arquear, dobrar
Xangô: divindade africana do raio, do trovão e do fogo

A fim de construir uma identidade nacional para o Brasil recém-saído da Independência, o Romantismo transformou o indígena em herói, mostrando que ele, junto com o português colonizador, ajudou a constituir a pátria. O negro só foi lembrado por Castro Alves, que condenou a escravidão e expôs o sofrimento físico imposto a ele. Não percebeu, porém, que além da liberdade os negros haviam sido privados também de sua cultura. No fragmento do romance *Viva o povo brasileiro*, de João Ubaldo Ribeiro, são valorizadas a participação militar do negro na Guerra do Paraguai (1865-1870) e, sobretudo, a cultura africana. Os deuses Xangô e Oxóssi vão ao campo de batalha para ajudar seus protegidos, como fazem os deuses gregos que participam das lutas narradas no poema épico *Ilíada*. A África equipara-se, assim, à Grécia, berço da ciência e da literatura ocidentais, e os combatentes negros ganham a dimensão de heróis épicos.

TEXTO 2

Soneto do Corifeu

São demais os perigos desta vida
Para quem tem paixão, principalmente
Quando uma lua surge de repente
E se deixa no céu, como esquecida.

E se ao luar que atua desvairado
Vem se unir uma música qualquer
Aí então é preciso ter cuidado
Porque deve andar perto uma mulher.

Deve andar perto uma mulher que é feita
De música, luar e sentimento
E que a vida não quer, de tão perfeita.

Uma mulher que é como a própria Lua:
Tão linda que só espalha sofrimento
Tão cheia de pudor que vive nua.

MORAES, Vinicius de. *Soneto de fidelidade e outros poemas*. 9. ed. Rio de Janeiro: Ediouro, 2000. p. 58.

Os parceiros musicais Vinicius de Moraes e Toquinho (com o violão). Um dos vários sucessos da dupla (que geralmente tinham letra de Vinicius e música de Toquinho) foi a canção que compuseram a partir do "Soneto do Corifeu". Fotografia de 1971.

Nesse poema de Vinicius de Moraes, é possível observar um dos temas mais frequentes do Romantismo: a idealização da mulher. Na última estrofe, o eu lírico eleva a mulher à mesma condição idealizada da Lua, símbolo da beleza intocável, misteriosa.

Vocabulário de apoio

consternado: comovido, abalado
desvairado: desorientado, fora de si
dissipar: dispersar
rotundamente: decisivamente

Neste trecho de um romance de Cristovão Tezza de 2007, a personagem do pai, após saber que o filho recém-nascido tem síndrome de Down, entrega-se, sem meias palavras, a pensamentos sinistros. Deseja que o filho viva o menos possível. Ao contrário do que ocorre no poema "Cântico do calvário", de Fagundes Varela, o filho não representaria para o pai um consolo à sua existência frustrada, mas sim um fardo. Em ambos os textos, o filho desencadeia a exposição dos conflitos emocionais do pai.

TEXTO 3

O filho eterno

Não há mongoloides na história, relato nenhum – são seres ausentes. Leia os diálogos de Platão, as narrativas medievais, *Dom Quixote*, avance para a *Comédia humana* de Balzac, chegue a Dostoiévski, nem este comenta, sempre atento aos humilhados e ofendidos; os mongoloides não existem. Não era exatamente uma perseguição histórica, ou um preconceito, ele se antecipa, acendendo outro cigarro – o dia está muito bonito, a neblina quase fria da manhã já se dissipou, e o céu está maravilhosamente azul, o céu azul de Curitiba, que, quando acontece (ele se distrai), é um dos melhores do mundo – simplesmente acontece o fato de que eles não têm defesas naturais. Eles só surgiram no século XX, tardiamente. Em todo o *Ulisses*, James Joyce não fez Leopold Bloom esbarrar em nenhuma criança Down, ao longo daquelas 24 horas absolutas. Thomas Mann os ignora rotundamente. O cinema, em seus 80 anos, ele contabiliza, forçando a memória, jamais os colocou em cena. Nem vai colocá-los. Os mongoloides são seres hospitalares, vivem na antessala dos médicos. Poucos vão além dos... quantos anos? Ele pensou em 10 anos, e calculou a própria idade, achando muito: talvez 5, fantasiou, vendo imediatamente uma sequência rápida de anos, os amigos consternados pela sua luta, a mão no seu ombro, mas foi inútil – morreu ontem. Sim, não resistiu. Voltariam do cemitério com o peso da tragédia na alma, mas, enfim, a vida recomeça, não é? Um sopro de renovação – como se ele tivesse existido apenas para lhes dar forças, para uni-los, ao pai e à mãe, sagrados. Viu-se caminhando no parque Barigui, quem sabe uma manhã bonita e melancólica como esta, repensando aqueles cinco – aqueles três anos, talvez dois. [...]

TEZZA, Cristovão. *O filho eterno*. Rio de Janeiro: Record, 2007. p. 36-37.

Vestibular

1. (Udesc) Leia e analise as proposições sobre a estética romântica na literatura brasileira.

I. O Romantismo brasileiro pregava a valorização do elemento local e dos aspectos particulares de cada povo como material de criação artística; há, portanto, uma grande analogia entre as propostas românticas e o momento histórico e social vivenciado pelo país na primeira metade do século XIX.

II. A primeira geração romântica apresentava como cerne de suas atenções a pátria recém-independente, para a qual procurava uma forma de expressão autêntica. O Romantismo dessa geração era marcado predominantemente pelo nacionalismo.

III. Os poetas da segunda geração estavam voltados para a própria individualidade, preocupavam-se com a demonstração de seus sentimentos e suas frustrações.

IV. Também o teatro inseriu-se no projeto nacionalista do Romantismo. A grande figura do teatro romântico foi Nelson Rodrigues, considerado o criador da comédia brasileira.

V. A terceira geração da poesia romântica passou a valorizar uma produção voltada para os problemas sociais que trazia à tona tópicos abolicionistas e republicanos, entre outros.

Assinale a alternativa correta.

a) Somente as afirmativas I, II, III e V são verdadeiras.
b) Somente as afirmativas II e IV são verdadeiras.
c) Somente as afirmativas I, III e IV são verdadeiras.
d) Somente as afirmativas II e V são verdadeiras.
e) Todas as afirmativas são verdadeiras.

2. (PUC-Campinas-SP) Poetas que se dedicaram ao culto de tantas nostalgias, os *românticos* não apenas cuidaram de seu passado, de sua infância, de seus amores perdidos, como também imaginaram uma espécie de memória nacional, um passado lendário, um território mítico onde fixar as raízes de nossa história. Isso pode explicar por que:

a) o passado épico das civilizações clássicas serviu de modelo para poetas como Olavo Bilac e Raimundo Correia.
b) o nacionalismo modernista abandonou a poesia lírica e o humor, na busca da constituição de uma pátria heroica.
c) poetas da semana de 22 recusaram-se, em suas obras, a fazer qualquer referência ao nosso passado histórico real.
d) é tão obsessivo o memorialismo pessoal de um Casimiro de Abreu, e tão pujante o nacionalismo de Gonçalves Dias.
e) Castro Alves e Álvares de Azevedo dedicaram-se, em estilos tão diversos, à representação dos sentimentos.

3. (Fuvest-SP) Em um poema escrito em louvor de *Iracema*, Manuel Bandeira afirma que, ao compor esse livro, Alencar:

> "[...] escreveu o que é mais poema
> Que romance, e poema menos
> Que um mito, melhor que Vênus."

Segundo Bandeira, em *Iracema*:

a) Alencar parte da ficção literária em direção à narrativa mítica, dispensando referências a coordenadas e personagens históricas.
b) o caráter poemático dado ao texto predomina sobre a narrativa em prosa, sendo, por sua vez, superado pela constituição de um mito literário.
c) a mitologia tupi está para a mitologia clássica, predominante no texto, assim como a prosa está para a poesia.
d) ao fundir romance e poema, Alencar, involuntariamente, produziu uma lenda do Ceará, superior à mitologia clássica.
e) estabelece-se uma hierarquia de gêneros literários, na qual o termo superior, ou dominante, é a prosa romanesca, e o termo inferior, o mito.

4. (UPE) No romance *Senhora*, de José de Alencar, as características que fazem de Fernando Seixas um herói romântico são:

I. a preocupação com a família, quando esta lhe solicitou o dinheiro que lhe foi confiado para poupança e ele havia gastado em seu próprio benefício. Martirizou-se por saber que a irmã dependia desse dinheiro para se casar. Não tendo outra saída, sentiu-se obrigado a aceitar a proposta de Aurélia para se casar com ela pelo dote de cem contos de réis, sem nada lhe revelar.

II. a elegância excessiva de Fernando Seixas que o caracteriza como personagem idealizada.

III. o fato de trair Aurélia devido a um casamento que lhe oferecia mais vantagens.

IV. a importância dada por Fernando Seixas aos prazeres e às futilidades da época.

V. o desfrute da riqueza oferecida por Aurélia sem nenhuma preocupação.

Somente está correto o que se afirma em:

a) I e II.
b) I e III.
c) II e IV.
d) III e V.
e) IV e V.

5. (UFPA) Gonçalves Dias pertence à primeira geração romântica no Brasil, época da independência associada às aspirações nacionalistas e de grande interesse por questões locais. Convém lembrar que, na sua produção, destacam-se os temas da

80

poesia lírico-amorosa, da indianista e da nacionalista. Assinale a opção em que se destaca o texto de tema indianista.

a) "Adeus qu'eu parto, senhora:
   Negou-me o fado inimigo
   Passar a vida contigo,
   Ter sepultura entre os meus;"

b) "Ó Guerreiros da Taba sagrada,
   Ó Guerreiros da Tribo Tupi
   Falam Deuses nos cantos do Piaga,
   Ó Guerreiros, meus cantos ouvi."

c) "Enfim te vejo! – enfim posso,
   Curvado a teus pés, dizer-te,
   Que não cessei de querer-te,
   Pesar de quanto sofri."

d) "Não permita Deus que eu morra,
   Sem que eu volte para lá;
   Sem que desfrute os primores
   Que não encontro por cá;"

e) "Assim eu te amo, assim; mais do que podem
   Dizer-to os lábios meus, – mais do que vale
   Cantar a voz do trovador cansada:
   O que é belo, o que é justo, santo e grande
   Amo em ti. – Por tudo quanto sofro,"

6. **(Ufam)** Assinale a opção cujo enunciado não se aplica a Álvares de Azevedo:

a) A rota do amor é constante, embora o horizonte último não seja Eros, mas a morte.

b) Em vários níveis se podem apreender as tendências que apresentava para a evasão e para o sonho.

c) A ideia da bondade natural dos primitivos habitantes do Brasil serviu de base para a sua poesia de cunho americanista.

d) À boêmia espiritual correspondem algumas tendências liberais e anarquistas, todas de fundo romântico.

e) Imagens satânicas lhe povoavam a fantasia, das quais dão exemplo os contos de *Noite na Taverna*.

7. **(Uepa)** Leia o texto para responder à questão.

Mãe penitente

Ouve-me, pois!... Eu fui uma perdida;
Foi este o meu destino, a minha sorte...
Por esse crime é que hoje perco a vida,
Mas dele em breve há de salvar-me a morte!
E minh'alma, bem vês, que não se irrita,
Antes bendiz estes mandões ferozes.
Eu seria talvez por ti maldita,
Filho! sem o batismo dos algozes!
Porque eu pequei... e do pecado escuro
Tu foste o fruto cândido, inocente,

— Borboleta, que sai do — lodo impuro...
— Rosa, que sai de — pútrida semente!
Filho! Bem vês... fiz o maior dos crimes
— Criei um ente para a dor e a fome!
Do teu berço escrevi nos brancos vimes
O nome de bastardo — impuro nome.
Por isso agora tua mãe te implora
E a teus pés de joelhos se debruça.
Perdoa à triste — que de angústia chora,
Perdoa à mártir — que de dor soluça!
[...]

Fonte: <www.dominiopublico.gov.br>. Acesso em: 7 out. 2011.

A fala do sujeito poético exprime uma das formas da violência simbólica denunciada por Castro Alves. No poema, mais do que os maus-tratos sofridos fisicamente, é denunciada a consequência:

a) da humilhação imposta pelos algozes que torturaram a mulher chicoteando-a.

b) da subordinação da mulher negra que serve aos desejos sexuais do senhor de engenho.

c) do erotismo livre que leva a mulher a realizar seus desejos sem pensar em consequências.

d) do excesso de religiosidade que leva a mulher negra a uma confissão de culpa.

e) da tortura psicológica que obriga a mãe a abandonar o filho.

(UFRJ) Texto para a questão 8.

Happy end

O meu amor e eu
nascemos um para o outro

agora só falta quem nos apresente.
Cacaso

8. O texto "Happy end" – cujo título ("final feliz") faz uso de um lugar-comum dos filmes de amor – constrói-se na relação entre desejo e realidade, e pode ser considerado uma paródia de certo imaginário romântico.

Justifique a afirmativa, levando em conta elementos textuais.

9. **(Unir-RO)** O gosto pela expressão dos sentimentos, dos sonhos, e das emoções que agitam seu mundo interior, numa atitude individualista e profundamente pessoal, marcou os autores do:

a) movimento romântico.

b) movimento árcade.

c) movimento realista.

d) movimento barroco.

e) movimento naturalista.

81

UNIDADE 2

O Realismo

Nesta unidade

- **11** O Realismo – diagnóstico da sociedade
- **12** O Realismo em Portugal
- **13** O Realismo no Brasil

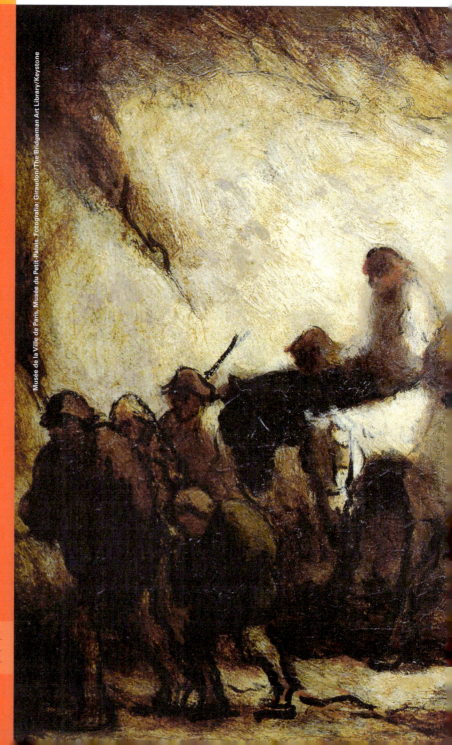

DAUMIER, Honoré. *Os fugitivos*, c. 1849-1850. Óleo sobre tela, 16,2 cm × 28,7 cm. Museu do Petit-Palais, Paris, França.

Na imagem abaixo, um grupo de pessoas caminha em uma paisagem desolada. Vistas de longe, não se distingue nitidamente a fisionomia delas. No entanto, o cansaço, resultante provavelmente de uma longa viagem e das condições inóspitas do lugar onde se encontram, é visível na cena. Além disso, o corpo levemente inclinado para frente e os braços unidos de algumas, como se estivessem se protegendo do frio, denotam esforço e sofrimento. Até mesmo os cavalos caminham cabisbaixos. O realismo da cena adquire tons épicos e sombrios.

Diversamente do que ocorria na arte romântica, em que as cenas eram idealizadas, esse novo momento da literatura e da arte denominado Realismo procurava olhar a vida de frente, sem maquiá-la e, por vezes, acentuando seus aspectos mais duros e cruéis.

A observação direta da realidade e a crença nas ciências como instrumento para entender os processos naturais e sociais foram algumas das tônicas desse período, que será nosso objeto de estudo nas próximas páginas.

CAPÍTULO 11
O Realismo – diagnóstico da sociedade

O que você vai estudar

- A Segunda Revolução Industrial.
- A ciência na indústria e na cultura.
- O escritor: diagnóstico das patologias sociais.

Em meados do século XIX, ocorreu na Europa uma forte reação à estética romântica. Artistas e escritores passaram a buscar uma linguagem capaz de abordar de modo mais objetivo a vida cotidiana de ricos e pobres. Cenas comuns, em que pessoas anônimas trabalham ou se relacionam entre si, começaram a aparecer em textos literários e em diversas formas de arte, sobretudo na pintura.

Sua leitura

A seguir, você fará duas leituras: de uma pintura de Jean-François Millet (1814-1875) e de um fragmento de *Madame Bovary*, do escritor francês Gustave Flaubert (1821-1880). Considerado por muitos o primeiro romance realista, *Madame Bovary* foi publicado no ano de 1857. Leia as obras atentamente e responda às questões.

Os madeireiros

MILLET, Jean-François. *Os madeireiros*, meados do século XIX. Óleo sobre tela, 37 cm × 45 cm. Museu Pushkin, Moscou, Rússia.

Mantendo afinidades com ideias socialistas que já circulavam na França, Millet mostrou uma visão não idealizada da realidade. A representação de homens e mulheres simples que viviam no campo surge em sua pintura como uma maneira de afirmar a importância do cotidiano concreto dos trabalhadores, nas atividades de trato da terra e dos animais.

Madame Bovary

Charles, com neve ou chuva, cavalgava pelos atalhos. Comia omeletes na mesa das quintas, punha os braços em leitos úmidos, recebia no rosto o jato tépido das sangrias, ouvia os estertores, examinava bacias, arregaçava muita roupa suja; mas encontrava, todas as noites, um fogo chamejante, a mesa servida, um aconchego suave e uma mulher finamente vestida, encantadora, exalando um frescor perfumado sem saber mesmo de onde vinha aquele aroma ou se não era sua pele que perfumava sua camisa.

Ela o encantava com um grande número de delicadezas; ora era uma nova maneira de fazer arandelas de papel para as velas, um babado que mudava em seu vestido ou o nome extraordinário de um prato bem simples que a empregada não acertara mas que Charles engolia até o fim com prazer. Viu em Rouen senhoras que usavam um feixe de berloques presos ao relógio; ela comprou berloques. Quis para a lareira dois grandes vasos de vidro azul e, algum tempo depois, um estojo de marfim com um pouquinho de prata dourada. Menos Charles compreendia tais elegâncias mais sofria sua sedução. Elas acrescentavam alguma coisa ao prazer de seus sentidos e à doçura de seu lar. Era como uma poeira de ouro que caía ao longo da pequena vereda de sua vida.

Tinha saúde, tinha bom aspecto; sua reputação estava totalmente estabelecida. Os camponeses queriam-lhe bem porque não era orgulhoso. Acariciava as crianças, nunca ia à taberna e, aliás, inspirava confiança por sua moralidade. Era bem-sucedido particularmente nos catarros e nas doenças do peito. Com muito medo de matar as pessoas com que lidava, Charles de fato só receitava poções calmantes, de vez em quando algum emético, um banho de pés e sanguessugas. Não que a cirurgia o assustasse; sangrava largamente as pessoas, como cavalos, e tinha um *punho infernal* para a extração de dentes.

Enfim, *para estar a par*, assinou a *Ruche Médicale*, novo jornal do qual recebera um prospecto. Lia-o um pouco após o jantar, mas o calor da sala, unido à digestão, fazia com que adormecesse após cinco minutos; e ficava lá, com o queixo nas mãos e os cabelos espalhados como uma crina até o pé da lâmpada. Emma olhava-o encolhendo os ombros. Por que não tinha, pelo menos, por marido um daqueles homens de ardores taciturnos que trabalham à noite com livros e trazem, enfim, aos sessenta anos, quando chega a idade dos reumatismos, um broche de condecorações na casaca preta malfeita? Teria desejado que o nome Bovary, que era o seu, fosse ilustre, teria desejado vê-lo exposto nas livrarias, repetido nos jornais, conhecido em toda a França. Mas Charles não tinha ambição! Um médico de Yvetot, com quem ultimamente se encontrara em consultas, humilhara-o um pouco, na própria cabeceira do doente, diante dos parentes reunidos. Quando Charles à noite lhe contou essa história, Emma enfureceu-se realmente com o confrade. [...]

— Pobre homem! Que pobre homem! dizia baixinho, mordendo os lábios.

Sentia-se, aliás, mais irritada com ele. Com a idade, adquiria hábitos grosseiros; à sobremesa, cortava a rolha das garrafas vazias; após ter comido, passava a língua nos dentes; ao tomar a sopa fazia um gorgolejo a cada colherada e, como começava a engordar, seus olhos, já pequenos, pareciam subir para as têmporas por causa da intumescência das maçãs do rosto.

FLAUBERT, Gustave. *Madame Bovary*: costumes de província. Trad. Fulvia M. L. Moretto. São Paulo: Nova Alexandria, 2009. p. 65-66.

·Hipertexto

Neste parágrafo, os substantivos *delicadezas* e *elegâncias* desempenham papel fundamental para a **coesão textual**. Eles expressam uma avaliação positiva das ações praticadas por Emma Bovary e estão posicionados estrategicamente: *delicadezas* aparece antes dessas ações, e *elegâncias*, logo em seguida a elas. A coesão textual por meio de substantivos valorativos é estudada na parte de Linguagem (**capítulo 21**, p. 187, exercício 5).

Vocabulário de apoio

arandela: suporte para vela ou lâmpada elétrica

berloque: pingente

confrade: colega

emético: que provoca vômito

estertor: ruído gutural comum à hora da morte

gorgolejar: ruído característico do gargarejo

intumescência: inchaço

quinta: propriedade no campo, com casa

sanguessuga: verme habitante das águas doces, usado na medicina para provocar sangrias

tépido: morno

Sobre os textos

1. Explique por que o tema dessa pintura de Millet destoa dos temas das pinturas românticas em geral.

2. No primeiro parágrafo deste fragmento de *Madame Bovary*, o narrador descreve a personagem Charles segundo um ponto de vista que exalta sua dedicação como médico e como homem. Aponte pelo menos dois exemplos dessa dedicação.

3. A seguir, o foco narrativo é alterado: o mundo é visto pelos olhos de Emma, a mulher de Charles. A maneira como ela vê o marido é igual à maneira como a comunidade o enxerga, conforme mostrou o narrador? Quais diferenças ou semelhanças se estabelecem entre essas visões?

4. Indique quais elementos do texto revelam a necessidade de Emma de sentir-se elegante e "ilustre".

5. *Os madeireiros* e *Madame Bovary* registram situações de modo direto. Que semelhanças podem ser percebidas na descrição do cotidiano feita nas duas obras?

❯ O contexto de produção

A segunda metade do século XIX foi um período marcado por muitos acontecimentos importantes, cujos desdobramentos se estenderam para o século XX. Entre esses acontecimentos, destacam-se a **Segunda Revolução Industrial** e o surgimento do movimento operário.

❯ O contexto histórico

A partir de meados do século XIX, a industrialização entra em uma nova fase, caracterizada por inovações que levaram os historiadores a classificá-la como Segunda Revolução Industrial. Ela se distingue da Primeira Revolução Industrial (iniciada em meados do século XVIII) pelo aproveitamento sistemático da ciência a serviço das indústrias. A indústria passa a financiar pesquisas científicas e a direcionar seus resultados para a aplicação em processos de produção. Daí decorre, nesse período, simultaneamente, o grande desenvolvimento da ciência e dos processos de fabricação. O avanço da ciência química, por exemplo, faz surgir uma poderosa indústria farmacêutica, que passa a comercializar, entre outros produtos, os superpopulares comprimidos contra a dor de cabeça.

Importante nessa nova fase foi também a expansão da industrialização para a Alemanha e os Estados Unidos, que se juntaram à França e à Inglaterra como os países líderes do capitalismo mundial.

Empresas, classes e sindicatos

A associação entre indústria e ciência eleva muito os custos industriais. Para reunir os enormes volumes de capital necessários à operação de uma indústria, as empresas passam a realizar fusões, das quais resultam conglomerados empresariais que empregam vastos contingentes de operários.

Os operários respondem às fusões empresariais organizando-se em grandes sindicatos, que fortalecem os trabalhadores na negociação com os empregadores. A radicalização do movimento operário se dá a partir do surgimento do **socialismo científico**. Essa doutrina, criada pelo filósofo alemão Karl Marx, prega a extinção do capitalismo, que, segundo ele, se baseia na "exploração do ser humano pelo ser humano". Ao chamar sua doutrina de "científica", Marx acredita colocar a ciência a serviço dos trabalhadores, em contraposição à ciência que está a serviço da indústria.

As classes sociais, porém, não se limitam aos capitalistas e aos operários. A gestão de processos de produção – e empresas cada vez maiores e mais sofisticadas – mobiliza um grande número de burocratas urbanos, a pequena burguesia (classe média), à qual pertencem também os funcionários públicos. A quantidade destes se eleva em função do crescimento do Estado requerido para regular uma sociedade mais complexa e oferecer serviços públicos às massas urbanas.

Em Portugal e no Brasil, os contextos históricos são bastante diferentes, já que essas nações não estavam entre os países plenamente industrializados. Ademais, no Brasil, a escravidão ainda vigente distingue o país da maioria das nações europeias, que adotavam o trabalho livre e assalariado.

HORRABIN, J. F. *Industrialização moderna, Sheffield trabalhando*, 1919. Litografia colorizada. Coleção particular.

Na segunda fase da Revolução Industrial, formaram-se grandes complexos industriais que moldaram a paisagem econômica pelo século XX adentro.

Sétima arte

Che
(EUA/França/Espanha, 2008)
Direção de Steven Soderberg

O socialismo científico de Karl Marx exerceu enorme influência política por dois séculos. No século XIX, inspirou lutas do movimento operário para diminuir as desigualdades sociais. No século XX, a Revolução Russa (1917) e a Revolução Cubana (1959) assumiram o comando do Estado e implantaram economias socialistas. *Che* trata da Revolução Cubana e é centrado na figura de Che Guevara, um de seus líderes.

Benicio Del Toro em cena do filme *Che*. A Revolução Cubana foi inspirada pelo socialismo científico do século XIX. Entre as medidas adotadas pelo governo revolucionário, estavam a reforma agrária e a reestruturação dos sistemas de saúde e educação.

> O contexto cultural

Percebe-se, do que foi dito até então, que boa parte do desenvolvimento científico do período estava estreitamente ligada à atividade econômica. Mas houve um grupo de ciências que se desenvolveu à margem da produção industrial. Destaca-se, nesse grupo, a teoria evolucionista de Charles Darwin, baseada no princípio da **seleção natural**. Segundo a teoria darwinista, a evolução das espécies deve-se ao surgimento de mutações genéticas em alguns organismos que os tornam mais adaptados ao ambiente em que vivem. O ambiente seleciona esses organismos mais aptos, ou seja, eles sobrevivem em tal ambiente e passam a se perpetuar, ao passo que os organismos menos adaptados desaparecem.

Tanto o darwinismo como as demais ciências da época enfatizavam a **experimentação**, a observação dos fenômenos naturais, para deles extrair leis universais da natureza. Alguns estudiosos da cultura tentaram aplicar essas leis ao funcionamento das sociedades humanas, constituindo o **cientificismo**, forma de conhecimento fundada no saber científico que causou grande confronto de boa parte da intelectualidade europeia com a Igreja católica. Além da religião, também a filosofia caiu em descrédito, pois se ocupava em explicar a realidade por meio de ideias abstratas.

Outra base para o aprofundamento do cientificismo do século XIX foi o **positivismo**, desenvolvido por Auguste Comte, na França. Considerado o pai da sociologia moderna, Comte defendia que não se podiam reduzir os fenômenos naturais a um único princípio, ou seja, a Deus. Seus textos afirmavam que a humanidade rumava, em uma espécie de "marcha natural", para o desenvolvimento de uma sociedade amparada fundamentalmente no saber científico.

E o entusiasmo com a ciência não se limitou aos intelectuais. Ela empolgou também a pequena burguesia, o cidadão comum da época, como se nota neste trecho de um romance de Gustave Flaubert. Bouvard e Pécuchet são funcionários públicos descontentes com a mediocridade da sua existência; mudam-se para uma propriedade no campo e se dedicam noite e dia à busca do conhecimento. Mas nada conseguem, a não ser colecionar uma série de trapalhadas.

COURBET, Gustave. *O encontro* ou *Bom dia, senhor Courbet*, 1854. Óleo sobre tela, 129 cm × 149 cm. Museu Fabre, Montpellier, França.

O pintor Gustave Courbet retrata a si mesmo com um cajado na mão e uma mochila às costas, cumprimentando o importante colecionador de arte do qual seria hóspede. O tema escolhido e o forte realismo com que foi retratado causaram grande tumulto na Exposição Mundial de Paris, em 1855. Logo Courbet passou a ser saudado como o pioneiro de uma arte totalmente alheia à religião, em conformidade com as tendências cientificistas da época. Quando solicitado a incluir anjos em uma pintura, Courbet respondeu: "Nunca vi anjos. Mostre-me um e eu o pintarei".

> Para estudar química, mandaram buscar o compêndio de Regnault e aprenderam, antes de mais nada, "que os corpos simples talvez sejam compostos".
>
> Dividem-se em metais e metaloides – diferença que "nada tem de absoluto", diz o autor. O mesmo acontece aos ácidos e às bases, "podendo um corpo comportar-se como ácido ou como base, conforme as circunstâncias".
>
> A notação lhes pareceu estapafúrdia. As proporções múltiplas confundiram Pécuchet.
>
> — Pois se uma molécula de A, suponhamos, se combina com diversas partes de B, parece-me que essa molécula deve dividir-se em outras tantas partes; mas, se ela se divide, deixa de ser uma unidade, a molécula primordial. Afinal, não entendo nada.
>
> — E eu muito menos! — diz Bouvard.
>
> FLAUBERT, Gustave. *Bouvard e Pécuchet*. Trad. Galeão Coutinho e Augusto Meyer. 2. ed. Rio de Janeiro: Nova Fronteira, 1981. p. 54.

■ **Margens do texto**

Ainda que alguns dos conceitos da química sejam diferentes dos que conhecemos atualmente, como é possível perceber o elemento cômico que caracteriza a cena?

As personagens representam, na visão realista de Flaubert, a pequena burguesia que acalenta sonhos de ascensão cultural. Buscando saberes nos livros, defrontam-se com a incapacidade de compreendê-los.

> ## O contexto literário

Influenciados pelo cientificismo da época, os escritores descartam a imaginação como força criadora e optam pela observação direta da realidade – entendida como única raiz possível da arte. Gustave Flaubert, um dos principais escritores do Realismo, afirma que a função do artista é somente a de representar o que é **visível para todos**.

O sistema literário do Realismo

Os escritores vinculados ao Realismo fazem parte de segmentos sociais que têm sua origem na burguesia e nas camadas médias da sociedade. Tal fato reflete a tendência dessa mesma burguesia em assumir o comando das discussões estéticas e políticas de seu tempo.

A arte do Realismo propõe problematizar as estruturas sociais que, naquele momento, ainda refletem a dominância de instituições como a Igreja e a aristocracia, entendidas como expressões do atraso social. Esse caráter "programático" da estética realista, que sistematicamente ataca representantes da elite econômica e política, faz com que vários artistas trabalhem de modo próximo e, por vezes, articulado. A amizade que une muitos dos escritores e demais artistas os torna porta-vozes dos ideais convergentes para o pensamento republicano e liberal, combinado com o humanismo das ideologias socialistas que passam a ser veiculadas nos países economicamente mais avançados da Europa.

As obras realistas preocupam-se bastante com o comportamento das personagens, investigando suas fraquezas, angústias e perturbações emocionais. A procura pela "palavra justa", que permita penetrar na consciência humana, serve para levar o leitor à análise psicológica – esta se tornaria uma das marcas registradas desse período. Veja, no texto a seguir, a obsessão de um jogador de roleta.

> Ao contrário, por uma fantasia bizarra, tendo notado que o vermelho havia saído sete vezes em seguida, me fixei nele. Estava convencido de que o amor-próprio representava metade desta decisão. Queria deixar os espectadores estupefatos ao assumir um risco insensato e (estranha sensação!) lembro-me claramente de que fui subitamente, sem qualquer incitação do amor-próprio, possuído por uma sede de risco. Talvez, depois de ter passado por um número tão grande de sensações, a alma não possa deleitar-se, exigindo novas sensações, sempre mais violentas, até o esgotamento total. E, na verdade, não minto, caso o regulamento permitisse apostar cinquenta mil florins de um só golpe, eu teria arriscado.
> À minha volta, gritavam que era uma insensatez, que era a décima quarta vez que o vermelho saía!
>
> DOSTOIÉVSKI, Fiódor. *O jogador*. Trad. Roberto Gomes. Porto Alegre: L&PM, 1998. p. 186-187.

Muitas vezes, a narrativa realista registra os momentos em que a tensão psicológica chega ao extremo, fazendo o leitor compartilhar as sensações da personagem. O Realismo, portanto, promove uma grande "invasão de privacidade", de modo a analisar os dilemas vividos pelos indivíduos.

Em síntese, o escritor realista toma para si o papel de analista da sociedade e do ser humano. E o entendimento de que a sociedade funciona de modo semelhante à natureza o fará adotar uma conduta próxima à do cientista. Assim, o escritor observa as coisas visíveis para entender os fenômenos individuais e, a partir deles, descobrir leis gerais de funcionamento da sociedade.

Sétima arte

Match point (EUA, 2005)
Direção de Woody Allen

A obra de Fiódor Dostoiévski (1821-1881) inaugura uma escrita carregada de alta intensidade psicológica e grande capacidade de descrição da decadência física e moral de suas personagens. Seu romance mais lido é *Crime e castigo* (1866), em que um jovem comete assassinato premeditado, mas não consegue levar a vida adiante com o peso dessa culpa. No filme *Match point*, uma das personagens também comete um assassinato premeditado, porém não sente culpa alguma. No filme, há claras referências ao romance *Crime e castigo*: uma das personagens aparece lendo esse livro, e o assassino é da mesma faixa etária que a personagem do romance.

Jonathan Rhys-Meyers e Scarlett Johansson em cena do filme *Match point*: assassinato sem sentimento de culpa.

Margens do texto

Não se pode descrever o impulso para o risco vivenciado pelo protagonista como simples desejo de vencer. Explique essa afirmação.

Vocabulário de apoio

estupefato: surpreso
florim: antiga moeda dos Países Baixos
incitação: estímulo, incentivo

O papel da tradição

O Realismo se configura em nítida oposição ao Romantismo. Contrariamente à estética romântica, em que a narrativa de aventura ou o romance de amor contrapõem um herói íntegro às forças sociais instituídas, o texto realista critica as futilidades da vida burguesa, observando a distância o desempenho de personagens que, muitas vezes, parecem adaptadas à vida social. O escritor coloca-se como um crítico ferrenho da realidade, na medida em que mostra a incoerência entre as crenças e as atitudes dos indivíduos. Assim, a literatura é uma arma para denunciar os fatos políticos e os comportamentos individuais.

A proposta romântica de crítica da sociedade adquire um tom idealista; já a crítica realista é marcada pelo pessimismo: o escritor realista não demonstra qualquer convicção de que seja possível alguma mudança para melhor em um contexto dominado pelos valores burgueses.

Mesmo oposta à arte romântica, a estética realista apresenta a seu leitor uma mistura de sentimentos. O realista oscila entre a luta para mudar o mundo e a desilusão. Tal desilusão manifesta-se de várias formas: decepção quanto ao poder de transformação da realidade, sátira feroz aos costumes, crítica contundente às atitudes e à moral de alguns grupos sociais. Para mostrar isso, criam-se personagens comuns, vistas em suas fraquezas e mediocridades — o Realismo é o movimento que institui definitivamente a figura do **anti-herói** como protagonista das narrativas.

Na galeria de personagens do Realismo, figuram senhores respeitáveis e senhoras casadas e devotas, pais de família e eclesiásticos. Todos, porém, dissimulados, ora buscando benefícios pessoais, ora visando à satisfação de suas necessidades, mesmo que atropelando seus semelhantes e as regras sociais de convivência. Já as personagens jovens e idealistas (semelhantes às do Romantismo) veem-se defrontadas com uma realidade feroz na qual seus sonhos não possuem sentido.

A tendência da prosa realista, portanto, é fixar **tipos sociais**. Personagens não representam somente a si mesmas, manifestam características que as vinculam a uma parcela social. A vida da sociedade burguesa torna-se objeto do olhar atento do narrador que, descrevendo ações individuais, mostra hábitos e valores de toda uma classe.

Repertório

Literatura do século XIX: galeria de anti-heróis

A partir do século XIX, o anti-herói assume frequentemente o papel de protagonista das obras literárias. Alguns exemplos: Lucien de Rubempré (Balzac, *As ilusões perdidas*), Charles e Emma Bovary (Flaubert, *Madame Bovary*), Basílio (Eça de Queirós, *O primo Basílio*), Brás Cubas (Machado de Assis, *Memórias póstumas de Brás Cubas*), Raskolnikov (Dostoiévski, *Crime e castigo*). O anti-herói caracteriza-se basicamente como um ser humano comum, até medíocre (como Charles Bovary), ou, ainda, com extremas imperfeições de caráter ou de comportamento: Lucien de Rubempré escreve resenhas elogiosas em troca de dinheiro, trai amigos e arruína os familiares. Raskolnikov é um estudante miserável que comete um assassinato cruel e tem uma mania de grandeza que quase beira a loucura.

Peter Lorre como Raskolnikov em cena de *Crime e castigo* (EUA, 1935), filme dirigido por Josef von Sternberg.

Courbet, Gustave. *Os quebradores de pedra*, 1849. Óleo sobre tela, 159 cm × 259 cm. Galeria Neue Meister, Dresden, Alemanha.

Distante dos ideais de beleza presentes no Romantismo, a pintura realista incorporou à linguagem pictórica temas e cenas banais, fato que muitas vezes atingiu em cheio o "bom gosto" da época. Um claro exemplo disso é o quadro acima. Sobre essa tela, diz seu autor, Gustave Courbet: "Não inventei nada. Todos os dias, ao fazer minhas caminhadas, via as pessoas miseráveis desse quadro".

Uma leitura

O trecho a seguir pertence ao romance do escritor português Eça de Queirós, intitulado *O primo Basílio*. Repare na investigação psicológica feita pelo narrador com o intuito de desmascarar o individualismo da personagem Basílio, que, tendo seduzido sua prima casada, quer livrar-se dela para prosseguir com sua vida de prazeres.

Nos boxes laterais, você verá comentários sobre alguns aspectos desse texto e também perguntas que devem ser respondidas para completar a análise.

Ao referir-se à amante como um "trambolhozinho", Basílio demonstra seu total desapego afetivo.

O narrador invade os pensamentos sórdidos de Basílio fazendo com que o leitor tenha acesso direto à visão egoísta da personagem.

Por detrás da narrativa, há uma crítica direta a uma geração de jovens portugueses preocupados apenas consigo mesmos: Basílio viera a Lisboa para cuidar de "seus" negócios, e a pátria que fosse para o inferno! Essa postura é tipicamente antirromântica.

E soprando o fumo do charuto, começou a considerar, com horror, a "situação"! Não lhe faltava mais nada senão partir para Paris, com aquele trambolhozinho! Trazer uma pessoa, havia sete anos, a sua vida tão arranjadinha, e patatrás! embrulhar tudo, porque à menina lhe apanharam a carta de namoro e tem medo do esposo! Ora o descaro! No fim, toda aquela aventura desde o começo fora um erro! Tinha sido uma ideia de burguês inflamado ir desinquietar a prima da Patriarcal. Viera a Lisboa para os seus negócios, era tratá-los, aturar o calor e o *boeuf à la mode* do Hotel Central, tomar o paquete, e mandar a pátria ao inferno!... Mas não, idiota! Os seus negócios tinham-se concluído, — e ele, burro, ficara ali a torrar em Lisboa, a gastar uma fortuna em tipoias para o Largo de Santa Bárbara, para quê? Para uma daquelas! Antes ter trazido a Alphonsine!

Que, verdade, verdade, enquanto estivesse em Lisboa o romance era agradável, muito excitante; porque era muito completo! Havia o adulteriozinho, o incestozinho. Mas aquele episódio agora estragava tudo! Não, realmente, o mais razoável era safar-se!

QUEIRÓS, Eça de. *O primo Basílio*. São Paulo: Ateliê Editorial, 1998. p. 309.

---

1. Em geral, o sentimento de horror se relaciona ao medo paralisante.
   a) Por que o início do texto sinaliza que essa não é a interpretação mais adequada do termo *horror* nesse contexto?
   b) Qual é, então, o sentido desse termo na passagem?

2. Para Basílio, as relações afetivas possuem um caráter comercial. De que maneira a passagem final do primeiro parágrafo comprova essa ideia?

3. Por que Basílio entendia ser aquele romance "completo"?

Vocabulário de apoio

boeuf à la mode: um prato de gastronomia; "bife à moda"
descaro: vergonha
paquete: barco ligeiro
patatrás: interjeição que indica algo repentino
tipoia: cadeira pequena para transporte de pessoas

O interesse dos pintores realistas em retratar o modo de vida dos camponeses e da baixa burguesia contrapunha-se ao idealismo romântico. A visão individualizada dos heróis do Romantismo é substituída por uma visão de espaços coletivos. A rua torna-se, então, um local especial e valorizado por essa escola estética.

ROUSSEAU, Étienne Pierre Théodore. *Mercado na Normandia*, c. 1845-1848. Óleo sobre tela, 29 cm × 38 cm. Museu Hermitage, São Petersburgo, Rússia.

Ler o Realismo

Leia a seguir um capítulo de *Esaú e Jacó*, do escritor brasileiro Machado de Assis. Nesse romance, o autor retrata os anos de agitação política brasileira na virada do século XIX para o XX. O enredo mostra as desavenças entre os irmãos gêmeos Pedro e Paulo, filhos de Natividade.

Desacordo no acordo

Não esqueça dizer que, em 1888, uma questão grave e gravíssima os fez concordar também, ainda que por diversa razão. A data explica o fato: foi a emancipação dos escravos. Estavam então longe um do outro, mas a opinião uniu-os.

A diferença única entre eles dizia respeito à significação da reforma, que para Pedro era um ato de justiça, e para Paulo era o início da revolução. Ele mesmo o disse, concluindo um discurso em São Paulo, no dia 20 de maio: "A abolição é a aurora da liberdade; esperemos o sol; emancipado o preto, resta emancipar o branco".

Natividade ficou atônita quando leu isto; pegou da pena e escreveu uma carta longa e maternal. Paulo respondeu com trinta mil expressões de ternura, declarando no fim que tudo lhe poderia sacrificar, inclusive a vida e até a honra; as opiniões é que não. "Não, mamãe; as opiniões é que não".

— As opiniões é que não, repetiu Natividade acabando de ler a carta.

Natividade não acabava de entender os sentimentos do filho, ela que sacrificara as opiniões aos princípios, como no caso de Aires, e continuou a viver sem mácula. Como então não sacrificar?... Não achava explicação. Relia a frase da carta e a do discurso; tinha medo de o ver perder a carreira política, se era a política que o faria grande homem. "Emancipado o preto, resta emancipar o branco", era uma ameaça ao imperador e ao império.

Não atinou... Nem sempre as mães atinam. Não atinou que a frase do discurso não era propriamente do filho; não era de ninguém. Alguém a proferiu um dia, em discurso ou conversa, em gazeta ou em viagem de terra ou de mar. Outrem a repetiu, até que muita gente a fez sua. Era nova, era enérgica, era expressiva, ficou sendo patrimônio comum.

Há frases assim felizes. Nascem modestamente, como a gente pobre; quando menos pensam, estão governando o mundo, à semelhança das ideias. As próprias ideias nem sempre conservam o nome do pai; muitas aparecem órfãs, nascidas de nada e de ninguém. Cada um pega delas, verte-as como pode, e vai levá-las à feira, onde todos as têm por suas.

MACHADO DE ASSIS, J. M. *Esaú e Jacó*. São Paulo: FTD, 2011. p. 104-105.

Vocabulário de apoio

atinar: perceber
atônito: espantado
aurora: princípio
emancipação: libertação
gazeta: ato de faltar à escola ou ao trabalho para passear
mácula: mancha, desonra
outrem: outra pessoa
pena: instrumento usado para escrever
proferir: dizer
verter: traduzir, fazer correr

1. Como o texto sugere, Pedro e Paulo discordavam em tudo. Todavia, pareciam concordar com a libertação dos negros escravizados no Brasil. Com base no trecho acima, explique por que havia um "desacordo no acordo" dos irmãos quanto a esse fato histórico.

2. Ao ler a afirmação de Paulo sobre o fim da escravidão, Natividade teve receio de que seu filho perdesse a chance de ter uma carreira política. Na visão dela, a frase "emancipado o preto, resta emancipar o branco" atingia diretamente a monarquia. Por que Natividade pensou assim?

3. O narrador aponta para o fato de Natividade não se dar conta de que a frase "não era propriamente do filho; não era de ninguém". Como entender essa afirmação?

4. No último parágrafo, o narrador comenta que as "frases felizes" expressam um sentimento geral e popular, mas também indica seu uso para fins pessoais: "cada um pega delas, verte-as como pode". Qual é a crítica embutida nessa reflexão?

5. Uma das características do Realismo literário é a sondagem psicológica, a investigação dos medos e dos interesses mais ocultos de cada indivíduo. Com base nessa afirmação, analise a reflexão de Natividade quando leu o discurso de seu filho Paulo sobre a emancipação dos negros escravizados.

O que você pensa disto?

Neste capítulo, tiveram destaque a associação entre indústria e ciência no século XIX e o grande desenvolvimento científico gerado por essa associação, graças aos capitais direcionados para a pesquisa. Destacou-se também que, para o indivíduo comum, a ciência era algo incompreensível.

- Hoje, a ciência serve aos interesses públicos ou aos das grandes empresas? As revistas de divulgação científica e as reportagens de televisão conseguiram torná-la mais compreensível para os leigos?

A *Scientific American* é uma das várias revistas de divulgação científica publicadas no Brasil.

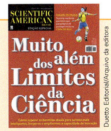

91

CAPÍTULO 12

O Realismo em Portugal

O que você vai estudar

- O início do Realismo em Portugal.
- A poesia realista.
- A prosa de Eça de Queirós.

COURBET, Gustave. *Pierre-Joseph Proudhon e seus filhos em 1853*, 1865. Óleo sobre tela, 147 cm × 198 cm. Museu do Petit-Palais, Paris, França.

A pintura acima apresenta o pensador Pierre-Joseph Proudhon (1809-1865). Mesmo em um cenário familiar, observa-se a presença marcante das ideias, simbolizadas pelos livros no primeiro plano. Os ideais positivistas de Auguste Comte e o socialismo utópico de Proudhon foram algumas das grandes influências sofridas pela chamada Geração de 1870 de escritores realistas portugueses. Antenados com as revoltas sociais que ocorreram em outros países europeus, esses escritores trouxeram para o campo dos debates uma perspectiva democrática, socialista e centrada na crença das ciências como alicerce do progresso social.

❯ O contexto de produção

Em meados de 1860, um grupo de jovens intelectuais portugueses promove uma reorientação nas concepções estéticas em Portugal. Eles criticam o Romantismo pelo seu esgotamento formal e por sua incapacidade de compreender as transformações políticas que acontecem em ritmo mais acelerado. Na vida prática, esses jovens também condenam a permanência de uma economia ruralista no país e a dependência de Portugal das importações de produtos manufaturados, além de recriminar a corrupção das instituições e a falta de um projeto para a Nação.

A defasagem que os portugueses sentem em relação ao restante da Europa é denunciada por essa nova geração de autores. Antimonarquistas e anticlericais, eles defendem uma mudança no modo de pensar o mundo, que, em seu ponto de vista, deve ser concebido como "máquina" que produz naturalmente uma "evolução social". Por sua vez, o papel que consideram reservado para a cultura não é o de idealizar a história ou a vida pequeno-burguesa, mas o de apontar alternativas para uma nova política e uma nova sociedade que deem conta dessa mudança. Os escritores realistas – muitos deles profundamente engajados na política – e suas ideias contribuíram, mais tarde, para fomentar a implantação da república em Portugal, em 1910.

> A nova ideia

O Realismo português inicia-se com um enfrentamento entre jovens escritores adeptos da chamada **nova ideia** (formas de composição literária preocupadas em retratar a realidade) e os últimos representantes do Romantismo.

Em torno do poeta romântico Antonio Feliciano de Castilho (1800-1875), colocaram-se artistas ainda presos aos preceitos estéticos identificados com o ultrarromantismo, como o extremo subjetivismo, a morbidez, o sentimentalismo exagerado e a retomada de referências do mundo medieval. De outro lado, um grande número de jovens escritores defendia um papel diferente para a literatura: torná-la instrumento de investigação e crítica da sociedade portuguesa. Entre eles estavam Eça de Queirós, Teófilo Braga e o poeta Antero de Quental, que defende essas ideias em longa polêmica travada com Castilho que ficou conhecida como **Questão Coimbrã**.

Essa busca de uma leitura objetiva da realidade portuguesa de fins de século XIX tornou-se uma bandeira estética e política identificada com os movimentos de mudança que se faziam por toda a Europa. Para os realistas, as novas propostas acompanhavam a própria natureza da "alma portuguesa", como se vê no texto a seguir, do escritor, crítico literário e político Teófilo Braga (1843-1924).

GROS, Antoine-Jean. *Napoleão Bonaparte na ponte de Arcole*, 1796-1797. Óleo sobre tela, 134 cm × 103 cm. Museu Hermitage, São Petersburgo, Rússia.

O imperador francês é retratado durante uma das muitas campanhas que compuseram a "orgia militar napoleônica" a que se refere Teófilo Braga no texto ao lado.

> A alma portuguesa caracteriza-se pelas manifestações seculares persistentes do tipo antropológico e étnico, que se mantêm desde as incursões dos Celtas e lutas contra a conquista dos Romanos até a resistência diante das invasões da orgia militar napoleônica. São as suas feições:
>
> A tenacidade e indomável coragem diante das maiores calamidades, com a fácil adaptação a todos os meios cósmicos, pondo em evidência o seu gênio e ação colonizadora;
>
> Uma profunda sentimentalidade, obedecendo aos impulsos que a levam às aventuras heroicas, e à idealização efetiva, com que o Amor é sempre um caso de vida ou de morte;
>
> Capacidade especulativa pronta para a percepção de todas as doutrinas científicas e filosóficas, como o revelam Pedro Julião (Hispano), na Idade Média, Francisco Sanches, Garcia d'Orta, Pedro Nunes e os Gouveias, na Renascença;
>
> Um gênio estético, sintetizando o ideal moderno da Civilização Ocidental, como em Camões, reconhecido por Alexandre de Humboldt como o Homero das línguas vivas.
>
> BRAGA, Teófilo. *Viriato* (1904). Disponível em: <http://alfarrabio.di.uminho.pt/vercial/teofilo.htm>. Acesso em: 26 out. 2012.

A visão de Teófilo Braga sobre seu país baseia-se em uma nova leitura da história portuguesa. O texto é esquemático: no primeiro parágrafo, traça uma síntese da resistência do povo português aos ataques bélicos; no segundo, enfatiza sua capacidade de adaptar-se à adversidade em nome da ação colonizadora que empreendeu; a seguir, coloca em relevo a sentimentalidade e a racionalidade que impulsionam a nação para "aventuras heroicas" e para a "percepção" e o ajustamento às doutrinas científicas e filosóficas. O arremate aponta para Camões, figura-símbolo do "gênio estético", síntese do ideal da civilização portuguesa.

Essa opção por recontar a história, a fim de evidenciar o sentido das transformações, constituiu para os realistas uma estratégia de reorientar os caminhos políticos, econômicos e sociais de Portugal, atrelando-os ao fluxo de ideias que circulavam pela Europa.

Vocabulário de apoio

calamidade: catástrofe
especulativo: investigativo
incursão: invasão
secular: relativo à vida civil
tenacidade: persistência

Repertório

As Conferências do Cassino

Em 1871, foi organizada uma série de conferências em Lisboa com o intuito de discutir os rumos de Portugal. A visão internacionalista dos idealizadores das Conferências do Cassino, centrada, sobretudo, nos ideais da democracia, defendia o direito de liberdade na discussão de ideias. Os ataques proferidos contra o sistema político monárquico e a Igreja católica fizeram com que as autoridades declarassem o evento ilegal.

Nesse postal de data desconhecida, vê-se o Cassino Lisbonense, no Largo da Abegoaria, local das célebres Conferências.

› A poesia realista

A poesia produzida no período realista pode ser agrupada em quatro grandes linhas: a que procurou expressar a doutrina das **reformas sociais**; a que se aproximou da **preocupação formal** que caracterizou a poesia francesa desse mesmo momento histórico-literário; a que se apegou a **temas do cotidiano**; e, enfim, a que foi marcada por uma **preocupação metafísica**, isto é, por uma inquietação filosófica quanto à essência das coisas. Essas tendências por vezes se misturam, revelando a amplitude das preocupações estéticas dessa escola literária.

No soneto a seguir, de Antero de Quental (1842-1891), um dos líderes do movimento realista português, o desenvolvimento metafísico ("Interrogo o infinito") culmina em um desejo que pode ser lido como referência ao contexto social.

Evolução

Fui rocha, em tempo, e fui, no mundo antigo,
Tronco ou ramo na incógnita floresta...
Onda, espumei, quebrando-me na aresta
Do granito, antiquíssimo inimigo...

Rugi, fera talvez, buscando abrigo
Na caverna que ensombra urze e giesta;
Ou, monstro primitivo, ergui a testa
No limoso paul, glauco pascigo...

Hoje sou homem – e na sombra enorme
Vejo, a meus pés, a escada multiforme,
Que desce, em espirais, na imensidade...

Interrogo o infinito e às vezes choro...
Mas, estendendo as mãos no vácuo, adoro
E aspiro unicamente à liberdade.

QUENTAL, Antero de. *Sonetos*. 6. ed. Lisboa: Livraria Sá da Costa Editora, 1979. p. 204-205.

> **Vocabulário de apoio**
>
> **aresta**: beirada desigual
> **giesta**: tipo de planta que possui flores amarelas ou brancas
> **glauco**: esverdeado
> **incógnito**: misterioso, desconhecido
> **limoso**: que possui limo
> **pascigo**: pastagem, pasto
> **paul**: charco, pântano
> **urze**: arbusto

O soneto organiza-se pelo princípio da gradação progressiva nas fases da existência. Na primeira estrofe, o eu lírico diz ter pertencido aos universos mineral e vegetal; o mundo animal é o próximo estágio; por fim, torna-se humano e, com isso, surgem as angústias e a aspiração da liberdade. Está clara a preocupação de refazer não somente o caminho evolutivo (cuja indicação já se encontra no título), mas também de meditar sobre o que está além da ordem natural, uma das marcas da poesia realista.

Outro traço do Realismo é a aproximação do artista ao indivíduo comum, como se vê nos versos a seguir, parte do poema "Sentimento de um ocidental", de Cesário Verde (1855-1886).

[...]
Num cutileiro, de avental, ao torno,
Um forjador maneja um malho, rubramente;
E de uma padaria exala-se, inda quente,
Um cheiro salutar e honesto a pão no forno.

E eu que medito um livro que exacerbe,
Quisera que o real e a análise mo dessem;
Casas de confecções e modas resplandecem;
Pelas *vitrines* olha um ratoneiro imberbe.
[...]

VERDE, Cesário. Sentimento de um ocidental. In: MOISÉS, Massaud. *A literatura portuguesa através dos textos*. 17. ed. São Paulo: Cultrix, 1988. p. 301.

Assim como os trabalhadores que transformam a farinha em pão ou forjam o ferro, o poeta se vê também como produtor, ao transformar a palavra em poesia. Repare que, ao andar pela cidade em busca de imagens que motivem um poema – atitude que é uma das marcas da literatura do fim do século XIX e início do século XX –, o eu lírico enxerga elementos específicos: o trabalho de cidadãos comuns, as casas de confecção e moda, as vitrines. A paisagem é urbana, distante da atmosfera da natureza. Ao olhar para as minúcias da cidade, o eu lírico procura a poesia que nasce do real.

> **Vocabulário de apoio**
>
> **cutileiro**: fábrica de instrumentos cortantes
> **exacerbar**: exagerar
> **forjador**: ferreiro
> **imberbe**: sem barba, jovem
> **malho**: martelo de ferro
> **ratoneiro**: larápio, gatuno
> **salutar**: saudável
> **torno**: máquina que dá acabamento a peças

Essa pintura de José Malhoa (1855-1933), considerado um dos maiores pintores portugueses da virada dos séculos XIX e XX, representa uma cena cotidiana de trabalho braçal. Os realistas voltam sua atenção para a vida das classes populares.

MALHOA, José. *Clara*, 1918. Óleo sobre tela, 244 cm × 134 cm. Museu Nacional de Arte Contemporânea – Museu do Chiado, Lisboa, Portugal.

Sua leitura

Você lerá mais um trecho do poema "Sentimento de um ocidental", de Cesário Verde, um dos grandes representantes do movimento realista. Em seguida, responda às questões propostas.

IV – Horas mortas

O teto fundo de oxigênio, de ar,
Estende-se ao comprido, ao meio das trapeiras;
Vêm lágrimas de luz dos astros com olheiras,
Enleva-me a quimera azul de transmigrar.

Por baixo, que portões! Que arruamentos!
Um parafuso cai nas lajes, às escuras:
Colocam-se taipais, rangem as fechaduras,
E os olhos dum caleche espantam-me,
[sangrentos.

E eu sigo, como as linhas de uma pauta
A dupla correnteza augusta das fachadas;
Pois sobem, no silêncio, infaustas e trinadas,
As notas pastoris de uma longínqua flauta.

Se eu não morresse nunca! E eternamente
Buscasse e conseguisse a perfeição das cousas!
Esqueço-me a prever castíssimas esposas,
Que aninhem em mansões de vidro
[transparente!

Ó nossos filhos! Que de sonhos ágeis,
Pousando, vos trarão a nitidez às vidas!
Eu quero as vossas mães e irmãs
[estremecidas,
Numas habitações translúcidas e frágeis.

Ah! Como a raça ruiva do porvir,
E as frotas dos avós, e os nômadas ardentes,

Nós vamos explorar todos os continentes
E pelas vastidões aquáticas seguir!

Mas se vivemos, os emparedados,
Sem árvores, no vale escuro das muralhas!...
Julgo avistar, na treva, as folhas das navalhas
E os gritos de socorro ouvir estrangulados.

E nestes nebulosos corredores
Nauseiam-me, surgindo, os ventres das
[tabernas;
Na volta, com saudade, e aos bordos sobre as
[pernas,
Cantam, de braço dado, uns tristes bebedores.

Eu não receio, todavia, os roubos;
Afastam-se, a distância, os dúbios caminhantes;
E sujos, sem ladrar, ósseos, febris, errantes,
Amareladamente, os cães parecem lobos.

E os guardas que revistam as escadas,
Caminham de lanterna e servem de chaveiros;
Por cima, as imorais, nos seus roupões ligeiros,
Tossem, fumando sobre a pedra das sacadas.

E, enorme, nesta massa irregular
De prédios sepulcrais, com dimensões de
[montes,
A Dor humana busca os amplos horizontes,
E tem marés, de fel, como um sinistro mar!

VERDE, Cesário. Sentimento de um ocidental. In: MOISÉS, Massaud. *A literatura portuguesa através dos textos*. 17. ed. São Paulo: Cultrix, 1988. p. 302-303.

Vocabulário de apoio

aos bordos: cambaleando
arruamento: disposição de prédios ao longo de uma rua
augusto: digno de respeito
caleche: carruagem de dois assentos e quatro rodas
casto: puro
fel: amargo
infausto: que não ostenta, que não é luxuoso
nômada: errante
porvir: tempo que está para vir, futuro
quimera: fantasia
sepulcral: sombrio, triste, medonho
taipal: muro de barro ou de cal e areia
translúcido: que deixa passar luminosidade
transmigrar: passar de um corpo para outro
trapeira: tipo de trepadeira; hera
trinado: musicado

Sobre o texto

1. Algumas palavras do poema remetem ao universo científico, ao passo que outras se referem ao espaço sombrio da cidade. Localize e agrupe no caderno essas palavras conforme o universo a que se referem.

2. Na primeira estrofe, o eu lírico ocupa-se em descrever a paisagem noturna na qual se encontra. Nas estrofes seguintes, porém, ocorre uma mudança, e sua percepção se desloca para outros cenários.
   a) Quais elementos o eu lírico passa a observar?
   b) É possível dizer que o eu lírico oscila entre o devaneio e os elementos da realidade? Justifique com elementos do texto.
   c) O que indica, na última estrofe, um pessimismo como resultado desse embate entre os desejos do eu subjetivo e a realidade do mundo objetivo? Justifique com elementos do texto.

3. Quais elementos permitem ler esse poema como um representante da estética realista?

Vista da arquidiocese no Porto, Portugal, c. 1885.

95

Eça de Queirós: o espelho da sociedade em crise

A prosa realista em Portugal contemplou gêneros das esferas jornalística e literária (romances, contos, ensaios, historiografia literária, etc.). Esses textos são fundamentais para entender o alcance da estética realista. Entre os romances e os contos estão alguns dos mais ilustres trabalhos da literatura portuguesa, prestígio que se deve em grande medida a Eça de Queirós.

Porta-voz de sua geração, Eça foi um firme defensor dos ideais da arte realista. Para ele, a literatura deveria refletir seu tempo, isto é, atrelar-se ao mundo que retratava, evitando idealizações. A experiência dos sujeitos históricos, observada pelo viés da ciência que estuda o comportamento humano, seria o chão vivo sobre o qual se deveria elaborar o texto literário.

Em 1875, Eça de Queirós publica um de seus romances mais controvertidos: *O crime do padre Amaro*. Claramente anticlerical, o texto narra a história do jovem padre Amaro. Designado a uma paróquia em Leiria, ele vai morar na casa da beata dona Joaneira, mãe de Amélia. Amaro e Amélia envolvem-se e, dessa união proibida, resulta uma gravidez. Amaro contrata uma mulher para interromper a gestação, mas Amélia morre. A narrativa causa choque quando Amaro, aparentemente sem remorsos, ressurge transferindo-se para uma cidade mais próxima de Lisboa.No trecho reproduzido a seguir, Amélia demonstra seu interesse pelo jovem padre.

> Amélia passou a sua missa embevecida, pasmada para o pároco – que era, como dizia o cônego, "um grande artista para missas cantadas"; todo o cabido, todas as senhoras o reconheciam. Que dignidade, que cavalheirismo nas saudações cerimoniosas aos diáconos! Como se prostrava bem diante do altar, aniquilado e escravizado, sentindo-se cinza, sentindo-se pó diante de Deus, que assiste de perto, cercado da sua corte e da sua família celeste! Mas era sobretudo admirável nas bênçãos; passava devagar as mãos sobre o altar como para apanhar, recolher a graça que ali caía do Cristo presente, e atirava-a depois com um gesto largo de caridade por toda a nave, por sobre o estendal de lenços brancos de cabeça, até ao fundo onde os homens do campo muito apertados, de varapau na mão, pasmavam para a cintilação do sacrário! Era então que Amélia o amava mais, pensando que aquelas mãos abençoadoras lhas apertava ela com paixão por baixo da mesa do quino: aquela voz, com que ele lhe chamava *filhinha*, recitava agora as orações inefáveis, e parecia-lhe melhor que o gemer das rabecas, revolvia-a mais que os graves do órgão! Imaginava com orgulho que todas as senhoras decerto o admiravam também; mas só tinha ciúmes, um ciúme de devota que sente os encantos do Céu, quando ele ficava diante do altar, na posição extática que manda o ritual, tão imóvel como se a sua alma se tivesse remontado longe, para as alturas, para o Eterno e para o Insensível. Preferia-o, por o sentir mais humano e mais acessível, quando, durante o *Kyrie* ou a leitura da Epístola, ele se sentava com os diáconos no banco de damasco vermelho; ela queria então atrair-lhe um olhar; mas o senhor pároco permanecia de olhos baixos, numa compostura modesta.
>
> QUEIRÓS, Eça de. *O crime do padre Amaro*. Porto: Lello, 1967. p. 365-366.

A combinação de decoro, recato com uma evidente situação de sedução reflete a natureza realista da personagem: a ausência de limites éticos e a deturpação dos costumes são alguns dos comportamentos criticados por Eça de Queirós. Em Amélia está representada a decadência dos valores institucionais. As mãos "abençoadoras" que Amélia tocava "por baixo" da mesa dão a clara dimensão da crítica efetuada por Eça à hipocrisia da sociedade e da Igreja: o que se via eram as mãos que realizavam o culto; escondidas, essas mesmas mãos eram instrumento do pecado.

Ação e cidadania

O tema do aborto provocado, presente em *O crime do padre Amaro*, continua atual e divide opiniões. Sabe-se que cerca de 60 países permitem essa prática sem restrições, enquanto cerca de 70 proíbem o aborto ou o autorizam apenas em alguns casos. O Brasil se enquadra no segundo grupo, mas o debate sobre o tema é intenso no país. Os favoráveis à descriminalização dessa prática invocam o direito de decisão da mulher sobre o próprio corpo e/ou apontam as muitas mulheres que morrem por ano em razão de abortos clandestinos, o que torna o assunto um problema de saúde pública. Os contrários, por sua vez, invocam o direito do feto à vida e propõem medidas como planejamento familiar e assistência à mãe em situação de risco, entre outras.

Vocabulário de apoio

aniquilado: anulado, abatido
cabido: corporação de clérigos
diácono: clérigo, pertencente à Igreja
embevecido: maravilhado, encantado
estendal: lugar onde se estende roupas para secar
extático: maravilhado, em êxtase
inefável: aquilo que não se pode exprimir por palavras
Kyrie: oração que faz parte da missa
nave: parte central de uma igreja
pároco: padre
pasmado: muito admirado
prostrar-se: lançar-se ao chão em súplica
quino: canto
sacrário: armário para guardar hóstias
varapau: cajado, pau que serve de apoio

> As virtudes da natureza e os males da civilização

Desenvolvido a partir de um conto intitulado "Civilização", o romance *A cidade e as serras*, publicado um ano após a morte de Eça de Queirós, mostra outra face do escritor.

A narrativa relata a transformação de Jacinto de Tormes, representante da parcela endinheirada da população portuguesa que, na visão de Eça, distanciara-se dos valores mais profundos de seu país. Jovem adepto das comodidades modernas, Jacinto vive em Paris com rendimentos de suas terras em Portugal. Entediado com a cidade, retorna a Tormes, sob pretexto de reconstruir a capela em que estão os restos mortais de seus ancestrais. Lá, recupera os laços afetivos com o local, encanta-se com a paisagem, mas também trava contato com a pobreza. Ao empenhar-se em melhorar as condições de vida do povo da região, Jacinto tenta trazer para o lugar alguns dos benefícios da "civilização".

> Jacinto, que tinha agora dois cavalos, todas as manhãs cedo percorria as obras, com amor. Eu, inquieto, sentia outra vez latejar e irromper no meu Príncipe o seu velho, maníaco furor de acumular Civilização! O plano primitivo das obras era incessantemente alargado, aperfeiçoado. Nas janelas, que deviam ter apenas portadas, segundo o secular costume da serra, decidira pôr vidraças, apesar do mestre de obras lhe dizer honradamente que depois de habitadas um mês não haveria casa com um só vidro. Para substituir as traves clássicas queria estucar os tetos; e eu via bem claramente que ele se continha, se retesava dentro do bom-senso, para não dotar cada casa com campainhas elétricas. Nem sequer me espantei, quando ele uma manhã me declarou que a porcaria da gente do campo provinha deles não terem onde comodamente se lavar, pelo que andava pensando em dotar cada casa com uma banheira. Descíamos nesse momento, com os cavalos à rédea, por uma azinhaga precipitada e escabrosa; um vento leve ramalhava nas árvores, um regato saltava ruidosamente entre as pedras. Eu não me espantei – mas realmente me pareceu que as pedras, o arroio, as ramagens e o vento, se riam alegremente do meu Príncipe. E além destes confortos a que o João, mestre de obras, com os olhos loucamente arregalados chamava "as grandezas", Jacinto meditava o bem das almas. Já encomendara ao seu arquiteto, em Paris, o plano perfeito duma escola, que ele queria erguer, naquele campo da Carriça, junto à capelinha que abrigava "os ossos". Pouco a pouco, aí criaria também uma biblioteca, com livros de estampas, para entreter, aos domingos, os homens a quem já não era possível ensinar a ler. Eu vergava os ombros, pensando: – "Aí vem a terrível acumulação das Noções! Eis o livro invadindo a Serra!" [...].
>
> QUEIRÓS, Eça de. *A cidade e as serras*. 2. ed. São Paulo: Ática, 2007. p. 155-156.

Vocabulário de apoio

azinhaga: caminho estreito
boticário: farmacêutico
escabroso: acidentado
estucar: dar acabamento com estuque
portada: portal
retesar-se: contrair-se

A narração, feita pelo amigo íntimo José Fernandes, favorece a apresentação idealizada do protagonista: o narrador se refere a ele como "meu Príncipe". Jacinto passa a representar a elite portuguesa comprometida com seu país, moldada nos ideais da civilização apregoados pelo Realismo. A superação de um Portugal atrasado econômica e socialmente é um dos pontos de chegada da obra final de Eça de Queirós. O viés pessimista de *O crime do padre Amaro* adquire a perspectiva positiva do ingresso no mundo civilizado de *A cidade e as serras*.

A visão política de Eça também fica patente: não há emancipação das classes subalternas. Sua única possibilidade de melhoria social advém da intervenção da classe econômica e socialmente superior.

O tema da natureza surge com grande força em uma das vertentes do Realismo. A pintura de Corot retrata o encontro idílico entre o ser humano, representado pelas ninfas, e a paisagem natural.

COROT, Jean-Baptiste Camille. *A dança das ninfas*, c. 1860-1865. Óleo sobre tela, 49 cm × 77,5 cm. Museu d'Orsay, Paris, França.

Sua leitura

Publicado em 1878, *O primo Basílio*, de Eça de Queirós, faz uma crítica contundente à sociedade lisboeta. No fragmento a seguir, Luísa se recorda de seu envolvimento com Basílio. Leia-o e responda às questões.

Lembrou-lhe de repente a notícia do jornal, a chegada do primo Basílio...

Um sorriso vagaroso dilatou-lhe os beicinhos vermelhos e cheios. – Fora o seu primeiro namoro, o primo Basílio! Tinha ela então dezoito anos! Ninguém o sabia, nem Jorge, nem Sebastião...

De resto fora uma criancice; ela mesma, às vezes, ria, recordando as pieguices ternas de então, certas lágrimas exageradas! Devia estar mudado o primo Basílio. Lembrava-se bem dele – alto, delgado, um ar fidalgo, o pequenino bigode preto levantado, o olhar atrevido, e um jeito de meter as mãos nos bolsos das calças fazendo tilintar o dinheiro e as chaves! *Aquilo* começara em Sintra, por grandes partidas de bilhar muito alegres, na quinta do tio João de Brito, em Colares. Basílio tinha chegado então da Inglaterra: vinha muito *bife*, usava gravatas escarlates passadas num anel de ouro, fatos de flanela branca, espantava Sintra! Era na sala de baixo pintada a oca, que tinha um ar antigo e morgado; uma grande porta envidraçada abria para o jardim, sobre três degraus de pedra. Em roda do repuxo havia romãzeiras, onde ele apanhava flores escarlates. A folhagem verde-escura e polida dos arbustos de camélias fazia ruazinhas sombrias; pedaços de sol faiscavam, tremiam na água do tanque; duas rolas, numa gaiola de vime, arrulhavam docemente; – e, no silêncio aldeão da quinta, o ruído seco das bolas de bilhar tinha um tom aristocrático.

[...]

Veio o inverno, e aquele amor foi-se abrigar na velha sala forrada de papel sangue de boi da Rua da Madalena. Que bons serões ali! A mamã ressonava baixo com os pés embrulhados numa manta, o volume da *Biblioteca das Damas* caído sobre o regaço. E eles, muito chegados, muito felizes no sofá! O sofá! Quantas recordações! Era estreito e baixo, estofado de casimira clara, com uma tira ao centro, bordada por ela, amores-perfeitos amarelos e roxos sobre um fundo negro. Um dia veio o final. João de Brito, que fazia parte da firma Bastos & Brito, faliu. A casa de Almada, a quinta de Colares foram vendidas.

Basílio estava pobre: partiu para o Brasil. Que saudades! Passou os primeiros dias sentada no sofá querido, soluçando baixo, com a fotografia dele entre as mãos. Vieram então os sobressaltos das cartas esperadas, os recados impacientes ao escritório da Companhia, quando os paquetes tardavam...

Passou um ano. Uma manhã, depois dum grande silêncio de Basílio, recebeu da Bahia uma longa carta, que começava: "Tenho pensado muito e entendo que devemos considerar a nossa inclinação como uma criancice..."

Desmaiou logo. Basílio afetava muita dor em duas laudas cheias de explicações: que estava ainda pobre; que teria de lutar muito antes de ter para dois; o clima era horrível; não a queria sacrificar, pobre anjo; chamava-lhe "minha pomba" e assinava o seu nome todo, com uma firma complicada.

Viveu triste durante meses. [...]

Tinham passado três anos quando conheceu Jorge. Ao princípio não lhe agradou. Não gostava dos homens barbados; depois percebeu que era a primeira barba, fina, rente, muito macia decerto; começou a admirar os seus olhos, a sua frescura. E sem o amar sentia ao pé dele como uma fraqueza, uma dependência e uma quebreira, uma vontade de adormecer encostada ao seu ombro, e de ficar assim muitos anos, confortável, sem receio de nada. Que sensação quando ele lhe disse: Vamos casar, hein! Viu de repente o rosto barbado, com os olhos muito luzidios, sobre o mesmo travesseiro, ao pé do seu! Fez-se escarlate, Jorge tinha-lhe tomado a mão; ela sentia o calor daquela palma larga penetrá-la, tomar posse dela; disse que *sim*; ficou como idiota, e sentia debaixo do vestido de merino dilatarem-se docemente os seus seios. Estava noiva, enfim! Que alegria, que descanso para a mamã!

Casaram às oito horas, numa manhã de nevoeiro. Foi necessário acender luz para lhe pôr a coroa e o véu de tule. Todo aquele dia lhe aparecia como enevoado, sem contornos, à maneira de um sonho antigo – onde destacava a cara balofa e amarelada do padre, e a figura medonha de uma velha, que estendia a mão adunca, com uma sofreguidão colérica, empurrando, rogando pragas, quando, à porta da igreja, Jorge comovido distribuía patacos. Os sapatos de cetim apertavam-na. Sentia-se enjoada da madrugada, fora necessário fazer-lhe chá verde muito forte. E tão cansada à noite naquela casa nova, depois de desfazer os seus baús! – Quando Jorge apagou a vela, com um sopro trêmulo, os luminosos faiscavam, corriam-lhe diante dos olhos.

Vocabulário de apoio

adunco: recurvado em gancho

brio: dignidade, coragem

dengueiro: que permite dengos, afetação

fato: vestimenta

firma: assinatura

lauda: folha de papel para escrever

merino: feito de lã de carneiro originário da Espanha

morgado: filho mais velho ou filho único

oca: de cor ocre

pano de teatro: cortina que separa o palco do público em um teatro

paquete: embarcação que transporta passageiros, mercadorias e correspondências

pataco: moeda

quebreira: cansaço físico

quinta: propriedade particular, sítio

regaço: colo

repuxo: desvão, espaço entre o telhado e o teto do último andar

serão: tempo entre o jantar e a hora de dormir

silêncio aldeão: silêncio típico de uma localidade interiorana

tule: um tipo de tecido

Mas era o seu marido, era novo, era forte, era alegre; pôs-se a adorá-lo. Tinha uma curiosidade constante da sua pessoa e das suas coisas, mexia-lhe no cabelo, na roupa, nas pistolas, nos papéis. Olhava muito para os maridos das outras, comparava, tinha orgulho nele. Jorge envolvia-a em delicadezas de amante, ajoelhava-se aos seus pés, era muito *dengueiro*. E sempre de bom humor, com muita graça: mas nas coisas da sua profissão ou do seu brio tinha severidades exageradas, e punha então nas palavras, nos modos uma solenidade carrancuda. Uma amiga dela, romanesca, que via em tudo dramas, tinha-lhe dito: É homem para te dar uma punhalada. Ela que não conhecia ainda então o temperamento plácido de Jorge acreditou, e isso mesmo criou uma exaltação no seu amor por ele. Era o seu *tudo* – a sua força, o seu fim, o seu destino, a sua religião, o seu homem! – Pôs-se a pensar, o que teria sucedido se tivesse casado com o primo Basílio. Que desgraça, hein! Onde estaria? Perdia-se em suposições de outros destinos, que se desenrolavam como panos de teatro: via-se no Brasil, entre coqueiros, embalada numa rede, cercada de negrinhos, vendo voar papagaios!

QUEIRÓS, Eça de. *O primo Basílio*. São Paulo: Ateliê Editorial, 1998. p. 62-65.

Sétima arte

Primo Basílio
(Brasil, 2007)
Direção de Daniel Filho

Adaptada para o Brasil dos anos 1950, a versão cinematográfica da obra de Eça de Queirós tem no elenco vários atores consagrados pela televisão, como Fábio Assunção (Basílio), Débora Falabella (Luísa), Reynaldo Gianecchini (Jorge) e Glória Pires (Juliana, a criada chantagista), que se destaca com uma interpretação muito elogiada pela crítica.

No filme, a história se passa na São Paulo de 1958, em vez da Lisboa do final do século XIX.

Cartaz do filme *Primo Basílio*.

Sobre o texto

1. O trecho permite fazer uma comparação entre Basílio e Jorge. Como se pode caracterizá-los?

2. A narrativa mostra que Luísa, a protagonista da história, alterna seu ponto de vista frequentemente. Um exemplo é seu contato com Jorge: ao vê-lo pela primeira vez, este não lhe agrada; depois, ela passa a observá-lo com carinho. Como definir, com base nessas afirmações, o caráter de Luísa?

3. Na passagem que narra as recordações de Luísa sobre seu casamento com Jorge, há um distanciamento da idealização romântica desse símbolo da união amorosa. Destaque do texto elementos que confirmem essa afirmação.

4. É possível afirmar que a narração apresenta uma visão estereotipada sobre o Brasil, lugar para onde vai Basílio após sua falência. Pensando no contexto do Realismo em Portugal, a que você atribui essa forma de descrever as terras brasileiras?

O que você pensa disto?

O Realismo português foi marcado pela iniciativa de participação política de seus artistas, que contribuíram ativamente para o movimento que derrubou a monarquia e implantou a república em Portugal, em 1910. Um dos escritores e intelectuais realistas, Teófilo Braga, chegou mesmo a ser presidente de Portugal durante um breve período de 1915.

No Brasil contemporâneo, há o caso do escritor e dramaturgo Ariano Suassuna, um artista engajado na defesa da cultura nacional e que também teve a experiência de ser secretário da Cultura de Pernambuco por duas vezes – de 1995 a 1998 e de 2007 a 2010.

- Você acha que artistas devem se restringir ao seu meio de expressão ou podem também trazer contribuições importantes para a política? Em caso positivo, quais?

Ariano Suassuna, autor do sucesso teatral *Auto da Compadecida* (1955), em fotografia de 2011.

CAPÍTULO 13

O Realismo no Brasil

O que você vai estudar

- Republicanos escravocratas: ideias fora do lugar.
- Machado de Assis: narrador ardiloso, personagens individualistas.
- Raul Pompeia: a infância nada inocente.

Autoria anônima. *Alegoria à proclamação da República e à partida da família imperial*, século XIX. Óleo sobre tela, 82 cm × 103 cm. Fundação Maria Luisa e Oscar Americano, São Paulo.

Nessa imagem, o marechal Deodoro da Fonseca (com a bandeira) e outros representantes da República recém-proclamada despedem-se cordialmente da família imperial, que vai deixar o país. Na vida real, porém, os últimos tempos da monarquia foram tumultuados por diversas crises, tanto na área militar quanto em setores civis e políticos.

❯ O contexto de produção

O último quarto do século XIX foi marcado por vários acontecimentos importantes nas esferas política e social do país. Ocorre a abolição da escravatura, o fim da monarquia e o início da era republicana. É também um período de grande produção intelectual: surgem, de modo mais sistemático, a crítica literária, os estudos históricos e o pensamento filosófico culturalista, que analisa os fenômenos individuais e coletivos com base em traços da cultura.

De certa maneira, o Brasil acompanha as transformações que ocorreram na Europa e que desencadearam o abandono progressivo da estética romântica e a ascensão do Realismo. A influência crescente do positivismo, os avanços nas ciências e os debates sobre formas democráticas de governo passam a integrar o repertório dos intelectuais brasileiros afinados com os centros europeus. O diálogo entre o Brasil e parte da Europa se faz de modo cada vez mais intenso, ora funcionando como um referencial para a nossa cultura, ora servindo de modelo imitado pelas elites, que se consideravam "modernas" por adotar posturas intelectuais não condizentes com a realidade social brasileira.

Conflitos como a Guerra do Paraguai (1864-1870) provocam focos de insatisfação com a política monarquista e acabam por fortalecer ideias republicanas. Ao mesmo tempo, cresce o clamor pela libertação dos negros escravizados. A abolição da escravidão não é mais somente uma necessidade de ordem moral. As mudanças nos meios de produção resultantes do incipiente processo de industrialização requerem do Brasil um novo modelo de gestão da mão de obra.

Essas crises são acompanhadas pela reorientação das formas de representação da realidade: a literatura e as artes em geral começam a registrar o mundo de maneira mais objetiva, em contraposição ao subjetivismo anterior; a preocupação se volta para o presente, para as relações sociais que caracterizam os acontecimentos contemporâneos e para o cotidiano, deixando de lado a idealização de um passado histórico e glorioso.

> A sociedade vista por dentro

A circulação de informações, as novidades provindas de países europeus e as divergências de pontos de vista sobre os caminhos a serem seguidos pelo povo brasileiro tomavam conta das rodas de conversa, dos jornais e dos demais espaços sociais. O cotidiano político e cultural do país inflamava-se cada vez mais em meio a debates e polêmicas.

Ataques que confrontavam abertamente a figura de dom Pedro II foram se tornando comuns até a proclamação da República. Não era mais possível ignorar a desigualdade de direitos e a supressão da liberdade que marcavam a sociedade da época.

Dotados de um olhar atento, os escritores souberam transpor para o contexto da literatura, muitas vezes de modo cômico e mordaz, os impasses vivenciados pela sociedade. A imagem de uma elite que adaptava as ideologias progressistas a seus próprios interesses constituiu um dos maiores alvos da crítica do Realismo brasileiro. É o que se percebe no fragmento do conto a seguir, em que um rico proprietário assume o ideal do republicanismo, mas na prática mantém a lógica do mando e da escravidão, tornando-se um exemplo típico de que as ideias do liberalismo europeu se encontram **fora do lugar** em terras brasileiras.

> Curvado um dia sobre essas páginas épicas da lenda das gerações, inclinado à beira vertiginosa do báratro onde revoluteiam os fantasmas indistintos e medonhos daquele terremoto social, refletindo na humanidade e nos seus destinos, foi assim que o Dr. Salustiano da Cunha descobriu que era republicano.
> Muito republicano; republicano de coração. De coração e de cérebro.
> Um homem da época.
> [...]
> Ia-lhe próspera a fazenda. As suas vastíssimas terras sumiam-se, sob as ramas escuras dos cafezais, plantados em linha, através de infinitas colinas.
> [...]
> Ainda estava pedindo, com voz atroadora, o *sangue impuro* dos tiranos, quando sentiu estacar o alazão, forçando o cavaleiro a debruçar-se-lhe sobre as crinas.
> Um grupo de pessoas aparecera na estrada. Três escravos e um feitor mal-encarado.
> Tinham a cara espantada, e pareciam perguntar se o matutino passeador endoudecera.
> — O que temos? indagou bruscamente o doutor, engolindo um resto de *Marselhesa*.
> — Venho comunicar ao senhor, respondeu o feitor, que o Emídio fugiu...
> — Terceira vez!... o cão... Há de pagar! Hum!... Desta vez eu o ensino, se o pego.
> — Havemos de pegá-lo hoje mesmo, garantiu resolutamente o feitor.
> — Peguem-no... peguem-no, que havemos de ver para que se inventou o viramundo...
> E o alazão continuou a marchar pela estrada adiante, deixando ficar o grupo que interrompera-lhe os passos.
>
> POMPEIA, Raul. 14 de julho na roça. Disponível em: <http://www.dominiopublico.gov.br/download/texto/bi000203.pdf>. Acesso em: 29 out. 2012.

No trecho, a incoerência da classe dominante brasileira é representada pela personagem Salustiano. "Ardoroso" defensor dos ideais da República, "homem da época", Salustiano revela sua verdadeira face ao ser informado da fuga de um de seus escravos.

O retrato da convivência contraditória entre o regime de escravidão e o pensamento liberal tornou-se um dos temas mais recorrentes do Realismo literário no país.

Passaporte digital

Site oficial de Machado de Assis
Expoente do Realismo no Brasil, Machado de Assis é, ainda hoje, considerado por parte da crítica especializada o maior escritor brasileiro de todos os tempos. Em seu *site* oficial, mantido pela Academia Brasileira de Letras, que ele ajudou a fundar e onde ocupou a presidência na cadeira de nº 23, há informações biográficas, dados sobre adaptações de sua obra para diversas linguagens, fotografias, artigos publicados na imprensa, entre outros. Vale uma navegada: <http://www.machadodeassis.org.br/>. Acesso em: 29 out. 2012.

Página inicial do *site* de Machado de Assis.

Margens do texto

O narrador afirma que o doutor Salustiano era republicano de coração e de cérebro. Como, na sequência do texto, ele desmente essa afirmação?

Vocabulário de apoio

alazão: cavalo de cor castanha
atroador: que faz muito barulho
báratro: abismo
endoudecer: enlouquecer
estacar: parar de repente
feitor: capataz, encarregado dos trabalhadores escravizados
Marselhesa: hino nacional da França
revolutear: agitar-se, pôr em movimento
sangue impuro dos tiranos: referência a versos da Marselhesa
viramundo: instrumento de tortura de escravos

❯ Machado de Assis romancista: as duas pontas da vida

Considerado por parte da crítica o maior escritor brasileiro de todos os tempos, Machado de Assis escreveu romances, peças de teatro, poemas, contos e crônicas, além de ter tido importante atuação como jornalista. Suas primeiras obras de ficção caracterizam-se pela adesão à estética romântica: acontecimentos da Corte misturam-se à vida familiar das classes alta e média, ao mesmo tempo que intrigas amorosas e disputas por prestígio e poder mobilizam heróis e heroínas.

A grande transformação na literatura machadiana, contudo, ocorreu com a publicação de *Memórias póstumas de Brás Cubas*, obra de 1881, marco inicial do Realismo literário no Brasil. Escrito de forma inovadora se comparado a romances anteriores publicados no país, *Memórias póstumas* traz a figura inusitada do defunto Brás Cubas a relatar episódios de sua vida.

Logo na abertura do romance, momento em que o narrador-personagem tece considerações sobre o modo como vai contar sua história, evidencia-se uma das tônicas da escrita realista de Machado de Assis: a ironia.

Vista do bairro do Cosme Velho, no Rio de Janeiro, fotografada por Marc Ferrez. O poeta Carlos Drummond de Andrade notabilizou esse bairro em que morou Machado de Assis em um poema dedicado ao escritor, escrito em 1930. Fotografia de 1890.

Capítulo I – Óbito do autor

Algum tempo hesitei se devia abrir estas memórias pelo princípio ou pelo fim, isto é, se poria em primeiro lugar o meu nascimento ou a minha morte. Suposto o uso vulgar seja começar pelo nascimento, duas considerações me levaram a adotar diferente método: a primeira é que eu não sou propriamente um autor defunto, mas um defunto autor, para quem a campa foi outro berço; a segunda é que o escrito ficaria assim mais galante e mais novo. Moisés, que também contou a sua morte, não a pôs no introito, mas no cabo: diferença radical entre este livro e o Pentateuco.

MACHADO DE ASSIS, J. M. Memórias póstumas de Brás Cubas. In: *Obra completa*. Rio de Janeiro: Nova Aguilar, 1992. v. 1. p. 513.

▍ Margens do texto

Logo no primeiro capítulo, o narrador da história apresenta dois "roteiros" para a narrativa: iniciar pelo nascimento ou pela morte. Imaginando que esse romance dialoga com o romance romântico, como se pode interpretar a afirmação do narrador de que, ao iniciar pela morte, "o escrito ficaria assim mais galante e novo"?

O narrador conta os acontecimentos "sem temer mais nada", pois está morto. Essa posição permite-lhe uma visão ampla e sem disfarces de sua existência, o que favorece a avaliação distanciada e contundente das futilidades de sua vida burguesa. Brás Cubas é, portanto, o narrador que organiza os fatos e conduz a narrativa com sua visão crítica e irônica e, ao mesmo tempo, a personagem cujas ações refletem a sociedade brasileira da segunda metade do século XIX.

Ao longo da narrativa, o leitor entra em contato com tipos sociais ávidos por levar vantagem sobre os outros ou por obter deles favores e proteção. A esfera mundana do dinheiro, da carreira e da ascensão social a qualquer custo rompe com os ideais românticos de pureza do herói. Como nesta passagem, em que o narrador relembra um de seus amores, a bela Marcela, "amiga de dinheiro e de rapazes".

Vocabulário de apoio

cabo: fim
campa: sepultura
introito: introdução
Pentateuco: reunião dos cinco primeiros livros do Antigo Testamento (Gênesis, Êxodo, Levítico, Números e Deuteronômio)

[...] Marcela amou-me durante quinze meses e onze contos de réis; nada menos. Meu pai, logo que teve aragem dos onze contos, sobressaltou-se deveras; achou que o caso excedia as raias de um capricho juvenil.

MACHADO DE ASSIS, J. M. Memórias póstumas de Brás Cubas. In: *Obra completa*. Rio de Janeiro: Nova Aguilar, 1992. v. 1. p. 536.

Vocabulário de apoio

deveras: realmente
raia: limite
sobressaltar-se: assustar-se
ter aragem: tomar conhecimento

O pai de Brás Cubas não se importava com as aventuras amorosas do filho e suas possíveis consequências. Sua atenção dirigia-se para o quanto cada uma dessas aventuras poderia lhe custar, o que indica, de modo sutil, a prevalência dos valores econômicos sobre os afetivos para a classe social abastada que o narrador representa.

> ## Dissimulação

Da fase realista de Machado de Assis contam-se cinco romances: *Memórias póstumas de Brás Cubas* (1881), *Quincas Borba* (1891), *Dom Casmurro* (1899), *Esaú e Jacó* (1904) e *Memorial de Aires* (1908). Em todos eles o desmascaramento dos interesses e a precariedade das relações sociais são temas recorrentes. Contudo, em *Dom Casmurro* a mentira e a dissimulação infiltram-se na família burguesa e no sentimento amoroso, elementos portadores dos mais altos valores humanos para o romance romântico.

Narrado em *flashback*, *Dom Casmurro* conta, em primeira pessoa, a história de Bentinho, órfão de pai, criado em ambiente superprotetor. Em cumprimento a uma promessa de sua mãe, seu destino seria a vida sacerdotal. Porém, desde menino Bentinho revela desinteresse em tornar-se padre. A razão: Capitu, a vizinha por quem ele nutria verdadeira adoração.

Leia a seguir uma passagem em que o jovem Bentinho descreve seu fascínio pelo olhar singular de Capitu.

> Tinha-me lembrado a definição que José Dias dera deles, "olhos de cigana oblíqua e dissimulada". Eu não sabia o que era oblíqua, mas dissimulada sabia, e queria ver se se podiam chamar assim. Capitu deixou-se fitar e examinar. Só me perguntava o que era, se nunca os vira; eu nada achei extraordinário; a cor e a doçura eram minhas conhecidas.
> [...]
> Retórica dos namorados, dá-me uma comparação exata e poética para dizer o que foram aqueles olhos de Capitu. Não me acode imagem capaz de dizer, sem quebra da dignidade do estilo, o que eles foram e me fizeram. Olhos de ressaca? Vá, de ressaca. É o que me dá ideia daquela feição nova. Traziam não sei que fluido misterioso e enérgico, uma força que arrastava para dentro, como a vaga que se retira da praia, nos dias de ressaca.
> MACHADO DE ASSIS, J. M. Dom Casmurro. In: *Obra completa*. Rio de Janeiro: Nova Aguilar, 1992. v. 1. p. 842.

Os anos passam, Bentinho livra-se da promessa de tornar-se religioso, forma-se em Direito e se casa com Capitu. Escobar, seu amigo de seminário, aproxima-se de ambos e casa-se com Sancha, amiga de Capitu. Da união entre Bentinho e Capitu nasce Ezequiel.

A trama ganha contornos decisivos com a morte súbita de Escobar. No velório, Bentinho estranha o modo como Capitu contempla o cadáver do amigo. Tomado pelo ciúme, desconfia ter havido um relacionamento entre sua mulher e o falecido. Essa desconfiança aumenta ao reconhecer em Ezequiel trejeitos de Escobar. É a própria Capitu que chama a atenção para o fato de seu filho parecer-se com Escobar.

> Você já reparou que Ezequiel tem nos olhos uma expressão esquisita? perguntou-me Capitu. Só vi duas pessoas assim, um amigo de papai e o defunto Escobar. Olha, Ezequiel; olha firme, assim, vira para o lado de papai, não precisa revirar os olhos, assim, assim... [...]
> MACHADO DE ASSIS, J. M. Dom Casmurro. In: *Obra completa*. Rio de Janeiro: Nova Aguilar, 1992. v. 1. p. 931.

Vários aspectos da construção do romance merecem destaque: a ambiguidade da personagem Capitu; a postura pouco confiável do narrador de tentar convencer o leitor do adultério de sua esposa; a narrativa preocupada em unir "as duas pontas da vida" (infância e velhice) como forma de dar sentido à existência da personagem central (o narrador).

> ### Repertório
>
> **Machado de Assis e Shakespeare**
>
> A exploração do tema da traição aproxima *Dom Casmurro* de uma importante obra da literatura universal: *Otelo, o mouro de Veneza*, peça teatral de William Shakespeare.
>
> Na peça, o alferes Iago, ressentido por não ter sido promovido a tenente pelo general Otelo, começa a insinuar que a jovem esposa do mouro, Desdêmona, o traía com Cássio, a quem Otelo dera a promoção. Cego de ciúme, Otelo mata sua mulher e, após descobrir que tudo fora uma mentira forjada por Iago, suicida-se. Assim como no romance de Machado, as fraquezas humanas e o contraste entre realidade e aparência são os ingredientes dessa tragédia.
>
>
>
> CHASSÉRIAU, Théodore. *Otelo e Desdêmona em Veneza*, 1850. Óleo sobre tela, 20 cm × 25 cm. Museu do Louvre, Paris, França.
>
> O pintor Chassériau (1819-1856) soube combinar elementos clássicos a pinceladas românticas.

Vocabulário de apoio

dissimulado: fingido
oblíquo: indireto
retórica: arte de discursar
vaga: onda

Sua leitura

Você lerá dois textos. O texto 1 é um capítulo do romance *Memórias póstumas de Brás Cubas*. O texto 2 é uma passagem do romance *Dom Casmurro*. No trecho reproduzido, Bentinho vai ao teatro e assiste à peça *Otelo*, de William Shakespeare.

Texto 1

A borboleta preta

No dia seguinte, como eu estivesse a preparar-me para descer, entrou no meu quarto uma borboleta, tão negra como a outra, e muito maior do que ela. Lembrou-me o caso da véspera, e ri-me; entrei logo a pensar na filha de D. Eusébia, no susto que tivera, e na dignidade que, apesar dele, soube conservar. A borboleta, depois de esvoaçar muito em torno de mim, pousou-me na testa. Sacudi-a, ela foi pousar na vidraça; e, porque eu a sacudisse de novo, saiu dali e veio parar em cima de um velho retrato de meu pai. Era negra como a noite. O gesto brando com que, uma vez posta, começou a mover as asas, tinha um certo ar escarninho, que me aborreceu muito. Dei de ombros, saí do quarto; mas tornando lá, minutos depois, e achando-a ainda no mesmo lugar, senti um repelão dos nervos, lancei mão de uma toalha, bati-lhe e ela caiu.

Não caiu morta; ainda torcia o corpo e movia as farpinhas da cabeça. Apiedei-me; tomei-a na palma da mão e fui depô-la no peitoril da janela. Era tarde; a infeliz expirou dentro de alguns segundos. Fiquei um pouco aborrecido, incomodado.

— Também por que diabo não era ela azul? disse comigo.

E esta reflexão, — uma das mais profundas que se tem feito, desde a invenção das borboletas, — me consolou do malefício, e me reconciliou comigo mesmo. Deixei-me estar a contemplar o cadáver, com alguma simpatia, confesso. Imaginei que ela saíra do mato, almoçada e feliz. A manhã era linda. Veio por ali fora, modesta e negra, espairecendo as suas borboletices, sob a vasta cúpula de um céu azul, que é sempre azul, para todas as asas. Passa pela minha janela, entra e dá comigo. Suponho que nunca teria visto um homem; não sabia, portanto, o que era o homem; descreveu infinitas voltas em torno do meu corpo, e viu que me movia, que tinha olhos, braços, pernas, um ar divino, uma estatura colossal. Então disse consigo: "Este é provavelmente o inventor das borboletas". A ideia subjugou-a, aterrou-a; mas o medo, que é também sugestivo, insinuou-lhe que o melhor modo de agradar ao seu criador era beijá-lo na testa, e beijou-me na testa. Quando enxotada por mim, foi pousar na vidraça, viu dali o retrato de meu pai, e não é impossível que descobrisse meia verdade, a saber, que estava ali o pai do inventor das borboletas, e voou a pedir-lhe misericórdia.

Pois um golpe de toalha rematou a aventura. Não lhe valeu a imensidade azul, nem a alegria das flores, nem a pompa das folhas verdes, contra uma toalha de rosto, dois palmos de linho cru. Vejam como é bom ser superior às borboletas! Porque, é justo dizê-lo, se ela fosse azul, ou cor de laranja, não teria mais segura a vida; não era impossível que eu a atravessasse com um alfinete, para recreio dos olhos. Não era. Esta última ideia restituiu-me a consolação; uni o dedo grande ao polegar, despedi um piparote e o cadáver caiu no jardim. Era tempo; aí vinham já as próvidas formigas... Não, volto à primeira ideia; creio que para ela era melhor ter nascido azul.

MACHADO DE ASSIS, J. M. Memórias póstumas de Brás Cubas. In: *Obra completa*. Rio de Janeiro: Nova Aguilar, 1992. v. 1. p. 552-553.

> **Vocabulário de apoio**
>
> **escarninho**: aquilo que manifesta desprezo
>
> **piparote**: pancada com a ponta do dedo médio
>
> **próvido**: prudente, cauteloso
>
> **rematar**: pôr fim, acabar
>
> **repelão**: ataque, choque

Sobre o texto

1. Nos dois primeiros parágrafos, a entrada da borboleta no quarto de Brás Cubas desencadeia uma série de reações que culminam na morte do inseto. Descreva essas reações.

2. "Também por que diabo não era ela azul?" Após esse questionamento, Brás Cubas se isenta da morte da borboleta. Que significado parecem ter as cores azul e negra no contexto do trecho?

3. Uma das características do realismo machadiano é uma espécie de manipulação, feita pelo narrador, da atenção do leitor para com os fatos, revestindo de importância ideias e pensamentos tolos, como forma de criticar o modo de pensar burguês. Destaque do texto uma passagem que faça uso desse recurso. Justifique sua escolha.

4. Após a morte da borboleta, a personagem cria um enredo fantasioso sobre a vida dela. O narrador fala de um céu que é "sempre azul, para todas as asas". Partindo da ideia de o Realismo ser uma estética que denuncia mazelas sociais, o que é criticado nesse trecho?

> **Hipertexto**
>
> No ano de 2009, o cantor, compositor e escritor Chico Buarque lançou o romance *Leite derramado*, que, segundo alguns críticos, tem afinidades com *Memórias póstumas de Brás Cubas*, de Machado de Assis. Uma resenha de *Leite derramado* está reproduzida na parte de Produção de texto (**capítulo 36**, p. 360).

Texto 2

Capítulo CXXXV – Otelo

Jantei fora. De noite fui ao teatro. Representava-se justamente *Otelo*, que eu não vira nem lera nunca; sabia apenas o assunto, e estimei a coincidência. Vi as grandes raivas do mouro, por causa de um lenço, — um simples lenço! — e aqui dou matéria à meditação dos psicólogos deste e de outros continentes, pois não me pude furtar à observação de que um lenço bastou a acender os ciúmes de Otelo e compor a mais sublime tragédia deste mundo. Os lenços perderam-se, hoje são precisos os próprios lençóis; alguma vez nem lençóis há, e valem só as camisas. Tais eram as ideias que me iam passando pela cabeça, vagas e turvas, à medida que o mouro rolava convulso, e Iago destilava a sua calúnia. Nos intervalos não me levantava da cadeira; não queria expor-me a encontrar algum conhecido. As senhoras ficavam quase todas nos camarotes, enquanto os homens iam fumar. Então eu perguntava a mim mesmo se alguma daquelas não teria amado alguém que jazesse agora no cemitério, e vinham outras incoerências, até que o pano subia e continuava a peça. O último ato mostrou-me que não eu, mas Capitu devia morrer. Ouvi as súplicas de Desdêmona, as suas palavras amorosas e puras, e a fúria do mouro, e a morte que este lhe deu entre aplausos frenéticos do público.

— E era inocente, vinha eu dizendo rua abaixo; — que faria o público, se ela deveras fosse culpada, tão culpada como Capitu? E que morte lhe daria o mouro? Um travesseiro não bastaria; era preciso sangue e fogo, um fogo intenso e vasto, que a consumisse de todo, e a reduzisse a pó, e o pó seria lançado ao vento, como eterna extinção...

Vaguei pelas ruas o resto da noite. Ceei, é verdade, um quase nada, mas o bastante para ir até à manhã. Vi as últimas horas da noite e as primeiras do dia, vi os derradeiros passeadores e os primeiros varredores, as primeiras carroças, os primeiros ruídos, os primeiros albores, um dia que vinha depois do outro e me veria ir para nunca mais voltar. As ruas que eu andava como que me fugiam por si mesmas. Não tornaria a contemplar o mar da Glória, nem a serra dos Órgãos, nem a fortaleza de Santa Cruz e as outras. A gente que passava não era tanta, como nos dias comuns da semana, mas era já numerosa e ia a algum trabalho, que repetiria depois; eu é que não repetiria mais nada.

Cheguei a casa, abri a porta devagarinho, subi pé ante pé, e meti-me no gabinete; iam dar seis horas. Tirei o veneno do bolso, fiquei em mangas de camisa, e escrevi ainda uma carta, a última, dirigida a Capitu. Nenhuma das outras era para ela; senti necessidade de lhe dizer uma palavra em que lhe ficasse o remorso da minha morte. Escrevi dois textos. O primeiro queimei-o por ser longo e difuso. O segundo continha só o necessário, claro e breve. Não lhe lembrava o nosso passado, nem as lutas havidas, nem alegria alguma; falava-lhe só de Escobar e da necessidade de morrer.

MACHADO DE ASSIS, J. M. Dom Casmurro. In: *Obra completa*. Rio de Janeiro: Nova Aguilar, 1992. v. 1. p. 934-935.

Vocabulário de apoio

albores: primeiras claridades do dia
ceia: última refeição do dia
convulso: agitado
mouro: indivíduo árabe proveniente do norte da África

Sobre o texto

1. No primeiro parágrafo, o narrador comenta que apenas um lenço fora suficiente para que Otelo imaginasse estar sendo traído. Diz a seguir que "hoje são precisos os próprios lençóis". Explique a ideia que está subentendida nessa afirmação.

2. Na peça de Shakespeare, Otelo é enganado pelas aparências: não houve em momento algum um ato de traição por parte de sua mulher, Desdêmona. Esse fato, porém, parece passar despercebido por Bentinho. Explique por que razão Bentinho não chama a atenção para o equívoco.

3. Vagando pelas ruas até amanhecer, Bentinho observa pessoas que iam para o trabalho. Mesmo estando ensimesmado, o narrador deixa transparecer em sua fala uma ligeira crítica ao modo de vida das pessoas comuns. Qual é essa crítica?

4. Bentinho assume uma postura de certo modo teatral diante da certeza de ter sido traído. Selecione uma passagem que confirme essa afirmação. Justifique sua escolha.

❯ Machado contista

Reconhecido como um dos melhores contistas da língua portuguesa, Machado de Assis oferece ao leitor inúmeras possibilidades de leitura de seus contos. Neles, alinha o olhar atento aos costumes da sociedade do Segundo Reinado e dos primeiros anos da República e a capacidade singular de investigar o caráter das pessoas e o modo como se posicionam no mundo. Machado construiu verdadeiros documentos de época, ao mesmo tempo que traçou um preciso estudo das profundezas da alma humana.

Como exemplo, temos o conto "O caso da vara", em que o problema da escravidão é confrontado com a necessidade pessoal da personagem Damião de livrar-se da obrigação de tornar-se padre. Fugido do seminário, Damião procura ajuda na casa de Sinhá Rita. Acompanhando sua rotina, ele percebe o modo autoritário com que a senhora trata uma negra escravizada chamada Lucrécia. Compadecido, jura a si mesmo protegê-la. Porém, quando Sinhá Rita se prepara para castigar Lucrécia, Damião vê-se diante de um impasse.

> — Onde está a vara?
> A vara estava à cabeceira da marquesa, do outro lado da sala. Sinhá Rita, não querendo soltar a pequena, bradou ao seminarista:
> — Sr. Damião, dê-me aquela vara, faz favor?
> Damião ficou frio... Cruel instante! Uma nuvem passou-lhe pelos olhos. Sim, tinha jurado apadrinhar a pequena, que por causa dele atrasara o trabalho...
> — Dê-me a vara, Sr. Damião!
> Damião chegou a caminhar na direção da marquesa. A negrinha pediu-lhe então por tudo o que houvesse mais sagrado, pela mãe, pelo pai, por Nosso Senhor...
> — Me acuda, meu sinhô moço!
> Sinhá Rita, com a cara em fogo e os olhos esbugalhados, instava pela vara, sem largar a negrinha, agora presa de um acesso de tosse. Damião sentiu-se compungido; mas ele precisava tanto sair do seminário! Chegou à marquesa, pegou na vara e entregou-a a Sinhá Rita.
>
> MACHADO DE ASSIS, J. M. Páginas recolhidas. In: *Obra completa*. Rio de Janeiro: Nova Aguilar, 1992. v. 2. p. 582.

Há aqui elementos que dizem respeito ao universo social – o mandonismo escravocrata – e ao psicológico – a angústia de Damião, dividido entre justiça e interesses pessoais. A opção do rapaz em atender à solicitação de Sinhá Rita revela a visão pessimista do narrador sobre o ser humano: as necessidades individuais prevalecem sobre a intenção de solidariedade e ajuda ao próximo. A aproximação entre a crueldade do escravismo e o individualismo da vida burguesa aponta para um modo de ser da sociedade brasileira do século XIX.

Os contos de Machado, porém, não abordam somente o universo da classe senhorial. Em muitos deles, os protagonistas são personagens pertencentes à classe média, movendo-se em um horizonte carente de perspectivas materiais, mas também de ideias próprias. Há ainda contos em que os protagonistas pertencem às camadas mais desfavorecidas da sociedade. Exemplar a esse respeito é o conto "Pai contra mãe". Seu protagonista, após tentar se adaptar a várias profissões, fracassa em todas e passa a se dedicar à captura de negros escravizados fugidos. No final do conto, ele persegue uma negra escravizada grávida cuja captura lhe renderia a recompensa necessária para fazer frente às despesas com seu próprio filho, que está para nascer.

▎Ação e cidadania

No conto "Pai contra mãe", o narrador enumera instrumentos usados para torturar os negros escravizados, como o "ferro ao pescoço" e a "máscara de folha de flandres". Tais aparelhos ficaram no passado, mas ainda hoje pessoas de variadas etnias são submetidas a condições de trabalho indignas e degradantes, análogas à de escravo, com cerceamento da liberdade, jornadas exaustivas, remuneração irregular, entre outras. Não há dados precisos da quantidade desses trabalhadores no país, mas se estima que, no mundo, mais de 12 milhões vivam nessa condição. No *site* <http://www.oit.org.br/sites/all/forced_labour/index.php> (acesso em: 30 out. 2012), você pode se informar de ações de combate ao trabalho escravo.

▎Margens do texto

Sinhá Rita apresenta "a cara em fogo e os olhos esbugalhados". Como ela parece se sentir quanto ao castigo que pretende impor?

Vocabulário de apoio

bradar: pedir em voz alta
compungido: apiedado
instar: ordenar, pedir
marquesa: tipo de sofá

PINHEIRO, Rafael Bordalo. Retrato de Machado de Assis em *O Mosquito*, 1876.

Nesta caricatura, Machado de Assis esculpe o busto de uma mulher, em alusão a Helena, personagem de romance homônimo do autor.

Sua leitura

O conto a seguir foi publicado no livro *Histórias sem data* (1884); é da fase realista do autor. A história narra o desencontro amoroso de duas personagens. Acompanhando as indecisões e o sofrimento de uma delas, o narrador expõe a inconsistência de caráter e as fraquezas de ambas.

Noite de almirante

Deolindo Venta-Grande (era uma alcunha de bordo) saiu ao Arsenal de Marinha e enfiou pela Rua de Bragança. Batiam três horas da tarde. Era a fina flor dos marujos e, demais, levava um grande ar de felicidade nos olhos. A corveta dele voltou de uma longa viagem de instrução, e Deolindo veio à terra tão depressa alcançou licença. Os companheiros disseram-lhe, rindo:

— Ah! Venta-Grande! Que noite de almirante vai você passar! ceia, viola e os braços de Genoveva. Colozinho de Genoveva...

Deolindo sorriu. Era assim mesmo, uma noite de almirante, como eles dizem, uma dessas grandes noites de almirante que o esperava em terra. Começara a paixão três meses antes de sair a corveta. Chamava-se Genoveva, cabloclinha de vinte anos, esperta, olho negro e atrevido. Encontraram-se em casa de terceiro e ficaram morrendo um pelo outro, a tal ponto que estiveram prestes a dar uma cabeçada, ele deixaria o serviço e ela o acompanharia para a vila mais recôndita do interior.

A velha Inácia, que morava com ela, dissuadiu-os disso; Deolindo não teve remédio senão seguir em viagem de instrução. Eram oito ou dez meses de ausência. Como fiança recíproca, entenderam dever fazer um juramento de fidelidade.

— Juro por Deus que está no céu. E você?
— Eu também.
— Diz direito.
— Juro por Deus que está no céu; a luz me falte na hora da morte.

Estava celebrado o contrato. Não havia descrer da sinceridade de ambos; ela chorava doudamente, ele mordia o beiço para dissimular. Afinal separaram-se, Genoveva foi ver sair a corveta e voltou para casa com um tal aperto no coração que parecia que "lhe ia dar uma coisa". Não lhe deu nada, felizmente; os dias foram passando, as semanas, os meses, dez meses, ao cabo dos quais, a corveta tornou e Deolindo com ela.

Lá vai ele agora, pela rua de Bragança, Prainha e Saúde, até ao princípio da Gamboa, onde mora Genoveva. A casa é uma rotulazinha escura, portal rachado do sol, passando o Cemitério dos Ingleses; lá deve estar Genoveva, debruçada à janela, esperando por ele. Deolindo prepara uma palavra que lhe diga. Já formulou esta: "Jurei e cumpri", mas procura outra melhor. Ao mesmo tempo lembra as mulheres que viu por esse mundo de Cristo, italianas, marselhesas ou turcas, muitas delas bonitas, ou que lhe pareciam tais. Concorda que nem todas seriam para os beiços dele, mas algumas eram, e nem por isso fez caso de

nenhuma. Só pensava em Genoveva. A mesma casinha dela, tão pequenina, e a mobília de pé quebrado, tudo velho e pouco, isso mesmo lhe lembrava diante dos palácios de outras terras. Foi à custa de muita economia que comprou em Trieste um par de brincos, que leva agora no bolso com algumas bugigangas. E ela que lhe guardaria? Pode ser que um lenço marcado com o nome dele e uma âncora na ponta, porque ela sabia marcar muito bem. Nisto chegou à Gamboa, passou o cemitério e deu com a casa fechada. Bateu, falou-lhe uma voz conhecida, a da velha Inácia, que veio abrir-lhe a porta com grandes exclamações de prazer. Deolindo, impaciente, perguntou por Genoveva.

— Não me fale nessa maluca, arremeteu a velha. Estou bem satisfeita com o conselho que lhe dei. Olhe lá se fugisse. Estava agora como o lindo amor.

— Mas que foi? que foi?

A velha disse-lhe que descansasse, que não era nada, uma dessas cousas que aparecem na vida; não valia a pena zangar-se. Genoveva andava com a cabeça virada...

— Mas virada por quê?

— Está com um mascate, José Diogo. Conheceu José Diogo, mascate de fazendas? Está com ele. Não imagina a paixão que eles têm um pelo outro. Ela então anda maluca. Foi o motivo da nossa briga. José Diogo não me saía da porta; eram conversas e mais conversas, até que eu um dia disse que não queria a minha casa difamada. Ah! meu pai do céu! foi um dia de juízo. Genoveva investiu para mim com uns olhos deste tamanho, dizendo que nunca difamou ninguém e não precisava de esmolas. Que esmolas, Genoveva? O que digo é que não quero esses cochichos à porta, desde as ave-marias... dois dias depois estava mudada e brigada comigo.

— Onde mora ela?

— Na Praia Formosa, antes de chegar à pedreira, uma rótula pintada de novo.

Deolindo não quis ouvir mais nada. A velha Inácia, um tanto arrependida, ainda lhe deu avisos de prudência, mas ele não os escutou e foi andando. Deixo de notar o que pensou em todo o caminho; não pensou nada. As ideias marinhavam-lhe no cérebro, como em hora de temporal, no meio de uma confusão de ventos e apitos. Entre elas rutilou a faca de bordo, ensanguentada e vingadora. Tinha passado a Gamboa, o Saco do Alferes, entrara na praia Formosa. Não sabia o número da casa, mas era perto da pedreira, pintada de novo, e com auxílio da vizinhança poderia achá-la. Não contou com o acaso que pegou de Genoveva e fê-la sentar à janela, cosendo, no momento em que Deolindo ia passando. Ele conheceu-a e parou; ela, vendo o vulto de um homem, levantou os olhos e deu com o marujo.

— Que é isso? exclamou espantada. Quando chegou? Entre, seu Deolindo.

E, levantando-se, abriu a rótula e fê-lo entrar. Qualquer outro homem ficaria alvoroçado de esperanças, tão francas eram as maneiras da rapariga; podia ser que a velha se enganasse ou mentisse; podia ser mesmo que a cantiga do mascate estivesse acabada. Tudo isso lhe passou pela cabeça, sem a forma precisa do raciocínio ou da reflexão, mas em tumulto e rápido. Genoveva deixou a porta aberta: fê-lo sentar-se, pediu-lhe notícias da viagem e achou-o mais gordo; nenhuma comoção nem intimidade. Deolindo perdeu a última esperança. Em falta de faca, bastavam-lhe as mãos para estrangular Genoveva, que era um pedacinho de gente, e durante os primeiros minutos não pensou em outra coisa.

— Sei tudo, disse ele.

— Quem lhe contou?

Deolindo levantou os ombros.

— Fosse quem fosse, tornou ela, disseram-lhe que eu gostava muito de um moço?

— Disseram.

— Disseram a verdade.

Deolindo chegou a ter um ímpeto; ela fê-lo parar só com a ação dos olhos. Em seguida disse que, se lhe abrira a porta, é porque contava que era homem de juízo. Contou-lhe então tudo, as saudades que curtira, as propostas do mascate, as suas recusas, até que um dia, sem saber como, amanhecera gostando dele.

— Pode crer que pensei muito e muito em você. Sinhá Inácia que lhe diga se não chorei muito... Mas o coração mudou... Mudou... Conto-lhe tudo isto, como se estivesse diante do padre, concluiu sorrindo.

Não sorria de escárnio. A expressão das palavras é que era uma mescla de candura e cinismo, de insolência e simplicidade, que desisto de definir melhor. Creio até que insolência e cinismo são mal aplicados. Genoveva não se defendia de um erro ou de um perjúrio; não se defendia de nada; faltava-lhe o padrão moral das ações. O que dizia, em resumo, é que era melhor não ter mudado, dava-se bem com a afeição do Deolindo, a prova é que quis fugir com ele; mas, uma vez que o mascate venceu o marujo, a razão era do mascate, e cumpria declará-lo. Que vos parece? O pobre marujo citava o juramento de despedida,

como uma obrigação eterna, diante da qual consentira em não fugir e embarcar: "Juro por Deus que está no céu; a luz me falte na hora da morte". Se embarcou, foi porque ela lhe jurou isso. [...]

— Pois, sim, Deolindo, era verdade. Quando jurei, era verdade. Tanto era verdade que eu queria fugir com você para o sertão. Só Deus sabe se era verdade! Mas vieram outras coisas... Veio este moço e eu comecei a gostar dele...

— Mas a gente jura é para isso mesmo; é para não gostar de mais ninguém...

— Deixa disso, Deolindo. Então você só se lembrou de mim? Deixa de partes...

— A que horas volta José Diogo?

— Não volta hoje.

— Não?

— Não volta; está lá para os lados de Guaratiba com a caixa; deve voltar sexta-feira ou sábado... E por que é que você quer saber? Que mal lhe fez ele?

Pode ser que qualquer outra mulher tivesse igual palavra; poucas lhe dariam uma expressão tão cândida, não de propósito, mas involuntariamente. Vede que estamos aqui muito próximos da natureza. Que mal lhe fez ele? Que mal lhe fez esta pedra que caiu de cima? Qualquer mestre de física lhe explicaria a queda das pedras. Deolindo declarou, com um gesto de desespero, que queria matá-lo. Genoveva olhou para ele com desprezo, sorriu de leve e deu um muxoxo; e, como ele lhe falasse de ingratidão e perjúrio, não pôde disfarçar o pasmo. Que perjúrio? Que ingratidão? Já lhe tinha dito e repetia que quando jurou era verdade. Nossa Senhora, que ali estava, em cima da cômoda, sabia se era verdade ou não. Era assim que lhe pagava o que padeceu? E ele que tanto enchia a boca de fidelidade, tinha-se lembrado dela por onde andou?

A resposta dele foi meter a mão no bolso e tirar o pacote que lhe trazia. Ela abriu-o, aventou as bugigangas, uma por uma, e por fim deu com os brincos. Não eram nem poderiam ser ricos; eram mesmo de mau gosto, mas faziam uma vista de todos os diabos. Genoveva pegou deles, contente, deslumbrada, mirou-os por um lado e outro, perto e longe dos olhos, e afinal enfiou-os nas orelhas; depois foi ao espelho de pataca, suspenso na parede, entre a janela e a rótula, para ver o efeito que lhe faziam. Recuou, aproximou-se, voltou a cabeça da direita para a esquerda e da esquerda para a direita.

— Sim, senhor, muito bonito, disse ela, fazendo uma grande mesura de agradecimento. Onde é que comprou?

Creio que ele não respondeu nada, nem teria tempo para isso, porque ela disparou mais duas ou três perguntas, uma atrás da outra, tão confusa estava de receber um mimo a troco de um esquecimento. Confusão de cinco ou quatro minutos; pode ser que dois. Não tardou que tirasse os brincos, e os contemplasse e pusesse na caixinha em cima da mesa redonda que estava no meio da sala. Ele pela sua parte começou a crer que, assim como a perdeu, estando ausente, assim o outro, ausente, podia também perdê-la; e, provavelmente, ela não lhe jurara nada.

— Brincando, brincando, é noite, disse Genoveva.

[...]

A esperança [...] começava a desampará-lo e ele levantou-se definitivamente para sair. Genoveva não quis deixá-lo sair antes que a amiga visse os brincos, e foi mostrar-lhos com grandes encarecimentos. A outra ficou encantada, elogiou-os muito, perguntou se os comprara em França e pediu a Genoveva que os pusesse.

— Realmente, são muito bonitos.

Quero crer que o próprio marujo concordou com essa opinião. Gostou de os ver, achou que pareciam feitos para ela e, durante alguns segundos, saboreou o prazer exclusivo e superfino de haver dado um bom presente; mas foram só alguns segundos.

Como ele se despedisse, Genoveva acompanhou-o até à porta para lhe agradecer ainda uma vez o mimo, e provavelmente dizer-lhe algumas coisas meigas e inúteis. A amiga, que deixara ficar na sala, apenas lhe ouviu esta palavra: "Deixa disso, Deolindo"; e esta outra do marinheiro: "Você verá."Não pôde ouvir o resto, que não passou de um sussurro.

Deolindo seguiu, praia fora, cabisbaixo e lento, não já o rapaz impetuoso da tarde, mas com um ar velho e triste, ou, para usar outra metáfora de marujo, como um homem "que vai do meio caminho para terra". Genoveva entrou logo depois, alegre e barulhenta. Contou à outra a anedota dos seus amores marítimos, gabou muito o gênio do Deolindo e os seus bonitos modos; a amiga declarou achá-lo grandemente simpático.

— Muito bom rapaz, insistiu Genoveva. Sabe o que ele me disse agora?

— Que foi?

— Que vai matar-se.

— Jesus!

— Qual o quê! Não se mata, não. Deolindo é assim mesmo; diz as coisas, mas não faz. Você verá que não se mata. Coitado, são ciúmes. Mas os brincos são muito engraçados.

— Eu aqui ainda não vi destes.

— Nem eu, concordou Genoveva, examinando-os à luz. Depois guardou-os e convidou a outra a coser. — Vamos coser um bocadinho, quero acabar o meu corpinho azul...

A verdade é que o marinheiro não se matou. No dia seguinte, alguns dos companheiros bateram-lhe no ombro, cumprimentando-o pela noite de almirante, e pediram-lhe notícias de Genoveva, se estava mais bonita, se chorara muito na ausência, etc. Ele respondia a tudo com um sorriso satisfeito e discreto, um sorriso de pessoa que viveu uma grande noite. Parece que teve vergonha da realidade e preferiu mentir.

MACHADO DE ASSIS, J. M. Histórias sem data. In: *Obra completa*. Rio de Janeiro: Nova Aguilar, 1992. v. 2. p. 446-451.

Sobre o texto

1. O conto explora uma temática recorrente na literatura: o triângulo amoroso. A trama envolve três personagens, embora a terceira seja somente mencionada. Com base nas relações entre elas, caracterize-as.

2. Quando Deolindo ameaça matar o amante de Genoveva, ela o olha com um ar de desprezo. Argumenta, em seguida, que em momento algum traiu Deolindo. Como ela o convence de que estava certa?

3. A velha Inácia é uma personagem que se diferencia das demais. Por quê?

4. Toda a narrativa parece conduzir para um desfecho trágico que, no entanto, não acontece. Qual é o efeito produzido por essa quebra de expectativa?

5. A literatura machadiana, entre outras características, denuncia o desencontro entre o real e as aparências. Com base nessa ideia, explique por que Deolindo preferiu ocultar dos companheiros a quebra de promessa de Genoveva.

6. A trajetória de Genoveva, saindo do bairro onde morava para a casa em que passou a viver com seu novo amante, anuncia uma mudança também social.
   a) Que elementos do texto indicam que Genoveva "subiu na vida"?
   b) O que isso pode significar do ponto de vista dos sentimentos de Genoveva em relação ao novo companheiro?

Vocabulário de apoio

alcunha: apelido
alvoroçado: agitado, inquieto
arremeter: lançar-se com fúria
candura: pureza, inocência
cantiga: lábia, manha
ceia: refeição noturna
colo: pescoço
corpinho: corpete, roupa íntima feminina
corveta: navio de guerra
coser: costurar
difamar: fazer perder a boa reputação
dissuadir: convencer do contrário
escárnio: deboche
fiança: garantia
gabar: engrandecer
ímpeto: violência de sentimentos
insolência: desrespeito
mascate: vendedor ambulante
mesura: gesto de inclinar o tronco
mimo: presente
muxoxo: trejeito que demonstra pouco caso
pasmo: espanto
perjúrio: falso testemunho
recôndito: escondido, retirado
rótula: grade feita de ripas de madeira
rutilar: brilhar

Raul Pompeia: "crônica de saudades"

Raul Pompeia figura, ao lado de Machado de Assis, como um dos representantes do Realismo literário no Brasil. Sua obra, composta de poemas em prosa, crônicas, uma novela e narrativas curtas, também experimenta formas diferentes de escrita literária, sem, no entanto, atingir os mesmos resultados que a de Machado. Contudo, o romance de Raul Pompeia intitulado *O Ateneu: crônica de saudades*, publicado em 1888, conquista o interesse dos estudiosos de literatura em nosso país.

Narrada em primeira pessoa, a trama refaz o percurso de Sérgio após ingressar em um colégio interno chamado Ateneu. O fio condutor são as lembranças do narrador já adulto que, ao rememorar acontecimentos, pessoas e, principalmente, conflitos vividos, faz uma espécie de balanço crítico e pessimista sobre seu passado. Estruturado em episódios, o romance não expõe fatos de maneira cronológica, mas explora psicologicamente ações e reações das personagens, em um procedimento típico do Realismo.

Um dos pontos essenciais da obra é o descolamento entre as figuras do narrador e da personagem. A narração não tenta recuperar a perspectiva infantil dos anos passados no colégio, mas sim combina lembrança e julgamento. Ao fazer isso, o narrador mostra intencionalmente ao leitor um mundo de seres atormentados, muitos dos quais falsos, outros moralmente deformados, todos convivendo em um espaço que deveria edificar pessoas.

No trecho a seguir, que constitui o início do romance, o narrador rememora o momento em que o pai o levou até a porta do Ateneu.

> "Vais encontrar o mundo", disse-me meu pai, à porta do Ateneu. "Coragem para a luta."
> Bastante experimentei depois a verdade deste aviso, que me despia, num gesto, das ilusões de criança educada exoticamente na estufa de carinho que é o regime do amor doméstico; diferente do que se encontra fora, tão diferente, que parece o poema dos cuidados maternos um artifício sentimental, com a vantagem única de fazer mais sensível a criatura à impressão rude do primeiro ensinamento, têmpera brusca da vitalidade na influência de um novo clima rigoroso. Lembramo-nos, entretanto, com saudade hipócrita, dos felizes tempos; como se a mesma incerteza de hoje, sob outro aspecto, não nos houvesse perseguido outrora e não viesse de longe a enfiada das decepções que nos ultrajam.
>
> POMPEIA, Raul. *O Ateneu:* crônica de saudades. 2. ed. São Paulo: FTD, 1992. p. 13.

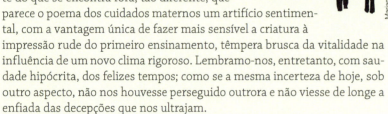

Desde as primeiras passagens do romance, já é possível notar a posição do narrador em relação a seu passado. O contraste entre a "estufa de carinho", o lar, e o "mundo" anunciado às portas do Ateneu assinala uma primeira possibilidade interpretativa do romance: se a escola é o próprio mundo, é também uma versão reduzida da sociedade. Ao apontar que a lembrança dos tempos de escola costuma ser feita com "saudade hipócrita, dos felizes tempos", a narrativa revela a face social de um universo de aparências que quer desmascarar.

A grande crítica, porém, encontra-se no trecho final do romance, no momento em que o Ateneu é completamente consumido por um incêndio. Com a destruição da escola, destroem-se também os males a que Sérgio esteve submetido.

Repertório

O Ateneu: uma crítica política?

Muitos críticos literários veem em *O Ateneu* uma crítica ao sistema monárquico que imperou no Brasil até 1889. A escola seria uma metáfora do Segundo Império, e a figura de seu diretor, Aristarco, a representação de dom Pedro II. Republicano convicto, Raul Pompeia teria criado o nome Aristarco por meio da reunião entre as partículas *arist* – associada à **arist**ocracia – e *arc* – fragmento da palavra mon**arc**a. Publicada em folhetim, a novela *As joias da Coroa* constituiria mais um ataque à Monarquia.

POMPEIA, Raul. Ilustração de *O Ateneu*. Rio de Janeiro: Typ. da Gazeta de Notícias, 1888.

Raul Pompeia foi um caricaturista de talento. Este desenho em bico de pena representa a personagem Aristarco, diretor do Ateneu, segundo a visão do escritor.

Margens do texto

O narrador estabelece uma oposição entre sua casa e a escola. Pode-se entender o trecho como uma crítica que vai para além do universo escolar? Explique.

Vocabulário de apoio

outrora: tempos passados
têmpera: disposição moral; caráter
ultrajar: ofender

Sua leitura

Leia o fragmento final do romance *O Ateneu*, que narra os momentos seguintes ao incêndio que destruiu a escola.

Dirigi-me para o terraço de mármore do outão. Lá estava Aristarco, tresnoitado, o infeliz. No jardim continuava a multidão dos basbaques. Algumas famílias em *toilette* matinal passeavam. Em redor do diretor muitos discípulos tinham ficado desde a véspera, inabaláveis e compadecidos. Lá estava, a uma cadeira em que passara a noite, imóvel, absorto, sujo de cinza como um penitente, o pé direito sobre um monte de carvões, o cotovelo espetado na perna, a grande mão felpuda envolvendo o queixo, dedos perdidos no bigode branco, sobrolho carregado.

Falavam do incendiário. Imóvel! Contavam que não se achava a senhora. Imóvel! A própria senhora com quem ele contava para o jardim de crianças! Dor veneranda! Indiferença suprema dos sofrimentos excepcionais! Majestade inerte do cedro fulminado! Ele pertencia ao monopólio da mágoa. O Ateneu devastado! O seu trabalho perdido, a conquista inapreciável dos seus esforços!... Em paz!... Não era um homem aquilo; era um *de profundis*.

Lá estava; em roda amontoavam-se figuras torradas de geometria, aparelhos de cosmografia partidos, enormes cartas murais em tiras, queimadas, enxovalhadas, vísceras dispersas das lições de anatomia, gravuras quebradas da história santa em quadros, cronologias da história pátria, ilustrações zoológicas, preceitos morais pelo ladrilho, como ensinamentos perdidos, esferas terrestres contundidas, esferas celestes rachadas; borra, chamusco por cima de tudo: despojos negros da vida, da história, da crença tradicional, da vegetação de outro tempo, lascas de continentes calcinados, planetas exorbitados de uma astronomia morta, sóis de ouro destronados e incinerados...

Ele, como um deus caipora, triste, sobre o desastre universal de sua obra.

Aqui suspendo a crônica das saudades. Saudades verdadeiramente? Puras recordações, saudades talvez, se ponderarmos que o tempo é a ocasião passageira dos fatos, mas sobretudo – o funeral para sempre das horas.

POMPEIA, Raul. *O Ateneu*: crônica de saudades. 2. ed. São Paulo: FTD, 1992. p. 188-189.

Vocabulário de apoio

basbaque: ingênuo, tolo
caipora: cuja proximidade traz azar
calcinado/incinerado: transformado em cinzas
cedro: tipo de pinheiro
compadecido: que sente compaixão
cosmografia: ciência que descreve o Universo
de profundis: do latim, "das profundezas do abismo" (referência a salmo da Bíblia)
enxovalhado: amarrotado
fulminado: destruído
incendiário: que provoca incêndio
inerte: imóvel, abatido
outão: parede da fachada lateral de um edifício
sobrolho: região das sobrancelhas
toilette: roupa
tresnoitado: que não dormiu
venerando: respeitável

Sobre o texto

1. No início do romance, o narrador assim caracteriza a figura de Aristarco:

   > Os gestos, calmos, soberanos, eram de um rei [...]; o olhar fulgurante, sob a crispação áspera dos supercílios de monstro japonês, penetrando de luz as almas circunstantes [...]; o queixo, severamente escanhoado, de orelha a orelha [...]. A própria estatura, na imobilidade do gesto, na mudez do vulto, a simples estatura dizia dele: aqui está um grande homem [...] Retorça-se sobre tudo isto um par de bigodes, volutas maciças de fios alvos, torneadas a capricho, cobrindo os lábios, [...].

   Observando essa descrição de Aristarco, que comparações podemos estabelecer entre o perfil dessa personagem no início e no final da narrativa?

2. No segundo parágrafo, o texto apresenta uma série de frases curtas, muitas das quais encerradas com ponto de exclamação. O que essa forma de escrita sugere ao leitor?

3. No terceiro parágrafo, o narrador relata a destruição do colégio, chamando a atenção para o que aconteceu com os objetos escolares, como gravuras, cartas, ilustrações, etc. De que modo é feita a descrição desses objetos? Que outra destruição pode ser associada a essa?

4. Tomando como referência a leitura dos momentos finais do romance, como se pode interpretar a fala final do narrador ("[...] o tempo é a ocasião passageira dos fatos, mas sobretudo – o funeral para sempre das horas.")?

O que você pensa disto?

Neste capítulo, você conheceu "as ideias fora do lugar" da elite brasileira no século XIX. Ela adotava os ideais republicanos e liberais, que eram incompatíveis com a prática da escravidão.

- Como está atualmente a relação entre teoria e prática da elite política brasileira? Quais são os ideais que os políticos adotam? E qual é o comportamento deles na vida prática, nas diversas atividades que exercem além da política? Há contradição ou harmonia entre discurso e ação?

Ferramenta de leitura

Psicanálise e literatura

Sigmund Freud (1856-1939) fundou a psicanálise, área do saber que articula teoria e prática no entendimento da mente humana. No século XX, conceitos psicanalíticos passaram a ser usados na análise de obras literárias e de produções culturais em geral. Fotografia de 1938.

A psicanálise, área do saber que se constituiu entre fins do século XIX e início do século XX – portanto, contemporânea ao Realismo –, trouxe grande contribuição para o conhecimento da mente. Surgida em função das experiências clínicas do médico austríaco Sigmund Freud no tratamento de pacientes psiquiátricos, ajudou a redefinir o entendimento sobre a condição humana. Antes das descobertas de Freud, acreditava-se que a mente era inteiramente conhecida pelo próprio sujeito. Os estudos do psicanalista demostraram que a vida psíquica é determinada predominantemente por conteúdos inconscientes, que se manifestam não apenas nos sintomas das doenças mentais, mas também em diversas situações da vida cotidiana das pessoas consideradas "normais", como esquecimentos, trocas acidentais de palavras, sonhos, etc. Freud criou esta conhecida frase: "o ser humano não é o senhor de sua própria casa" – ou seja, não tem domínio sobre a própria mente.

Em uma de suas conferências, no início do século XX, Freud falou sobre a **repressão**, um mecanismo psíquico observado por ele durante o tratamento de pacientes que tinham sintomas físicos (por exemplo, a paralisia de um braço ou de uma perna) que não podiam ser atribuídos a causas orgânicas.

> Tratava-se em todos os casos do aparecimento de um desejo violento mas em contraste com os demais desejos do indivíduo e incompatível com as aspirações morais e estéticas da própria personalidade.
> FREUD, Sigmund. Cinco lições de psicanálise. In: *Freud e Pavlov*. São Paulo: Abril Cultural, 1974. p. 21 (Coleção Os Pensadores).

Freud acreditava que os sintomas apresentados por esses pacientes eram resultantes do choque entre um "desejo violento" e outros desejos ou comportamentos que o sujeito julgava mais adequados ou socialmente aceitos. Diante desse conflito, o "desejo inconciliável" (impossível de conciliar com os outros) teria sido reprimido, tornado inacessível à consciência do indivíduo. Isso aconteceria de forma corriqueira com pessoas consideradas "normais", não apenas com doentes mentais, e seria um modo de assegurar a possibilidade de vida em sociedade. Esse dilema está associado a muitos dos temas desenvolvidos pelo Realismo, tais como a traição, a mentira, etc.

> Produzia-se um rápido conflito e o desfecho desta luta interna era sucumbir à repressão a ideia que aparecia na consciência trazendo em si o desejo inconciliável, sendo a mesma expulsa da consciência e esquecida, juntamente com as respectivas lembranças. Era, portanto, a incompatibilidade entre a ideia e o ego [eu] do doente o motivo da repressão; as aspirações individuais, éticas e outras, eram as forças repressivas. A aceitação do impulso desejoso incompatível ou o prolongamento do conflito teriam despertado intenso desprazer; a repressão evitava o desprazer, revelando-se desse modo um meio de proteção da personalidade psíquica.
> FREUD, Sigmund. Cinco lições de psicanálise. In: *Freud e Pavlov*. São Paulo: Abril Cultural, 1974. p. 21 (Coleção Os Pensadores).

A proposta agora é utilizar algumas das ideias de Freud citadas nesses trechos (desejo, conflito, repressão, moral, etc.) como ferramenta de leitura de um texto literário. É importante salientar que não se trata de colocar as personagens "no divã", ou seja, de fazer um "diagnóstico" a respeito dos "problemas psicológicos" delas, mas sim de tentar entender, com o apoio em algumas ideias da psicanálise, o tipo de ser humano pintado pelo Realismo.

No conto "A causa secreta", de Machado de Assis, temos a história de amizade entre Garcia, médico recém-formado, e Fortunato, sujeito que nutre uma compaixão por pessoas doentes e feridas. Ambos se conhecem em uma situação estranha: Fortunato auxilia um enfermo que lhe era totalmente desconhecido. Curioso com a conduta desse benfeitor, Garcia se aproxima de Fortunato e conhece sua esposa, Maria Luísa, uma mulher frágil, de olhos meigos e submissos. No trecho reproduzido a seguir, Garcia vai a um jantar na residência do casal.

[...]
Dois dias depois, – exatamente o dia em que os vemos agora, – Garcia foi lá jantar. Na sala disseram-lhe que Fortunato estava no gabinete, e ele caminhou para ali: ia chegando à porta, no momento em que Maria Luísa saía aflita.

— Que é? perguntou-lhe.

— O rato! O rato! exclamou a moça sufocada e afastando-se.

Garcia lembrou-se que, na véspera, ouvira ao Fortunato queixar-se de um rato, que lhe levara um papel importante; mas estava longe de esperar o que viu. Viu Fortunato sentado à mesa, que havia no centro do gabinete, e sobre a qual pusera um prato com espírito de vinho. O líquido flamejava. Entre o polegar e o índice da mão esquerda segurava um barbante, de cuja ponta pendia o rato atado pela cauda. Na direita tinha uma tesoura. No momento em que Garcia entrou, Fortunato cortava ao rato uma das patas; em seguida desceu o infeliz até a chama, rápido, para não matá-lo, e dispôs-se a fazer o mesmo à terceira, pois já lhe havia cortado a primeira. Garcia estacou horrorizado.

— Mate-o logo! disse-lhe.

— Já vai.

E com um sorriso único, reflexo de alma satisfeita, alguma coisa que traduzia a delícia íntima das sensações supremas, Fortunato cortou a terceira pata ao rato, e fez pela terceira vez o mesmo movimento até a chama. O miserável estorcia-se, guinchando, ensanguentado, chamuscado, e não acabava de morrer. Garcia desviou os olhos, depois voltou-os novamente, e estendeu a mão para impedir que o suplício continuasse, mas não chegou a fazê-lo, porque o diabo do homem impunha medo, com toda aquela serenidade radiosa da fisionomia. Faltava cortar a última pata; Fortunato cortou-a muito devagar, acompanhando a tesoura com os olhos; a pata caiu, e ele ficou olhando para o rato meio cadáver. Ao descê-lo pela quarta vez, até a chama, deu ainda mais rapidez ao gesto, para salvar, se pudesse, alguns farrapos de vida.

Garcia, defronte, conseguia dominar a repugnância do espetáculo para fixar a cara do homem. Nem raiva, nem ódio; tão somente um vasto prazer, quieto e profundo, como daria a outro a audição de uma bela sonata ou a vista de uma estátua divina, alguma coisa parecida com a pura sensação estética. Pareceu-lhe, e era verdade, que Fortunato havia-o inteiramente esquecido. Isto posto, não estaria fingindo, e devia ser aquilo mesmo. A chama ia morrendo, o rato podia ser que tivesse ainda um resíduo de vida, sombra de sombra; Fortunato aproveitou-o para cortar-lhe o focinho e pela última vez chegar a carne ao fogo. Afinal deixou cair o cadáver no prato, e arredou de si toda essa mistura de chamusco e sangue.

Ao levantar-se deu com o médico e teve um sobressalto. Então, mostrou-se enraivecido contra o animal, que lhe comera o papel; mas a cólera evidentemente era fingida.

"Castiga sem raiva", pensou o médico, "pela necessidade de achar uma sensação de prazer, que só a dor alheia lhe pode dar: é o segredo deste homem".

[...]

MACHADO DE ASSIS, J. M. A causa secreta. In: *Obra completa*. Rio de Janeiro: Nova Aguilar, 1992. v. 2. p. 515-518.

Sobre o texto

1. Compare, no episódio, as atitudes de Maria Luísa e de Fortunato diante da tortura a que este submete o rato.

2. Ao terminar de matar o rato, Fortunato se depara com Garcia. Finge então estar enraivecido com o pequeno animal que lhe comera alguns papéis. Por que, provavelmente Fortunato simula esse momento de cólera?

3. Ao final do episódio, Garcia compreende a "causa secreta" das atitudes de Fortunato para com os doentes. Explique, com suas palavras, em que consiste essa descoberta. Em seguida, diga por que o comportamento de Fortunato não é compatível com o mecanismo de repressão descrito por Freud.

Entre textos

O Realismo, assim como outras escolas literárias, estabeleceu com a produção estética anterior e posterior um frutífero diálogo marcado por influências e recusas das mais diversas ordens. De certa maneira, o Realismo (e Machado de Assis, em especial) foi buscar, na tradição da prosa ocidental, formas de narrar que se diferenciassem das utilizadas pela prosa romântica: havia agora um novo foco de interesse que passaria a ocupar o centro da produção romanesca – a sociedade – e, portanto, uma escrita adequada a essa temática se fez necessária. Entre as características formais dessa escrita temos um diálogo por vezes direto com o leitor, capítulos mais curtos e atenção para o desenvolvimento das ações de personagens secundárias à trama central.

A seguir, estão reproduzidos textos que mostram algumas das raízes e dos ramos daquilo que foi a prosa realista.

TEXTO 1

A vida e as opiniões do cavaleiro Tristam Shandy

Ao examinar o contrato de casamento de minha mãe, a fim de satisfazer minha curiosidade e a do leitor acerca de um ponto que precisava ser esclarecido antes que pudéssemos ir adiante com esta história, – tive a boa sorte de atinar exatamente com aquilo que queria quando tinha gasto na leitura apenas um dia e meio, – e ela poderia levar-me um mês; – o que mostra claramente que quando um homem se senta para escrever uma história, – mesmo que seja tão só a história de Jack Hickathrift ou do Pequeno Polegar, nem de longe desconfia que obstáculos e impedimentos irá encontrar pelo caminho, – ou a que tipo de dança será levado, por esta ou aquela digressão, antes de terminar tudo. Pudesse um historiógrafo tocar para diante a sua história, como um arrieiro toca a sua mula, – sempre em frente; – por exemplo, de Roma até Loreto, sem jamais voltar a cabeça quer para a direita quer para a esquerda, –, e teria condições de aventurar-se a dizer-vos, com uma hora de erro para mais ou para menos, quando alcançaria o termo de sua jornada; – mas tal coisa é, moralmente falando, impossível. Se for um homem com um mínimo de espírito, terá de fazer cinquenta desvios da linha reta a fim de atender a esta ou aquela pessoa conforme for prosseguindo, o que de maneira alguma poderá evitar. Terá sempre a solicitar-lhe atenção, vistas e perspectivas que não poderá evitar de parar de ver, tanto quanto não pode alçar voo; terá, além disso, diversos

Relatos a conciliar;
Anedotas a recolher;
Inscrições a decifrar;
Histórias a entretecer;
Tradições a peneirar;
Personagens a visitar;
Panegíricos a afixar à porta [...].

<small>STERNE, Laurence. *A vida e as opiniões do cavaleiro Tristam Shandy*. Trad. José Paulo Paes. Rio de Janeiro: Nova Fronteira, 1984. p. 76-77.</small>

Vocabulário de apoio

arrieiro: guia de animais de carga
atinar: perceber, dar-se conta
Jack Hickathrift: alusão equivocada a um herói extremamente forte, presente em uma narrativa do folclore inglês cujo nome correto seria Tom Hickathrift
panegírico: discurso público de louvor a alguém, elogio solene

Para o leitor de Machado de Assis, é possível notar de imediato algumas semelhanças entre os romances de sua fase realista e a prosa de Laurence Sterne (1713-1768): a escrita que não se compromete com uma organização sequencial dos fatos; reflexões do narrador entremeadas durante a narração; um efeito metalinguístico – que torna o modo de escrever o próprio assunto do texto; um narrador que se volta para o leitor como se este estivesse participando do ato de escrita, entre outras. Sterne é sabidamente um dos autores preferidos de Machado de Assis, que, aliás, foi um grande apreciador da literatura em língua inglesa.

TEXTO 2

As vinhas da ira

A estrada 66 é a rota principal das populações em êxodo. Estrada 66 – a longa faixa de concreto que corta as terras, ondulando suavemente, para cima e para baixo, no mapa, do Mississipi a Bakersfield – atravessa as terras vermelhas e as terras pardas, galgando as elevações, cruzando as montanhas Rochosas e penetrando no amplo e terrificante deserto, e, cruzando o deserto, torna a entrar nas regiões montanhosas até cruzar os férteis vales da Califórnia.

A 66 é o caminho de um povo em fuga, a estrada dos refugiados das terras da poeira e do pavor, do trovejar dos tratores que sangram o chão, da invasão lenta do deserto pelas bandas do norte, dos ventos ululantes que vêm em rajadas do Texas, das inundações que não trazem benefícios às terras e ainda acabam com o pouco de bom que nelas restava. De tudo isso, os homens fugiam, e encontravam-se na estrada 66, vindos dos caminhos tributários, dos caminhos esburacados e lamacentos que cortavam todo o interior. A 66 é a estrada-mãe, a estrada do êxodo.

STEINBECK, John. *As vinhas da ira*. Trad. Ernesto Vinhaes e Herbert Caro. São Paulo: Abril Cultural, 1972. p. 156-157.

Vocabulário de apoio

êxodo: emigração de um povo ou saída de pessoas em massa

galgar: percorrer

terrificante: que aterroriza

tributário: que termina em outro maior

ululante: que produz som semelhante a um uivo

O escritor estadunidense John Steinbeck (1902-1968) foi um dos grandes nomes do romance em língua inglesa do século XX. Herdeiro da tradição realista do romance surgido no século anterior (Steinbeck foi grande leitor de Dostoiévski e Flaubert), sua prosa é marcada pela discussão dos temas sociais, em especial das classes trabalhadoras. O romance *As vinhas da ira*, publicado em 1939 e considerado sua obra-prima, narra a história de uma família de lavradores pobres obrigada a abandonar as terras em que vivia há décadas em razão da crise conhecida como a Grande Depressão de 1929 e da mecanização da lavoura. A adoção de um ponto de vista que denuncia as misérias resultantes da modernização das relações de trabalho no campo pode ser considerada uma continuação de alguns objetivos da prosa realista.

TEXTO 3

Capitu

Escritório de Bentinho. Nas paredes, as estantes de livros bem encadernados, quase todos livros de direito. Poucos móveis. Em destaque, a grande escrivaninha escura e lustrosa. Na estante defronte a essa escrivaninha, a prateleira reservada a fotografias em meio de pequenos objetos: uma espátula de marfim, uma ampulheta, a imponente águia de bronze com as asas abertas, segurando  no bico um relógio e a pequena cabeça de mármore representando um sábio da Grécia. É longa a fieira dos retratos que se abre com um Escobar sorridente e um tanto caçoísta, como se achasse graça no fotógrafo. Ou em si mesmo. Está de sobrecasaca, a mão no peito. Vem agora o porta-retrato com a foto grande de Capitu e Bentinho posando no dia do casamento. Ambos estão de pé, tensos, com a expressão quase de espanto. Preso a um porta-retrato de veludo verde, o medalhão de ouro com a miniatura irreconhecível de tão desbotada: dona Glória. Ao lado, o retrato de Capitu adolescente. Uma cópia desse mesmo retrato está na escrivaninha, a moldura de prata contrastando com a modéstia da mocinha muito séria na sua roupa de domingo.

TELLES, Lygia Fagundes; GOMES, Paulo Emílio Salles. Capitu: adaptação livre para um roteiro baseada no romance *Dom Casmurro*, de Machado de Assis. São Paulo: Siciliano, 1993. p. 52-53.

A importância de Machado de Assis para a literatura brasileira pode ser mensurada por meio de várias apropriações de elementos de sua obra pelas gerações posteriores. É difícil encontrar algum escritor no Brasil que não se diga afetado de alguma forma pela prosa machadiana. No trecho ao lado, reproduzido de um roteiro cinematográfico escrito por Lygia Fagundes Telles e Paulo Emílio Salles Gomes com base em *Dom Casmurro*, nota-se a tentativa de manter a atmosfera presente no romance. Isso pode ser percebido, por exemplo, na descrição do cenário do escritório em que ocorre uma das cenas na qual o narrador sugere a existência do triângulo amoroso entre Bentinho, Capitu e Escobar.

115

Vestibular e Enem

1. **(Fuvest-SP)** Leia o trecho de *Dom Casmurro*, de Machado de Assis, para responder ao que se pede.

> Um dia [Ezequiel] amanheceu tocando corneta com a mão; dei-lhe uma cornetinha de metal. Comprei-lhe soldadinhos de chumbo, gravuras de batalhas que ele mirava por muito tempo, querendo que lhe explicasse uma peça de artilharia, um soldado caído, outro de espada alçada, e todos os seus amores iam para o de espada alçada. Um dia (ingênua idade!) perguntou-me impaciente:
> — Mas, papai, por que é que ele não deixa cair a espada de uma vez?
> — Meu filho, é porque é pintado.
> — Mas então por que é que ele se pintou?
> Ri-me do engano e expliquei-lhe que não era o soldado que se tinha pintado no papel, mas o gravador, e tive de explicar também o que era gravador e o que era gravura: as curiosidades de Capitu, em suma.

a) Se estabelecermos uma analogia ou um paralelo entre a gravura, de que se fala no excerto, e o romance *Dom Casmurro*, os termos "gravador" e "gravura" corresponderão a que elementos internos do romance?

b) Continuando no mesmo paralelo entre "gravura" e *Dom Casmurro*, pode-se considerar que a lição dada pelo pai ao filho, a respeito da gravura, serve de advertência também para o leitor do romance? Justifique sua resposta.

2. **(Unicamp-SP)** Leia o trecho a seguir de *A cidade e as serras*.

> — Sabes o que eu estava pensando, Jacinto?... Que te aconteceu aquela lenda de Santo Ambrósio... Não, não era Santo Ambrósio... Não me lembra o santo. Ainda não era mesmo santo, apenas um cavaleiro pecador, que se enamorara de uma mulher, pusera toda a sua alma nessa mulher, só por a avistar a distância na rua. Depois, uma tarde que a seguia, enlevado, ela entrou num portal de igreja, e aí, de repente, ergueu o véu, entreabriu o vestido, e mostrou ao pobre cavaleiro o seio roído por uma chaga! Tu também andavas namorado da serra, sem a conhecer, só pela sua beleza de verão. E a serra, hoje, zás! de repente, descobre a sua grande chaga... É talvez a tua preparação para S. Jacinto.
>
> QUEIRÓS, Eça de. *As cidades e as serras*. São Paulo: Ateliê Editorial, 2007. p. 252.

a) Explique a comparação feita por Zé Fernandes. Especifique a que chaga ele se refere.

b) Que significado a descoberta dessa chaga tem para Jacinto e para a compreensão do romance?

3. **(Enem)**

> Quincas Borba mal podia encobrir a satisfação do triunfo. Tinha uma asa de frango no prato, e trincava-a com filosófica serenidade. Eu fiz-lhe ainda algumas objeções, mas tão frouxas, que ele não gastou muito tempo em destruí-las.
> — Para entender bem o meu sistema, concluiu ele, importa não esquecer nunca o princípio universal, repartido e resumido em cada homem. Olha: a guerra, que parece uma calamidade, é uma operação conveniente, como se disséssemos o estalar dos dedos de *Humanitas*; a fome (e ele chupava filosoficamente a asa de frango), a fome é uma prova a que a *Humanitas* submete a própria víscera. Mas eu não quero outro documento da sublimidade do meu sistema, senão este mesmo frango. Nutriu-se de milho, que foi plantado por um africano, suponhamos, importado de Angola. Nasceu esse africano, cresceu, foi vendido; um navio o trouxe, um navio construído de madeira cortada no mato por dez ou doze homens, levado por velas, que oito ou dez homens teceram, sem contar a cordoalha e outras partes do aparelho náutico. Assim, este frango, que eu almocei agora mesmo, é o resultado de uma multidão de esforços e lutas, executadas com o único fim de dar mate ao meu apetite.
>
> MACHADO DE ASSIS. *Memórias póstumas de Brás Cubas*. Rio de Janeiro: Civilização Brasiliense, 1975.

A filosofia de Quincas Borba – a *Humanitas* – contém princípios que, conforme a explanação da personagem, consideram a cooperação entre as pessoas uma forma de:

a) lutar pelo bem da coletividade.
b) atender a interesses pessoais.
c) erradicar a desigualdade social.
d) minimizar as diferenças individuais.
e) estabelecer vínculos sociais profundos.

4. **(UFPI)** A respeito do romance *O crime do padre Amaro*, escrito pelo português Eça de Queirós, é incorreto afirmar:

a) A publicação da versão definitiva desta obra em 1875 marcou uma mudança da fase romântica do escritor português, a qual contou com escritos esparsos coligidos sob o nome de *Prosas Bárbaras* e textos em parcerias com Ramalho Ortigão.

b) *O crime do padre Amaro* é considerado um romance de crítica social intensa, de demonstração da existência de problemas morais na sociedade portuguesa.

c) O protagonista Amaro é um homem de mau caráter porque fruto de uma educação viciada e débil na condução de sua função como padre da paróquia de Leiria, por sua vez pintada como uma

província atrasada, onde medra a ignorância das pessoas e a beatice religiosa.
d) A falha moral que constitui o núcleo do enredo do livro tem origem na falta de vocação, na sensualidade e na educação errônea do padre e, por outro lado, na falta de educação e beatice de Amélia.
e) Este romance, localizado no programa literário de renovação social e humana empreendido por escritores portugueses da segunda metade do século XIX, não pode, contudo, ser chamado de realista.

5. (UFRN) A sequência abaixo faz parte do roteiro de adaptação de *Memórias póstumas de Brás Cubas* para os quadrinhos.

SRBEK, Wellington. Página do roteiro de adaptação do romance *Memórias póstumas de Brás Cubas* para os quadrinhos. Disponível em: <http://blogdosquadrinhos.blog.uol.com.br/arch2010-02-01_2010-02-28.html>. Acesso em: 28 jun. 2010.

O fragmento textual do capítulo VII que corresponde à sequência acima é:
a) "Tentei falar, mas apenas pude grunhir esta pergunta ansiosa:
— Onde estamos?
— Já passamos o Éden.
— Bem; paremos na tenda de Abraão.
— Mas se nós caminhamos para trás! redarguiu motejando a minha cavalgadura." (p. 26)
b) "Deixei-me ir, calado, não sei se por medo ou confiança; mas, dentro em pouco, a carreira de tal modo se tornou vertiginosa, que me atrevi a interrogá-lo, e com tal arte lhe disse que a viagem me parecia sem destino.
— Engana-se, replicou o animal, nós vamos à origem dos séculos." (p. 25)
c) "Como ia de olhos fechados, não via o caminho; Lembra-me só que a sensação de frio aumentava com a jornada, e que chegou uma ocasião em que me pareceu entrar na região dos gelos eternos." (p. 25)
d) "Com efeito, abri os olhos e vi que o meu animal galopava numa planície branca de neve, com uma ou outra montanha de neve, vegetação de neve, e vários animais grandes de neve." (p. 26)

(Uern) Texto para as questões 6 e 7.

— Peço licença para defender os meninos bonitos... objetou alguém entrando.
Surpreendendo-nos com esta frase, suntuosamente escoada por um sorriso, chegou a senhora do diretor, D. Ema. Bela mulher em plena prosperidade dos trinta anos de Balzac, formas alongadas por graciosa magreza, erigindo, porém, o tronco sobre quadris amplos, fortes como a maternidade: olhos negros, pupilas retintas, de uma cor só, que pareciam encher o talho folgado das pálpebras; de um moreno rosa que algumas formosuras possuem; e que seriam também a cor do jambo, se jambo fosse rigorosamente o fruto proibido. Adiantava-se por movimentos oscilados, cadência de minueto harmonioso e mole que o corpo alternava. Vestia cetim preto justo sobre as formas, reluzente como pano molhado; e o cetim vivia com ousada transparência a vida oculta da carne. Esta aparição maravilhou-me.

POMPÉIA, Raul. O Ateneu: crônica de saudade. Biblioteca Virtual do Estudante Brasileiro. Disponível em: <http://vbookstore.uol.com.br/nacional/raulpompeia/ateneu/shtml>. Acesso em: 15 jan. 2010.

6. O texto, contextualizado na obra, permite afirmar:
(01) A descrição constitui o recurso predominante na obra de Raul Pompéia.
(02) A figura feminina simboliza a mãe ausente e, simultaneamente, o despertar da sexualidade masculina.
(03) *O Ateneu* realiza, em seu microcosmo, as expectativas de seus internos em relação à vida almejada no macrocosmo.
(04) A obra *O Ateneu*, por ser um romance escrito na primeira pessoa, foge à comprovação da realidade dos fatos tanto quanto *Dom Casmurro*, de Machado de Assis.

7. São características pertinentes à obra em análise e ao seu período literário:
( ) percepção psicológica e impressionista dos fatos.
( ) linguagem detalhista e minuciosa das cenas.
( ) caráter denunciador de uma época.
( ) visão realista da vida.

A alternativa que contém a sequência correta, de cima para baixo, é a:
(01) F F V V.
(02) V V F F.
(03) F F F V.
(04) V V V V.

UNIDADE

3

O Naturalismo

Nesta unidade

- **14** O Naturalismo – o diálogo entre literatura e ciência
- **15** O Naturalismo no Brasil

BASTIEN-LEPAGE, Jules. *O mendigo* (detalhe), 1880. Óleo sobre tela, 192,5 cm × 180,5 cm. Museu d'Orsay, Paris, França.

Observe o quadro abaixo. Note que a figura do velho pedinte exibe traços de sua situação social e história pessoal: o corpo arqueado reflete o peso da idade e a constante luta pela sobrevivência; as rugas no rosto denotam a passagem do tempo; as vestes toscas e velhas são possivelmente roupas descartadas por outras pessoas.

Uma arte capaz de desvendar a sociedade por detrás do indivíduo, tal qual um estudo dos detalhes menos visíveis do corpo humano: eis o objetivo do Naturalismo.

A prosa naturalista propunha-se, sem meias palavras, a tratar dos comportamentos humanos em situações extremas. A vida social ficcionalizada deveria tornar-se um grande laboratório no qual as personagens seriam cobaias para demonstrar as teses do escritor. Veja nas próximas páginas como se deu essa forma de escrita.

CAPÍTULO 14

O Naturalismo – o diálogo entre literatura e ciência

O que você vai estudar

- Influência da ciência sobre a literatura.
- Personagens animalizadas.
- O determinismo: raça, meio e momento.

O Realismo, em oposição ao Romantismo, pregava um olhar direto e não idealizado para o indivíduo e para a sociedade.

O Naturalismo, por sua vez, procurou ir adiante e retratar o ser humano como um produto das forças da natureza. Por esse motivo, alguns críticos afirmam que o Naturalismo é uma radicalização do Realismo, ao encarar a rudeza e a animalidade como parcelas constituintes das pessoas.

Sua leitura

A seguir, você lerá dois textos que ajudam a entender a estética naturalista.

O primeiro é a tela *Os comedores de batatas*, do pintor holandês Vincent van Gogh (1853-1890). Essa pintura é considerada precursora do Naturalismo nas artes plásticas. O segundo é um trecho de *Germinal*, do escritor francês Émile Zola (1840-1902), um dos mais importantes romances desse movimento. Zola, além de influenciar muitos outros escritores com suas obras literárias, teve forte atuação no debate político e cultural da sua época. *Germinal*, baseado na experiência concreta de Zola entre trabalhadores das minas de carvão no norte da França, trata do cotidiano dessas pessoas submetidas a precárias condições de vida.

Os comedores de batatas

VAN GOGH, Vincent. *Os comedores de batatas*, 1885. Óleo sobre tela, 82 cm × 114,5 cm. Museu Van Gogh, Amsterdã, Holanda.

120

Germinal

À tarde, quando os mineiros voltavam do trabalho, sentavam-se direto à mesa para almoçar. A refeição era sempre sopa. De batatas, chicória e cebola. Após o almoço, tomavam banho na tina, esfregando-se com sabão preto para limpar o carvão que cobria a pele.

Na casa dos Maheu, a mãe tinha preparado sopa e café, e pusera na mesa pão, manteiga e queijo. Depois que os filhos comeram, trouxe o chouriço. Quando havia carne, era reservada para o pai.

A primeira a tomar banho era Catherine, depois os meninos, e por último o pai. A mãe trazia de fora os baldes de água para encher a tina. Eles tomavam banho na cozinha, e saíam nus da tina para se enxugar e vestir no quarto, no andar de cima. O único que não tomava banho na presença dos filhos era o pai. Apesar de ser um hábito comum na aldeia, Maheu não achava certo.

Sozinhos na cozinha, a mulher esfregava bem as costas do marido e em seguida o enxugava. Ele se excitava, o casal se abraçava e fazia amor ali mesmo. Essa rotina se repetia na casa de todos os mineiros.

Na parte da tarde, Maheu cuidava da horta. Plantara batatas, feijão e ervilha, e cultivava couve e alface numa estufa. Levaque veio chamar Maheu para ir à taverna, mas ele resolveu economizar. Além do mais, não tinha dinheiro, teria que pedir à mulher, que conseguira um empréstimo de Maigrat.

Depois do almoço, as crianças e os jovens saíam. Catherine foi pedir dinheiro emprestado para comprar uma fita nova para sua touca. Quando Jeanlin saiu, a mãe pediu que ele colhesse azedas, uma espécie de espinafre selvagem que nascia na beira do rio, e as trouxesse antes do anoitecer, para a salada do jantar.

Deram sete horas. O velho Boa Morte foi o primeiro a voltar. Precisava jantar para ir ao trabalho: ele era do turno da noite. A mulher resolveu servir o jantar sem esperar Catherine

e os rapazes. Bem hoje que ela havia feito guisado. Guisado de batatas com cebola.

Zacharie, o filho mais velho, saiu para encontrar um amigo. Iam ao Volcan, um cabaré barato que ficava em Montsou.

— Vamos logo — pediu Mouquet.

— Vá na frente; eu ainda tenho um assunto para resolver — disse Zacharie.

O rapaz vira a jovem Philomène, que deixava a mina.

— Está bem, já vou indo.

— Não demoro — falou Zacharie.

E caminhou na direção de Philomène. Ao encontrá-la, Zacharie foi levando a moça para uma área afastada, apesar de sua resistência. Discutiam como um velho casal. Ela dizia que não tinha a menor graça só se encontrarem fora, especialmente no inverno, quando a terra é úmida e não há campos de trigo para se deitar.

— O problema não é esse, Philomène — disse Zacharie. — Tenho uma dívida de dois francos. Preciso de dinheiro.

— É mentira. Eu vi você falando com Mouquet, vocês vão ao Volcan, encontrar aquelas cantoras nojentas.

Ele se defendeu, abraçou-a, deu sua palavra de honra:

— Que cantoras que nada! Venha conosco, Philomène.

— E a criança? — perguntou ela. — Você acha que posso sair com uma criança que está sempre chorando?... Vou para casa, deve estar uma confusão danada lá.

Mas ele a segurou e começou a suplicar. Não podia fazer papel de bobo com Mouquet, tinha prometido sair com ele. Um homem não podia dormir todos os dias com as galinhas. Vencida, a moça abriu o casaco, cortou a bainha da blusa com a unha e tirou as moedas que estavam costuradas ali. Como tinha medo de ser roubada pela mãe, escondia o dinheiro das horas extras que fazia na mina.

[...]

Zola, Émile. *Germinal*. Trad. Silvana Salerno. São Paulo: Companhia das Letras, 2000. p. 40-42.

> **→ Hipertexto**
>
> Os **verbos de elocução** introduzem ou encerram uma fala e podem transmitir informações a respeito do estado emocional do falante. Esse assunto é estudado na parte de Linguagem (**capítulo 28**, p. 270).

> **Vocabulário de apoio**
>
> **guisado**: espécie de ensopado, prato que se prepara refogando
>
> **tina**: recipiente usado para tomar banho semelhante a um grande balde, banheira

Sobre os textos

1. Nesse trecho de *Germinal*, entre as características da vida dos mineiros estão a promiscuidade, a fome e a falta de dinheiro. Copie três passagens que ilustrem essa afirmação.

2. Nos romances naturalistas, o espaço não é somente o local onde acontecem as ações; ele determina o comportamento das personagens. Com base nessa afirmação, explique a relação entre o espaço empobrecido da vila dos mineiros e as atitudes das personagens.

3. Entre vários elementos formais, destacam-se na tela de Van Gogh a luminosidade e os traços. Que associações podem ser estabelecidas entre esses elementos e o tema da pintura?

4. A opção por representar a vida de uma camada empobrecida da sociedade é evidente tanto no trecho literário quanto na tela. Em sua opinião, que objetivos estão por trás dessa escolha?

❯ O contexto de produção

O Naturalismo partilhou com a escola realista as principais referências históricas e sociais marcantes da segunda metade do século XIX. Entre elas, o avanço da ciência, a filosofia positivista e o surgimento do socialismo.

❯ O contexto histórico

A segunda metade do século XIX é marcada pela veloz transição da vida rural para a urbana, relacionada à feição cada vez mais industrial da economia. A produção em massa de bens de consumo altera o perfil da sociedade. A mecanização do trabalho vai deixando de lado as tarefas que antes eram manuais e faz com que a fábrica seja o espaço característico desse momento histórico.

Essas transformações geram reações contrastantes. De um lado, há o otimismo em relação ao progresso da humanidade; de outro, a preocupação com a quantidade e a intensidade dos novos problemas e conflitos, grande parte deles relacionados às más condições de vida dos trabalhadores. Com dificuldade de sobreviver em seus locais de origem, um contingente cada vez maior de ex-camponeses migra para as cidades em busca de emprego nas indústrias. Alojam-se em habitações precárias e cumprem jornadas que chegam a dezoito horas diárias, em troca de um salário que mal dá para a alimentação. Mulheres e crianças também executam serviço pesado.

Doré, Gustave. *Dudley street, Seven Dials*, 1872. Gravura de *London: a pilgrimage*, 21,4 cm × 26,5 cm. Coleção particular.

A gravura de Gustave Doré retrata o grande contingente de pobres e miseráveis que habitavam os arredores de Londres na segunda metade do século XIX.

❯ O contexto cultural

O impacto das descobertas no campo das ciências, desencadeado pela teoria darwinista, pelos avanços nos estudos da física, da química e da anatomia, levou vários intelectuais a explicar a vida social a partir dos novos critérios "científicos": as fraquezas humanas, entendidas anteriormente como falhas morais, passaram a ser consideradas desvios do comportamento padrão dentro da sociedade.

Nesse contexto, surge uma doutrina que marca profundamente o Naturalismo: o **determinismo**, que propunha explicar o ser humano com base em três fatores: o meio, a raça e o momento histórico. Seu principal mentor, Hippolyte Taine (1828-1893), afirmava que o ser humano era uma resultante inevitável desses três fatores, impossibilitado, por conseguinte, de moldar a própria vida com autonomia.

Outro aspecto que merece destaque do ponto de vista cultural foi o impulso que os avanços tecnológicos imprimiram ao setor de comunicação, em especial ao jornalismo. A prensa móvel a vapor acelerou e barateou a produção dos jornais e de outros periódicos, contribuindo para sua popularização.

Em Paris, vendedores do jornal *La Patrie* correm para distribuir o número que acabou de ser impresso. Fotografia de 1899.

> O contexto literário

A recepção da crítica e do público aos romances naturalistas não ocorreu de maneira tranquila. Ao contrário, acusada de ultrapassar os limites da moral e dos bons costumes por abordar temas considerados tabus para a época, a prosa naturalista encontrou resistência e até ferrenhos opositores.

O sistema literário do Naturalismo

No prefácio da segunda edição de seu primeiro romance nitidamente naturalista, intitulado *Teresa Raquin*, o escritor Émile Zola afirma:

> A crítica acolheu este livro com uma voz brutal e indignada. Certas criaturas virtuosas, em jornais não menos virtuosos, fizeram uma careta de náusea, pegando nele pelas pontas de uma tenaz e atirando-o ao lume. [...]
> Na *Teresa Raquin* quis estudar temperamentos e não caracteres. Nisso está o livro inteiro. Escolhi personagens soberanamente dominadas pelos seus nervos e pelo seu sangue, desprovidas de livre arbítrio, arrastadas a cada ato das suas vidas pelas fatalidades de sua carne.
>
> ZOLA, Émile. *Teresa Raquin*. Trad. João Gaspar Simões. Lisboa: Arcádia, s.d. p. 7-8.

Vocabulário de apoio

lume: chama, fogo
tenaz: espécie de pinça para segurar carvão

Merece especial atenção no prefácio de Zola a ideia de que o romance, apesar de ficcional, possui um objetivo claro de "estudo": pela análise dos temperamentos das personagens, o autor procurou comprovar a "fatalidade" dos desejos e dos impulsos irracionais.

Essa "fatalidade" refere-se ao determinismo. Segundo os preceitos deterministas, caberia ao texto literário expor objetiva e imparcialmente os desejos e pensamentos das personagens por meio de um narrador sempre impassível e onisciente; descrever os temas – como a traição, o incesto, a loucura, a exploração econômica – em detalhes, mesmo que possam ser considerados sórdidos; usar a linguagem mais direta possível; e, ainda, apresentar personagens "desprovidas de livre arbítrio", sem vontade própria, obedientes às leis da natureza, à sobrevivência.

O autor do texto naturalista possuía uma intenção explícita de debater a relação entre indivíduo e sociedade tendo como referência a lente da ciência. Esse fato demonstra os interesses da classe de escritores não só pelos temas científicos, como também pelo debate e pela participação em questões sociais. O fato de pertencer à burguesia não os impedia de criticar os valores sociais vigentes em prol de uma visão mais igualitária da sociedade.

Por sua vez, ao leitor daquela época coube muitas vezes o sentimento de desconforto ao ler as páginas dos romances e contos produzidos sob essa estética. O leitor médio desse período possuía um gosto estético voltado à prosa romântica. Buscava, na leitura, a afirmação de princípios morais e a correção de caráter presentes nas personagens: a figura da mocinha incorruptível e do herói que não se degenera. O contato com a dimensão egoísta, animalesca e miserável do ser humano, típica do Naturalismo literário, causava repulsa nos leitores de meados do século XIX.

Apesar de alguns temas (por exemplo, o adultério) serem típicos de textos escritos em outros períodos literários, o modo como as personagens demonstram seus desejos e impulsos provocava reações duras por parte dos leitores, algo claro nas observações de Zola acima transcritas ("A crítica acolheu este livro com uma voz brutal e indignada").

A mãe carrega com esforço o fardo de roupas, sem mostrar nenhum sinal de atenção para a criança que se agarra a ela. Muitas personagens dos romances naturalistas encontram-se tão sobrecarregadas na luta pela subsistência material que em sua vida não há espaço para o afeto.

O papel da tradição

Ao tomar, sobretudo, textos científicos como referência para a construção de sua literatura, o Naturalismo renega muitos aspectos do Romantismo. Os ideais de sensibilidade e de genialidade, característicos da estética romântica, são abandonados pelos escritores, que exercitam sua observação "clínica" sobre a materialidade social e o real modo de vida das personagens que retratam. Para tanto, procedem de maneira similar à do cientista na coleta de dados: frequentam os ambientes que desejam romancear e tomam anotações. Às vezes, em vez de observadores, passam a ser os observados. Foi o que aconteceu com Émile Zola: ao tomar notas para um romance, ele passou a frequentar os salões elegantes da sociedade parisiense, onde era observado com curiosidade pelos frequentadores habituais desses meios.

DAUMIER, Honoré. *O fardo (a lavadeira)*, c. 1850-1853. Óleo sobre tela, 130 cm × 98 cm. Museu Hermitage, São Petersburgo, Rússia.

Uma leitura

O texto a seguir foi escrito por Guy de Maupassant, escritor da segunda metade do século XIX. No conjunto de sua obra, Maupassant mescla a análise psicológica realista com uma abordagem social naturalista, na qual a relação entre o ser humano e o meio determina as reações das personagens.

O conto "O vagabundo" traz a história de Randel, um sujeito que não consegue um emprego que lhe garanta ao menos um prato de comida. Leia o texto, veja alguns elementos analisados e complete a análise respondendo às perguntas propostas.

Vocabulário de apoio

evolar: subir em vapor
extenuado: esgotado
flanco: lateral do corpo
intumescido: inchado
pérfido: traiçoeiro
têmpora: lateral superior da cabeça
ubre: mama de um animal
valo: fosso comprido
viandante: viajante
zunir: zumbir

Randel tinha fome, uma fome de animal, uma dessas fomes que lançam os lobos sobre os homens. Extenuado, alongava as pernas para dar menor número de passos, e, com a cabeça pesada, o sangue a zunir nas têmporas, os olhos vermelhos, a boca seca, apertava o bastão na mão, com o vago desejo de abater a pauladas o primeiro viandante que encontrasse a caminho de casa, para a janta. [...]

Enquanto tropeçava nas pedras que rolavam sob os pés nus, ele resmungava:

"Miséria... miséria... corja de cretinos... deixarem um homem rebentar de fome... um carpinteiro... corja!... nem um cêntimo... nem um cêntimo... E não é que está chovendo?... Cretinos!..."

Indignava-se da injustiça da sorte e culpava os homens, todos os homens, de que a Natureza, a grande mãe cega, fosse tão pouco equitativa, tão feroz e pérfida.

Repetia-se, com os dentes cerrados: "Corja de cretinos!" olhando o tênue fumo cinzento que se evolava dos telhados, naquela hora de janta. E, sem refletir na outra injustiça, humana esta, que se chama violência e roubo, ele tinha vontade de entrar numa daquelas casas, abater os moradores e pôr-se à mesa, em lugar deles.

Dizia: "Eu não tenho o direito de viver, agora... pois me deixam rebentar de fome... eu só peço para trabalhar, e no entanto... cretinos!". [...]

Descia a noite, cobrindo de sombra os campos. Ele avistou, ao longe, num prado, uma mancha sombria sobre a relva, uma vaca. Transpôs o valo marginal e dirigiu-se para ela, sem saber ao certo o que pretendia.

Quando chegou perto, o animal ergueu para o homem a sua volumosa cabeça, e ele pensou:

"Se ao menos eu tivesse uma vasilha, poderia beber um pouco de leite."

O homem olhava a vaca, e a vaca o olhava; depois, de súbito, virando-lhe no flanco um forte pontapé: "Levanta!" disse ele.

O animal ergueu-se lentamente, deixando pender o pesado ubre; então o homem se acomodou de costas entre as patas do animal, e bebeu, longamente, longamente, apertando com ambas as mãos a teta intumescida, quente, e que cheirava a curral. Bebeu enquanto restou leite naquela fonte viva.

MAUPASSANT, Guy de. O vagabundo. In: *Contos*. Trad. Mário Quintana. Porto Alegre: Livraria O Globo, 1943. p. 402-403.

> A descrição inicial de Randel o aproxima, tanto física quanto psicologicamente, de um animal, em razão de estar privado de uma condição básica para sua existência: o alimento.

> A revolta de Randel se dirige não a alguém específico, mas sim a toda a sociedade, que lhe nega um prato de comida. Essa é uma das características mais evidentes do Naturalismo literário.

1. Lembrando-se de que há uma forte influência do pensamento de Charles Darwin na estética naturalista, como podemos entender o papel da natureza citada no texto?

2. O modo como o narrador conta a passagem em que Randel se dirige para a vaca ("sem saber ao certo o que pretendia") ressalta quais aspectos da atitude da personagem?

3. Raça, meio e momento: esses são os três componentes essenciais do determinismo. Na passagem em que Randel bebe o leite diretamente da vaca, qual(is) desses elementos melhor explicam a atitude da personagem? Justifique.

124

Ler o Naturalismo

Leia agora um trecho do primeiro romance naturalista de Émile Zola, *Teresa Raquin* (1867). A história conta como Teresa, após se casar com seu primo Camilo, acaba por se apaixonar por Lourenço, amigo dele. Seguindo seus impulsos, os amantes perdem o controle de seus sentimentos e desejos.

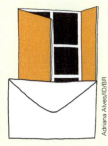

Havia quinze dias que Lourenço não podia aproximar-se de Teresa. Só então compreendeu a que ponto aquela mulher se lhe tornara indispensável; o hábito da voluptuosidade criara-lhe apetites novos, de uma exigência aguda. Já não sentia aflição nenhuma com os beijos da amante, procurava esses beijos com uma obstinação de animal esfomeado. Uma paixão de sangue se lhe gerara nos músculos; agora, que o privaram da amante, essa paixão explodia com toda uma violência aguda; amava com raiva. Tudo parecia inconsciente naquela luxuriosa natureza de animal; obedecia a instintos, deixava-se conduzir pelos imperativos do organismo. Teria desatado a rir, um ano atrás, se lhe tivessem dito que viria a ser o escravo de uma mulher a ponto de comprometer o seu próprio sossego. O surdo trabalho do desejo operara-se nele, sem que ele desse por isso, e acabara por atirá-lo, atado de pés e mãos, para as carícias ferozes de Teresa. Agora receava esquecer a prudência, não ousava aparecer, à noite, na viela do Pont-Neuf, receando cometer alguma loucura. Já não tinha mão em si, a amante, com as suas maciezas de felino, as suas flexibilidades nervosas, insinuara-se pouco a pouco em todas as fibras do seu corpo. Precisava tanto dessa mulher para viver como de beber e de comer.

Teria, por certo, feito uma tolice se não tivesse recebido uma carta de Teresa que lhe recomendava que ficasse em casa no dia seguinte. A amante prometia vir ter com ele pelas oito da tarde.

ZOLA, Émile. *Teresa Raquin*. Trad. João Gaspar Simões. Lisboa: Arcádia, s.d. p. 70-71.

Vocabulário de apoio

apetite: vontade
luxurioso: sensual, lascivo
oito da tarde: 20h (no verão europeu, ainda é dia)
voluptuosidade: libidinosidade, dedicação à sexualidade

1. O pensamento científico influencia o Naturalismo e determina a postura do narrador em relação às situações que narra. De que maneira o vocabulário utilizado no fragmento demonstra essa afirmação?

2. Segundo o narrador, Lourenço já perdera o controle sobre suas atitudes. Justifique isso com uma passagem do texto.

3. "O surdo trabalho do desejo operara-se nele, sem que ele desse por isso": Essa ideia remete a qual característica da prosa naturalista? Explique sua resposta.

4. Em um dos parágrafos do prefácio que acompanha o romance *Teresa Raquin*, Émile Zola afirma: "Teresa e Lourenço são feras humanas, nada mais". Em sua opinião, as atitudes de Lourenço confirmam essa tese? Justifique sua resposta.

5. Para o Naturalismo, as leis da natureza são válidas para explicar o ser humano e o mundo social. Você concorda com essa tese? Justifique seu ponto de vista com passagens do texto.

O que você pensa disto?

Com o objetivo de escrever o romance *Germinal*, uma de suas obras mais notáveis, Émile Zola viveu durante dois meses entre mineiros. Frequentou suas tavernas, morou em suas casas, trabalhou em uma mina de carvão. Assim, baseou seu texto na observação direta dos comportamentos. Para ele, a literatura deveria expressar uma experiência vivida e não somente imaginada pelo autor.

Hoje em dia, essa função de retratar a vida de pequenas comunidades ou de grupos sociais específicos pode ser realizada pelos documentários televisivos ou cinematográficos, com a vantagem de as verdadeiras personagens envolvidas e o cenário onde vivem poderem ser vistas e ouvidas pelo espectador.

- Nesse contexto, ainda há sentido em trazer assuntos como esses para a literatura? Se sim, qual seria a contribuição que só a literatura poderia dar?

Carregamento de carvão em mina nos Estados Unidos. Fotografia de 1918.

125

CAPÍTULO 15
O Naturalismo no Brasil

O que você vai estudar

- Adoção do cientificismo pelos intelectuais brasileiros.
- A ficção de Aluísio Azevedo: romances de tese.
- Outros autores: exploração de temas tabus.

Visconti, Eliseu. *As lavadeiras*, 1891. Óleo sobre tela, 70 cm × 110 cm. Coleção particular.

Esta tela de Eliseu Visconti exemplifica uma novidade da pintura brasileira no final do século XIX: o cotidiano de pessoas pobres torna-se um tema de interesse artístico. O pintor concilia a figura humana com a pintura da paisagem, cujo colorido revela grande domínio técnico.

❯ O contexto de produção

Conforme você estudou no capítulo anterior, o Naturalismo se manifesta como uma radicalização do Realismo. No Brasil, a ficção considerada naturalista pode ser compreendida como uma aplicação à literatura das ideias das correntes científicas em voga no período: o positivismo, o evolucionismo e o determinismo.

Dessas correntes, será mais importante em nossa literatura o determinismo do francês Hippolyte Taine. Para esse teórico, o meio, a raça e o momento histórico eram as três grandes forças que moldavam o comportamento humano. No romance *O cortiço*, Aluísio Azevedo, considerado o maior romancista do Naturalismo brasileiro, faz uma adaptação dessa ideia tendo em vista a pluralidade racial do Brasil. A natureza tropical do Rio de Janeiro (o meio) incide sobre diferentes grupos (a raça) misturados no ambiente do cortiço (o momento histórico); é a natureza tropical que faz esses grupos se relacionarem do modo como se relacionam, dando ao cortiço o aspecto que ele tem no romance.

Ao mesmo tempo que aplica o esquema determinista, Aluísio Azevedo demonstra, pela ação do romance, que personagens diferentes reagem de maneira diversa ao mesmo meio natural. Isso fica evidente no destino dos três portugueses que participam do enredo: João Romão, Jerônimo e o comendador Miranda. Só Jerônimo sucumbe à influência pretensamente negativa do meio: passa de trabalhador incansável ao ócio preguiçoso, entregando-se ao alcoolismo e à sensualidade. Os demais, possuidores de capital, conseguem, em medidas diferentes, reorientar o meio segundo suas vontades. Nesse caso, a influência do meio não é suficiente para submetê-los.

O cientificismo do período se infiltrará também em outras áreas das letras, como a historiografia e a crítica literária. Empenhados em observar a dinâmica da literatura como um percurso ligado de modo estreito aos aspectos extraliterários do contexto em que os autores se inseriam, os críticos tomarão essas relações como critério para a análise das características estéticas das obras e para o julgamento de sua qualidade.

> ## Tobias Barreto e a Escola do Recife

A importância que a tendência naturalista teve no Brasil deve-se em boa parte à **Escola do Recife**, um grupo de intelectuais formado na virada das décadas de 1860 e 1870 entre os acadêmicos da Faculdade de Direito local. Liderado pelo sergipano **Tobias Barreto** (1837-1889) e com nomes como Sílvio Romero e Joaquim Nabuco, esse grupo é responsável por irradiar um amplo debate filosófico, sociológico, cultural e científico nas décadas finais do século XIX. Influenciados por esse debate, intelectuais e políticos progressistas fazem do abolicionismo e do republicanismo as grandes tendências ideológicas da década de 1870.

Sílvio Romero, Araripe Jr. e José Veríssimo

A influência que fatores externos exerceriam sobre a realização da obra literária será o ponto de contato e o princípio primeiro de boa parte dos representantes da crítica literária desse período. Discípulo direto e grande divulgador das ideias de Tobias Barreto, o também sergipano **Sílvio Romero** (1851-1914) foi um eclético estudioso da cultura brasileira. Escreveu sobre diversas áreas do conhecimento (sociologia, filosofia, política, literatura, folclore, entre outras), sempre sob o prisma positivista, evolucionista e determinista, que aplicava com militância. Sílvio Romero defendia com paixão seus pressupostos ideológicos, o que, por vezes, limitava sua perspectiva. Assim, por exemplo, o crítico não foi capaz de valorizar as qualidades do poeta romântico Castro Alves, ou de reconhecer o alcance da acidez crítica de Machado de Assis.

Apesar de seguir os mesmos pressupostos da Escola do Recife, o cearense **Araripe Jr.** (1848-1911) distanciou-se discretamente de Romero por abordar os aspectos propriamente literários das obras que analisou. Escreveu sobre escritores brasileiros de períodos anteriores, como Gregório de Matos, e acompanhou atentamente a obra de autores de seu tempo, como José de Alencar, Raul Pompeia e os poetas simbolistas.

Único não nordestino desse trio de intelectuais dedicados às letras, o paraense **José Veríssimo** (1857-1916), por sua vez, era avesso à obediência estrita a qualquer ideologia. Preocupava-se mais com o texto do que com o contexto e buscava nas obras uma ideia de beleza estética, utilizando como critérios de valor o cuidado com o trabalho formal e as habilidades psicológicas da imaginação e da sensibilidade dos autores que transpareciam nos seus escritos.

Fone de ouvido

Da lama ao caos, de Chico Science e Nação Zumbi
Sony Music, 1994

O primeiro álbum da banda liderada por Chico Science (1966-1997) inaugurou o movimento mangue *beat*, uma releitura da tradição musical pernambucana na linguagem da música *pop*. O movimento inspirou muitos jovens artistas a lançar um novo olhar para a cultura brasileira. Com isso, colocou novamente Pernambuco na posição de centro irradiador de tendências, assim como fizeram os intelectuais da Escola do Recife.

Capa do disco *Da lama ao caos*.

Foto atual da fachada da Faculdade de Direito de Recife (vinculada à Universidade Federal de Pernambuco), prédio para o qual foi transferido o referido curso, em 1912. Nessa instituição, primeiro instalada em Olinda, e na Faculdade de Direito de São Paulo – ambas criadas em 1827 por iniciativa de dom Pedro I – funcionaram os primeiros cursos superiores do país. Fotografia de 2004.

Primeira sede recifense da Faculdade de Direito, em fotografia do século XIX. Nesse antigo casarão, apelidado de "pardieiro", estudaram os intelectuais da Escola do Recife.

> Aluísio Azevedo

O maranhense Aluísio Azevedo (1857-1913) é considerado o mais importante escritor naturalista do Brasil. Publica em 1880 o romance romântico *Uma lágrima de mulher*, seguido de *O mulato* (1881), que projeta seu nome no meio literário e lhe dá o título de inaugurador do Naturalismo.

Produziu crônicas, peças de teatro e, sobretudo, romances, que podem ser divididos em duas linhas de interesse. De um lado, a produção para atender ao mercado, realizada de acordo com o modelo romântico; de outro, a que atendia aos seus interesses propriamente literários. Nela encontramos seus romances mais importantes: além de *O mulato* (1881), *Casa de pensão* (1884), *O homem* (1887) e *O cortiço* (1890), obra-prima do Naturalismo no Brasil.

O determinismo que atravessa a criação de Azevedo é responsável pelos principais aspectos de sua narrativa. Em síntese, vemos na obra naturalista de Aluísio um conjunto de fatores que expressam a influência do pensamento cientificista europeu: o distanciamento dos narradores de terceira pessoa, que assumem uma posição semelhante à do cientista que observa e analisa a realidade; o entendimento da narrativa como uma tese ou estudo de caso do desenvolvimento de uma patologia psicológica ou social; e o tratamento do cenário como se fosse uma personagem da narrativa, dada a concepção de que o espaço determina a vida dos homens que o ocupam.

> *O mulato*: preconceito de raça

O mulato narra a história de Raimundo, que, após anos na Europa, volta a São Luís (MA), sua cidade natal, e sofre o preconceito e a hostilidade de uma sociedade racista, por ser mestiço e filho de uma negra escravizada. Desconhecendo suas origens, Raimundo, ingênuo, não compreende por que é discriminado. Tragicamente, ele é morto por Dias, pretendente de sua amada Ana Rosa, que acaba se casando com o assassino, cuja impunidade se deve à versão de suicídio forjada para mascarar o crime. Veja abaixo a descrição de Dias feita pelo narrador no início do romance.

> O Dias, que completava o pessoal da casa de Manuel Pescada, era um tipo fechado como um ovo, um ovo choco que mal denuncia na casca a podridão interior. Todavia, nas cores biliosas do rosto, no desprezo do próprio corpo, na taciturnidade paciente daquela exagerada economia, adivinhava-se-lhe uma ideia fixa, um alvo, para o qual caminhava o acrobata, sem olhar dos lados, preocupado, nem que se equilibrasse sobre uma corda tesa. Não desdenhava qualquer meio para chegar mais depressa aos fins; aceitava, sem examinar, qualquer caminho desde que lhe parecesse mais curto; tudo servia, tudo era bom, contanto que o levasse mais rapidamente ao ponto desejado. Lama ou brasa – havia de passar por cima; havia de chegar ao alvo – enriquecer.
>
> Quanto à figura, repugnante: magro e macilento, um tanto baixo, um tanto curvado, pouca barba, testa curta e olhos fundos. O uso constante dos chinelos de trança fizera-lhe os pés monstruosos e chatos quando ele andava, lançava-os desairosamente para os lados, como o movimento dos palmípedes nadando. Aborrecia-o o charuto, o passeio, o teatro e as reuniões em que fosse necessário despender alguma coisa; quando estava perto da gente sentia-se logo um cheiro azedo de roupas sujas.
>
> AZEVEDO, Aluísio. O mulato. In: LEVIN, Orna Messer (Org.). *Ficção completa*. Rio de Janeiro: Nova Aguilar, 2005. v. 1. p. 284-285.

Como se pode observar, o aspecto grotesco e repulsivo da figura de Dias encontra uma correspondência direta e mecânica com seu desejo obsessivo de ascender economicamente. O mecanicismo que, no Naturalismo, associava o feio ao comportamento sórdido e o abjeto ao obsceno e à baixeza moral foi um dos maiores alvos dos críticos dessa estética.

Livro aberto

O berço da desigualdade, de Sebastião Salgado e Cristovam Buarque
Unesco, 2005

O fotógrafo mineiro Sebastião Salgado ficou mundialmente conhecido por seus ensaios fotográficos que retratam, com lirismo e crueza, o drama de pessoas sujeitas a condições desumanas. Em *O berço da desigualdade*, as fotografias de Salgado e o texto do educador Cristovam Buarque retratam as dificuldades que crianças desfavorecidas do mundo inteiro encontram para exercer seu direito à educação.

A precariedade degradante, responsável por um processo de coisificação do ser humano, é a matéria com a qual, cem anos antes do fotógrafo, lidavam os escritores naturalistas.

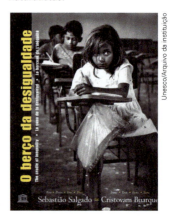

Capa de *O berço da desigualdade*.

Vocabulário de apoio

bilioso: amarelado; em sentido figurado, que possui um gênio ruim, maldoso
desairoso: que não possui elegância
despender: fazer despesa, gastar
macilento: cadavérico, pálido
palmípede: ordem de aves aquáticas que possuem membrana unindo seus dedos
taciturno: sombrio, silencioso
teso: tenso, rígido

› *O cortiço*: denúncia da miséria social

O papel do espaço sobre a vida de personagens que representam tipos sociais atinge seu ponto mais alto em *O cortiço*, de 1890, considerado a obra-prima de Aluísio Azevedo. Nele, a influência do determinismo é tão intensa que a Estalagem de São Romão, nome do cortiço que dá título ao livro, pode ser considerada a "protagonista" da obra, dado o modo como suas características condicionam o destino de seus moradores. Isso explica o fato de o romance não ter propriamente uma personagem principal; o que se vê, na verdade, é um quadro de tipos variados participando das contingências de um mesmo espaço. Assim, por um lado, é possível dizer que o cenário da obra é personificado pelo narrador, que às vezes lhe atribui figuradamente ações e adjetivos em geral aplicados aos humanos; por outro, as personagens são determinadas por um contexto de pobreza que as reduz à condição de animais (machos e fêmeas), degradadas pela precariedade em que vivem.

A dimensão sociológica do romance coloca em foco o jogo entre duas classes que se condicionam mutuamente: de um lado, os portugueses João Romão, dono do cortiço, e Miranda, seu vizinho, detentores do dinheiro; de outro, as demais personagens, brasileiros pobres e explorados, reduzidos eventualmente à condição de "vermes" que elaboram suas particularidades de acordo com a experiência coletiva da moradia que habitam.

O universo popular do cortiço é retratado com detalhes por vezes sórdidos: o vaivém dos funcionários da pedreira de João Romão, moradores do cortiço, e a labuta das mulheres lavadeiras, dividindo o espaço das bicas e estendendo suas roupas pelo pátio, são narrados de modo que o leitor perceba a um só tempo a dinamicidade do espaço e sua degradação. A rotina de despertar para mais um dia de trabalho duro, em que a gente pobre e explorada compartilha os poucos recursos de que dispõe, evidencia a compreensão do espaço coletivo como um enorme organismo vivo no qual as pessoas são reduzidas à condição de animais.

ALMEIDA JR. *Derrubador brasileiro*, 1879. Óleo sobre tela, 227 cm × 182 cm. Museu Nacional de Belas Artes, Rio de Janeiro.

Derrubador brasileiro, do paulista Almeida Júnior (1850-1899), considerado um dos maiores pintores brasileiros do século XIX. O retrato de tipos comuns, como o trabalhador braçal representado no quadro acima, é uma característica comum às obras de Aluísio Azevedo, como se pode ver nas personagens de *O cortiço*.

> Daí a pouco, em volta das bicas era um zunzum crescente; uma aglomeração tumultuosa de machos e fêmeas. Uns, após outros, lavavam a cara, incomodamente, debaixo do fio de água que escorria da altura de uns cinco palmos. O chão inundava-se. As mulheres precisavam já prender as saias entre as coxas para não as molhar; via-se-lhes a tostada nudez dos braços e do pescoço, que elas despiam, suspendendo o cabelo todo para o alto do casco; os homens, esses não se preocupavam em não molhar o pelo, ao contrário metiam a cabeça bem debaixo da água e esfregavam com força as ventas e as barbas, fossando e fungando contra as palmas da mão. As portas das latrinas não descansavam, era um abrir e fechar de cada instante, um entrar e sair sem tréguas. Não se demoravam lá dentro e vinham ainda amarrando as calças ou as saias; as crianças não se davam ao trabalho de lá ir, despachavam-se ali mesmo, no capinzal dos fundos, por detrás da estalagem ou no recanto das hortas.
>
> AZEVEDO, Aluísio. O cortiço. In: LEVIN, Orna Messer (Org.). *Ficção completa*. Rio de Janeiro: Nova Aguilar, 2005. v. 2. p. 461.

Autoria desconhecida. Fotografia do interior de um cortiço na rua do Senado, 1906. Arquivo Geral da Cidade do Rio de Janeiro.

• **Hipertexto**

Nas duas ocorrências, o advérbio *lá* tem função referencial, retomando o termo *latrinas*. Leia sobre coesão e progressão textual na parte de Linguagem (**capítulo 29**, p. 284 e 285).

Essa forma crua de descrever a realidade afasta o romance naturalista das produções literárias realistas que a esse tempo também eram escritas. O avanço das formas de exploração capitalista que se aprofundavam no Brasil a partir da segunda metade do século XIX, representadas, por exemplo, na ambição de personagens como o português João Romão e na exploração desumana da força de trabalho daqueles que viviam no cortiço, misturam-se, nesse romance, às práticas de segregação racial herdadas e perpetuadas desde os tempos de colonização. Essa mistura, escrita com um estilo direto e provocador, corresponde ao ponto alto do Naturalismo brasileiro.

Sua leitura

Leia a seguir um trecho do capítulo VII de *O cortiço*. Nele, o narrador descreve o fascínio da personagem Jerônimo, um jovem e honesto trabalhador português, ao se deparar com a encantadora e sensual Rita Baiana. Em seguida, responda às questões.

O cortiço

E viu a Rita Baiana, que fora trocar o vestido por uma saia, surgir de ombros e braços nus, para dançar. A lua destoldara-se nesse momento, envolvendo-a na sua coma de prata, a cujo refulgir os meneios da mestiça melhor se acentuavam, cheios de uma graça irresistível, simples, primitiva, feita toda de pecado, toda de paraíso, com muito de serpente e muito de mulher.

Ela saltou em meio da roda, com os braços na cintura, rebolando as ilhargas e bamboleando a cabeça, ora para a esquerda, ora para a direita, como numa sofreguidão de gozo carnal num requebrado luxurioso que a punha ofegante; já correndo de barriga empinada; já recuando de braços estendidos, a tremer toda, como se fosse afundando num prazer grosso que nem azeite em que se não toma pé e nunca se encontra fundo. Depois, como se voltasse à vida, soltava um gemido prolongado, estalando os dedos no ar e vergando as pernas, descendo, subindo, sem nunca parar com os quadris, e em seguida sapateava, miúdo e cerrado freneticamente, erguendo e abaixando os braços, que dobrava, ora um, ora outro, sobre a nuca, enquanto a carne lhe fervia toda, fibra por fibra titilando.

[...]

O chorado arrastava-os a todos, despoticamente, desesperando aos que não sabiam dançar. Mas, ninguém como a Rita; só ela, só aquele demônio, tinha o mágico segredo daqueles movimentos de cobra amaldiçoada; aqueles requebros que não podiam ser sem o cheiro que a mulata soltava de si e sem aquela voz doce, quebrada, harmoniosa, arrogante, meiga e suplicante.

E Jerônimo via e escutava, sentindo ir-se-lhe toda a alma pelos olhos enamorados.

Naquela mulata estava o grande mistério, a síntese das impressões que ele recebeu chegando aqui: ela era a luz ardente do meio-dia; ela era o calor vermelho das sestas da fazenda; era o aroma quente dos trevos e das baunilhas, que o atordoara nas matas brasileiras; era a palmeira virginal e esquiva que se não torce a nenhuma outra planta; era o veneno e era o açúcar gostoso; era o sapoti mais doce que o mel e era a castanha do caju, que abre feridas com o seu azeite de fogo; ela era a cobra verde e traiçoeira, a lagarta viscosa, a muriçoca doida, que esvoaçava havia muito tempo em torno do corpo dele, assanhando-lhe os desejos, acordando-lhe as fibras embambecidas pela saudade da terra, picando-lhe as artérias, para lhe cuspir dentro do sangue uma centelha daquele amor setentrional, uma nota daquela música feita de gemidos de prazer, uma larva daquela nuvem de cantáridas que zumbiam em torno da Rita Baiana e espalhavam-se pelo ar numa fosforescência afrodisíaca.

Isto era o que Jerônimo sentia, mas o que o tonto não podia conceber. De todas as impressões daquele resto de domingo só lhe ficou no espírito o entorpecimento de uma desconhecida embriaguez, não de vinho, mas de mel chuchurreado no cálice de flores americanas.[...]

Passaram-se horas, e ele também não deu pelas horas que fugiram.

[...]

Só deu por si, quando, já pela madrugada, se calaram de todo os instrumentos e cada um dos folgadores se recolheu à casa.

E viu a Rita levada para o quarto pelo seu homem, que a arrastava pela cintura.

AZEVEDO, Aluísio. O cortiço. In: LEVIN, Orna Messer (Org.). *Ficção completa*. Rio de Janeiro: Nova Aguilar, 2005. v. 2. p. 497-498.

Vocabulário de apoio

cantárida: inseto de quatro asas
chorado: um ritmo musical
chuchurrear: bebericar, sorver
coma: luminosidade
destoldar: tornar-se límpido
embambecer: desequilibrar-se
entorpecimento: falta de energia, torpor
folgador: que está de folga, alegre, jovial
ilhargas: partes inferiores do ventre
meneio: movimento de um lado para outro
muriçoca: pernilongo
refulgir: brilho intenso
sesta: repouso breve, descanso
setentrional: do Norte
sofreguidão: ansiedade, impaciência
titilar: tremer

Sobre o texto

1. Rita Baiana é vista por Jerônimo como uma expressão da mais pura sensualidade.
   a) Transcreva uma passagem em que o narrador destaca a sensualidade de Rita Baiana.
   b) Explique a relação entre a sensualidade de Rita Baiana e o caráter determinista presente nesse fragmento.

2. A narrativa reduz as personagens humanas a sua condição animal. Destaque um trecho que justifique essa afirmação e explique como se dá, nesse trecho, o efeito da animalização.

3. Considerando o fragmento, o que se sugere quanto ao efeito da natureza tropical sobre os indivíduos, se pensarmos nos enredos dos romances naturalistas tratados como teses?

> Outros autores

O regionalismo, surgido durante o período romântico, ganha continuidade em alguns escritores naturalistas, que retomam o interesse pela descrição do cenário nacional, sem, no entanto, praticar a idealização patriótica de seus antecessores.

Nessa linha do Naturalismo, um dos autores de destaque é o cearense **Domingos Olímpio** (1850-1906). Influenciado pela Escola do Recife, o escritor publica, em 1903, seu romance mais importante, *Luzia-homem*, que narra a história de sua personagem-título, retirante da dura seca nordestina ocorrida em 1877. Mulher de intensa beleza feminina e atributos físicos de um homem, "encobria os músculos de aço sob as formas esbeltas e graciosas das morenas moças do sertão". A dualidade de sua composição pode ser entendida como a tensão entre a natureza bela e idealista de seu perfil e a força física demandada pelo meio ou, ainda, como o contraste entre a dimensão romântica de seu caráter e o condicionamento naturalista imposto pelas agruras do contexto.

Outro escritor que se costuma associar à tendência regionalista é o paraense **Inglês de Sousa** (1853-1918). Também influenciado pela Escola do Recife, o escritor aplica o ideário naturalista ao cenário amazônico em suas principais obras: *O cacaulista* (1876), *Contos amazônicos* (1893) e *O missionário* (1888), seu romance mais importante, que narra a história de um padre, Antônio de Morais, cujo celibato é colocado em xeque pelos encantos de Clarinha durante uma missão na floresta Amazônica.

> Os apelos da carne

A estética naturalista confere à temática amorosa um tratamento sensual e erótico, avesso ao sentimentalismo romântico. Dois escritores do período chocaram a opinião pública por trabalharem o tema nesses termos. O mineiro **Júlio Ribeiro** (1845-1890) lança, em 1888, *A carne*, seu mais célebre romance, que causou polêmica ao abordar temas considerados tabus para a época, como o divórcio, o amor livre e o desejo feminino.

O cearense **Adolfo Caminha** (1867-1897) publica, em 1895, *Bom-crioulo*, narrativa que trata do caso de amor entre dois marinheiros. De cunho republicano e abolicionista, o romance denuncia a marginalização imposta ao negro por uma sociedade preconceituosa. Além disso, pela primeira vez na literatura brasileira, o tema da homossexualidade é tratado com tamanha franqueza, sem ser visto como a manifestação de um caso patológico, mas como um afeto condicionado pelo regime exclusivamente masculino do universo militar em que se inseriam as personagens.

Sétima arte

Luzia-homem (Brasil, 1984)
Direção de Fábio Barreto
A versão cinematográfica de *Luzia-homem*, do cearense Domingos Olímpio, foi protagonizada por Claudia Ohana. O elenco conta ainda com José de Abreu e Chico Diaz.

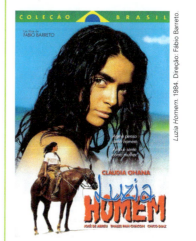

Capa do DVD de *Luzia-homem*, filme lançado originalmente em 1984.

O que você pensa disto?

Como foi visto neste capítulo, um dos temas tabus explorados pelos autores naturalistas brasileiros foi a homossexualidade, abordada por Adolfo Caminha no romance *Bom-crioulo*.

Mais de cem anos depois da publicação dessa obra, a temática homossexual não é mais tão evitada quanto antes, surgindo, por exemplo, em novelas televisivas. Eventos como a Parada do Orgulho de Gays, Lésbicas, Bissexuais, Travestis e Transgêneros, conhecida como Parada Gay, recebem grande público e já fazem parte do calendário oficial de eventos de grandes cidades como São Paulo.

- Na sua opinião, o preconceito contra os homossexuais é coisa do passado? Por quê? Caso considere que o preconceito ainda existe, em que situações ele se manifesta?

Manifestação conhecida como Parada Gay, em São Paulo (SP). Fotografia de 2012.

131

Ferramenta de leitura

O determinismo e o comportamento de personagens literárias

Thomas Nagel. Fotografia de 2008.

Thomas Nagel (1937-), filósofo sérvio e professor da New York University desde 1980, é um especialista nas áreas de filosofia política, filosofia da mente e ética. É também um entusiasta da iniciação filosófica, propósito do livro *Que quer dizer tudo isto?* Nessa obra, com uma linguagem acessível, Nagel faz uma breve introdução ao pensamento filosófico, defendendo a ideia de que é impossível compreender aquilo que pensam os grandes filósofos da história sem discutir os grandes problemas com os quais eles se debatem.

Seguindo esse propósito de investigação das grandes linhas do pensamento filosófico, Nagel assim define o chamado **determinismo**, doutrina central para a literatura naturalista.

> O total das experiências, desejos e conhecimentos de uma pessoa, a sua constituição hereditária, as circunstâncias sociais e a natureza da escolha com que a pessoa se defronta, em conjunto com outros fatores dos quais pode não ter conhecimento, combinam-se todos para fazerem com que uma ação particular seja inevitável nessas circunstâncias.
>
> NAGEL, Thomas. *Que quer dizer tudo isto?*: uma iniciação à filosofia. Lisboa: Gradiva, 1997. p. 49.

Segundo as considerações do filósofo sobre o conceito de determinismo, as decisões que tomamos a respeito de qualquer acontecimento que nos ocorre são determinadas por duas "bagagens": a que acumulamos ao longo de nossa vida (experiências sociais) e a que nos constitui biologicamente (hereditariedade). As decisões de qualquer pessoa diante de uma situação desconhecida, portanto, são sempre tomadas de acordo com o que está previsto nas duas "bagagens" de cada um.

Na sequência, Nagel explora o papel das leis da natureza nesse jogo de determinação das ações humanas.

> A hipótese é que *existem* leis da Natureza, tal como aquelas que governam o movimento dos planetas, que governam tudo o que acontece no mundo – e que, de acordo com essas leis, as circunstâncias anteriores a uma ação determinam que ela irá acontecer e eliminam qualquer outra possibilidade.
>
> Se isso é verdade, então mesmo enquanto estavas a decidir que sobremesa irias comer já estava determinado pelos muitos fatores que operavam sobre ti e em ti que irias escolher o bolo. *Não poderias* ter escolhido o pêssego, apesar de pensares que podias fazê-lo: o processo de decisão é apenas a realização do resultado determinado no interior da tua mente.
>
> NAGEL, Thomas. *Que quer dizer tudo isto?*: uma iniciação à filosofia. Lisboa: Gradiva, 1997. p. 49-50.

De acordo com a explicação acima, o pensamento determinista está ligado a uma ideia de destino biológico e social, isto é, um destino que não está espiritualmente traçado com antecedência por um ser superior, mas que se elaboraria, a despeito das vontades do sujeito, de acordo com seu histórico social e sua natureza fisiológica.

A seguir, você vai ler um trecho do segundo capítulo do romance *Casa de pensão*, de Aluísio Azevedo, que descreve o perfil dos pais e do professor de Amâncio, protagonista da narrativa, jovem que futuramente, no Rio de Janeiro, será enredado e explorado pelo trio Coqueiro/Madame Brizard/Amélia, donos da pensão em que Amâncio se hospeda para estudar Medicina naquela cidade.

Casa de pensão

Amâncio fora muito mal-educado pelo pai, português antigo e austero, desses que confundem o respeito com o terror. Em pequeno levou muita bordoada; tinha um medo horroroso de Vasconcelos; fugia dele como de um inimigo, e ficava todo frio e a tremer quando lhe ouvia a voz ou lhe sentia os passos. Se acaso algumas vezes se mostrava dócil e amoroso, era sempre por conveniência: habituou-se a fingir desde esse tempo.

Sua mãe, D. Ângela, uma santa de cabelos brancos e rosto de moça, não raro se voltava contra o marido e apadrinhava o filho. Amâncio agarrava-se-lhe às saias, fora de si, sufocado de soluços.

Aos sete anos entrou para a escola. Que horror!

O mestre, um tal de Antônio Pires, homem grosseiro, bruto, de cabelo duro e olhos de touro, batia nas crianças por gosto, por um hábito do ofício. Na aula só falava a berrar, como se dirigisse uma boiada. Tinha as mãos grossas, a voz áspera, a catadura selvagem; e, quando metia para dentro um pouco mais de vinho, ficava pior.

Amâncio, já na corte, só de pensar no bruto, ainda sentia os calafrios dos outros tempos, e com eles vagos desejos de vingança. Um malquerer doentio invadia-lhe o coração, sempre que se lembrava do mestre e do pai. Envolvia-os no mesmo ressentimento, no mesmo ódio surdo e inconfessável.

Todos os pequenos da aula tinham birra ao Pires. Nele enxergavam o carrasco, o tirano, o inimigo e não o mestre; mas, visto que qualquer manifestação de antipatia redundava fatalmente em castigo, as pobres crianças fingiam-se satisfeitas; riam muito quando o beberrão dizia alguma chalaça, e afinal, coitadas! iam-se habituando ao servilismo e à mentira.

Os pais ignorantes, viciados pelos costumes bárbaros do Brasil, atrofiados pelo hábito de lidar com escravos, entendiam que aquele animal era o único professor capaz de "endireitar os filhos".

Elogiavam-lhe a rispidez, recomendavam-lhe sempre que "não passasse a mão pela cabeça dos rapazes" e que, quando fosse preciso, "dobrasse por conta deles a dose de bolos".

Ângela, porém, não era dessa opinião: não podia admitir que seu querido filho, aquela criaturinha fraca, delicada, um mimo de inocência e de graça, um anjinho, que ela afagara com tanta ternura e com tanto amor, que ela podia dizer criada com os seus beijos – fosse lá apanhar palmatoadas de um brutalhão daquela ordem! "Ora! isso não tinha jeito!"

Mas o Vasconcelos saltava-lhe logo em cima: Que deixasse lá o pequeno com o mestre!... Mais tarde ele havia de agradecer aquelas palmatoadas!

Assim não sucedeu. Amâncio alimentou sempre contra o Pires o mesmo ódio e a mesma repugnância. [...]

AZEVEDO, Aluísio. *Casa de pensão*. In: LEVIN, Orna Messer (Org.). *Ficção completa*. Rio de Janeiro: Nova Aguilar, 2005. v. 1. p. 760-763.

Sobre o texto

1. Logo no início do fragmento acima, o narrador afirma ter sido Amâncio "muito mal-educado pelo pai".

a) Nos dias de hoje, o termo "mal-educado" possui, dentre outros, um sentido de permissividade, de falta de limites. Qual o significado que o termo *mal-educado* assume no contexto da narrativa?

b) Com base na descrição de cada uma das quatro personagens citadas pelo narrador – Amâncio, seu pai, sua mãe e seu professor Antônio Pires –, elabore, no caderno, uma tabela comparativa das características psicológicas de cada uma delas. Compare suas respostas às dos colegas de classe.

2. Segundo a definição de Thomas Nagel, o determinismo considera experiência social e leis da natureza como os fatores que condicionam e explicam as atitudes humanas. Explique de que forma o determinismo aparece na passagem reproduzida a seguir.

> Os pais ignorantes, viciados pelos costumes bárbaros do Brasil, atrofiados pelo hábito de lidar com escravos, entendiam que aquele animal era o único professor capaz de "endireitar os filhos".

Vocabulário de apoio

catadura: aparência
chalaça: maldade
palmatoada: pancada com palmatória (instrumento de punição)
servilismo: propensão a obedecer

Entre textos

A perspectiva determinista, pressuposto básico da escola naturalista em sua observação da realidade e de suas personagens, não é exclusiva dessa tendência literária. A influência do meio sobre o comportamento do ser humano aparece em obras anteriores e posteriores ao determinismo, em maior ou menor grau, e tem papel fundamental na caracterização das personagens. Veja a seguir um exemplo com o qual o Naturalismo, mesmo que indiretamente, dialoga sob esse ponto de vista.

TEXTO

Cidade de Deus

A segunda-feira ardia por entre as vielas. Barbantinho e Busca-Pé saíram da escola mais cedo por falta de professor. Ficaram jogando bola com os amigos no Rala Coco. Faziam as balizas com duas pedras e chamavam de gol pequeno. Tiraram a camisa da escola, jogaram bola até às onze e meia, hora do Speed Racer na televisão.

Tutuca, Cleide e Marcelo foram para a Cachoeirinha passar uns tempos na casa do compadre do Tutuca. Pretendiam ficar por lá até as coisas esfriarem.

Inferninho acordou tarde, pensando em assaltar o caminhão de gás. Foi Lá Embaixo propor a Pará e Pelé seu plano. O assalto ficou marcado para o dia seguinte no Lazer, porque nem Cabeça de Nós Todo nem Belzebu estariam de serviço. Ficaram juntos até o cair da tarde, compraram maconha na Madalena, jogaram sinuca, beberam cerveja.

O dia de terça-feira nasceu com sol forte. Inferninho, Pelé e Pará se encontraram por volta das oito horas no Lazer. Esperaram o caminhão de gás por quarenta minutos. [...]

No Batman, Manguinha e Acerola faziam a intera do bagulho. Estava faltando dinheiro. Eles esperavam que aparecesse Laranjinha ou Jaquinha para completar o rateio. O leiteiro batia o ferro, os padeiros: "Olha o pão, olha o pão...". As donas de casa molhavam as plantas. Acerola havia saído cedo de casa; tomou café com seu irmão mais novo, arrumou-se como quem ia para a escola, mas estava ali, batendo gazeta, a fim de fumar um baseado para rir conforme a manhã. [...]

Lá no São Carlos, Inferninho desde criança vivia nas rodas de bandidos, gostava de ouvir as histórias de assalto, roubo e assassinato. Podia passar distante dos bichos-soltos, mas mesmo assim fazia questão de cumprimentá-los. Nunca lhes negava favores, fazia questão de matar aula para ajudar a rapaziada que botava pra frente: limpava as armas; endolava a maconha; às vezes, comprava o querosene da limpeza dos revólveres com seu próprio dinheiro para subir no conceito com os bandidos. Quando ganhasse mais corpo, arrumaria um berro para ficar rico no asfalto, mas enquanto fosse criança continuaria a roubar os trocados do pai, ele não percebia mesmo, estava sempre ligadão de goró.

Lins, Paulo. *Cidade de Deus*. São Paulo: Companhia das Letras, 2007. p. 41-45.

O romance *Cidade de Deus* (1997), de Paulo Lins, é um exemplo de abordagem contemporânea do modo como a inserção em certo contexto condiciona a vida das personagens. O cortiço de Aluísio Azevedo se transforma em outro cenário, atual, da pobreza carioca: a favela. O romance de Lins também trabalha com um grande grupo de personagens, todas afetadas por uma demanda permanente que o meio lhes impõe, o que eleva o espaço (a Cidade de Deus) à condição de protagonista. Afetada de modo distinto pelo contexto, cada personagem representa uma maneira específica de responder às exigências da vida na Cidade de Deus.

Vocabulário de apoio

baliza: objeto que delimita (como a trave do gol)
bater gazeta: gazetear, faltar à aula ou ao trabalho
berro: revólver
bicho-solto: bandido, criminoso
endolar: embrulhar, envolver
goró: bebida alcoólica destilada, cachaça
intera: do verbo *inteirar* (ato de completar)
rateio: divisão
Speed Racer: desenho animado dos anos 1960 sobre piloto de corrida

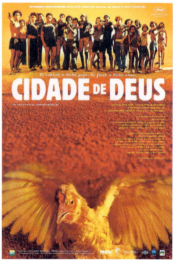

Cartaz do filme *Cidade de Deus* (2002), dirigido por Fernando Meirelles, adaptado do romance escrito por Paulo Lins.

Vestibular e Enem

1. (Unicamp-SP) Pensando nos pares amorosos, já se afirmou que "há n'*O cortiço* um pouco de *Iracema* coada pelo Naturalismo". (Antonio Candido, "De cortiço em cortiço", em *O discurso e a cidade*. São Paulo: Duas Cidades, 1993, p. 142.)

Partindo desse comentário, leia o trecho abaixo e responda às questões.

> O chorado arrastava-os a todos, despoticamente, desesperando aos que não sabiam dançar. Mas, ninguém como a Rita; só ela, só aquele demônio, tinha o mágico segredo daqueles movimentos de cobra amaldiçoada; aqueles requebros que não podiam ser sem o cheiro que a mulata soltava de si e sem aquela voz doce, quebrada, harmoniosa, arrogante, meiga e suplicante. (...) Naquela mulata estava o grande mistério, a síntese das impressões que ele recebeu chegando aqui: ela era a luz ardente do meio-dia; ela era o calor vermelho das sestas da fazenda; era o aroma quente dos trevos e das baunilhas, que o atordoara nas matas brasileiras; era a palmeira virginal e esquiva que se não torce a nenhuma outra planta; era o veneno e era o açúcar gostoso; era o sapoti mais doce que o mel e era a castanha do caju, que abre feridas com o seu azeite de fogo; ela era a cobra verde e traiçoeira, a lagarta viscosa, a muriçoca doida, que esvoaçava havia muito tempo em torno do corpo dele, assanhando-lhe os desejos, acordando-lhe as fibras embambecidas pela saudade da terra, picando-lhe as artérias, para lhe cuspir dentro do sangue uma centelha daquele amor setentrional, uma nota daquela música feita de gemidos de prazer, uma larva daquela nuvem de cantáridas que zumbiam em torno da Rita Baiana e espalhavam-se pelo ar numa fosforescência afrodisíaca. Isto era o que Jerônimo sentia, mas o que o tonto não podia conceber. De todas as impressões daquele resto de domingo só lhe ficou no espírito o entorpecimento de uma desconhecida embriaguez, não de vinho, mas de mel chuchurreado no cálice de flores americanas, dessas muito alvas, cheirosas e úmidas, que ele na fazenda via debruçadas confidencialmente sobre os limosos pântanos sombrios, onde as oiticicas trescalam um aroma que entristece de saudade. (...) E ela só foi ter com ele, levando-lhe a chávena fumegante da perfumosa bebida que tinha sido a mensageira dos seus amores; assentou-se ao rebordo da cama e, segurando com uma das mãos o pires, e com a outra a xícara, ajudava-o a beber, gole por gole, enquanto seus olhos o acarinhavam, cintilantes de impaciência no antegozo daquele primeiro enlace.
>
> Depois, atirou fora a saia e, só de camisa, lançou-se contra o seu amado, num frenesi de desejo doido.
>
> AZEVEDO, A. *O cortiço. Ficção completa*. Rio de Janeiro: Nova Aguilar, 2005. p. 498 e 581.

a) Na descrição acima, identifique dois aspectos que permitem aproximar Rita Baiana de Iracema, mostrando os limites dessa semelhança.

b) Identifique uma semelhança e uma diferença entre Jerônimo e Martim.

2. (Enem)

> Abatidos pelo fadinho harmonioso e nostálgico dos desterrados, iam todos, até mesmo os brasileiros, se concentrando e caindo em tristeza; mas, de repente, o cavaquinho de Porfiro, acompanhado pelo violão do Firmo, romperam vibrantemente com um chorado baiano. Nada mais que os primeiros acordes da música crioula para que o sangue de toda aquela gente despertasse logo, como se alguém lhe fustigasse o corpo com urtigas bravas. E seguiram-se outras notas, e outras, cada vez mais ardentes e mais delirantes. Já não eram dois instrumentos que soavam, eram lúbricos gemidos e suspiros soltos em torrente, a correrem serpenteando, como cobras numa floresta incendiada; eram ais convulsos, chorados em frenesi de amor: música feita de beijos e soluços gostosos; carícia de fera, carícia de doer, fazendo estalar de gozo.
>
> AZEVEDO, A. *O cortiço*. São Paulo: Ática, 1983. Fragmento.

No romance *O cortiço* (1890), de Aluízio Azevedo, as personagens são observadas como elementos coletivos caracterizados por condicionantes de origem social, sexo e etnia. Na passagem transcrita, o confronto entre brasileiros e portugueses revela prevalência do elemento brasileiro, pois:

a) destaca o nome de personagens brasileiras e omite o de personagens portuguesas.

b) exalta a força do cenário natural brasileiro e considera o do português inexpressivo.

c) mostra o poder envolvente da música brasileira, que cala o fado português.

d) destaca o sentimentalismo brasileiro, contrário à tristeza dos portugueses.

e) atribui aos brasileiros uma habilidade maior com instrumentos musicais.

UNIDADE

4

O Parnasianismo

Nesta unidade

16 O Parnasianismo – a arte pela arte

17 O Parnasianismo no Brasil

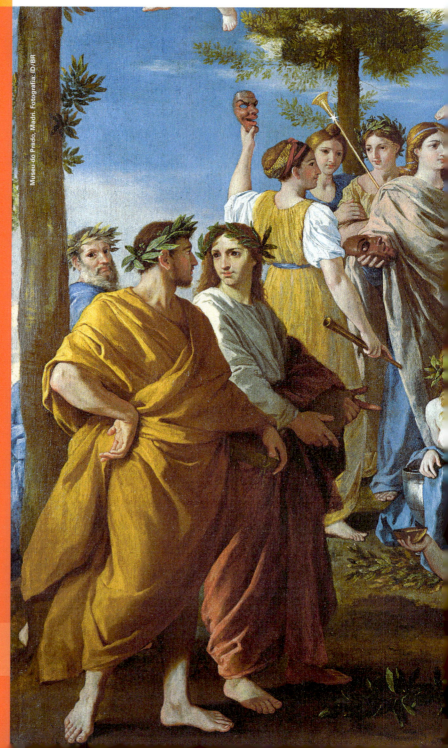

Poussin, Nicolas. *O Parnaso*, 1630. Óleo sobre tela, 145 cm × 197 cm. Museu do Prado, Madri, Espanha.

A pintura abaixo, do artista Nicolas Poussin (1594-1665) – um dos expoentes do Classicismo francês no século XVII –, representa o Monte Parnaso, local da Grécia dedicado às musas e a Apolo. De acordo com a mitologia da Antiguidade clássica, era no Monte Parnaso que se reuniam os poetas em busca de inspiração.

A preocupação estética e o equilíbrio presentes nas obras do Renascimento, do Classicismo e do Neoclassicismo foram retomados, no final do século XIX, por um grupo de poetas que se reuniu sob o nome Parnasianismo, em homenagem ao Monte Parnaso.

A influência da literatura clássica é um dos aspectos mais marcantes do Parnasianismo, que será estudado nesta unidade. Outro aspecto é o gosto acentuado pela forma, com o aparecimento nas artes plásticas da *Art Nouveau* ("arte nova").

CAPÍTULO 16
O Parnasianismo – a arte pela arte

O que você vai estudar

- *Belle Époque*: o gosto pela ornamentação.
- A poesia: resultado do esforço do artista.
- Valorização da Antiguidade clássica.

Os poetas parnasianos cultivaram a prática da "arte pela arte", ou seja, defenderam a autonomia da arte, recusando-se a atribuir a ela qualquer finalidade prática, pedagógica ou moral. O culto absoluto do trabalho formal, realizado com a máxima disciplina, é entendido como a primeira medida de valor do poema.

Sua leitura

Você vai ler agora dois textos. O primeiro é uma escultura representando o busto de Proserpina, deusa romana ligada à agricultura e à primavera. Filha de Júpiter e Ceres, Proserpina foi raptada por Plutão, que a levou para seus domínios (o submundo, reino dos mortos) e fez dela sua esposa. Ceres procurou sua filha durante muito tempo; quando finalmente descobriu onde ela estava, pediu a Plutão que a libertasse. Plutão disse que atenderia o pedido, desde que Proserpina não tivesse comido nada durante o período em que esteve com ele. Mas, como ela tinha comido uma romã, Plutão e Ceres fizeram um acordo: Proserpina voltaria para a superfície e ficaria ali metade do ano e, na outra metade, permaneceria com Plutão, no submundo. Para mostrar essa dualidade, o escultor Hiram Powers representou Proserpina com uma coroa fúnebre na cabeça e emergindo de uma flor que simboliza a imortalidade.

O segundo texto é um poema de Théophile Gautier em que o eu lírico fala do trabalho dos escultores e pintores, dando-lhes recomendações para a elaboração de suas obras. Ele está reproduzido no original em francês e na tradução para o português.

Proserpina

Powers, Hiram. *Proserpina*, 1844. Mármore, 63,5 cm × 48,9 cm × 25,4 cm. Museu de Arte de Milwaukee, EUA.

138

L'art

Oui, l'oeuvre sort plus belle
D'une forme au travail
        Rebelle,
Vers, marbre, onyx, émail.

Point de contraintes fausses!
Mais que pour marcher droit
        Tu chausses,
Muse, un cothurne étroit.

Fi du rythme commode,
Comme un soulier trop grand,
        Du mode
Que tout pied quitte et prend!

Statuaire, repousse
L'argile que pétrit
        Le pouce
Quand flotte ailleurs l'esprit;

Lutte avec le carrare,
Avec le paros dur
        Et rare,
Gardiens du contour pur;

Emprunte à Syracuse
Son bronze où fermement
        S'accuse
Le trait fier et charmant;

D'une main délicate
Poursuis dans un filon
        D'agate
Le profil d'Apollon.

Peintre, fuis l'aquarelle,
Et fixe la couleur
        Trop frêle
Au four de l'émailleur.

Fais les sirènes bleues,
Tordant de cent façons
        Leurs queues,
Les monstres des blasons,

Dans son nimbe trilobe
La Vierge et son Jésus,
        Le globe
Avec la croix dessus.

Tout passe. – L'art robuste
Seul a l'éternité,
        Le buste
Survit à la cité.

Et la médaille austère
Que trouve un laboureur
        Sous terre
Révèle un empereur.

Les dieux eux-mêmes meurent,
Mais les vers souverains
        Demeurent
Plus forts que les airains.

Sculpte, lime, cisèle;
Que ton rêve flottant
        Se scelle
Dans le bloc résistant!

A arte

Sim, a obra sai mais bela de uma forma rebelde ao lavor: verso, mármore, ônix, esmalte.
Nada de apertos forçados! Mas se queres marchar ereta, calça, Musa, um coturno estreito.
Abaixo o ritmo cômodo, calçado frouxo onde qualquer pé entra e sai!
Repele, escultor, a argila que o polegar amassa – enquanto o espírito paira ao longe;
Luta com o carrara, com o paros duro e raro, guardiães do puro contorno;
Usa de Siracusa o bronze onde se mostra firme o traço altivo, o traço encantador;
Com mão delicada pesquisa o perfil de Apolo num filão de ágata.
Pintor, evita a aquarela, fixa a cor demasiado frágil no forno do esmaltador.
Pinta de azul as sereias, retorce de mil maneiras as caudas desses monstros de brasão;
Com sua auréola trilobada pinta a Virgem e seu Jesus, a cruz encimando o globo.
Tudo passa. – Só a arte vigorosa é eterna. O busto sobrevive à cidade.
E a medalha austera, que o lavrador encontra sob a terra, revela um imperador.
Os próprios deuses morrem. Mas os versos soberanos permanecem, mais poderosos que os bronzes.
Esculpe, alisa, cinzela; fixa no bloco resistente teu sonho fugitivo!

GAUTIER, Théophile. In: FAUSTINO, Mário. *Artesanatos de poesia*: fontes e correntes da poesia ocidental. São Paulo: Companhia das Letras, 2004. p. 51-52.

Vocabulário de apoio

ágata: tipo de mineral usado na confecção de joias e ornamentos

austero: severo, rígido

carrara: tipo de mármore extraído da cidade italiana de Carrara

cinzelar: trabalhar com cinzel, instrumento usado para esculpir

coturno: espécie de calçado usado por atores e pessoas importantes nas sociedades grega e romana antigas

lavor: trabalho

ônix: variedade de ágata usada na confecção de adornos

paros: tipo de mármore extraído da ilha de Paros, na Grécia

Siracusa: principal cidade da Sicília (Itália)

trilobada: que possui três segmentos

Sobre os textos

1. Explique com suas palavras as recomendações que o eu lírico faz ao escultor e ao pintor.

2. Compare o poema original e a tradução.
   a) Quais são as diferenças quanto à disposição gráfica e às rimas?
   b) Qual versão se aproxima mais dos princípios estéticos do Parnasianismo? Por quê?
   c) É correto afirmar que o tradutor abriu mão das características poéticas em sua versão do texto? Justifique.

3. Observe a imagem do busto de Proserpina. Descreva os princípios que orientam sua concepção estética, baseando-se nestes pares conceituais: objetividade × subjetividade; proporção × desproporção; racionalidade × irracionalidade.

4. Que pontos há em comum entre a escultura e o poema?

❯ O contexto de produção

O Parnasianismo é um movimento contemporâneo do Realismo e do Naturalismo. Surge no contexto da **Segunda Revolução Industrial**, que se consolida na Europa na segunda metade do século XIX.

❯ O contexto histórico

A Segunda Revolução Industrial é o período em que ocorre a formação de conglomerados empresariais e a aliança entre a indústria e a ciência. Há um enorme crescimento da urbanização e dos serviços públicos; as cidades começam a adquirir a face complexa que têm hoje.

Na Europa e nos Estados Unidos, o deslocamento da produção manual para a mecânica se acentua, aumentando então o número de operários fabris nas cidades industriais em relação ao número de trabalhadores rurais. Aumenta também o número de burocratas do espaço urbano e acirra-se a luta de classes entre patrões e operários, estes amparados pelos sindicatos em crescimento e pelos partidos socialistas de linhagem marxista.

No Brasil, a segunda metade do século XIX é marcada pela abolição da escravidão, em 1888, e pela proclamação da República, em 1889.

❯ O contexto cultural

A prosperidade econômica que acompanhou a Segunda Revolução Industrial resultou, para uma parcela da burguesia, em uma era de otimismo e crescimento do conforto material. O surgimento de inovações tecnológicas como o telefone, o cinema e a eletricidade contribuiu para essa sensação de conforto material. Essa era, que carregou em si um conjunto de transformações inimagináveis até então, recebeu o nome de **Belle Époque** ("bela época") e durou até o início da Primeira Guerra Mundial, em 1914.

Característica da *Belle Époque* foi também a *Art Nouveau* ("arte nova"), um estilo artístico estreitamente associado à vida cotidiana urbana e que influenciou todas as artes plásticas, principalmente o *design* e a arquitetura. Móveis, fachadas de construções, janelas decoradas com vitrais, murais, pôsteres, cartazes e mosaicos passaram a fazer parte de ambientes requintados frequentados pela alta burguesia.

A difusão da *Art Nouveau* ocorreu por meio das revistas de arte e de moda, do comércio e da publicidade. A aceleração frenética da produção, um dos desdobramentos dos avanços da Segunda Revolução Industrial, implicou a necessidade de mais consumo, o que determinava uma renovação constante de tendências da moda.

Outro aspecto significativo da "arte nova" foi, na contramão da arte e da literatura realista e naturalista que predominavam naquele momento, seu distanciamento das discussões ideológicas e dos debates sobre a decadência dos valores. Para os representantes dessa estética, a arte era um organismo autônomo, fruto de um processo de racionalização industrial, o que permitiu aos artistas representar a realidade segundo os ideais de uma lógica industrial. Nesse sentido, rejeitavam também o lirismo e a subjetividade dos românticos.

Compartilhando com a *Art Nouveau* o desejo por uma arte que importasse somente por sua qualidade formal, surge o Parnasianismo. Contudo, ao contrário da "arte nova", que combatia o historicismo da arte acadêmica e defendia a adaptação da arte à vida cotidiana, o Parnasianismo propunha o retorno a um modelo estético de teor clássico, a busca pela expressão da beleza como algo eterno e imutável e uma arte sem finalidades práticas: a "arte pela arte".

Entrada da estação de metrô Porte Dauphine em Paris. A obra, construída em 1899, é assinada por Hector Guimard (1867-1942), um dos mais representativos arquitetos da *Art Nouveau* na França. Fotografia de 2008.

Móvel em estilo *Art Nouveau*.

Cartaz *Art Nouveau* anunciando a peça teatral *Medeia*.

MUCHA, Alphonse. *Medeia*, 1898. Litografia, 200 cm × 68,4 cm. Galeria Moravská, Brünn, Alemanha.

> O contexto literário

O Parnasianismo é uma tendência exclusivamente poética situada na segunda metade do século XIX. Isso faz com que o contexto literário dessa escola divida espaço com outras manifestações artísticas, como é o caso dos movimentos realista e naturalista, que apresentam narrativas em prosa. Embora seja historicamente simultâneo a essas duas estéticas, o Parnasianismo não é a vertente poética delas: a poesia parnasiana não compartilha um desejo de intervenção sobre a realidade, como acontece com os realistas e naturalistas, que pretendem fazer da arte um mecanismo objetivo e agudo de interpretação do funcionamento da sociedade.

O sistema literário do Parnasianismo

O acentuado esteticismo que resulta do ideal da "arte pela arte" é, para os poetas, uma maneira aristocrática de resistir ao materialismo da sociedade capitalista, na qual, segundo Karl Marx, "tudo é mercadoria". Ao tirar da obra de arte qualquer dimensão utilitarista que ela poderia ter, o artista a transforma em símbolo de sofisticação e superioridade, a ser escrito e consumido por um grupo de poucos eleitos.

No entanto, o culto extremado à forma não deixa de ser uma maneira indireta de aderir à sofisticação material e cultural da sociedade da época. A literatura, sobretudo a poesia parnasiana, passa a ser entendida como artigo de luxo, e a sofisticação de seus meios de expressão distingue os artistas do restante da população, tida como despreparada para a sua apreciação.

Isenta de pretensões críticas, a poesia parnasiana descreve seu objeto por fora, empregando ornamentos linguísticos que procuram estar à altura de seu tema invariavelmente "elevado", já que, para os parnasianos, assuntos corriqueiros ou ordinários jamais seriam dignos de uma linguagem sublime como a poética.

Assim, a princípio pode-se supor que os parnasianos fazem o oposto da *Art Nouveau*: ornamentam um objeto para o qual evitam atribuir uma finalidade prática, enquanto a *Art Nouveau* ornamenta objetos que têm utilidade prática no cotidiano, com a intenção de transformá-los em objetos artísticos. Mas essa oposição é apenas aparente, já que ambos os movimentos praticam, sobretudo, o gosto pela ornamentação.

Mulher trajando roupas e acessórios corriqueiros do período da *Belle Époque*: gosto pela ornamentação. Fotografia do final do século XIX.

O papel da tradição

O diálogo do Parnasianismo com a tradição ocorre em duas vias: na recuperação da Antiguidade clássica e na ruptura com o egocentrismo ultrarromântico.

Os parnasianos apropriaram-se do ideal clássico da "arte pela arte" e dos temas da cultura greco-romana. Por temas entendem-se aqui os mais elevados e os mais prosaicos: um poema podia tanto ser dedicado a um deus, entidade mitológica, quanto a uma taça de vinho. E às vezes acontecia no mesmo poema a fusão entre esses dois níveis de temas: o poema falava da taça de vinho e ao mesmo tempo da personalidade ilustre a quem ela teria servido.

O apego aos temas da Antiguidade servia aos poetas parnasianos como uma forma de combate ao egocentrismo ultrarromântico. Isso se evidencia nitidamente no "culto aos objetos" praticado pelos parnasianos, marcado frequentemente pela neutralidade e pela impassibilidade do eu lírico em relação àquilo que descreve. A devoção com que tais poetas se dedicam à descrição minuciosa de um objeto corresponde justamente à anulação da dimensão subjetivista da expressão poética. Isso não significa, porém, que os poemas parnasianos não tratem de temas como o amor ou o sofrimento; pelo contrário, são inúmeros os exemplos de textos que ultrapassam o descritivismo. No entanto, mesmo quando há a expressão de uma paixão, nesses textos, o poeta jamais se permite cair no derramamento sentimentalista romântico, contra o qual luta.

Uma leitura

Leia um soneto bastante conhecido de Alberto de Oliveira, um dos principais poetas do Parnasianismo brasileiro, e responda às questões propostas.

Observe como o poema é construído de maneira estritamente obediente aos moldes clássicos de um soneto: 14 versos decassílabos, divididos em dois quartetos e dois tercetos, com esquema regular de rimas.

1. Por que a atenção voltada sobre a imagem de um objeto como o vaso grego exemplifica a tendência antirromântica do Parnasianismo?

Vaso grego

Esta de áureos relevos, trabalhada
De divas mãos, brilhante copa, um dia,
Já de aos deuses servir como cansada,
Vinda do Olimpo, a um novo deus servia.

Era o poeta de Teos que a suspendia
Então, e, ora repleta ora esvazada,
A taça amiga aos dedos seus tinia,
Toda de roxas pétalas colmada.

Depois... Mas o lavor da taça admira,
Toca-a, e, do ouvido aproximando-a, às bordas
Finas hás de lhe ouvir, canora e doce,

Ignota voz, qual se da antiga lira
Fosse a encantada música das cordas,
Qual se essa voz de Anacreonte fosse.

OLIVEIRA, Alberto de. In: MOISÉS, Massaud. *A literatura brasileira através dos textos.* 22. ed. São Paulo: Cultrix, 2006. p. 241.

A imagem do vaso grego serve ao poeta como motivo e pretexto para a retomada da mitologia clássica.

Note a grande quantidade de inversões sintáticas, como nesses versos. O poeta parece se empenhar em obter uma construção difícil, transformando as inversões em ornamentos do poema.

Ao final do texto, o eu lírico faz uma aproximação metalinguística entre a imagem do vaso grego, com toda a sua distinção, e o poema, pela rara melodia que emanaria de ambos.

2. O vaso grego pode ser considerado uma metonímia. A que pode ser estendido o elogio feito a ele?

Vocabulário de apoio

canoro: sonoro, harmonioso, melodioso
colmado: repleto, coberto
esvazado: esvaziado, vazio
ignoto: desconhecido
Olimpo: morada dos deuses, de acordo com a mitologia grega
Teos: cidade em que nasceu o poeta grego Anacreonte (século VI a.C.)

Vaso grego feito de terracota (cerâmica que resulta do cozimento em forno de argila manufaturada) com figuras que representam as musas Urânia, Calíope e Melpomene. Pintura de Methyse (c. 455-440 a.C.). Museu do Louvre, Paris, França.

Ler o Parnasianismo

Você vai ler agora um dos mais célebres poemas de Olavo Bilac, considerado o "príncipe" dos poetas parnasianos brasileiros. Note como o título "Profissão de fé" se ajusta bem à dimensão metalinguística do texto.

Profissão de fé

Le poète est ciseleur,
Le ciseleur est poète.
Victor Hugo

[...]
Quero que a estrofe cristalina,
    Dobrada ao jeito
Do ourives, saia da oficina
    Sem um defeito:

E que o lavor do verso, acaso,
    Por tão sutil,
Possa o lavor lembrar de um vaso
    De Becerril.

E horas sem conto passo, mudo,
    O olhar atento,
A trabalhar, longe de tudo
    O pensamento.

Porque o escrever – tanta perícia,
    Tanta requer,
Que ofício tal... nem há notícia
    De outro qualquer.

Assim procedo. Minha pena
    Segue esta norma,
Por te servir, Deusa serena,
    Serena Forma!
[...]
Que a minha dor nem a um amigo
    Inspire dó...
Mas, ah! que eu fique só contigo,
    Contigo só!

Vive! que eu viverei servindo
    Teu culto, e, obscuro,
Tuas custódias esculpindo
    No ouro mais puro.

Celebrarei o teu ofício
    No altar: porém,
Se inda é pequeno o sacrifício,
    Morra eu também!

Caia eu também, sem esperança,
    Porém tranquilo,
Inda, ao cair, vibrando a lança,
    Em prol do Estilo!

BILAC, Olavo. In: MOISÉS, Massaud. *A literatura brasileira através dos textos*. 22. ed. São Paulo: Cultrix, 2006. p. 224-227.

Vocabulário de apoio

Becerril: nome de um célebre artesão

custódia: recipiente, geralmente de ouro ou de prata, no qual se deposita a hóstia para expô-la à adoração dos fiéis

Le poète est ciseleur,/ Le ciseleur est poète: *O poeta é cinzelador,/ O cinzelador é poeta* (cinzelador é aquele que manuseia o cinzel, instrumento usado por escultores)

ourives: pessoa que trabalha com metais preciosos, como ouro, prata, etc.

Sobre o texto

1. A "profissão de fé" é uma declaração pública de um posicionamento (fé religiosa, opinião política, etc.). Qual é a "profissão de fé" a que se refere o título do poema?
2. De que maneira a epígrafe de Victor Hugo se relaciona à temática do poema?
3. Identifique uma passagem do texto que evidencie a busca pela perfeição formal que aproxima o trabalho do poeta e o do ourives.
4. Qual é a relação que se pode fazer entre o ideal da "arte pela arte", tão próprio da poesia parnasiana, e a última estrofe do poema, sobretudo seus versos derradeiros ("Inda, ao cair, vibrando a lança,/ Em prol do Estilo!")?
5. Explique de que forma o final do poema contrasta com o egocentrismo romântico.

O que você pensa disto?

Neste capítulo, tratou-se da *Art Nouveau*, corrente artística estreitamente associada à moda e à publicidade. A moda "desvaloriza" objetos que ainda poderiam manter-se em utilização, como roupas, móveis e utensílios domésticos. Na intenção de "seguir a moda", muitas pessoas se desfazem desses objetos.

- Qual é a sua opinião: a moda está a serviço da indústria ou das pessoas? Serve apenas para diminuir a vida útil dos produtos fabricados ou desempenha a função de renovar o aspecto das pessoas e dos ambientes, contribuindo para o bem-estar psicológico?

Jovens em fotografias de 1895 e 2012.

CAPÍTULO 17

O Parnasianismo no Brasil

O que você vai estudar

- A sociedade brasileira do final do século XIX.
- Olavo Bilac: poesia e civismo.
- O sistema literário brasileiro: coexistência de estéticas diferentes.

Sala no Petit Trianon, primeira sede própria da Academia Brasileira de Letras (ABL) e até hoje o local de suas reuniões regulares. Tendo por modelo a Academia Francesa, a ABL foi fundada em 1897 e reunia a elite dos escritores brasileiros para debates sobre arte e apresentações de suas produções. Fotografia de 2010.

> O contexto de produção

A segunda metade do século XIX é marcada por profundas transformações na história brasileira. A plantação do café – alternativa para escapar da baixa dos preços de produtos como o açúcar, o algodão e o fumo – acaba se tornando um investimento bem-sucedido e gera uma melhoria nas condições socioeconômicas do país.

O capital acumulado pela produção de café também se reflete em uma transformação mais ampla do espaço urbano: o lucro obtido pelos cafeicultores permite o investimento em outras áreas, diversificando as atividades econômicas do país, intensificando a concentração do poder na Região Sudeste e acelerando o desenvolvimento da infraestrutura das cidades.

Esse contexto econômico abre as portas para uma época de opulência e riqueza da aristocracia brasileira. O culto ao luxo e ao requinte faz dos grandes cafeicultores os principais consumidores de obras de arte do período. Estas, por sua vez, assumem o papel de objeto raro, precioso, produzido para poucos privilegiados, únicos capazes de realmente desfrutá-las. Nessa categoria, enquadra-se a própria poesia parnasiana e sua proposta preciosista.

A literatura adquire *status* de artigo de luxo e de objeto a ser publicamente levado a sério. Discussões entre escritores são vivamente acompanhadas pelo jornal, e a importância dada por um indivíduo à literatura pode demonstrar sua posição na sociedade.

Surge, então, a necessidade de institucionalizar a obra de arte. Uma das iniciativas para atender a esse objetivo é a criação, em 1897, da Academia Brasileira de Letras, composta de membros da elite dos escritores do período.

> A "Batalha do Parnaso": guerra ao Romantismo

As doutrinas republicanas, positivistas e deterministas que circulavam na Europa difundiram-se no Brasil por meio dos inúmeros jornais então existentes no Rio de Janeiro, centro da vida intelectual, política e econômica do Brasil Império. Foi nas páginas de um desses jornais – o *Diário do Rio de Janeiro* – que, no final da década de 1870, travou-se a "Batalha do Parnaso". Apesar de a expressão aludir à vida militar, os combates ocorreram, na realidade, no plano intelectual. Tratava-se de uma polêmica que opôs os adeptos do Romantismo, de um lado, e os seguidores do Realismo/Naturalismo e do Parnasianismo, de outro.

Como visto em capítulos anteriores, não havia homogeneidade entre, de um lado, os escritores realistas e naturalistas e, de outro, os poetas parnasianos. Enquanto aqueles tinham como meta uma ficção baseada na análise objetiva da realidade social e humana, estes pregavam o culto da forma, a "arte pela arte", sem uma adesão direta aos problemas sociais do período.

No entanto, a recusa do sentimentalismo e da subjetividade uniu todos na luta contra o Romantismo e na divulgação de uma arte ligada ao espírito cientificista, marcada pela objetividade, pela impessoalidade e pelo rigor.

Ornamentação, gramática e lirismo

A obsessão pela forma e pela ornamentação levou os poetas a estudar em profundidade a língua portuguesa, para se tornarem aptos a empregar construções diferentes das usuais, como as frequentes inversões sintáticas, e a dominarem um vocabulário culto e até preciosista, também distante do vocabulário corrente.

A indiferença ao sofrimento, porém, foi muitas vezes abandonada pelos parnasianos brasileiros. Assim, Olavo Bilac abraça os ideais parnasianos típicos em "Profissão de fé" e "A um poeta", mas se entrega a um lirismo quase passional em vários outros sonetos, como no famoso "Ora (direis) ouvir estrelas". A explicação para esse contraste pode estar no fato de que, na época, o sistema literário brasileiro acolhia várias correntes de origem estrangeira. Assim sendo, o Romantismo e o Simbolismo provavelmente influenciaram a obra dos poetas parnasianos.

A coexistência de estéticas está documentada em uma crônica do parnasiano Olavo Bilac altamente elogiosa a Émile Zola, o criador da literatura naturalista. Leia um trecho.

Fotografia pertencente a Olavo Bilac, assinada pelo poeta, a qual retrata uma brincadeira feita por ele e seus colegas acadêmicos: a imitação da obra do pintor holandês Rembrandt, *A lição de anatomia do dr. Tulp*, com Bilac à esquerda e o dramaturgo Artur Azevedo no papel de autopsiado. A fotografia relativiza a austeridade com que é vista a elite intelectual do período.

REMBRANDT. *A lição de anatomia do dr. Tulp*, 1632. Óleo sobre tela, 216,5 cm × 169,5 cm. Museu Mauritshuis, Haia, Holanda.

O quadro de Rembrandt (1606-1669), *A lição de anatomia do dr. Tulp*, serviu de inspiração à brincadeira retratada por Olavo Bilac, acima.

> Desde o começo de sua vida literária, Zola se acostumara ao sacrifício "de engolir todas as manhãs um sapo vivo". Não houve injúria que lhe não fosse assacada. Ele era o explorador da bestialidade humana, o remexedor dos mais ignóbeis detritos da vida, transformando a arte em servidora dos mais baixos instintos da plebe, profanando a vida, rebaixando o amor, amaldiçoando Deus, amassando com a lama dos alcouces livres que pervertiam a humanidade...
> [...]
> Quando a obra esplendeu, quase acabada, viu-se que aquele homem, tão acusado de ser o instigador das baixezas viciosas e o sacerdote da animalidade – era apenas um poeta, um grande poeta, cuja alma de criança sonhara pôr o céu ao alcance da terra, e que, dia e noite, via sorrir sobre as tristezas da vida contemporânea o prenúncio de uma vida melhor, o primeiro rubor de uma aurora fecunda, toda de paz e igualdade, de amor e fartura.
>
> BILAC, Olavo. Zola. In: DIMAS, Antônio (Org.). *Vossa insolência*: crônicas. São Paulo: Companhia das Letras, 1996. p. 82-83.

Vocabulário de apoio

alcouce: prostíbulo
assacar: atribuir, acusar
esplender: resplandecer, brilhar
fecundo: fértil
ignóbil: vil, deplorável
injúria: insulto, ofensa
prenúncio: anúncio de evento futuro
rubor: nuance avermelhada que colore o céu no início do amanhecer

Hipertexto

A palavra *cuja* retoma o termo *poeta* e simultaneamente o indica como o possuidor da "alma de criança". Veja outros pronomes relativos na parte de Linguagem (**capítulo 26**, p. 238).

❯ Olavo Bilac: um artista consagrado

Olavo Bilac (1865-1918) é o mais conhecido poeta parnasiano brasileiro. Dedicou-se desde jovem ao jornalismo e à literatura, após abandonar os cursos de Medicina, no Rio de Janeiro, e de Direito, em São Paulo. Boêmio e contestador, nos primeiros anos aderiu à causa abolicionista junto a José do Patrocínio, colaborando no jornal *Cidade do Rio*, e se refugiou em Minas Gerais em 1893, perseguido pelo governo de Floriano Peixoto, contra o qual se posicionava publicamente. É dessa época sua intensa atividade como jornalista político, quando escreve também sua obra *Crônicas e novelas* (1894).

Em 1888, Bilac lança seu primeiro livro poético, intitulado *Poesias*. Nele, desaparece o jornalista com pretensões de agitador político e entra no seu lugar um equilibrado poeta parnasiano, que abraça o ideal da "arte pela arte", obedece a regras fixas de composição e pratica um rigoroso culto à forma. O livro, aliás, é aberto com o poema "Profissão de fé", visto no capítulo anterior (p. 143), em que a comparação do poeta ao ourives remete ao ideal da perfeição formal.

Na seção intitulada "Panóplias", os poemas têm sua temática esvaziada de qualquer sinal de subjetividade; o elogio ao "belo" estético é uma constante; o apuro formalista se dá de maneira impecável; e a cultura greco-latina é abertamente resgatada. São exemplos os poemas cujos títulos já confirmam esse resgate: "Lendo a Ilíada", "O incêndio de Roma", "O sonho de Marco Antônio" ou, ainda, "A sesta de Nero".

Nos trinta e cinco sonetos de "Via Láctea", contudo, desenvolve-se a temática amorosa, um dos mais recorrentes motivos da obra de Bilac. Neles, o cuidado com a forma controla o exagero sentimental sem impedir que certa passionalidade conduza a expressão dos sentimentos. Observe que o poeta retoma um antigo tema: a oposição entre a mulher idealizada e o poeta posto no mundo terreno e, portanto, rebaixado.

> Tu, mãe sagrada! Vós também, formosas
> Ilusões! Sonhos meus! Íeis por ela
> Como um bando de sombras vaporosas.
>
> E, ó meu amor! Eu te buscava, quando
> Vi que no alto surgias, calma e bela,
> O olhar celeste para o meu baixando...
>
> BILAC, Olavo. Via Láctea. In: COHN, Sergio (Org.). *Poesia.br*: do romantismo ao pós-romantismo. Rio de Janeiro: Beco do Azougue, 2012. p. 108.

Posteriormente, republicano e nacionalista convicto, Bilac, já consagrado como o maior poeta brasileiro vivo de então, é honrado com missões oficiais pelo país e pelo exterior e se torna ardoroso defensor da pátria, assumindo o papel de poeta cívico. Entra em campanhas em prol da causa militar, trabalha como inspetor de ensino, ajuda a fundar a Academia Brasileira de Letras, escreve poemas infantis de fundo moralista e pedagógico, bem como obras exaltando os valores da língua portuguesa e as virtudes do país, como se vê no primeiro quarteto do soneto "Pátria".

PANNINI, Giovanni Paolo. *Capricho romano*, 1734. Óleo sobre tela, 97,2 cm × 134,6 cm. Museu e Galeria de Arte Maidstone, Londres, Inglaterra.

Neste quadro, o pintor selecionou e agrupou no mesmo cenário monumentos romanos que originalmente estavam distantes uns dos outros. Recriou, assim, uma cidade de Roma ideal. Em certa medida, assim também faziam os parnasianos: celebravam objetos e personagens da Antiguidade greco-romana para recriar na poesia uma cultura que já não existia mais e que provavelmente tinha mais marcas do século XIX do que da Antiguidade.

> Pátria, latejo em ti, no teu lenho, por onde
> Circulo! E sou perfume, e sombra, e sol, e orvalho!
> E, em seiva, ao teu clamor, a minha voz responde,
> E subo do teu cerne ao céu de galho em galho!
> [...]
>
> BILAC, Olavo. Pátria. In: SILVA, Antonio M. S.; SANT'ANNA, Romildo. *Literaturas de língua portuguesa*: marcos e marcas. São Paulo: Arte & Ciência, 2007. p. 149.

Sua leitura

Leia dois poemas de Olavo Bilac e faça as atividades propostas.

Texto 1

A um poeta

Longe do estéril turbilhão da rua,
Beneditino, escreve! No aconchego
Do claustro, na paciência e no sossego,
Trabalha, e teima, e lima, e sofre, e sua!

Mas que na forma se disfarce o emprego
Do esforço; e a trama viva se construa
De tal modo, que a imagem fique nua,
Rica mas sóbria, como um templo grego.

Não se mostre na fábrica o suplício
Do mestre. E, natural, o efeito agrade,
Sem lembrar os andaimes do edifício:

Porque a Beleza, gêmea da Verdade,
Arte pura, inimiga do artifício,
É a força e a graça na simplicidade.

BILAC, Olavo. In: MOISÉS, Massaud. *A literatura brasileira através dos textos*. 25. ed. São Paulo: Cultrix, 2006. p. 232.

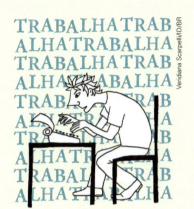

Vocabulário de apoio

Beneditino: no sentido figurado, aquele que se devota incansavelmente a um trabalho meticuloso
claustro: ambiente de mosteiro ou convento, isolamento
estéril: infértil, improdutivo, sem criatividade
limar: aperfeiçoar, aprimorar
suplício: sofrimento
turbilhão: agitação intensa, confusão

Texto 2

Soneto XIII, "Via láctea"

"Ora (direis) ouvir estrelas! Certo
Perdeste o senso!" E eu vos direi, no entanto,
Que, para ouvi-las, muita vez desperto
E abro as janelas, pálido de espanto...

E conversamos toda a noite, enquanto
A via láctea, como um pálio aberto,
Cintila. E, ao vir do sol, saudoso e em pranto,
Inda as procuro pelo céu deserto.

Direis agora: "Tresloucado amigo!
Que conversas com elas? Que sentido
Tem o que dizem, quando estão contigo?"

E eu vos direi: "Amai para entendê-las!
Pois só quem ama pode ter ouvido
Capaz de ouvir e de entender estrelas".

BILAC, Olavo. *Poesia*. Rio de Janeiro: Livraria Agir Editora, 1957. p. 47.

Vocabulário de apoio

inda: redução de *ainda*
pálio: manto amplo, capa
tresloucado: louco, desvairado

Sobre os textos

1. Qual é a temática do texto 1? Como a ideia de "arte pela arte" se manifesta no tratamento dado a essa temática?
2. Explique de que forma o tema do primeiro poema se expressa nos aspectos formais tanto do texto 1 quanto do texto 2.
3. Qual é a temática central do texto 2?
4. Alguns críticos costumam apontar, como consequência do culto excessivo da forma, certa frieza e ausência de sensibilidade nos poemas parnasianos. Os sonetos lidos nesta seção confirmam esse ponto de vista? Justifique sua resposta.

❯ Outros autores

Embora Olavo Bilac tenha sido o poeta mais popular do Parnasianismo brasileiro, o movimento conta ainda com outros nomes importantes, como **Raimundo Correia**, **Alberto de Oliveira** e **Vicente de Carvalho**.

❯ Raimundo Correia: um artista em três estilos

O maranhense Raimundo Correia (1859-1911) tem uma trajetória artística peculiar. Embora seja reconhecido como um dos mais importantes autores do Parnasianismo brasileiro, pode-se dizer que o escritor é influenciado, ainda que discretamente, por três estilos distintos. Inicia sua carreira literária como um poeta romântico decadente, lançando *Primeiros sonhos* (1879), coleção de seus versos de adolescência; torna-se posteriormente um exímio sonetista parnasiano, em sua obra mais famosa, *Sinfonias* (1883); e chega a flertar com o Simbolismo em livros como *Aleluias* (1891).

O diálogo travado com os variados autores que lhe serviam de referência confere ao parnasianismo de Raimundo Correia alguns matizes diferentes, como, por exemplo, a sensibilidade e o tom sombrio que o poeta acrescenta ao objetivismo típico dos parnasianos. Resultam disso versos reflexivos e melancólicos, que lançam mão de sinestesias para a descrição sensível de um cenário.

❯ Alberto de Oliveira: a busca da perfeição

Olavo Bilac foi o poeta mais popular do Parnasianismo brasileiro, mas o fluminense Alberto de Oliveira (1859-1937) foi quem melhor encarnou os pressupostos dessa escola poética. Assim como ocorreu com Raimundo Correia, a estreia de Alberto de Oliveira na poesia ainda apresenta ecos do Romantismo; seu segundo livro, intitulado *Meridionais* (1884), porém, insere o autor definitivamente na estética parnasiana.

Buscando a perfeição com base em um rigoroso culto da forma, Alberto de Oliveira resgata moldes e temas da poesia clássica. Além disso, como forma de recusa à subjetividade romântica, o poeta se esmera na impessoalização de sua obra, trabalhando a descrição preciosista de objetos como um vaso grego (em poema visto no capítulo anterior), um vaso chinês, uma taça de coral e uma estátua de mármore, artefatos cujas manufaturas encerrariam o exemplo do que deveria ser sua própria obra. Assim, Alberto de Oliveira é o mais formalista dos poetas parnasianos e o mais estrito seguidor do ideal da "arte pela arte".

Caricaturas de membros da Academia Brasileira de Letras criadas por Cássio Loredano em 2002. Na primeira de cima para baixo, o poeta Raimundo Correia, em primeiro plano, fundador da cadeira 5, cujo patrono era Bernardo Guimarães, representado ao seu lado. Na segunda, Alberto de Oliveira, fundador da cadeira 8, diante do quadro de Cláudio Manuel da Costa.

❯ Vicente de Carvalho: sensibilidade e forma

Além da famosa "tríade parnasiana" (Alberto de Oliveira, Olavo Bilac e Raimundo Correia), a poesia do período conheceu ainda outros poetas importantes, como Francisca Júlia, Artur Azevedo e Augusto de Lima. Entre eles encontramos também o paulista Vicente de Carvalho (1866-1924), que, depois de Olavo Bilac, talvez seja o poeta mais popular do período, com leitores e admiradores até os dias atuais.

Parnasiano ferrenho, Vicente de Carvalho acreditava que a preocupação com o apuro formal era condição imprescindível para o ato criador. Buscando abordar a temática da natureza (sobretudo o mar) de modo objetivo, o poeta revela, porém, uma faceta sensível às impressões que a realidade opera sobre o eu, deixando entrever resquícios de um perfil romântico em sua obra e certa influência da poesia simbolista que já dava sinais de vida.

O que você pensa disto?

Neste capítulo, conhecemos Olavo Bilac, que foi eleito "príncipe dos poetas brasileiros" e recebeu muitas honrarias do governo.

Atualmente, há leis de incentivo à cultura que canalizam o investimento para produções culturais, concedendo isenção de impostos às empresas que as financiam. Artistas famosos têm se beneficiado com essas leis. Alguns críticos dizem que isso é um desvirtuamento dessas leis, já que elas deveriam patrocinar, como forma de incentivo, artistas em formação, ainda desconhecidos em âmbito nacional.

- Você concorda com esses críticos? Por quê?

Ferramenta de leitura

Literatura × linguagem popular

Você viu ao longo desta unidade que o movimento poético chamado de Parnasianismo reage aos excessos sentimentais dos escritores românticos por meio de uma proposta de impessoalização da obra de arte e também de um obstinado culto do trabalho formal, abraçando o lema da "arte pela arte", divulgado pelos poetas franceses da época.

Desse lema resulta não apenas a obediência a modelos clássicos de composição, mas, da mesma maneira, um tratamento preciosista da linguagem: para os poetas parnasianos, o manuseio virtuosístico da língua culta, dentro de limites propostos por uma métrica ou uma forma poética fixas, determinava a qualidade do artista.

A partir do século XX, tal preciosismo parnasiano passará a ser veementemente criticado pelos poetas modernistas, que pretendiam aproximar a literatura da linguagem popular. Em fins desse século, o debate acabou por ultrapassar o âmbito literário e se estendeu ao meio acadêmico, fomentando uma discussão entre uma vertente de linguistas, que acreditam ser a língua um reflexo da dinâmica discursiva de seus falantes, e certo grupo de gramáticos, que defendem a superioridade da norma-padrão sobre as variedades não padrão, sobretudo aquelas faladas por pessoas de baixa escolaridade.

Leia um verbete escrito pelo polêmico professor e gramático Napoleão Mendes de Almeida, extraído de seu *Dicionário de questões vernáculas*.

Napoleão Mendes de Almeida (1911-1998). Professor e gramático, foi uma figura polêmica, acusado de preconceito linguístico ao defender uma posição tradicionalista no ensino da língua portuguesa e contestar as conquistas formais da escola modernista. Fotografia de 1993.

> **Vernáculo** – Os delinquentes da língua portuguesa fazem do princípio histórico "quem faz a língua é o povo" verdadeiro moto para justificar o desprezo de seu estudo, de sua gramática, de seu vocabulário, esquecidos de que a falta de escola é que ocasiona a transformação, a deterioração, o apodrecimento de uma língua. Cozinheiras, babás, engraxates, trombadinhas, vagabundos, criminosos é que devem figurar, segundo esses derrotistas, como verdadeiros mestres de nossa sintaxe e legítimos conhecedores de nosso vocabulário.
>
> ALMEIDA, Napoleão Mendes de. *Dicionário de questões vernáculas*. 4. ed. São Paulo: Ática, 1998. p. 589.

Agora você lerá um poema de Olavo Bilac a respeito da língua portuguesa. Leia atentamente o texto, releia o verbete de Napoleão Mendes de Almeida e, na sequência, responda às questões.

Vocabulário de apoio

arrolo: cantiga de ninar
clangor: som forte
ganga: parte não aproveitável de uma jazida
Lácio: região da Itália que originou o idioma latino
procela: forte tempestade
silvo: assobio
trom: estrondo provocado por tempestade

Língua portuguesa

Última flor do Lácio, inculta e bela,
És, a um tempo, esplendor e sepultura:
Ouro nativo, que na ganga impura
A bruta mina entre os cascalhos vela...

Amo-te assim, desconhecida e obscura.
Tuba de alto clangor, lira singela,
Que tens o trom e o silvo da procela,
E o arrolo da saudade e da ternura!

Amo o teu viço agreste e o teu aroma
De virgens selvas e de oceano largo!
Amo-te, ó rude e doloroso idioma,

Em que da voz materna ouvi: "meu [filho!",
E em que Camões chorou, no exílio [amargo,
O gênio sem ventura e o amor sem brilho!

BILAC, Olavo. *Poesias*. Rio de Janeiro: Livraria Francisco Alves, 1964. p. 262.

Sobre os textos

1. Que elementos do poema de Bilac parecem de acordo com o posicionamento de Napoleão Mendes de Almeida em relação à língua portuguesa?
2. Quais outros aparentemente se distanciam da posição do gramático?

Entre textos

A poesia parnasiana entrou para a História como uma arte excessivamente formalista, tematicamente sem vida e estruturalmente refém da influência dos modelos clássicos. Porém, há textos pertencentes ao período que parecem fugir à regra. Veja a seguir algumas relações intertextuais que podem ser estabelecidas com um poema de Olavo Bilac.

TEXTO 1

Inferno – A divina comédia (trecho do canto 1)

A meio caminhar de nossa vida
fui me encontrar em uma selva escura:
estava a reta minha via perdida.

Ah! que a tarefa de narrar é dura
essa selva selvagem, rude e forte,
que volve o medo à mente que a figura.

De tão amarga, pouco mais lhe é a morte,
mas, pra tratar do bem que enfim lá achei,
direi do mais que me guardava a sorte.

Como lá fui parar dizer não sei;
tão tolhido de sono me encontrava,
que a verdadeira via abandonei.
[...]

ALIGHIERI, Dante. *A divina comédia*: inferno. Trad. Ítalo Eugenio Mauro. São Paulo: Ed. 34, 2005. p. 25.

TEXTO 2

Nel mezzo del camin...

Cheguei. Chegaste. Vinhas fatigada
E triste, e triste e fatigado eu vinha.
Tinhas a alma de sonhos povoada,
E a alma de sonhos povoada eu tinha...

E paramos de súbito na estrada
Da vida: longos anos, presa à minha
A tua mão, a vista deslumbrada
Tive da luz que teu olhar continha.

Hoje, segues de novo... Na partida
Nem o pranto os teus olhos umedece
Nem te comove a dor da despedida.

E eu, solitário, volto a face, e tremo,
Vendo o teu vulto que desaparece
Na extrema curva do caminho extremo.

BILAC, Olavo. In: MOISÉS, Massaud. *A literatura brasileira através dos textos*. São Paulo: Cultrix, 2006. p. 228.

O poema de Bilac retoma *A divina comédia*, de Dante Alighieri (1265-1321), o maior poeta da Idade Média italiana (período entre a Antiguidade clássica e o Renascimento).

Além de citar no título de seu poema o primeiro verso da obra de Dante em italiano, Olavo Bilac recupera uma atmosfera de amargura, cansaço e desorientação, que no texto-base tanto define a travessia feita por Dante e Virgílio pelo Inferno quanto caracteriza o ato de narrar esse percurso. No poema de Bilac, essa atmosfera serve à abordagem da temática de um desencontro amoroso.

TEXTO 3

No meio do caminho

No meio do caminho tinha uma pedra
tinha uma pedra no meio do caminho
tinha uma pedra
no meio do caminho tinha uma pedra

Nunca me esquecerei desse acontecimento
na vida de minhas retinas tão fatigadas.
Nunca me esquecerei que no meio do caminho
tinha uma pedra
tinha uma pedra no meio do caminho
no meio do caminho tinha uma pedra.

ANDRADE, Carlos Drummond de. *Alguma poesia*. Rio de Janeiro: Record, 2002.

Assim como Bilac em seu soneto, o poeta mineiro Carlos Drummond de Andrade (1901-1987) propõe no título de "No meio do caminho" uma intertextualidade com a obra de Dante.

Considerando a natureza modernista da obra em que "No meio do caminho" foi lançado (*Alguma poesia*, de 1930, o primeiro livro de Drummond), é possível dizer que o poeta dialoga criticamente também com o texto de Olavo Bilac e com a tradição parnasiana, com a qual os modernistas desejavam romper.

A repetição da expressão do título nos versos parece apontar para um impasse existencial, para a ausência de saída diante de um obstáculo insistente. Por outro lado, a impossibilidade de fugir à repetição sugere também um impasse expressivo, indicando talvez uma crítica ao ensimesmamento da linguagem próprio do formalismo parnasiano.

Vestibular

1. **(Ufam)** Coloque V para afirmativas verdadeiras e F para as falsas. Assinale a sequência correta.

   Pode-se descrever o Parnasianismo como um movimento:

   (   ) cujo conteúdo é mais importante que a forma de seus textos.

   (   ) que trabalha com temas greco-latinos e prefere formas fixas, como o soneto.

   (   ) que legou obras de cunho social, preocupado com a situação do país em seu tempo.

   (   ) cujo descritivismo dos poemas se iguala ao Romantismo, ambos preocupados com o ambiente político de seus respectivos momentos históricos.

   (   ) em que a mulher é apresentada como a musa inspiradora, situada em meio à natureza brasileira.

   a) F – V – F – V – F.

   b) V – V – F – F – V.

   c) F – V – F – F – F.

   d) F – F – F – V – V.

   e) V – F – F – F – V.

2. **(Uespi)** Olavo Bilac foi o poeta parnasiano mais divulgado no Brasil, mas, em alguns poemas, abandonou a estética parnasiana. Foi também o poeta do amor e o poeta da pátria. Assinale, nas alternativas abaixo, qual dos versos transcritos ocupa-se com o preceito parnasiano da arte pela arte.

   a) "Amai, para entendê-las,/ Pois só quem ama pode ter ouvidos/ Capaz de ouvir e entender estrelas"

   b) "Pátria, latejo em ti, em teu lenho, por onde circulo! E sou perfume e sombra, e sol e orvalho!"

   c) "Ama com fé e orgulho a terra em que nasceste Criança! Não verás nenhum país como este!"

   d) "Nunca morrer assim! Nunca morrer num dia assim! De um sol assim!/ Tu, desgrenhada e fria. Fria! Postos nos meus os teus olhos molhados, E apertando nos teus os meus dedos gelados..."

   e) "Invejo o ourives quando escrevo/ Imito o amor Com que ele em alto relevo/ Faz de uma flor."

3. **(Vunesp)**

   ### Arte suprema

   Tal como Pigmalião, a minha ideia
   Visto na pedra: talho-a, domo-a, bato-a;
   E ante os meus olhos e a vaidade fátua
   Surge, formosa e nua, Galateia.

   Mais um retoque, uns golpes... e remato-a;
   Digo-lhe: "Fala!", ao ver em cada veia
   Sangue rubro, que a cora e aformoseia...
   E a estátua não falou, porque era estátua.

   Bem haja o verso, em cuja enorme escala
   Falam todas as vozes do universo,
   E ao qual também arte nenhuma iguala:

   Quer mesquinho e sem cor, quer amplo e terso,
   Em vão não é que eu digo ao verso: "Fala!"
   E ele fala-me sempre, porque é verso.

   SILVA, Júlio César da. *Arte de amar*. São Paulo: Companhia Editora Nacional, 1961.

   O soneto "Arte suprema" apresenta as características comuns da poesia parnasiana. Assinale a alternativa em que as características descritas se referem ao parnasianismo.

   a) Busca da objetividade, preocupação acentuada com o apuro formal, com a rima, o ritmo, a escolha dos vocábulos, a composição e a técnica do poema.

   b) Tendência para a humanização do sobrenatural, com a oposição entre o homem voltado para Deus e o homem voltado para a terra.

   c) Poesia caracterizada pelo escapismo, ou seja, pela fuga do mundo real para um mundo ideal caracterizado pelo sonho, pela solidão, pelas emoções pessoais.

   d) Predomínio dos sentimentos sobre a razão, gosto pelas ruínas e pela atmosfera de mistério.

   e) Poesia impregnada de religiosidade e que faz uso recorrente de sinestesias.

   (FGV-SP) Texto para a questão 4.

   ### Vila Rica

   O ouro fulvo[1] do ocaso as velhas casas cobre;
   Sangram, em laivos[2] de ouro, as minas, que ambição
   Na torturada entranha abriu da terra nobre:
   E cada cicatriz brilha como um brasão.

   O ângelus plange ao longe em doloroso dobre,
   O último ouro de sol morre na cerração.
   E, austero, amortalhando a urbe gloriosa e pobre,
   O crepúsculo cai como uma extrema-unção.

   Agora, para além do cerro, o céu parece
   Feito de um ouro ancião, que o tempo enegreceu...
   A neblina, roçando o chão, cicia, em prece,

   Como uma procissão espectral que se move...
   Dobra o sino... Soluça um verso de Dirceu...
   Sobre a triste Ouro Preto o ouro dos astros chove.

   Olavo Bilac
   [1]fulvo: de cor alaranjada.
   [2]laivos: marcas; manchas; desenhos estreitos e coloridos nas pedras; restos ou vestígios.

4. Das características abaixo, todas presentes no texto, a que ocorre mais raramente na poesia parnasiana é:

   a) o rigor formal na estruturação dos versos.

   b) o emprego de forma fixa, por exemplo, o soneto.

   c) a sujeição às normas da língua culta.

   d) o gosto pela rima rica (rima entre palavras de classes gramaticais diferentes).

   e) a visão subjetiva da realidade, embora desprovida de sentimentalismo.

151

UNIDADE

5

O Simbolismo

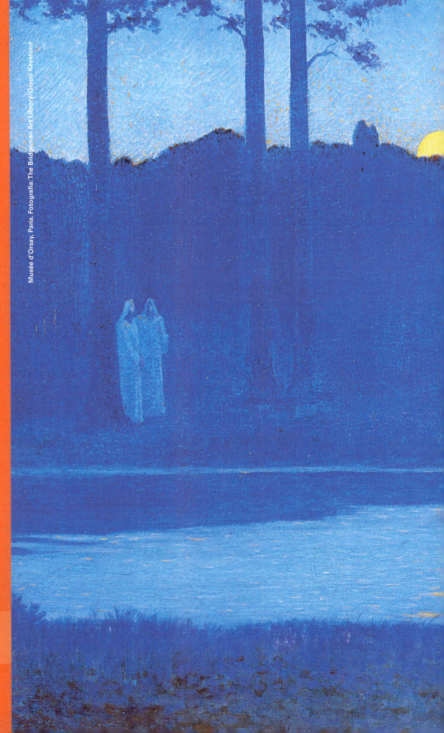

Nesta unidade

18 O Simbolismo – a arte *fin-de-siècle*

19 O Simbolismo em Portugal

20 O Simbolismo no Brasil

OSBERT, Alphonse. *As canções da noite*, 1896. Óleo sobre tela, 77 cm × 124 cm. Museu d'Orsay, Paris, França.

Na tela reproduzida abaixo, o pintor francês Alphonse Osbert (1857-1939) compôs um cenário que lembra um sonho. A paisagem, com poucos traços, é pano de fundo para figuras femininas de contorno impreciso e aspecto fantasmagórico. Algumas delas seguram instrumentos semelhantes a uma cítara. A música sugerida pela cena é paradoxalmente repousante e silenciosa. Dissolvidas por uma misteriosa luz azulada, as imagens evocam um mundo ideal, evidenciando uma estética que privilegia a expressão simbólica dos estados de alma.

No final do século XIX, em um contexto de questionamento do pensamento materialista e racional, um grupo de artistas busca uma expressão mais subjetiva e espiritual. Para eles, as relações simbólicas são uma forma de aproximação entre os sentidos e uma essência abstrata, absoluta. Ganha corpo a chamada "teoria das correspondências", ou seja, os elementos do plano espiritual e do plano natural são recíprocos e se correspondem. Nos textos, os poetas procuram expressar essas relações simbólicas utilizando procedimentos formais específicos. Trata-se da estética simbolista, assunto desta unidade.

CAPÍTULO

18

O Simbolismo – a arte *fin-de-siècle*

O que você vai estudar

- A Europa na passagem do século XIX para o século XX.
- Os poetas simbolistas franceses.
- A sugestão como representação artística.
- A importância da música e das cores.

No final do século XIX, surgiu na França um movimento artístico que se opunha ao pensamento materialista, positivista e cientificista do Realismo-Naturalismo então vigente. Iniciado por poetas, esse movimento – chamado Simbolismo – recolocou a ênfase nas emoções do sujeito e desenvolveu novos horizontes formais e temáticos para representar seus ideais estéticos, abrindo caminho para grandes transformações na linguagem poética moderna.

Sua leitura

A seguir, você lerá dois exemplos da arte simbolista: uma pintura do francês Gustave Moreau e um poema de Charles Baudelaire extraído de *As flores do mal*, obra considerada o marco fundador do Simbolismo. Em ambos, você observará as relações entre o real e o imaginário que pautam a arte simbolista.

A aparição

Museu Gustave Moreau, Paris, França. Fotografia: ID/BR

MOREAU, Gustave. *A aparição*, c. 1874-1876. Óleo sobre tela, 142 cm × 103 cm. Museu Gustave Moreau, Paris, França.

A pintura de Gustave Moreau (1826-1898) destaca a personagem Salomé, responsável pela execução do profeta João Batista. Segundo os evangelistas, ela apresentou uma dança sensual a seu tio, o governador Herodes Antipas, que, entusiasmado, prometeu recompensá-la. Orientada pela mãe, a jovem pediu a cabeça do profeta, que estava preso no calabouço do palácio. Assim como outras personagens religiosas, Salomé foi uma figura recorrente no Simbolismo; muitos escritores e pintores usaram sua imagem para representar a dualidade entre pureza e traição da mulher.

154

Obsessão

Grandes bosques, de vós, como das catedrais,
Sinto pavor; uivais como órgãos; e em meu peito,
Câmara ardente onde retumbam velhos ais,
De vossos *De profundis* ouço o eco perfeito.

Te odeio, oceano! teus espasmos e tumultos,
Em si minha alma os tem; e este sorriso amargo
Do homem vencido, imerso em lágrimas e insultos,
Também os ouço quando o mar gargalha ao largo.

Me agradarias tanto, ó noite, sem estrelas
Cuja linguagem é por todos tão falada!
O que procuro é a escuridão, o nu, o nada!

Mas eis que as trevas afinal são como telas,
Onde, jorrando de meus olhos aos milhares,
Vejo a me olharem mortas faces familiares.

BAUDELAIRE, Charles. *As flores do mal*. Trad. Ivan Junqueira.
Rio de Janeiro: Nova Fronteira, 1985. p. 299.

Vocabulário de apoio

ao largo: a distância
câmara: quarto; recinto fechado
De profundis: obra musical religiosa baseada em salmo da Bíblia em latim
órgão: instrumento musical
retumbar: ecoar; repercutir

Sobre os textos

1. Considerando a versão que os evangelistas deram para a morte de João Batista, apresentada na legenda do quadro de Gustave Moreau (página 154, ao lado), como você interpreta a aparição da cabeça em destaque no centro do quadro?

2. Observe a maneira como o artista pintou o cenário. Você diria que existe uma representação realista e, por isso, conflitante com a ação pintada? Por quê?

3. No soneto "Obsessão", Charles Baudelaire estabelece uma relação subjetiva do eu lírico com o ambiente externo. A respeito desse poema, considere a seguinte afirmação: A maneira como o eu lírico lê o ambiente externo decorre inteiramente de seu estado de alma.
   a) A primeira estrofe do poema está de acordo com essa afirmação? Por quê?
   b) De que modo o eu lírico explica o pavor que sente dos "grandes bosques" e das "catedrais"?
   c) Ainda na primeira estrofe, qual elemento está presente tanto nas imagens referentes ao ambiente externo quanto naquelas que exprimem o estado de alma do eu lírico?

4. Um dos principais recursos desse soneto é a sugestão sensorial. No primeiro terceto, o eu lírico anuncia o desejo de escuridão, mas não se trata de uma referência exclusiva ao sentido da visão. Explique por quê.

5. Em um soneto, convencionalmente, o último terceto apresenta uma conclusão, explicitando o sentido global do poema.
   a) Explique a comparação feita entre as trevas e as telas para evidenciar o motivo de rejeição das trevas.
   b) De que maneira a conclusão apresentada nesse terceto retoma o que foi sugerido nas estrofes anteriores?

6. Observe os temas selecionados por Gustave Moreau e Baudelaire para compor suas obras e a maneira como foram representados. Aponte aspectos comuns entre as obras.

Livro aberto

As flores do mal,
de Charles Baudelaire
Nova Fronteira, 1985

Charles Baudelaire (1821-1867) é considerado o último grande poeta romântico da França e, simultaneamente, o iniciador de uma poética original, da qual nasceu o Simbolismo. *As flores do mal* (1857), sua principal obra, reúne poemas que questionam as convenções morais da sociedade francesa e tratam liricamente de assuntos que vão do sublime ao sórdido, do sonho ao pesadelo, descobrindo o belo em temas e imagens insólitos. Baudelaire recusou tanto os princípios clássicos de beleza quanto a concepção romântica de poesia como confissão.

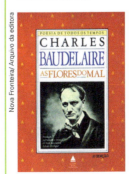

Capa de edição brasileira do livro *As flores do mal*, do poeta francês Charles Baudelaire.

❯ O contexto de produção

A transição do século XIX para o século XX corresponde, em termos históricos, a um período de questionamento do modelo social e econômico vigente, que ficou conhecido como "fim de século", do francês *fin-de-siècle* – expressão associada ao pessimismo e à frustração diante do mundo material e racionalista da sociedade burguesa e industrial.

❯ O contexto histórico

Nas últimas décadas do século XIX, a concepção de mundo centrada no positivismo, que valorizava o conhecimento racionalista, entrou em crise. O otimismo da sociedade burguesa com a industrialização diluiu-se diante dos seus efeitos colaterais: a disputa por mercados consumidores tinha resultado em competição militar entre as grandes potências e fragmentação de território, a exemplo da África; os centros urbanos, inchados, evidenciavam a miséria de vários grupos sociais; o movimento operário avançava, questionando o modelo econômico e as condições de trabalho.

❯ O contexto cultural

Refletindo o **pessimismo** do período, alguns jovens artistas e intelectuais passaram a desprezar o mundo burguês e a expressar sua época como fruto da ruína cultural. Eram os **decadentistas**, grupo seguidor de Baudelaire, cuja poesia, célebre a partir da publicação de *As flores do mal*, de 1857, mostrava o horror da realidade banal e fazia do poeta um solitário orgulhoso. O **Decadentismo**, como ficou conhecido esse conjunto de manifestações, apresentava a tendência ao mórbido, o apreço pelo artificial e pelo extravagante e o culto à dor.

A temática da dor pode ser percebida nos versos do poeta francês Paul Verlaine (1844-1896), a seguir.

MOREAU, Gustave. *Anjo mensageiro*, c. 1890. Aquarela, 30 cm × 23 cm. Museu Gustave Moreau, Paris, França.

A pintura de Gustave Moreau coloca, em primeiro plano, um anjo melancólico, recostado na parede de uma catedral. Ao fundo, está sugerida a existência de uma cidade. A expressão de desalento e tristeza do anjo remete à leitura feita pelos simbolistas da época em que viviam.

Chora no meu coração
Como chove na cidade;
Qual será tal lassidão
Entrando em meu coração?

Ó doce rumor da chuva
Pela terra e sobre os tetos!
Coração que se enviúva,
Ó, a cantiga da chuva!

VERLAINE, Paul. Cantigas esquecidas – III. In: GRÜNEWALD, José Lino (Org. e Trad.). *Poetas franceses do século XIX*. Rio de Janeiro: Nova Fronteira, 1991. p. 123.

■ **Margens do texto**

De que modo a ação da chuva cria a impressão de passividade do sujeito diante da dor?

•Hipertexto

A palavra *lassidão* expressa um estado e, assim como os substantivos que nomeiam processos, sentimentos e qualidades, classifica-se como substantivo **abstrato**. Conheça os critérios dessa classificação na parte de Linguagem (**capítulo 23**, p. 206).

No poema, o eu lírico reflete sobre o sofrimento que sente e cuja origem não sabe identificar. Esse culto da dor, recorrente no Simbolismo, surgiu do pensamento do filósofo alemão Arthur Schopenhauer (1788-1860), que entendia a realidade como uma ilusão criada por nossos sentidos e que, portanto, não podia ser conhecida de fato. Resultaria daí o sofrimento dos seres humanos. Tal pensamento foi complementado por Eduard von Hartmann (1842-1906), que criou a teoria do inconsciente, segundo a qual há uma espécie de entidade oculta atrás de todos os fenômenos, capaz de explicá-los, mas inacessível e indiferente aos indivíduos.

O pensamento dos dois filósofos reforçou o sentimento de impotência diante do enigma do universo, confrontando os procedimentos racionais supervalorizados pela civilização industrial e oferecendo subsídios à causa simbolista. Como decorrência desses questionamentos, surgiram outras correntes de pensamento, dentre as quais o **Irracionalismo**, que enfatizou o papel do instinto na apreensão do universo, e o **Intuicionismo**, que propôs a superioridade da intuição sobre a razão como método para alcançar a realidade.

> O contexto literário

Os simbolistas valorizavam a subjetividade, como antes fizeram os românticos. No entanto, diferentemente destes, que privilegiavam uma confissão direta das emoções do escritor, a arte simbolista pressupunha uma operação intelectual e introspectiva do leitor. Densa e obscura, a poesia simbolista não tinha a intenção de atender a uma demanda preexistente do leitor, mas sim de despertar nele o desejo de entender a poesia.

O sistema literário do Simbolismo

A concepção do Simbolismo deve muito às tertúlias – reuniões dedicadas à leitura e a debates sobre literatura e arte – na casa do poeta Stéphane Mallarmé (1842-1898), considerado o líder do movimento. Paul Verlaine, Arthur Rimbaud e Paul Valéry, alguns dos principais nomes da literatura simbolista, participavam desses encontros e neles apresentavam suas criações.

Fora desses círculos, porém, muitas obras simbolistas sofriam rejeição da crítica e do mercado editorial. Essa recepção era de certa forma esperada pelos simbolistas, como se observa nesta afirmação de Paul Valéry.

> [Os simbolistas] substituem progressivamente a noção das obras que solicitam o público, que o tomam por seus hábitos ou por seus pontos fracos, por aquela das obras que criam seu público. Longe de escrever para satisfazer um desejo ou uma necessidade preexistentes, escrevem com a esperança de criar esse desejo e essa necessidade; e nada recusam que possa repugnar ou chocar cem leitores se calcularem que, desse modo, conquistarão um único de qualidade superior.
> VALÉRY, Paul. Citado por BARBOSA, João Alexandre. *Alguma crítica*. São Paulo: Ateliê Editorial, 2002. p. 18.

A arte simbolista não era mesmo de fácil assimilação aos padrões da época, pautados pela busca da precisão objetiva na representação do real. No sentido oposto, o Simbolismo procurou apreender um mundo impalpável, que não pode ser definido. Para isso, buscou símbolos, metáforas capazes de evocar o **inefável** (indizível, indescritível), com o estímulo da **intuição** e, principalmente, dos **sentidos**. Daí a valorização da **musicalidade** – tanto na forma (com aliterações, por exemplo) quanto na temática, com referências a instrumentos musicais, vozes e sons – e o uso constante da **sinestesia**, figura de linguagem que aproxima campos sensoriais diferentes, como a visão e o tato ou a audição e o paladar.

Ao se voltar para o subjetivismo, para o "eu profundo", os poetas simbolistas investiam na valorização do inconsciente e do subconsciente. A realidade perdia importância, dando lugar à essência humana, à alma – que deveria se desligar da matéria por meio da **sublimação**, ou seja, da purificação. Daí os simbolistas se valerem de temáticas **religiosas** e **místicas** e fazerem constantes referências à morte, capaz de libertar a alma do âmbito terreno.

O papel da tradição

Em 1886, o poeta Jean Moréas apresentou, no jornal *Le Figaro*, o manifesto do Simbolismo, cujos pressupostos eram o antinaturalismo e o antiparnasianismo, ancorados em uma orientação irracionalista, no espiritualismo e na linguagem inovadora, misteriosa e sugestiva, capaz de transmitir a essência humana. Com isso, ao mesmo tempo que, de certo modo, recuperava o subjetivismo romântico, o movimento propunha um contraponto explícito à estética contemporânea da época, o Parnasianismo, que valorizava o positivismo.

Nesse sentido, Edgar Allan Poe (1808-1849), com sua poesia sugestiva, que cria uma atmosfera de terror, foi uma espécie de precursor dos decadentistas e dos "poetas malditos" e um referencial para os simbolistas.

MAURIN, Charles. *Maternidade*, 1893. Óleo sobre tela, 80 cm × 100 cm. Museu Crozatier, Le Puy-en-Velay, França.

Charles Maurin, como os demais simbolistas, preferia transcender a realidade visível e expressar as essências. Nessa tela, ele pinta várias facetas da relação entre mães e filhos para configurar a magnitude da maternidade, que não pode ser expressa em uma única imagem realista.

Margens do texto

Em sua opinião, o que aconteceria se todos os artistas buscassem satisfazer os desejos do público?

Sétima arte

Eclipse de uma paixão
(EUA, 1995)
Direção de Agnieszka Holland

O drama *Eclipse de uma paixão*, dirigido pela polonesa Agnieszka Holland, mostra o relacionamento entre dois importantes nomes do Simbolismo, Arthur Rimbaud e Paul Verlaine. Os poetas tiveram um relacionamento amoroso e viveram uma vida de boemia. Por seu comportamento e por sua poesia, também à margem das convenções sociais da época, eram chamados "poetas malditos".

David Thewlis e Leonardo DiCaprio em cena do filme *Eclipse de uma paixão*.

Uma leitura

Camilo Pessanha, considerado o mais importante poeta simbolista de Portugal, é o autor de "Ao longe os barcos de flores", poema em que a música está em destaque. Nos boxes laterais, você encontrará a análise de alguns aspectos do poema. Há também questões que o ajudarão a concluir a leitura interpretativa. Responda-as no caderno.

> Para obter mais musicalidade, o poeta se valeu de uma **aliteração**, a repetição marcante de fonemas consonantais, no caso, do som /s/. Esse recurso, que neste poema sugere fluidez, imitando a maneira como o som viaja do barco até o eu lírico, é valorizado na poesia simbolista.

> Esta breve referência ao batom que some dos lábios sugere que o eu lírico imagina uma musicista a tocar o instrumento.

Ao longe os barcos de flores

Só, incessante, um som de flauta chora,
Viúva, grácil, na escuridão tranquila,
— Perdida voz que de entre as mais se exila,
— Festões de som dissimulando a hora.

Na orgia, ao longe, que em clarões cintila
E os lábios, branca, do carmim desflora...
Só, incessante, um som de flauta chora,
Viúva, grácil, na escuridão tranquila.

E a orquestra? E os beijos? Tudo a noite, fora,
Cauta, detém. Só modulada trila
A flauta flébil... Quem há-de remi-la?
Quem sabe a dor que sem razão deplora?

Só, incessante, um som de flauta chora.

PESSANHA, Camilo. *Clepsidra*. São Paulo: Princípio, 1989. p. 59.

> O Simbolismo valoriza os estímulos sensoriais, que despertam emoções indefinidas. Observe que, ao longo do poema, as referências objetivas vão desaparecendo, restando apenas o som da flauta e o quadro de sonho e devaneio que se instaura.

1. Aponte as antíteses criadas pelo eu lírico para opor a cena festiva à presença da flauta.

2. Este verso aparece outras duas vezes no poema, em diferentes posições na estrofe. Como você interpreta esta última colocação?

Vocabulário de apoio

carmim: substância corante em vermelho vivo
cauto: cauteloso
deplorar: lamentar
festão: ramalhete
flébil: choroso, frágil
grácil: delicado, leve
orgia: festividade na qual se sobressaem atos de euforia e desregramento
remir: libertar
trilar: cantar, gorjear

> Não existem referências diretas ao eu lírico no poema, mas é possível deduzir seu estado de alma. A leitura que o eu lírico faz do som da flauta, um choro lamentativo, revela um estado de espírito melancólico.

Repertório

O Simbolismo na música

Além de enfatizar a musicalidade em seus poemas, os simbolistas tiveram afinidade estética com alguns compositores de vanguarda da época, como os franceses Claude Debussy (1862-1918) e Maurice Ravel (1875-1937). Debussy participava das reuniões dos poetas simbolistas em Paris e também buscava produzir estímulos sensoriais e explorar a subjetividade e a transcendência. Assim como alguns artistas impressionistas e simbolistas receberam influência da pintura japonesa, sua música possui marcadas referências orientais. Debussy se inspirou no poema "A tarde de um fauno", de Stéphane Mallarmé, para compor o famoso *Prelúdio à tarde de um fauno*, poema sinfônico que mais tarde daria origem ao balé *A tarde de um fauno*, do russo Vaslav Nijinski (1889-1950). Ao expandir os limites formais de diferentes expressões artísticas, essas obras ajudariam a abrir caminho para o Modernismo.

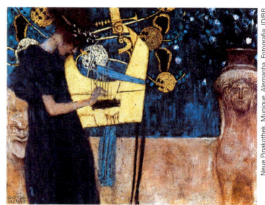

KLIMT, Gustav. *Música I*, 1895. Óleo sobre tela, 37 cm × 44,5 cm. Neue Pinakothek, Munique, Alemanha.

O austríaco Gustav Klimt (1862-1918) utiliza referências simbolistas em suas obras, como a evocação dos sentidos, o caráter etéreo e o uso de cores que remetem a um universo ideal.

Ler o Simbolismo

Ao compor "Siderações", o poeta brasileiro Cruz e Sousa (1861-1898) empregou traços estilísticos e imagéticos recorrentes no Simbolismo. Leia o poema e responda às questões.

Siderações

Para as Estrelas de cristais gelados
As ânsias e os desejos vão subindo,
Galgando azuis e siderais noivados
De nuvens brancas a amplidão vestindo...

Num cortejo de cânticos alados
Os arcanjos, as cítaras ferindo,
Passam, das vestes nos troféus prateados,
As asas de ouro finamente abrindo...

Dos etéreos turíbulos de neve
Claro incenso aromal, límpido e leve,
Ondas nevoentas de Visões levanta...

E as ânsias e os desejos infinitos
Vão com os arcanjos formulando ritos
Da Eternidade que nos Astros canta...

CRUZ E SOUSA, João da. *Missal e broquéis*. São Paulo: Martins Fontes, 1993. p. 139.

Vocabulário de apoio

alado: dotado de asas
aromal: aromático
cântico: canto, geralmente em louvor a uma divindade
cítara: instrumento de cordas parecido com a lira
cortejo: procissão
etéreo: sublime, divino
galgar: elevar-se, subir
rito: prática realizada durante cerimônias religiosas
sideração: influência de um astro sobre a vida de alguém
sideral: relativo aos astros ou às estrelas; celeste
turíbulo: vaso em que se queima incenso, usado na celebração de missas

1. O poema põe em destaque estímulos visuais. Elenque os trechos que trazem sugestões cromáticas (referentes a cores) e explique por que elas reforçam a ideia de espiritualidade.

2. Estímulos sonoros também recebem destaque no poema.
   a) Quais são as imagens relativas ao campo musical?
   b) Uma aliteração percorre todo o poema, estando mais evidente na primeira estrofe. Identifique o som que se repete e a imagem que ele sugere.

3. Além da visão e da audição, o poema estimula outros sentidos. Identifique um verso em que o poeta utiliza uma figura de linguagem típica do Simbolismo, relacionando-a ao olfato. Diga que figura é essa e explique de que modo ela foi utilizada.

4. Os poetas simbolistas costumam empregar iniciais maiúsculas em palavras no meio dos versos para enfatizar aspectos simbólicos dos vocábulos. Que efeito é produzido por esse procedimento poético no poema "Siderações"?

5. Os simbolistas desejam a sublimação, isto é, a elevação de algo, com a intenção de purificá-lo. Ao expressar a sublimação das "ânsias" e dos "desejos" do eu lírico, a que temática as imagens do poema remetem? Essa temática se opõe a que conjunto de valores?

O que você pensa disto?

Como você viu neste capítulo, a arte simbolista foi uma resposta ao mal-estar que tomou a civilização no final do século XIX. Os artistas opunham-se aos valores predominantes, rejeitando a superioridade dos produtos industriais sobre o indivíduo e a obsessão pela ciência, vista como solução para todas as questões humanas.

O início do século XXI também vem sendo visto como uma época de crise de valores, e nosso modelo de existência tem sido bastante criticado.

- Que críticas têm sido feitas? Você concorda com elas? Existem valores ou hábitos que devem ser alterados? Justifique.

Existe hoje uma preocupação cada vez maior com as consequências que a industrialização pode trazer para o ambiente e para a humanidade. É possível estabelecer um paralelo entre essa situação e a do mal-estar do *fin-de-siècle* vivenciado após a Revolução Industrial.

159

CAPÍTULO 19
O Simbolismo em Portugal

O que você vai estudar

- A crise nacional e a produção simbolista.
- O Simbolismo em formação: Eugênio de Castro e Antônio Nobre.
- Camilo Pessanha e a poesia da dor.

CARNEIRO, Antônio. *A vida* (tríptico), 1899-1901. Óleo sobre tela, 238 cm × 140 cm (painel central "O amor"), 209 cm × 111 cm (painéis laterais "A esperança" e "A saudade"). Fundação Cupertino de Miranda, Vila Nova de Famalicão, Portugal.

Os três painéis que compõem a obra *A vida*, de António Carneiro (1872-1930), retratam elementos condizentes com os subtítulos "A esperança", "O amor" e "A saudade". A obra simboliza as idades da vida e, portanto, expressa a busca do sentido da existência. Quando exposta pela primeira vez, em 1901, surpreendeu por destoar da pintura naturalista, hegemônica em Portugal no período e caracterizada por procurar representar fielmente a realidade, sem recorrer a abstrações.

❯ O contexto de produção

Como você estudou no capítulo 18, o Simbolismo surgiu em um momento de crise do materialismo e do racionalismo que marcou o pensamento pós-romântico. Em Portugal, esse contexto foi reforçado por uma grave crise política e econômica, que resultou em pessimismo e frustração.

Na década de 1890, a crise econômica da Europa prejudicou a nascente indústria portuguesa e o sistema financeiro nacional. Como agravante, a campanha expansionista de Portugal na África, uma das esperanças do governo monárquico para amenizar essa crise, sofreu um grande revés. A proposta portuguesa de dominar o território africano situado entre Angola e Moçambique, apresentada aos outros países europeus com interesses na África, foi veementemente vetada pela Inglaterra, no documento conhecido como Ultimato Inglês. Por meio desse ultimato, o governo inglês exigiu que Portugal retirasse todas as forças militares que mantinha no território compreendido entre as colônias de Moçambique e Angola. Para os ingleses, permitir que essa região caísse sob domínio português significava renunciar ao ambicioso projeto de construir uma ferrovia que atravessaria o continente africano de norte a sul, ligando o Cairo à Cidade do Cabo. Portugal cedeu ao ultimato e retirou suas tropas da região.

Essa humilhante submissão marcou negativamente o estado de espírito dos portugueses e intensificou as críticas do Partido Republicano à Monarquia portuguesa. O país enfrentaria anos de turbulência política – com episódios dramáticos como o assassinato do rei dom Carlos, em 1908, até a queda definitiva da Monarquia, em 1910.

O Simbolismo português refletiu, com obras negativistas e saudosistas, essa crise instaurada no país desde o final do século XIX.

> Eugênio de Castro e Antônio Nobre

A origem do Simbolismo em Portugal vincula-se à publicação, em Coimbra, de duas revistas acadêmicas que divulgavam produções simbolistas francesas e textos portugueses inspirados por elas. *A Boêmia nova* e *Os insubmissos*, de 1889, rivalizavam em alguns assuntos, mas convergiam na proposta de renovação de Portugal. Seus colaboradores rejeitavam a crítica social aberta e a linguagem científica que inspirava o estilo realista-naturalista e adotavam uma literatura com ideais espiritualizantes.

Nessas revistas, foram publicados poemas de **Eugênio de Castro** e de **Antônio Nobre**, considerados, juntamente com **Camilo Pessanha**, os principais nomes da poesia simbolista portuguesa. Eugênio de Castro (1869-1944) é autor da coletânea de poemas *Oaristos*, de 1890, o marco inicial do movimento. Com as bases da nova estética explicitadas no prefácio, a publicação alcançou grande repercussão, provocou polêmica, estimulou poetas iniciantes e atraiu escritores de outras formações.

Apesar da publicação de *Oaristos*, Eugênio de Castro não aderiu completamente ao Simbolismo. Identificam-se, na obra desse autor, os elementos formais desse movimento – variedade na métrica, uso alegorizante das letras maiúsculas, temas litúrgicos, sugestões sensoriais, etc. –, mas não as inquietações humanas na busca pelo mundo das essências.

Antônio Nobre (1867-1900), por sua vez, produziu uma poesia mais autenticamente simbolista, com o gosto pelo oculto e pelo mistério, e voltada a revelar um mundo em ruínas. Sua sensibilidade, porém, retoma o saudosismo típico do Romantismo, como mostram as estrofes iniciais de "Viagens na minha terra", a seguir.

MALHOA, José. *Outono*, 1919. Óleo sobre madeira, 46 cm × 38 cm. Museu Nacional de Arte Contemporânea – Museu do Chiado, Lisboa, Portugal.

José Malhoa (1855-1933) é considerado um dos maiores pintores portugueses da virada do século XIX para o século XX. Celebrizou-se por suas pinturas realistas, como *O fado*, mas também pintou telas impressionistas, como esta.

Às vezes, passo horas inteiras
Olhos fitos nestas braseiras,
Sonhando o tempo que lá vai;
E jornadeio em fantasia
Essas jornadas que eu fazia
Ao velho Douro, mais meu Pai.

Que pitoresca era a jornada!
Logo, ao subir da madrugada,
Prontos os dois para partir:
Adeus! adeus! É curta a ausência,
— Adeus! — rodava a diligência
Com campainhas a tinir!

E, dia e noite, aurora a aurora,
Por essa doida terra fora,
Cheia de Cor, de Luz, de Som,
Habituado à minha alcova
Em tudo eu via coisa nova,
Que bom era, meu Deus! Que bom!

Moinhos ao vento! Eiras! Solares!
Antepassados! Rios! Luares!
Tudo isso eu guardo, *aqui* ficou:
Ó paisagem etérea e doce,
Depois do Ventre que me trouxe,
A ti devo eu tudo que sou!

[...]

NOBRE, Antônio. Viagens na minha terra. In: MOISÉS, Massaud. *A literatura portuguesa através dos textos*. 17. ed. São Paulo: Cultrix, 1995. p. 358.

■ Margens do texto

1. Que informação sobre o eu lírico os três primeiros versos trazem?

2. Qual palavra da quarta estrofe evidencia a intersecção de passado e presente? Explique.

Vocabulário de apoio

alcova: quarto
braseira: fogareiro
diligência: carruagem
Douro: rio de Portugal
eira: local reservado para secar, debulhar e limpar cereais e legumes
jornadear: viajar
solar: casarão

Nesse poema, Antônio Nobre retoma o passado de um ponto de vista ingênuo e de celebração, em busca de recuperar na infância a pátria idealizada.

Embora tenha publicado em vida apenas o livro *Só*, em 1892, o poeta legou uma obra complexa, que resiste às classificações simplistas. Além da evocação do passado romântico e da participação no Simbolismo de sua época, seus poemas anteciparam aspectos da poesia moderna, por utilizar linguagem mais coloquial e tom narrativo, rompendo com concepções tradicionalistas da poesia portuguesa.

❯ Camilo Pessanha: sem artificialismos

O único livro de Camilo Pessanha (1867-1926), *Clepsidra*, publicado em 1920, é considerado o melhor exemplo de poesia simbolista em Portugal. Seus poemas imprimiram grande renovação na linguagem da poesia portuguesa, superando o convencionalismo vigente.

Dentro da linguagem do Simbolismo, Pessanha privilegiou a musicalidade, obtida por combinações sonoras sutis e alusivas. Esse uso especial da sonoridade pode ser visto nos versos de "Violoncelo", a seguir, em que imagens e sensações são deflagradas pelo som de um violoncelo.

Vocabulário de apoio

alabastro: pedra de cor branca, muito usada como ornamento
arcada: movimento do arco em um instrumento de cordas; conjunto de arcos de alvenaria dispostos em sequência
balaústre: pequena coluna ligada a outras por corrimão ou parapeito
caudal: o que ocorre em abundância
lacustre: relativo a lago
sorvedouro: redemoinho

Chorai arcadas
Do violoncelo!
Convulsionadas,
Pontes aladas
De pesadelo...

De que esvoaçam,
Brancos, os arcos...
Por baixo passam,
Se despedaçam,
No rio, os barcos.

Fundas, soluçam
Caudais de choro...
Que ruínas (ouçam)!
Se se debruçam,
Que sorvedouro!...

Trêmulos astros...
Solidões lacustres...
— Lemes e mastros...
E os alabastros
Dos balaústres!

Urnas quebradas!
Blocos de gelo...
— Chorai arcadas,
Despedaçadas,
Do violoncelo.

■ Margens do texto
Que aliterações podem ser identificadas na penúltima estrofe?

PESSANHA, Camilo. *Clepsidra*. São Paulo: Princípio, 1989. p. 57.

O quadro de pesadelo apresentado no poema é composto pela associação de várias imagens, dentre as quais as relativas a naufrágios e ruínas, muito usadas pelo poeta para exprimir as ideias de desconsolo e de abatimento. A origem das associações está na música proveniente dos movimentos do arco do violoncelo, que enchem o ar de soluços e choros e se convertem em pontes imaginárias, abrindo caminho para as imagens relativas ao rio e aos barcos. As imagens aquáticas remetem, na lírica de Camilo Pessanha, à passagem do tempo. A própria palavra *clepsidra* significa "relógio de água".

A lírica de Pessanha revela um sujeito que não adere à realidade. Nela alternam-se, de maneira fragmentada, instantes de consciência e de inconsciência, formando um quadro de estranhamento e caos. O poeta mergulha em um mundo decadente, em que a dor é a experiência mais vital, como revelam estes versos de "Branco e vermelho".

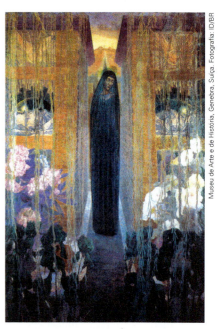

A dor, forte e imprevista,
Ferindo-me, imprevista,
De branca e de imprevista
Foi um deslumbramento,
Que me endoidou a vista,
Fez-me perder a vista,
Fez-me fugir a vista,
Num doce esvaimento.

Como um deserto imenso,
Branco deserto imenso,
Resplandecente e imenso,
Fez-se em redor de mim.
Todo o meu ser suspenso,
Não sinto já, não penso,
Pairo na luz, suspenso...
Que delícia sem fim!

PESSANHA, Camilo. *Clepsidra*. São Paulo: Princípio, 1989. p. 68.

SCHWABE, Carlos. *Dor*, 1893. Óleo sobre tela, 155 cm × 104 cm. Museu de Arte e de História, Genebra, Suíça.

Nesta tela de Carlos Schwabe (1877-1927), a cor escura do traje da mulher que caminha entre jazigos estende-se às flores à sua volta. Assim, a realidade objetiva é interpenetrada pelo luto do mundo subjetivo. Nos poemas de Camilo Pessanha, observa-se uma ênfase na dor existencial, independentemente das experiências concretas do eu lírico.

A dor tematizada no poema – e enfatizada pela persistente repetição de determinadas palavras – não nasce de uma experiência específica, como uma frustração amorosa; é existencial, de causa desconhecida, expressa por uma inusitada sensação de luz. A abordagem é complexa: pela experiência da dor, o sujeito alcança o êxtase. Essa ambivalência foi uma constante na lírica de Camilo Pessanha, que tratou obsessivamente do desgosto de viver e da ânsia do aniquilamento.

Vocabulário de apoio

esvaimento: desmaio, vertigem

Sua leitura

A água é um símbolo constante na obra de Camilo Pessanha. No poema a seguir, que dialoga com um poema também simbolista de Paul Verlaine, já visto no capítulo 18 (p. 156), essa temática está presente. Leia-o com atenção e responda às questões.

Vocabulário de apoio

morrente: que está morrendo

Água morrente

Il pleure dans mon coeur
Comme il pleut sur la ville
Verlaine

Meus olhos apagados,
Vede a água a cair.
Das beiras dos telhados,
Cair, sempre cair.

Das beiras dos telhados,
Cair, quase morrer...
Meus olhos apagados,
E cansados de ver.

Meus olhos, afogai-vos
Na vã tristeza ambiente.
Caí e derramai-vos
Como a água morrente.

PESSANHA, Camilo. *Clepsidra*. São Paulo: Princípio, 1989. p. 61.

Sobre o texto

1. O título do poema é um jogo de palavras que faz referência a uma expressão muito comum na língua portuguesa.
   a) Qual é essa expressão?
   b) Pode-se dizer que esse jogo de palavras contraria uma ideia frequentemente associada à água. Qual seria essa ideia e por que o título a contraria?
   c) A que aspecto do Simbolismo esse título pode ser associado? Explique.

2. Entre o título e o corpo do poema, Pessanha inseriu, como epígrafe, dois versos de Verlaine, um dos poetas que mais o influenciou. A tradução de José Lino Grünewald para esses versos é: "Chora no meu coração/ Como chove na cidade".
   a) Há dois elementos comuns à epígrafe e ao poema de Pessanha. Quais são eles?
   b) Compare a relação entre esses dois elementos tal como apresentada na epígrafe e no poema. Qual é a semelhança?
   c) E o que há de diferente? Justifique com elementos do texto.

3. A repetição de palavras e versos inteiros é um traço característico do estilo simbolista. Esse recurso formal está presente no poema "Água morrente".
   a) Quais são os versos repetidos nas duas primeiras estrofes?
   b) Que efeito expressivo decorre da repetição desses versos?

4. Considerando o contexto do Simbolismo, aponte um sentido que pode ser atribuído à expressão "na vã tristeza ambiente".

O que você pensa disto?

Os simbolistas portugueses responderam ao momento histórico do país sem fazer referência direta a questões políticas, econômicas e sociais. Imagens enigmáticas e representações simbólicas de dilaceramento e angústia representavam o sentimento coletivo. Sua intenção era inquietar o espectador, para fazê-lo abandonar a postura passiva diante da obra e se lançar a uma experiência de leitura mais intensa, que despertaria sua sensibilidade e seu sentido crítico.

Algumas obras contemporâneas também dispensam a alusão ao contexto histórico em que são produzidas; outras, no entanto, fazem exatamente o oposto. O brasileiro Nele Azevedo, por exemplo, criou esculturas de gelo para alertar sobre as consequências do aquecimento global na região ártica.

- Em sua opinião, esse tipo de arte é eficaz para sensibilizar o espectador? Ou o público contemporâneo só dá atenção ao discurso da ciência?

Esculturas de gelo do artista Nele Azevedo expostas numa praça em Berlim em setembro de 2009.

163

CAPÍTULO 20
O Simbolismo no Brasil

O que você vai estudar

- A difícil inserção do Simbolismo no cenário artístico brasileiro.
- Cruz e Sousa: a poética do excluído.
- Melancolia e nostalgia na obra de Alphonsus de Guimaraens.

A menina de sorriso enigmático, com o corpo seminu e ainda em formação, colocada à frente de uma paisagem natural, simboliza a ideia de juventude, palavra que traduz o título desta tela. Expoente do Impressionismo brasileiro, o pintor Eliseu Visconti sofreu grande influência do Simbolismo, bem como de outras correntes, como o Classicismo. Alguns, inclusive, veem semelhanças entre a figura do quadro e a *Mona Lisa*, de Leonardo da Vinci.

VISCONTI, Eliseu d'Angelo. *Gioventú*, 1898. Óleo sobre tela, 65 cm × 49 cm. Museu Nacional de Belas Artes, Rio de Janeiro.

❯ O contexto de produção

O Simbolismo surgiu no Brasil nos primeiros anos da República. Era um momento de euforia para a elite, encantada com o progresso do país e indiferente às reais condições de vida da população, sobretudo dos negros, que, após a abolição da escravatura, lutavam pela inserção social.

Prestigiava-se, na época, a poesia ornamental do Parnasianismo, composta segundo regras consagradas pelo bom gosto. A concepção parnasiana de arte, voltada para a beleza formal, coincidia com o desejo de "civilização" e sofisticação da elite e da classe média, dispostas a reafirmar o avanço do país em termos materiais e técnicos.

No entanto, na década de 1890, um grupo de artistas enveredou por uma nova forma de esteticismo, concebendo a construção poética como meio de ampliar a percepção da essência humana. O Simbolismo surgiu no país pelas mãos de artistas que partilharam com os parnasianos o apreço pelo formalismo e a rejeição do sentimentalismo romântico, mas resistiram à exaltação da objetividade, do materialismo e do progresso.

A inserção dos simbolistas no cenário nacional

Apesar de cativar bom número de poetas, o Simbolismo não conseguiu rivalizar com o Parnasianismo em termos de popularidade. De modo geral, o movimento não conquistou nem a crítica consagrada nem o público leitor de sua época. No poema a seguir, o poeta Emiliano Perneta (1866-1921) trata dessa condição isolada dos artistas simbolistas.

> **Vencidos**
>
> Nós ficaremos, como os menestréis da rua,
> Uns infames reais, mendigos por incúria,
> Agoureiros da Treva, adivinhos da Lua,
> Desferindo ao luar cantigas de penúria?
>
> Nossa cantiga irá conduzir-nos à tua
> Maldição, ó Roland?... E, mortos pela injúria,
> Mortos, bem mortos, e, mudos, a fronte nua,
> Dormiremos ouvindo uma estranha lamúria?
>
> Seja. Os grandes um dia hão de cair de bruço...
> Hão de os grandes rolar dos palácios infetos!
> E glória à fome dos vermes concupiscentes!
>
> Embora, nós também, nós, num rouco soluço,
> Corda a corda, o violão dos nervos inquietos
> Partamos! inquietando as estrelas dormentes!
>
> PERNETA, Emiliano. In: JUNKES, L. (Org.). *Roteiro da poesia brasileira*: Simbolismo. São Paulo: Global, 2006. p. 40.

O soneto faz referência à marginalização dos poetas simbolistas, que se sentem incompreendidos. Nota-se, porém, que mesmo a certeza da queda futura da ordem burguesa, sugerida pela referência aos "grandes" que rolarão "dos palácios infetos", não é suficiente para amenizar a angústia do eu lírico, pois essa é intrínseca à existência. Daí o desejo simbolista de transcender, libertando o espírito da matéria.

Tal forma de ver o mundo e a literatura remete à concepção de **poeta maldito** e, portanto, ao Simbolismo francês. Os autores brasileiros estabelecem uma intensa intertextualidade com obras dos poetas Baudelaire, Mallarmé, Rimbaud e Verlaine e do compositor Debussy, por exemplo, evidenciando uma proposta de literatura que busca se distanciar da realidade provinciana do Brasil.

Contudo, a temática do poeta isolado, que se comunica apenas pela arte, não deve levar à conclusão de que inexistiu contato real entre os artistas do período. Por sua rica musicalidade e imagens inovadoras, os poemas simbolistas foram apreciados e recitados com frequência nos círculos literários. O movimento contou com adeptos em todo o país, alguns deles com grande fama local. Esteve presente principalmente no Rio de Janeiro, Rio Grande do Sul, Paraná, Bahia e Minas Gerais, estado onde viveu Alphonsus de Guimaraens, um expoente do movimento. Sabe-se também que algumas editoras, como a Magalhães e Companhia, deram espaço à literatura simbolista, e que surgiram revistas com essa orientação, como a *Cenáculo* (1895), de Curitiba, e a *Fon-Fon* (1908), do Rio de Janeiro.

Aliás, foi no Rio de Janeiro, para onde migraram muitos escritores, que o Simbolismo alcançou maior visibilidade. Já em 1889, um grupo de jovens que incluía Emiliano Perneta valeu-se do jornal carioca *Folha Popular* para divulgar artigos defendendo inovações na literatura brasileira. Posteriormente, Cruz e Sousa se uniu ao grupo. Coube às suas obras *Missal* e *Broquéis*, publicadas em fevereiro e em novembro de 1893, inaugurar formalmente o Simbolismo no Brasil.

Hipertexto

A posição de isolamento do poeta reflete um conflito entre duas **ideologias**: a da sociedade burguesa e industrial, voltada ao cientificismo e ao materialismo, e a dos simbolistas, defensores da recuperação da subjetividade e da espiritualidade. Leia sobre ideologia na parte de Produção de texto (**capítulo 35**, p. 355).

Margens do texto

Interprete o sentido da frase "Seja." (verso 9). De que modo ela se relaciona com o título do poema?

Vocabulário de apoio

agoureiro: aquele que anuncia desgraças
concupiscente: aquele que cobiça bens materiais ou prazeres sexuais
desferir: lançar
incúria: negligência, inércia
infame: aquele que é desprezível
infeto: pestilento
injúria: ofensa
lamúria: lamento
menestrel: cantor ou poeta medieval
penúria: miséria
Roland: personagem de um poema épico composto no século XI. Roland comandava a retaguarda do exército de Carlos Magno, quando se viu em perigo e tocou uma corneta para alertar o comandante. Carlos Magno foi distraído pelo traidor Ganelon e, quando chegou, já encontrou Roland e os demais soldados mortos.

A tela do pintor belga Fernand Khnopff (1858-1921) remete ao mito de Édipo, desafiado pela Esfinge a resolver um enigma. O jovem aparece com olhar distante e resistente, enquanto a figura híbrida o acaricia e seduz. A cena denota a dualidade entre o prazer e a dor, em uma concepção típica do período simbolista.

KHNOPFF, Fernand. *Arte*, ou *A Esfinge*, ou *A carícia*, 1896. Óleo sobre tela, 50 cm × 150 cm. Museu Real de Belas Artes, Bruxelas, Bélgica.

❯ Cruz e Sousa: a tragédia da existência

Exceto por um pequeno grupo de admiradores, João da Cruz e Sousa (1861-1898) era praticamente desconhecido em sua época. Atualmente, porém, é considerado o maior simbolista brasileiro e um dos principais responsáveis por introduzir a concepção de que a expressão poética deve se apoiar na consciência formal, ou seja, no domínio da forma.

Seu gosto pelo soneto e pela métrica rigorosa revela a influência parnasiana em sua poesia. Ao mesmo tempo, sua obra também explora o subjetivo, o vago, o espiritual e o sinestésico, em versos cuja construção sintática foge do comum, principalmente por causa da justaposição de adjetivos e de frases nominais.

Sua obra centra-se no conflito entre a prisão do ser no plano material e o desejo de ascensão para o plano transcendental. Essa dualidade percorrerá o conjunto de seus temas, entre os quais estão a incompatibilidade com o mundo, a morte, a adoração religiosa, a concepção contemplativa ou erótica do amor e a própria construção poética.

A tensão entre o sofrimento e a satisfação pode ser vista em "Braços".

Von Stuck, Franz. *O beijo da Esfinge*, c. 1895. Óleo sobre tela, 160 cm × 149 cm. Museu Szépművészeti, Budapeste, Hungria.

Assim como fizeram muitos pintores simbolistas, o alemão Franz von Stuck inspirou-se na literatura. A tela mostra um de seus temas preferidos – a mulher "perigosa" – por meio de metáfora construída com base na imagem da Esfinge. O Simbolismo vale-se dos opostos femininos: os perfis da ninfa e da mulher fatal.

Braços

Braços nervosos, brancas opulências,
Brumais brancuras, fúlgidas brancuras,
Alvuras castas, virginais alvuras,
Lactescências das raras lactescências.

As fascinantes, mórbidas dormências
Dos teus braços de letais flexuras,
Produzem sensações de agres torturas,
Dos desejos as mornas florescências.

Braços nervosos, tentadoras serpes
Que prendem, tetanizam como os herpes,
Dos delírios na trêmula coorte...

Pompa de carnes tépidas e flóreas,
Braços de estranhas correções marmóreas,
Abertos para o Amor e para a Morte!

Cruz e Sousa, João da. *Missal/Broquéis*. São Paulo: Martins Fontes, 1993. p. 147.

O poema retoma a perspectiva da mulher anjo-demônio típica do Decadentismo. O conflito representado no soneto origina-se da brancura da moça, que sinestesicamente evoca a pureza e abre caminho para a sublimação da natureza terrena, ao mesmo tempo que provoca o desejo.

A ênfase da cor branca é um recurso tipicamente simbolista. Contudo, muitos críticos entenderam que tal emprego resultaria igualmente da condição social do poeta, filho de ex-escravizados, impedido de avançar em uma carreira pública, por conta do preconceito racial. As dificuldades financeiras e a pequena receptividade às obras de Cruz e Sousa aprofundaram seu drama pessoal. Essa situação peculiar refletiu-se no pessimismo que caracteriza sua poesia.

No entanto, o poeta operou em um universo complexo, em que o ato de vivenciar dificuldades é instrumento para o alcance do celestial – solução que ele estende para marginalizados de toda ordem, como os miseráveis e ex-escravizados, que também contempla em seus textos.

A ênfase no branco deixa, portanto, de ser apenas expressão de inconformismo ou desejo de pertencimento para representar um esforço de superação de dificuldades.

▪ Margens do texto

1. Identifique, na segunda estrofe, as sensações contraditórias provocadas pelos braços.
2. A imagem dos braços também possui aspectos contrastantes. Como isso se revela?

Vocabulário de apoio

agre: azedo, ácido
brumal: relativo à bruma, névoa; melancólico
coorte: multidão; força armada
flexura: gesto, movimento
florescência: florescimento, crescimento vigoroso
fúlgido: brilhante
herpes: doença inflamatória da pele
lactescência: aquilo que tem a cor ou a consistência do leite
letal: fatal, que acarreta a morte
marmóreo: feito de mármore ou que tem aparência similar à do mármore
opulência: luxo, riqueza
serpe: serpente
tépido: morno
tetanizar: transmitir tétano, doença que provoca contrações musculares

Sua leitura

O soneto "O Assinalado" retoma uma temática recorrente na obra de Cruz e Sousa: a reflexão sobre a condição trágica do poeta na modernidade, que ora aponta frustrações e constrangimentos, ora destaca triunfos. Leia o poema e responda às questões.

O Assinalado

Tu és o louco da imortal loucura,
O louco da loucura mais suprema.
A terra é sempre a tua negra algema,
Prende-te nela a extrema Desventura.

Mas essa mesma algema de amargura,
Mas essa mesma Desventura extrema
Faz que tu'alma suplicando gema
E rebente em estrelas de ternura.

Tu és o Poeta, o grande Assinalado
Que povoas o mundo despovoado,
De belezas eternas, pouco a pouco.

Na Natureza prodigiosa e rica
Toda a audácia dos nervos justifica
Os teus espasmos imortais de louco!

CRUZ E SOUSA, João da. In: JUNKES, L. (Org.). *Roteiro da poesia brasileira*: Simbolismo. São Paulo: Global, 2006. p. 31.

Vocabulário de apoio

desventura: infortúnio, desgraça
prodigioso: miraculoso, fantástico
supremo: extraordinário, superior, divino

Hipertexto

O tom hiperbólico, exagerado, da primeira estrofe é construído, em parte, pelo uso do **grau superlativo** do adjetivo *suprema* na expressão "da loucura mais suprema". Leia sobre esta e outras formas de construção de grau dos adjetivos na parte de Linguagem (**capítulo 25**, p. 228).

Sobre o texto

1. O soneto tem o objetivo de caracterizar "O Assinalado", posto como interlocutor do eu lírico.
   a) A identificação do "Assinalado" como "louco", proposta nos dois primeiros versos, é necessariamente negativa? Justifique.
   b) Quem é "o Assinalado" a que se refere o eu lírico?

2. Cruz e Souza vale-se de importantes procedimentos estilísticos para desenvolver a temática do poema.
   a) Explique por que a rima "suprema/algema" aproxima palavras de valores semânticos opostos no contexto do poema.
   b) Explique as duas metonímias presentes em "A terra é sempre a tua negra algema".

3. A segunda estrofe traz uma releitura da primeira. Que ponderações o eu lírico faz em relação ao que foi dito anteriormente?

4. O poema apresenta uma visão pessoal da atividade poética. Por que se pode afirmar que ele retoma o conceito decadentista-simbolista do "poeta maldito"?

5. Ao comentar "O Assinalado", a crítica literária Ivone Daré Rabelo afirmou que "Cruz e Sousa, emparedado, acredita na promessa de felicidade que a arte, e não a carreira, poderá lhe trazer" (*Um canto à margem*: uma leitura da poética de Cruz e Sousa. São Paulo: Nankin/Edusp, 2006. p. 126). Explique essa afirmação.

A tela do pintor Jan Toorop (1858-1928), de origem javanesa, representa o mergulho do indivíduo em sua interioridade, um dos pressupostos da arte simbolista. A vela é o instrumento que ilumina essa jornada. As pinturas de Toorop misturam motivos oriundos da cultura de Java e do Simbolismo europeu em padrões complexos e sinuosos.

TOOROP, Jan. *Virando-se para dentro de si*, 1893. Tinta, lápis e aquarela sobre papel, 16,5 cm × 18 cm. Museu Kröller-Müller, Otterlo, Holanda.

167

Alphonsus de Guimaraens: memória e melancolia

Alphonsus Henrique de Guimaraens (1870-1921) não se deslocou para o Rio de Janeiro, como fizeram vários poetas simbolistas. Após estudar em São Paulo, estabeleceu-se em Mariana, Minas Gerais, onde manteve produção solitária e privada da atenção pública.

Em sua poesia, estão presentes elementos característicos do Simbolismo, do vocabulário ao manejo dos versos para obter musicalidade. Seu tema principal é a morte da amada, que receberá tratamentos variados. Em "Hão de chorar por ela os cinamomos", a seguir, observa-se o impacto da morte da amada sobre os seres da natureza.

> Hão de chorar por ela os cinamomos,
> Murchando as flores ao tombar do dia.
> Dos laranjais hão de cair os pomos,
> Lembrando-se daquela que os colhia.
>
> As estrelas dirão: — "Ai! nada somos,
> Pois ela se morreu, silente e fria..."
> E pondo os olhos nela como pomos,
> Hão de chorar a irmã que lhes sorria.
>
> A lua, que lhe foi mãe carinhosa,
> Que a viu nascer e amar, há de envolvê-la
> Entre lírios e pétalas de rosa.
>
> Os meus sonhos de amor serão defuntos...
> E os arcanjos dirão no azul ao vê-la,
> Pensando em mim: — "Por que não vieram juntos?"
>
> GUIMARAENS, Alphonsus de. In: JUNKES, L. (Org.). *Roteiro da poesia brasileira*: Simbolismo. São Paulo: Global, 2006. p. 63.

Margens do texto

1. Por que se pode afirmar que o poema retoma características românticas?
2. Explique a pergunta que encerra o soneto.

Vocabulário de apoio

cinamomo: canela; denominação de outras espécies de árvore cuja casca é utilizada para extração de essências e substâncias medicinais
pomo: fruto
silente: silencioso

O tom melancólico perpassa o poema. A imagem corpórea da jovem desmaterializa-se, à medida que os versos descrevem o modo como a Lua e os arcanjos a receberão no céu. Tal abordagem delicada torna-se sombria em outros poemas do autor, devido à recuperação da imagem do corpo morto, do velório, do luto e do sepultamento, em uma atmosfera macabra. Chega-se a evocar o gótico romântico e as imagens medievais, bem como os limites do subconsciente, em revelações de desejos reprimidos e medos infantis.

A recorrência do tema revela que o sujeito está sempre diante da morte irremediável, uma obsessão cuja origem pode estar vinculada, segundo muitos estudiosos, à morte da noiva do poeta ainda adolescente. Independentemente do peso que se atribua a esse dado biográfico, o fato é que, na poesia de Alphonsus de Guimaraens, opera um sujeito depressivo e inadaptado ao mundo, que procura sua evasão na **espiritualidade**.

Pelo **misticismo**, o poeta se aproximará do **plano das essências**, alvo da arte simbolista. É importante perceber, contudo, que o cenário efetivamente ocupado por Alphonsus de Guimaraens, a cidade de Mariana, mistura-se com sua poesia, que ecoa o Barroco mineiro, católico, solitário e triste, em conformidade com os sentimentos do eu lírico.

REDON, Odilon. *Cristo em silêncio*, c. 1895-1899. Carvão e pastel sobre papel, 58 cm × 46 cm. Museu Petit Palais, Paris, França.

Na década de 1890, Cristo foi uma das imagens mais recorrentes na obra do principal pintor simbolista francês, Odilon Redon (1840-1916). Os simbolistas costumavam recorrer ao universo espiritual para restaurar o sagrado no mundo decadente e materialista.

Sua leitura

O discurso sobre a morte da amada recebe um tom mórbido nessa composição de Alphonsus de Guimaraens. Leia com atenção o soneto e responda às questões.

Hirta e branca... Repousa a sua áurea cabeça
Numa almofada de cetim bordada em lírios.
Ei-la morta afinal como quem adormeça
Aqui para sofrer Além novos martírios.

De mãos postas, num sonho ausente, a sombra espessa
Do seu corpo escurece a luz dos quatro círios:
Ela faz-me pensar numa ancestral Condessa
Da Idade Média, morta em sagrados delírios.

Os poentes sepulcrais do extremo desengano
Vão enchendo de luto as paredes vazias,
E velam para sempre o seu olhar humano.

Expira, ao longe, o vento, e o luar, longinquamente,
Alveja, embalsamando as brancas agonias
Na sonolenta paz desta Câmara-ardente...

GUIMARAENS, Alphonsus de. In: RICIERI, F. (Org.). *Antologia da poesia simbolista e decadente brasileira*. São Paulo: Companhia Editora Nacional/Lazuli, 2007. p. 97.

Vocabulário de apoio

alvejar: branquear
áureo: de ouro
câmara-ardente: recinto em que se faz um velório
círio: vela grande
embalsamar: submeter o cadáver a processo de conservação; perfumar
hirto: imóvel
poente: pôr do sol
sepulcral: relativo à morte, ao sombrio

Sobre o texto

1. O soneto retrata um velório. Descreva a cena usando suas próprias palavras.
2. Como a figura do eu lírico se insere na cena descrita?
3. O tratamento da morte não é excessivamente sentimental, mas o soneto permite ao leitor entrever o impacto dela sobre o eu lírico.
   a) O que se pode deduzir a respeito dos últimos momentos da mulher falecida? Explique.
   b) Para descrever a morte, são empregados eufemismos. Transcreva-os e explique a razão de seu uso.

A perspectiva criada pelo pintor italiano Giuseppe Pelliza da Volpedo (1868-1907) nesta tela faz do espectador um dos participantes do cortejo fúnebre. O artista explorou efeitos de luz para criar a atmosfera de luto e espiritualização.

VOLPEDO, Giuseppe Pellizza da. *Flor quebrada*, c. 1896-1902. Óleo sobre tela, 79,5 cm × 107 cm. Museu d'Orsay, Paris, França.

O que você pensa disto?

Neste capítulo, você conheceu a história de um dos autores do Simbolismo brasileiro, Cruz e Sousa, cujo talento não foi reconhecido em sua época principalmente devido ao racismo que vigorava na sociedade do século XIX.

Atualmente, existe mais tolerância racial, mas a diferença social entre brancos e afrodescendentes continua mantendo grande parte destes em posições inferiores no mercado de trabalho por conta da dificuldade de acesso ao ensino superior. Diante disso, as universidades públicas do país têm adotado o sistema de cotas raciais, que reserva vagas para afrodescendentes.

- Você acredita que essa medida trará impactos positivos para a educação no país? E para erradicar o preconceito racial? Discuta o assunto com os colegas.

Público durante sessão do dia 26 de abril de 2012, no Supremo Tribunal Federal, na qual os ministros consideraram constitucional o sistema que reserva vagas para afrodescendentes nas universidades públicas.

Ferramenta de leitura

A imensidão interior sugerida pela poesia

Para Gaston Bachelard, nenhum tipo de conhecimento – nem mesmo o científico – é absolutamente racional, o que deve levar a ciência a dialogar com todas as formas de conhecimento, inclusive com a religião e a arte. Fotografia de 1961.

O filósofo Gaston Bachelard (1884-1962) propôs uma abordagem da literatura a partir da investigação do que chamou de **imaginação poética**. Para ele, a poesia nasce de uma "explosão da imagem" que faz com que o leitor estabeleça um significado muitas vezes inesperado para o que lê. Bachelard escreve:

> Embora pareça paradoxal, muitas vezes é essa *imensidão interior* que dá seu verdadeiro significado a certas expressões referentes ao mundo que vemos. Para discutirmos sobre um exemplo preciso, vejamos a que corresponde a *imensidão da Floresta*. Essa "imensidão" nasce de um corpo de impressões que não derivam realmente de ensinamentos de geografia. Não é preciso permanecer muito tempo nos bosques para conhecer a impressão sempre um pouco ansiosa de que "mergulhamos" num mundo sem limites. [...] Como dizer melhor, se queremos "viver a floresta", que nos achamos diante de *uma imensidão local*, diante da imensidão local de sua profundidade? [...] A floresta é um estado de alma.
>
> BACHELARD, Gaston. *A poética do espaço*. Trad. Antonio de Pádua Danesi. São Paulo: Martins Fontes, 1993. p. 191-192.

Para Bachelard, o sentido das imagens em um poema não está previamente estabelecido. Seus significados nascem da relação com aquilo que se encontra na subjetividade de cada leitor em um determinado momento e da percepção da novidade expressiva que o texto literário contém.

Leia agora um poema do simbolista Eduardo Guimarães.

Novilúnio

Novilúnio de outubro. É primavera. Sente!
Que silêncio! Não move uma só brisa. Odor
a jasmins. Larga e verde, a água-morta jazente.
Nela ao fundo azulado o céu. Nenhum rumor.

São como aparições as árvores. Que mágoa,
a destes salgueiros! Ó vastas solidões!
Pânica encenação da sombra à beira d'água
que reflete ao luar a copa dos chorões!

Desfaz-se a mancha azul do cerro que se obumbra.
E eis que, a espátula, a treva o quadro singular
pinta: e por tudo cria efeitos de penumbra...
ouve-se o coração das cousas palpitar.

Nada turba entretanto a música divina
do silêncio, nem mesmo a orvalhada a cair
da altura e a marejar duma geada fina
e límpida os botões das rosas por abrir.

Novilúnio de outubro. É primavera. Sente:
que aroma, o dos jasmins! Dorme tudo ao redor.
Nenhum rumor que se ouça – o dos sapos somente
que faz mais calma a noite e o silêncio maior.

GUIMARÃES, Eduardo. In: JUNKES, L. (Org.). *Roteiro da poesia brasileira*: Simbolismo. São Paulo: Global, 2006. p. 142-143.

Vocabulário de apoio

cerro: colina
jazente: que está ou parece morto
marejar: gotejar
novilúnio: período da lua nova
obumbrar: ocultar, escurecer
pânico: assustador (no caso, é um adjetivo)
turbar: perturbar

Sobre o texto

1. O eu lírico do poema "Novilúnio" cria evocações sinestésicas.
   a) Algumas imagens do poema expressam a ideia de silêncio. Explique como isso ocorre nas referências à paisagem.
   b) A imagem final do soneto exprime o silêncio por um paradoxo. Explique.

2. O quadro descrito no poema contribui para a produção de um efeito único. Analise a progressão narrativa construída pela sequência das estrofes.

3. O eu lírico faz um convite ao leitor. Identifique a palavra que expressa isso e relacione-a ao efeito geral pretendido.

4. Leia no boxe *Vocabulário de apoio* a definição de *novilúnio* dada pela geografia. Por que o efeito produzido pelo poema vai além dessa definição?

Entre textos

No estudo do Simbolismo, você pôde perceber como essa corrente literária faz referências à realidade objetiva de forma nebulosa, quase indecifrável. Isso ocorria porque os poetas simbolistas valorizavam o poder da sugestão; procuravam aludir a um quadro psicológico por meio de evocações sensoriais totalmente subjetivas. A nebulosidade e as sugestões sensoriais também estão presentes nos dois textos a seguir. O primeiro é datado de 2005, e o segundo, de 2008.

TEXTO 1

Dois barcos

quem bater primeiro a dobra do mar
dá de lá bandeira qualquer, aponta pra fé
e rema

é, pode ser que a maré não vire
pode ser do vento vir contra o cais
e se já não sinto teus sinais
pode ser da vida acostumar
será morena?
sobre estar só eu sei
nos mares por onde andei
devagar
dedicou-se mais o acaso a se esconder
e agora o amanhã, cadê?

doce o mar perdeu no meu cantar

CAMELO, Marcelo. Intérprete: Los Hermanos. In: 4. BMG, 2005. Faixa 1.

Qual é o tema desta letra de canção? O eu lírico faz primeiro referência a um cenário marítimo, que subitamente (no verso "será morena?") parece se deslocar para a vida amorosa. Neste caso, é possível entender que o eu lírico está falando da separação de um par amoroso ("Dois barcos"), como é frequente em letras de canção. Talvez a nebulosidade da letra se deva ao fato de que o eu lírico ainda não "digeriu" a separação, por isso só consegue expressá-la em termos totalmente subjetivos, pouco acessíveis a terceiros.

TEXTO 2

Calendário

Maio, de hábito, demora-se à porta,
como o vizinho, o carteiro, o cachorro.
Das três imagens, porém, nenhuma diz
do que houve, para meu susto, àquele ano.
O quinto mês pulou o muro alto do dia
como só fazem os rapazes, mas logo
pelos quartos e sala convertia o ar em águas
definitivamente femininas. Eu
tentava decifrar. Mas
deitou-se comigo e, então, já não era isso
nem seu avesso: a camisa azul despia
azuis formas que eu não sabia, recém-saídas
de si mesmas, eu diria, e não sei ter
em conta senão que eram o que eram. Partiu
do mesmo modo, em bruto, coisa sem causa.
Maio, maravilha sem entendimento,
demora-se à porta, como o vizinho,
o carteiro, o cachorro. Porém,
nenhuma das três imagens, tampouco
este poema, diz do que houve, para meu susto,
àquele ano.

FERRAZ, Eucanaã. *Cinemateca*. São Paulo: Companhia das Letras, 2008. p. 25.

Assim como no caso do Texto 1, é difícil determinar objetivamente sobre o que fala o eu lírico. Primeiro, ele diz que nenhuma das três imagens – vizinho, carteiro, cachorro – explica os eventos daquele maio e tenta então explicá-los com outras imagens. O poema traz a seguir inúmeros termos relacionados à realidade objetiva – muro, rapazes, quartos, sala, camisa –, mas trabalhados de tal modo que essa realidade se dilui, torna-se impalpável. No final, o eu lírico percebe que as outras imagens – e, consequentemente, o próprio poema – também não foram capazes de capturar aquele maio: "tampouco/ este poema, diz do que houve, para meu susto,/ àquele ano".

Vestibular e Enem

1. **(PUC-PR)** Assinale o que for incorreto a respeito da estética simbolista e da poesia de Cruz e Sousa.
   a) Os poetas simbolistas se opunham ao objetivismo cientificista dos realistas/naturalistas.
   b) Cruz e Sousa é o maior representante da estética simbolista no país. Porém, nas primeiras décadas do século XX, observa-se uma grande expansão do Simbolismo no Sul do Brasil, sendo o Paraná um dos estados com maior número de manifestações poéticas dessa escola, seja pelas revistas que foram criadas, seja pelos poetas que foram revelados.
   c) Verifica-se na estética simbolista o culto à musicalidade do poema, em sintonia com a busca pela espiritualidade, um dos temas predominantes na poesia de Cruz e Sousa.
   d) O Simbolismo brasileiro recupera de modo inequívoco os procedimentos e os temas do Romantismo, valorizando o sentimento nacionalista e as ideias abolicionistas.
   e) Para os simbolistas, a poesia, experiência transcendente, é uma forma pela qual se alcança o sentido oculto das coisas e das vivências.

2. **(Uespi)** Analise o fragmento do poema abaixo e os comentários que são feitos a seguir.

   > Ó Formas alvas, brancas, Formas claras
   > De luares, de neves, de neblinas!
   > Ó Formas vagas, fluidas, cristalinas...
   > Incenso de turíbulos da aras...

   1) Pelas características de sugestão e enigma, o poema se inscreve na escola simbolista.
   2) O poema se opõe às escolas naturalista e parnasiana, valorizando uma realidade subjetiva, metafísica e espiritual.
   3) O poema tem em comum com os textos parnasianos o apuro formal, a presença da métrica e da rima.

   Está(ão) correta(s):
   a) 1 apenas.
   b) 2 apenas.
   c) 1 e 2 apenas.
   d) 2 e 3 apenas.
   e) 1, 2 e 3.

3. **(Enem)**

   > ### Cárcere das almas
   >
   > Ah! Toda a alma num cárcere anda presa,
   > Soluçando nas trevas, entre as grades
   > Do calabouço olhando imensidades,
   > Mares, estrelas, tardes, natureza.
   >
   > Tudo se veste de uma igual grandeza
   > Quando a alma entre grilhões as liberdades
   > Sonha e, sonhando, as imortalidades
   > Rasga no etéreo o Espaço da Pureza.
   >
   > Ó almas presas, mudas e fechadas
   > Nas prisões colossais e abandonadas,
   > Da Dor no calabouço, atroz, funéreo!
   >
   > Nesses silêncios solitários, graves,
   > que chaveiro do Céu possui as chaves
   > para abrir-vos as portas do Mistério?!
   >
   > CRUZ E SOUSA, J. *Poesia completa*. Florianópolis: Fundação Catarinense de Cultura/Fundação Banco do Brasil, 1993.

   Os elementos formais e temáticos relacionados ao contexto cultural do Simbolismo encontrados no poema "Cárcere das almas", de Cruz e Sousa, são:
   a) a opção pela abordagem, em linguagem simples e direta, de temas filosóficos.
   b) a prevalência do lirismo amoroso e intimista em relação à temática nacionalista.
   c) o refinamento estético da forma poética e o tratamento metafísico de temas universais.
   d) a evidente preocupação do eu lírico com a realidade social expressa em imagens poéticas inovadoras.
   e) a liberdade formal da estrutura poética que dispensa a rima e a métrica tradicionais em favor de temas do cotidiano.

4. **(Uepa)** Leia o texto e responda à questão.

   > ### Água Morrente
   >
   > Meus olhos apagados,
   > Vede a água cair.
   > Das beiras dos telhados,
   > Cair, sempre cair.
   > Das beiras dos telhados,
   > Cair, quase morrer...
   > Meus olhos apagados,
   > E cansados de ver.
   > Meus olhos, afogai-vos
   > Na vã tristeza ambiente.
   > Caí e derramai-vos
   > Como a água morrente.

   No conhecido poema de Camilo Pessanha, o Sujeito reserva a si uma atitude passiva diante do mundo, fazendo sentir sobre si os efeitos da paisagem natural; desse modo, há um desequilíbrio existencial sugerido através de uma metáfora. A esse propósito marque a opção correta.
   a) A imagem do Homem que emerge do caos sugere a resistência ao tempo, o desejo de sobreviver a ele.
   b) A submersão sugere que, existencialmente, o Homem vê-se desgastado e empurrado para o Fim.
   c) O navegar por entre águas insinua a busca humana por novos desafios que lhe deem sentido à vida.

d) O desejo de emergir em meio a águas agitadas sugere a vontade humana de acompanhar as mudanças socioeconômicas do início do século XX.

e) Todo o ambiente criado no poema impressiona pelo misticismo vaporoso que sugere o mistério para além da materialidade.

5. (Uepa) Leia os textos abaixo.

Ao longe os barcos de flores

Só, incessante, um som de flauta chora,
Viúva, grácil na escuridão tranquila.
— Perdida voz que de entre as mais se exila
— Festões de som dissimulando a hora

Na orgia, ao longe, que em clarões cintila
E os lábios, branca, do carmim desflora...
Só, incessante, um som de flauta chora,
Viúva, grácil, na escuridão tranquila.

E a orquestra? E os beijos? Tudo a noite, fora,
Cauta, detém. Só modulada trila
A flauta flébil... Quem há-de remi-la?
Quem sabe a dor que sem razão deplora?

Só, incessante, um som de flauta chora...

Camilo Pessanha

Flores de Xangai, 1998

Hou Hsiao-hsien tem nesse filme uma aposta estética principal: compor os climas de um mundo povoado por desejos, ebriedades, comércios, jogos, gestos, vaidades e muito, muito luxo. Somos transportados às casas de flores, como eram chamadas na Xangai do século XIX as luxuosas casas de prostituição, onde os ricos "mestres" da época vinham encontrar amor e descanso, um refúgio do mundo exterior. [...] Em *Flores de Xangai*, tudo se passa dentro de quatro casas de flores, [...] territórios separados do meio que os rodeia, pelos costumes, pelos modos, pelo constante uso de ópio, pelos jogos, pelos rituais gastronômicos e amorosos, pela profusão de mobiliárias, bibelôs e luminárias trabalhadíssimas, índices da opulência simbólica daquele ambiente.

<http://www.contracampo.com.br/30/floresdexangai.htm>

A intertextualidade perceptível entre o soneto "Ao longe os barcos de flores" e a resenha do filme *Flores de Xangai* revela que ambas as produções dialogam com a cultura da China do século XIX, onde, naquele período, os prostíbulos eram chamados de **casas de flores**. Em seu [poema], bem ao gosto simbolista, Camilo Pessanha prefere a

imagem do barco (ao invés de casas) e sugere a dor existencial por meio:

a) de uma análise negativa da prática da prostituição.

b) da sugestão decadentista contida na sonoridade da flauta e em sua adjetivação.

c) de alusões à religiosidade cristã católica sugerida por imagens litúrgicas.

d) do apelo sensorial e místico criado pela profusão de imagens olfativas.

e) do objetivismo pelo qual sugere o tema metafísico da morte.

6. (Ufam) Considere o poema abaixo, de Alphonsus de Guimaraens.

Quando Ismália enlouqueceu,
Pôs-se na torre a sonhar...
Viu uma lua no céu,
Viu outra lua no mar.

No sonho em que se perdeu,
Banhou-se toda em luar...
Queria subir ao céu,
Queria descer ao mar...

E, no desvario seu,
Na torre pôs-se a cantar...
Estava perto do céu,
Estava longe do mar...

E como um anjo pendeu
As asas para voar...
Queria a lua do céu,
Queria a lua do mar...

As asas que Deus lhe deu
Ruflaram de par em par...
Sua alma subiu ao céu,
Seu corpo desceu ao mar...

Sobre ele é incorreto afirmar que:

a) é um texto que caracteriza a essência do Simbolismo ao usar a loucura e a torre como alegorias do distanciamento do mundo terreno.

b) a presença da música, da cor prateada, da loucura, do mar e do céu confirma a inserção do texto no Simbolismo.

c) a dualidade corpo e alma está presente no poema, nas imagens do mar e do céu, unidas pelo objeto de desejo: a lua.

d) é um poema que traz como tema o suicídio religioso.

e) Ismália recebeu um par de asas para o corpo e outro para a alma, conduzindo a alma ao céu e o corpo ao mar, desfazendo a ideia de suicídio, que pressuporia queda.

Linguagem: analisar, classificar, produzir sentido

UNIDADES

6 Língua: forma, funções e sentidos

7 Seres, objetos, quantidades e qualidades

8 Ações, estados e circunstâncias

9 Conexões e expressão

O artista estadunidense Alexander Calder (1898-1976) tornou-se conhecido no século XX como um grande representante da chamada arte cinética, na qual o movimento do objeto artístico é um princípio estruturante. Ao observar suas criações – estruturas compostas por peças articuladas que se movem –, o artista francês Marcel Duchamp (1887-1968) escolheu o termo *móbile* (do inglês, "aquilo que se move") para designá-las. Com um impulso qualquer (por exemplo, uma rajada de vento), surgem inúmeras novas composições. As diferentes imagens que o espectador observa dependem não apenas dos elementos que compõem a peça, mas também da forma como ele lê cada nova combinação.

CALDER, Alexander. *Ordinary*, 1969. Escultura em metal, 600 cm × 700 cm × 990 cm (aprox.). Coleção particular, Nova York.

As palavras que compõem a língua apresentam características bastante variadas. Por exemplo, algumas são compostas de morfemas lexicais, que apontam para um referente extralinguístico; outras têm apenas morfemas gramaticais, de sentido restrito ao universo da língua. Umas sofrem variação – podem adquirir características de gênero, número, tempo e modo; outras são invariáveis. Há, ainda, palavras centrais na formação dos sintagmas, blocos de significação que compõem os enunciados; outras palavras têm a função de especificar essas palavras centrais, atribuir-lhes características, indicar circunstâncias.

Neste volume, você conhecerá diferentes perspectivas de análise das palavras e as classes nas quais elas se dividem de acordo com a Nomenclatura Gramatical Brasileira (NGB), uma referência para o ensino de língua portuguesa no Brasil.

Neste percurso, você vai refletir sobre os acertos e problemas da NGB e investigar como as diferentes classes de palavras contribuem para materializar aquilo que os usuários da língua querem comunicar.

UNIDADE 6
Língua: forma, funções e sentidos

Nesta unidade

21 Escolher e combinar

22 Três faces da palavra

Picasso, Pablo. *A Musa*, 1935. Óleo sobre tela, 130 cm × 162 cm. Museu de Arte Moderna, Paris, França.

A imagem abaixo, reprodução de um quadro do artista espanhol Pablo Picasso (1881-1973), apresenta traços característicos da fase cubista do pintor. Nela, Picasso explorou a possibilidade de representar, simultaneamente, planos de visão diversos de um mesmo objeto. Por exemplo, alguns elementos que compõem a personagem feminina à esquerda estão organizados em um mesmo plano de visão, de modo semelhante ao que seria observado no mundo real: pernas, tronco, braços, mãos e cabeça são vistos de frente. No entanto, o nariz e a boca estão representados como se a personagem estivesse de perfil, enquanto os olhos podem ser vistos desse mesmo ângulo (levando em conta apenas um deles) ou de um ângulo frontal (se observarmos ambos).

De forma similar, a linguagem verbal também se organiza mediante a combinação de elementos com diferentes formas e funções. Além disso, as palavras da língua podem ser vistas de diferentes perspectivas. Para a divisão dessas palavras em classes, no entanto, é necessário considerar todos esses ângulos em conjunto para descrevê-las adequadamente. É o que você verá nesta unidade.

CAPÍTULO 21
Escolher e combinar

O que você vai estudar

- Os dois eixos da língua: escolha e combinação.
- Escolher e combinar nos níveis fonológico, morfológico, sintático, semântico e pragmático.

A **escolha** e a **combinação** de elementos para a formação de conjuntos interpretáveis são operações constitutivas da linguagem verbal. Neste capítulo, você observará de que maneira os eixos da escolha e da combinação operam na produção de sentido nos diferentes níveis da língua: fonológico, morfológico, sintático, semântico e pragmático.

❯ Eixos e níveis da língua

- Leia, a seguir, uma tira em que Hagar recebe uma visita.

BROWNE, Dik. *Hagar, o Horrível*. Porto Alegre: L&PM, 1997. p. 9.

1. Ao chegar, o visitante comporta-se de maneira educada e gentil. Que elementos verbais e não verbais comprovam essa afirmação?
2. Hagar não reage de modo gentil à saudação do visitante.
   a) Que elementos não verbais justificam essa afirmação?
   b) Por que Hagar parece comportar-se dessa maneira?
3. Qual é a providência do visitante para reverter a situação criada por sua fala?

Observe a fala do visitante no primeiro quadro da tira: "Marquei encontro com a srta. Honi.". Um dos aspectos que torna a fala do rapaz interpretável é a combinação das palavras em uma sequência adequada. Dispostas em outra ordem, como "Honi marquei srta. encontro a com", as mesmas palavras possivelmente não seriam compreendidas.

Nessa mesma fala, a posição de cada palavra (ou conjunto de palavras) poderia ter sido ocupada por outras, sem prejuízo: "Marquei encontro com **minha namorada**."/"**Combinei** encontro com a srta. Honi."/"Marquei **hora** com a srta. Honi." Já a construção "Marquei **passará** com a srta. Honi" comprometeria o entendimento. Assim, não apenas a ordem mas também a escolha das palavras devem ser adequadas para a produção de sentidos.

A primeira fala do visitante não tem como objetivo apenas descrever o que ele faz ali: no contexto, ela manifesta a expectativa de que Hagar avise Honi sobre sua chegada. Hagar é capaz de entender isso por conhecer as relações sociais. A segunda fala do visitante, embora atenda aos critérios de escolha e combinação para um enunciado interpretável, gera em Hagar uma reação oposta à esperada, o que produz um efeito de humor na tira.

Assim, pode-se dizer que os sentidos produzidos pela língua dependem de fatores internos ao enunciado – como as palavras escolhidas pelos falantes e a maneira como elas se combinam – e de fatores externos ao enunciado – como a relação entre os interlocutores, seus papéis sociais, suas intenções, valores, entre outros. Embora descritos aqui separadamente, esses fatores operam em conjunto. A seguir, você investigará de que maneira os processos de escolha e combinação operam nos diferentes níveis da língua e sua relação com a produção de sentidos.

> ## O eixo das escolhas e o eixo das combinações

As operações de escolha e combinação podem ser representadas por **eixos**. Embora analisadas separadamente, elas sempre operam de maneira simultânea na produção de sentidos.

A combinação de elementos pode ser entendida como uma sucessão linear e, por isso, associada a um eixo **horizontal**. Na escrita é possível perceber essa sucessão, já que, em geral, a representação gráfica dos textos verbais escritos é composta de linhas horizontais.

Já a operação de **escolha** é associada a um eixo **vertical**. É como se fosse escolhida uma alternativa em um teste de múltipla escolha, ou selecionado um único item de uma lista de opções. Veja um exemplo.

Vale saber

Na **geometria analítica**, eixos são retas transversais que compõem gráficos cartesianos. Eles têm um sentido positivo e outro negativo e se cruzam em uma origem comum (O).

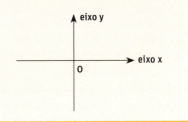

Hipertexto

A combinação pode resultar em expressões já muito utilizadas e, por isso, desgastadas – os **clichês**. O usuário da língua deve estar atento e evitá-los, quando precisar produzir um texto com originalidade. Saiba mais consultando o boxe *Observatório da língua*, na parte de Produção de texto (**capítulo 31**, p. 323).

> ## Escolher e combinar nos vários níveis da língua

Leia a tira a seguir.

WATTERSON, Bill. *Calvin e Haroldo*.

No primeiro e no último quadrinho, o leitor observa Calvin no ambiente da escola. Suponha que houvesse, entre esses dois quadrinhos, um que mostrasse a corrida do garoto até a janela da sala de aula. Nesse caso, uma parte do humor da tira se perderia, já que ele também explora a fantasia de Calvin (que imagina estar em um universo fantástico).

Para representar tal fantasia, o cartunista emprega algumas estratégias. Uma delas é escolher e combinar palavras do universo das aventuras espaciais, que instigam a imaginação das crianças. Compare a fala de Calvin no segundo quadrinho com outra possibilidade, que descreveria os fatos de forma mais realista.

> Astronauta Spiff, o conquistador do Cosmo, foi emboscado por um Zondarg!
> Calvin, o aluno distraído, foi percebido pela professora Hermengarda!

A escolha e a combinação das palavras no segundo exemplo não criam o clima de fantasia infantil presente no texto original.

Como você verá a seguir, os processos de escolha e combinação operam em diferentes níveis da língua (fonológico, morfológico, semântico, sintático e pragmático) para a produção de sentidos.

> ### Nível fonológico

Examine o cartum ao lado.

O cartum dialoga com o provérbio "À noite todos os gatos são pardos". Tal provérbio sugere que, em certas circunstâncias, os detalhes não são percebidos ou perdem a importância.

Na fala da personagem feminina no cartum, o texto do provérbio foi alterado no nível fonológico: no lugar do fonema /d/ da sequência /p/+ /a/+ /R/+ **/d/**+ /u/+ /s/, é empregado o fonema /k/, compondo a sequência /p/+ /a/+ /R/+ **/k/**+ /u/+ /s/.

Veja como a mudança de um único fonema, no eixo das escolhas, resulta em outras combinações, criando novas sequências com outros significados.

Eixo das combinações →

/p/	/a/	/R/	/d/	/u/	/s/	pardos
/p/	/a/	/R/	/k/	/u/	/s/	parcos
/p/	/a/	/R/	/v/	/u/	/s/	parvos
/p/	/a/	/R/	/t/	/u/	/s/	partos

↓ Eixo das escolhas

Luli. Clara. *Folha de S.Paulo*, 13 jan. 2003. Suplemento Folhateen.

No cartum, a alteração fonológica na palavra *pardos*, fazendo referência ao dito popular, sugere que há poucos (*parcos*) rapazes disponíveis nos locais que as mulheres frequentam com a intenção de paquerar.

> ### Nível morfológico

Leia a nota que circulou em uma revista semanal.

> A nova (ou nem tão nova assim) moda gastronômica na cidade são os restaurantes e casas especializadas em um só tipo de prato. Se você gosta das temakerias e brigaderias, venha descobrir kebaberias, cevicherias, cupcakerias e outros [...].
>
> Um prato, diversas versões. Revista *Veja São Paulo*, São Paulo, Abril, p. 10, 13 jul. 2011.

Os sufixos *-aria* e *-eria* estão presentes em palavras como *papelaria* e *sorveteria*, que nomeiam estabelecimentos nos quais se vendem determinados produtos. Por meio desse recurso disponível no nível morfológico da língua, os falantes criaram novas palavras para designar casas especializadas em pratos específicos, como *cevicherias* (que servem o *ceviche*, prato de peixe marinado de origem peruana) e *cupcakerias* (que vendem *cupcakes*, pequenos bolos confeitados assados em formas de papel).

Lembre-se

Fonemas são as unidades de som da língua que diferenciam o significado das palavras. Nas escritas ortográficas, os fonemas são representados por **letras** e outros sinais gráficos.

Morfema é a menor unidade da língua portadora de sentido. Os **morfemas lexicais** remetem à realidade extralinguística (ex.: *feliz*). Os **morfemas gramaticais** só têm significado no interior da língua (ex.: o prefixo **in-** em *infeliz*).

> ### Nível semântico

Leia a anedota.

> Depois de se fartar com o almoço, Joãozinho exclama:
> — Nossa! Fiquei cheio!
> — Não se diz "cheio", meu filho — ensinou a mãe. — Você ficou satisfeito.
> Dias depois, o menino tomou um ônibus lotado com a mãe e reclamou:
> — Esse ônibus está muito satisfeito, mãe!
>
> Domínio público.

A mãe de Joãozinho julga indelicado o uso da palavra *cheio* para expressar que se comeu bem. Após ser corrigido por ela, Joãozinho passa a associar a palavra *satisfeito* ao conjunto dos significados das palavras *cheio*, *pleno*, *estufado*. Assim, usa-a para se referir a um ônibus lotado, ignorando que ela diz respeito a pessoas e suas necessidades, e não à ocupação de um espaço.

Não há sinônimos perfeitos na língua. Ao empregar uma ou outra palavra, os falantes selecionam a que expressa mais precisamente o que querem dizer, criando a combinação mais adequada ao contexto. Nessa anedota, o fato de Joãozinho ignorar isso é o que provoca o riso.

> ### Nível sintático

As palavras agrupam-se nos enunciados segundo princípios de dependência e ordem, formando conjuntos que são unidades de significado. Tais conjuntos são denominados **sintagmas**.

Na frase ao lado, é possível identificar duas grandes unidades significativas que indicam (1) quem faz algo e (2) a ação realizada.

Os sintagmas estruturam-se em torno de um **núcleo**, palavra central de significação do conjunto. O sentido desse núcleo é modificado ou complementado por elementos associados a ele. No exemplo dado, o núcleo do primeiro sintagma é *diretor*, e a expressão *de musicais* especifica o sentido desse núcleo. No segundo sintagma, *procura* é o núcleo, expressando a ação realizada, e *atores cantores* complementa seu sentido.

Dentro do segundo sintagma, seria possível identificar ainda outras unidades de significado, ou seja, outros sintagmas. Isso pode ser percebido na observação do esquema ao lado. O núcleo do sintagma *atores cantores* é a palavra *atores* – o tipo de profissional procurado pelo diretor; a palavra *cantores* caracteriza um grupo específico de atores procurados: aqueles que também têm experiência em cantar.

Se a posição das palavras fosse invertida, gerando o sintagma *cantores atores*, o enunciado teria outro significado. Nesse caso, *cantores* seria o núcleo do sintagma; logo, o diretor estaria buscando cantores que eventualmente representam.

> ### Nível pragmático

A imagem ao lado reproduz uma placa exposta na Ilha do Cardoso (SP), um paraíso ecológico. Seu objetivo era conscientizar as pessoas sobre o impacto da ação humana no meio ambiente.

O produtor do texto inspirou-se em cartazes policiais que divulgam retratos de criminosos. No lugar da foto do procurado, pendurou restos de lixo descartados de forma inadequada.

Releia: "Procura-se o animal que deixou essas pegadas.". Quem produziu a placa optou pela palavra *animal* no lugar da palavra *pessoa*. Essa escolha, bastante agressiva, expressa indignação e busca causar constrangimento naqueles que desrespeitam os espaços naturais. A opção pela palavra *animal*, por sua vez, conduziu ao uso da palavra *pegadas*, em vez de *lixo*.

A escolha e a combinação dos elementos verbais e não verbais ganham sentido no contexto específico em que a placa foi produzida e lida, em função dos lugares sociais ocupados pelos sujeitos envolvidos nessa interação. Assim, também no nível pragmático, é possível observar as operações de escolher e combinar.

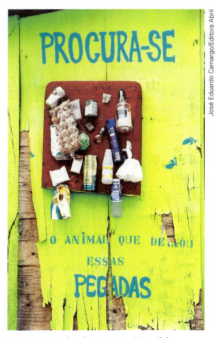

CAMARGO, José Eduardo; SOARES, L. *O Brasil das placas*. São Paulo: Panda Books, 2007. p. 109.

> **ANOTE**
>
> As operações de **escolha** e **combinação**, que podem ser representadas graficamente por um eixo **vertical** e outro **horizontal**, são constitutivas do funcionamento da linguagem verbal e ocorrem nos diferentes **níveis da língua**: fonológico, morfológico, sintático, semântico e pragmático.

Prática de linguagem

1. Leia o trecho de uma reportagem.

   Uma iguaria vítima de tabus alimentares
   Cercada por mitos dietéticos e interdições culturais, a carne suína ainda é item raro nos menus da alta gastronomia

   "A carne de porco não é doentia, como muitas pessoas supõem; para prova, considerem-se os habitantes das províncias de Minas, São Paulo, Goiás e Mato Grosso, os quais usam da carne de porco quase exclusivamente e, entretanto, são eles os mais sadios e vigorosos de todo o Império." Não fosse pela palavra que fecha a frase, "Império", essa citação bem poderia ser atual. Mas é de 1883, do *Cozinheiro nacional*, primeiro livro de cozinha brasileiro. [...]

   AMARAL, Renata do. Revista *Continente*, Recife, p. 82, nov. 2010.

   a) Segundo o trecho, que visão sobre a carne de porco é comum atualmente?
   b) Que estratégia a produtora do texto adotou para questionar essa visão? Como a palavra *tabu*, presente no título da reportagem, se relaciona a essa estratégia?
   c) O título da reportagem é constituído por um sintagma. Identifique o seu núcleo.
   d) No interior desse sintagma, é possível identificar outro sintagma menor: "vítima de tabus alimentares". Qual é o seu núcleo?
   e) Há, ainda, outro sintagma menor no interior do sintagma apontado no item **1d**. Qual?
   f) Explique a diferença de sentido existente entre os sintagmas "primeiro livro de cozinha brasileiro" e "primeiro livro de cozinha brasileira".
   g) Que níveis da descrição linguística você usou para responder ao item anterior? Explique.
   h) Releia: "Não fosse pela palavra que fecha a frase, 'Império', essa citação bem poderia ser atual". Nesse trecho, a autora da reportagem chama a atenção para o eixo das escolhas. Além disso, considera especialmente que nível de descrição da língua? Explique.

2. Leia o poema abaixo.

   tudo dito,
   nada feito,
   fito e deito

   LEMINSKI, Paulo. *Distraídos venceremos*. São Paulo: Brasiliense, 1987. p. 131.

   a) Os dois primeiros versos apresentam uma oposição de ideias. Explique essa oposição baseada na escolha e na combinação das palavras.
   b) Indique a semelhança e a variação fonológica entre as palavras *dito* e *fito* e *feito* e *deito*.
   c) Que sentido pode ser atribuído ao último verso, no conjunto do poema?

3. Leia o cartum a seguir.

   THAVES, Bob. *O Estado de S. Paulo,* São Paulo, 11 jan. 2008.

   a) O valor líquido de uma quantia em dinheiro é o que resulta após o desconto de impostos. O valor integral, sem esses descontos, é denominado *bruto*. No cartum, em que eixo da língua se relacionam *salário* e *líquido*? E *líquido* e *bruto*? Justifique.
   b) Por que o salário da personagem é caracterizado como *gasoso*?

4. O texto a seguir foi retirado de uma reportagem sobre a utilização de fermentos naturais na fabricação de pães. Leia-o para responder às questões.

Toda vez que a *chef* Mari Hirata deixa o Japão, onde mora, para dar aulas em outros países, carrega junto o "filho" mais novo, que, apesar da pouca idade (10 anos), já tem uma extensa linhagem de descendentes espalhada mundo afora. Todos cobiçam a carga genética do rebento, um fermento natural elaborado com figo seco que, nas mãos de Mari, dá origem a pães de crosta dourada e crocante, perfumado e saboroso.

FIDALGO, Janaína. Eterno enquanto dure. *Folha de S.Paulo*, 16 ago. 2007.

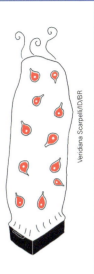

a) Por que a palavra *filho* foi empregada entre aspas na reportagem?
b) Que outras expressões referentes a relações familiares são usadas para se referir ao fermento? Que efeito essa escolha produz no texto?
c) Releia.

> [...] um fermento natural elaborado com figo seco que, nas mãos de Mari, dá origem a pães de crosta **dourada** e **crocante**, perfumado e saboroso.

I. Que termo da frase é modificado pelas palavras em destaque?
II. Que nível da língua você observou para responder à questão anterior? Explique.
III. Segundo um critério morfossintático, a que termo as palavras *perfumado* e *saboroso* se referem na oração? Segundo um critério semântico, a que outro elemento elas poderiam se referir? Explique.

5. Examine o texto a seguir, extraído de uma propaganda.

> Votar para presidente, expressar sua opinião sem medo, manifestar posições políticas contrárias ao governo, entrar e sair do país livremente. O que hoje parece tão simples e natural marcou toda uma geração que sofreu com a repressão num passado não distante. Conhecer a luta do povo brasileiro para recuperar a democracia é a melhor forma de impedir que erros do passado se repitam no futuro.

a) Como a fotografia que compõe o fundo da propaganda se relaciona ao *slogan* (escrito em letras maiores, com fundo azul)?
b) Observe o contraste entre as cores da foto e as do logotipo no canto inferior direito da propaganda. Que efeito esse contraste produz?
c) Qual parece ser a finalidade desse texto? Em que ele se diferencia de um anúncio publicitário? Explique.
d) Em que nível da língua você precisou analisar a propaganda para responder às questões anteriores? Justifique.

Revista *Bravo*, p. 9, nov. 2009.

Usina literária

Leia o poema de Carlos Drummond de Andrade.

O mundo é grande

O mundo é grande e cabe
nesta janela sobre o mar.
O mar é grande e cabe
na cama e no colchão de amar.
O amor é grande e cabe
no breve espaço de beijar.

ANDRADE, Carlos Drummond de. *Amar se aprende amando*. 24. ed. Rio de Janeiro: Record, 2001.

1. Que estrutura se repete ao longo dos versos? Ela remete ao eixo das escolhas ou das combinações?
2. Que elementos variam nessa estrutura? Com qual eixo da língua eles se relacionam?
3. A repetição e a variação constroem uma cadeia lógica que contribui para o sentido do poema. Explique como o primeiro e o último verso se relacionam nessa cadeia.

Língua viva — Escolher, combinar e produzir efeitos expressivos

Leia a letra de uma canção de Mariana Aydar gravada em seu álbum *Peixes, Pássaros, Pessoas*.

Peixes

Peixes são iguais a pássaros
Só que cantam sem ruído
Som que não vai ser ouvido

Voam águias pelas águas
Nadadeiras como asas
Que deslizam entre nuvens

Peixes, pássaros, pessoas
Nos aquários, nas gaiolas,
Pelas salas e sacadas
Afogados no destino
De morrer como decoração das casas

Nós vivemos como peixes
Com a voz que nós calamos
Com essa paz que não achamos

Nós morremos como peixes
Com amor que não vivemos
Satisfeitos? Mais ou menos

Todas as iscas que mordemos
Os anzóis atravessados
Nossos gritos abafados

Capa do CD *Peixes, Pássaros, Pessoas*.

AYDAR, Mariana. Intérprete: Mariana Aydar. In: *Peixes, Pássaros, Pessoas*. São Paulo: Universal Music, 2009. 1 CD. Faixa 8.

Sobre o texto

1. O primeiro verso aproxima peixes e pássaros. No senso comum, a comparação entre esses animais implica mais semelhanças ou diferenças? Justifique sua resposta.

2. A primeira estrofe aponta um traço em comum entre pássaros e peixes.
   a) Que traço seria esse?
   b) A qual dos dois animais esse traço não é atribuído frequentemente?
   c) Como a canção responde a esse fato?

3. A segunda estrofe faz uma nova aproximação entre peixes e pássaros.
   a) Que elemento os aproxima nesse momento da canção? Explique.
   b) A partir do quarto verso, as identidades dos animais passam a se fundir. Observe os deslizamentos de sentido envolvidos na construção desse verso.

Peixes	nadam	pelas águas	como	águias	voam	pelo céu.
Peixes	voam	pelas águas	como	águias		pelo céu.
Águias	voam	pelas águas.				
Voam	águias	pelas águas.				

No eixo das escolhas, *voar* equivale a *nadar*. Observe a terceira linha do esquema acima e explique o que possibilitou essa equivalência.

4. A aproximação entre peixes e pássaros também ocorre por uma semelhança sonora, ressaltada no verso "Voam águias pelas águas".
   a) Em que consiste essa semelhança sonora?
   b) Como a sonoridade aproxima peixes e pássaros?

5. Releia a terceira estrofe.
   a) Nessa parte da canção, os peixes e pássaros são domésticos, vivem em aquários e gaiolas. Que palavras ou expressões sugerem que tais condições são degradantes?
   b) O primeiro verso da terceira estrofe inclui as pessoas no conjunto formado por pássaros e peixes. Por que essa aproximação provoca estranhamento? Considere em sua resposta o eixo das combinações.

ESCHER, Maurits Cornelius. *Céu e água I*, 1938. Xilogravura, 44 cm × 44 cm. Museu Escher, Haia, Holanda.

Esta é uma das gravuras mais conhecidas do holandês Escher, artista gráfico do século XX que inspirou diversas manifestações artísticas até os dias atuais – do audiovisual aos quadrinhos. Conhecido por seus trabalhos com efeitos que confundem a visão do leitor, nesta obra o artista opõe, aproxima e funde as figuras do peixe e do pássaro.

6. As três últimas estrofes apontam circunstâncias em que pessoas se assemelham a peixes.
a) Quais são essas circunstâncias?
b) Quais dessas condições não são propriamente dos peixes, mas dos seres humanos?
c) Segundo a canção, vivendo nessas condições, as pessoas se igualam aos peixes. Explique por quê.
d) Não emitir som, morder iscas e ficar com anzóis atravessados são condições que adquirem novos sentidos, quando associadas a pessoas. Que novos sentidos são esses?
e) As metáforas são produzidas com base em uma relação de semelhança entre dois elementos. Em que eixo da língua essas semelhanças estão? Em que eixo elas se manifestam?

7. Agora, leia um poema de Vinicius de Moraes.

Allegro

Sente como vibra
Doidamente em nós
Um vento feroz
Estorcendo a fibra

Dos caules informes
E as plantas carnívoras
De bocas enormes
Lutam contra as víboras

E os rios soturnos
Ouve como vazam
A água corrompida

E as sombras se casam
Nos raios noturnos
Da lua perdida.

MORAES, Vinicius de. *Poesia completa e prosa*. Rio de Janeiro: Nova Aguilar, 2008. p. 206.

Vocabulário de apoio

estorcer: torcer com força, contorcer
informe: que tem forma imprecisa
soturno: sombrio, escuro

a) Qual seria o possível significado do "vento feroz" descrito pelo eu lírico?
b) Em geral, os termos nos enunciados da língua portuguesa obedecem à seguinte ordem: "especificação de quem sofre ou realiza a ação" + "palavra que expressa a ação realizada". Na primeira estrofe do poema, essa sequência é rompida, observando-se uma inversão sintática. Explique como isso se dá.
c) A forma como as palavras estão combinadas no poema realça a ideia expressa por elas, principalmente se levarmos em conta o significado de *estorcer* e *informe*. Justifique essa afirmação.

ANOTE

A **escolha** e a **combinação** dos elementos da língua podem gerar **efeitos expressivos**. Esses efeitos se manifestam nas imagens produzidas pela escolha das palavras, na musicalidade obtida pelo ritmo e pela rima e na organização singular das palavras nas frases e nos versos.

Texto em construção

Agora você produzirá um **poema** sobre o cotidiano dos jovens para expô-lo em uma mostra da classe. Podem ser abordados a escolha da profissão, a busca do primeiro emprego, a definição do curso universitário, a convivência entre grupos, o relacionamento com os pais, o engajamento social, as expressões artísticas.

Após escolher seu tema, pense em como você poderia falar sobre ele escolhendo e combinando os elementos da língua de maneira a produzir efeitos expressivos. Tente se afastar do sentido mais denotativo das palavras e procure expressar suas ideias por meio de figuras de linguagem, tais como metáforas, metonímias e personificações.

Brinque com a morfologia, construa jogos de palavras. Crie ritmo e rima em seu poema, selecionando palavras com fonemas semelhantes. Se quiser, organize os versos combinando os sintagmas de maneira inusitada. Os eixos e os níveis da língua oferecem inúmeras possibilidades de construção de sentidos e efeitos de expressividade.

Em dia com a escrita — Hipônimos e hiperônimos como recursos coesivos

Hiponímia e **hiperonímia** são dois tipos de **relação lexical**, ou seja, de relação entre palavras pela via do significado. A hiponímia indica a relação de uma palavra de sentido mais restrito com outra de sentido mais genérico: por exemplo, *martelo* é hipônimo de *ferramenta*. Já a hiperonímia representa a relação de uma palavra de sentido mais genérico com outra de sentido mais específico: por exemplo, *ferramenta* é hiperônimo de *martelo*. O uso de hipônimos e hiperônimos pode ser um importante recurso de coesão textual.

> **Lembre-se**
>
> **Coesão textual** é o aspecto responsável pela conexão entre as partes do texto. Palavras que sinalizam ligações, antecipando, retomando e encadeando elementos, são um importante recurso coesivo. A pontuação, dentre outros, também é um fator de coesão.

1. Leia o texto a seguir, cuja fonte foi omitida.

Praia Grande tem invasão de águas-vivas

Pelo menos 225 banhistas foram atacados em 2 dias; descida para o litoral seguiu com lentidão

Desde quinta-feira, pelo menos 225 banhistas sofreram queimaduras causadas por uma invasão de águas-vivas em Praia Grande, na Baixada Santista, segundo um balanço divulgado pela Secretaria Municipal de Saúde da cidade. A espécie, popularmente chamada de caravela, é considerada uma das mais perigosas da costa brasileira e pode deixar marcas para sempre em partes sensíveis como barriga, pescoço e axilas. A ferida produzida é tratada como queimadura. Até agora, a maioria das pessoas foi machucada nas pernas.

A prefeitura de Praia Grande afirma que o total de feridos pode ser ainda maior, já que muitas pessoas, após os primeiros cuidados, não preenchem uma ficha cadastral para ajudar as autoridades a mapear o problema. No último verão, no município, 20 pessoas foram atingidas por águas-vivas.

Caravela (*Physalia physalis*).

Segundo o médico Adriano Bechara, secretário-adjunto de Saúde do município e diretor técnico do Hospital Municipal, mais de 95% dos casos foram considerados leves. "Mesmo os que exigiram aplicação de antialérgico não foram graves. Não foi registrado nenhum choque anafilático, causado pela reação do organismo humano à toxina liberada. Essa é a nossa maior preocupação", disse.

O Corpo de Bombeiros afirmou que não há necessidade de interdição das praias. Basta que as pessoas fiquem alertas e saiam da água, caso observem a presença de caravelas. Nos primeiros dias, a maioria dos banhistas se queimou nas praias que ficam entre Guilhermina e Ocian. Já ontem à tarde, o foco estava um pouco mais acima, no Boqueirão e no Forte, o que pode indicar que a correnteza esteja levando os animais marítimos para o litoral norte.

Os especialistas orientam a vítima a não encostar na ferida e evitar a automedicação. "A providência é seguir diretamente para o PS", declarou Bechara, que é cirurgião-geral.

Segundo Álvaro Migotto, biólogo do Centro de Biologia Marinha da USP, o grande número de bichos na Praia Grande é uma coincidência. "A aproximação de uma população numerosa é um fenômeno comum. Chama atenção porque ocorreu num período de tempo bom, em que as praias estão cheias de gente", afirmou.

[...]

a) Observe a estrutura do texto, a linguagem empregada e os conteúdos tratados e levante hipóteses: em que meio de comunicação ele deve ter sido publicado? Em que época do ano? Justifique sua resposta com exemplos.

b) Esse fragmento corresponde à primeira parte de um texto maior. É possível inferir os assuntos tratados no restante do texto? Explique.

2. Releia o trecho a seguir.

> A prefeitura de Praia Grande afirma que o total de feridos pode ser ainda maior, já que muitas pessoas, após os primeiros cuidados, não preenchem uma ficha cadastral para ajudar as autoridades a mapear o problema.

a) Associe os conceitos de **hipônimo** e **hiperônimo** às palavras *feridos* e *pessoas*.
b) Que outros termos, ao longo da notícia, designam os indivíduos atingidos pelas águas-vivas?
c) Qual dos termos utilizados tem sentido mais abrangente?
d) O termo *turistas* pode ser empregado como referência aos indivíduos atingidos? Por quê?

3. Observe agora outro trecho.

> O Corpo de Bombeiros afirmou que não há necessidade de interdição das praias. Basta que as pessoas fiquem alertas e saiam da água, caso observem a presença de caravelas.

a) O termo *pessoas*, nesse parágrafo, se refere ao mesmo grupo indicado por essa palavra no trecho da atividade 2? Explique.
b) Que outro termo, no texto da notícia, tem a mesma abrangência semântica que o termo *pessoas* no trecho acima?
c) O termo *caravelas* substitui e retoma *água-viva*. Ele pode ser considerado um hiperônimo dessa palavra? Explique.

4. Ao longo do texto, outras palavras retomam o termo *água-viva*.
a) Quais são essas palavras?
b) Elas estabelecem uma relação de hiperonímia ou de hiponímia com a palavra *água-viva*? Justifique sua resposta.
c) Tais relações de hiperonímia e hiponímia ocorrem no eixo da combinação ou no eixo das escolhas? Explique.

5. Leia agora uma tira de Adão Iturrusgarai.

ITURRUSGARAI, Adão. *Folha de S.Paulo*, 6 dez. 2003. Suplemento infantil Folhinha.

a) Observe o último quadro. O que a menina está comendo?
b) Que hiperônimo a personagem adulta usa para se referir aos itens daquela refeição?
c) O hiperônimo empregado pela personagem adulta expressa um juízo valorativo. Qual?
d) Que outros hiperônimos ela poderia empregar para não revelar esse ponto de vista?
e) Que hiperônimo a menina usa para se referir a "uma lagartixa"? Esse hiperônimo poderia ser usado para retomar "a mais cara e melhor ração do mercado"? Explique.

ANOTE

Os **hipônimos** e os **hiperônimos** atuam como recursos coesivos, retomando ou antecipando um elemento textual por meio da substituição. É comum que palavras utilizadas com frequência em um texto sejam retomadas por hiperônimos. A hiperonímia também possibilita a expressão de juízos de valor em relação a certos termos. Dependendo do hiperônimo empregado, pode-se valorizar ou desvalorizar um elemento.

CAPÍTULO 22

Três faces da palavra

O que você vai estudar

- Classes de palavras.
- Critérios de classificação: semântico, morfológico e sintático.

Para o estudo da língua, a palavra é uma unidade fundamental. Neste capítulo, você conhecerá algumas perspectivas de descrição e análise das palavras e os aspectos levados em conta para seu agrupamento em classes.

› Analisar, descrever e classificar palavras

- Leia a tira a seguir.

GONSALES, Fernando. *Níquel Náusea*. *Folha de S.Paulo*, 1º set. 1993.

1. Considerando apenas a fala do rato no primeiro quadrinho, como se supõe que seja a relação entre a raposa e o cachorro?
2. A tira provoca humor ao contrariar essa suposição. Que elementos verbais e não verbais produzem esse efeito?
3. O segundo quadrinho torna a declaração do rato inválida? Explique.

No ramo da Biologia que classifica os seres vivos, *família* diz respeito a uma das categorias que reúnem seres com uma mesma história evolutiva. Para produzir humor, a tira aproveita esse sentido, mas leva em conta também o significado dessa palavra no contexto da organização social dos seres humanos.

Como integrantes da família dos canídeos, o cão e a raposa compartilham características: são mamíferos, têm cauda longa, orelhas eretas e focinho fino. Ao reunir esses animais em um grupo com características comuns, os biólogos organizam informações sobre eles, classificando-os conforme critérios que estabeleçam uma identificação.

Os estudiosos da língua adotam o mesmo procedimento em relação às palavras. Para compreender sua atuação nos enunciados, estabelecem critérios, analisam as palavras e as agrupam em diferentes categorias.

› Classificar como? Para quê?

O cachorro e a raposa poderiam estar em grupos diferentes se fossem analisados sob outra perspectiva. Por exemplo: os cães podem ser domesticados; as raposas são animais selvagens. *Classificar*, portanto, significa "agrupar segundo critérios determinados".

Também no estudo da língua é comum falar em classificação. Mas a expressão "classificar as palavras", por si só, não é muito precisa. Classificar segundo qual critério? E para quê?

O estudo das regras de acentuação gráfica, por exemplo, requer a classificação das palavras quanto à posição de sua sílaba tônica. Nesse caso, as palavras serão agrupadas em oxítonas, paroxítonas e proparoxítonas. Para outros objetivos, é necessário definir outros critérios.

Uma das principais razões para organizar as palavras em classes diz respeito à economia. Isso significa, por exemplo, que é possível falar de forma genérica a respeito de um grupo muito numeroso de palavras, sem precisar se referir a cada uma delas em particular. Para essa classificação, em geral, as palavras são consideradas no interior dos enunciados.

> Uma longa tradição

A busca por maneiras de classificar as palavras remonta à Antiguidade. O filósofo grego Aristóteles dividia-as em três grandes grupos: nomes, verbos e partículas. Os nomes abrangeriam as palavras que indicam seres e seus atributos. Os verbos corresponderiam às palavras que se referem a processos ocorridos em determinado tempo, realizados por determinada pessoa ou determinado ser. As partículas abrangeriam elementos que estabelecem relações entre as partes do discurso.

Embora essa divisão tenha sua pertinência, outras propostas foram desenvolvidas. Atualmente, no ensino da língua portuguesa no Brasil, adota-se a classificação reconhecida pela Nomenclatura Gramatical Brasileira (NGB).

Critérios de classificação

A divisão das palavras em classes parte de critérios relacionados a três níveis de descrição linguística: o **semântico**, o **morfológico** e o **sintático**.

O critério **semântico** leva em conta o significado da palavra. Por exemplo, pode-se descrever *família* como "palavra que designa categoria biológica ou grupo de pessoas com antepassados comuns".

O critério **morfológico** põe em evidência a forma das palavras. Nesse sentido, é possível dizer que *família* é a "palavra que tem como base de significação o radical *famili-* e como morfema gramatical a vogal temática *-a*".

O critério **sintático** indica a relação da palavra com outras no enunciado. Por exemplo, na frase dita pela raposa, na tira da página anterior, pode-se dizer que *família* é a "palavra que tem o sentido modificado por *desunida*".

Leia a tira a seguir e veja como esses três critérios se relacionam.

> **Passaporte digital**
>
> **Nomenclatura Gramatical Brasileira (NGB)**
> No Brasil, a descrição das classes de palavras segue a NGB, uma relação de conteúdos gramaticais elaborada em 1957 por um grupo de gramáticos, por iniciativa do então Ministério da Educação e Cultura. A proposta foi aceita e uma lei recomendou seu uso no país, como forma de conservar uma nomenclatura uniforme, sobretudo para o ensino da língua.
>
> A descrição proposta pela NGB é fruto de uma convenção e, naturalmente, segue a visão daquela época. Hoje, ela é alvo de críticas e alguns estudiosos elaboram propostas para uma nova nomenclatura oficial.
>
> A NGB está disponível em <http://www.portaldalinguaportuguesa.org/recursos.html?action=ngbras>. Acesso em: 20 dez. 2012.

SCHULZ, Charles M. *A vida é um jogo*. São Paulo: Conrad, 2004. p. 32.

Ao se referir à atividade esportiva praticada, a personagem Charlie Brown usa a palavra *jogo*; para indicar o objeto que machucou Snoopy, *bola*; para nomear alguém que precisa ser atendido por um médico, *paciente*. Essas palavras – segundo um **critério semântico** – podem ser agrupadas em uma mesma classe: a das palavras que nomeiam seres (substantivos).

No entanto, *paciente* poderia ser empregada também para atribuir uma característica a um ser: "aquele homem é muito paciente". Portanto, o que permite incluir essa palavra em uma classe (substantivos) ou outra (adjetivos) não é apenas seu sentido, mas também sua posição no enunciado e a maneira como ela se relaciona com outros vocábulos. Ou seja, além do critério semântico, é necessário considerar também o **critério sintático**.

Perdemos e *acertou* não nomeiam seres nem os caracterizam: indicam processos ocorridos no tempo. A palavra *jogo*, entendida como a atividade esportiva praticada por Charlie Brown e seus amigos, também indica um processo ocorrido no tempo. O que possibilita diferenciar *perdemos* e *acertou* de *jogo* é a presença dos elementos *-mos* e *-ou*, que indicam o tempo da ação e quem a realizou. Portanto, o **critério morfológico** também é considerado para agrupar *perdemos* e *acertou* em uma classe específica (verbos), que deixa de fora a palavra *jogo* tal como usada na tira.

> **• Hipertexto**
>
> O **critério semântico** é também o utilizado na definição dos antônimos. A antonímia pode se tornar um recurso importante na construção do texto argumentativo. Saiba mais sobre o assunto consultando o boxe *Observatório da língua* na parte de Produção de texto **(capítulo 35, p. 357)**.

189

As dez classes de palavras

A NGB agrupa as palavras da língua portuguesa em dez classes. Cada uma delas será estudada detidamente ao longo dos capítulos deste volume.

Substantivos, artigos, numerais, adjetivos e pronomes

Leia o trecho de uma canção para conhecer as cinco primeiras classes.

Nem um dia

Um dia frio
Um bom lugar pra ler um livro
E o pensamento lá em você,
Eu sem você não vivo
Um dia triste
Toda fragilidade incide
E o pensamento lá em você,
E tudo me divide

Longe da felicidade
E todas as suas luzes
Te desejo como ao ar
Mais que tudo,
És manhã na natureza das flores

Mesmo por toda riqueza
Dos *sheiks* árabes
Não te esquecerei um dia,
Nem um dia
[...]

DJAVAN. Intérprete: Djavan. In: *Malásia*. Sony/BMG, 1996.

Na canção, o eu lírico lembra da pessoa amada. Para isso, emprega palavras que designam conceitos ligados a seres (*flores*), objetos (*livro*), sentimentos (*felicidade*), ações (*pensamento*), qualidades (*fragilidade*), noções (*dia*, *lugar*) e substâncias (*ar*). Palavras como essas são **substantivos**. Nos enunciados, os substantivos ocupam em geral o núcleo dos **sintagmas nominais**. Estes, por sua vez, são unidades de sentido que se organizam em torno de um **nome** (substantivos ou palavras que assumam o valor de substantivo).

Outras palavras se organizam em torno desse núcleo. É o que acontece com os termos destacados em "um dia" e "o pensamento". Essas palavras, que determinam o núcleo do sintagma nominal, são chamadas de **artigos**.

Há palavras que podem tanto determinar o núcleo de um sintagma nominal quanto substituí-lo. É o caso de alguns **numerais**, classe que indica a quantidade de seres, sua ordenação em uma sequência ou sua proporção. No enunciado "A primeira estrofe da letra dessa canção tem oito versos", o numeral *primeira* especifica a palavra *estrofe*, indicando sua ordem em uma sequência. Já a palavra *oito* quantifica o substantivo *versos*. O critério semântico é fundamental para diferenciar determinados numerais e artigos, que são semelhantes segundo os critérios sintático e morfológico.

Na canção, além de indicar os elementos de sua lembrança, o eu lírico também atribui qualidades a eles. Veja:

"Um dia frio"
"Um bom lugar pra ler um livro"

Os termos destacados são **adjetivos**. Eles qualificam as palavras *dia* e *lugar*. Portanto, atribuem características ao núcleo de um sintagma nominal.

O eu lírico emprega também palavras que indicam as pessoas do discurso: quem fala, com quem se fala e de quem/sobre o que se fala. Observe:

"Eu sem você não vivo"
"as suas luzes"

No primeiro exemplo, *eu* e *você* indicam, respectivamente, quem fala e com quem se fala; no segundo exemplo, *suas* especifica *luzes*, relacionando essa palavra àquilo sobre o que se fala (a *felicidade*, citada no verso anterior). Esses termos especificam ou substituem o núcleo dos sintagmas nominais e integram a classe dos **pronomes**.

> **Lembre-se**
>
> Não confunda **classes de palavras** com **famílias de palavras**. Estas, também chamadas de **palavras cognatas**, são grupos de vocábulos que têm origem em um mesmo radical.

> **Repertório**
>
> **Sistemas abertos e sistemas fechados**
>
> As classes dos **substantivos**, dos **adjetivos**, dos **verbos** e alguns **advérbios** fazem parte do **sistema aberto** da língua, cujo número de elementos pode crescer no decorrer do tempo, para nomear novos objetos, processos, traços característicos, etc. Por exemplo, *internet*, *dadaísta*, *televisionar* e *pós-modernamente* são, respectivamente, substantivo, adjetivo, verbo e advérbio que foram incluídos no léxico no século XX.
>
> As demais classes de palavras (incluindo os outros advérbios) integram o **sistema fechado** da língua, que tende a permanecer quantitativamente estável. O fato de nessas classes haver um número limitado de palavras, do qual a memória dá conta, é um importante recurso para identificá-las.

> Verbos e advérbios

Leia a tira do argentino Quino para conhecer mais duas classes.

QUINO. *Toda Mafalda*. São Paulo: Martins Fontes, 1993. p. 211.

Mafalda está decepcionada com o fato de as pessoas sempre adiarem o que poderiam fazer no presente. Releia trechos das falas das personagens.

> Não **daria** para **voltar** amanhã?
> ...revistas que eu **prometi devolver** hoje...
>
> Por que não **vai** ao dentista?
> **Estou pensando** em **ir** amanhã.

Os termos destacados nesses enunciados indicam processos e estados relativos a determinados seres e objetos. Essas palavras integram a classe dos **verbos**, que precisam ser considerados também pelas perspectivas morfológica e sintática para serem plenamente descritos e identificados. Quanto ao seu comportamento nos enunciados, os verbos correspondem ao núcleo dos **sintagmas verbais**. Estes, como o próprio nome diz, são unidades de sentido que se organizam em torno de **verbos**. No interior desses sintagmas, os verbos têm o seu sentido modificado ou complementado por outros termos.

Na fala de Mafalda no último quadrinho, a palavra *amanhã* nomeia um tempo futuro, atuando, portanto, como substantivo: "o *amanhã*". Já no primeiro quadrinho, esse termo acompanha o verbo *voltar*, indicando a circunstância em que esse processo verbal ocorre. No segundo quadrinho, a palavra *hoje* na fala de Felipe tem o mesmo papel em relação ao verbo *devolver*. Nesses casos, *amanhã* e *hoje* são **advérbios**, palavras que, fundamentalmente, especificam o núcleo do sintagma verbal.

> Preposições, conjunções e interjeições

Nas falas das personagens, há também palavras que estabelecem conexões entre outras palavras e expressões, as **preposições**. Em "vai ao dentista", por exemplo, *ao* relaciona *ir* a *dentista*, de modo que a segunda palavra explica ou completa o sentido da primeira.

Na fala de Mafalda no último quadrinho, a palavra *se* une dois conjuntos de significação, indicando hipótese, condição: "este seria o país do amanhã *se* não fosse o amanhã". As palavras que ligam enunciados, ou elementos com função semelhante em um enunciado, são chamadas de **conjunções**.

Um último grupo completa as classes de palavras reconhecidas pela NGB. Na fala de Felipe no segundo quadrinho, *ah* indica sua reação ao se encontrar com Mafalda. Expressões que, de maneira resumida, indicam emoções são chamadas de **interjeições**. O grupo dessas três classes de palavras apresenta diversas particularidades em seu comportamento em relação às demais classes, como se verá no capítulo 30 deste volume.

ANOTE
> São dez as classes de palavras descritas pela NGB: substantivo, artigo, numeral, adjetivo, pronome, verbo, advérbio, preposição, conjunção e interjeição.

Passaporte digital

Quino

Joaquín Salvador Lavado nasceu em Mendoza, Argentina, em 1932, e se tornou cartunista em 1954, quando foi para Buenos Aires. Dez anos depois apareceram as primeiras tiras da Mafalda, criadas para uma campanha publicitária de eletrodomésticos que não foi veiculada. Mafalda, menina de 6 anos filha de uma típica família de classe média argentina, fazia comentários reflexivos sobre a situação política e social do país. Preocupava-se com as guerras, as armas nucleares e a injustiça, ao mesmo tempo que exaltava a democracia e os direitos humanos. As tiras da Mafalda foram produzidas até 1973. O *site* oficial de Quino pode ser visualizado em quatro línguas, entre elas o português: <http://www.quino.com.ar/>. Acesso em: 21 dez. 2012.

Autorretrato de Quino.

Prática de linguagem

1. Leia a tira abaixo.

BROWNE, Chris. *Hagar, o Horrível*.

a) O que o leitor pode supor sobre os *vikings* com base no primeiro quadrinho e em seus conhecimentos prévios?
b) Nessa interpretação, que elemento da fala de Helga é modificado pela palavra *limpo*? A que classe a palavra *limpo* pertence, nesse caso?
c) Com base na fala de Hagar e nos elementos não verbais do segundo quadrinho, o que significa a palavra *limpo*?
d) Nessa nova interpretação, que palavra é modificada pelo termo *limpo*? A que classe *limpo* pertence, nesse caso?

2. Leia a seguir o trecho de uma reportagem.

Democracia: do espaço grego ao não espaço
As formas de participação popular na era da Internet

[...] As inovações tecnológicas do computador e da Internet também trouxeram mudanças para a ideia de democracia. Hoje, pesquisadores da Ciência Política já falam da "democracia eletrônica", como a possibilidade de permitir a participação das pessoas comuns na tomada de decisões importantes como nunca se viu antes. "A definição clássica diz que democracia é o governo do povo, pelo povo, para o povo. Mas, na verdade, ela nada mais é do que um sistema político no qual se estabelece competição eleitoral, através da qual os eleitores escolhem os seus governantes. Para isso, é necessária uma série de pré-requisitos, entre eles a liberdade de expressão e de associação, o próprio ato da votação e o respeito às minorias e, portanto, à oposição", explica Fernando Azevedo, coordenador do Programa de Pós-Graduação em Ciência Política da UFSCar.

Na era da Internet, a ideia de governo "pelo povo, para o povo" pode ganhar força com o incremento do conceito de democracia, a partir das oportunidades oferecidas pelo universo digital. Como marca do surgimento da expressão "democracia eletrônica", hoje é possível experimentar as práticas democráticas de uma forma diferenciada e, algumas vezes, mais consistente.

[...]

Disponível em: <http://www.clickciencia.ufscar.br/portal/edicao12/reportagem1_detalhe.php>. Acesso em: 27 dez. 2012.

a) De acordo com o texto, o que se deve entender por "o não espaço", citado no título?
b) Por que o título cita o espaço grego?
c) Por que é possível afirmar que a ideia do governo "pelo povo, para o povo" ganha força na era da internet?
d) Em "o governo do povo, pelo povo, para o povo", os sintagmas "o governo" e "o povo" são articulados por meio de três palavras. Quais? A que classe de palavras elas pertencem?
e) Leia as orações a seguir.

> Fala-se hoje em democracia eletrônica.
> Os avanços tecnológicos na internet influenciaram algumas práticas democráticas.

  I. Reescreva esses enunciados em seu caderno, empregando uma palavra que os conecte de modo que a segunda oração seja uma explicação sobre o que se fala na primeira.
  II. A que classe de palavras pertence o termo que você acrescentou?

3. Leia o trecho de uma notícia sobre a participação brasileira nas Paraolimpíadas de 2012.

> [...] André Brasil, outro destaque da natação, também se disse satisfeito com os três ouros e as duas pratas. Seu desejo é que a torcida não o veja como **deficiente**, mas como **atleta**. E ele deixa sua mensagem: "Não tem olímpico e nem paralímpico. É natação".
> [...]
> ZUKERAN, Valéria. Londres vê melhor desempenho da história brasileira. *O Estado de S. Paulo*, 9 set. 2012.

André Brasil na premiação das Paraolimpíadas de 2012.

a) As palavras destacadas no trecho acima pertencem à classe dos substantivos. Qual delas atua como adjetivo em cada um dos trechos a seguir?

> I. A nadadora estadunidense Trischa Zorn é a **atleta deficiente** mais condecorada da história das Paraolimpíadas: possui 46 medalhas.
> II. O **deficiente atleta** tem estímulo para se reintegrar à sociedade, pois sai de casa, tem uma vida social.

b) Releia a frase da notícia sobre André Brasil.

> Seu desejo é que a torcida não o veja como deficiente [...].

Quais são as palavras do trecho acima que têm o mesmo sentido que as expressões "do nadador" e "o nadador" nesse contexto? A que classe de palavras elas pertencem?

c) Confronte a frase original da notícia com uma nova versão.

> André Brasil [...] se disse satisfeito com os três ouros e as duas pratas.
> André Brasil se disse satisfeito com **as medalhas de ouro e prata**.

Do ponto de vista semântico, que vantagem a versão original apresenta em relação à versão modificada? Que classe de palavras permite essa vantagem?

Usina literária

Leia o poema de Affonso Romano de Sant'anna e responda às questões.

A pesca

o anil
o anzol
o azul

o silêncio
o tempo
o peixe

a agulha
vertical
mergulha

a água
a linha
a espuma

o tempo
o peixe
o silêncio

a garganta
a âncora
o peixe

a boca
o arranco
o rasgão

aberta a água
aberta a chaga
aberto o anzol

aquelíneo
ágil-claro
estabanado

o peixe
a areia
o sol.

SANT'ANNA, Affonso Romano de. *A implosão da mentira (e outros poemas)*. São Paulo: Global, 2007. p. 44-45.

1. No poema "A pesca", a sequência dos versos procura reproduzir as ações envolvidas no ato de pescar. No entanto, há apenas um verbo empregado. Identifique-o.
2. Que classes de palavras predominam no poema? Que efeito se obtém com esse predomínio?
3. Cada estrofe ou conjunto de estrofes representa um momento da pescaria. Indique-os.
4. A penúltima estrofe é formada por adjetivos. Indique quais deles remetem à ideia de movimento e explique a importância desse traço para o poema.
5. A palavra *aquelíneo* não faz parte do léxico português. Em comparação com *longilíneo* ("de forma longa e fina"), que significado é possível atribuir a ela?
6. *Âncora* é uma peça de ferro ligada a uma corrente que permite fixar uma embarcação.
   a) No poema, ela representa metaforicamente que objeto? Em que tipo de semelhança se apoia essa metáfora?
   b) Que ampliação de sentido a metáfora confere a esse objeto no poema?

Língua viva — A metalinguagem na construção poética

Nos estudos linguísticos, a própria língua pode ser usada para descrever suas propriedades, seu uso, seu funcionamento. Quando ela serve a essa finalidade, é chamada de **metalinguagem**. A metalinguagem também pode ser empregada em outros contextos, contribuindo para a criação de efeitos expressivos. Observe como ela se manifesta na construção poética desta canção.

Gramática

O substantivo
É o substituto
Do conteúdo

O adjetivo
É nossa impressão
Sobre quase tudo

O diminutivo
É o que aperta o mundo
E deixa miúdo

O imperativo
Que aperta os outros
E deixa mudo

Um homem de letras
Dizendo ideias
Sempre se inflama

Um homem de ideias
Nem usa letras
Faz ideograma

Se altera as letras
E esconde o nome
Faz anagrama

Mas se mostro o nome
Com poucas letras
É um telegrama

Nosso verbo ser
É uma identidade
Mas sem projeto

E se temos verbo
Com objeto
É bem mais direto

No entanto falta
Ter um sujeito
Pra ter afeto

Mas se é um sujeito
Que se sujeita
Ainda é objeto

Todo barbarismo
É o português
Que se repeliu

O neologismo
É uma palavra
Que não se ouviu

Já o idiotismo
É tudo que a língua
Não traduziu

Mas tem idiotismo
Também na fala
De um imbecil

TATIT, Luiz; PERES, Sandra. Gramática. Intérprete: Palavra Cantada. In: *Canções curiosas*. São Paulo: Palavra Cantada produções musicais, 1998.

> **Vocabulário de apoio**
>
> **anagrama**: palavra ou frase formada com as mesmas letras de outra palavra ou frase, mas em outra ordem e com outro sentido
>
> **barbarismo**: uso de palavras ou expressões em desacordo com as normas gramaticais
>
> **ideograma**: símbolo gráfico que representa um conceito
>
> **idiotismo**: expressão que não pode ser traduzida para outra língua a partir do seu sentido literal
>
> **imperativo**: forma verbal que exprime ordem ou conselho. Ex.: *Faça* atividades físicas
>
> **inflamar-se**: exaltar-se
>
> **telegrama**: mensagem transmitida por um telégrafo, geralmente muito sucinta (pois se paga pelo número de palavras usadas)

Sobre o texto

1. Que estrofes poderiam ser associadas a uma aula ou a um livro de gramática? Explique.

2. O texto menciona termos utilizados para descrever a linguagem verbal.
   a) Quais são eles?
   b) Em determinadas estrofes, alguns desses termos são definidos. Dê dois exemplos.
   c) Verifique, em seu livro didático ou gramática, como esses conceitos são apresentados pelos estudos linguísticos. Copie as definições apresentadas.
   d) Compare os dois tipos de definição. Os autores da canção e do livro didático as escreveram com a mesma finalidade? Explique.

3. Nas estrofes de 1 a 8, o eu lírico se refere a atitudes do ser humano em relação ao mundo.
   a) Associe cada atitude descrita abaixo a uma das oito primeiras estrofes.
   I. Nomear ou classificar o que existe.
   II. Diminuir a dimensão de coisas.
   III. Dar opinião sobre o que existe.
   IV. Expressar-se de forma passional.
   V. Esconder coisas ao expressar-se.
   VI. Revelar coisas de forma breve e rápida.
   VII. Oprimir as pessoas por meio de ordens.
   VIII. Preocupar-se com o conteúdo do que se fala.
   b) O que permite que todas essas atitudes das pessoas se concretizem no mundo?

4. *Idiotismo* é um termo empregado na descrição que fazemos da linguagem verbal. Apresenta a mesma raiz das palavras *idioma* e *idioleto*. Na canção, o termo foi também empregado com o sentido que apresenta em outro contexto. Qual é esse sentido?

5. Alguns traços formais ajudam a caracterizar um texto como literário; por exemplo, a disposição das palavras em versos (embora também haja textos literários em prosa). No entanto, esses elementos, por si só, não são suficientes para tal caracterização. No que diz respeito à linguagem empregada na canção, que traços conferem a ela um caráter poético?

6. Leia agora o poema a seguir.

Vocabulário de apoio

siso: bom senso, juízo, sensatez

Poética

conciso? com siso
prolixo? pro lixo

PAES, José Paulo. *Poesia completa*. São Paulo: Companhia das Letras, 2008. p. 289.

a) O que significa dizer que um texto ou um indivíduo é *conciso*? E *prolixo*?
b) Que julgamento o eu lírico faz de cada um desses indivíduos?
c) A construção do poema confirma a preferência do eu lírico por determinado tipo de linguagem? Explique.

7. Examine o cartum abaixo.

THAVES, Bob. Frank & Ernest. *O Estado de S.Paulo*, 27 jan. 2009.

a) "Liberdade condicional" é a liberdade provisória obtida por um detento, antes do fim de sua pena, por bom comportamento. A que contexto se relaciona essa expressão?
b) Que elementos da explicação de Ernie permitem que ele introduza sua resposta com a expressão "Gramaticalmente falando"?
c) De que modo a explicação de Ernie se relaciona com a definição de liberdade condicional?
d) Caso a expressão "Gramaticalmente falando" fosse suprimida da resposta de Ernie, a explicação dada seria considerada clara o suficiente, tendo em vista a pergunta feita? Qual seria o efeito dessa supressão na tira?

ANOTE

A **metalinguagem** é a linguagem usada para descrever ou falar sobre a própria linguagem. Ela pode ser empregada como recurso poético, pois possibilita a criação de efeitos expressivos.

Texto em construção

Muitas tiras de humor são fundamentadas em brincadeiras com a linguagem, em jogos de palavras. Com um colega, você vai criar uma **tira** desse tipo, a ser publicada no jornal de sua escola. Inicialmente deve ser feito um planejamento e um rascunho; em um segundo momento, vocês devem trocar a tira com outra dupla, para propor correções e melhorias.

O humor dessa tira deve basear-se nos sentidos que uma ou mais palavras têm no contexto dos estudos sobre a linguagem e fora dele. Você pode, por exemplo, construir metáforas relacionando os sentidos que as palavras têm no universo linguístico e nas relações humanas: algumas palavras rimam; pessoas também poderiam "rimar". Se julgar necessário, consulte um dicionário para certificar-se das possibilidades de criação com o vocabulário escolhido por vocês.

Considere as sugestões da outra dupla para produzir a versão final da tira.

Em dia com a escrita — Os homônimos e a ortografia

A **homonímia** é um tipo de relação lexical, ou seja, de relação entre palavras pela via do significante. Trata-se de palavras com o mesmo significante (e/ou mesma representação gráfica), mas com significados distintos. Os **homônimos perfeitos** têm significantes e representação gráfica idênticos; os **homônimos homófonos** também partilham um mesmo significante, mas têm representações gráficas distintas; os **homônimos homógrafos** apresentam representação gráfica idêntica, mas alguma diferença sonora.

Na produção de textos escritos, é necessário dedicar atenção especial à grafia dos **homônimos homófonos**, já que, além da clareza, também está em jogo o respeito à convenção ortográfica da língua portuguesa.

1. Qual é o significado de cada palavra em destaque nas frases a seguir?
   a) I. No dia da competição, os jogadores acordaram muito **cedo**.
      II. Eu nunca **cedo** a chantagens.
   b) I. Crianças **são** muito ativas.
      II. O médico anunciou que o paciente estava **são** e salvo.

2. Leia em voz alta os enunciados a seguir.

   > I. Estimulados por boas campanhas de *marketing*, os eleitores, muitas vezes, acabam por eleger políticos não somente desonestos, mas também **insipientes**, isto é, insensatos e ignorantes.
   > II. No Brasil, os estudos sobre direito eletrônico são muito **incipientes**. A reflexão sobre o tema é muito recente.

   a) Quais são as diferenças e as semelhanças entre as palavras destacadas? Explique.
   b) Essas diferenças e semelhanças se manifestam em que níveis de descrição da língua?

3. Copie as frases a seguir no caderno, completando-as com uma das palavras indicadas.
   a) sessão, seção ou cessão
      A ■ da vez em uma fila como essa é ilegal.
      Esqueci de passar na ■ de congelados.
      Por causa do trânsito, eles perderam a primeira ■ de cinema.
   b) acento ou assento
      Preferi ficar de pé porque o ■ parecia úmido.
      Com a implantação do acordo ortográfico, o uso do ■ diferencial foi reduzido.
   c) apreçar ou apressar
      Os produtores de soja pretendem ■ a safra ainda hoje.
      Não era necessário ■ os turistas, porque a chuva impedia a excursão.
   d) sela ou cela
      Presos cavam buraco na ■ para tentar fugir da prisão.
      Ele não conseguiu cavalgar, pois perdeu a ■ do cavalo.
   e) xeque ou cheque
      O diretor colocou em ■ nossa posição de consultores.
      Ainda não retirei o ■ do meu pagamento.
   f) cassada ou caçada
      Durante a ditadura, a imprensa teve sua liberdade ■.
      A raposa foi ■.
   g) espectador ou expectador
      O ■ não gostou do espetáculo.
      Sou um ■ de um futuro melhor.
   h) coser ou cozer
      Levou muito tempo para ■ o seu vestido de noiva.
      Você precisará de uma forma maior para ■ o pudim.

4. Leia os trechos de notícia a seguir.

> Dados do Censo de 2010 indicam que existem 45 milhões de brasileiros com algum tipo de deficiência. Desse total, o Censo aponta que apenas 14% – com mais de 15 anos – conseguiram terminar o Ensino Fundamental. Apenas 7% conseguem terminar algum curso de nível superior.
> Pessoas com deficiência. *Folha de Pernambuco*, 6 dez. 2012.

> Aqui, como sempre, valem as duas premissas que eu vivo a repetir: bom senso e moderação. Não é justo abdicar do prazer de degustar de vez em quando um pudim, uma rapadura, um doce regional, um bolo de rolo ou um chocolate. Mas vale também, como regra de estilo de vida saudável, aderir a uma atividade física regular, a um plano alimentar baseado em escolhas saudáveis, ao lazer, ao sono reparador e ao gerenciamento do estresse cotidiano.
> PARAÍSO, Solange. Com açúcar ou sem açúcar? *Folha de Pernambuco*, 23 nov. 2012.

> Desde que com assistência de um adulto, cozinhar também pode, e deve, acreditam os especialistas, ser atividade de criança. [...] É hora de puxar o banquinho para alcançar o fogão, acender a chama e descobrir de que forma a culinária interfere positivamente no desenvolvimento dos guris.
> Lugar de criança é na cozinha. *Folha de Pernambuco*, 5 out. 2012.

> Atlético/PR, que enfrenta o Paraná, e o Vitória, que joga com o Ceará, precisam de um empate para assegurar o acesso à Série A. O São Caetano também tem chance de ascender, mas depende de outros resultados.
> GOMES, Claudemir. Números da Série A. *Folha de Pernambuco*, 24 nov. 2012.

a) Identifique, nos trechos, dois pares de palavras homônimas homófonas.
b) Qual é o significado dessas palavras no contexto em que são usadas?

5. Leia a manchete.

> **Concerto para o conserto**
> 54 artistas fazem show no Teatro Oficina para levantar dinheiro para a reforma da cultuada Casa de Francisca
> Revista *Brasileiros*. Disponível em: <http://www.revistabrasileiros.com.br/2012/03/10/concerto-para-o-conserto/>. Acesso em: 3 jan. 2013.

As palavras *concerto* e *conserto* poderiam estar em posição invertida no título? Explique.

6. Leia em voz alta as frases a seguir.

> I. **Colher** ervas do campo, na Sexta-Feira Santa, é uma tradição do Rio Grande do Sul.
> II. O costume de escrever versos de amor em uma **colher** de pau é uma antiga tradição de Vila do Conde, cidade de Portugal.

Quais as diferenças e semelhanças entre as palavras destacadas nesses trechos? Explique.

ANOTE

Palavras **homônimas** apresentam a mesma sequência de fonemas e a mesma acentuação tônica, embora tenham significados diferentes, em razão de sua origem distinta. Os **homônimos homófonos**, que têm a mesma pronúncia, mas grafias diferentes, são os que causam dúvida ao falante no momento da escrita, uma vez que as duas formas lhe são conhecidas e estão em sua memória ortográfica. Em caso de dúvida, deve-se sempre consultar um dicionário.

Articulando — Gírias e jargões

Nos textos a seguir, discutem-se questões relativas ao vocabulário específico de alguns grupos sociais. O primeiro texto, escrito por um jornalista, aborda o jargão jurídico e reflete sobre uma campanha que propõe sua simplificação. O segundo, escrito por um linguista, discute aspectos relativos à gíria. Leia-os.

Texto 1

Veja o debate sobre a rebelião contra o idioma forense

[...]

A campanha [Campanha Nacional pela Simplificação da Linguagem Jurídica] tem a adesão integral de Hélide Santos Campos [...]. "Sou professora de linguagem jurídica há sete anos e durante todo esse tempo tenho mostrado aos meus alunos aquilo que é técnico, preciso, exato e aquilo que é desnecessário, supérfluo, arcaico, rebuscado, que não traz nenhuma contribuição ao texto em si." "No começo, tudo era muito polêmico. Hoje, com essa campanha, vejo que muitos juristas estão repensando o fato de a língua ser um código social vivo, que sofre alterações e que não pode parar no tempo."

Simplificar é preciso

[...] a opinião corrente é que a simplificação da linguagem jurídica não só é útil, mas também aconselhável. O busílis é como saber o ponto de equilíbrio entre simplicidade e precisão. "A linguagem técnica tem de ser exata", ensina o linguista, dicionarista e professor [...] Francisco da Silva Borba. "Ela não pode ser ambígua nem conotativa." Por isso, acredita, não há como escapar do tecnicismo. "A linguagem jurídica é opaca para o leigo, mas não para o profissional." A dificuldade de entendimento do cidadão comum não se restringe à área do Direito, lembra – tome-se como outro exemplo a Medicina, cujo jargão muitas vezes é incompreensível para quem não é do ramo.

[...]

Justiça e cidadania

Tornar a linguagem jurídica mais simples como forma de aproximar o Judiciário do cidadão brasileiro comum e contribuir para a prática da cidadania é um dos pressupostos da campanha da AMB [Associação de Magistrados Brasileiros]. Entre os que acreditam ser essa uma falsa premissa, está Eduardo Jardim. "Nem se diga que a cogitada simplificação aproximaria o cidadão da Justiça [...], até porque não é o cidadão que mantém relações com a Justiça, mas necessariamente e tão somente o advogado em nome de seu cliente [...]."

[...]

E, sendo assim, a campanha da AMB atira no alvo errado.

A charge ilustra a opinião dos leigos sobre o "juridiquês": extremamente prolixo e de difícil compreensão.

Simplificar é mesmo preciso?

Para a professora Hélide, o alvo está certo, sim, senhor: "É inegável que o mundo tem caminhado para uma comunicação rápida e eficaz, mas para muitos a linguagem jurídica parou no tempo", constata. "Por outro lado, reconheço que há uma enorme tendência à preguiça de pensar ou de escrever, talvez por conta dessa mesma comunicação informatizada e rápida que nos cerca. Por isso, é necessário buscar um caminho divisor, um meio de campo, e é isso que tenho buscado".

Já o professor Borba se inclui entre os céticos. "Deve-se combater o rebuscamento", convém. "Mas ele depende do usuário da língua, não está ligado ao fato de a linguagem ser jurídica. Faz parte do discurso de cada pessoa, está no uso do idioma. A meu ver, a campanha é inócua."

Eduardo Jardim compartilha da descrença. "A pretensa proximidade entre a cidadania e a Justiça não se faz com a coloquialidade da linguagem, mas com a qualidade da produção do Direito e com a celeridade da prestação jurisdicional [...]".

ARRUDÃO, Bias. Revista *Consultor jurídico*, São Paulo, 16 nov. 2005. Disponível em: <http://www.conjur.com.br/2005-nov-16/idioma_forense_encontra_resistencia_junto_populacao>. Acesso em: 4 jan. 2013.

Vocabulário de apoio

busílis: dificuldade principal na resolução de um problema
celeridade: rapidez
inócuo: incapaz de produzir o efeito pretendido

Texto 2

Gírias saem da informalidade

A gíria é a marca característica da linguagem de um grupo social.

[...]

Sendo um instrumento de agressividade no léxico, a gíria está mais ligada à linguagem dos grupos socialmente menos favorecidos ou de oposição a um contexto social. Ela pertence a um grupo e, por isso, seu estudo pressupõe, inicialmente, considerações a respeito das relações entre língua e grupo social.

[...]

A língua é só uma entre outras formas de comportamento, um entre outros modos de realização das atividades culturais praticadas pelo grupo. Quando esses comportamentos contribuem para a formação de uma consciência de grupo; quando os indivíduos fazem dessas marcas grupais uma forma de se autoafirmarem na sociedade, dizemos que essas marcas constituem signos de grupo. Por exemplo, a moda característica de grupos; a apresentação pessoal (maquiagem, cabelos etc.); o vocabulário gírio pelo qual se comunicam.

Força própria

No caso específico da língua ou, mais precisamente, do léxico, damos o nome de gíria de grupo ao vocabulário de grupos sociais restritos, cujo comportamento se afasta da maioria, seja pelo inusitado ou pelo conflito que estabelecem com a sociedade. Inusitados são, por exemplo, os grupos jovens ligados à música, às diversões, aos esportes, aos pontos de encontro nos *shoppings*, à universidade; conflituosos ou violentos são os grupos comprometidos com as drogas e o tráfico, com a prostituição, o roubo e o crime, com o contrabando, o ambiente das prisões, entre outros.

Quando esses grupos sociais restritos, por meio de contato com a sociedade, vulgarizam seu comportamento e sua linguagem, perde-se o signo de grupo. No caso da gíria, ela se incorpora à língua oral popular, tornando-se o que costumamos chamar de gíria comum, ou, segundo estudiosos mais ortodoxos, simplesmente parte do vocabulário popular.

A gíria é uma das fontes expressivas da língua e se dissemina não só entre as classes menos favorecidas ou os falantes jovens. Como vocabulário de grupo, surge também entre os diversos grupos sociais, desde que possa constituir marca identificadora deles.

Hoje, com a grande divulgação da informação, a gíria se vulgariza rapidamente, assim como rapidamente se extingue e é substituída por novas formas. Essa efemeridade é das características mais presentes no vocabulário gírio e, de certa maneira, identifica-o com a grande mobilidade de costumes da época contemporânea. E, talvez por essa dinâmica, é que a gíria se tornou tão usada em nossos tempos.

Nos ambientes em que a escola atua mais decisivamente, a gíria tem reduzido a sua presença, pois os falantes procuram expressar-se mais dentro do vocabulário culto. Ainda assim, seria temerário afirmar que a gíria está ausente do vocabulário dos falantes cultos, embora estes estejam mais atentos à adequação entre sua fala e a situação de interação, o que faz com que se substitua o vocábulo gírio por um culto ou menos estigmatizado.

[...]

PRETI, Dino. Revista *Língua Portuguesa*, São Paulo, 27 fev. 2009.

Vocabulário de apoio

efemeridade: qualidade daquilo que é passageiro, que dura pouco
estigmatizado: condenado, criticado
gírio: que emprega gíria
vulgarizar: tornar conhecido, popularizar

Debate

1. Em grupo, organize as ideias do texto 1, discutindo as questões a seguir.
   a) Por que existe a proposta de simplificar a linguagem jurídica?
   b) É possível fugir de um jargão jurídico? Por quê?
   c) Quais são os argumentos de quem não vê utilidade na campanha?

2. Em relação ao texto 2, converse com seu grupo sobre as questões a seguir.
   a) Com qual propósito a gíria é criada por um grupo?
   b) Socialmente, qual é a principal característica do grupo que emprega gíria?
   c) No que diz respeito ao tempo de vida da gíria, que característica a define?

3. Registre as conclusões do seu grupo sobre as questões a seguir. Elas serão apresentadas para a classe, em um plenário que o professor vai organizar.
   a) Que grupos você associa às gírias?
   b) Que semelhanças e diferenças há entre o jargão e a gíria?
   c) Qual tem mais prestígio social? Por quê?

A língua tem dessas coisas

Palíndromos

O palíndromo é uma palavra ou frase que pode ser lida de trás para frente do mesmo jeito que de frente para trás. *Ana*, *ovo* e *arara*, por exemplo, são palavras palindrômicas.

Isso é possível também com números e datas, como 1001 e 20/02/2002.

Visto muitas vezes como uma brincadeira, um passatempo que envolve lógica, o palíndromo pode ser um recurso de criação artística. Leia o verbete abaixo sobre essa possibilidade da linguagem verbal.

> **PALÍNDROMO** – Grego *palíndromos*, que corre outra vez; *pálin*, outra vez, *drom*, correr.
>
> Diz-se das palavras, versos ou sentenças que podem ser lidos indiferentemente da esquerda para a direita ou da direita para a esquerda. Mera curiosidade literária, ou jogo pueril, teria sido criado por Sotades, poeta grego do século III a.C. No entanto, atribui-se a Gregório de Nazianzus o exemplo helênico mais conhecido: "*Nispon anomemata me monan opsin*" ("Lave seus pecados, não apenas suas mãos"). Um dos mais célebres palíndromos latinos foi encontrado numa parede romana em Cirencester, na Inglaterra [veja ao lado]:
>
> Em tradução aproximada, [...] teríamos: "Arepo, o semeador (*SATOR*), segura as rodas [do arado] (*TENET ROTAS*) durante o trabalho (*OPERA*)". [...] o vocábulo central, *TENET*, dispõe-se em forma de cruz [...]. Aí se encontrariam as razões do grande apreço em que os romanos tinham este palíndromo. [...]
>
> Muito apreciados em Roma e na Idade Média, os palíndromos entraram em desprestígio no século XVI. Não obstante, continuaram a ser escritos em várias línguas [...].

MOISÉS, Massaud. *Dicionário de termos literários*. 12. ed. São Paulo: Cultrix, 2004. p. 334.

```
S A T O R
A R E P O
T E N E T
O P E R A
R O T A S
```

Sétima arte

***Palíndromo* (Brasil, 2001)**
Direção de Philippe Barcinski

Em *Palíndromo*, curta-metragem premiado nos festivais de Gramado e Cannes, Philippe Barcinski filmou uma história seguindo a ordem cronológica dos acontecimentos; no entanto, fez isso com a câmera de cabeça para baixo, com o filme virado do lado contrário. Assim, na versão finalizada, a história começa pela última cena filmada e o espectador acompanha a sucessão invertida dos acontecimentos: as personagens andam de costas e também o som é reproduzido de forma invertida, dando a impressão de que se fala uma língua eslava.

Segundo Barcinski, *Palíndromo* é um exercício narrativo. Ele começa no ápice dramático e cria a expectativa de saber como se chegou àquela situação.

1. Observe um exemplo de como os palíndromos podem ser utilizados na criação poética.

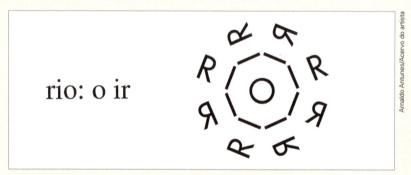

ANTUNES, Arnaldo. *2 ou + corpos no mesmo espaço*. 3. ed. São Paulo: Perspectiva, 2005. p. 44-45.

Esse poema visual se baseia em uma construção palindrômica, presente não apenas no título do poema, mas também na disposição em círculo das letras R, I e O. Explique essa afirmação.

2. Com base no que você sabe sobre o palíndromo, complete as frases a seguir em seu caderno, formando expressões palindrômicas.

a) Socorram-me subi no...
b) A base do teto...
c) A Marta...
d) Anita se...
e) Anotaram a data...
f) Luza Rocelina, a namorada do Manuel...
g) A cara rajada...
h) O romano acata amores a damas...
i) Saíram o tio e...

Pôster do filme *Palíndromo*.

Vestibular

1. (Fuvest-SP)

> Artistas, costureiras, soldadores e desenhistas manejam ferro, madeira, isopor e tecido. No galpão do boi Garantido, o do coração vermelho, todos se esmeram (nunca usam o verbo caprichar) para preparar um espetáculo que supere o do rival. No ano passado, foi o Caprichoso, o da estrela azul, o ganhador da disputa de bois-bumbá do famoso Festival de Parintins, que todo final de junho atrai cerca de cem mil pessoas para a doce ilha situada na margem direita do rio Amazonas. No curral da torcida caprichosa, "alegoristas", passistas e percussionistas preferem não dizer que uma nova vitória está garantida. Dizem, sim, com todas as letras, que está assegurada.
>
> Pompeu, Fernanda. Caprichada e garantida.

As marcas linguísticas e o modo de organização do discurso que caracterizam o texto são, respectivamente:

a) verbos no presente e no passado; descritivo--narrativo.

b) substantivos e adjetivos; descritivo-dissertativo.

c) substantivos; narrativo-dissertativo.

d) frases nominais; apenas narrativo.

e) adjetivos substantivados; apenas descritivo.

2. (Faap-SP)

> ### Manhãs Brumosas
>
> Aquela, cujo amor me causa alguma pena,
> Põe o chapéu ao lado, abre o cabelo à banda,
> E com a forte voz cantada com que ordena,
> Lembra-me, de manhã, quando nas praias anda,
> Por entre o campo e o mar, bucólica, morena,
> Uma pastora audaz da religiosa Irlanda.
>
> Que línguas fala? Ao ouvir-lhe as inflexões
> [inglesas,
> — Na névoa azul, a caça, as pescas, os rebanhos! —
> Sigo-lhe os altos pés por estas asperezas;
> E o meu desejo nada em época de banhos,
> E, ave de arribação, ele enche de surpresas
> Seus olhos de perdiz, redondos e castanhos.
>
> As irlandesas têm soberbos desmazelos!
> Ela descobre assim, com lentidões ufanas,
> Alta, escorrida, abstrata, os grossos tornozelos;
> E como aquelas são marítimas, serranas,
> Sugere-me o naufrágio, as músicas, os gelos
> E as redes, a manteiga, os queijos, as choupanas.
>
> Parece um rural *boy*! Sem brincos nas orelhas,
> Traz um vestido claro a comprimir-lhe os flancos,
> Botões a tiracolo e aplicações vermelhas;

> E à roda, num país de prados e barrancos,
> Se as minhas mágoas vão, mansíssimas ovelhas,
> Correm os seus desdéns, como vitelos brancos.
>
> E aquela, cujo amor me causa alguma pena,
> Põe o chapéu ao lado, abre o cabelo à banda,
> E com a forte voz cantada com que ordena,
> Lembra-me, de manhã, quando nas praias anda,
> Por entre o campo e o mar, católica, morena,
> Uma pastora audaz da religiosa Irlanda.
>
> Cesário Verde

Observe:

"Aquela, cujo amor me <u>causa</u> alguma <u>pena</u>,

Põe o chapéu ao lado, abre o cabelo <u>à banda</u>,"

Compare:

A força da gravidade é <u>causa</u> da queda dos corpos.

No chapéu, uma <u>pena</u> de ave tropical.

O desempenho da <u>banda</u> não agradou os jovens que participaram do festival de música.

causa/causa; pena/pena; banda/banda

a) são palavras sinônimas. Têm a mesma ou quase a mesma significação, como morrer/falecer; porco/suíno; diabo/capeta.

b) são palavras antônimas. Tem significação oposta, como análise/síntese; acessório/essencial; altruísmo/egoísmo.

c) são palavras homófonas. Têm igual pronúncia mas diferente escrita, como nós/noz; cela/sela; concerto/conserto; cem/sem.

d) são palavras homógrafas. Têm igual escrita mas diferente pronúncia, como a sede de saber/a sede do Partido; deste (pronome)/deste (verbo); leste (verbo)/leste (substantivo).

e) são palavras homônimas. Têm igual escrita e igual pronúncia como o canto do quarto/o canto do pássaro/o primeiro canto de *Os Lusíadas*.

3. (Unesp)

> A escola é o espaço em que ocorre a transmissão, entre as gerações, do ativo cultural da humanidade, seja artístico e social, seja científico e tecnológico.

Considerando o período transcrito, analise as seguintes palavras:

I. risco.   III. patrimônio.

II. legado.   IV. déficit.

As palavras que poderiam substituir, sem perda relevante de sentido, a palavra "ativo" no período transcrito estão contidas, apenas, em:

a) I e II.

b) II e III.

c) III e IV.

d) I, II e III.

e) II, III e IV.

201

Vestibular

4. (Insper-SP) Utilize o texto abaixo para responder ao teste 4.

Folha de S.Paulo, 3 ago. 2011.

Considerando-se os elementos verbais e visuais da charge, conclui-se que o humor decorre do(a):

a) crítica despropositada feita a um livro considerado um clássico da literatura universal.
b) duplo sentido que a palavra "barata" adquire no contexto do último quadrinho da tirinha.
c) ambiguidade do substantivo "impressão", presente no segundo quadrinho.
d) explícita referência intertextual que ocorre no primeiro quadrinho da tira.
e) traço caricatural das personagens que as aproxima do conteúdo do livro mencionado.

5. (Uema) Texto para a questão 5.

HAGAR   CHRIS BROWNE

Browne, D.; Browne, C. *O melhor de Hagar, o Horrível.* Porto Alegre: L&PM, 2010.

Nas situações comunicativas acima, o segundo personagem, ao ser interpelado interrogativamente, responde utilizando-se, repetidamente, do vocábulo *imóveis*, o que cria na tirinha o efeito de humor. Do ponto de vista da análise linguística, o uso desse vocábulo evidencia que ele:

a) modificou-se apenas sintaticamente.
b) assumiu função substantiva nas duas situações comunicativas.
c) sofreu alteração semântico-sintática.
d) foi usado conotativamente nas duas situações comunicativas.
e) gerou um efeito de prolixidade na tirinha.

6. (Unicamp-SP)

Nessa tirinha da famosa Mafalda do argentino Quino, o humor é construído fundamentalmente por um produtivo jogo de referência.

a) Explicite como o termo "estrangeiro" é entendido pela personagem Mafalda e pelo personagem Manolito.
b) Identifique duas palavras que, nessa tirinha, contribuem para a construção desse jogo de referência, explicando o papel delas.

Seres, objetos, quantidades e qualidades

UNIDADE 7

Antes de pintar *Quarto em Arles*, reproduzido abaixo, o pintor holandês Vincent Van Gogh (1853-1890) enviou a seu irmão Theo um esboço do trabalho, acompanhado de uma carta na qual descrevia suas intenções artísticas e como pretendia realizá-las.

Nessa carta, inicialmente, Van Gogh descreve as paredes do quarto, o chão, a cama com seus lençóis, a janela, a porta e assim por diante. Particulariza cada objeto, detalhando suas cores, e explica que elas serão o elemento mais importante do quadro – deverão proporcionar "descanso ao cérebro e à imaginação" do observador. O pintor também descreve elementos que pretende dispor nas paredes: retratos, um espelho e algumas roupas.

Graças a esse documento, sabe-se que o quadro foi inspirado no quarto do próprio Van Gogh. Todos aqueles objetos e a maneira particular de retratá-los expressam a subjetividade do pintor.

Van Gogh indicou, com palavras, o que pretendia registrar no quadro por meio de imagens. Para isso, usou substantivos, artigos, numerais, adjetivos e pronomes. Nesta unidade, você investigará essas cinco classes que compõem o sintagma nominal.

Nesta unidade

23 Substantivos

24 Artigos e numerais

25 Adjetivos

26 Pronomes

Van Gogh, Vincent. *Quarto em Arles* (detalhe), 1ª versão, outubro de 1888. Óleo sobre tela, 72 cm × 90 cm. Museu Van Gogh, Amsterdã, Holanda.

CAPÍTULO 23

Substantivos

O que você vai estudar

- Substantivo.
  - Aspectos morfológicos, sintáticos e semânticos.
  - Tipos de substantivo.
  - O papel do substantivo na produção de sentidos no discurso.

Você já deve ter ouvido a expressão "vamos dar nome aos bois", que indica a intenção de esclarecer um problema, explicitar causas e consequências, responsabilizar alguém por algum fato. Trata-se de um sentido conotativo atribuído ao ato de "dar nome", que ocupa papel central no funcionamento da linguagem verbal. Neste capítulo, você investigará os aspectos semânticos, morfológicos e sintáticos dos **substantivos**, palavras cuja função primordial é **nomear**.

O conceito de substantivo

- Examine o cartum abaixo.

LAERTE. *Folha de S.Paulo*, 18 jul. 2007.

1. A cena acima apresenta um elemento inusitado. Que elemento é esse?
2. Para que aspecto da realidade a tira poderia querer chamar a atenção do leitor com esse elemento?
3. Os cartuns são desenhos humorísticos que constroem uma sátira, ridicularizando ou ironizando comportamentos humanos. Em sua opinião, em que reside o efeito de humor do cartum analisado?

A tira constrói seu efeito de humor a partir da ideia de **designação**, que consiste no ato de nomear os elementos e aspectos da realidade, sejam eles concretos, sejam abstratos. A palavra *táxi*, escrita em uma placa disposta sobre um carro, remete a determinado conceito: "veículo empregado comercialmente no transporte remunerado de pessoas". A palavra *passageiro* também designa uma condição que o indivíduo assumiu naquela cena, embora, em contextos distintos, ele pudesse ser reconhecido como "pai", "funcionário", "pedestre", "homem", etc. Os termos com os quais se nomeiam os conceitos, sejam eles relativos a objetos, sensações, atitudes ou outras categorias, constituem a classe de palavras chamada de **substantivo**. A seguir, você conhecerá os aspectos semânticos, morfológicos e sintáticos que caracterizam essa classe.

O substantivo na perspectiva semântica

De maneira geral, o critério semântico é levado em conta na descrição das palavras lexicais, uma vez que elas fazem referência a elementos da realidade extralinguística que podem ser reconhecidos pelos falantes. Quando se trata de nomear seres e objetos, como *passageiro* ou *táxi*, é fácil compreender um substantivo como "palavra designadora".

No entanto, isso não ocorre com substantivos como *serenidade*, *irritação*, *pagamento*, *brancura*, que indicam estados, sentimentos, processos, qualidades, pois é difícil apontar para aquilo que elas "nomeiam". Algo semelhante ocorre com a palavra *velocidade*. Outras palavras, como *passar* e *veloz*, também podem conter as noções de processo ou qualidade designada por *velocidade*, mas não se classificam como substantivos. Por isso é preciso também considerar os aspectos morfológico e sintático para chegar a uma definição mais precisa dessa classe de palavras.

Hipertexto

As **palavras lexicais** são bastante empregadas para descrever um ambiente com vivacidade. É o que faz Joaquim Manuel de Macedo, ao descrever a rua do Ouvidor, no Rio de Janeiro (parte de Literatura, **capítulo 3**, p. 33).

O substantivo na perspectiva morfológica

Do ponto de vista morfológico, o substantivo é, em geral, uma palavra **variável**, que admite flexões de **gênero** (*passageiro/passageira*) e de **número** (*passageiro/passageiros*). Há, contudo, substantivos que apresentam apenas um gênero, como *táxi*, *carro*, *rua* e *direção*. Substantivos como *ônibus* e *lápis* apresentam também forma única no singular ou no plural (*um ônibus*, *dois ônibus*), ainda que nomeiem elementos contáveis.

Outro traço morfológico dos substantivos é a presença de determinados **sufixos**, como *-ez*, *-ância*, *-ície*, *-ura*, *-ção*, *-gem*, *-mento*, *-dade*, etc., em palavras como *maciez*, *tolerância*, *calvície*, *assadura*, *punição*, *contagem*, *pensamento*, *crueldade*, entre outras.

Os sufixos de grau *-inho* (*-zinho*) e *-ão* (*-zão*) também são característicos dos substantivos, criando formas **diminutivas** e **aumentativas**.

Todos esses traços morfológicos, associados às características semânticas, ajudam a identificar os substantivos. No entanto, também é preciso considerá-los sob a perspectiva sintática, para descrevê-los plenamente.

O substantivo na perspectiva sintática

Sintaticamente, um substantivo ocupa sempre a posição de **núcleo** de um **sintagma**. No **sintagma nominal**, ele se relaciona com outras palavras que desempenham função de **determinantes** e **modificadores** desse núcleo. Observe a descrição de um tipo de alimento pronto, tal como ela aparece em sua embalagem.

O substantivo *carne* é o núcleo desse sintagma nominal, e as demais palavras (*bovina*, *moída*, *temperada*, *cozida*, *congelada*) atuam como **modificadores**, especificando as características de *carne*. Nesse sintagma, também poderia haver palavras como *esta*, *a*, *nossa*, *muita* ou *uma* antes do substantivo *carne*. Nesse caso, elas exerceriam a função de **determinantes**.

Essas palavras que se relacionam ao substantivo por razões semânticas constroem com ele uma cadeia sintática. Mesmo que os elementos estejam dispostos linearmente, a relação que estabelecem entre si não é necessariamente com o mais próximo, mas com o elemento central, o núcleo.

Na norma-padrão, as palavras que se relacionam com o núcleo do sintagma nominal devem concordar com ele em gênero e número. Na gramática, esse fenômeno é chamado de **concordância nominal**. Assim, como o substantivo *carne* tem gênero feminino e está flexionado no singular, os determinantes e modificadores concordarão com ele, assumindo também a forma feminina do singular.

Palavras que originalmente não são substantivos podem assumir esse valor pelo processo de **derivação imprópria**. Isso ocorre se junto delas forem empregadas palavras que costumam exercer a função de determinantes dos substantivos. É o que acontece, por exemplo, no enunciado "não aceito um *não* como resposta", em que a segunda ocorrência da palavra *não*, determinada pela palavra *um*, torna-se um substantivo.

> **ANOTE**
>
> **Substantivos** são palavras variáveis em gênero e número que compõem o núcleo de um sintagma. Elas nomeiam ou designam seres, objetos, ações, qualidades, sentimentos, lugares, instituições e conceitos em geral.

Lembre-se

Nos estudos sobre a linguagem, os gêneros **masculino** e **feminino** são categorias linguísticas fixadas pela tradição gramatical, que não dizem respeito a seres do sexo masculino e feminino.

Sétima arte

Saneamento básico, o filme
(Brasil, 2007)
Direção de Jorge Furtado

Os moradores de uma pequena cidade reivindicam uma fossa para o tratamento de esgoto. Sem recursos para a obra, a prefeitura conta, no entanto, com uma verba federal para a produção de um filme de ficção. Um grupo decide, então, apresentar um roteiro cinematográfico para obter o dinheiro e, com ele, construir a fossa. A história imaginada por eles: um monstro vive no local e é despertado pelas obras da construção.

Daí em diante, os moradores passam a usar "O monstro do fosso" em vez de "O monstro da fossa" como título do filme. Certamente porque o substantivo *fosso* parece mais expressivo sonoramente e contribui para a verossimilhança da história. Afinal, monstros remetem a castelos e... fossos.

O "monstro do fosso" assusta em cena de *Saneamento básico*.

Diversidade

Em determinadas variedades linguísticas, não há concordância entre as palavras do sintagma nominal e o seu núcleo. Isso pode ser explicado por um princípio de economia: a marca do plural em um determinante ("as menina") não deixa dúvidas de que o enunciador se refere a dois ou mais elementos, sendo desnecessário, do ponto de vista da compreensão, que as demais palavras do sintagma também sejam flexionadas. É interessante observar que a palavra que sofre flexão não é aleatória: qualquer falante reconhece "as menina" como uma forma da língua portuguesa, mas ninguém consideraria gramatical a construção "a meninas".

› Classificação no interior das classes de palavras

Examine a tira abaixo, com Hamlet (filho da personagem Hagar) e Hérnia.

BROWNE, Dik. *Hagar, o Horrível*. Porto Alegre: L&PM, 1997. v. 1. p. 60.

Ao perguntar a Hamlet o que é o amor, é provável que Hérnia tivesse a intenção de conversar sobre o sentimento amoroso. A fala da menina no último quadrinho leva a crer que ela não desistiu do seu objetivo.

A resposta de Hamlet pode dar a impressão de que ele não compreendeu a intenção de Hérnia, mas também é possível entender a fala do garoto como uma tentativa de fugir da conversa. O que Hamlet faz, ao responder à pergunta, é falar não sobre o sentimento amoroso, mas sobre a palavra *amor*. Além de apontar a classe à qual ela pertence, Hamlet acrescenta outras informações que indicam traços específicos desse substantivo: "simples, masculino, abstrato".

No interior das classes de palavras, a observação de características semânticas, morfológicas e sintáticas também possibilita subclassificações.

› Tipos de substantivo

Quando analisados quanto à sua **forma**, os substantivos podem ser considerados **simples** ou **compostos** e também **primitivos** ou **derivados**.

Os substantivos simples apresentam um só radical, como *amor*, e os compostos apresentam mais de um radical, como *amor-perfeito* (espécie de flor).

O substantivo *amor* é primitivo, pois não se formou a partir do acréscimo de afixos a um radical, mas o substantivo *desamor* é derivado, pois é constituído pela junção do prefixo *des-* ao radical do substantivo *amor*.

Quanto ao **sentido** que podem apresentar, os substantivos são classificados pela Nomenclatura Gramatical Brasileira, inicialmente, como **concretos** ou **abstratos**. Os substantivos concretos normalmente designam pessoas, animais, plantas, minerais, coisas, lugares, instituições, seres fantásticos, etc. Exemplos: *garoto*, *livro*, *amoreira*, *iceberg*, *gaivota*, *anjo*, *dedo*, *pátio*, *cidade*, *vereador*, *Senado*... Já os substantivos abstratos nomeiam ações, qualidades, sentimentos, processos e noções em geral. Exemplos: *amor*, *romantismo*, *leitura*, *fuga*, *timidez*, *caráter*...

No entanto, alguns substantivos tidos como abstratos podem ser tomados como concretos, dependendo da situação de uso. É o caso de *encomenda*, *construção*, *oferta*, *exame*. Esses substantivos fazem referência tanto a um processo quanto ao produto resultante dele. Por exemplo: a encomenda pode referir-se ao "ato de encomendar" (abstrato) ou ao "pacote que se envia a alguém" (concreto).

Entre os substantivos concretos, há os **comuns** e os **próprios**. Um substantivo comum designa cada item de um grupo de elementos que partilham os mesmos traços identificatórios. Por exemplo, vários objetos são nomeados *lápis* porque apresentam os traços que definem o que se denomina lápis. Outros entes podem ser nomeados *cartunistas*, pelas mesmas razões. Ao considerar um cartunista específico e identificá-lo como *Dik Browne*, essa designação é considerada um substantivo próprio, assim como o são *Brasília*, *Os Lusíadas*, *Hamlet*.

Outro tipo de substantivo é o **coletivo**. Ele designa, no singular, um conjunto ou uma coleção de elementos considerados em sua totalidade. É o caso de *folhagem*, *passarada*, *laranjal*.

> **ANOTE**
>
> Morfologicamente, os substantivos são classificados como **simples** ou **compostos**, **primitivos** ou **derivados**. Do ponto de vista semântico, são **concretos** ou **abstratos**, **próprios** ou **comuns**. Segundo o critério semântico, há também os substantivos **coletivos**.

❯ Flexão dos substantivos

Quanto ao processo de **flexão**, os substantivos podem variar em **gênero** e em **número**, marcados pela presença ou não de determinadas **desinências nominais**.

❯ Número

O substantivo pode estar no **singular**, indicando um elemento unitário (*ferrovia, ano*), ou no **plural**, designando um grupo de dois ou mais elementos (*ferrovias, anos*). O plural é marcado formalmente pelo morfema desinencial *-s*, e o singular, pela ausência de uma desinência específica.

Como a desinência *-s* é constituída por um **fonema consonantal**, seu acréscimo não é imediato, no caso de substantivos terminados em certas consoantes e ditongos. Veja.

Terminação	Ocorrência	Exemplos
r, s, z	Acrescenta-se a vogal temática *-e* para que depois se junte à desinência marcadora de plural (*-s*).	mulher/mulheres anis/anises juiz/juízes
al, el, ol, ul	Suprime-se o *-l* do final da palavra e se acrescenta *-is*.	metal/metais túnel/túneis lençol/lençóis paul (pântano)/pauis (**Exceções:** mal/males; cônsul/cônsules; real [moeda antiga]/réis)
il	Se a palavra tiver sílaba final tônica, suprime-se o *-l* e se acrescenta *-s*; se a sílaba final for átona, suprime-se o final *-il* e se acrescenta *-eis*.	barril/barris fóssil/fósseis

> **Vale saber**
>
> O sistema ortográfico da língua portuguesa determina a alteração da letra *m* final para *n* nos substantivos flexionados no plural (como em *álbum/álbuns*). No entanto, nessas palavras os dígrafos *um* e *un* representam o mesmo fonema (/ũ/).

Há também algumas especificidades com substantivos terminados em /ãw/ (ão) **tônico**. Com eles, o plural pode apresentar três formas. Veja.

Terminação	Ocorrência	Exemplos
ão	Substitui-se por *ões* (mais frequente).	operação/operações paredão/paredões
	Substitui-se por *ães* (pouco frequente).	capitão/capitães
	Acrescenta-se a desinência marcadora de plural *-s*.	cidadão/cidadãos grão/grãos

> **Vale saber**
>
> Há palavras terminadas em *-ão* que apresentam duas ou três formas plurais, por exemplo: *ancião* (*anciãos, anciões* e *anciães*) e *guardião* (*guardiões, guardiães*).

Essas diferenças em relação ao padrão de formação do plural dos substantivos são resultado de mudanças que essas palavras sofreram ao longo de sua história.

O plural ainda pode se formar por marcas que não são morfológicas. Com palavras paroxítonas terminadas em *s* e em *x*, o plural é perceptível no nível sintático: *os atlas, os tórax*.

Algumas palavras sofrem uma segunda mudança na forma plural: a abertura do timbre da vogal tônica /o/. É o caso de *imposto*, cujo plural (*impostos*) apresenta timbre aberto.

Algumas palavras com *-r* final sofrem deslocamento do acento tônico no plural. *Caráter* e *júnior* tornam-se *caracteres* (com o acréscimo do *c* do radical que deu origem à palavra) e *juniores*.

O plural dos **substantivos compostos** será estudado na seção *Em dia com a escrita*.

❯ Gênero

Todo substantivo em português tem gênero, ainda que único: *criança*, substantivo feminino, designa seres de ambos os sexos. O gênero feminino pode ser expresso por mudança no radical ou acréscimo de sufixos (*senhora, imperatriz, irmã*), pela relação com outras palavras (*a estudante*) e por palavras específicas, com radicais diferentes da forma masculina (*nora, mulher*).

❯ Grau dos substantivos

Os substantivos apresentam grau **aumentativo** e **diminutivo**, que se expressam, no nível morfológico, por meio do acréscimo de sufixos (*-inho, -zinho, -ito, -isco, -eto, -ota, -ão, -zão, -arro, -aço*) e, no nível sintático, pela relação com palavras que indicam dimensão, como *grande* e *pequeno* e outras equivalentes.

Prática de linguagem

1. Leia a seguir os versos de um poema de Fernando Pessoa.

   Quadras ao gosto popular
   [...]
   Saudades, só portugueses
   Conseguem senti-las bem.
   Porque têm essa palavra
   Para dizer que as têm
   [...]

   PESSOA, Fernando. *Obra poética*. Rio de Janeiro: Nova Aguilar, 2001. p. 664.

   a) Observe a razão apontada pelo poema para alguém sentir bem as "saudades". Se ela fosse tomada como válida, os portugueses seriam os únicos a poder sentir saudades? Explique.
   b) Você concorda que apenas ao nomear um sentimento conseguimos senti-lo bem? Justifique.
   c) Escreva um período que expresse o que sente alguém que vive a saudade, sem empregar o substantivo que nomeia esse sentimento.
   d) Explique a importância de haver uma palavra que nomeie um sentimento.

2. Leia o trecho a seguir, retirado de um livro sobre filosofia escrito por Marilena Chaui.

   A incerteza é diferente da ignorância porque, na incerteza, descobrimos que somos ignorantes, que nossas crenças e opiniões parecem não dar conta da realidade, que há falhas naquilo em que acreditamos e que, durante muito tempo, nos serviu como referência para pensar e agir. Na incerteza não sabemos o que pensar, o que dizer ou o que fazer em certas situações ou diante de certas coisas, pessoas, fatos, etc. Temos dúvidas, ficamos cheios de perplexidade e somos tomados pela insegurança.

   CHAUI, Marilena. *Convite à filosofia*. 7. ed. São Paulo: Ática, 2000. p. 90.

   Livro aberto

   O que é ideologia, de Marilena Chaui
   Brasiliense, 1991, 34. ed.

   O conceito de **ideologia** é fundamental para algumas perspectivas de estudo sobre a linguagem verbal. Seguindo a proposta da coleção Primeiros Passos, o livro *O que é ideologia* faz uso de linguagem acessível, ao recuperar as diferentes acepções atribuídas ao termo em uma perspectiva histórica, considerando também os variados contextos nos quais ele foi empregado. A autoria é da paulistana Marilena Chaui (1941-).

   a) "A incerteza é diferente da ignorância". O que poderia levar as pessoas a considerar a incerteza e a ignorância equivalentes?
   b) Considerando que a filosofia pode ser um exercício de pensar para além do senso comum, qual das duas condições seria mais propícia ao pensamento filosófico: a incerteza ou a ignorância? Explique.
   c) Registre no caderno outros substantivos do trecho que, como *incerteza* e *ignorância*, nomeiam estados, ações, processos, qualidades.
   d) Do ponto de vista semântico, que classificação recebem os substantivos que você transcreveu na questão anterior? Apresente uma hipótese para explicar a predominância desse tipo de substantivo no trecho.

3. Examine os provérbios a seguir.

   À noite, todos os gatos são pardos.
   Em terra de cego, quem tem um olho é rei.

   Capa de *O que é ideologia*.

   a) Provérbios são frases curtas, de origem popular, que sintetizam conceitos a respeito da realidade ou das regras sociais e morais. Com base nos exemplos acima, procure explicar por que os substantivos concretos predominam nesses textos.
   b) Explique os prováveis ensinamentos presentes nos provérbios acima. Utilize, para isso, substantivos abstratos.

4. Leia esta famosa passagem de um romance de Guimarães Rosa.

   Enfim, cada um o que quer aprova, o senhor sabe: pão ou pães, é questão de opiniães...

   GUIMARÃES ROSA, João. *Grande sertão*: veredas. Rio de Janeiro: Nova Fronteira, 2006. p. 24.

   a) Essa frase apresenta um ponto de vista e o ilustra com um exemplo. Explique-os.
   b) Confronte a frase com a versão que segue: *pão ou pães, é questão de opiniões*.
      I. Em que nível da língua o narrador realizou uma ruptura para criar um efeito expressivo?
      II. De que maneira essa ruptura reforça o ponto de vista defendido na frase?

5. Leia o trecho de uma notícia sobre o lançamento de uma coletânea.

Coleção redescobre a beleza da poesia irreverente de Hilda Hilst

Irreverente Hilda Hilst (1930-2004) sempre foi, mas foi através da poesia que a paulista transitou pelos segredos da alma feminina.

"Exercícios" apresenta oito anos (de 1959 a 1967) da produção poética da autora. [...]

A poeta viveu seus últimos anos em uma chácara chamada Casa do Sol. Recusava o feminino "poetisa", por associar o termo a uma fragilidade oposta ao que ela buscou se tornar.

Folha de S.Paulo. 8 set. 2012.

Fone de ouvido

Hilda Hilst e Zeca Baleiro
Em 2003, a paulista Hilda Hilst e o maranhense Zeca Baleiro (1966-) tornaram-se parceiros musicais. O resultado foi o CD *Ode descontínua e remota para flauta e oboé – de Ariana para Dionísio*, lançado pelo selo Saravá, de Zeca Baleiro.

Capa do CD.

a) Do ponto de vista morfológico, o que poderia justificar o fato de o substantivo *poeta* não soar estranho para fazer referência a mulheres?
b) Ainda do ponto de vista morfológico, há razões para a rejeição de Hilda Hilst ao termo *poetisa*? Explique.
c) Em que nível da descrição linguística se localiza essa rejeição? Explique.

Usina literária

Leia a letra da canção.

Lamento da lavadeira

Sabão, um pedacinho assim
A água, um pinguinho assim
O tanque, um tanquinho assim
A roupa, um tantão assim

Para lavar a roupa da minha sinhá
Para lavar a roupa da minha sinhá

Quintal, um quintalzinho assim
A corda, uma cordinha assim
O sol, um solzinho assim
A roupa, um montão assim

Para secar a roupa da minha sinhá
Para secar a roupa da minha sinhá

A sala, uma salinha assim
A mesa, uma mesinha assim
O ferro, um ferrinho assim
A roupa, um tantão assim

Para passar a roupa da minha sinhá
Para passar a roupa da minha sinhá

Trabalho, um tantão assim
Cansaço, é bastante sim
A roupa, um montão assim
Dinheiro, um tiquinho assim

MENEZES, Monsueto; VIEIRA FILHO, João; CHAGAS, Nilo. Lamento da lavadeira. Intérprete: Virginia Rosa. In: *Baita negão*. São Paulo: Sesc, 2008. 1 CD. Faixa 6.

1. A canção retrata quatro etapas do trabalho da lavadeira. Identifique-as.
2. Localize, em cada estrofe, os substantivos associados a essas etapas.
3. Com relação aos substantivos identificados na questão anterior:
 a) Que substantivo concreto se repete em todas as estrofes? Qual é a função dessa repetição no texto?
 b) Em qual das estrofes há substantivos abstratos? O que eles sugerem nesse momento da canção?
 c) Se não houvesse um refrão entre as estrofes, seria possível perceber as diferentes etapas do trabalho da lavadeira? Explique.
4. A maior parte dos substantivos que expressam o lamento da lavadeira é repetida com uma variação associada à classe dos substantivos.
 a) Qual é essa variação?
 b) Explique a sua importância na produção de sentidos da canção.
5. Com base nas respostas anteriores, conclua: em que consiste o "lamento" da lavadeira?

Língua viva — Os valores semânticos do grau

Leia o início do conto "Biruta", da escritora paulistana Lygia Fagundes Telles (1923-). Ele narra a história do menino Alonso, órfão que vive e trabalha na casa de Dona Zulu, e de Biruta, seu cachorro e companheiro.

Biruta

Alonso foi para o quintal carregando uma bacia cheia de louça suja. Andava com dificuldade, tentando equilibrar a bacia que era demasiado pesada para seus bracinhos finos.

— Biruta, êh, Biruta! — chamou sem se voltar.

O cachorro saiu de dentro da garagem. Era pequenino e branco, uma orelha em pé e a outra completamente caída.

— Sente-se aí, Biruta, que vamos ter uma conversinha — disse Alonso pousando a bacia ao lado do tanque. Ajoelhou-se, arregaçou as mangas da camisa e começou a lavar os pratos.

[...]

— Leduína disse que você entrou no quarto dela — começou o menino num tom brando. — E subiu em cima da cama e focinhou as cobertas e mordeu uma carteirinha de couro que ela deixou lá. A carteira era meio velha e ela não ligou muito. Mas se fosse uma carteira nova, Biruta!

[...]

— Alonso, anda ligeiro com essa louça! — gritou Leduína, aparecendo por um momento na janela da cozinha. — Já está escurecendo, tenho que sair!

— Já vou indo — respondeu o menino enquanto removia a água da bacia. Voltou-se para o cachorro. E seu rostinho pálido se confrangeu de tristeza. Por que Biruta não se emendava, por quê? Por que razão não se esforçava um pouco para ser melhorzinho? Dona Zulu já andava impaciente, Leduína também, Biruta fez isso, Biruta fez aquilo...

[...]

— Alonso! – Era a voz de Leduína. — Deixe de falar sozinho e traga logo essa bacia. Já está quase noite, menino.

— Chega de dormir, seu vagabundo! — disse Alonso espargindo água no focinho do cachorro.

Biruta abriu os olhos, bocejou com um ganido e levantou-se, estirando as patas dianteiras, num longo espreguiçamento.

O menino equilibrou penosamente a bacia na cabeça. Biruta seguiu-o aos pulos, mordendo-lhe os tornozelos, dependurando-se com os dentes na barra do seu avental.

— Aproveita, seu bandidinho! — riu-se Alonso. — Aproveita que eu estou com a mão ocupada, aproveita!

[...]

A empregada pôs-se a guardar rapidamente a louça. Estendeu-lhe uma caçarola com batatas:

— Olha aí para o seu jantar. Tem ainda arroz e carne no forno.

— Mas só eu vou jantar? — surpreendeu-se Alonso ajeitando a caçarola no colo.

— Hoje é dia de Natal, menino. Eles vão jantar fora, eu também tenho a minha festa. Você vai jantar sozinho.

Alonso inclinou-se. E espiou apreensivo para debaixo do fogão. Dois olhinhos brilharam no escuro: Biruta ainda estava lá. Alonso suspirou. Era tão bom quando Biruta resolvia se sentar! Melhor ainda quando dormia. Tinha então a certeza de que não estava acontecendo nada.

[...]

TELLES, Lygia Fagundes. *Venha ver o pôr do sol e outros contos*. São Paulo: Ática, 2007. p. 61-65.

Vocabulário de apoio

caçarola: tipo de panela
confranger-se: contrair-se, angustiar-se
emendar-se: corrigir-se, arrepender-se
espargir: borrifar, espalhar líquido
focinhar: fuçar, cavar usando o focinho

Sobre o texto

1. As primeiras palavras do narrador a respeito de Alonso anunciam a visão dele sobre as condições de vida do menino. Que visão é essa? Responda com base no texto.

2. Ao chegar ao quintal, Alonso diz a Biruta que eles terão uma "conversinha". O que o grau diminutivo na palavra *conversa* denota nesse contexto?

3. O narrador informa que Alonso começou a conversa com Biruta usando um "tom brando". Leia o início da fala do menino e explique o que significa expressar-se dessa forma.

4. Releia.

> Por que Biruta não se emendava, por quê? Por que razão não se esforçava um pouco para ser melhorzinho?

a) De quem é a "voz" que fala nesse trecho? Explique.
b) O que o diminutivo no adjetivo *melhorzinho* expressa sobre a relação de Alonso e Biruta?

5. Releia, observando a afetividade que o diminutivo confere à palavra *bandido*.

> — Aproveita, seu bandidinho! — riu-se Alonso. — Aproveita que eu estou com a mão ocupada, aproveita!

Em um trecho anterior, Alonso se dirige a Biruta de forma afetiva usando outra palavra de sentido corriqueiramente negativo. Que palavra é essa?

6. O narrador afirma: "Dois olhinhos brilharam no escuro: Biruta estava lá". Pode-se dizer que a palavra *olhinhos* é usada para se referir ao tamanho do cachorro? Explique.

7. Agora leia o trecho de uma notícia sobre o cantor e ator Evandro Mesquita.

Apesar de amar atuar, Evandro garante que não há energia igual à dos palcos
Quase sessentão, ator mantém o estilo carioca de ser e fala do gosto pela arte

Já são 57 anos, mas não tem quem diga. Com estilo jovem e muito despojado, Evandro Mesquita disse que vale tudo pela arte, mas confessou em qual setor mais se realiza. "Estar no palco cantando... Não tem energia igual", disse o artista [...].

O intérprete de Paulão, de A Grande Família, contou que está animadíssimo com a rotina agitada da banda Blitz, que fez sucesso nos anos [19]80 e voltou a se apresentar nos palcos em 2000. "Todos eram muito carinhosos com a gente e sempre perguntavam quando a gente ia voltar." [...]

Quando perguntado sobre o jeitão carioca que sempre teve, Evandro fica tímido. "O Rio tem várias caras! Zeca Pagodinho, Jorge Ben Jor são símbolos do Rio. Fico contente e orgulhoso de fazer parte desse time", disse.

Disponível em: <http://tvg.globo.com/programas/encontro-com-fatima-bernardes/Bastidores/noticia/2012/09/apesar-de-amar-atuar-evandro-garante-que-nao-ha-energia-igual-dos-palcos.html>. Acesso em: 6 jan. 2013.

O "quase sessentão" Evandro Mesquita em fotografia de 2011.

a) Na linha fina, o sufixo aumentativo na palavra *sessentão* não indica dimensão. Qual é o efeito expressivo obtido pelo uso dessa palavra na notícia, em vez do equivalente "com quase sessenta anos"?
b) No último parágrafo, também o sufixo no substantivo *jeitão* não está relacionado a tamanho. Que sentido ele confere ao substantivo *jeito* nesse contexto? Explique.

ANOTE

O emprego dos graus aumentativo e diminutivo (expressos, sobretudo, pelos sufixos) muitas vezes confere às palavras sentidos associados aos **afetos** – positivos ou negativos –, revelando um posicionamento ou estado de espírito do enunciador a respeito do que fala ou escreve.

Texto em construção

Suponha que você tenha sido convidado a escrever uma **crônica** que fará parte de uma coletânea de jovens autores. Seu tema será o sentimento de inadequação de uma criança ou adulto em relação ao meio em que vive. Pesquise sobre o tema em filmes, livros e revistas.

Consulte o capítulo 31 e recupere as etapas de elaboração desse gênero textual nas páginas 324-325.

Ao escrever a crônica, atente para os diferentes efeitos de sentido que o uso dos graus aumentativo e diminutivo pode conferir às palavras, construindo um ponto de vista a respeito dos fatos narrados.

Troque sua crônica com a de um colega, que avaliará seu texto com base no quadro da página 325. Revise sua crônica e apresente-a para a turma.

Em dia com a escrita — Uso do hífen com substantivos compostos

Na tira a seguir, a personagem Hugo, que se mudou para o campo, enfrenta dificuldades no momento em que precisa de assistência técnica para seu computador.

LAERTE. *Hugo para principiantes*. São Paulo: Devir, 2005. p. 57.

A tira explora um sonho alimentado por muitos habitantes de centros urbanos: morar na área rural, mas sem abrir mão dos confortos proporcionados pela tecnologia. A situação mostrada no último quadro parece um tanto absurda: alguém que se mudou da cidade para o campo provavelmente não se locomoveria com uma carroça puxada a burro. O mais provável é que o fizesse usando um carro utilitário com tração 4 × 4, como costumam mostrar os anúncios publicitários. A tira, de certa forma, responde a esse tipo de discurso. No último quadrinho, a hesitação do burro diante de um obstáculo provoca riso, em função do nome dado a esse tipo de ponte.

Substantivos como *mata-burro*, que contêm dois radicais, podem trazem dificuldades ortográficas, uma vez que seus dois termos podem ser grafados juntos ou separados, com hífen ou sem hífen. Leia a seguir algumas regras para a escrita dos **substantivos compostos**.

 I. Emprega-se hífen nos substantivos compostos sem elemento de ligação quando o **primeiro termo** está representado por uma forma nominal (substantivo ou adjetivo), numeral ou verbal: ano-luz, má-fé, primeiro-ministro, conta-gotas.
 Obs.: Perderam a noção de composição os termos *paraquedas* e *mandachuva*.
 II. Emprega-se hífen nos substantivos compostos sem elemento de ligação quando o **primeiro termo** for *além*, *aquém*, *recém*, *bem*, *sem*: além-mar, recém-nascido, bem-estar, sem-número.
 III. Emprega-se hífen nos substantivos compostos sem elemento de ligação quando o **primeiro termo** for *mal* e o segundo começar por *vogal*, *h* ou *l*: mal-estar.
 IV. Emprega-se hífen nos substantivos compostos que designam **espécies botânicas**, **zoológicas** e afins: couve-flor, boca-de-leão, formiga-branca, bem-te-vi.
 V. Emprega-se hífen nos **topônimos** formados com os elementos *grão/grã*, por forma verbal ou ligados por artigo: Grã-Bretanha, Passa-Quatro, Trás-os-Montes.

Com relação ao **plural** dos substantivos compostos, há regras específicas para aqueles que contêm **hífen** (nos substantivos sem hífen, somente o **segundo radical** recebe a desinência indicadora de plural: *passatempos, pernilongos*).

 I. Nos substantivos compostos formados por duas palavras variáveis, **ambos os radicais** recebem a desinência indicadora de plural: *araras-azuis, meias-calças, criados-mudos, couves-flores*.
 II. Nos substantivos compostos em que o primeiro elemento é uma forma verbal ou uma palavra invariável, apenas o **segundo radical** recebe a desinência indicadora de plural: *caça-submarinos, sem-vergonhices, guarda-roupas*.
 III. Nos substantivos compostos com elemento de ligação, ou naqueles formados por dois substantivos em que o segundo especifica o primeiro quanto a finalidade ou tipo, apenas o **primeiro radical** recebe a desinência indicadora de plural: *pés-de-meia, papéis-registro, notícias-bomba*.

Vale saber

Elementos de ligação, nos substantivos compostos, são as palavras que têm por função ligar outras palavras, como o termo *de* em *pé-de-meia*.

Vale saber

Topônimos são nomes próprios de regiões, cidades, vilas, povoados, rios, etc.

1. Copie as frases, substituindo o ■ por um substantivo composto formado pelos elementos entre parênteses. Empregue ou não o hífen, conforme a convenção ortográfica.
   a) O melhor lugar da casa para se esconder era a ■ onde guardavam coisas fora de uso. (água/furtada)
   b) Reparei que o ■ estava escondido embaixo de um livro. (porta/retrato)
   c) Era costume tomar chá em vez de ■. (café/com/leite)
   d) Aquele era o primeiro ■ sem chuva em todo o mês. (fim/de/semana)

2. Examine o conjunto a seguir. Justifique o emprego do hífen na grafia das palavras.

   | tatu-bola   louva-a-deus   tamanduá-bandeira   banana-da-terra   banana-maçã |

3. Observe a frase a seguir.

   > O escritor brasileiro Érico Veríssimo é autor do romance *Olhai os lírios do campo*.

   Levando em conta o que você estudou sobre determinado emprego do hífen, pode-se considerar que a expressão grifada é o nome de uma espécie de flor? Explique sua resposta.

4. Copie as frases, substituindo o ■ pela forma correta entre parênteses.
   a) A correspondência entregue por equívoco gerou um ■ entre a moradora e o destinatário da carta. (mal-entendido; mal entendido)
   b) Foi um ■ que avisou o policial sobre o arrombamento. (sem-teto; sem teto)
   c) O narrador do romance, um defunto, conta os fatos do ■. (além-túmulo; além túmulo)
   d) Era uma época de ■, que não duraria para sempre. (bem-aventurança; bem aventurança)
   e) O ■ é uma doença degenerativa. (mal-de-Alzheimer; mal de Alzheimer)

5. Copie as frases, substituindo o ■ por uma das formas indicadas.
   a) vassoura-de-bruxa / vassoura de bruxa
      ■ é um fungo que traz muito prejuízo à produção de cacau.
      O diretor da peça não achou que aquele objeto se parecia com uma ■.
   b) água-marinha / água marinha
      A ■ não é potável, por apresentar alta concentração de sais.
      O nome da ■ se deve à cor azulada ou esverdeada dessa pedra semipreciosa.

6. Reescreva as frases a seguir, passando os substantivos compostos para o plural e fazendo as adaptações necessárias.
   a) O norte-americano é frequentemente visto como dotado de espírito prático.
   b) Faremos um abaixo-assinado pedindo a alteração do regulamento interno.
   c) Este criado-mudo pertencia à minha avó.
   d) As novas demandas de mercado exigirão da empresa uma força-tarefa.
   e) O vice-prefeito ficou conhecido pelas gravatas extravagantes.
   f) O marca-passo tende a ser substituído por uma nova tecnologia.
   g) O guarda-chuva foi feito para ser esquecido.

ANOTE

Os **substantivos compostos**, que contam com mais de um morfema radical, podem ser grafados com os termos juntos ou separados, com ou sem hífen. A convenção ortográfica determina o emprego ou não do hífen conforme a classe de palavras de cada elemento que compõe esses substantivos. Há casos específicos relacionados a espécies zoológicas e botânicas e a topônimos.

Com relação à grafia da forma flexionada no plural, os substantivos compostos que não têm hífen recebem a desinência sempre no segundo radical. Quanto àqueles que têm hífen, ora o primeiro elemento, ora o segundo elemento, ora ambos os elementos recebem a desinência, o que também depende da classe de palavras de cada elemento.

CAPÍTULO 24

Artigos e numerais

O que você vai estudar

- Artigo.
  - Aspectos morfológicos, sintáticos e semânticos.
  - Tipos de artigo.
- Numeral.
  - Aspectos morfológicos, sintáticos e semânticos.
  - Tipos de numeral.
- O papel do artigo e do numeral na produção de sentidos no discurso.

Algumas classes de palavras caracterizam-se por não apresentar conteúdo lexical, ou seja, por não fazer referência a nenhum elemento existente fora da língua. Essas palavras expressam noções gramaticais importantes para a compreensão dos enunciados e dos discursos. Entre as classes de palavras gramaticais estão os **artigos** e os **numerais**, que você vai estudar neste capítulo.

O conceito de artigo

- Leia a tira abaixo.

BROWNE, Chris. *Hagar, o Horrível.*

1. No primeiro quadrinho, o início da fala de Eddie Sortudo ("E eu [...]") dá a entender que ele introduzirá uma ideia diferente daquela expressa por Hagar. Isso se confirma na continuação da fala de Eddie, nesse mesmo quadrinho? Explique.
2. O segundo quadrinho confirma a impressão inicial causada pela fala de Eddie? Explique.
3. Qual pode ser a razão da contrariedade de Hagar ao ouvir a explicação de Eddie Sortudo?

Hagar, um guerreiro *viking*, exclama com a espada empunhada que partirá em busca "de glória". Esse contexto remete o leitor ao universo das batalhas, em que a palavra *glória* é compreendida como "fama, vitória". Caso a personagem tivesse dito que partiria em busca "da glória", o leitor entenderia tratar-se do mesmo valor. Nesse caso, porém, o contraste entre as falas de Hagar e de Eddie Sortudo se perderia. Assim, o elemento responsável pelo efeito de humor da tira é a associação do artigo *a* à palavra *glória*, transformando esse substantivo comum em um substantivo próprio (*Glória*, o nome de uma mulher).

A tira ilustra uma das principais funções do artigo no discurso, que você conhecerá melhor ao analisar essa classe de palavras nas perspectivas semântica, morfológica e sintática.

O artigo na perspectiva semântica

Os artigos são uma classe de palavras gramaticais; portanto, não têm um conteúdo lexical. No entanto, acrescentam uma noção particular aos substantivos a que se associam. Considere a fala de Eddie no segundo quadrinho e compare-a à versão sugerida a seguir.

> "[Glória] É **uma** garota que conheci [...]."
> Glória é **a** garota que conheci.

Se Eddie já tivesse comentado sobre Glória com Hagar antes, ele empregaria a segunda formulação do enunciado. Como era a primeira vez que mencionava a garota ao amigo, referiu-se a ela como *uma* garota. O artigo, portanto, indica se o ser ou conceito nomeado pelo substantivo está sendo tomado de forma geral ou específica, se ele é apresentado pela primeira vez no discurso ou se está sendo retomado.

Lembre-se

Substantivos próprios designam um exemplar específico de um conjunto, com traços característicos. A palavra *Glória*, com letra maiúscula, designaria uma garota específica. Daí ser considerada um substantivo próprio.

> ## O artigo na perspectiva morfológica

Os artigos apresentam somente morfemas gramaticais e podem ser flexionados em gênero e número. Essa classe de palavras é composta de oito elementos: o, a, os, as, um, uma, uns, umas.

Os artigos também podem sofrer contração com outra classe de palavras, como ocorre em *ao* (preposição *a* + artigo *o*), *pela* (preposição *por* + artigo *a*) e *das* (preposição *de* + artigo *as*).

> ## O artigo na perspectiva sintática

O artigo define-se por sua relação com o substantivo no eixo das combinações, pertencendo ao sintagma nominal. Ele exerce o papel de especificador do núcleo do sintagma. Veja:

a *glória*   **o** *guerreiro*   **uma** *batalha*   **um** *escudo*

Além disso, o uso do artigo possibilita a substantivação de algumas palavras. Observe:

O *sofrer* de tantos anos tornou a jovem mais solidária.
artigo / verbo substantivado

O *belo* nem sempre é mais conveniente.   Não aceito **um** *não* como resposta.
artigo / adjetivo substantivado   artigo / advérbio substantivado

❯ Tipos de artigo

Os artigos são classificados do ponto de vista semântico. Leia a tira.

QUINO. *Mafalda inédita*. São Paulo: Martins Fontes, 1993. p. 23.

O artigo *a*, associado à palavra *árvore* ("E **a árvore** de Natal que você ia trazer?"), torna esse substantivo específico no contexto da tira. A resposta do pai no segundo quadrinho comprova que a árvore cobrada por Mafalda já havia sido mencionada anteriormente (embora, a julgar pela reação da menina, a ideia que ela e o pai faziam da árvore de Natal não fosse a mesma).

Ao pedir a árvore, Mafalda deve ter dito algo como "Não vamos ter **uma árvore** de Natal?". Nessa frase, o artigo *uma* faz referência a uma árvore qualquer, não mencionada anteriormente.

O artigo *uma* é chamado de **indefinido**, e o artigo *a* é chamado de **definido**. Veja no quadro a classificação de todos os artigos:

Tipos de artigo		
Flexões	Indefinido	Definido
singular masculino	um	o
singular feminino	uma	a
plural masculino	uns	os
plural feminino	umas	as

Lembre-se
A convenção ortográfica da língua portuguesa prevê o uso do acento grave (`) em algumas ocorrências da crase (encontro de dois fonemas iguais pronunciados como um só). A contração da preposição *a* com o artigo *a* é um desses casos (à).

Diversidade
Nas variedades urbanas de prestígio, o artigo sempre concorda em gênero e número com o substantivo a que se refere. Há, no entanto, variedades em que essa concordância não é observada. Nelas, é o artigo que carrega as informações sobre o número singular ou plural do substantivo (como na construção "os livro").

Vale saber
O emprego dos artigos definidos *o, a, os, as* contribui para a **coesão** do texto. A palavra inicialmente indicada por um artigo indefinido pode, em seguida, passar a ser indicada por um artigo definido.

ANOTE

Artigos são palavras variáveis em gênero e número que especificam substantivos. Quando determinam o conceito nomeado pelo substantivo, são chamados **definidos**; quando o indeterminam, são chamados **indefinidos**.

215

Prática de linguagem

1. Leia o artigo escrito pelo psicanalista Contardo Calligaris em sua coluna semanal no jornal *Folha de S.Paulo*.

Estilos da vida

Você se lembra daqueles personagens de quadrinhos que são impiedosamente seguidos por uma nuvem preta, que é uma espécie de guarda-chuva ao contrário? Eles não têm para onde fugir: deslocam-se, mas a chuva os persegue, mesmo debaixo do teto de sua casa.

Claro, no outro extremo do leque há pessoas que são seguidas por um sol esplendoroso, mesmo quando estão no escuro ou no meio de um desastre que deveria empalidecer a luz do dia [...].

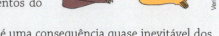

Em suma, cada um de nós parece estar sempre numa condição meteorológica que lhe é própria e não depende nem da estação nem dos acontecimentos do momento.

Esse clima privado, como um pano de fundo que nos seria imposto, é uma consequência quase inevitável dos primórdios de nossa vida e das bênçãos ou maldições murmuradas ao redor de nosso berço.

Talvez sejamos um pouco mais livres para escolher o estilo da vida que levaremos, seja qual for nosso pano de fundo. Geralmente, por estilo DE vida, entende-se um modelo que a gente imita para construir uma identidade e propô-la aos olhos dos outros. Mas o estilo DA vida, que é o que me interessa hoje, é outra coisa: é a forma literária na qual cada um narra sua própria vida, para si mesmo e para os outros. [...]

[...] nós todos adotamos ou inventamos um estilo singular para a história de nossa vida [...].

Cada um escolhe, provavelmente, o estilo narrativo que torna sua vida mais digna de ser vivida (e contada). Há estilos meditativos, investigativos, introspectivos [...].

CALLIGARIS, Contardo. *Folha de S.Paulo*, 21 abr. 2011.

a) Releia o quarto parágrafo. Que ideia sobre a vida é expressa nele?
b) O colunista compartilha das ideias apresentadas nesse parágrafo? Justifique.
c) Ao afirmar que estilo da vida "é a forma literária na qual cada um narra sua própria vida, para si mesmo e para os outros", o autor não está sendo literal. A que ele se refere?
d) Explique a diferença de sentido entre as expressões "estilo **de** vida" e "estilo **da** vida", ocasionada pela presença ou ausência de artigo.
e) Além dos estilos mencionados no último parágrafo, que outros você pode citar?
f) Como você definiria o estilo da sua vida? Explique sua resposta.

2. Leia o início do primeiro parágrafo de uma reportagem.

Maravilhas do Chico

A poucos metros das margens do rio São Francisco, a **tela** grande é inflada em menos de 15 minutos. Diante dela, as 150 **cadeiras** são retiradas do **caminhão** e enfileiradas. Forma-se ali, ao ar livre, uma plateia. Ao escurecer, chegam a pipoca e a **fila** de crianças. E assim começa mais uma exibição do Festival Cinema no Rio São Francisco, que há sete anos leva a Sétima Arte para comunidades ribeirinhas ao longo do Velho Chico, nos rincões de Minas Gerais. [...]

OLIVEIRA, Tory. Revista *Carta Fundamental*, São Paulo, Confiança, n. 39, p. 58, jun./jul. 2012.

População de Belém do São Francisco (PE) assiste a exibição do Festival de Cinema no Rio São Francisco em 2008.

a) Com base apenas no título da reportagem, o que o leitor poderia supor sobre o assunto tratado nela?
b) Releia o início do texto. Por se tratar do primeiro parágrafo da reportagem, conclui-se que os substantivos *tela*, *cadeiras*, *caminhão* e *fila* não foram mencionados anteriormente. Mesmo assim, são antecedidos por artigo definido. Que efeito de sentido isso cria?
c) Que palavras ou expressões são retomadas por *Sétima Arte* e *Velho Chico*?

3. Leia a tira.

BROWNE, Dik. *Hagar, o Horrível*. Porto Alegre: L&PM, 1997. v. 1. p. 81.

a) Por que Hagar associa o artigo definido *os* à palavra *chinelos* no primeiro quadrinho?
b) Como o uso do artigo definido, na tira, contribui para produzir um efeito de humor?
c) Em qual das frases a seguir o artigo **não** foi empregado da mesma forma que na primeira fala de Hagar? Justifique sua resposta.
   I. Vou escovar os dentes.
   II. Você quebrou a perna da mesa.
   III. Quebrei a perna jogando futebol.

4. O trecho que segue foi extraído do livro *Minha vida de menina*. Trata-se do diário de uma jovem que viveu em Diamantina, Minas Gerais, no final do século XIX. Ele foi publicado anos mais tarde e retrata a vida naquela época, precisamente entre 1893 e 1895. Helena Morley é o pseudônimo da autora do diário.

> Sábado, 11 de março
>
> Nós temos muitos tios e ainda chamamos de tios os primos velhos. Hoje meu pai disse a mamãe: "Precisamos visitar o Henrique e o Julião que há muito não vemos". São dois velhos que moram muito longe da nossa casa. Gostei da ideia, pois há muito tempo que não saio em companhia de meu pai. Ele disse: "Vamos primeiro ao Julião, depois ao Henrique". Estes dois tiveram dinheiro, acabaram com tudo e hoje vivem pobremente. Tio Henrique é tio de mamãe e tem mais de oitenta anos. Tio Julião não é tão velho e é primo longe de mamãe. Fomos à casa dele em primeiro lugar. Ele é um homem muito engraçado e distrai as visitas. Ele contou umas histórias engraçadas da burrice de seu João Lourenço e também uma de raio. Lembrou-se da história de raio porque estava ameaçando chuva, o que me fez muito medo. [...]
> De lá fomos à casa de tio Henrique. Este tio é o mais esquisito da família. [...]
> MORLEY, Helena. *Minha vida de menina*. São Paulo: Companhia das Letras, 1998. p. 35-36.

a) Algumas pessoas são citadas no diário escrito pela jovem. Ora os nomes próprios são antecedidos de artigo definido, ora não. Copie do texto um exemplo de cada caso.
b) Observe os trechos em que o artigo é empregado antes de nome próprio e os trechos em que ele não é. De quem é a "voz" que fala em cada trecho?
c) Qual das alternativas a seguir explica o uso ou a ausência do artigo diante de nome próprio no texto? Copie a opção correta no caderno.
   I. O emprego da palavra *tio* antes de nome próprio dispensa o uso do artigo.
   II. O uso do artigo demonstra certo distanciamento em relação à pessoa sobre a qual se está falando.
   III. O uso do artigo torna a linguagem mais informal e afetiva.
d) Releia:

> Ele contou umas histórias engraçadas da burrice de seu João Lourenço e também **uma** de raio.

Nesse trecho, o artigo indefinido *uma* foi utilizado com função coesiva. Explique.

217

❯ O conceito de numeral

- Leia a tira a seguir.

Gonsales, Fernando. *Níquel Náusea.*

1. Fliti, a barata, faz uma adaptação de dois provérbios. Qual é a versão original deles?
2. O humor dessa tira se baseia tanto na versão de Fliti para os provérbios quanto em um trocadilho com a palavra *barata*. Explique esse trocadilho.
3. Considerando o sentido original do primeiro provérbio, como se interpreta a versão "Em terra de barata, quem tem um chinelo é rei!"?
4. No primeiro e no segundo quadrinhos, as palavras *um* e *uma* indicam que os substantivos *chinelo* e *naftalina* são indefinidos ou indicam quantidade? Justifique.

As palavras *um* e *uma* são artigos indefinidos em alguns contextos. Em outros, porém, têm a função de quantificar, de indicar quantidades numéricas. Nesse caso, pertencem à classe dos **numerais**. Conheça as características semânticas, sintáticas e morfológicas dessa classe.

❯ O numeral na perspectiva semântica

Os numerais têm a propriedade de indicar quantidades numéricas, como no exemplo da tira acima. Palavras que indicam frações ou quantidades múltiplas, embora tenham comportamento muito semelhante ao de outras classes de palavras, também são consideradas numerais pela tradição gramatical. O mesmo ocorre com palavras que indicam o número de ordem de determinado elemento em uma sequência. Veja os exemplos.

- Mais vale **uma** naftalina na mão que **duas** rolando.
- Mais vale ter **meia** laranja que nenhuma.
- O **primeiro** time tem o **triplo** de chance do **segundo** de se tornar campeão.

❯ O numeral na perspectiva sintática

Os numerais podem exercer duas funções no interior do sintagma nominal. Veja uma delas.

- Todos os alunos voltaram: **metade** veio de ônibus, outra **metade** veio a pé.
- O **dobro** das pessoas está descontente.

Nesses casos, o numeral ocupa o papel de **núcleo** do sintagma nominal, como ocorre em geral com os substantivos. No segundo enunciado, é a expressão *das pessoas* que completa o sentido de *o dobro*.

Já nos casos abaixo, o numeral exerce a função de **especificador** ou **modificador** do substantivo, como ocorre normalmente com outras classes de palavras, como os adjetivos. Observe:

- O **terceiro** aluno se apresentou.
- A vontade **primeira** era que tudo estivesse terminado.
- Acabou pagando um valor **quíntuplo**.

Nesses exemplos, é o substantivo que ocupa o lugar de núcleo do sintagma.

Diversidade

É comum, em muitas variedades linguísticas, a construção "O dobro das pessoas estão descontentes". Nesses casos, os falantes estabelecem concordância entre o substantivo *pessoas* e a palavra *descontentes*, porque é no termo *pessoas* que se encontra a informação semântica mais importante.

> ## O numeral na perspectiva morfológica

Poucos numerais são variáveis. Entre os que indicam quantidades inteiras, *um* é singular e os demais (*dois, três, ...*) são plurais. Variam em gênero *um* e *dois* (*uma/duas*) e centenas a partir de *duzentos* (*duzentas, trezentas*, etc.). *Milhão, bilhão*, etc. só variam em número (*milhões/bilhões*).

Os numerais que indicam a ordem de um elemento em uma sequência flexionam em gênero e, em menor frequência, em número (*vigésima, terceiros*). Não é comum a flexão dos numerais que indicam quantidades múltiplas (*dose dupla*). Aqueles que designam frações flexionam de acordo com o numeral que indica a quantidade de partes: *dois terços, um quinto*.

⟩ Tipos de numeral

Veja a seguir os tipos de numeral.

- **Cardinais**: indicam quantidades numéricas inteiras – *um, dois, cinco, cem, mil*, etc.
- **Ordinais**: indicam a ordem em uma sequência – *segundo, milésimo*, etc.
- **Multiplicativos**: indicam quantidades múltiplas – *dobro, triplo, quíntuplo, óctuplo, cêntuplo*, etc.
- **Fracionários**: indicam quantidade fracionadas (equivalentes a uma parte da unidade) – *meio, terço, sétimo, milésimo*, etc.

Há também numerais **coletivos**, que indicam, por meio de palavra no singular, uma quantidade precisa de elementos (mais de um) – *par, década, centena, dúzia, milhar*.

Veja um quadro com numerais.

Vale saber

Em matemática, **número** é a noção ou ideia de quantidade associada às ações de contar, medir, ordenar ou codificar. Símbolos usados para representar números (inclusive palavras) são chamados **numerais**. Os mais comuns são os dez algarismos arábicos (0 a 9): com diferentes combinações desses algarismos, representa-se graficamente qualquer número. Na gramática, **numeral** é exclusivamente a classe de palavras tratada aqui.

Cardinais	Ordinais	Multiplicativos	Fracionários
um	primeiro		
dois	segundo	duplo, dobro, dúplice	meio ou metade
três	terceiro	triplo, tríplice	terço
quatro	quarto	quádruplo	quarto
cinco	quinto	quíntuplo	quinto
seis	sexto	sêxtuplo	sexto
sete	sétimo	séptuplo	sétimo
oito	oitavo	óctuplo	oitavo
nove	nono	nônuplo	nono
dez	décimo	décuplo	décimo
onze	undécimo ou décimo primeiro	undécuplo	undécimo ou onze avos
doze	duodécimo ou décimo segundo	duodécuplo	duodécimo ou doze avos
vinte	vigésimo		vinte avos
trinta	trigésimo		trinta avos
quarenta	quadragésimo		quarenta avos
cinquenta	quinquagésimo		cinquenta avos
sessenta	sexagésimo		sessenta avos
setenta	septuagésimo		setenta avos
oitenta	octogésimo		oitenta avos
noventa	nonagésimo		noventa avos
cem	centésimo	cêntuplo	centésimo
duzentos	ducentésimo		
trezentos	trecentésimo		
quatrocentos	quadringentésimo		
quinhentos	quingentésimo		
seiscentos	seiscentésimo ou sexcentésimo		
setecentos	septingentésimo		
oitocentos	octingentésimo		
novecentos	nongentésimo ou noningentésimo		
mil	milésimo		milésimo
dez mil	dez milésimos		
cem mil	cem milésimos		
um milhão	milionésimo		milionésimo
um bilhão	bilionésimo		bilionésimo

ANOTE

Numerais são palavras pouco variáveis que indicam quantidade numérica ou ordem em uma sequência. Podem especificar ou modificar o núcleo do sintagma nominal ou substituí-lo.

❯ A diferença entre o numeral *um* e o artigo *um*

Nem sempre é fácil perceber quando a palavra *um* expressa o valor semântico de um artigo ou de um numeral. Em linhas gerais, pode-se dizer que, enquanto o artigo indefinido destaca a **indeterminação**, o numeral destaca a **singularidade**. Veja alguns exemplos no texto a seguir.

Número de divórcios no país cresce 45,6% em 2011

[...]

Para o gerente da pesquisa, Cláudio Crespo, as alterações na lei foram fundamentais para o aumento expressivo no número de divórcios no país. [...]

"Era necessário ter **um** ano de casado para solicitar **um** processo de separação ou dois anos para entrar com o divórcio direto. E a Lei suprimiu a necessidade de ter um processo de separação e todos os prazos foram eliminados", disse.

[...] Crespo ressaltou ainda a retirada da exigência de **um** motivo específico para a concretização da separação. "Essa decisão, especificamente, elimina a perspectiva da atribuição de culpa para **um** dos requerentes. [...]

OLIVEIRA, Nielmar de. Agência Brasil, 17 dez. 2012. Disponível em: <http://agenciabrasil.ebc.com.br/noticia/2012-12-17/numero-de-divorcios-no-pais-cresce-456-em-2011>. Acesso em: 7 jan. 2013.

Na primeira ocorrência, *um* é numeral, pois se relaciona, no eixo das escolhas, à palavra *dois*: "um ano de casado" contrasta com "dois anos [de casado]", também presente no texto. A expressão indica uma quantidade numérica relacionada à contagem de tempo (no caso, anos).

Na segunda ocorrência da palavra, no sintagma "um processo de separação", destaca-se a ideia de um processo que poderia ser solicitado, de forma genérica, por qualquer casal que quisesse se separar, e não a quantidade de processos. Portanto, o termo funciona como artigo indefinido.

O mesmo acontece na terceira ocorrência da palavra *um* destacada no texto. Nesse trecho, o termo faz referência à antiga exigência legal de um motivo qualquer para a concretização da separação – e não de um único motivo, isto é, de apenas um fator. Trata-se novamente de artigo.

Já no último destaque, a palavra *um* não pode ser associada exclusivamente à noção de numeral ou de artigo. Ela pode ser considerada um numeral por indicar quantidade numérica: refere-se a apenas uma pessoa dentre duas. Porém, ao mesmo tempo que singulariza, também indetermina, já que não há referência exata a um dos dois indivíduos que formam o casal; pode ser qualquer um deles. Nessa perspectiva, *um* é artigo indefinido.

Leia o texto ao lado. Nele, a sutil diferença entre o artigo *um* e o numeral *um* foi explorada para produzir humor. No primeiro quadrinho, os insetos se referem ao passarinho usando a palavra *um*. Uma vez que insetos são comidos por passarinhos, qualquer exemplar dessa espécie representa uma ameaça para eles. Por isso, *um* poderia ser entendido como artigo indefinido. No entanto, a fala do passarinho ("Dois insetos!") cria uma oposição à fala dos insetos (**um** passarinho × **dois** insetos). Isso ocorre porque a ave percebe na cena a refeição substanciosa, representada por mais de uma presa. Por contraste, a palavra *um* da fala dos insetos assume a função de numeral, assim como a palavra *dois* na fala do passarinho.

No quinto quadrinho, os insetos usam o artigo definido *o* ao dizer "Lá vai o passarinho, fugindo de medo". Nesse caso, já não se trata de qualquer passarinho, mas daquele que os ameaçava no início da tira. O desfecho da tira é irônico, já que o caçador, que deveria representar a salvação dos insetos, acaba pisando neles.

CAULOS. *Vida de passarinho*. Porto Alegre: L&PM, 2005. p. 39.

Prática de linguagem

1. Leia a tira a seguir.

THAVES, Bob. *O Estado de S.Paulo*, 9 dez. 2007.

a) Que numeral indica a ordem do aniversário da rainha no conjunto de seus anos de vida?
b) O duplo sentido da palavra *coroa* é responsável pelo humor da tira. Explique.

2. Leia esta famosa passagem do romance *Memórias póstumas de Brás Cubas*.

> ... Marcela amou-me durante **quinze** meses e **onze** contos de réis [...].
> MACHADO DE ASSIS, J. M. *Memórias póstumas de Brás Cubas*. São Paulo: Ática, 1995. p. 44 (Série Bom Livro).

a) Que aspecto inusitado se observa na contagem presente na frase?
b) O que essa construção pode indicar a respeito da cortesã Marcela?

3. Examine a tira a seguir.

BROWNE, Dik. *Hagar, o Horrível*. Porto Alegre: L&PM, 1997. v. 1. p. 58.

a) A palavra *uma*, empregada por Eddie Sortudo, é um artigo ou um numeral? Explique.
b) O sentido atribuído por Hagar à palavra corresponde a essa classificação? Justifique.
c) De que modo a noção gramatical associada à palavra *uma* se relaciona ao humor da tira?

Hipertexto

Considerado o marco inaugural do Realismo no Brasil, *Memórias póstumas de Brás Cubas* é objeto de estudo da parte de Literatura (**capítulo 13**, p. 102-104). Consulte esse capítulo para obter ou retomar informações sobre o enredo do romance e o relacionamento entre o narrador-personagem e Marcela. Veja também comentário sobre uma adaptação da obra para o cinema no boxe *Sétima arte* da parte de Produção de texto (**capítulo 36**, p. 362).

Usina literária

Leia este poema de Mario Quintana.

Seiscentos e sessenta e seis

A vida é uns deveres que nós trouxemos para fazer em casa.
Quando se vê, já são 6 horas: há tempo...
Quando se vê, já é 6ª feira...
Quando se vê, passaram 60 anos...
Agora, é tarde demais para ser reprovado...

E se me dessem – um dia – uma outra oportunidade
eu nem olhava o relógio
seguia sempre, sempre em frente...

E iria jogando pelo caminho a casca dourada
e inútil das horas.

QUINTANA, Mario. *Esconderijos do tempo*. São Paulo: Globo, 2005. p. 50.

1. Os versos 2 a 4 mencionam um comportamento típico dos que têm "deveres de casa" para fazer. Qual?
2. Que ideia é expressa pela sequência de horas, dias e anos nesses versos? Que figura de linguagem eles criam?
3. Que semelhança existe entre a vida e os deveres de casa, segundo se pode depreender do poema?
4. O que a hora do dia, o dia da semana e os anos de vida mencionados no poema podem representar? Explique.

221

Língua viva — O artigo definido e a referenciação

O conto a seguir foi publicado em uma coletânea de textos tradicionais árabes. Leia-o para fazer as atividades.

O peregrino, o colar e o perfumista

Em seu caminho para Meca, um peregrino passou por Bagdá, e ali, com muito esforço, tentou vender um colar seu que valia mil moedas de ouro. Não tendo encontrado comprador, foi até um perfumista de quem diziam ser um homem de bem e com ele deixou o colar. Então fez a peregrinação a Meca e retornou. Com um presente, foi até o perfumista, que lhe perguntou:

— Quem é você? E o que é isso?

Ele respondeu:

— Sou o dono do colar deixado com você.

O peregrino nem bem terminou de falar e o perfumista lhe deu um pontapé que o atirou para fora da loja e lhe disse:

— Como você faz semelhante alegação contra mim?

As pessoas se aglomeraram por ali e disseram ao peregrino:

— Ai de ti! Este é um homem de bem! Você não encontrou outra pessoa contra a qual fazer alegações?

Perplexo, o homem insistiu em falar com o perfumista, que não fez senão aumentar as ofensas e agressões. Disseram-lhe então:

— Seria bom que você fosse ao sultão 'Ûdud Addawla. Ele tem bons métodos para resolver estas coisas.

O peregrino escreveu a história e foi levar o papel a 'Ûdud Addawla. Ao lê-lo, o sultão gritou chamando-o, e o peregrino se apresentou. Perguntou sobre que ocorrera, e o peregrino lhe relatou o caso. 'Ûdud Addawla disse:

— Vá até o perfumista amanhã pela manhã e sente-se no banco diante de sua loja. Se ele expulsá-lo, sente-se no banco do outro lado da rua, e ali permaneça desde o amanhecer até o entardecer. Não lhe dirija a palavra. Repita essa ação por três dias. No quarto dia, eu passarei por ali, pararei e cumprimentarei você. Não fique de pé para mim nem faça mais do que responder à minha saudação e às perguntas que eu lhe dirigir.

E assim o peregrino foi até o perfumista, que o impediu de sentar-se no banco em frente da loja. Durante os três dias seguintes, ele se sentou no banco do outro lado da rua. No quarto dia, 'Ûdud Addawla passou por ali com seu magnífico cortejo e, ao avistar o peregrino, parou e disse:

— Que a paz esteja convosco!

Sem se movimentar, o peregrino respondeu:

— Convosco esteja a paz!

'Ûdud Addawla perguntou:

— Meu irmão, você vem até Bagdá e não vai nos visitar nem nos dizer quais são as suas necessidades?

O peregrino respondeu:

— Assim foi!

E não esticou a conversa, por mais que o sultão perguntasse e demonstrasse preocupação. Ele parara, e com ele todos os soldados do seu cortejo. O perfumista quase desmaiou de medo. Quando o cortejo se retirou, o perfumista se voltou para o peregrino e perguntou:

— Ai de ti! Quando você deixou o colar comigo? Em que estava enrolado? Ajude-me a recordar, quem sabe assim eu me lembro!

O peregrino disse:

— As características do colar eram tais e tais.

O perfumista começou a vasculhar tudo. Esbarrou em uma jarra que havia na loja e o colar caiu de cima dela.

Então ele disse:

— Eu tinha me esquecido. E se agora você não me tivesse feito recordar, eu não teria lembrado!

Jarouche, Mamede Mustafá (Org. e trad.). *Histórias para ler sem pressa.* São Paulo: Globo, 2008. p. 13-14.

Grande Mesquita de Meca, na Arábia Saudita. Fotografia de 2007.

Vocabulário de apoio

alegação: argumento, justificativa para determinada atitude; no texto, tem o sentido de acusação

cortejo: grupo de pessoas que segue alguém importante para servi-lo ou honrá-lo; comitiva, séquito

peregrinação/peregrino: jornada a lugares santos ou de devoção; quem realiza essa jornada

Repertório

A peregrinação a Meca

A principal religião dos povos árabes é o islamismo. Desde o ano 628 d.C., os islamitas – ou muçulmanos – realizam a peregrinação a Meca, cidade natal do profeta Maomé, localizada na Arábia Saudita. O *hajj* – "peregrinação", em árabe – é um dos cinco pilares da fé muçulmana, em conjunto com o testemunho da fé, a reza, a esmola e o Ramadã – o mês sagrado, em que se pratica o jejum do nascer ao pôr do sol.

Todo muçulmano, desde que em condições físicas e financeiras, deve visitar Meca pelo menos uma vez na vida. Na peregrinação, ele exercita o desapego e o arrependimento. Para o povo muçulmano, a experiência da peregrinação é considerada transformadora.

Sobre o texto

1. As personagens de contos tradicionais muitas vezes são identificadas por substantivos que indicam sua profissão ou posição social. Que efeito se produz pela ausência de nomes próprios?

2. Na primeira vez que aparecem no texto, as palavras *peregrino*, *colar* e *perfumista* são determinadas por artigos indefinidos. No restante do conto, são antecedidas de artigo definido.
   a) O que explica a diferença de uso dos artigos no texto?
   b) O título do conto antecede a apresentação do peregrino, do colar e do perfumista. O que explica o emprego do artigo definido nesse caso?

3. A comunidade se refere ao perfumista como um "homem de bem".
   a) Que características podem ser associadas a um "homem de bem"?
   b) Após a leitura do conto, você qualificaria o perfumista dessa forma? Justifique.

4. Releia a frase a seguir.

   > Perplexo, o homem insistiu em falar com o perfumista, que não fez senão aumentar as **ofensas** e **agressões**.

   a) Embora os termos em destaque não tenham sido citados anteriormente, eles são precedidos por um artigo definido. É possível ao leitor identificar a que ofensas e agressões o narrador se refere? Explique.
   b) Em qual destes trechos o uso do artigo definido é explicado da mesma forma? Justifique.

   > I. O peregrino escreveu a história e foi levar **o** papel a 'Ûdud Addawla.
   > II. — Vá até o perfumista amanhã pela manhã e sente-se **no** [em + **o**] banco diante de sua loja.
   > III. Não lhe dirija **a** palavra.

   c) Por que o artigo definido foi empregado nos outros dois casos?

5. Leia agora um parágrafo extraído de uma dissertação de mestrado sobre religiões.

   > O *zahat* é o quarto pilar do Islamismo. É um costume, presente também no judaísmo, e semelhante ao dízimo dos cristãos. Para **o** muçulmano, o ato de oferecer a Deus uma porção dos bens e das colheitas em sinal de reconhecimento e submissão salda uma dívida para com Deus, que é a fonte de toda a vida. A doação do *zahat* purifica **o** doador e seus bens.
   >
   > PINHEIRO, Ana. A dádiva no ritual da procissão do fogaréu na cidade de Goiás, 2004. Dissertação (Mestrado em Ciências da Religião). Universidade Católica de Goiás, Goiânia.

   a) O boxe *Repertório* (p. 222) apresenta cinco pilares da fé islâmica: peregrinação, testemunho da fé, reza, esmola e Ramadã. A qual desses pilares corresponde o *zahat*?
   b) O que o emprego da palavra destacada em "É **um** costume" permite inferir sobre a prática da religião islâmica?
   c) Que sentido os artigos destacados no trecho acrescentam às palavras que determinam?

> **ANOTE**
>
> O uso dos **artigos definidos** produz diferentes efeitos de sentido. Ao empregá-los, o falante pode se referir a um elemento presente na situação de enunciação ou conhecido por seu interlocutor; pode retomar ou antecipar outro elemento do texto; pode, por fim, indicar que a palavra antecedida pelo artigo é referida de forma genérica, como integrante de uma categoria.

Texto em construção

Escreva um **verbete de enciclopédia** sobre uma religião diferente da professada por você ou sua família. O verbete pode tratar também das doutrinas que refutam as religiões, como o ateísmo e o agnosticismo. Consulte o capítulo 33 (p. 335 a 341) sobre o artigo enciclopédico.

Colete informações sobre a história dessa religião, os países ou as regiões em que é praticada, as divindades, os valores que orientam a conduta de seus fiéis, as práticas religiosas. Não copie as fontes consultadas. Seja preciso quanto aos conceitos e não faça avaliações pessoais. Enriqueça seu texto com imagens e ilustrações.

Ao escrever o verbete, observe com que sentido os artigos definidos e indefinidos são usados. Depois de pronto, peça para um colega ler seu texto e comentar. Se necessário, faça modificações nele. Esse material pode ficar disponível para consultas na biblioteca da escola.

Em dia com a escrita — O numeral como recurso coesivo

Os numerais são palavras empregadas para indicar quantidades numéricas de seres, objetos e noções presentes no mundo ou sua ordem em uma série de elementos.

Essa classe de palavras pode funcionar como um importante **recurso de coesão textual**, remetendo a termos, objetos e conceitos já mencionados em um texto. As atividades a seguir vão ajudar você a exercitar esse recurso e utilizá-lo em suas produções escritas.

> **Hipertexto**
> O emprego de numerais como **recurso de coesão textual** é retomado no boxe *Observatório da língua* na parte de Produção de texto (**capítulo 34**, p. 347).

1. O trecho a seguir foi extraído de uma reportagem sobre locais altos de São Paulo. Leia-o.

Aos seus pés

[...]

Também naturais, mas ao mesmo tempo mais urbanas, as praças Amadeu Decome, no bairro da Lapa, e a Coronel Custódio, no Alto de Pinheiros, ambas na Zona Oeste, são duas outras boas dicas. A primeira, conhecida como Mirante da Lapa, não aparece nos guias para turistas, mas foi conferida pela reportagem e, garantimos, vale a visita. O local é frequentado pelos moradores, principalmente nos dias de sol e calor, e oferece, além da vista (não tão espetacular, mas prazerosa), uma sensação boa de estar aproveitando a cidade. Já a segunda é mais famosa e conhecida pelo apropriado "apelido" de praça do pôr do sol – de fato, observar o dia terminar ali é um bálsamo para olhos cansados de tanto cinza e concreto. "A vista de lá é espetacular", confirma a paisagista Cecília Pimenta, diretora da Sociedade Amigos do Alto de Pinheiros (Saap).

Entardecer na "praça do pôr do sol", em São Paulo (SP). Fotografia de 2013.

"Consegue-se ver a Universidade de São Paulo, a Marginal Pinheiros e o Pico do Jaraguá." Além de apreciar o crepúsculo, os assíduos visitantes do local também ocupam o gramado com muito lazer e atividade física. "As pessoas costumam fazer ioga e meditação, outras vão lá até para se bronzear", diz Cecília.

[...]

Revista E, Sesc, São Paulo, p. 25, fev. 2009.

a) Considere a seguinte versão para o primeiro período do texto:

> Também naturais, mas ao mesmo tempo mais urbanas, as praças Amadeu Decome, no bairro da Lapa, e a Coronel Custódio, no Alto de Pinheiros, na Zona Oeste, são duas outras boas dicas.

Nesta versão, o numeral *ambas* foi omitido. Explique o papel coesivo dessa palavra no texto original e por que sua omissão prejudica o entendimento da nova versão.

b) A reportagem emprega numerais ordinais para fazer referência aos locais citados. Identifique esses numerais e associe-os a cada praça. Em seguida, localize no texto outras palavras e expressões que fazem referência a elas.

> **Vale saber**
> A palavra *ambos* (e sua flexão no feminino, *ambas*) é um **numeral cardinal** que equivale ao sentido de *os dois* (*as duas*). Por isso, é desnecessário repeti-los em uma mesma construção (como em "ambos os dois").

2. Examine as informações fornecidas no quadro a seguir.

Arte marcial	Tai chi chuan	Judô	Tae kwon do	Kung fu
Origem	China	Japão	Coreia	China
Esporte olímpico	não	sim	sim	não

Escreva um parágrafo sobre artes marciais em que essas informações sejam apresentadas. Empregue numerais como recurso coesivo, usando-os para retomar termos e conceitos mencionados anteriormente.

3. Leia o fragmento de um artigo que esclarece dúvidas sobre a gripe.

Descubra como evitar a gripe

[...]

Ela é um resfriado mais forte?

Não, são doenças diferentes, causadas por vírus distintos (influenza e rinovírus). Muitos confundem as **duas** por terem sintomas parecidos e ocorrerem normalmente no inverno. "Porém, a gripe provoca reações bem mais fortes. O resfriado se caracteriza pela coriza e pela dor de garganta", diz Artur Timerman, infectologista do Hospital Professor Edmundo Vasconcelos, em São Paulo.

CONTE, Carla. Revista *Boa forma*. Disponível em: <http://boaforma.abril.com.br/saude-bem-estar/como-evitar-gripe-687786.shtml>. Acesso em: 8 jan. 2013.

a) Segundo o texto, qual é o vírus causador da gripe? E do resfriado?
b) Reescreva o período do texto em que essa informação é apresentada, associando cada vírus à doença causada por ele. Empregue numerais ordinais como recurso coesivo.
c) No texto, o numeral *duas* é usado para retomar o substantivo *doenças*. Observe uma outra construção possível: "Muitos **as** confundem por terem sintomas parecidos [...]" Qual é a vantagem do uso do numeral no texto original, em comparação com essa versão?

4. Leia parte de uma reportagem publicada no jornal *Correio braziliense*.

Aposentar-se com renda tem deixado de ser um benefício para os precavidos e, aos poucos, vem se tornando regra no Brasil. Com a formalização do mercado de trabalho, mais pessoas estão contribuindo para a previdência e a quantidade de brasileiros protegidos pela seguridade social chegou ao maior patamar da história: 66,9% da população do país. [...]

Joel [...], 74 anos, experimentou dois brasis bem diferentes, um primeiro em que a seguridade social era algo inimaginável e outro, no qual pôde se aposentar com uma boa renda e viver o restante da vida com dignidade. Garimpeiro por obrigação no sertão da Bahia, teve de seguir a profissão do pai para não morrer de fome – um trabalho sem carteira assinada e cheio de riscos. [...]

Só descobriu o que era previdência depois de atravessar parte do país a pé. Ele e o pai andaram de um garimpo no Piauí até o meio de Goiás [...]. "Meu primeiro emprego com carteira assinada foi em Brasília. Ajudei a construir o Palácio do Planalto", lembra, orgulhoso. Depois disso, conseguiu trabalho no setor de manutenção da Câmara dos Deputados e passou a ter direito à aposentadoria.

[...]

MARTINS, Victor. *Correio braziliense*, 30 set. 2010.

a) Um leitor que não tivesse informações sobre o sistema de aposentadoria e seguridade social poderia perceber, pela leitura do primeiro parágrafo, que tal sistema favorece quem conta com ele. Que palavras do parágrafo revelam isso?
b) Compare um trecho do texto a uma nova versão.

> "[...] experimentou dois brasis bem diferentes, um **primeiro** em que a seguridade social era algo inimaginável e outro, no qual pôde se aposentar [...]."
>
> Experimentou dois brasis bem diferentes, um em que a seguridade social era algo inimaginável e outro, no qual pôde se aposentar.

I. Na nova versão, que palavras atuam como elemento coesivo e são suficientes para criar a oposição entre os "dois brasis"?
II. Explique como o numeral *primeiro* contribui para a clareza da versão original.

ANOTE

O uso de **numerais** pode contribuir para a **clareza** e **coesão** do texto, por meio da antecipação ou retomada de elementos em sequência que evitam repetições desnecessárias.

Ação e cidadania

A carteira de trabalho foi instituída em 1932 no Brasil e é documento obrigatório para quem procura emprego no mercado formal de trabalho. O registro em carteira de dados da vida profissional garante ao trabalhador acesso a alguns dos principais direitos trabalhistas, como férias, 13º salário, seguro-desemprego, Fundo de Garantia por Tempo de Serviço (FGTS) e aposentadoria. Nos últimos anos vem crescendo no Brasil o número de trabalhadores no mercado formal, com registro em carteira.

CAPÍTULO 25

Adjetivos

O que você vai estudar

- Adjetivo.
  - Aspectos morfológicos, sintáticos e semânticos.
  - Tipos de adjetivo.
  - O papel do adjetivo na produção de sentidos no discurso.

Junto às palavras que nomeiam conceitos, estão aquelas que tornam seu conteúdo mais preciso, atribuindo-lhes características. Trata-se dos **adjetivos**. Ao acrescentar noções variadas ao conteúdo dos substantivos, os adjetivos multiplicam as possibilidades de expressão. É essa classe de palavras o objeto de estudo deste capítulo.

❯ O conceito de adjetivo

- Analise a capa do DVD do filme *Linha de passe* mostrada abaixo. Leia também alguns trechos de resenhas críticas sobre esse longa-metragem, reproduzidos de diversas publicações.

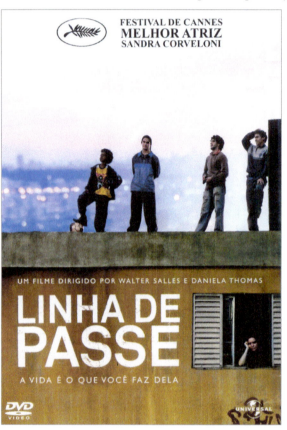

"Atuações tão precisas que dão um aperto no coração."
Thomas Sotinel, *Le Monde*

"Emocionante. Os atores são ótimos."
Luis Carlos Merten, *O Estado de S. Paulo*

"Personagens com rara consistência e credibilidade."
Amir Labaki, *Folha de S.Paulo*

"Um filme vigoroso. Belíssimo roteiro."
Rodrigo Fonseca, *O Globo*

"Um filme preciso e emocionante, sem um grama de sentimentalismo."
Jean Michel Frodon, *Cahiers du Cinéma*

"Magistralmente realizado em cada detalhe."
Todd McCarthy, *Variety*

"Sólido e envolvente. O pequeno Kaíque rouba a cena, com seu Reginaldo."
Jonathan Romney, *Screen*

"Um filme cativante. O elenco tem uma autenticidade luminosa."
Mark Savage, *BBC*

"Fica a sensação de que esses cinco personagens existem fora do filme."
Kleber Mendonça Filho, *Cinemascópio*

"Fascinante atuação de Sandra Corveloni."
Agence France Presse

"Um filme de um humanismo luminoso."
Erica Abeel, *IFC News*

"Magistralmente dirigido."
Sukhdev Sandhu, *Daily Telegraph*

"Um filme impressionante."
Xan Brooks, *The Guardian*

"Um filmaço!"
Maria do Rosário Caetano

Revista *Época*, p. 123, 8 set. 2008.

1. Além das informações objetivas sobre o filme (título, nome dos diretores, distribuidora), que outros elementos verbais estão presentes na capa do DVD? Com que objetivo, provavelmente, eles foram incluídos?

2. Os trechos de resenha expressam uma avaliação elogiosa do filme. Essa avaliação se revela especialmente em determinadas palavras. Registre no caderno:
   a) cinco palavras que se referem diretamente ao filme, apontando uma qualidade dele.
   b) três palavras que caracterizam os atores ou a atuação deles no filme.

3. Releia: "Um filmaço!". De que outra forma se poderia expressar essa avaliação sobre o filme, substituindo o sufixo *-aço* por uma palavra de sentido semelhante?

Resenhas críticas têm a finalidade de expor ao público uma opinião sobre determinado produto cultural. Por isso, é comum que apresentem termos cuja função é caracterizar: os **adjetivos**. Eles expressam noções bastante variadas. A um filme, por exemplo, poderiam ser associados adjetivos como *longo*, *antigo*, *mudo*, *tocante*, *surpreendente* e muitos outros.

> O adjetivo na perspectiva semântica

O adjetivo tem fundamentalmente a função de caracterizar. A noção de "característica" expressa por ele sempre se revela na associação com um elemento, como um traço que o define, e não como uma propriedade independente, um conceito autônomo. Veja os exemplos.

O quarto **claro** ficava nos fundos.	O quarto da frente tinha **claridade**.
adjetivo	substantivo
(característica específica do quarto)	(propriedade daquilo que é claro)

No primeiro exemplo, a palavra *claro* atribui uma característica ao quarto, associa a ele um estado ou uma condição; portanto, é um adjetivo. No segundo exemplo, *claridade* nomeia a qualidade que se observa no quarto; trata-se, portanto, de um substantivo. A palavra *claro* também pode assumir o valor semântico de um substantivo, se for determinada por um artigo. Nesse caso, é tomada como um conceito, uma propriedade (equivalendo à *claridade*). Veja.

A oposição entre *o* **claro** e *o* **escuro** é característica da pintura barroca.
substantivos

Os adjetivos constituem um importante recurso da língua para expressar apreciações valorativas (positivas ou negativas), sendo talvez a classe que manifesta mais explicitamente o posicionamento do enunciador.

> O adjetivo na perspectiva sintática

É da natureza do adjetivo associar-se ao substantivo, imediatamente ou não. Observe.

O arquiteto propôs um *projeto* **moderno**.	O *projeto* foi considerado **moderno**.
substantivo adjetivo	substantivo adjetivo

Sintaticamente, um adjetivo desempenha papel semelhante ao de outras classes de palavras que se associam ao núcleo de um **sintagma nominal**. Na expressão "os meus três antigos filmes", as quatro primeiras palavras ligam-se ao substantivo *filmes*. Cada uma pertence a uma classe de palavras. Apenas *antigos* tem todos os traços que caracterizam um adjetivo.

O adjetivo também pode ocupar o núcleo de um **sintagma verbal**, como no segundo exemplo do quadro acima.

> **Hipertexto**
> O **posicionamento do enunciador** deve ser claro nos textos argumentativos. O boxe *Observatório da língua* (parte de Produção de texto, **capítulo 36**, p. 365) trata do valor argumentativo dos adjetivos na resenha crítica.

> O adjetivo na perspectiva morfológica

No sintagma nominal "os meus três antigos filmes", há um elemento que distingue o adjetivo *antigos* das demais palavras associadas a *filme*: o seu conteúdo **lexical**, que remete a um elemento da realidade extralinguística. *Os, três* e *meus* são palavras **gramaticais**: *os* determina, *três* quantifica e *meus* associa a palavra *filmes* à pessoa que fala. Já na palavra *antigos,* o radical *antig-* remete a uma noção, um conceito: tem o sentido de "existente há bastante tempo".

O adjetivo sofre flexão de gênero e número de maneira muito semelhante ao substantivo. Também apresenta formas diminutivas e aumentativas.

Ainda no nível morfológico, um adjetivo pode ser identificado por determinados sufixos que são típicos dessa classe de palavras, como *-oso, -estre, -ano, -ável, -ense*, etc. Exemplos: *saboroso, terrestre, bacteriano, adorável, paraense*.

> Locução adjetiva

Na página anterior, o filme *Linha de passe* é caracterizado como "sem um grama de sentimentalismo". Essa característica poderia ser expressa pelo adjetivo *racional*. Assim, há expressões formadas por mais de uma palavra, tendo um substantivo como núcleo, que exercem a função de caracterizar, equivalendo a adjetivos. Tais expressões são chamadas de **locuções adjetivas**.

> **ANOTE**
> **Adjetivos** são palavras variáveis que se associam a substantivos, atribuindo-lhes características. Podem modificar o núcleo do sintagma nominal ou ocupar o núcleo do sintagma verbal.

Tipos de adjetivo

Os adjetivos podem ser classificados como **primitivos** (quando dão origem a outras palavras) ou **derivados** (quando derivam de outras palavras). Por exemplo, as palavras *felicidade*, *felizmente* e *infeliz* se originaram do adjetivo *feliz*, classificado como primitivo. Já as palavras *diferir*, *punir* e *talento* deram origem aos adjetivos *diferente*, *punível* e *talentoso*, classificados como derivados. A maior parte dos adjetivos é derivada de verbos e substantivos.

Adjetivos derivados de substantivos e que indicam lugar de origem são chamados de **adjetivos pátrios**. Eles se referem a continentes, países, estados, cidades, regiões, etc. Exemplo: *literatura moçambicana*.

Conforme o número de radicais, os adjetivos também são classificados em **simples** (apenas um radical, como *físico*) ou **compostos** (mais de um radical, como *socioeconômico*).

Flexão dos adjetivos

Os adjetivos sofrem flexão de **gênero** e **número**. A flexão do adjetivo acompanha a flexão do substantivo ao qual ele se associa. Veja.

> Somos *pessoas* **íntegras**. → adjetivo feminino plural concordando com *pessoas*

Nos adjetivos compostos, somente o último elemento acompanha a flexão de gênero e número do substantivo. Observe o exemplo.

> *problema* **político-partidário** → *questões* **político-partidárias**

Grau dos adjetivos

Os adjetivos apresentam os graus **comparativo** e **superlativo**.

O **grau comparativo** relaciona características de dois indivíduos ou grupos, ou duas características de um indivíduo. Pode ser de superioridade, inferioridade ou igualdade. Observe.

- **superioridade**: *Somos* **mais** *felizes* **que** *os atletas./Esse atleta é* **mais** *esforçado* **que** *talentoso*.
- **inferioridade**: *Somos* **menos** *felizes* **que** *os atletas./Esse atleta é* **menos** *talentoso* **que** *esforçado*.
- **igualdade**: *Somos* **tão** *felizes* **quanto** *os atletas./Esse atleta é* **tão** *esforçado* **quanto** *talentoso*.

O **grau superlativo** indica uma qualidade atribuída em grau intenso. Pode ser **absoluto** (**sintético** ou **analítico**) ou **relativo**. Veja.

- **superlativo absoluto** (característica atribuída a um indivíduo considerado isoladamente):
  Um atleta normalmente é **esforçadíssimo**.   (forma sintética)
  Um atleta normalmente é **muito esforçado**.   (forma analítica)
- **superlativo relativo** (característica atribuída a indivíduo ou grupo dentro de um conjunto):
  superioridade: *Esse atleta é* **o mais esforçado** *da equipe*.
  inferioridade: *Esse atleta é* **o menos esforçado** *da equipe*.

Há superlativos absolutos sintéticos **regulares** e **irregulares**. Os superlativos regulares apresentam o sufixo *-íssimo*; os irregulares têm os sufixos *-íssimo*, *-imo* ou *-rimo* associados à forma erudita ou latina de um adjetivo. Veja alguns dos superlativos irregulares mais comuns.

| simpático: *simpaticíssimo* | provável: *probabilíssimo* | antigo: *antiquíssimo* |
| fiel: *fidelíssimo* | difícil: *dificílimo* | pobre: *paupérrimo* |

Os adjetivos *bom*, *mau*, *grande* e *pequeno* também têm graus comparativo e superlativo absoluto irregulares. São, respectivamente: *melhor/ótimo*; *pior/péssimo*; *maior/máximo*; *menor/mínimo*.

> **ANOTE**
> Os adjetivos são classificados em **primitivos** ou **derivados** (entre os quais se incluem os adjetivos **pátrios**), **simples** ou **compostos**. Sofrem flexão de **gênero** e **número**. Apresentam graus **comparativo** e **superlativo**.

Diversidade

Ao lado da forma *macérrimo*, superlativo erudito de *magro*, os falantes do português brasileiro empregam *magérrimo* e *magríssimo* (esta última construída a partir do radical *magr-*). Todas são abonadas por dicionários do português. No registro informal, constata-se também o uso de *magrérrimo*.

A intuição linguística dos falantes explica a criação de superlativos com o sufixo *-ésimo* (formador de numerais ordinais) em situações informais, como a palavra *tranquilésimo*.

228

Prática de linguagem

1. Leia parte de uma resenha crítica sobre um filme de Quentin Tarantino, publicada no guia que acompanha uma revista semanal de grande circulação.

> ### Um bom filme ruim
> *À prova de morte*, uma homenagem de Quentin Tarantino às produções baratas
>
> [...]
>
> Trata-se de uma divertida homenagem aos filmes B, em especial aqueles de grandes perseguições automobilísticas [...]. Personagem central, o ex-dublê Stuntman Mike (Kurt Russell, propositadamente canastrão) tem um fraco por moças festeiras. A princípio, parece apenas um sujeito excêntrico, quase patético com sua jaqueta customizada e o topete retrô. Mas logo se revela um assassino cínico, cuja arma mortal é o potente carro, preparado para resistir a qualquer tipo de colisão.
>
> O filme divide-se em duas partes, de tramas semelhantes, mas tons distintos. Na primeira, prevalece o suspense, enquanto Mike e seu Chevy Nova modelo 1970 rondam quatro amigas que param para beber em um bar no meio da noite. A ação toma conta da segunda etapa, quando o psicopata, em um Dodge Charger de 1969, cruza o caminho de outras quatro jovens em uma estrada empoeirada. Tarantino mostra novamente maestria em alternar gêneros. Também dispara sua habitual metralhadora de referências – cinéfilas e musicais, com direito a piadas internas que vão deliciar os fãs do diretor. *À prova de morte* não chega ao nível de *Bastardos inglórios*, mas, neste caso, antes de produzir uma obra-prima, a ambição era fazer um bom filme ruim.
>
> XAVIER, Alex. Revista *Veja São Paulo*, p. 126, 7 jul. 2010.

Vocabulário de apoio

canastrão: mau ator
cinéfilo: aquele que aprecia cinema
customizado: que obtém características individualizadas mediante algumas modificações (uma peça de roupa); exclusivo, feito sob encomenda
excêntrico: que age ou pensa de maneira original, extravagante, fora dos padrões
filme B: filme de má qualidade
patético: que comove, produzindo um sentimento de piedade, tristeza
psicopata: pessoa que tem distúrbio mental marcado por comportamentos amorais, sem demonstração de remorso
retrô (forma aportuguesada de *rétro*, abreviação do francês *rétrograde*): retrógrado; que adota estilo e/ou comportamento do passado

a) Observe alguns elementos que costumam estar presentes na resenha de um filme.
   I. Gênero/tipo do filme resenhado
   II. Enredo geral da obra, com detalhes sobre o protagonista
   III. Avaliação geral do filme
   IV. Detalhes da trama
   Indique no caderno em que parágrafo do trecho se encontra cada um desses elementos.

b) Por meio da resenha, ficamos sabendo que a personagem central, um "assassino cínico", aborda oito moças no filme. Por que o texto não informa o que se passou com elas?

c) Alguns adjetivos usados na resenha tornam certos conceitos mais precisos para o leitor. Por exemplo: *moças **festeiras**, topete **retrô**, tramas **semelhantes**, estrada **empoeirada***. Outros adjetivos desempenham um papel diferente. Exemplos: ***divertida** homenagem, **bom** filme*. Em que esses dois últimos adjetivos diferem dos demais citados, considerando seu papel no gênero textual resenha?

d) Além de qualificar o substantivo, os adjetivos também podem atuar como classificadores, ou seja, podem inserir o substantivo em uma categoria objetiva. Por exemplo, o adjetivo *metalúrgica* em *indústria **metalúrgica*** esclarece precisamente a que tipo de indústria se refere. Quais dos adjetivos destacados abaixo atuam como classificadores?
   I. Sujeito **excêntrico**
   II. Perseguições **automobilísticas**
   III. **Grandes** perseguições
   IV. Referências **cinéfilas** e **musicais**
   V. Assassino **cínico**

e) Segundo a resenha, *À prova de morte* é uma homenagem a um tipo de filme.
   I. Além de *filme ruim* (presente no título e no último parágrafo), que outras duas expressões da resenha fazem referência a esse tipo de filme?
   II. O adjetivo *ruim*, na expressão *filme **ruim***, é qualificador ou classificador? Justifique.
   III. E o adjetivo *bom*, em ***bom** filme ruim*, é qualificador ou classificador? Justifique.

f) O termo *canastrão*, quando usado para qualificar o substantivo *ator*, tem em geral sentido negativo. Por que, nesse caso, ele pode ser visto como elogioso ao ator Kurt Russell?

229

Prática de linguagem

2. Leia este trecho de uma reportagem sobre moda.

> ### Sapatos × tênis
>
> Alguns colégios não permitem o uso de sapatos ou sandálias, mas liberam na escolha do tênis. Sendo assim, opte por modelos confortáveis, mas que traduzam um pouco do seu estilo. As opções são muitas: quem disse que não dá pra ficar chique de tênis?
>
> [...] os *sneakers* são um pouco mais caros, mas geralmente são os modelos mais lindos, duram bastante e são superconfortáveis. Existe até gente que coleciona!
>
> Superguia de estilo na escola. *Capricho*, São Paulo, Abril, 11 fev. 2009.

a) Relacione o nível de linguagem do texto (grau de formalidade) ao público a que ele se dirige.
b) Que adjetivos foram usados para avaliar os tênis do tipo *sneakers*?
c) Considerando esses adjetivos, que critérios foram levados em conta na avaliação? Em sua opinião, qual deles é o mais importante no momento de adquirir um par de tênis?
d) Que adjetivo poderia substituir a construção "duram bastante", associada aos *sneakers*?
e) Que outras palavras ou expressões poderiam substituir o adjetivo *superconfortáveis* formando um adjetivo superlativo sintético e outro analítico?

Usina literária

Leia este poema do paulista Fabrício Corsaletti (1978-). O poema compõe, com outros dois textos, uma sequência intitulada "Minha mãe está cada vez mais triste".

> **Minha mãe está cada vez mais triste**
>
> 2
>
> os pulmões humildes
> e o olhar guloso
>
> vim soluçando dentro de um ônibus gelado
> em 1997
>
> onde não cabia a minha arrogância
> onde não cabia a minha alegria
> onde não cabia o meu sofrimento
>
> CORSALETTI, Fabrício. *Esquimó*. São Paulo: Companhia das Letras, 2010. p. 29.

1. O poema não apresenta sinais de pontuação nem letras maiúsculas. Que efeito isso cria?

2. Observe os versos 1 e 2. Há uma relação de oposição entre eles.
 a) O ato de olhar pode ser entendido como um modo de encarar a realidade, como na frase "Ela tinha um olhar paciente para a vida". O que se pode compreender por *olhar guloso*?
 b) Os pulmões, órgãos importantes do sistema respiratório, estão relacionados à ideia de fôlego, de capacidade respiratória. No poema, podem representar a condição do eu lírico de dar conta de certas situações (sentimentais, profissionais, existenciais). Dessa perspectiva, como você entende a expressão *pulmões humildes*?
 c) Que palavras, portanto, constroem a relação de oposição entre os versos? Explique.

3. Releia o terceiro e o quarto versos do poema. Eles mencionam um evento na vida do eu lírico envolvendo um trajeto percorrido de ônibus – por exemplo, uma mudança de cidade. Esse evento acontece em um tempo próximo ao momento da enunciação (escrita do poema)? Em que elementos você baseou sua resposta?

4. Aponte dois significados que o adjetivo *gelado* pode apresentar no terceiro verso.

5. Com base na resposta ao item 3 e na provável situação vivida pelo eu lírico, atribua um sentido possível ao título do poema e proponha uma interpretação para os três últimos versos.

Língua viva — O valor semântico da colocação do adjetivo

Leia a crônica a seguir, do escritor capixaba Rubem Braga (1913-1990).

Um pé de milho

Os americanos, através do radar, entraram em contato com a lua, o que não deixa de ser emocionante. Mas o fato mais importante da semana aconteceu com o meu pé de milho.

Aconteceu que no meu quintal, em um monte de terra trazido pelo jardineiro, nasceu alguma coisa que podia ser um pé de capim – mas descobri que era um pé de milho. Transplantei-o para o exíguo canteiro na frente da casa. Secaram as pequenas folhas, pensei que fosse morrer. Mas ele reagiu. Quando estava do tamanho de um palmo veio um amigo e declarou desdenhosamente que na verdade aquilo era capim. Quando estava com dois palmos veio outro amigo e afirmou que era cana.

Sou um ignorante, um pobre homem da cidade. Mas eu tinha razão. Ele cresceu, está com dois metros, lança as suas folhas além do muro – e é um esplêndido pé de milho. Já viu o leitor um pé de milho? Eu nunca tinha visto. Tinha visto centenas de milharais – mas é diferente. Um pé de milho sozinho, em um canteiro, espremido, junto do portão, numa esquina de rua – não é um número numa lavoura, é um ser vivo e independente. Suas raízes roxas se agarram no chão e suas folhas longas e verdes nunca estão imóveis. Detesto comparações surrealistas – mas na glória de seu crescimento, tal como o vi em uma noite de luar, o pé de milho parecia um cavalo empinado, as crinas ao vento – e em outra madrugada parecia um galo cantando.

Anteontem aconteceu o que era inevitável, mas que nos encantou como se fosse inesperado: meu pé de milho pendoou. Há muitas flores belas no mundo, e a flor de milho não será a mais linda. Mas aquele pendão firme, vertical, beijado pelo vento do mar, veio enriquecer nosso canteirinho vulgar com uma força e uma alegria que fazem bem. É alguma coisa de vivo que se afirma com ímpeto e certeza. Meu pé de milho é um belo gesto da terra. E eu não sou mais um medíocre homem que vive atrás de uma chata máquina de escrever: sou um rico lavrador da Rua Júlio de Castilhos.

BRAGA, Rubem. *200 crônicas escolhidas.* 27. ed. Rio de Janeiro: Record, 2007. p. 77.

Vocabulário de apoio

desdenhosamente: com pouco caso

exíguo: muito pequeno

ímpeto: força, vigor

pendão: flor do milho

pendoar: brotar

surrealista: relativo ao Surrealismo, movimento artístico que rompeu com a lógica e a razão para se inspirar nos sonhos e no inconsciente

Sobre o texto

1. O primeiro parágrafo do texto traz duas informações que o relacionam ao contexto de produção típico da crônica. Identifique-as.

2. No segundo parágrafo, o que a sequência de acontecimentos narrados demonstra a respeito do pé de milho e da opinião das pessoas sobre ele?

3. No terceiro parágrafo, o narrador afirma que nunca havia visto um pé de milho, mas já vira centenas de milharais. Por que, segundo ele, é diferente ver um pé de milho sozinho?

4. No último parágrafo, o narrador comenta o nascimento de um pendão no pé de milho. Ao fazer uma ressalva sobre a beleza da flor, que provável efeito ele quer provocar no leitor? Explique sua resposta.

5. O narrador encerra a crônica com uma avaliação a respeito do impacto do pé de milho sobre sua vida.

   a) Ao refletir sobre esse impacto, que juízo de valor ele faz sobre o trabalho do cronista, em comparação com o trabalho do lavrador?

   b) Essa avaliação sobre cada trabalho contém, em certa medida, uma contradição: o que possibilita ao narrador atribuir um valor simbólico ao pé de milho (um "belo gesto da terra") é justamente sua condição de cronista. Explique essa afirmação.

Língua viva

6. Vários adjetivos foram empregados no texto. Em alguns casos, esses adjetivos estão ao lado dos substantivos, ora antes, ora depois deles. Responda aos itens a seguir, observando os efeitos de sentido relacionados a essa colocação.

a) "Sou um ignorante, um **pobre** homem da cidade." O que o adjetivo *pobre* expressa nesse enunciado? Qual seria o seu sentido, se ele fosse colocado após o substantivo *homem*?

b) "Secaram as **pequenas** folhas, pensei que fosse morrer." Além da ideia de tamanho, que outro sentido o adjetivo *pequenas* acrescenta ao substantivo *folhas* nesse trecho?

c) "Transplantei-o para o **exíguo** canteiro na frente da casa." Qual seria a mudança de efeito de sentido, se o adjetivo *exíguo* fosse colocado após o substantivo *canteiro*?

d) Nos exemplos abaixo, indique se o efeito de sentido criado pela colocação do adjetivo antes do substantivo é o mesmo percebido nas frases dos itens **a**, **b** ou **c**.

( ) "[...] sou um **rico** lavrador da Rua Júlio de Castilhos."

( ) "Ele cresceu, está com dois metros [...] e é um **esplêndido** pé de milho."

( ) "Meu pé de milho é um **belo** gesto da terra."

( ) "E eu não sou mais um [...] homem que vive atrás de uma **chata** máquina de escrever [...]"

7. Leia, a seguir, o trecho inicial de uma reportagem.

Crianças da Índia vasculham o tóxico lixo eletrônico

Jovens catadores vasculhando o lixo são uma imagem comum da pobreza crônica da Índia, mas agora há novos perigos com a crescente indústria do *e*-lixo. Asif, 7, passa os dias desmontando equipamentos eletrônicos em uma pequena e pouco iluminada unidade na região leste de Nova Déli, junto com outros seis garotos. [...]

ROCHE, Elizabeth. Trad. Bruno Romani. *Folha de S.Paulo*, 21 jul. 2010.

a) No trecho acima, os adjetivos *comum*, *crônica* e *eletrônicos* caracterizam elementos da realidade indiana de modo mais objetivo. A que substantivo cada um desses adjetivos se refere? Eles estão posicionados antes ou depois desses substantivos?

b) Identifique os outros adjetivos empregados no trecho da reportagem. Eles estão posicionados antes ou depois dos substantivos aos quais se ligam?

c) Considere a posição dos adjetivos identificados no item **b**. Que efeito de sentido foi criado por essa posição?

d) Essa opção compromete a representação objetiva da realidade indiana? Justifique.

> **ANOTE**
> Na língua portuguesa, o adjetivo é colocado com mais frequência **após o substantivo**. Por essa razão, posicionar o adjetivo antes do substantivo pode criar **efeitos de sentido especiais**.

Texto em construção

A crônica de Rubem Braga eleva o pé de milho à condição de ser especial e faz uma homenagem a ele. Inspirado por esse texto, você vai escrever um "**perfil biográfico**" sobre um objeto, um animal ou um elemento da realidade que você considere digno de nota. Pode ser uma árvore antiga da sua rua, um cachorro adotado pela vizinhança, um lugar especial para você, ou outro elemento que tenha relevância em seu meio social. Os diferentes perfis escritos pela turma devem compor um painel a ser exposto à comunidade.

Retome o capítulo 32 para recordar as características do perfil biográfico. Siga as etapas propostas nos itens *Planejamento*, *Elaboração*, *Avaliação* e *Reescrita* (páginas 332-333). Lembre-se de que o perfil biográfico situa-se entre a esfera jornalística e a literária, de forma semelhante à crônica. Ao escolher os adjetivos que caracterizarão o elemento a ser retratado, avalie os efeitos de sentido obtidos pela posição deles em relação aos substantivos que serão modificados.

Reúna-se com um colega para a avaliação dos textos de ambos. Observem a adequação ao gênero perfil biográfico e o uso expressivo dos adjetivos. Reescreva o seu perfil biográfico com base nas sugestões do colega. Depois, apresente o resultado final à turma.

Hipertexto
Na parte de Produção de texto (**capítulo 31**, p. 322), há outra crônica de Rubem Braga, "O padeiro". Leia-a e veja como a crônica costuma se vincular à realidade cotidiana, apresentando uma tese ao leitor.

Em dia com a escrita — Flexão de número em adjetivos que indicam cores

Algumas palavras ou expressões podem se associar a substantivos, atribuindo-lhe **cores**. Elas exercem, nesses casos, uma função adjetiva. Conheça a seguir algumas regras para a flexão de número nessas palavras e expressões.

I. Nos **adjetivos compostos** que indicam cores, o primeiro elemento nunca é flexionado. O segundo elemento sofre flexão, se for um adjetivo, mas não se for um substantivo. Observe.

> vidro verde-escuro → vidros verde-**escuros**
> lençol verde-limão → lençóis verde-**limão**

As exceções a essa regra são os adjetivos compostos *azul-marinho* ou *azul-celeste*. Neles, o segundo elemento não sofre flexão, mesmo sendo adjetivo.

> paletó azul-marinho → paletós azul-**marinho**
> envelope azul-celeste → envelopes azul-**celeste**

II. Os adjetivos formados pela expressão *cor de* + **substantivo** não sofrem flexão.

> boné cor de abóbora → bonés **cor de abóbora**

III. Nos casos em que a expressão *cor de* está subentendida, também não há flexão.

> carro prata (cor de prata) → carros **prata**

1. Leia o texto a seguir, extraído de um *site* de moda.

>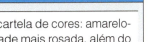
> Pense numa silhueta mais solta, coberta por *jeans* e brim. Na cartela de cores: amarelo-pastel, azul-claro e o "malva", uma espécie de lilás com tonalidade mais rosada, além do preto usado nos acabamentos.
> PETTA, Antonia. Preview Casa de Criadores, verão 2010: Ianire Soraluze. *Chic*, 12 maio 2009. Disponível em: <http://chic.ig.com.br/materias/511001-511500/511433/511433_1.html>. Acesso em: 15 jan. 2013.

A palavra *pastel* é um substantivo que, ao integrar um adjetivo composto, indica "[cor ou tom] suave". O substantivo *malva* designa uma flor de cor rosa-arroxeada ou violeta.

a) Como deveria ser escrita a frase a seguir se, em vez de um cachecol, um blusão e um lenço, fossem selecionados vários exemplares de cada peça?

> A estilista selecionou um cachecol amarelo-pastel, um blusão azul-claro e um lenço malva.

b) Justifique a flexão ou não dos adjetivos que indicam cor na frase acima.

2. Reescreva as frases, substituindo o ■ pela forma correta do adjetivo entre parênteses.
a) Para combinar, escolheu os guardanapos ■. (rosa-chá)
b) Abriu espantada aqueles olhos ■. (mel)
c) No logotipo da empresa havia círculos ■. (azul-marinho)
d) Reúna todas as canetinhas ■. (vermelho-sangue)
e) A lama deixara os degraus ■. (marrom)
f) As camisas ■ e as bandeiras ■ criavam um lindo quadro. (rubro-negro/alviverde)

ANOTE

Em adjetivos que indicam **cores**, a flexão de número dos **adjetivos compostos** recai sobre o segundo elemento se ele for um adjetivo, com exceção de *azul-marinho* e *azul-celeste*. Os adjetivos formados pela expressão *cor de* + **substantivo** não sofrem flexão (exemplo: *cor de abóbora*). O mesmo vale quando a expressão *cor de* está subentendida (como em *carros prata*).

CAPÍTULO 26

Pronomes

O que você vai estudar

- Pronomes.
  - Aspectos morfológicos, sintáticos e semânticos.
  - Tipos de pronome.
  - O papel do pronome na produção de sentidos no discurso.

Neste capítulo, você investigará os **pronomes**, uma classe de palavras diretamente relacionada aos elementos que fazem parte de uma situação comunicativa – quem fala, com quem fala e sobre o que fala.

O conceito de pronome

- Leia um trecho do roteiro original do filme *Se eu fosse você*. Trata-se de um diálogo ocorrido pouco antes de o casal Cláudio e Helena trocar involuntariamente de corpo um com o outro.

> Cláudio — Já te ocorreu que se eu trabalho o dia inteiro é justamente para conseguir uma série de coisas para a minha família?
> Helena — Mas então é melhor você trabalhar menos, porque não é de uma série de coisas que sua família precisa. Sua família precisa de você. E eu também não me casei para ter uma coisa. Eu me casei para ter um marido.
> Cláudio — Helena, o meu trabalho não é fácil. Queria que você passasse um dia, um dia que fosse no meu lugar. Você ia ver por que que eu, às vezes, tenho que ficar um pouco ausente.
> Helena — E eu queria que você passasse um dia que fosse no meu lugar. Você ia ver por que é que eu tenho que estar sempre presente.
>
> FALCÃO, Adriana; GREGÓRIO, Carlos; FILHO, Daniel; BRITZ, Iafa; BELMONTE, Rene; FROTA, Roberto. Se eu fosse você. Disponível em: <http://www.roteirodecinema.com.br/roteiros/se_eu_fosse_voce_roteiro.pdf>. Acesso em: 11 jan. 2013.

Cartaz do filme *Se eu fosse você* (Brasil, 2006). Direção de Daniel Filho.

1. Por que Cláudio e Helena desejam que o outro experimente estar "na sua pele"?
2. No título do filme, a palavra *eu* se refere a Cláudio ou a Helena? E a palavra *você*?
3. Com base na resposta anterior, explique por que as palavras *eu* e *você* ajudam a expressar a ideia de troca presente no filme.

Observe esta fala de Helena no diálogo acima: "E **eu** queria que **você** passasse um dia que fosse no **meu** lugar". As palavras *eu* e *meu* se relacionam a **quem fala** (no trecho, Helena), e a palavra *você* refere-se a **com quem se fala** (no trecho, Cláudio).

São chamadas de **pronomes** as palavras que indicam as **pessoas do discurso** – quem fala, com quem fala, sobre o que/quem fala – ou relacionam os substantivos a essas pessoas.

O pronome na perspectiva morfológica

Os pronomes são palavras formadas apenas por morfemas gramaticais, mas que remetem a um conteúdo lexical, seja esse conteúdo indicado pela situação discursiva ou por outras palavras do contexto. No diálogo acima, por exemplo, é possível identificar a quem a palavra *eu* se refere, observando o contexto linguístico em que ela é empregada (quem fala).

Alguns pronomes são variáveis, podendo ser flexionados em gênero, número e pessoa.

O pronome na perspectiva sintática

Os pronomes podem desempenhar a função de **núcleo**, **determinante** ou **modificador** de um sintagma. Quando ocupam a função de núcleo, assumem o papel dos substantivos; como determinantes, assemelham-se aos artigos; como modificadores, aos adjetivos.

No texto lido no início desta página, o pronome *eu* substitui ora o referente discursivo *Helena*, ora *Cláudio*. Tem, portanto, o valor de **pronome substantivo**.

Já o pronome *minha*, na primeira fala de Cláudio, relaciona o substantivo *família* a quem fala: é a família "de Cláudio". *Minha* tem, assim, valor de **pronome adjetivo**. Esse tipo de pronome acompanha os substantivos e concorda com eles em gênero e número.

> ## O pronome na perspectiva semântica

O sentido dos pronomes está ligado às **pessoas do discurso**. Quem fala é chamado de primeira pessoa; com quem se fala, de segunda pessoa; sobre o que/quem se fala, de terceira pessoa. Os pronomes também têm a propriedade de antecipar ou retomar referentes em um texto.

Eles são classificados conforme as ideias que denotam. Observe.

Pronomes pessoais	Indicam as pessoas do discurso	**Eu** comprei um carro.
Pronomes possessivos	Relacionam um substantivo a uma pessoa do discurso	O **meu** carro é novo.
Pronomes demonstrativos	Situam um substantivo em relação às pessoas do discurso	**Aquele** é o meu carro.
Pronomes indefinidos	Indicam quantidade indeterminada ou indeterminam um substantivo	**Ninguém** viu o carro.
Pronomes interrogativos	Indicam o elemento sobre o qual se deseja obter uma informação	**Quem** comprou um carro?
Pronomes relativos	Referem-se a um elemento antecedente, articulando dois enunciados	Este é o carro **que** comprei.

❯ Tipos de pronome (I)

Agora, você conhecerá os pronomes **pessoais**, **de tratamento**, **possessivos** e **demonstrativos**.

> ### Pronomes pessoais

Os pronomes pessoais indicam diretamente as três pessoas do discurso. Leia a tira.

DAVIS, Jim. Garfield. *Folha de S.Paulo*, 19 ago. 2004.

No primeiro quadrinho, Jon emprega o pronome *eu*, que indica quem fala (primeira pessoa do discurso). Para se referir ao gato, com quem fala, Jon usa a segunda pessoa na forma *te*.

Garfield emprega o pronome *me* ao falar de si mesmo e o pronome *ele* para falar de John. Nesse momento, o gato se dirige ao leitor. *Ele*, portanto, indica de quem se fala (terceira pessoa).

O quadro a seguir apresenta os pronomes pessoais em sua flexão de número e pessoa. Dependendo da função que desempenham no enunciado, assumem as formas **reta** (quem pratica a ação verbal) ou **oblíqua** (quem é alvo da ação verbal).

		Pronomes pessoais retos	Pronomes pessoais oblíquos	
			Átonos	Tônicos
Singular	1ª pessoa	eu	me	mim, comigo
	2ª pessoa	tu	te	ti, contigo
	3ª pessoa	ele, ela	o, a, lhe, se	ele, ela, si, consigo
Plural	1ª pessoa	nós	nos	nós, conosco
	2ª pessoa	vós	vos	vós, convosco
	3ª pessoa	eles, elas	os, as, lhes, se	eles, elas, si, consigo

É muito frequente, nos registros informais do português do Brasil, a primeira pessoa do plural ser indicada pela locução *a gente*. Embora essa locução faça referência à primeira pessoa do plural (quem fala), o verbo que a acompanha é flexionado na terceira pessoa do singular.

235

> Pronomes de tratamento

Algumas palavras e locuções designam a segunda ou a terceira pessoa de forma cerimoniosa, com função semelhante à dos **pronomes pessoais**. São os **pronomes de tratamento**. Observe.

Tratamento	Abreviatura	Usado para
Senhor, senhora, senhorita	sr.; sra.; srta.	Pessoas a quem se quer demonstrar respeito e cortesia
Sua/Vossa Alteza	S. A./V. A.	Príncipes e duques
Sua/Vossa Eminência	S. Em.ª/V. Em.ª	Cardeais
Sua/Vossa Excelência	S. Ex.ª/V. Ex.ª	Altas autoridades do governo e das forças armadas
Sua/Vossa Magnificência	S. Mag.ª/V. Mag.ª	Reitores de universidades
Sua/Vossa Majestade	S. M./V. M.	Reis, imperadores
Sua/Vossa Reverência ou Reverendíssima	S. Rev.ª/V. Rev.ª S. Rev.ma/V. Rev.ma	Sacerdotes em geral
Sua/Vossa Santidade	S. S./V. S.	Papa
Sua/Vossa Senhoria	S. S.ª/V. S.ª	Funcionários públicos graduados, oficiais até coronel, pessoas de cerimônia (linguagem escrita)

Os verbos associados aos pronomes de tratamento sempre flexionam na terceira pessoa. Exemplos: O senhor já pode entrar/Os senhores já podem entrar.

Grande parte dos falantes do português brasileiro utiliza os pronomes de tratamento *você* e *vocês* – derivados da forma arcaica *vossa mercê* – no lugar dos pronomes pessoais *tu* e *vós*.

> Pronomes possessivos

Os pronomes possessivos relacionam um substantivo a uma pessoa do discurso (chamado gramaticalmente de **possuidor**). Veja no quadro a variação de formas desses pronomes.

		Singular (um objeto)		Plural (mais de um objeto)	
		masculino	feminino	masculino	feminino
Singular (um possuidor)	1ª pessoa	meu	minha	meus	minhas
	2ª pessoa	teu	tua	teus	tuas
	3ª pessoa	seu	sua	seus	suas
Plural (mais de um possuidor)	1ª pessoa	nosso	nossa	nossos	nossas
	2ª pessoa	vosso	vossa	vossos	vossas
	3ª pessoa	seu	sua	seus	suas

> Pronomes demonstrativos

Os pronomes demonstrativos indicam a posição de um substantivo em relação às pessoas do discurso. Podem determinar o núcleo do sintagma nominal ou ocupar o próprio núcleo.

As formas dos pronomes demonstrativos variam conforme a proximidade – no tempo, no espaço ou no enunciado – do referente em relação às pessoas do discurso. Observe.

	Variáveis				Invariáveis
	Masculino		Feminino		
	Singular	Plural	Singular	Plural	
Próximo de quem fala **Tempo da fala (presente)** **Referente próximo**	este	estes	esta	estas	isto
Perto daquele com quem se fala **Passado ou futuro próximos** **Referente intermediário**	esse	esses	essa	essas	isso
Afastado dos interlocutores **Passado vago ou remoto** **Referente distante**	aquele	aqueles	aquela	aquelas	aquilo

> **Diversidade**
>
> Na fala cotidiana do português brasileiro, a forma pronominal *te*, de segunda pessoa, é usada no lugar das formas de terceira pessoa *o* e *lhe* (e suas flexões), indicando a referência à segunda pessoa com *você*. Para indicar a posse de algo por quem se fez referência com *você*, tanto se emprega *seu* quanto *teu* (e suas flexões). A norma-padrão, no entanto, prescreve a uniformidade de tratamento. Assim, junto de *você*, recomenda-se o emprego de *o*, *lhe* e *seu* (e suas flexões); *te*, *teu*, etc. acompanhariam a referência *tu* à segunda pessoa.

> **Diversidade**
>
> Na fala cotidiana, usa-se *esse* (e variantes – *essa*, *isso*, etc.) também com o sentido de *este*, *esta*, *isto*, etc.

Prática de linguagem

1. Leia outro trecho do roteiro de *Se eu fosse você*.

Helena — O que é isso?
Cláudio — Tô malhando um pouco.
Helena — De jeito nenhum. Eu não quero ficar toda embatatada.
Cláudio — Mas eu tenho que fazer alguma coisa. Eu já estou me sentindo por baixo com esse corpo...
Helena — Por baixo, por quê?
Cláudio — Eu quero dizer, sendo mulher...
Helena — Qual é o problema de ser mulher?
Cláudio — O problema é que eu não estou acostumado. Eu costumava ser homem até uns dias atrás. Agora estou desse jeito... Eu preciso fazer alguma coisa radical pra me sentir mais eu. Malhar um ferro, fazer minha aula de judô...

FALCÃO, Adriana; GREGÓRIO, Carlos; FILHO, Daniel; BRITZ, Iafa; BELMONTE, Rene; FROTA, Roberto. Se eu fosse você. Disponível em: <http://www.roteirodecinema.com.br/roteiros/se_eu_fosse_voce_roteiro.pdf>. Acesso em: 11 jan. 2013.

a) Por que o fato de Cláudio estar fazendo ginástica incomoda Helena?
b) Qual é o significado da palavra *embatatada* na segunda fala de Helena?
c) Releia: "**Eu** não quero ficar toda embatatada." Qual é o referente do pronome destacado?
d) De que maneira essa construção destaca o conflito presente na cena?
e) Observe: "Eu já estou me sentindo por baixo com *esse* corpo". Como explicar o uso do pronome *esse* na frase, considerando o contexto em que ele aparece?

2. Leia o trecho de um artigo de revista dirigida ao público feminino adolescente.

Sobre petecas caindo. Pegue a sua e volte para o jogo!

[...]
Foi por isso que respondi ao meu amigo que ele, no mínimo, não estava sabendo as regras do jogo. Como assim, não pode deixar a peteca cair? Ela cai mesmo. E a gente pega. E adivinha? Cai de novo, pegamos de novo e... enfim. O ponto é: não dá para manter o ritmo o tempo inteiro. Nem na quadra, nem em lugar nenhum, por mais que a gente se esforce. [...]
Mesmo que esteja dando seu melhor em alguma coisa, saiba que seu melhor inclui momentos não tão bons. [...] vai ser muito mais produtivo e bacana com você mesma aceitar esses períodos e, só então, retomar o fôlego.

PRATA, Liliane. *Capricho*, São Paulo, Abril, p. 106, 27 abr. 2008.

a) Qual é o sentido das expressões "Deixar a peteca cair" e "voltar para o jogo" no texto?
b) A que pessoa discursiva se refere a locução *a gente*, na quarta linha? Como se explica o emprego do verbo *pegar* em duas formas distintas (*pega/pegamos*), logo na sequência?
c) A expressão *a gente* é muito comum na fala, principalmente em situações informais. Como se explica seu emprego em um texto publicado em uma revista?
d) Que formas pronominais fazem referência ao leitor do texto? Com que finalidade, provavelmente, a autora empregou essas formas?

3. Os pronomes possessivos podem expressar outros sentidos além de posse. Pensando nisso, associe os enunciados da esquerda aos itens da direita, indicando que sentido os pronomes possessivos em destaque acrescentam aos substantivos aos quais se ligam.

I. **Meu** amigo não conhece as regras do jogo.	A. Lugar onde se nasceu ou mora.
II. Quero fazer **minha** aula de judô.	B. Hábito
III. Volto para **minha** cidade no fim do ano.	C. Afinidade
IV. **Meu** ônibus atrasou de novo.	D. Grupo ao qual se pertence, compromisso.

❯ Tipos de pronome (II)

A seguir, você conhecerá os pronomes **indefinidos**, **interrogativos** e **relativos**.

❯ Pronomes indefinidos

- Leia a letra de uma canção.

Nada sei (Apneia)

Nada sei dessa vida
Vivo sem saber
Nunca soube, nada saberei
Sigo sem saber
Que lugar me pertence
Que eu possa abandonar
Que lugar me contém
Que possa me parar

[...]

Nada sei desse mar
Nado sem saber
De seus peixes, suas perdas
De seu não respirar
Nesse mar,
os segundos insistem em naufragar
Esse mar me seduz
Mas é só pra me afogar [...]

Alexandre Teles/ID/BR

TOLLER, Paula; ISRAEL, George. Intérprete: Kid Abelha. In: *Acústico MTV*. Rio de Janeiro/São Paulo: Universal Music, 2002.

> **Vocabulário de apoio**
>
> **apneia**: suspensão da respiração

1. Que elemento é representado metaforicamente pelo mar? Justifique com trechos da canção.
2. O primeiro verso apresenta uma afirmação, mas o sentido global da frase é negativo. Explique.
3. A canção tem dois títulos: "Nada sei" e "Apneia". Como eles se relacionam?

Os pronomes que substituem ou determinam os substantivos de forma imprecisa – como *nada* – são chamados de indefinidos. Referem-se à terceira pessoa do discurso. Observe-os.

Formas variáveis				Formas invariáveis		
Em número e gênero			Em número			
algum	muito	vário	qualquer	alguém	algo	mais
nenhum	pouco	diverso	qual	ninguém	nada	menos
todo	outro	certo		outrem	tudo	cada
tanto	quanto					

Os pronomes indefinidos podem aparecer também na forma de locuções como *cada um, cada qual, qualquer um, seja quem for, todo aquele que*, entre outras.

❯ Pronomes interrogativos

Os pronomes interrogativos são utilizados para formular uma pergunta – direta ou indireta –, indicando o elemento sobre o qual se deseja obter uma informação. São eles: *quem, que/o que, qual* e *quanto*. Na frase "Sigo sem saber **que** lugar me pertence", o pronome em destaque indica que se quer uma informação sobre *lugar*.

Apenas o pronome *quanto* varia em número e gênero. Os pronomes *qual, quanto* e *que* podem se referir tanto a pessoas quanto a coisas. Já o pronome *quem* refere-se somente a pessoas.

❯ Pronomes relativos

Os pronomes relativos retomam um elemento antecedente, articulando dois enunciados. Observe: Estou em um mar. Desconheço **esse mar**. → Estou em um mar **que** desconheço.

Veja no quadro as formas variáveis e invariáveis dos pronomes relativos, com exemplos.

Formas variáveis	cujo	Encontrei a menina **cujos** olhos pareciam estrelas.
	o qual	Recebi um *e-mail*, **o qual** li prontamente.
	quanto	Tudo **quanto** nos acontece propicia aprendizado.
Formas invariáveis	que	Não experimentei o bolo **que** você fez.
	quem	Fernando Pessoa é o poeta a **quem** mais admiro.
	onde	Nunca mais voltei à cidade **onde** nasci.

> **Diversidade**
>
> Na variedade-padrão, o pronome relativo *onde* é usado exclusivamente para se referir a lugares físicos e *quem* se refere unicamente a pessoas. No entanto, falantes de variedades não padrão frequentemente usam *onde* com o mesmo sentido de *no qual* ou *em que* (exemplo: ele se viu em uma situação **onde** não havia saída), assim como fazem uso de *quem* com o mesmo sentido de *que* (exemplo: foi a escola **quem** decidiu encaminhá-lo ao fonoaudiólogo).

Capítulo 26 ■ Pronomes

238

Prática de linguagem

1. Leia o trecho de um guia cultural.

> ### Santo de casa
> *Os Parlapatões comemoram cinco anos de sua sede e o Guia aproveitou para revelar outros grupos de teatro que têm seu espaço aberto para o público*
>
> Nem só de tapete vermelho são feitos os teatros de São Paulo. **Pelo menos 20** deles estão escondidos atrás de portas de ferro, disfarçadas de galpões e casarões antigos. Esses espaços abrigam grupos que, assim como os Parlapatões, têm sede própria.
>
> A trupe de Hugo Possolo e Raul Barreto, conhecida pelo humor, ocupa o número 158 da praça Roosevelt desde 2006 e comemora, neste domingo (dia 11), 20 anos. [...]
>
> Nas palavras de Possolo, a sede ajuda a "arejar a mente", pois recebe convidados e aumenta a interação com outras trupes.
> [...]
>
> BARSANELLI, Maria Luísa; EMILIÃO, Milena. *Folha de S.Paulo*, 9 set. 2011. Guia Folha, p. 10.

a) Observe a expressão em destaque no primeiro parágrafo. O que ela indica sobre a quantidade de teatros citada no trecho?
b) Que mudança de sentido ocorreria com a troca dessa expressão por *alguns*? E *muitos*?
c) Com base nas respostas ao item **b**, que traço semântico é possível identificar nos pronomes *alguns* e *muitos*? Nessa perspectiva, de que classe de palavras eles se aproximam?
d) Reescreva a linha fina do texto, substituindo a palavra *outros* por outro pronome que expresse o sentido de quantidade indefinida.
e) Releia: "[a sede] aumenta a interação com **outras** trupes". Reescreva essa frase substituindo o pronome destacado por um termo pertencente a outra classe de palavras.
f) Conclua: a que outra classe de palavras os pronomes indefinidos podem se assemelhar?

2. Observe a seguir o trecho de uma notícia.

> Este foi um ano onde boa parte dos preços agrícolas se comportou como uma verdadeira gangorra.
> 2008, um ano para ser lembrado. *A tribuna*, Rondonópolis, 23 dez. 2008.

a) Por que é possível afirmar que o emprego do pronome relativo, nessa construção, não se realiza de acordo com a norma-padrão?
b) Como a frase poderia ser reescrita para ficar de acordo com essa norma?

Usina literária

Observe o poema-capa do livro *ET Eu Tu*, uma parceria entre o poeta Arnaldo Antunes e a fotógrafa Marcia Xavier.

Capa do livro *ET Eu Tu*, Cosac Naify, 2003.

1. Na metade superior do poema-capa, percebemos um acabamento espelhado que reflete a parte de cima do rosto de quem segura o livro diante de si. Na metade inferior, há a fotografia do lado esquerdo de um rosto. Em relação a essas imagens, como está posicionada cada uma das palavras que compõem o título do livro?

2. Analise o posicionamento da palavra *eu*. Que sentidos essa disposição gráfica acrescenta à ideia do "eu" como "identidade ou individualidade de uma pessoa"?

3. Observe as letras que compõem a palavra *ET* ("e", em latim). Como essa palavra pode ser relacionada aos sentidos do "eu" identificados no item anterior?

4. *Eu* e *tu* apontam, respectivamente, para a primeira e a segunda pessoa do discurso. No contexto do poema-capa, quais poderiam ser os referentes desses pronomes? Considere também a relação entre palavras e imagens.

239

Língua viva Pronomes: propriedades

"O homem nu", de Fernando Sabino, situa-se na fronteira entre o conto e a crônica. Leia-o.

O homem nu

Ao acordar, disse para a mulher:

— Escuta, minha filha: hoje é dia de pagar a prestação da televisão, vem aí o sujeito com a conta, na certa. Mas acontece que ontem eu não trouxe dinheiro da cidade, estou a nenhum.

— Explique isso ao homem — ponderou a mulher.

— Não gosto dessas coisas. Dá um ar de vigarice, gosto de cumprir rigorosamente as minhas obrigações. Escuta: quando ele vier a gente fica quieto aqui dentro, não faz barulho, para ele pensar que não tem ninguém. Deixa ele bater até cansar — amanhã eu pago.

Pouco depois, tendo despido o pijama, dirigiu-se ao banheiro para tomar um banho, mas a mulher já se trancara lá dentro. Enquanto esperava resolveu fazer um café. Pôs a água a ferver e abriu a porta de serviço para apanhar o pão. Como estivesse completamente nu, olhou com cautela para um lado e para outro antes de arriscar-se a dar dois passos até o embrulhinho deixado pelo padeiro sobre o mármore do parapeito. Ainda era muito cedo, não poderia aparecer ninguém. Mal seus dedos, porém, tocavam o pão, a porta atrás de si fechou-se com estrondo, impulsionada pelo vento.

Aterrorizado, precipitou-se até a campainha e, depois de tocá-la, ficou à espera, olhando ansiosamente ao redor. Ouviu lá dentro o ruído da água do chuveiro interromper-se de súbito, mas ninguém veio abrir. Na certa a mulher pensava que já era o sujeito da televisão. Bateu com o nó dos dedos:

— Maria! Abre aí, Maria. Sou eu — chamou, em voz baixa.

Quanto mais batia, mais silêncio fazia lá dentro.

Enquanto isso, ouvia lá embaixo a porta do elevador fechar-se, viu o ponteiro subir lentamente os andares... Desta vez, *era* o homem da televisão!

Não era. Refugiado no lanço de escada entre os andares, esperou que o elevador passasse, e voltou para a porta de seu apartamento, sempre a segurar nas mãos nervosas o embrulho de pão:

— Maria, por favor! Sou eu!

Desta vez não teve tempo de insistir: ouviu passos na escada, lentos, regulares, vindos lá de baixo... Tomado de pânico, olhou ao redor, fazendo uma pirueta, e assim despido, embrulho na mão, parecia executar um *ballet* grotesco e mal ensaiado. Os passos na escada se aproximavam, e ele sem onde se esconder. Correu para o elevador, apertou o botão. Foi o tempo de abrir a porta e entrar, e a empregada passava, vagarosa, encetando a subida de mais um lanço de escada. Ele respirou aliviado, enxugando o suor da testa com o embrulho do pão. Mas eis que a porta interna do elevador se fecha e ele começa a descer.

— Ah, isso é que não! — fez o homem nu, sobressaltado.

E agora? Alguém lá embaixo abriria a porta do elevador e daria com ele ali, em pelo, podia mesmo ser algum vizinho conhecido... Percebeu, desorientado, que estava sendo levado cada vez para mais longe de seu apartamento, começava a viver um verdadeiro pesadelo de Kafka, instaurava-se naquele momento o mais autêntico e desvairado Regime do Terror!

— Isso é que não — repetiu, furioso.

Agarrou-se à porta do elevador e abriu-a com força entre os andares, obrigando-o a parar. Respirou fundo, fechando os olhos, para ter a momentânea ilusão de que sonhava. Depois experimentou apertar o botão do seu andar. Lá embaixo continuavam a chamar o elevador. Antes de mais nada: "Emergência: parar". Muito bem. E agora? Iria subir ou descer? Com cautela desligou a parada de emergência, largou a porta, enquanto insistia em fazer o elevador subir. O elevador subiu.

— Maria! Abre esta porta! — gritava, desta vez esmurrando a porta, já sem nenhuma cautela. Ouviu que outra porta se abria atrás de si.

Voltou-se, acuado, apoiando o traseiro no batente e tentando inutilmente cobrir-se com o embrulho de pão. Era a velha do apartamento vizinho:

— Bom dia, minha senhora — disse ele, confuso. — Imagine que eu...

A velha, estarrecida, atirou os braços para cima, soltou um grito:

— Valha-me Deus! O padeiro está nu!

E correu ao telefone para chamar a radiopatrulha:

— Tem um homem pelado aqui na porta!

Outros vizinhos, ouvindo a gritaria, vieram ver o que se passava:

— É um tarado!

— Olha, que horror!

— Não olha não! Já pra dentro, minha filha!

Maria, a esposa do infeliz, abriu finalmente a porta para ver o que era. Ele entrou como um foguete e vestiu-se precipitadamente, sem nem se lembrar do banho. Poucos minutos depois, restabelecida a calma lá fora, bateram na porta.

— Deve ser a polícia — disse ele, ainda ofegante, indo abrir.

Não era: era o cobrador da televisão.

SABINO, Fernando. *Para gostar de ler*, v. 3: crônicas. 8. ed. São Paulo: Ática, 1989. p. 15-17.

Sobre o texto

Vocabulário de apoio

encetar: começar, principiar
lanço: lance
radiopatrulha: sistema de policiamento que informa as viaturas de alguma ocorrência

1. O enredo de um conto apresenta uma situação inicial cuja estabilidade é rompida por um conflito. Com o desenrolar das ações, outra situação de equilíbrio se estabelece e conduz a um desfecho. Identifique, no texto, a situação inicial, o conflito, a resolução do conflito e o desfecho.

2. Que aspectos do texto lido o aproximam da crônica, gênero textual estudado no capítulo 31 da parte de Produção de texto? Explique.

3. Os pronomes podem contribuir para a coesão textual, retomando um elemento do texto (**referência anafórica**) ou antecipando-o (**referência catafórica**). Releia o trecho.

> — Explique **isso** ao homem — ponderou a mulher.
> — Não gosto **dessas** coisas. Dá um ar de vigarice [...]

a) A que elemento se refere cada um dos pronomes em destaque?
b) Trata-se de referências anafóricas ou catafóricas? Explique.

4. Os pronomes também podem apontar para a própria situação de interação (**referência situacional**), indicando, por exemplo, a localização do referente no tempo e no espaço em relação às pessoas do discurso. Releia.

> — Maria! Abre **esta** porta! — gritava, **desta** vez esmurrando a porta, já sem nenhuma cautela.

a) O que os pronomes em destaque indicam quanto aos substantivos que acompanham?
b) Como podem ser classificados esses pronomes do ponto de vista semântico? E sintático?

5. Leia as frases a seguir.

> I. Ali estava ele: o homem nu.
> II. — Ah, isso é que não! [...]
> III. Agarrou-se à porta do elevador e abriu-a com força entre os andares, obrigando-o a parar. [...]
> IV. Instaurava-se naquele momento o mais autêntico e desvairado Regime do Terror!

a) Identifique os pronomes presentes nas frases.
b) Quais desses pronomes criam um mecanismo de coesão textual nas frases? Trata-se de uma ferramenta anafórica ou catafórica? Justifique.
c) Em que frases os pronomes têm propriedades situacionais? Que ideias eles expressam?

ANOTE

Os **pronomes** apontam para as pessoas do discurso, relacionando a elas elementos textuais e situacionais. No texto, atuam como mecanismos coesivos de **anáfora** (retomada de um referente) e **catáfora** (antecipação de um referente). Ao apontar para elementos situacionais, têm função **dêitica** e contribuem para a contextualização das ações.

Texto em construção

Você escreverá um **conto** narrando a situação apresentada em "O homem nu" de outro ponto de vista, para apresentá-lo em uma roda de leitura. Seu narrador será uma das personagens – a esposa, o homem da televisão, os funcionários do prédio, os vizinhos – ou algum elemento da cena apresentada – o elevador, o embrulho de pão, a porta. Observe que, diferentemente do narrador onisciente, o narrador em primeira pessoa não tem conhecimento de tudo o que acontece. Leve isso em conta para garantir a verossimilhança do conto.

Contemple os elementos estruturais do conto: situação inicial, conflito, resolução do conflito e desfecho. É importante que o encadeamento dos fatos esteja claro e que não haja ambiguidades. Empregue pronomes que identifiquem adequadamente as pessoas do discurso e retomem elementos anteriores sem criar ambiguidade.

Com a ajuda de um colega, avalie seu texto e faça as mudanças e correções que julgar necessárias para melhorá-lo. A turma se reunirá em círculo para que cada um leia sua versão da história.

Em dia com a escrita — Emprego dos pronomes demonstrativos

Os pronomes demonstrativos situam os referentes de uma situação discursiva no tempo e no espaço em relação às pessoas do discurso. As relações de proximidade ou afastamento são indicadas conforme a forma pronominal empregada. Relembre-as.

- *Isto* e *este* indicam referente **próximo ao falante** ou no tempo **presente**.
- *Isso* e *esse* indicam referente **próximo ao ouvinte** ou no **passado/futuro próximos**.
- *Aquilo* e *aquele* indicam referente **afastado dos interlocutores** ou em **época remota**.

Os pronomes demonstrativos também podem indicar relações de proximidade e distância de seus referentes no texto. Nesta seção, você vai exercitar o emprego dos pronomes demonstrativos com diferentes funções. Depois, vai redigir os padrões de uso desses pronomes para indicar o posicionamento dos referentes no contexto linguístico.

1. Releia os seguintes fragmentos do texto sobre grupos de teatro reproduzido na página 239.

   > I. Esses espaços abrigam grupos que, assim como os Parlapatões, têm sede própria.
   > II. A trupe de Hugo Possolo e Raul Barreto, conhecida pelo humor, ocupa o número 158 da praça Roosevelt desde 2006 e comemora, neste domingo (dia 11), 20 anos. [...]

   a) Em cada trecho, identifique os pronomes demonstrativos.
   b) Indique qual é o referente de cada pronome.
   c) Esses pronomes situam seus referentes no tempo, no espaço ou no texto? Explique sua resposta.

2. Leia atentamente os parágrafos a seguir e responda às questões.

   > I. *O artista* e *A invenção de Hugo Cabret* destacaram-se no Oscar 2012. **Aquele** ganhou nas principais categorias – melhor filme e melhor diretor –, ao passo que **este** foi premiado em categorias técnicas, como edição de som e efeitos visuais.
   > II. Em 2013, *Amor*, *No* e *O amante da rainha* concorreram ao Oscar de melhor filme estrangeiro. **Aquele** conta a história de um casal de idosos que põe seu amor à prova após a mulher sofrer um derrame. **Esse** retrata o fim da ditadura de Augusto Pinochet no Chile, especificamente o histórico plebiscito de 1988, quando o ditador é retirado do poder. Por fim, **este** trata sobre a rainha da Dinamarca, Caroline Mathilde, que, aproveitando-se da insanidade do rei, assume o poder com o seu amante, o médico do seu marido.

   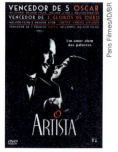

   Capa de DVD do filme *O artista*, de Michel Hazanavicius.

   a) No primeiro parágrafo, a que filme mencionado anteriormente se refere cada um dos pronomes demonstrativos em destaque?
   b) Que palavras ou expressões poderiam substituir esses pronomes sem prejuízo para a compreensão do parágrafo?
   c) Qual dos filmes citados no segundo parágrafo poderia contribuir para a promoção de um debate sobre a redemocratização da América Latina?
   d) Que elemento do parágrafo possibilita recuperar essa informação?

3. Copie as frases a seguir no caderno e, com base na atividade anterior, complete-as com os pronomes demonstrativos que julgar adequados.
   a) *O ano da morte de Ricardo Reis* foi publicado em 1984. No entanto, ainda não li ■ livro.
   b) Em 1991, Saramago publicou ■ livro: *O evangelho segundo Jesus Cristo*.
   c) *O ano da morte de Ricardo Reis*, *O evangelho segundo Jesus Cristo* e *Ensaio sobre a cegueira* são obras de Saramago. ■ foi publicado em 1984, ■ em 1991 e ■ em 1995.
   d) Anualmente, ocorre a Festa Literária Internacional de Parati (Flip). Em 2012, ■ evento homenageou o poeta Carlos Drummond de Andrade.
   e) Nas seis edições anteriores, foram homenageados ■ autores: Jorge Amado, Nelson Rodrigues, Machado de Assis, Manuel Bandeira, Gilberto Freyre e Oswald de Andrade.
   f) A Flip é a caçula de importantes festivais literários internacionais como Hay-on-Wye e o Harbourfront de Toronto. ■ ocorre anualmente, desde 1998, no País de Gales. ■, desde 1980, no Canadá.

4. Observe o trecho de uma notícia.

Campina ganha Museu dos Três Pandeiros

[...] Construído nas margens do Açude Velho, principal cartão-postal de Campina Grande, o mais novo projeto arquitetônico e cultural da Universidade Estadual da Paraíba, o Museu de Arte Popular da Paraíba (MAPP), batizado de Museu dos Três Pandeiros, será inaugurado **nesta** quinta-feira (13), às 18h.

O Museu, assinado pelo arquiteto Oscar Niemeyer, é a última obra do mestre das curvas arquitetônicas finalizada com ele em vida, em todo o mundo. [...]

Das escavações – etapa mais difícil do projeto – até a fase atual, toda a mão de obra empregada foi da cidade, numa prova de que, além de presentear Campina com uma obra da arquitetura moderna, a UEPB gerou emprego e renda.

Essa era uma das razões de a obra ser motivo de orgulho do gênio da arquitetura. "O que mais ele sempre gostou de ressaltar era que o MAPP foi construído, totalmente, com mão de obra paraibana, com trabalhadores locais. [...] Isso o encantava e o fazia olhar com um carinho especial para **esta** que é a última obra concluída que ele deixa para o mundo", relata [o arquiteto] Marçal.

Tambaú 247, 13 dez. 2012. Disponível em: <http://www.tambau247.com.br/noticia/11312/campina-grande-ganha-museu-dos-tres-pandeiros-com-projeto-de-oscar-niemeyer>. Acesso em: 17 jan. 2013.

a) A notícia faz referência ao arquiteto Oscar Niemeyer. O que você sabe sobre ele?
b) Qual é o referente de cada um dos pronomes em destaque?
c) Esses pronomes antecipam ou retomam seus referentes?
d) Que outras palavras – pronomes ou não – poderiam substituir esses elementos sem prejuízo para o entendimento do texto?

5. Leia o cartum a seguir e responda às questões.

Este título vai te causar muitas desilusões e desgostos

GALHARDO, Caco. Os pescoçudos. *Folha de S.Paulo*, 31 maio 2002. Ilustrada, p. E11.

a) O Ministério da Saúde do Brasil obriga a impressão de advertências em embalagens de cigarros, mostrando os danos causados à saúde pela nicotina. Que efeito é produzido pela inclusão de uma advertência semelhante no título de eleitor do cartum acima?
b) Na advertência, por que foi empregado o pronome demonstrativo *este*?
c) Qual é a relação entre a imagem e o texto da advertência?
d) Você concorda com a avaliação do autor do cartum sobre o título de eleitor? Explique.

6. Coloque-se agora no papel de um estudioso da língua e redija os padrões de uso das formas pronominais demonstrativas para indicar o posicionamento dos referentes no contexto linguístico. Procure responder às seguintes questões.
   a) Em que situações são usadas as formas pronominais *este/isto* e *esse/isso* quando seu referente é um elemento linguístico?
   b) Ao retomar mais de um elemento, como são empregados os pronomes *aquilo/aquele*, *isto/este* e *isso/esse*?

ANOTE

Os **pronomes demonstrativos** situam os **referentes** no tempo e no espaço em relação às **pessoas do discurso**. Além disso, também indicam as relações de proximidade ou de afastamento do referente no texto, contribuindo para a coesão textual.

Hipertexto

O editorial "Voto facultativo", na parte de Produção de texto (**capítulo 35**, p. 356), também apresenta uma visão sobre a representatividade nas sociedades democráticas. Observe a maneira específica como este cartum e o editorial defendem seu ponto de vista, por meio de recursos próprios ligados aos respectivos gêneros.

Articulando — O valor social da escrita

Leia os textos a seguir para se preparar para uma reflexão sobre o valor social da escrita. O primeiro é um verbete de um dicionário de linguística. O segundo foi extraído de uma obra voltada à formação de professores alfabetizadores. O terceiro foi escrito por um etnolinguista.

Texto 1

ÁGRAFAS – Diz-se das línguas que não possuem escrita. Como a escrita só se desenvolve a partir de certo nível de civilização, as línguas dos povos, conhecidos como "selvagens" ou "primitivos", são ágrafas. A ausência de linguagem escrita tem uma influência notável no funcionamento e na evolução linguística, de sorte que a qualidade de ágrafa é uma característica muito importante para uma língua. O mesmo se pode dizer quanto à cultura, de maneira geral, o que determina em antropologia cultural a definição de um povo como ágrafo, isto é, com uma cultura que não apresenta língua escrita.

CÂMARA JR., Joaquim Mattoso. *Dicionário de linguística e gramática*: referente à língua portuguesa. 26. ed. Petrópolis: Vozes, 2007. p. 52.

Inscrição rupestre, Parque Nacional da Serra da Capivara (PI). Fotografia de 2000.

Texto 2

[...] Estamos tão acostumados a ler e escrever na nossa vida diária, que não percebemos que nem todos leem e escrevem como nós, mesmo os que vivem bem próximo. Em muitas famílias de classe social baixa, escrever pode se restringir apenas a assinar o próprio nome ou, no máximo, a redigir listas de palavras e recados curtos. Para quem vive nesse mundo, escrever como a escola propõe pode ser estranhíssimo, indesejável, inútil. Porém, os que vivem num meio social onde se leem jornais, revistas, livros, onde os adultos escrevem frequentemente e as crianças, desde muito cedo, têm seu estojo cheio de lápis, canetas, borrachas, réguas, etc. acham muito natural o que a escola faz, porque, na verdade, representa uma continuação do que já faziam e esperavam que a escola fizesse. Portanto, alfabetizar grupos sociais que encaram a escrita como uma simples garantia de sobrevivência na sociedade é diferente de alfabetizar grupos sociais que acham que a escrita, além de necessária, é uma forma de expressão individual de arte, de passatempo.

[...]

Ninguém escreve ou lê sem motivo, sem motivação. É justamente por isso que, em certas culturas, o uso da escrita se apresenta como algo secundário e dispensável mesmo e, em outras, como absolutamente imprescindível. Essa atitude perante a escrita não se observa só comparando, por exemplo, a cultura europeia com a cultura de tribos indígenas. Atitudes conflitantes com relação à escrita se podem observar numa grande cidade. Entre seus habitantes, sem dúvida alguma, todos necessitam de um modo ou de outro saber ler certas coisas, mas o número cai enormemente quando se conta quem necessita produzir a escrita na proporção do que lê. Muitas pessoas podem até ler jornal todos os dias, mas escrevem muito raramente.

Não basta saber escrever, para escrever. É preciso ter uma motivação para isso. Grande parte da população das cidades trabalha em serviços que não exigem a escrita. Por isso, os programas de alfabetização – sobretudo de adultos – precisam ser elaborados não em função de uma cultura julgada ideal e excelente para todos, mas de acordo com as reais necessidades e anseios de cada um. A arte literária não é motivação para a escrita para todas as pessoas [...].

A escrita se diferencia de outras formas de representação do mundo, não só porque induz à leitura, mas também porque essa leitura é motivada, isto é, quem escreve, diferentemente por exemplo de quem desenha, pede ao leitor que interprete o que está escrito, não pelo puro prazer de fazê-lo, mas para realizar algo que a escrita indica. [...]

A motivação da escrita é sua própria razão de ser; a decifração constitui apenas um aspecto mecânico de seu funcionamento. Assim, a leitura não pode ser só decifração; deve, através da decifração, chegar à motivação do que está escrito, ao seu conteúdo semântico e pragmático completo. Por isso é que a leitura não se reduz à somatória dos significados individuais dos símbolos (letras, palavras etc.), mas obriga o leitor a enquadrar todos esses elementos no universo cultural, social, histórico etc. em que o escritor se baseou para escrever.

CAGLIARI, Luiz Carlos. *Alfabetização e linguística*. 11. ed. São Paulo: Scipione, 2010.

Texto 3

É difícil achar qualquer avaliação explícita dos aspectos positivos das culturas orais, às vezes definidas de forma negativa como as culturas "sem tradição escrita". [...]

É bastante óbvio, ou deveria ser, pelo menos, que nas culturas somente ou principalmente orais, onde a comunicação verbal acontece sempre em presença dos que estão comunicando, isto é, face a face, a escrita seja percebida, pelo que diz respeito ao valor de informação que ela carrega nas suas atuações comunicativas, como algo incompleto, parcial, pouco confiável, falsificável. A comunicação face a face é ao mesmo tempo verbal, gestual, só acontece na presença da pessoa. É, por assim dizer, viva e tridimensional. Nela não existem palavras na sua versão abstrata: o abstrato rabisco bidimensional custa a ser levado a sério, a ser considerado tão legítimo (ou mais, como para nós) quanto a comunicação face a face. [...] ainda para quem esteja acostumado com esse tipo de comunicação, as vantagens da escrita em muitas situações não são nem um pouco óbvias. Em geral, nas culturas orais a escrita não vem substituir a memória, no máximo ela é usada como um complemento, um suporte visual de informações essencialmente memorizadas. [...]

Um caso recente de consciente rejeição militante da escrita é o do líder índio norte-americano Russel Means:

"O único início cabível numa declaração deste gênero é que eu detesto escrever. O próprio processo resume o conceito europeu do pensamento legítimo: o que é escrito tem uma importância que é negada ao falado. A minha cultura, a cultura lakota, tem tradição oral e, portanto, eu usualmente rejeito escrever. Um dos meios de que se vale o mundo dos brancos para destruir as culturas de povos não europeus é impor uma abstração à relação falada de um povo.

Por isso, o que você lê aqui não é o que escrevi. É o que disse e outra pessoa escreveu. [...]"

[...]

Muitos viajantes, missionários e até mesmo antropólogos que viveram em contato com culturas orais relataram situações de contato com "nativos" analfabetos com a escrita. Infelizmente, só encontramos relatos em que transparece admiração e maravilha dos "nativos", nunca sua desconfiança e sua crítica. [...]

Da oralidade para a escrita: o processo de "redução" da linguagem

Há alguns anos, a comunidade indígena de Telán-Chismaute, no Equador central (Guamote, Chimborazo), decidiu que não queria mais a escola que devia ser instituída no lugarejo. O diretor de educação pública da região ameaçou mandar a força pública para que a comunidade entregasse o terreno para a escola e aceitasse o professor que já havia sido nomeado. No final, depois de muita resistência, os índios conseguiram ser deixados em paz. Passados alguns meses, porém, os representantes da comunidade apresentaram-se às autoridades para pedir a escola [...]. O líder dos índios então explicou:

"Queremos ter escola... Mas não como a escola do Ministério, mas como a escola do camponês índio [...]. Na escola do camponês precisa que haja uma balança, para que as crianças aprendam a pesar, que depois não as enganem no mercado. Na escola do camponês precisa ter moedas pequenas e grandes e notas, para que as crianças aprendam a pagar e dar o troco, para que não as enganem no mercado e no ônibus [...]."

Existe uma distância incomensurável entre o tipo de informação descontextualizada presente na prosa expositiva e "científica", resultados de longos processos históricos através dos quais passaram as línguas "de cultura", por um lado, e as maneiras nativas e orais de comunicar, organizar e transmitir o saber tradicional e todas as informações, também as novas, por outro lado. Na sua essência, este é um problema de distância entre tradição oral e um tipo muito específico de tradição escrita.

GNERRE, Maurizio. *Linguagem, escrita e poder.* 4. ed. São Paulo: Martins Fontes, 1998. p. 47, 51-53, 56 e 101-104.

Debate

1. Em grupos de até cinco alunos, identifique, em cada texto, as diferentes opiniões sobre os aspectos destacados a seguir (não necessariamente contemplados por todos os textos).
   a) Qual é o conceito de escrita apresentado?
   b) Qual é a importância da escrita?
   c) Como as sociedades com escrita avaliam as sociedades ágrafas?
   d) Como as sociedades ágrafas avaliam a escrita?
   e) Todos os grupos sociais de uma sociedade com escrita dão igual valor à cultura da escrita?
   f) A ausência de escrita pode ser considerada um indicador da civilidade das sociedades?

2. Formule com seu grupo um ponto de vista sobre estas questões e defenda-o para a classe.
   - O desenvolvimento intelectual das pessoas que não sabem ler ou escrever pode ser considerado inferior ao daquelas que utilizam essas ferramentas?
   - Na sociedade contemporânea é possível abrir mão de dominar a escrita? Por quê?

Vocabulário de apoio

incomensurável: que não pode ser medido

missionário: indivíduo que se dedica a catequizar outros povos

A língua tem dessas coisas

A escrita bustrofédica

Tente decifrar o texto a seguir.

A LINGUAGEM BUSTROFÉDICA É UMA FORMA DE ESCREVER. BUSTROFÉDON SIGNIFICA "A VOLTA DO BOI". QUANDO PUXA O ARADO, O ANIMAL NÃO RETORNA PARA O LADO EM QUE INICIOU. DE ONDE ESTÁ, DÁ MEIA-VOLTA E CONTINUA O TRABALHO DE ARAR, PARTINDO DA MARGEM CONTRÁRIA. ASSIM FAZ ATÉ TERMINAR O PREPARO DA TERRA. O BOI VAI DA DIREITA PARA A ESQUERDA; DA ESQUERDA PARA A DIREITA.

Percebeu a lógica dessa forma de escrita? Algumas sociedades escreviam assim: em vez de começar sempre pela esquerda ou sempre pela direita, o sentido da linha se alterna. Repare que certas letras ficam iguais quando escritas da esquerda para a direita ou da direita para a esquerda. É o caso de A, O, M. Outras, como B, D e F, são traçadas conforme a direção tomada.

Hoje, também damos o nome de bustrofédon a palavras e frases que, quando lidas da direita para a esquerda, resultam em outras palavras. Por exemplo, *socorram*, lida no sentido inverso ao que se costuma ler, resulta em *Marrocos*. Essas palavras bustrofédicas fazem parte do conhecido palíndromo "Socorram-me! Subi no ônibus em Marrocos!".

O caráter bustrofédico está por trás de muitos poemas visuais. A letra da canção a seguir explora a linguagem bustrofédica e os palíndromos. Alguns deles são percebidos quando lemos os versos em pares. Veja.

A cara rajada da jararaca

Ralé verá a revelar
Seiva, viés,
O revés severo.
E tremo: caias lá, verbo.
Obre valsa, ia comer-te
A cara rajada da jararaca (bis)

Se pés soam mãos,
Ela brada a dar balé
"Se damo-nos só nômades
Álibi sibila"
Só me bebe e bebemos,
Só me vê e vemos.
E lia Brasil a S.O.S., alisar baile
Lá é real,
Assim busca, A.C., submissa,
"Aja na naja" (bis)

Aí és sido odisseia,
Ó galáxia, baixa lago
Alegrar gela,
Ar gera a regra:
Ar usual, clausura,
"O relo bem, me bolero"
A danada é madame (bis)

Amada data,
Cera é ter ré da vela:
Leva, derrete a recatada dama
Agir abraço, coçar barriga
"Sê mais siamês,
Saís sem messias"
Sopro, c.i.a., aí corpos
Ar, boca, cobra
Ego? Falácias, sai, cala, foge.

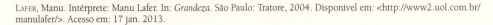

LAFER, Manu. Intérprete: Manu Lafer. In: *Grandeza*. São Paulo: Tratore, 2004. Disponível em: <http://www2.uol.com.br/manulafer/>. Acesso em: 17 jan. 2013.

Responda às perguntas no caderno. Atenção! Você deve utilizar a escrita bustrofédica. Use letras de forma e desenhe-as viradas para a esquerda nas linhas iniciadas na margem direita.

1. Você teve dificuldade em ler o texto apresentado no início desta seção? Em caso positivo, por que isso aconteceu?
2. Qual poderia ser a vantagem de adotar uma escrita como a bustrofédica? Levante uma hipótese.
3. Por que, em sua opinião, a escrita bustrofédica cedeu lugar às escritas que sempre se iniciam em uma margem do papel e terminam na outra?
4. Você conhece outras formas de escrita que se iniciam do lado direito do papel? Cite algumas delas.

Vestibular

1. **(Fuvest-SP)** Leia o seguinte trecho de uma entrevista concedida pelo ministro do Supremo Tribunal Federal, Joaquim Barbosa.

> Entrevistador: — O protagonismo do STF dos últimos tempos tem usurpado as funções do Congresso?
>
> Entrevistado: — Temos uma Constituição muito boa, mas excessivamente detalhista, com um número imenso de dispositivos e, por isso, suscetível a fomentar interpretações e toda sorte de litígios. Também temos um sistema de jurisdição constitucional, talvez único no mundo, com um rol enorme de agentes e instituições dotadas da prerrogativa ou de competência para trazer questões ao Supremo. É um leque considerável de interesses, de visões, que acaba causando a intervenção do STF nas mais diversas questões, nas mais diferentes áreas, inclusive dando margem a esse tipo de acusação. Nossas decisões não deveriam passar de duzentas, trezentas por ano. Hoje, são analisados cinquenta mil, sessenta mil processos. É uma insanidade.
>
> *Veja*, 15 jun. 2011.

No trecho "dotadas da prerrogativa ou de competência", a presença de artigo antes do primeiro substantivo e a sua ausência antes do segundo fazem que o sentido de cada um desses substantivos seja, respectivamente:

a) figurado e próprio.
b) abstrato e concreto.
c) específico e genérico.
d) técnico e comum.
e) lato e estrito.

2. **(Uesc-BA)**

> Viajam de bonde silenciosamente. Devia ser quase uma hora, [1]pois o veículo já se enchia do público especial dos domingos.
>
> [2]Eram meninas do povo envolvidas nos seus vestidos empoados com suas fitinhas cor-de-rosa ao cabelo e o leque indispensável; eram as baratas casemiras claras dos ternos, [...] eram as velhas mães, prematuramente envelhecidas com a maternidade frequente, a acompanhar a escadinha dos filhos, ao lado dos maiores, ainda moços, que fumavam os mais compactos charutos do mercado – era dessa gente que se enchia o bonde e se via pelas calçadas em direção aos jardins, aos teatros em matiné, aos arrabaldes e às praias.
>
> [3]Era enfim o povo, o povo variegado da minha terra. [4]As napolitanas baixas com seus vestidos de roda e suas africanas, as portuguesas coradas e fortes, caboclas, mulatas e pretas – era tudo sim preto, às vezes todos exemplares em bando, às vezes separados, que a viagem de bonde me deu a ver.
>
> E muito me fez meditar o seu semblante alegre, a sua força prolífica, atestada pela cauda de filhos que arrastavam, a sua despreocupação nas anemias que havia, em nada significando a preocupação de seu verdadeiro estado – [5]e tudo isso muito me obrigou a pensar sobre o destino daquela gente.
>
> Barreto, Lima. O domingo. *Contos completos de Lima Barreto.* Organização e introdução de Lília Moritz Schwarcz. São Paulo: Companhia das Letras, 2010. p. 589.

No texto, faz-se presente a adjetivação, que é um traço avaliativo do narrador, mas que está ausente no fragmento transcrito em:

a) "pois o veículo já se enchia do público especial dos domingos." (ref. 1).
b) "Eram meninas do povo envolvidas nos seus vestidos empoados com suas fitinhas cor-de-rosa ao cabelo" (ref. 2).
c) "Era enfim o povo, o povo variegado da minha terra." (ref. 3).
d) "As napolitanas baixas com seus vestidos de roda e suas africanas" (ref. 4).
e) "e tudo isso muito me obrigou a pensar sobre o destino daquela gente." (ref. 5).

3. **(Uerj)**

> ### Autorretrato falado
>
> Venho de um Cuiabá garimpo e de ruelas entortadas.
> Meu pai teve uma venda de bananas no Beco da Marinha, onde nasci.
> Me criei no Pantanal de Corumbá, entre bichos do
> 5 chão, pessoas humildes, aves, árvores e rios.
> Aprecio viver em lugares decadentes por gosto de estar entre pedras e lagartos.
> Fazer o desprezível ser prezado é coisa que me apraz.
> Já publiquei 10 livros de poesia; ao publicá-los me
> 10 sinto como que desonrado e fujo para o
> Pantanal onde sou abençoado a garças.
> Me procurei a vida inteira e não me achei – pelo que fui salvo.
> Descobri que todos os caminhos levam à ignorância.
> 15 Não fui para a sarjeta porque herdei uma fazenda de gado. Os bois me recriam.
> Agora eu sou tão ocaso!
> Estou na categoria de sofrer do moral, porque só faço coisas inúteis.
> 20 No meu morrer tem uma dor de árvore.
>
> Barros, Manoel de. *Poesia completa.* São Paulo: Leya, 2010.

Já publiquei 10 livros de poesia; ao publicá-los me sinto como que desonrado e fujo para o Pantanal onde sou abençoado a garças. (v. 9-11)

A palavra "onde", destacada, remete a um termo anteriormente expresso.

a) Transcreva esse termo.
b) Nomeie também a classe gramatical de "onde", substitua-a por uma expressão equivalente e indique seu valor semântico.

247

Vestibular

(Unifesp)

O Estado de S. Paulo, 1º maio 2003. Adaptado.

4. O termo *hedonismo*, na fala do pai de Calvin, está relacionado:
   a) à sua busca por valores mais humanos.
   b) ao seu novo ritmo de vida.
   c) à sua busca por prazer pessoal e imediato.
   d) à sua forma convencional de viver.
   e) ao seu medo de enfrentar a realidade.

5. Assinale a alternativa correta, tendo como referência todas as falas do menino Calvin.
   a) O emprego de termos como *gente* e *tem* é inadequado, uma vez que estão carregados de marcas da linguagem coloquial desajustadas à situação de comunicação apresentada.
   b) Calvin emprega o pronome *você* não necessariamente para marcar a interlocução: antes, trata-se de um recurso da linguagem coloquial utilizado como forma de expressar ideias genéricas.
   c) O emprego de termos de significação ampla – como *noção, tudo, normal* – prejudica a compreensão do texto, pois o leitor não consegue entender, com clareza, o que se pretende dizer.
   d) O pronome *eles* é empregado duas vezes, sendo impossível, no contexto, recuperar-lhe as referências.
   e) O termo *bem* é empregado com valor de confirmação das informações precedentes.

6. Em "E correr uns bons 20 km!" o termo *uns* assume valor de:
   a) posse.
   b) exatidão.
   c) definição.
   d) especificação.
   e) aproximação.

7. (FGV-SP)

   Quando eu tinha seis anos
   Ganhei um porquinho-da-índia.
   Que dor de coração me dava
   Porque o bichinho só queria estar debaixo do fogão!
   Levava ele pra sala
   Pra os lugares mais bonitos mais limpinhos
   Ele não gostava:
   Queria era estar debaixo do fogão.
   Não fazia caso nenhum das minhas ternurinhas...

   — O meu porquinho-da-índia foi a minha
                                      [primeira namorada.

   BANDEIRA, Manuel. *Libertinagem e Estrela da manhã*.

Sobre os diminutivos presentes no texto, é correto afirmar que:
a) "limpinhos" e "porquinho(-da-índia)" são substantivos que exemplificam o padrão básico do diminutivo.
b) "ternurinhas" e "bichinho" aludem à ideia física de tamanho, típica da formação do diminutivo.
c) "limpinhos" e "ternurinhas" revelam características do emprego estilístico-afetivo do diminutivo.
d) "bichinho" e "porquinho(-da-índia)" se formam a partir de adjetivos e substantivos abstratos.
e) "ternurinhas" e "bichinho" representam formações de uso pejorativo, na língua portuguesa atual.

8. (Fuvest-SP)

   Não era e não podia o pequeno reino lusitano ser uma potência colonizadora à feição da antiga Grécia. O surto marítimo que enche sua história do século XV não resultara do extravasamento de nenhum excesso de população, mas fora apenas provocado por uma burguesia comercial sedenta de lucros, e que não encontrava no reduzido território pátrio satisfação à sua desmedida ambição. A ascensão do fundador da Casa de Avis ao trono português trouxe esta burguesia para um primeiro plano. Fora ela quem, para se livrar da ameaça castelhana e do poder da nobreza, representado pela Rainha Leonor Teles, cingira o Mestre de Avis com a coroa lusitana. Era ela, portanto, quem devia merecer do novo rei o melhor das suas atenções. Esgotadas as possibilidades do reino com as pródigas dádivas reais, restou apenas o recurso da expansão externa para contentar os insaciáveis companheiros de D. João I.

   PRADO JR., Caio. *Evolução política do Brasil*. Adaptado.

O pronome "ela" da frase "Era ela, portanto, quem devia merecer do novo rei o melhor das suas atenções", refere-se a:
a) "desmedida ambição".
b) "Casa de Avis".
c) "esta burguesia".
d) "ameaça castelhana".
e) "Rainha Leonor Teles".

Ações, estados e circunstâncias

UNIDADE 8

Em *Jogos infantis*, tela reproduzida abaixo, do pintor belga Pieter Brueghel, o Velho (1525-1569), a cor, os traços, a perspectiva e a organização dos elementos no espaço foram os recursos usados para representar brincadeiras de criança, com toda a vitalidade e o dinamismo que elas envolvem. Também na língua há elementos que traduzem movimento, desenvolvimento, alteração de coisas e de situações ao longo do tempo. Trata-se dos verbos e dos advérbios, que exprimem as ações praticadas pelos seres, os estados em que se encontram, as mudanças desses estados e as circunstâncias em que ocorrem os fatos do mundo.

Nesta unidade, você estudará essas duas classes de palavras em um percurso semelhante ao da unidade 7. A observação das características morfológicas, sintáticas e semânticas dessas classes permitirá associar sua forma e função no enunciado aos significados que expressam. Com isso, alguns efeitos de sentido produzidos por verbos e advérbios poderão ser percebidos: quanto ao posicionamento de quem fala a respeito daquilo de que fala, a respeito de si, de seu interlocutor ou de outros elementos presentes na interação.

Nesta unidade

27 Verbos I

28 Verbos II

29 Advérbios

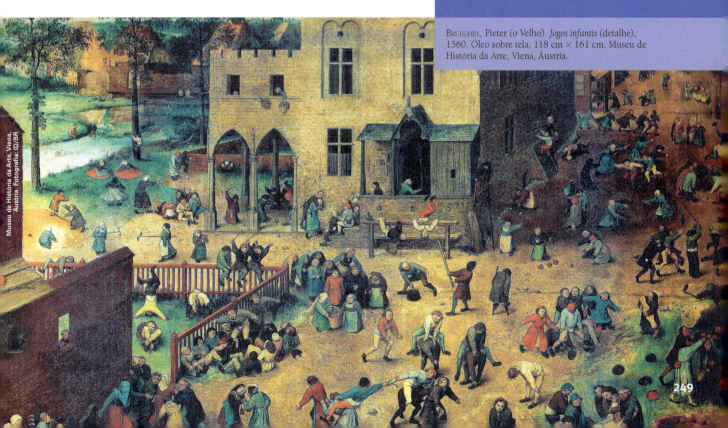

BRUEGHEL, Pieter (o Velho). *Jogos infantis* (detalhe), 1560. Óleo sobre tela, 118 cm × 161 cm. Museu de História da Arte, Viena, Áustria.

CAPÍTULO 27

Verbos I

O que você vai estudar

- Verbo.
  - Aspectos morfológicos, sintáticos e semânticos.
  - Flexões de número, pessoa, tempo e modo.
  - Verbos performativos e a ação pela linguagem.
  - Tempos verbais e ancoragem.

Em geral, não é difícil identificar o verbo em um enunciado. Entretanto, dizer que características do verbo permitem classificá-lo como tal não é uma tarefa tão simples. Neste capítulo, você conhecerá o funcionamento dessa classe de palavras quanto à sua forma, à maneira como ela se relaciona com outras palavras e aos sentidos que veicula.

O conceito de verbo

- O verbo é tradicionalmente definido como "palavra que indica ação". Leia o texto a seguir e responda às questões para refletir a respeito dessa afirmação.

Corrija sua postura

Nascemos com boa postura, equilíbrio corporal e prontos para o movimento. No entanto, conforme envelhecemos, a gravidade, a falta de exercícios e as atividades cotidianas repetidas – como dirigir ou carregar uma bolsa num ombro só – podem levar ao enrijecimento nas posições que assumimos ao longo do tempo e causar má postura. Por exemplo, se os músculos dos ombros estão comprimidos, suas costas podem ficar arqueadas; músculos abdominais enfraquecidos causam dor na lombar, pois a coluna tende a sobrecarregar-se ao compensar a ausência de sustentação da região abdominal. Alongar-se corrige a postura e fortalece os músculos de forma equilibrada, atuando nos dois lados do corpo. [...]

LYSYCIA, Jacqueline. *Superalongamento*. São Paulo: Publifolha, 2009.

Jovem se alongando. Fotografia de 2010.

1. Copie a alternativa correta no caderno. O texto lido permite concluir que:
   a) o envelhecimento é a causa da má postura e das dores na coluna lombar.
   b) as pessoas que fazem alongamento podem evitar as dores causadas pela má postura.
   c) os idosos executam atividades que, pela repetição, causam dor nas costas.

2. Identifique no texto as palavras que indicam ações, mas não são classificadas como verbos. Explique suas escolhas.

3. Observe.

   Se os músculos dos ombros **estão** comprimidos, suas costas podem **ficar** arqueadas.

   As palavras destacadas comprovam que a definição de verbo como "palavra que indica ação" é insuficiente. Explique por quê.

4. Como você orientaria alguém a identificar os verbos no texto?

Na busca por uma descrição mais precisa da língua, muitas vezes é preciso avaliar e repensar definições tradicionais. Você viu que o conceito de verbo como "palavra que exprime ação" é insuficiente para explicá-lo, pois palavras de outras classes gramaticais também podem conter a noção de ação e, além disso, nem todos os verbos exprimem uma ação.

Veja outra definição tradicional: "Verbo é a palavra que expressa um fato representado no tempo". Apenas com base nessa definição, dificilmente poderíamos identificar, por exemplo, o verbo presente no enunciado "Nascemos com boa postura [...]", já que a constatação expressa nele é atemporal, vale para todos os tempos.

A seguir, você observará características morfológicas, sintáticas e semânticas dos verbos. O conjunto desses traços possibilitará uma definição mais precisa dessa classe de palavras.

O verbo na perspectiva morfológica

O verbo é formado por três elementos estruturais: **radical**, **vogal temática** e **desinências**. O **radical** (ou **raiz**) é sua base, a parte mais estável de sua estrutura. Observe a raiz de *vender* (*vend-*) em algumas formas desse verbo.

vendo	**vend**am	**vend**essem	**vend**íamos

Ao radical junta-se uma das três **vogais temáticas** (*a*, *e*, *i*), correspondentes às três conjugações dos verbos na língua portuguesa. (Consulte os modelos de conjugação no *Anexo* ao final deste volume, nas páginas 388 a 390.)

Vogal temática **a**: 1ª conjugação → am**a**r
Vogal temática **e**: 2ª conjugação → derret**e**r
Vogal temática **i**: 3ª conjugação → sorr**i**r

Vale saber

O verbo *pôr*, antigo *poer*, pertence à segunda conjugação, assim como seus derivados *antepor*, *compor*, *dispor*, etc.

As **desinências verbais** indicam pessoa, número, tempo e modo. Veja no quadro as desinências de um verbo da primeira conjugação (*andar*), no pretérito imperfeito do modo indicativo.

Radical	Vogal temática	Desinência modo-temporal	Desinência número-pessoal
and-	-a-	-va	—
and-	-a-	-va-	-s
and-	-a-	-va	—
and-	-á-	-va-	-mos
and-	-á-	-ve-	-is
and-	-a-	-va-	-m

A função verbal pode ser desempenhada por um conjunto de verbos (**locução verbal**).

Flexão de pessoa

A flexão de pessoa exprime a relação entre quem realiza o processo verbal e quem participa (ou não) da situação de interlocução. Observe.

- *durmo* (**primeira pessoa**): quem realiza a ação de dormir é o enunciador (quem fala);
- *dormes* (**segunda pessoa**): quem realiza a ação de dormir é o interlocutor (com quem se fala);
- *dorme* (**terceira pessoa**): quem realiza a ação de dormir não participa da interlocução (sobre quem ou o que se fala).

Flexão de número

A flexão de número indica os participantes do processo verbal: o **singular** indica um participante, o **plural** indica mais de um participante.

Na tira abaixo, Garfield flexiona o verbo na primeira pessoa do plural (*gostamos*) porque se inclui em um grupo ao qual se refere o processo verbal. O humor da tira está na percepção de que, na verdade, Garfield não tem especial predileção por lugares altos.

DAVIS, Jim. *Garfield em grande forma*. Porto Alegre: L&PM, 2006. p. 9.

Flexão de tempo

A flexão de tempo situa o processo verbal em relação ao momento em que ele é enunciado. Assim, o processo verbal pode ser anterior ao momento da enunciação (tempo **pretérito**), simultâneo a esse momento (tempo **presente**) ou posterior a ele (tempo **futuro**).

O pretérito subdivide-se em **perfeito**, **imperfeito** e **mais-que-perfeito**; o futuro, em **futuro do presente** e **futuro do pretérito**. O tempo presente é indivisível.

Os tempos verbais podem ser **simples** ou **compostos**. Os tempos simples são expressos por um único verbo; os tempos compostos, por uma locução verbal.

Flexão de modo

A flexão de modo indica como o enunciador se posiciona quanto ao seu enunciado.

- **Modo indicativo** – Utilizado quando o enunciador considera o conteúdo de seu enunciado algo real ou que certamente vai se realizar.
- **Modo subjuntivo** – Utilizado para fazer referência a suposições, a fatos que o enunciador toma como possíveis, mas de realização incerta, duvidosa.
- **Modo imperativo** – Empregado para fazer uma exigência ao agente do processo verbal. Conforme a entonação e o contexto, porém, pode exprimir apenas pedido, conselho, convite. O modo imperativo não se divide em tempos; há apenas o afirmativo e o negativo.

Veja a seguir um esquema dos tempos verbais dos modos indicativo e subjuntivo.

> **Diversidade**
> No uso cotidiano da língua, especialmente na modalidade oral, a intenção expressa pelo modo imperativo é obtida pelo uso de outras formas verbais, como o modo indicativo no tempo presente (ex.: "Faz isso para mim.") ou futuro (ex.: "Vamos parar com isso!").

Modo	Tempo			Emprego	Exemplo
INDICATIVO	**Presente**			Indica ação simultânea ao momento da fala.	Agora **sonho** com uma viagem.
	Pretérito	perfeito	simples	Indica ação concluída no passado.	Ontem **sonhei** com você.
			composto	Indica ação que se estende até o presente.	**Tenho sonhado** menos.
		imperfeito		Indica ação passada não concluída ou que perdurou antes de ser concluída.	Durante seu afastamento pela lesão, o jogador **sonhava** com a volta aos campos.
		mais-que-perfeito	simples	Indica ação passada anterior a outra também passada.	**Sonhara** na infância com o lugar que visitei ontem.
			composto		**Tinha sonhado** na infância com o lugar que visitei ontem.
	Futuro	do presente	simples	Indica ação futura, sem estabelecer relação com outro fato.	**Sonharei** com a festa.
			composto	Indica ação futura, anterior a outra futura.	Quando acordar amanhã, **terei sonhado** novamente a mesma coisa.
		do pretérito	simples	Indica ação posterior a outra passada.	Naquele dia, passou a manhã tranquilo porque só **sonharia** com o acidente à tarde.
			composto	Indica posterioridade de uma ação incerta em relação a um ato anterior.	Garantiram que ela **teria sonhado** durante mais tempo.
SUBJUNTIVO	**Presente**			Indica simultaneidade associada à noção de incerteza, possibilidade, desejo.	Convém que você **pense** melhor.
	Pretérito	perfeito		Indica anterioridade de uma ação incerta concluída antes de outra.	Torço que, ao amanhecer, você **tenha pensado** em uma solução.
		imperfeito		Indica anterioridade associada à noção de incerteza, possibilidade, desejo.	Com uma preocupação como a minha, você talvez **pensasse** mais.
		mais-que-perfeito		Indica anterioridade remota, associada à noção de incerteza, possibilidade, desejo.	Talvez **tivesse pensado** na saída mais fácil.
	Futuro		simples	Indica anterioridade associada à noção de incerteza, possibilidade, em sentenças subordinadas.	Ele só vai responder se **pensar**.
			composto		Ele só vai responder se **tiver pensado** antes.

> O verbo na perspectiva sintática

Na língua portuguesa, nem todas as frases contêm verbo. As frases não verbais são comuns, por exemplo, em títulos de notícias e reportagens. A maioria das frases, no entanto, organiza-se em torno de verbos. Observe, por exemplo, que o título da notícia a seguir é uma frase sem verbo, enquanto na linha fina e no lide todas as frases são verbais.

Últimos dias de inscrição para novos alunos da escola Jorge Andrade
Estão sendo ofertadas 300 vagas e os inscritos participarão do sorteio que acontece na sexta-feira, às 9h.

Encerram nesta quinta-feira, 06, as inscrições para os novos alunos da escola municipal de Música Jorge Andrade, localizada no bairro Liberdade. Os interessados em se inscrever devem procurar a escola pela manhã, no horário das 08h às 11h30; à tarde, das 14h às 17h30; e à noite, das 19h às 21h. Estão sendo ofertadas 300 vagas e os inscritos participarão do sorteio que acontece na sexta-feira, às 9h. [...]

Jornal eletrônico Na Hora Online, 5 dez. 2012. Disponível em: <http://www.nahoraonline.com/noticias/ultimos-dias-de-inscricao-para-novos-alunos-da-escola-jorge-andrade,11746.shtml>. Acesso em: 16 jan. 2013.

Sintaticamente, um verbo ocupa em geral a posição de **núcleo** do **sintagma verbal**. Nesse sintagma, o verbo relaciona-se com outras palavras que modificam seu significado ou acrescentam informações sobre as circunstâncias da ação ou do estado expresso (como, quando, onde...).

A dependência entre os núcleos dos sintagmas nominal e verbal de um enunciado, observada na norma-padrão e nas variedades urbanas de prestígio, é chamada de **concordância verbal**.

> O verbo na perspectiva semântica

Quanto ao sentido, os verbos podem ser divididos em **dinâmicos** e **não dinâmicos**. Os primeiros indicam ação ou atividade, não necessariamente executadas por pessoas ou por outros seres vivos – o agente do processo verbal pode ser um substantivo abstrato.

- Ângelo **escreveu** o texto sem pressa.
- As férias **chegaram**!

Os verbos não dinâmicos exprimem estado.

- Cris **estava** sem dinheiro.
- Meu humor **continua** bom.

Há, ainda, os verbos que expressam ocorrência de um fenômeno ou de um estado que não se atribui a nenhum agente.

- **Está** um frio danado aqui!
- **Faz** muito calor.
- Hoje **é** segunda-feira.
- **Choveu** ontem.

> **Hipertexto**
> No primeiro parágrafo do fragmento de *Madame Bovary* (parte de Literatura, **capítulo 11**, p. 85), o narrador emprega **verbos dinâmicos** para mostrar o agitado cotidiano profissional de Charles Bovary. Na sequência, usa substantivos que expressam a tranquilidade de sua vida doméstica.

Ainda do ponto de vista semântico, é característico dos verbos indicar a relação temporal do processo verbal com o momento em que ocorre a enunciação. O tempo ou a temporalidade também podem ser expressos por outras classes de palavras. Veja a manchete.

Crianças de hoje têm QI maior e são mais ágeis

Cozer, Raquel. Folha de S.Paulo, 12 out. 2003. Suplemento Equilíbrio.

O tempo presente é indicado pelos verbos *têm* e *são*, mas também pela palavra *hoje*. O verbo, entretanto, é a única palavra que pode indicar passado, presente e futuro por meio da flexão.

ANOTE

Verbo é a palavra variável que flexiona em pessoa, número, tempo e modo. Os verbos expressam ação, estado ou fenômeno, situando esses processos no tempo em relação ao momento da enunciação. Geralmente, ocupam papel central na formação dos enunciados, exercendo a função de núcleo dos sintagmas verbais.

253

Prática de linguagem

1. Leia a tira.

DAVIS, Jim. *Garfield*: toneladas de diversão. Porto Alegre: L&PM, 2006. p. 71.

a) Qual foi a intenção de Jon ao dizer a Garfield que não tirasse a tampa do pote?
b) Garfield obedeceu ao dono? Explique.
c) No primeiro balão, o verbo está no modo imperativo. Que sentido desse modo verbal é reforçado pelos elementos extralinguísticos: de ameaça, ordem ou convite? Explique.
d) Em que pessoa o verbo *tirar* está flexionado no primeiro balão? Explique.

2. Leia o trecho reproduzido de uma revista de divulgação científica para adolescentes.

> ### Como foram escolhidos os nomes dos meses?
> O calendário que **usamos** hoje **é** uma evolução do antigo calendário romano, no qual vários meses foram batizados com nomes de deuses pagãos. [...]
> CABRAL, Danilo Cezar. *Mundo estranho*. São Paulo, Abril, jun. 2008.

a) Observe os verbos destacados. Os processos expressos por eles são anteriores, simultâneos ou posteriores ao momento da enunciação (momento da escrita do texto)?
b) Que outra palavra não pertencente à classe dos verbos reforça a noção de tempo?
c) Suponha que o texto se referisse a um calendário antigo e começasse assim: "O calendário que usamos até o século XIX era uma evolução do antigo calendário romano". Em que tempo está o verbo *usar* nessa nova frase? E na frase original do texto?
d) Em que grupo o enunciador se inclui ao empregar *usar* na primeira pessoa do plural?

3. O texto a seguir aborda uma importante pesquisa coordenada por um cientista brasileiro.

> ### Cientista brasileiro lidera pesquisa na cura da AIDS nos Estados Unidos
> *O paulista Michel Nussenzweig, radicado nos Estados Unidos, utiliza anticorpos modificados para criar tratamento contra a doença*
>
> Em outubro desse ano, um grupo de cientistas nos Estados Unidos anunciou a criação de um novo tratamento contra a Síndrome da Imunodeficiência Adquirida (AIDS), que utiliza proteínas de pessoas naturalmente imunes ao vírus HIV. O teste, no qual foram utilizados ratos como cobaias, é inovador e, brevemente, poderá ser testado em seres humanos. [...]
> FERREIRA, Leonardo. *Brazilian voice*, 19 dez. 2012. Disponível em: <http://www.brazilianvoice.com/bv_noticias/bv_comunidade/43608-Cientista-brasileiro-lidera-pesquisa-cura-AIDS-nos-Estados-Unidos.html>. Acesso em: 17 jan. 2013.

a) Que fatos expressos na notícia são anteriores ao momento da enunciação? E posteriores?
b) O verbo *utiliza* está no presente do indicativo, mas o processo verbal expresso por ele não ocorre simultaneamente ao momento da enunciação. Explique esse uso do presente.
c) Identifique, no trecho a seguir, o verbo empregado no presente pela mesma razão.

> ### Nunca fomos tão sociais
> Vivemos na região mais ativa em redes sociais do mundo, a América Latina, segundo a consultoria comScore. [...]
> Revista *Superinteressante*, São Paulo, Abril, n. 311, p. 92, nov. 2012.

4. Leia o seguinte trecho de um artigo de divulgação científica.

Será que um desodorante protegeria os *kiwis*?
Ave da Nova Zelândia exala aroma de cogumelo, atraindo predadores

O aroma de cogumelo exalado pelo pássaro *kiwi* ajuda a torná-lo um alvo tentador para os predadores? Um cientista acha que sim e propõe criar um desodorante para proteger as aves da extinção.

Existem cinco espécies ameaçadas de *kiwi*. Durante os milhares de anos de sua existência, os *kiwis* da Nova Zelândia (gênero *Apteryx*) não precisavam se preocupar com o odor que exalavam, pois não havia mamíferos que os farejassem [...]. Isso mudou quando os humanos chegaram à ilha, trazendo coelhos, cães, gatos, porcos e uma variedade de outros bichos famintos.

Agora, Jim Briskie [...] teve uma ideia para ajudar os *kiwis*: criar uma forma de minimizar o aroma das aves para que sejam menos vulneráveis aos predadores. [...] "Talvez eu possa projetar um desodorante para os *kiwis*", disse Briskie à imprensa da Nova Zelândia. Só para ficar claro, ele não está realmente propondo o equivalente a passar desodorante nas axilas dos pássaros, mas talvez algo que minimize o odor de seus ninhos. [...]

PLATT, John. *Scientific American Brasil*, 2012. Disponível em: <http://www2.uol.com.br/sciam/noticias/sera_que_um_desodorante_protegeria_os_kiwis_.html>. Acesso em: 17 jan. 2013.

Antes da chegada do ser humano, o *kiwi* não tinha predadores.

a) O que justifica o uso da palavra *desodorante* no título desse texto?
b) Compare uma frase do texto a uma nova versão.

> "Talvez eu **possa** projetar um desodorante para os *kiwis*"
> Eu **posso**, talvez, projetar um desodorante para os *kiwis*.

Em que modo está flexionado o verbo *poder* na frase original? E na versão reescrita? O que determinou a mudança do modo verbal?

c) Releia a frase a seguir e observe o verbo flexionado no modo subjuntivo.

> [...] não havia mamíferos que os farejassem [...]

Se a palavra *que* fosse substituída por *para*, que mudança o verbo deveria sofrer?

Usina literária

Leia a letra da canção "Fora de si", de Arnaldo Antunes.

Fora de si

eu fico louco
eu fico fora de si
eu fica assim
eu fica fora de mim

eu fico um pouco
depois eu saio daqui
eu vai embora
eu fico fora de si

eu fico oco
eu fica bem assim
eu fico sem ninguém em mim

ANTUNES, Arnaldo. Intérprete: Arnaldo Antunes. In: *A_AA*. São Paulo: Rosa Celeste, 2012. Faixa 20.

1. Que elementos (palavras, expressões, versos) se repetem na letra, criando a figura de linguagem chamada anáfora?
2. Que efeito de sentido é produzido pela repetição do pronome pessoal *eu* na letra?
3. Em que pessoa estão flexionados os verbos *fica* e *vai*? Que efeitos são produzidos pelo emprego dessa pessoa verbal associado ao pronome *eu*?
4. A que pessoas do discurso se referem os pronomes *mim* e *si*? A quem o eu lírico pode estar aludindo ao usar esses pronomes? Em outras palavras: quem pode ser esse "mim" e quem é esse "si"?
5. Segundo a norma-padrão, a expressão *fora de si* refere-se somente à terceira pessoa (na primeira pessoa, a expressão seria *fora de mim*). Como hipótese de interpretação, assuma que as expressões "eu fico fora de si" e "eu fica fora de mim" têm uma finalidade expressiva na letra. Que sentido você atribuiria a esses versos?

Língua viva — Os verbos performativos e a ação pela linguagem

No artigo a seguir, o psicanalista Contardo Calligaris reflete sobre a motivação por trás das declarações de amor. Leia-o.

Amores silenciosos

A gente se declara apaixonado porque está apaixonado ou pelo prazer de se apaixonar?

Fazer e receber declarações de amor é quase sempre prazeroso. O mesmo vale, aliás, para todos os sentimentos: mesmo quando dizemos a alguém, olho no olho, "Eu te odeio", o medo da brutalidade de nossas palavras não exclui uma forma selvagem de prazer.

De fato, há um prazer na própria intensidade dos sentimentos; por isso, desconfio um pouco das palavras com as quais os manifestamos. Tomando o exemplo do amor, nunca sei se a gente se declara apaixonado porque, de fato, ama ou, então, diz que está apaixonado pelo prazer de se apaixonar.

Simplificando, há duas grandes categorias de expressões: constatativas e performativas.

Se digo "Está chovendo", a frase pode ser verdadeira se estamos num dia de chuva ou falsa se faz sol; de qualquer forma, mentindo ou não, é uma frase que descreve, constata um fato que não depende dela.

Se digo "Eu declaro a guerra", minha declaração será legítima se eu for imperador ou será um capricho da imaginação se eu for simples cidadão; de qualquer forma, capricho ou não, é uma frase que não constata, mas produz (ou quer produzir) um fato. Se eu tiver a autoridade necessária, a guerra estará declarada porque eu disse que declarei a guerra. Minha "performance" discursiva é o próprio acontecimento do qual se trata (a declaração de guerra).

Pois bem, nunca sei se as declarações de amor são constatativas ("Digo que amo porque constato que amo") ou performativas ("Acabo amando à força de dizer que amo"). E isso se aplica à maioria dos sentimentos.

[...]

É uma experiência comum: externamos nossos sentimentos para vivê-los mais intensamente – para encontrar as lágrimas que, sem isso, não jorrariam ou a alegria que talvez, sem isso, fosse menor. Nada contra: sou a favor da intensidade das experiências, mesmo das dolorosas. Mas há dois problemas.

O primeiro é que o entusiasmo com o qual expressamos nossos sentimentos pode simplificá-los. Ao declarar meu amor, por exemplo, esqueço conflitos e nuanças. No entusiasmo do "te amo", deixo de lado complementos incômodos ("Te amo, assim como amo outras e outros" ou "Te amo, aqui, agora, só sob este céu") e adversativas que atrapalhariam a declaração com o peso do passado ou a urgência de sonhos nos quais o amor que declaro não se enquadra.

O segundo problema é que nossa verborragia amorosa atropela o outro. A complexidade de seus sentimentos se perde na simplificação dos nossos, e sua resposta ("Também te amo"), de repente, não vale mais nada ("Eu disse primeiro").

Por isso, no fundo, meu ideal de relação amorosa é silencioso, contido, pudico.

[...]

CALLIGARIS, Contardo. *Folha de S.Paulo*, 26 jun. 2008.

Sobre o texto

Vocabulário de apoio

performance: atuação, desempenho
pudico: tímido, recatado
verborragia: quantidade muito grande de palavras que exprime pouco conteúdo

1. A pergunta anunciada na linha fina do artigo é respondida ao longo do texto, mas já no título há uma pista da conclusão a que se chegará. Explique, de forma resumida, o que o autor conclui.

2. Qual das frases a seguir contém uma constatação verdadeira, de acordo com o texto?
   a) As pessoas apaixonadas simplificam seu sentimento por meio da declaração "Eu te amo".
   b) Às vezes fazer uma declaração pode produzir o sentimento amoroso.

3. O autor explica que as expressões constatativas contêm uma constatação. A que frases a seguir isso se aplica?
   a) Ontem me declarei a meu namorado.
   b) Olá, como vai?
   c) Fiz uma pergunta a você.

4. A frase "Eu declaro a guerra" é apresentada como exemplo de frase performativa.
   a) Essa frase só é performativa sob uma condição. Qual?
   b) A frase "Naquele dia eu declarei a guerra" é performativa? Por quê?

5. Por que, para o autor, externar um sentimento como o amor, por exemplo, pode ser um problema? Explique com suas palavras.

6. Releia.

> No entusiasmo do "te amo", deixo de lado complementos incômodos ("Te amo, assim como amo outras e outros" ou "Te amo, aqui, agora, só sob este céu") e adversativas que atrapalhariam a declaração com o peso do passado ou a urgência de sonhos nos quais o amor que declaro não se enquadra.

Chamamos de *adversativos* certos enunciados que expressam uma quebra de expectativa em relação ao que é declarado em outro enunciado; em geral, eles começam com *mas*, *porém* e *entretanto*. Considerando essa informação, dê exemplos de possíveis enunciados adversativos deixados de lado ao se declarar "Eu te amo".

7. O autor do texto "Amores silenciosos" fala em "enunciados performativos". Um enunciado é performativo, em rigor, quando contém um verbo performativo, como *declarar*, *jurar*, *prometer*, etc. Observe este trecho de uma certidão.

a) Qual é o verbo performativo presente no texto da certidão? Que ato esse verbo realiza?
b) Em que pessoa e tempo o verbo está flexionado?
c) Ao contrário das frases constatativas, as frases performativas não podem ser classificadas como verdadeiras ou falsas, pois têm um caráter ativo: elas acontecem (são bem-sucedidas) ou não. Que condições extralinguísticas são necessárias para que uma declaração como a da certidão reproduzida acima seja bem-sucedida, isto é, para que os noivos passem a ser de fato cônjuges perante a sociedade?

ANOTE

Verbos **performativos** são aqueles cujo sentido se realiza quando são enunciados na primeira pessoa do presente do indicativo. Exemplos: *declarar*, *prometer*, *parabenizar*, etc. Para que um enunciado com verbo performativo seja bem-sucedido, é preciso que atenda a certas **condições** no momento de sua enunciação. Por exemplo, o enunciado "Declaro o réu condenado a prestar serviços comunitários" só se realiza se quem faz a declaração é alguém com autoridade para tal, se há testemunhas, se é proferido em um tribunal, etc.

Os verbos performativos **realizam uma ação** ao serem enunciados; por isso se pode dizer que representam **atos**. Entretanto, no limite, todos os enunciados constituem atos: ao fazer uso da língua, sempre temos a intenção de levar nosso interlocutor a agir, fazer com que algo aconteça ou deixe de acontecer, despertar sentimentos, influenciar, etc.

Texto em construção

Suponha que você seja o editor-chefe de uma publicação semanal para adolescentes. Você escreverá um **editorial** cujo título será "Estatuto do adolescente", no qual tentará expressar os principais anseios dos jovens de hoje e os obstáculos que os impedem de atingi-los.

Consulte o capítulo 35 (p. 352) e siga os passos descritos no item *Produzir um editorial* (p. 358). Imagine uma notícia que teria sido veiculada em sua publicação na última semana e que, de algum modo, tenha um impacto na vida dos adolescentes. A partir dessa notícia, formule uma opinião crítica. Use verbos performativos como *decretar*, *declarar*, *reivindicar*, *repudiar* na primeira pessoa do plural para, por meio do editorial, convocar os jovens à ação em defesa do que querem e contra aquilo que lhes obstrui o caminho.

Peça a um colega que leia seu editorial e ajude a identificar se os verbos performativos foram usados de forma adequada ao gênero. Reescreva o editorial e apresente-o aos colegas.

Em dia com a escrita — Os tempos verbais e a ancoragem

Determinados gêneros textuais não costumam apresentar referências diretas aos interlocutores envolvidos na situação de produção ou à própria situação. Em um conto, por exemplo, em geral o produtor do texto não menciona a si mesmo, não se dirige diretamente ao leitor nem faz comentários sobre a situação de escrita do texto. Já uma palestra ou entrevista no rádio costuma ter referências aos participantes do evento comunicativo e ao próprio evento.

Os interlocutores e o evento comunicativo podem ser evidenciados no discurso por meio de palavras que funcionam como **dêiticos**, além de **verbos** flexionados no **presente do indicativo**. Assim, um palestrante poderia dizer: "Eu quero chamar a atenção de vocês para um detalhe". Nesse caso, as palavras *eu* e *vocês* apontam diretamente para os participantes da situação comunicativa, funcionando como dêiticos. Já a locução verbal *quero chamar*, flexionada no presente do indicativo, faz referência ao ato de produção do texto.

Tanto os dêiticos quanto os tempos verbais no presente do indicativo são marcas de um ponto de ancoragem do texto, ou seja, marcas que revelam o **papel** do enunciador em relação ao seu texto e à situação de enunciação.

> **Hipertexto**
> Observe o uso dos **dêiticos** e tempos verbais no **presente do indicativo** como **ponto de ancoragem** de um debate sobre células-tronco, apresentado na parte de Produção de Texto (**capítulo 37**, p. 368).

1. Leia um bate-papo *on-line* com a diretora de redação de uma revista para adolescentes.

(05:11:03) *Brenda*: Oi para todos. Durante os próximos 50 minutos, sou de vocês.

(05:12:17) *Val*: Ao que parece, os homens estão cada vez mais assustados com as "mulheres independentes". O que vc acha que devemos fazer, continuar com a independência e ficar carentes ou fazer de conta que somos Amélias e ter carinho? Qual sua opinião?

(05:13:28) *Brenda*: Oi, Val, vou responder do ponto de vista dos adolescentes, ok? As meninas estão muito mais independentes mesmo, principalmente na balada. Mas ainda preferem que os caras tomem a iniciativa.

(05:13:39) *Beto*: Brenda, vc não acha que essa onda de ficar está corrompendo valores?

(05:14:47) *Brenda*: Oi, Beto, acho que os valores estão mudando, não se corrompendo. Os adolescentes têm seus códigos de ficadas tb, como a gente tinha os nossos. Eles só vivem em outro tempo e experimentam outras coisas. Mas o certo e o errado, a honestidade, a traição, etc., está tudo na ficada tb.

[...]

(06:04:17) *Brenda*: Gente, adorei a conversa. E a gente se encontra aqui de novo outro dia. Beijos.

Bate-papo com Brenda Fucuta. *UOL*, São Paulo, 9 jun. 2004. Disponível em: <http://tc.batepapo.uol.com.br/convidados/arquivo/midia/ult1666u121.jhtm>. Acesso em: 18 jan. 2013.

a) Na primeira fala, a quem Brenda se refere quando diz *todos*? E quando diz *vocês*?
b) O pronome *você*, registrado como *vc*, também aparece nas falas de Val e de Beto. A quem o pronome se refere nessas falas?
c) Encontre no texto outros dêiticos que façam alusão aos participantes do bate-papo.
d) Explique como os verbos também revelam os participantes da conversa.
e) Identifique a frase em que se faz referência ao próprio bate-papo.
f) Qual é o tempo verbal que predomina no texto?

Esse texto exemplifica um ponto de ancoragem em que os participantes referem-se uns aos outros, por meio de dêiticos, e à situação de produção, com verbos no presente do indicativo.

Segundo o linguista alemão H. Weinrich, o uso da língua remete a dois "mundos" distintos e, para falar de cada um deles, o falante utiliza predominantemente alguns tempos verbais.

- Nos gêneros que remetem ao **mundo narrado**, predominam o *pretérito perfeito*, o *imperfeito*, o *mais-que-perfeito* e o *futuro do pretérito*. Em geral, isso acontece no conto, no romance, na piada, no relato pessoal, na notícia, etc.
- Nos gêneros que remetem ao **mundo comentado**, predominam o *presente do indicativo*, o *pretérito perfeito composto* e o *futuro do presente*. Em geral, isso se verifica no artigo de opinião, no verbete de enciclopédia, na carta de reclamação, no debate regrado, etc.

O bate-papo remeteria ao mundo comentado, com predominância do presente do indicativo.

2. A carta reproduzida a seguir foi extraída de um romance policial escrito por Patrícia Melo. Nela, um escritor em crise corresponde-se com seu editor. Leia-a.

> **De: José Guber. Para: Wilmer da Silva.**
>
> *O espelho*, de Ed Mason
> Wilmer,
> Estou aproveitando a sua sugestão de criar uma narrativa intimista. Inclusive, quero dizer, achei muito boa a sua sugestão.
> Imagine um padre gordo de cara inocente que conta a seguinte história, na primeira pessoa:
> Uma atriz foi assassinada. Três pessoas viram o assassino no corredor do teatro que dava acesso ao camarim. Eu fui uma delas. O corredor estava um pouco escuro, ninguém teve uma visão nítida da cena. Começam as investigações. O juiz nos chama para depor. A primeira testemunha diz o seguinte: Tenho certeza que o assassino era uma mulher. Da cabeça dela saía alguma coisa estranha, cabelo talvez, se é que aquilo pode ser chamado de cabelo. A segunda testemunha declarou que não sabia se o assassino era uma mulher ou um homem. Que o assassino mais parecia uma fera. Que o animal era parrudo e assemelhava-se a um orangotango. Quando o juiz me perguntou se eu também tinha visto o assassino, minha resposta foi afirmativa. O homem que eu vi era eu mesmo, eu disse. Como assim?, perguntou o juiz. Havia um espelho no fundo do corredor, eu disse, perto de onde estava o cadáver da mulher, portanto, o homem que eu vi era eu mesmo, era a minha própria imagem refletida no espelho. Quer dizer, disse o juiz, que quando a primeira testemunha viu aquela fera, com coisas saindo da cabeça, estava descrevendo a si própria? Sim, eu falei. Quer dizer, disse o juiz, que este senhor que viu o orangotango parrudo, estava na realidade vendo a si mesmo no espelho?
> [...]
>
> MELO, Patrícia. *Elogio da mentira*. São Paulo: Companhia das Letras, 1998. p. 32-33.

a) Nos dois primeiros parágrafos, quem fala é a personagem José Guber. Que palavras desse trecho (pronomes, verbos) fazem referência a Guber e seu interlocutor?

b) E no terceiro parágrafo, de quem é a voz que fala?

c) Quais são os tempos verbais predominantes nesse parágrafo?

d) Do segundo para o terceiro parágrafo, podemos perceber uma alteração do ponto de ancoragem. Por que o texto se mantém coerente, apesar dessa mudança?

Nos primeiros parágrafos do texto lido, o tempo do enunciado coincide com o tempo da enunciação (momento em que a carta é escrita). No terceiro parágrafo, o tempo do enunciado está relacionado ao assassinato da atriz e não coincide com o momento da enunciação. Um dos fatores que permitem identificar essa alteração é a forma como os tempos verbais são utilizados no texto.

Leia a resposta que a personagem Wilmer envia a Guber.

> Guber,
> Até uma criança sabe que esta história não dá um romance. Falta carne. Você só tem dez dias para me entregar um livro.
>
> MELO, Patrícia. *Elogio da mentira*. São Paulo: Companhia das Letras, 1998. p. 33.

Observe que os verbos nesse trecho estão no presente do indicativo e que esse parágrafo dialoga com a carta de Guber, em especial com os dois primeiros parágrafos. Na conversa entre Guber e Wilmer, os comentários de cada um são intercalados pela narrativa do assassinato da atriz, mostrando que em um mesmo discurso pode haver diferentes pontos de ancoragem, bem como referências ao ==mundo comentado e ao mundo narrado==.

> **ANOTE**
>
> A **ancoragem** de um texto corresponde à definição do papel do produtor do texto em relação ao que enuncia e à própria situação de enunciação. Com base nessa definição, o produtor do texto faz escolhas linguísticas coerentes com esse ponto de ancoragem.
>
> Em um gênero que remete ao **mundo narrado**, o tempo em geral é autônomo em relação ao momento da enunciação. Já nos gêneros que remetem ao **mundo comentado**, o tempo do texto costuma estar vinculado ao tempo da enunciação. Há, ainda, discursos em que estão presentes tanto referências ao mundo narrado quanto ao mundo comentado.

›Hipertexto

O jogo entre **mundo comentado** e **mundo narrado** é recorrente em textos ficcionais que apresentam metalinguagem. *Memórias póstumas de Brás Cubas*, uma das principais obras literárias brasileiras, apresenta essa construção. Na parte de Literatura (**capítulo 13, p. 102**), confira um trecho do livro em que se evidencia um diálogo com o leitor e uma reflexão sobre a narrativa apresentada.

CAPÍTULO 28

Verbos II

O que você vai estudar

- Verbo.
  - Formas nominais.
  - Vozes verbais.
  - Locução verbal e verbos auxiliares.
  - Verbos regulares, irregulares, anômalos, defectivos e abundantes.

Neste capítulo, você observará formas verbais que desempenham função semelhante à dos substantivos e adjetivos. Verá também que a ação verbal pode ser tanto praticada como sofrida por alguém (ou algo) e conhecerá particularidades das flexões verbais.

Formas nominais

- Na tira a seguir, Calvin faz previsões sobre as relações humanas no futuro. Leia-a.

WATTERSON, Bill. *O mundo é mágico*. São Paulo: Conrad, 2007. p. 128.

1. Haroldo compartilha do ponto de vista de Calvin? Explique.
2. No primeiro balão, há dois verbos, *será* e *feito*. O que permite identificá-los como verbos?
3. Observe o emprego da palavra *feito* na frase abaixo. Nesse contexto, ela exerce uma função própria de qual classe de palavras?

> Quando Calvin for homem feito, pensará diferente.

Algumas formas verbais podem exercer papel semelhante ao dos substantivos e adjetivos nos enunciados. Trata-se das formas nominais: **infinitivo** (*amar*, *comer*, *sair*), **gerúndio** (*amando*, *comendo*, *saindo*) e **particípio** (*amado*, *comido*, *saído*). Veja as frases a seguir.

Calvin ia **pensar** na vida. (*pensar* [infinitivo] = verbo)

O **pensar** pode ser transformador. (*pensar* [infinitivo] = substantivo)

Na primeira frase, a palavra *pensar* tem valor verbal e integra um sintagma verbal. Já na segunda, equivale a um substantivo e é o núcleo do sintagma nominal "O pensar".

Da mesma forma, o gerúndio e o particípio podem apresentar valor verbal ou nominal.
O leite estava **fervendo**. (*fervendo* [gerúndio] = verbo)
Junte à massa o leite **fervendo**. (*fervendo* [gerúndio] = adjetivo)

O defeito tinha sido **resolvido**. (*resolvido* [particípio] = verbo)
Sou uma pessoa bem **resolvida**! (*resolvida* [particípio] = adjetivo)

Observe as desinências que constituem as formas nominais.

Infinitivo	-r	cantar, vender, aplaudir
Gerúndio	-ndo	cantando, vendendo, aplaudindo
Particípio	-ado(a)/-ido(a)	cantado, vendido, aplaudido

As formas nominais não indicam pessoas do discurso nem marcas de tempo e modo. A exceção é o infinitivo, que tem uma forma sem flexão (impessoal) e outra flexionada (pessoal):

- Infinitivo impessoal: sonhar
- Infinitivo pessoal: sonhar (eu), sonhares (tu)/sonhar (você), sonhar (ele), sonharmos (nós), sonhardes (vós)/sonharem (vocês), sonharem (eles)

Vale saber

Em determinados contextos, o gerúndio e o infinitivo podem expressar a intencionalidade geralmente associada ao modo imperativo. Exemplos: "Circulando!"; "Bater as claras em neve".

› Voz

Leia o anúncio publicitário ao lado, publicado na contracapa de uma revista voltada aos estudos sobre a língua portuguesa.

A propaganda associa a adoção do acordo ortográfico (em vigor no Brasil desde 2009) à qualidade dos serviços prestados por uma instituição financeira. A primeira informação do texto do anúncio é o nome do anunciante. Não é uma escolha casual: o termo que inicia uma frase é o que tem maior destaque. Caso se desejasse privilegiar o acordo ortográfico, a frase poderia ser escrita de outra forma: "O novo acordo ortográfico já foi adotado pelo Banco do Brasil".

Na frase original do anúncio, quem ganha destaque é o **agente** da ação de adotar o acordo ortográfico. Esse efeito é produzido pela forma em que o verbo se encontra: *adotou*. Esse uso do verbo é chamado de **voz ativa**.

Já na frase reescrita, o destaque fica com quem **sofre** a ação de ser adotado. Essa noção também é produzida pela forma do verbo: *foi adotado*. Neste caso, tem-se a **voz passiva**. A voz passiva está associada a importantes efeitos de sentido, como o apagamento ou a atenuação do agente da ação verbal no enunciado.

Quando um verbo na voz ativa é colocado na voz passiva, passa a concordar com outro sintagma do enunciado. Veja este exemplo tirado da revista *Superinteressante* (jan. 2008) e a frase reformulada logo em seguida.

"Os pais **influenciam** a personalidade dos filhos?"
- Os pais: agente da ação verbal
- influenciam: verbo na voz ativa

A personalidade dos filhos **é influenciada** pelos pais?
- A personalidade dos filhos: objeto da ação verbal
- é influenciada: verbo na voz passiva

A construção passiva exemplificada acima é chamada de **voz passiva analítica**. Ela é formada pelo verbo *ser* (e menos frequentemente pelos verbos *estar* ou *ficar*) seguido de um verbo na forma nominal do particípio. A voz passiva também pode ser construída pela flexão do verbo na terceira pessoa associada ao pronome *se*, que é então chamado de **pronome apassivador**. Nesse caso, ela se chama **voz passiva sintética**.

Revista *Língua Portuguesa*, São Paulo, Segmento, n. 40, fev. 2009.

Voz passiva analítica	Voz passiva sintética
Quartos **são alugados**.	**Alugam-se** quartos.
Os doces **foram preparados** aqui.	**Prepararam-se** os doces aqui.

Além das vozes ativa e passiva, existe também a **voz reflexiva**, que indica que o ser que representa o **agente** da ação verbal é também aquele que representa o **alvo** dessa ação. Como agente, esse ser é representado por um pronome reto; como alvo, por um pronome oblíquo. Veja:

Eu **me feri** levemente na queda.

No plural, a voz reflexiva pode indicar que uma ação é realizada reciprocamente. Nesse caso, é chamada de **voz reflexiva recíproca**. Veja:

Os convidados **cumprimentaram-se**. [= uns aos outros]

Para indicar que a ação verbal é praticada por aquele que a recebe, ou que é realizada reciprocamente, emprega-se um pronome oblíquo junto ao verbo, flexionado de forma a concordar com ele. Veja:

Os atores **se vestiram**, e nós todos, então, **nos maquiamos** rapidamente.

Diversidade

Na norma-padrão, o verbo na voz passiva sintética concorda em número com o objeto da ação verbal (por exemplo: "**Vendem-se cartões** telefônicos", em que o verbo *vender* é flexionado no plural para concordar com *cartões*). No entanto, é muito comum observar nas ruas placas com dizeres do tipo "Vende-se cartões telefônicos", em que a flexão de número do verbo (singular) não acompanha a do objeto da ação verbal (plural). Mesmo entre os falantes considerados cultos, tal concordância nem sempre é observada.

› Locução verbal e verbos auxiliares

A placa a seguir faz um apelo original à proteção ambiental. Ao lado da placa, há uma estrofe escrita pelo cordelista L. Soares.

CAMARGO, José Eduardo; SOARES, L. *O Brasil das placas*: viagem por um país ao pé da letra. São Paulo: Panda Books, 2007. p. 36-37.

A floresta brasileira
É o amanhã da medicina
Outro dia tropecei
num pé de penicilina
Cada passo a mais que eu dava
destruía dez vacinas

CAMARGO, José Eduardo; SOARES, L. *O Brasil das placas*: viagem por um país ao pé da letra. São Paulo: Panda Books, 2007. p. 36.

O redator da placa defende a preservação da Mata Atlântica, usando como argumento a biodiversidade. Segundo alguns cientistas, os inúmeros organismos existentes nas florestas brasileiras podem conter princípios ativos utilizáveis para a fabricação de remédios de grande impacto para a saúde pública mundial. Essa possibilidade foi muito divulgada pelos meios de comunicação de massa, dando o gancho para o apelo presente na placa. O cordelista, por sua vez, produziu humor aproveitando o tom direto do texto da placa.

Note que há três verbos combinados na frase "Você **pode estar pisando** na cura do câncer". A combinação de dois ou mais verbos que expressam ação, estado ou processo, ligados ou não por preposição, é denominada **locução verbal**. Exemplos: *devia ter ajudado, continua amando, continua a fazer,* etc.

Nas locuções verbais, o verbo que apresenta um conteúdo semântico específico é chamado de **principal**. O verbo que especifica a ação, o estado ou o processo indicado pelo verbo principal é chamado de **auxiliar**. Assim, toda locução verbal é formada por um ou mais verbos auxiliares, associados ao infinitivo, gerúndio ou particípio de um verbo principal, ligados ou não por preposição.

Leia a notícia.

Juiz solta *hackers*, mas exige que leiam obras clássicas

Para conceder liberdade provisória a três jovens detidos sob a acusação de praticar crimes pela internet, um juiz federal do Rio Grande do Norte determinou uma condição inédita: que os rapazes leiam e resumam, a cada três meses, dois clássicos da literatura. [...]

Os três rapazes aceitaram as condições e já estão soltos. Como os jovens são peritos em internet, o magistrado determinou que os relatórios sobre as obras deverão ser feitos pelos jovens de próprio punho.

BRASIL, Kátia. *Folha de S.Paulo*, 23 abr. 2008.

A condição imposta pelo juiz aos réus – fazer relatórios manuscritos sobre obras clássicas – revela sua crença no efeito "pedagógico" do contato dos jovens com elementos da cultura. O último período da notícia apresenta a locução "deverão ser feitos". O particípio do verbo *fazer* (*feitos*) expressa a ação; *deverão* indica o modo, o tempo e a pessoa por quem ela é realizada.

A frase poderia ser escrita sem o verbo auxiliar *dever*: "O magistrado determinou que os relatórios sobre as obras **sejam feitos** pelos jovens de próprio punho". No entanto, o verbo *dever* expressa mais claramente a obrigatoriedade de os relatórios serem feitos de próprio punho.

> ## Empregos dos verbos auxiliares

Conheça alguns empregos dos verbos auxiliares.

a) Os verbos auxiliares podem unir-se a um verbo principal para formar os **tempos compostos** e a **voz passiva**.

- *haver* e *ter* + particípio do verbo principal: constituem os tempos compostos da voz ativa (veja quadro na página 252)
  Aos 16 anos, Sandra já **havia concluído** o curso de violão.
  Ela **teria cursado** também piano, se tivesse tempo.

- *ser*, *estar*, *ficar* + particípio do verbo principal: constituem a voz passiva
  O tumulto **foi controlado** pelos policiais.
  A comemoração **ficou prejudicada** pelo mau tempo.

b) Os verbos auxiliares podem contribuir para exprimir com mais exatidão a maneira como o processo verbal se desenrola no tempo, indicando **aspectos verbais** específicos. Veja alguns desses aspectos:

- **ação que tem início**: *começar a, pôr-se a, principiar a* + infinitivo
  Os alunos **começaram a fazer** a prova.
  Principiei a chorar.

- **ação iminente**: *estar para, ir* + infinitivo
  Eles **estão para partir**.
  Amanhã **vamos viajar** logo cedo.

- **ação que se prolonga, que dura**: *andar, estar, ficar, vir* + gerúndio
  Ando fazendo exercícios.
  As meninas **estão estudando**.

- **ação que continua**: *continuar a* + infinitivo
  Luís **continuou a ouvir** a conversa.

- **ação que se repete**: *costumar, gostar de, tornar a, voltar a* + infinitivo
  Costumo acordar tarde.
  A classe **voltou a ganhar** medalha.

- **ação que se conclui, que tem fim**: *acabar de, deixar de, parar de* + infinitivo
  Filipe já **acabou de cozinhar**.
  Parem de rir tão alto.

c) Os verbos auxiliares podem, também, exprimir o modo como o agente da ação encara essa ação. Nesse caso, são chamados de **auxiliares modais** e indicam, por exemplo:

- **desejo, vontade**: *querer, desejar* + infinitivo
  Os leitores **querem fazer** a doação.
  Quem **desejar doar** deve ligar para o número indicado.

- **possibilidade, capacidade**: *poder, saber* + infinitivo
  Vocês **podiam procurar** um médico.
  Sabemos convencer nossos pais.

- **tentativa, esforço**: *pretender, tentar, buscar, procurar* + infinitivo
  Você **tentou fazer** o melhor.
  Procure ler as questões com atenção.

- **dever, obrigação**: *dever, precisar, ter de* + infinitivo
  Os cidadãos **precisam ter** consciência.
  A professora **tinha de chegar** muito cedo à escola.

- **aparência**: *parecer* + infinitivo
  Ela **parecia gostar** das aulas.

- **movimento para realizar uma ação no futuro** (em geral se refere a um futuro próximo): *ir* + infinitivo
  Vou compor uma canção amanhã.

Vale saber

O conceito de **aspecto** foi proposto pelo linguista russo Roman Jakobson como uma categoria verbal que indicaria se uma ação foi levada ou não até o fim. Se conclusa, seria expressa pelo tempo perfeito; se inconclusa, pelo imperfeito. Além disso, haveria subcategorias do aspecto verbal que indicariam maneiras de considerar a ação verbal no tempo para além da divisão em presente, passado e futuro. Surgem daí os conceitos de aspecto durativo, ingressivo, terminativo, iterativo, etc. Alguns desses aspectos verbais estão exemplificados ao lado.

Diversidade

O uso de construções linguísticas contendo uma locução verbal no **futuro** + verbo principal no **gerúndio**, como "vou estar fazendo" ou "vamos estar discutindo", tornou-se frequente na língua falada no Brasil nos últimos anos.

Essa é uma construção legítima da língua portuguesa, que indica o aspecto durativo de uma ação localizada no futuro. O problema, além do seu uso excessivo, que, muitas vezes, denota falta de criatividade e expressividade linguística, é o emprego inadequado em enunciados que deveriam indicar uma ação pontual.

Alguns estudiosos consideram que o "gerundismo" é uma forma de o falante comprometer-se menos com aquilo que afirma, tornando vaga a informação sobre a localização ou a duração de determinada ação no tempo. Por isso, antes de usá-lo, o enunciador precisa avaliar se a construção é adequada ao contexto em que ele se insere e aos sentidos pretendidos.

Prática de linguagem

1. Leia esta tira.

Davis, Jim. *Garfield*.

a) Quais são os elementos responsáveis pelo humor da tira?
b) A ideia expressa na fala de Jon ("Nem todos os presentes são pra você") tem um sentido passivo. Para explicitar esse sentido, reescreva a frase transformando o verbo *ser* em verbo auxiliar de outro verbo principal no particípio, que será acrescentado por você.
c) Na fala de Garfield, a locução verbal poderia ser substituída por um único verbo. Faça essa substituição e diga de que forma o sentido da frase se altera.
d) Que adequações deveriam ser feitas na fala de Garfield, se ela se iniciasse com o verbo *ser* flexionado no pretérito perfeito (*foi*), em vez de no presente (*é*)?

2. Leia um trecho da letra de uma canção de Nando Reis, cantor e compositor brasileiro.

Ainda não passou

Triste é não chorar
Sim eu também chorei
E não, não há nenhum remédio
Pra curar essa dor
Que ainda não passou
Mas vai passar!
A dor que nos machucou
E não, não há nenhum relógio
pra fazer voltar... O tempo voa!
[...]

Eu não suporto ver você sofrer
Não gosto de fazer ninguém querer riscar o
[seu passado
E o que passou, passou
E o que marcou, ficou
Se diferente eu fosse será que eu teria sido
[amado?
Por você, por você

Reis, Nando. Intérprete: Nando Reis e os infernais. In: *Drês*. Universal, 2009. Faixa 2.

a) Explique o título da letra da canção.
b) Qual é o estado em que se encontra o eu lírico? Que versos revelam isso?
c) Quem parece ser o interlocutor do eu lírico nessa canção?
d) Releia o verso.

> Se diferente eu fosse será que eu teria sido amado?

A palavra *amado*, particípio de *amar*, funciona como verbo na canção? Sendo assim, a expressão "teria sido amado" constitui uma locução verbal? Explique.

e) Releia:

> Que ainda não passou
> Mas vai passar!

Que forma verbal simples poderia substituir "vai passar"? Em que tempo e modo essa forma simples está flexionada?

f) O emprego da locução verbal "vai passar" é índice da formalidade ou da informalidade da linguagem da canção? Justifique.

3. O anúncio publicitário a seguir faz uma afirmação que pode ser considerada polêmica. Leia-o.

Revista *Veja*, São Paulo, Abril, 14 nov. 2007. p. 121.

a) Por que a afirmação do texto escrito com letras maiores é polêmica?
b) Qual é a sua posição em relação à afirmação feita? Explique-a.
c) Qual pode ter sido a intenção dos autores do anúncio publicitário ao apresentar como verdadeiro algo que é discutível?
d) Reescreva a frase passando o verbo *sabiam* para a voz passiva.
e) De que forma o termo *mulheres* tem mais destaque: na frase original do anúncio ou na reescrita por você no item anterior?
f) O verbo *resolve* está na voz passiva sintética. Reescreva novamente a frase, desta vez colocando-o na voz passiva analítica.

4. Leia a tira.

WATTERSON, Bill. *Tem alguma coisa babando embaixo da cama*. São Paulo: Conrad, 2008. p. 66.

a) O último quadrinho da tira dá a entender que as perguntas de Calvin foram motivadas por algo além da sua mera curiosidade. Explique.
b) Observe a primeira fala de Calvin. Nessa frase, a pessoa a que o verbo se refere, *eu*, é agente da ação verbal ou sofre a ação verbal?
c) Essa pergunta de Calvin ressalta apenas a possível adoção, não mencionando os responsáveis pela ação de adotar. Se Calvin desejasse enfatizar o papel de sua mãe na suposta adoção, como ele poderia ter se expressado?
d) Que verbo poderia substituir a locução verbal "pretende me colocar"?
e) A frase reescrita por você é mais ou menos coloquial do que a frase original da tira?
f) Qual é a relação entre o emprego da locução e o fato de a tira reproduzir um diálogo entre mãe e filho?
g) Na terceira fala de Calvin, aparece a locução "está me engordando". Que aspecto verbal ela exprime?

> Verbos regulares, irregulares e anômalos

- Leia a tira a seguir.

LAERTE. *Folha de S.Paulo*, 31 mar. 2009.

1. No terceiro quadrinho, a personagem se refere à "edição brasileira de Luluzinha". Luluzinha e Bolinha são personagens de uma HQ estadunidense publicada no Brasil entre 1955 e 1996. Em sua opinião, um leitor que não dispõe dessa informação pode entender o humor da tira? Explique.

2. O efeito de humor da fala do primeiro quadrinho resulta de seu *nonsense*, isto é, de sua incoerência ou falta de sentido. O que torna sem sentido essa fala aparentemente lógica?

3. Passe para o infinitivo os verbos que aparecem em "sente-se mal" e em "sente-se bem". Depois, conjugue-os no presente do indicativo. Observe: em qual deles o radical se mantém sem alterações em todas as pessoas?

A conjugação da maior parte dos verbos não implica mudanças em seu radical. O verbo *amar*, por exemplo, conserva o radical *am-* em todas as suas formas: **am**o, **am**ei, **am**aram, **am**asse, **am**ando, **am**ado, etc. Por isso, *amar* é considerado um **verbo regular**. Outros exemplos de verbo regular são *vender* e *partir*: seus radicais, *vend-* e *part-*, não sofrem modificação em nenhuma das formas (consulte a conjugação completa de verbos regulares no *Anexo* no final do livro).

Os verbos regulares *amar*, *vender* e *partir* podem ser tomados como modelos para a primeira, a segunda e a terceira conjugações, respectivamente. Assim, todo verbo que não tiver o radical alterado em nenhuma forma e seguir esses modelos de conjugação será também considerado regular. Exemplos: *cantar*, *dançar*, *beber*, *esconder*, *proibir*, *conduzir*, etc.

Verbos como *sentir*, que não seguem esses modelos, são chamados de **irregulares**. O desvio pode acontecer de duas maneiras.

- Em relação ao radical do verbo no infinitivo. Exemplos:

  <u>tra</u>zer → trouxe   <u>pe</u>dir → peço   <u>cab</u>er → coube
  radical   **radical**   **radical**

- Em relação às desinências do verbo modelo. Por exemplo, o verbo *estar* não tem alterações no radical em nenhuma forma, mas flexiona-se, em algumas pessoas, de maneira diferente do modelo dessa conjugação. Compare-o a algumas formas do verbo regular *amar*.

amar	amo	amei	amara
estar	estou	estive	estivera

Observações

1ª) Para ser considerado irregular, não é preciso que o verbo sofra alterações no radical em todas as formas.

2ª) Alguns verbos sofrem alteração no radical apenas para que a pronúncia se mantenha inalterada: **pesc**ar → **pesqu**ei, **danç**ar → **danc**e, **segu**ir → **sig**am. Nesses casos, não há irregularidade.

Verbos como *ser* e *ir*, por apresentar uma variação profunda no seu radical ao longo da conjugação (*sou*, *fui*, *fosse*, *vou*, *iria*, *vá*), são chamados pela Nomenclatura Gramatical Brasileira de **anômalos**. Em outras descrições gramaticais, no entanto, eles são considerados parte dos verbos irregulares.

› Verbos defectivos

Leia o título de notícia reproduzido a seguir.

>
>
> **Estado americano de Connecticut abole pena de morte**
>
> G1 Globo Online, 25 abr. 2012. Disponível em: <http://g1.globo.com/mundo/noticia/2012/04/eua-governador-de-connecticut-assina-abolicao-da-pena-de-morte.html>. Acesso em: 24 jan. 2013.

O verbo *abolir* está flexionado na terceira pessoa do singular. Não seria possível usá-lo em uma frase iniciada pelo pronome pessoal *eu*: formas como "*abulo*" ou "*abolo*", ainda que teoricamente viáveis em português, não estão dicionarizadas. Assim, *abolir*, bem como *falir*, *florir*, *precaver*, etc., são **verbos defectivos**, ou seja, que não se conjugam em todas as formas.

Particularidades a respeito dos verbos defectivos:

1. A maior parte dos defectivos pertence à terceira conjugação, como os verbos *banir*, *colorir*, *demolir*, *fremir* e *ruir*, que não se conjugam nas formas em que as vogais *a* ou *o* se seguiriam ao radical.

2. Os verbos *falir*, *florir*, *ressarcir* conjugam-se apenas nas formas em que a vogal *i* se segue ao radical.

3. O verbo *reaver* conjuga-se como *haver* (*hei*, *hás*, *há*, *havemos*, *haveis*, *hão*, etc.), mas só tem as formas em que aparece a letra *v*.

4. O verbo *precaver* só se conjuga nas formas arrizotônicas (leia o boxe).

5. Verbos que indicam sons vocais emitidos por animais – *bramir*, *ganir*, *latir*, etc. – costumam ser empregados apenas na terceira pessoa do singular e do plural, por isso é mais adequado classificá-los como **unipessoais** do que como defectivos.

6. Verbos que se referem a fenômenos da natureza – *ventar*, *garoar*, *chover*, etc. – também não são propriamente defectivos, sendo mais adequado classificá-los como **impessoais**, pois não se referem a nenhum ser em especial.

O fato de alguns verbos não serem conjugados em todas as pessoas e tempos está ligado principalmente à sonoridade. Porém, o que não soa bem em uma época pode tornar-se perfeitamente aceitável em outra. Daí alguns verbos que no passado eram defectivos serem hoje conjugados em todas as formas. É o caso de *agir*, *emergir*, *submergir*, *fruir* e outros. Esse fato permite supor que verbos como *adequar* e *explodir*, que atualmente são considerados defectivos, mas que muitos já conjugam na íntegra, possam vir a se firmar como não defectivos.

> **Vale saber**
>
> Formas verbais **rizotônicas** são aquelas cujo acento tônico recai sobre o radical, em oposição às formas **arrizotônicas**. O morfema radical *riz(o)-* vem do grego e significa "raiz", que também é a base de significação da palavra *radical*.

› Verbos abundantes

Verbo abundante é aquele que tem duas ou mais formas equivalentes. É comum que apenas uma das formas se firme na língua e que a outra deixe aos poucos de ser empregada. Exemplos: *havemos/hemos*; *fremir/fremer*; *comprouve/comprazi*.

Os casos mais numerosos de abundância se dão no particípio: diversos verbos têm duas formas, uma **regular**, terminada em **-ado/-ido** (*salvado, corrigido*), e outra **irregular** (*salvo, correto*).

Os particípios regulares são usados na **voz ativa**, com os auxiliares *ter* e *haver*. Os irregulares são, em geral, usados na **voz passiva**, com os auxiliares *ser*, *estar* e *ficar*. Veja ao lado uma relação de particípios abundantes. Entre parênteses está indicado se a forma é usada na voz ativa (**A**), na voz passiva (**P**) ou em ambas.

Verbo abundante	Particípio regular	Particípio irregular
aceitar	aceitado (A)	aceito (P)
acender	acendido (A)	aceso (P)
eleger	elegido (A)	eleito (P)
encher	enchido (A)	cheio (P)
fritar	fritado (A)	frito (P)
ganhar	ganhado (A)	ganho (A, P)
gastar	gastado (A)	gasto (A, P)
imprimir	imprimido (A)	impresso (P)
limpar	limpado (A)	limpo (P)
morrer	morrido (A)	morto (P)
pegar	pegado (A)	pego (P)

Prática de linguagem

1. Leia o título de uma notícia.

a) Ainda que um leitor da notícia não soubesse quem é Neymar, poderia supor qual é a ocupação dele por alguns indícios do texto. Que indícios são esses?
b) Quantos verbos (ou formas verbais) há na frase do título? Em que tempo estão?
c) Essa manchete pode ser organizada em sintagmas.

Como se classifica cada um desses sintagmas: como verbal ou nominal? Justifique.
d) A que termo se refere a palavra *carregado*? Que sentido ela acrescenta a esse termo?
e) Associe o tempo verbal predominante no título ao gênero notícia.
f) Os verbos da manchete são regulares ou irregulares? Justifique.
g) Quem é o agente da ação de *machucar*? E quem é o objeto dessa ação?
h) Em que voz está o verbo *machucar*?

2. Observe esta tira, em que a personagem Hugo conversa com a atendente da videolocadora.

LAERTE. *Hugo para principiantes*. São Paulo: Devir, 2005. p. 11.

a) Explique qual é a situação retratada na tira.
b) Há no texto três verbos irregulares. Escolha um deles e demonstre onde reside sua irregularidade. Aponte outro verbo de uso cotidiano que tem o mesmo tipo de irregularidade.

3. Leia o trecho de notícia a seguir.

46% das empresas no país sofreram fraude, diz estudo

De acordo com pesquisa da PricewaterhouseCoopers, especializada em consultoria e auditoria em negócios, 46% das 76 empresas ouvidas no Brasil disseram já ter sofrido algum tipo de crime financeiro – nível similar ao detectado na pesquisa mundial, feita em 40 países.

[...]

O estudo aponta que 36% dos fraudadores detectados nas empresas brasileiras ocupavam cargos de alta ou média gerência e 88% eram homens.

Nenhum recurso perdido por causa da fraude foi recuperado em 67% dos casos apontados e, em 23%, as empresas tiveram de volta até 60%. Em 10% das fraudes a empresa reouve mais de 60% dos recursos perdidos. [...]

Folha Online, 17 out. 2007. Disponível em: <http://www1.folha.uol.com.br/folha/dinheiro/ult91u337359.shtml>. Acesso em: 24 jan. 2013.

a) O título da notícia é bastante objetivo, como convém ao gênero. Crie outro título, também objetivo, que destaque o fato de o número de empresas fraudadas ser elevado.
b) Segundo a notícia, as fraudes financeiras têm maior relação com o cargo ocupado pelos fraudadores ou com o seu gênero sexual? Explique.
c) Releia: "36% dos fraudadores detectados nas empresas brasileiras ocupavam cargos de alta ou média gerência". Levante uma hipótese para a flexão no plural de *ocupar*.
d) Releia a última frase do texto. Qual é o infinitivo de *reouve*?
e) Como você poderia reescrever essa frase com um verbo no presente?

4. Complete no caderno os enunciados a seguir, utilizando a forma adequada do particípio.
   a) O relatório mensal de vendas foi ■ à equipe administrativa da empresa. (entregar)
   b) O presidente da sessão plenária havia ■ um dos membros do partido. (expulsar)
   c) O trabalho de Geografia já estava ■ desde a semana passada. (imprimir)
   d) Muitos cães têm ■ por falta de vacinação. (morrer)
   e) O cordão foi ■ antes do sinal combinado. (soltar)
   f) As atividades foram ■ por falta de energia. (suspender)

5. Leia este trecho de uma notícia.

Por religião, federação proíbe atletas de receberem prêmio

A Federação Saudita de Futebol proibiu ontem os jogadores da seleção de receberem o prêmio de melhor em campo da Fifa no jogo com a Tunísia, em Munique, caso algum fosse eleito. A causa da proibição é o fato de o prêmio ser oferecido pela cervejaria norte-americana Budweiser. A religião muçulmana, oficial do país, não permite o consumo de álcool. [...]

Folha de S.Paulo, 15 jun. 2006. Esporte.

Seleção da Arábia Saudita em pose oficial durante a Copa Asiática de Futebol de 2007, em Jacarta, Indonésia.

a) O verbo *receberem*, no título, está no infinitivo. Em que pessoa ele está flexionado?
b) Caso o produtor da notícia usasse o infinitivo impessoal no título, isso dificultaria a compreensão da frase pelo leitor? Explique.
c) Por que, na terceira linha, não teria sido possível usar o particípio regular de *eleger*?

Usina literária

Leia este poema de Millôr Fernandes.

Darwin, ainda

O homem veio do símio.
Acho isso lindo.
Mas tem alguns
Quinda estão vindo.

FERNANDES, Millôr. Disponível em: <http://www2.uol.com.br/millor/aberto/poemas/047.htm>. Acesso em: 28 jan. 2013.

Vocabulário de apoio

símio: macaco, espécie de primata

1. Por que o título do poema faz referência a Charles Darwin, criador da teoria evolucionista?
2. O que poderia haver de "lindo" no fato de o ser humano ter "vindo do símio"?
3. Observe o neologismo *quinda* no último verso. Como ele foi formado?
4. Releia o último verso.
   a) Explique: Esses que ainda "estão vindo" estão vindo de onde?
   b) A quem você acha que o eu lírico se refere quando fala desses "quinda estão vindo"? Explique sua resposta.
   c) Qual é a importância da locução verbal "estão vindo" para o sentido do poema?

Língua viva — Verbos de elocução

Leia o trecho de uma notícia sobre os indicadores de inflação.

'Inflação ameaça ficar incômoda', diz economista da Fipe

Flavio Leonel, da Agência Estado

Objeto de monitoração permanente do Banco Central e fator de preocupação recente no comunicado emitido pela instituição após a reunião de quarta-feira (16) do Comitê de Política Monetária (Copom), a inflação apresenta um cenário de altas que começa a ficar mais "delicado". A avaliação é do economista e coordenador do Índice de Preços ao Consumidor (IPC) da Fundação Instituto de Pesquisas Econômicas (Fipe), Rafael Costa Lima, que, em entrevista à Agência Estado, mostrou preocupação com o comportamento do indicador paulistano neste início de 2013.

"Há muita pressão inflacionária no horizonte com pouca pressão deflacionária", disse Costa Lima, logo após elevar a projeção para o IPC de janeiro, de 0,96% para 0,98%, para a capital paulista. "A situação está ameaçando ficar incômoda", lamentou, acrescentando que, caso sua expectativa seja confirmada, o resultado do IPC no acumulado de 12 meses atingiria o nível de 5,43% em janeiro.

[...]

O coordenador do IPC disse ainda que uma taxa de inflação perto de 5,5% não é algo que possa ser "deixado para lá". De acordo com ele, com o atual cenário de crescimento ainda fraco, a própria missão do governo no controle da inflação fica mais difícil, já que, se voltar a subir a taxa básica de juros, pode prejudicar também a retomada do aquecimento econômico desejado. "Hoje, estamos mais perto de um cenário negativo que imaginávamos que poderia acontecer, no qual a retomada da economia é lenta e a inflação começa a subir. Ou seja, combater a inflação agora é algo bastante custoso para o País", lamentou.

Disponível em: <http://economia.estadao.com.br/noticias/economia%20geral,inflacao-ameaca-ficar-incomoda-diz-economista-da-fipe,141063,0.htm>. Acesso em: 2 abr. 2013.

Sobre o texto

1. No primeiro parágrafo, o autor da notícia se refere ao Banco Central usando outra palavra.
   a) Qual é essa palavra?
   b) A referência feita por meio de outro termo acrescentou uma informação. Qual é essa informação?

2. Observe que o repórter usa o discurso direto e as aspas para apresentar as declarações do economista e então coordenador do Índice de Preços ao Consumidor (IPC) da Fipe, Rafael Costa Lima. Com isso, parece não revelar sua opinião sobre o fato anunciado, produzindo um efeito de objetividade. Por que isso é importante em uma notícia?

3. Além das aspas e do discurso direto, o repórter usa verbos chamados *dicendi* para apresentar as declarações de Rafael Costa. No título e no segundo parágrafo da notícia, o autor usa o verbo *dizer*, neutro, que não informa sobre o modo de realização dos enunciados.
   a) No segundo e no último parágrafo o repórter usa o verbo *lamentou*. Por que o autor da notícia escolheu esse verbo para apresentar a fala do entrevistado?
   b) Que verbo *dicendi* neutro, além de *dizer*, o autor da notícia poderia empregar no lugar de *lamentou*, para não exprimir o modo como avaliou a fala do entrevistado?

Repertório

O Banco Central

O Banco Central do Brasil foi criado em 31 de dezembro de 1964. É uma autarquia federal, ou seja, um órgão autossuficiente que sobrevive sem apoio externo.

É uma das principais autoridades monetárias do nosso país e está vinculado ao Ministério da Fazenda.

A Instituição é responsável por executar as orientações do Conselho Monetário Nacional e garantir o poder de compra da moeda nacional.

Prédio do Banco Central em Brasília (DF). Fotografia de 2013.

Vale saber

Os **verbos de elocução** incluem os verbos *dicendi*, mas abrangem também verbos que não necessariamente indicam atos de fala, como *ameaçar*, *suspirar*, *chorar*, etc.

4. Leia esta outra notícia.

Alonso celebra renovação de Massa e critica especulações: "depois de 8 parceiros diferentes"

O espanhol Fernando Alonso comemorou a renovação do brasileiro Felipe Massa com a Ferrari para a próxima temporada.

"Eu estou feliz de continuar mais um ano com Felipe Massa como companheiro de equipe. Eu tenho certeza que somos o melhor time", afirmou o bicampeão mundial em seu perfil no Twitter.

Alonso ainda aproveitou para alfinetar a imprensa e as inúmeras especulações sobre quem seria o seu companheiro de equipe em 2013.

"Depois de oito companheiros de equipe diferentes, a continuidade de Felipe é outro exemplo do que eu sempre digo: Não acredite em nada em que você leia, ao menos que seja oficial", postou.

Felipe Massa e Fernando Alonso, os então pilotos titulares da Ferrari, em fotografia de 2012.

UOL, 16 out. 2012. Disponível em: <http://esporte.uol.com.br/f1/ultimas-noticias/2012/10/16/alonso-comemora-renovacao-de-massa-com-a-ferrari-nos-somos-o-melhor-time.htm>. Acesso em: 29 jan. 2013.

a) No corpo da notícia, o repórter usa os verbos *afirmou* e *postou*. O que isso revela sobre o autor da notícia em relação ao fato anunciado?
b) Quais foram os verbos *dicendi* usados no título da notícia?
c) O que esses verbos revelam sobre a forma como Alonso falou?
d) Os verbos de elocução criam imagem mais positiva de Alonso ou da imprensa? Por quê?
e) Você concorda com o que Alonso postou a respeito das "notícias" não oficiais?

> **ANOTE**
>
> Os **verbos de elocução** podem revelar o **ponto de vista** do enunciador a respeito do autor de uma fala transcrita, assim como sobre a própria fala ou o assunto tratado, influenciando o leitor a interpretar, positiva ou negativamente, essa fala e seu autor.

Texto em construção

Com um colega, você vai escrever duas versões de uma **notícia**, a serem veiculadas em duas publicações:
- no periódico de uma instituição de Ensino Superior
- no periódico de uma ONG em defesa da vida

O fato a ser noticiado é o debate entre o cientista José Eduardo Krieger e o religioso Vando Valentini durante o *Jornal da Cultura* de 4 de março de 2008, apresentado no capítulo 37 (p. 368-369).

Lembre-se dos elementos essenciais que devem constar do primeiro parágrafo de uma notícia: o *que*, *quem*, *quando*, *onde*. Identifique os principais argumentos expostos pelos debatedores e relate-os em mais três ou quatro parágrafos. Ao fazê-lo, alterne o uso dos discursos direto e indireto, selecionando os trechos mais significativos da fala dos participantes.

Os **verbos de elocução** empregados deverão expressar um ponto de vista a respeito da fala dos especialistas. Isso deve ser feito de forma respeitosa. Verbos como *insistiu*, *arriscou*, *ironizou*, *disparou* podem dar uma ideia da opinião do enunciador do texto a respeito da consistência dos argumentos expostos pelos participantes ou de sua atitude ao defender seus pontos de vista.

Após a escrita das duas versões da notícia, você e seu colega devem se reunir com outra dupla. Comparem os argumentos selecionados e os verbos de elocução usados para descrever a fala de cada especialista.

271

Em dia com a escrita — Concisão e detalhamento

Costuma-se dizer que um bom texto escrito deve ser conciso, apresentando alto grau de informatividade de forma sintética, objetiva e clara. Essa noção, porém, precisa ser examinada.

Em alguns gêneros, a concisão é desejável e mesmo necessária. Por exemplo, espera-se das notícias e reportagens jornalísticas que sejam altamente informativas para permitir uma leitura breve. Os textos de uma primeira página de jornal devem ser ainda mais sucintos e precisos.

É bastante comum, entretanto, que em um mesmo texto haja trechos concisos e trechos detalhados, mais desenvolvidos. Por exemplo, a resenha de um filme precisa ter um resumo do enredo. Evidentemente, nesse trecho a concisão predominará. Mas também pode haver trechos em que o autor se estenda nas explicações dando exemplos, apresentando depoimentos, etc.

Especialmente nos gêneros em que se constrói uma argumentação, é preciso que as ideias sejam suficientemente desenvolvidas para que o ponto de vista do enunciador se sustente. Portanto, saber expor detalhadamente ideias é uma atividade de retextualização tão importante quanto saber condensar as informações de um texto mais extenso.

> **Hipertexto**
> Observe a alternância entre concisão e detalhamento nas duas **resenhas** reproduzidas na parte de Produção de texto (**capítulo 36**, p. 360 e 364).

1. Leia este texto sobre o tabagismo passivo, divulgado pelo Ministério da Saúde.

Tabagismo passivo

Define-se tabagismo passivo como a inalação da fumaça de derivados do tabaco (cigarro, charuto, cigarrilhas, cachimbo e outros produtores de fumaça) por indivíduos não fumantes, que convivem com fumantes em ambientes fechados. [...] O tabagismo passivo é a 3ª maior causa de morte evitável no mundo, subsequente ao tabagismo ativo e ao consumo excessivo de álcool [...].

O ar poluído contém, em média, três vezes mais nicotina, três vezes mais monóxido de carbono, e até cinquenta vezes mais substâncias cancerígenas do que a fumaça que entra pela boca do fumante depois de passar pelo filtro do cigarro.

A absorção da fumaça do cigarro por aqueles que convivem em ambientes fechados com fumantes causa:

1 - Em adultos não fumantes:
- Maior risco de doença por causa do tabagismo, proporcionalmente ao tempo de exposição à fumaça;
- Um risco 30% maior de câncer de pulmão e 24% maior de infarto do coração do que os não fumantes que não se expõem.

2 - Em crianças:
- Maior frequência de resfriados e infecções do ouvido médio;
- Risco maior de doenças respiratórias como pneumonia, bronquites e exacerbação da asma.

[...]

Os dois componentes principais da poluição tabagística ambiental (PTA) são a fumaça exalada pelo fumante (corrente primária) e a fumaça que sai da ponta do cigarro (corrente secundária). Sendo, esta última, o principal componente da PTA [...]. Em uma análise feita pelo INCA, em 1996, em cinco marcas de cigarros comercializados no Brasil, verificaram-se níveis 2 vezes maiores de alcatrão, 4,5 vezes maiores de nicotina e 3,7 vezes maiores de monóxido de carbono na fumaça que sai da ponta do cigarro do que na fumaça exalada pelo fumante. Os níveis de amônia na corrente secundária chegaram a ser 791 vezes superiores que na corrente primária. [...]

Ministério da Saúde, Governo Federal. Disponível em: <http://www.inca.gov.br/tabagismo/frameset.asp?item=passivo&link=tabagismo.htm>. Acesso em: 4 fev. 2013.

Cartaz antitabagista produzido pelo Ministério da Saúde, Governo Federal.

Vocabulário de apoio

cigarrilha: cigarro enrolado na folha do tabaco
exacerbação: intensificação
Inca: Instituto Nacional de Câncer
subsequente: seguinte, posterior
tabagístico: relacionado ao tabaco

Sétima arte

Obrigado por fumar (EUA, 2006)
Direção de Jason Reitman

Nessa comédia crítica, o porta-voz das grandes empresas estadunidenses do tabaco manipula informações para minimizar o risco do uso de cigarros. Mas ele passa a questionar o próprio trabalho ao perceber o interesse do filho em suas atividades.

Cena do filme *Obrigado por fumar*, de Jason Reitman.

Copie a opção adequada. De acordo com o texto, pode-se concluir que:
a) O tabagismo passivo causa mais mortes que o tabagismo ativo.
b) A fumaça da queima do cigarro é mais cancerígena que a aspirada pelo fumante.
c) O ar poluído tem 4,5 vezes mais nicotina que a fumaça que entra pela boca do fumante.

2. Os dados e as informações detalhadas no texto são absolutamente adequados em um informativo que pretende mostrar à população que o cigarro provoca danos não apenas à saúde dos fumantes, mas também das pessoas que convivem com eles. Imagine que você seja um repórter encarregado de escrever uma reportagem sobre a proibição de fumar em locais públicos. O tabagismo passivo seria um dos temas a serem abordados, e você disporia de um único parágrafo para explicar a seu leitor por que fumar também pode prejudicar a saúde de pessoas não fumantes.
Escreva esse parágrafo resumindo as informações do texto do Ministério da Saúde.

3. Leia agora uma matéria sobre as leis antifumo no Brasil feita pela Aliança de Controle ao Tabagismo.

Leis antifumo pelo Brasil

Desde 1996, o Brasil conta com uma lei federal número 9.294 que restringe o uso – e também a propaganda – de produtos derivados de tabaco em locais coletivos, públicos ou privados, com exceção às áreas destinadas para seu consumo, desde que isoladas e ventiladas (também conhecidos como fumódromos).

Porém, com o objetivo de se aproximar mais do artigo 8 da Convenção-Quadro para o Controle do Tabaco, tratado internacional elaborado pela Organização Mundial da Saúde e do qual o Brasil é signatário, estados e municípios têm elaborado leis que eliminam a presença dos fumódromos e proíbem o consumo de cigarros, charutos, cachimbos e cigarrilhas em bares, restaurantes, casas noturnas, escolas, áreas comuns de condomínios e hotéis, supermercados, *shoppings* etc.

A fiscalização, aliada à aplicação de multas (previstas em lei) aos estabelecimentos e à adesão da população, tem feito com que as leis sejam, de fato, respeitadas.

Por enquanto, sete estados possuem leis que deixam o ambiente 100% livre da fumaça do cigarro: Amazonas, Paraíba, Paraná, Rio de Janeiro, Rondônia, Roraima e São Paulo. Nestes estados, além de restringir o uso em ambientes coletivos fechados, é vedada a criação de fumódromos dentro dos estabelecimentos. [...]

Em comum, as legislações estaduais têm: a proibição do fumo em locais fechados, a atuação de agentes fiscalizadores, a possibilidade de a população denunciar estabelecimentos em que a lei não é aplicada, e a liberdade que os donos ou responsáveis por tais lugares têm de expulsar quem não segue a legislação [...].

GOVERNO FEDERAL. Portal Brasil. Disponível em: <http://www.brasil.gov.br/sobre/saude/dependencia-quimica/leis-antifumo-pelo-brasil>. Acesso em: 4 jan. 2013.

Escreva um texto argumentativo manifestando um ponto de vista favorável à lei antifumo. Utilize as informações do texto da atividade 1 para justificar a sua posição sobre o tema. Siga estas orientações.

a) No primeiro parágrafo, exponha o seu ponto de vista e apresente um panorama das leis antifumo no Brasil de maneira objetiva e sucinta.
b) Nos parágrafos seguintes, informe quais são os riscos que o cigarro oferece. Utilize os dados apresentados no texto da atividade 1 para embasar seus argumentos. Deixe claro que esse hábito não afeta apenas os fumantes, mas também os fumantes passivos.
c) No último parágrafo, encerre sua argumentação, concluindo: o fumo deve ou não ser proibido em todos os lugares?
d) Ao escrever, certifique-se de adequar sua linguagem à norma-padrão.

ANOTE

A **concisão** e as **frases curtas** são desejáveis em alguns gêneros, como a notícia, o currículo, o *e-mail*, o bilhete, etc. Já nos gêneros literários, nas reportagens, nos editoriais, nos artigos de opinião, entre outros, essas características não são obrigatórias. O que determina a linguagem de um texto escrito é o seu leitor, a intenção do autor ao escrever, seu estilo, os efeitos de sentido que pretende criar, o gênero de que faz uso, o suporte e o meio em que o texto circulará.

273

CAPÍTULO 29

Advérbios

O que você vai estudar

- Advérbios.
  - Aspectos morfológicos, sintáticos e semânticos.
  - Tipos de advérbio.
  - Modalizadores e delimitadores.
  - Função coesiva.
- Palavras denotativas.

Neste capítulo, você estudará os **advérbios**. Embora sejam conhecidos, principalmente, por modificar os verbos, indicando as circunstâncias em que ações e estados ocorrem, os advérbios têm variadas possibilidades de significação, constituindo também um importante indicador do posicionamento do sujeito em seu discurso.

❯ O conceito de advérbio

- Leia esta tira, que apresenta um diálogo entre pai e filho.

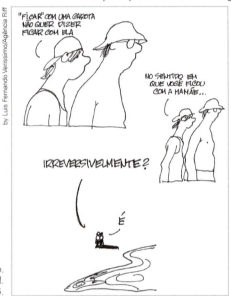

VERISSIMO, Luis Fernando. *Aventuras da família Brasil*. Rio de Janeiro: Objetiva, 2005.

1. O filho explica ao pai a diferença entre dois significados da palavra *ficar*.
   a) Quais são esses significados?
   b) O pai parece compreender a explicação do filho? Justifique.

2. A palavra *irreversivelmente* é essencial nesse diálogo.
   a) Qual é o sentido da palavra na tira?
   b) O que é possível depreender, pelo uso dessa palavra, a respeito da opinião do pai sobre o seu casamento?
   c) *Irreversivelmente* caracteriza um dos sentidos do verbo *ficar*. Que palavra poderia caracterizar o outro sentido desse verbo?

Nessa tira, o verbo *ficar* é empregado com dois significados distintos. A palavra *irreversivelmente*, que especifica um dos significados e o diferencia do outro, é um **advérbio**.

Normalmente identificados como **modificadores do verbo**, os advérbios podem também intensificar ou atenuar o sentido de um **adjetivo** ou de outro **advérbio**, além de revelar o estado de espírito e o ponto de vista dos enunciadores sobre o que afirmam.

❯ O advérbio na perspectiva morfológica

Considere a seguinte afirmação: "O público anda meio entediado com a TV". Se, em vez de *público*, fosse usada a palavra *crianças*, o enunciado seria: "As crianças andam meio entediadas com a TV". Ao mudar o núcleo do sintagma nominal (*público*) por uma palavra feminina no plural, o artigo *o* e o adjetivo *entediado* também tiveram sua forma modificada, assim como o verbo (*anda*), que deixou de concordar com *público*, adequando-se à terceira pessoa do plural. No entanto, o advérbio *meio* não sofreu alteração. Essa é uma das principais características dessa classe de palavras: ela não sofre **flexão**.

Em relação à estrutura, há duas possibilidades de advérbios. Alguns são formados apenas por um **morfema gramatical**, ou seja, por um morfema que só tem significado no interior do discurso. É o caso, por exemplo, de *depois*, *aliás*, *ontem* e *hoje*.

Outros advérbios são formados por um **morfema lexical** – isto é, que remete à realidade extralinguística – acrescido de um ou mais **morfemas gramaticais**. É o que ocorre com os advérbios terminados em -*mente*. Observe:

complet- + a + -mente

- radical / morfema lexical
- desinência nominal
- sufixo formador de advérbio

morfemas gramaticais

Diversidade

Frases como "Ela está meia triste" são perfeitamente compreensíveis para os falantes, mas não correspondem ao uso observado nas variedades urbanas de prestígio.

274

O advérbio na perspectiva sintática

A palavra *advérbio*, usada para designar essa classe de palavras, indica a função que ela tem, no interior das orações, de modificar o verbo. Isso porque o prefixo *ad-*, do latim, significa "aproximação", "contiguidade". Logo, *advérbio* seria aquilo que está "próximo ao verbo".

Essa definição é adequada, uma vez que uma das funções dos advérbios é caracterizar o processo verbal a que se referem. No entanto, ela não abrange todas as funções dessa classe de palavras, já que os advérbios podem se associar também a um **adjetivo**, a outro **advérbio** e até a um **enunciado** inteiro. Veja os exemplos.

Adjetivo como advérbio

Muitos adjetivos, no interior das orações, podem exercer a função de modificar o verbo. Atuam, portanto, como advérbios. Nesse caso, tornam-se invariáveis, ou seja, não sofrem flexão de gênero nem de número, sendo utilizados sempre na forma masculina.

Ex.: "A professora não entendeu a resposta, porque a menina falou **baixo**".

Há casos em que adjetivo e advérbio podem ser empregados com o mesmo sentido.
Ex.: "O ônibus chegou **rápido/rapidamente** ao destino".

No entanto, há casos em que apenas um deles é aceito. Não se diz, por exemplo, que alguém "namora **firmemente**", mas sim que "namora **firme**". Por outro lado, não se pode afirmar que "o batalhão resistiu **bravo**", mas sim "**bravamente**".

O advérbio na perspectiva semântica

O valor semântico dos advérbios está diretamente relacionado ao papel sintático que desempenham nas orações, ou seja, ao elemento do enunciado a que eles se referem.

Associados aos **verbos**, os advérbios caracterizam as circunstâncias da ação ou do estado por eles expressas. Relacionados a **adjetivos** ou **advérbios**, intensificam ou atenuam seu sentido. Por fim, quando se referem a todo um **enunciado**, são modalizadores, ou seja, explicitam uma atitude de quem fala ou escreve em relação ao conteúdo de seu próprio enunciado.

Locução adverbial

A função adverbial pode também ser desempenhada por uma **locução**.

As locuções adverbiais são, em geral, formadas pela associação de uma preposição com um substantivo (como em "Ele era, **sem dúvida**, o competidor favorito"), com um adjetivo ("No entanto, foi derrotado **de novo**") ou com um advérbio ("Seus torcedores observavam a derrota **de longe**"). Existem, porém, formações mais complexas. Observe o exemplo.

> De vez em quando, alguém erguia uma bandeira.
> prep. subst. prep. advérbio
> locução adverbial de tempo

> Tipos de advérbio

Leia esta tira do Calvin.

WATTERSON, Bill. *Calvin e Haroldo*.

Na tira, os advérbios ajudam a construir a argumentação usada pelo pai de Calvin para convencer o filho a estudar. Nas orações "quando eu for **mais** velho" e "poucas coisas são **mais** gratificantes que o estudo", o advérbio *mais* intensifica o sentido dos adjetivos *velho* e *gratificantes*, revelando a preocupação do pai com o futuro do filho. Como Calvin se mostra interessado apenas em aproveitar o presente de forma prazerosa, o que implica não fazer a lição, o pai recorre a outro tipo de argumento: o da autoridade. No último quadrinho, o advérbio *já*, na fala de Calvin, indica o tempo da ação verbal – ele deve começar a estudar imediatamente. Para garantir que o menino não o desobedeça (hipótese indicada pelo advérbio *não* também associado à ação verbal), o pai faz uma ameaça, de caráter retórico, na qual a locução adverbial *antes de* também apresenta uma ideia temporal, associada ao verbo *matar*.

A Nomenclatura Gramatical Brasileira (NGB) classifica os advérbios em função das diferentes circunstâncias e ideias indicadas por eles.

	Advérbios	**Locuções adverbiais**
De lugar	abaixo, acima, aqui, aí, ali, lá, adiante, atrás, aquém, através, defronte, dentro, fora, junto, perto, longe	ao lado, à direita, à esquerda, por ali, de cima, de dentro, de perto, de longe
De tempo	agora, ainda, hoje, amanhã, ontem, antes, depois, cedo, tarde, já, jamais, logo, nunca, sempre, recentemente	à noite, à tarde, de manhã, de noite, de vez em quando, de madrugada, em breve, mais uma vez, hoje em dia,
De modo	assim, bem, mal, depressa, devagar, melhor, pior; a maioria dos advérbios terminados em *-mente*: alegremente, rapidamente, velozmente	à toda, à vontade, ao contrário, às pressas, de má vontade, em silêncio, de mão em mão, de graça
De negação	não, tampouco, absolutamente	de modo algum, de forma alguma
De dúvida	acaso, talvez, possivelmente, porventura, provavelmente	quem sabe
De intensidade	bem, demais, bastante, mais, menos, muito, pouco, quase, tanto	de muito, de pouco, de todo
De afirmação	sim, certamente, realmente, efetivamente	com certeza, sem dúvida, por certo

> Os advérbios interrogativos

Algumas palavras podem ser utilizadas para formular perguntas sobre as circunstâncias da ação ou do estado expresso pelo verbo, em vez de indicá-las. Por serem empregadas em frases interrogativas diretas ou indiretas, são denominadas, segundo a NGB, **advérbios interrogativos**. Veja alguns.

- **Quando** foi inventado o telefone celular?
- Ele perguntou **quando** foi inventado o telefone celular.
  } Advérbio interrogativo de tempo
- **Onde** vivem os povos Pataxó?
- Os estudantes querem saber **onde** vivem os povos Pataxó.
  } Advérbio interrogativo de lugar
- **Por que** o trânsito aumenta a cada dia?
- Estudiosos investigam **por que** o trânsito aumenta a cada dia.
  } Advérbio interrogativo de causa
- **Como** economizar água?
- Quero saber **como** economizar água.
  } Advérbio interrogativo de modo

Diversidade

É comum as pessoas utilizarem *onde* e *aonde* com o mesmo significado; no entanto, nas variedades urbanas de prestígio, esses termos apresentam diferentes sentidos.

Onde indica o **lugar em que** ocorre a ação verbal: "Onde você trabalha?".

Aonde indica deslocamento **para um lugar** e deve ser usado com verbos que pedem a preposição *a*: "Aonde iremos?" ("Iremos **ao** mercado").

> Os advérbios terminados em -*mente*

A descrição das palavras é um grande desafio para os estudiosos da língua.

Um dos aspectos merecedores de atenção, no caso dos advérbios, diz respeito àqueles terminados em -*mente*. Embora a maioria deles atue como advérbio de **modo**, outras circunstâncias e ideias podem ser expressas pelo seu emprego.

Leia abaixo o título de uma notícia publicada no *site* de um jornal (exemplo I).

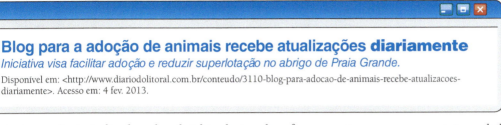

Disponível em: <http://www.diariodolitoral.com.br/conteudo/3110-blog-para-adocao-de-animais-recebe-atualizacoes-diariamente>. Acesso em: 4 fev. 2013.

A circunstância indicada pelo advérbio destacado refere-se ao tempo em que a ação verbal ocorre. Trata-se, portanto, de um advérbio de **tempo**. Observe outro título (exemplo II).

Disponível em: <http://g1.globo.com/pa/para/noticia/2012/11/show-de-musicos-paraenses-promete-noite-extremamente-dancante.html>. Acesso em: 4 fev. 2013.

O advérbio *extremamente* reforça o sentido do adjetivo *dançante*, que qualifica a noite com *show* de músicos paraenses. Corresponde, dessa forma, a um advérbio de **intensidade**.

Veja mais dois usos de advérbios terminados em -*mente* (exemplos III e IV).

Coreia do Norte possivelmente prepara teste de míssil, diz jornal

Disponível em: <http://www.estadao.com.br/noticias/geral,coreia-do-norte-possivelmente-prepara-teste-de-missil-diz-jornal,964069,0.htm>. Acesso em: 4 fev. 2013.

Disponível em: <http://diariodepernambuco.vrum.com.br/app/noticia/vrum-tv/306,21,301,21/2013/01/15/interna_vrumtv,47192/dica-segura-cinto-de-seguranca-e-realmente-importante.shtml>. Acesso em: 4 fev. 2013.

No exemplo III, o enunciador apresenta uma hipótese. Apesar de haver uma possibilidade de acontecer o que se afirma, não se pode dizer isso com toda a segurança; portanto, o advérbio indica **dúvida**. Já no exemplo IV, o advérbio indica **afirmação** e expressa certeza.

Assim, além de indicar modo, os advérbios terminados em -*mente* podem expressar tempo (*diariamente, recentemente, imediatamente*); intensidade (*extremamente, excessivamente, demasiadamente*); dúvida (*possivelmente, provavelmente*) e afirmação (*realmente, certamente*).

Nos exemplos III e IV, os advérbios indicam a maneira como o sujeito se posiciona em relação ao que enuncia.

Os advérbios que expressam a validade do enunciado ou sua avaliação segundo o falante são denominados **modalizadores**. Entre outros usos, eles permitem que o falante exteriorize seu estado de espírito em relação ao enunciado. Ex.: "Felizmente, todos aceitaram o convite".

Por atuarem sobre o significado de todo o enunciado, expressando a maneira como o enunciador se posiciona a respeito do que fala ou escreve, os advérbios modalizadores podem também ser denominados **advérbios sentenciais** ou **advérbios de frase**.

Prática de linguagem

1. Leia a tira a seguir.

Davis, Jim. *Garfield*: toneladas de diversão. Porto Alegre: L&PM. p. 17.

a) Observe a imagem de Garfield no primeiro quadrinho. O que sua expressão facial e fala sugerem em relação a seu estado de espírito?

b) Que sentido a expressão "de novo" adquire em cada momento da tira? Que função ela desempenha em cada caso?

c) Que elemento da fala de Garfield é modificado pelo advérbio *nunca*? Que circunstâncias esse advérbio expressa?

2. Leia o texto a seguir.

Desmonte as armadilhas que fazem você desistir da dieta

Veja o que dizem os especialistas sobre as justificativas mais comuns para desistir da dieta e o que pode ser feito para lidar com as dificuldades.

[...]

À **noite** deve-se comer duas horas **antes** de ir para cama, para não ficar com a sensação de estômago cheio. Faça uma refeição completa e equilibrada com salada, carboidrato, proteína e fruta, **sempre** de olho na quantidade. [...]

Não é preciso ficar sem comer doce. O ideal é incluir uma pequena porção **diariamente**. [...]

Outro exercício importante é comer **devagar** [...]

Esper, Suzana. Uol Ciência e Saúde, 23 jan. 2009. Disponível em: <http://cienciaesaude.uol.com.br/ultnot/2009/01/23/ult4477u1285.jhtm>. Acesso em: 4 fev. 2013.

a) Esse trecho foi extraído de uma reportagem publicada em um *site* sobre ciência e saúde. Quais são, provavelmente, os especialistas consultados pela autora da reportagem?

b) O texto apresenta alguns verbos conjugados no modo imperativo, usados em geral para expressar ordens. Com que sentido eles são empregados na reportagem? Com base nisso, qual seria a finalidade do texto?

c) Em sentido literal, *armadilha* refere-se a artifícios preparados por caçadores para apanhar um animal. Qual o sentido dessa palavra no título da reportagem? Nesse contexto, quem "prepara" as armadilhas que fazem os leitores desistirem de suas dietas?

d) Observe as palavras em destaque. Elas são fundamentais para que o texto cumpra seu objetivo? Explique.

e) *À noite*, *antes*, *sempre* e *diariamente* são classificados pela NGB como advérbios ou locuções adverbiais de tempo; no entanto, eles expressam essa ideia de diferentes maneiras. Coloque-se no lugar de um estudioso da língua e crie uma subclassificação para esses advérbios, conforme a circunstância indicada por cada um.

f) O advérbio *devagar*, presente no último parágrafo do texto, expressa uma ideia de velocidade; logo, poderia ser associado à circunstância temporal. No entanto, ele costuma ser classificado como advérbio de modo. Com base no texto, explique o que justificaria essa classificação.

3. Leia este trecho de uma resenha crítica sobre um álbum da cantora Polly Jean Harvey.

Os advérbios de Polly Jean Harvey

Vários advérbios podem descrever o novo álbum de PJ Harvey, desde que sempre acompanhados do adjetivo "ruim". **Inapelavelmente** ruim. **Desesperadamente** ruim. **Imperdoavelmente** ruim. **Assustadoramente** ruim. Só não vale dizer "surpreendentemente" ruim. Porque esse não é exatamente um disco da PJ Harvey. É de PJ Harvey e John Parish, antigo parceiro. [...]

PEREIRA JR., Álvaro. *Folha de S.Paulo*, 6 ago. 2009. Suplemento Folhateen.

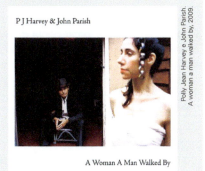

Capa do CD *A woman a man walked by*.

Vocabulário de apoio

inapelavelmente: de forma inapelável, contra o que não se pode apelar, recorrer

a) Que sentidos os advérbios em destaque acrescentam à palavra *ruim*?
b) Observe as frases: "O novo disco de PJ Harvey é surpreendentemente ruim"; "Surpreendentemente, o novo disco de PJ Harvey é ruim". Que elementos o advérbio modifica em cada caso? Que sentido ele acrescenta a cada frase?
c) Qual é a opinião do autor da resenha sobre o compositor John Parish? Explique.

4. Observe os fragmentos de duas notícias e responda às questões.

> Ainda não aprendemos a tomar banho, a escovar os dentes, a lavar a roupa e a louça sem jogar, **literalmente**, água tratada pelo ralo.
> DOLCI, Maria Inês. Desperdício inexplicável. *Folha de S.Paulo*, 18 abr. 2009. Vitrine.

> O time de Ribeirão Preto **literalmente** perdeu a cabeça. O técnico [...] acabou agredindo o árbitro [...] com um soco, no segundo tempo.
> Esportes: quatro clubes são rebaixados na A2. *Tribuna impressa*, Araraquara, 12 abr. 2009.

a) Que elemento do enunciado é modificado pelo advérbio *literalmente* em cada fragmento?
b) Qual o sentido produzido pelo emprego do advérbio no primeiro trecho?
c) O advérbio *literalmente* foi empregado com a mesma finalidade no segundo fragmento? Explique.
d) Em qual dos dois fragmentos o advérbio *literalmente* deve ser entendido em seu sentido estrito, exato? Explique.

5. O fato de um advérbio poder modificar mais de um elemento em uma frase pode produzir ambiguidade. Observe as frases a seguir.
   I. Pessoas que leem **frequentemente** escrevem bem.
   II. Eles se apresentaram juntos **pela primeira vez** em Nova York.
   III. A crise **não** acabou por causa do novo pacote econômico.
   IV. Eles **não** mudaram de casa porque não tinham dinheiro.

a) Em dupla, examine as frases acima. Quais as duas interpretações possíveis para cada uma dessas frases? A que elemento do enunciado o advérbio (ou locução adverbial) está associado em cada caso?
b) Para interpretar esses enunciados adequadamente, é necessário perceber qual é o alvo do advérbio, ou seja, o elemento que ele está modificando. O alvo do advérbio, em geral, pode ser percebido pelo contexto dos enunciados. Como as frases acima são isoladas, não é possível recuperá-lo. Dessa forma, escolha uma das interpretações discutidas com seu colega e reescreva as frases em seu caderno, eliminando a ambiguidade.

> Grau dos advérbios

- Leia parte de uma notícia publicada em *site* sobre variedades e cultura para o público jovem.

> Depois de mandar muitíssimo bem na organização de sua primeira edição, ocorrida em 2007, o festival Planeta Terra volta a tomar conta da Villa dos Galpões, em São Paulo, no dia 8 de novembro deste ano. Autoconfiante, o evento lançou uma estratégia inédita para comercializar seu primeiro lote de ingressos, cuja venda começa no dia 12 deste setembro: vai oferecer a entrada a preço de banana [...] antes de divulgar a programação da noite.
>
> *Portal Virgula*, 5 set. 2008. Disponível em: <http://virgula.uol.com.br/ver/noticia/musica/2009/01/27/39591-planeta-terra-promete-iniciar-venda-de-ingressos-a-preco-de-banana>. Acesso em: 5 fev. 2013.

1. Que expressão do trecho explicita a avaliação do autor da notícia sobre a organização da edição de 2007 do festival? Qual é o significado dessa expressão?
2. Considerando o público ao qual o autor se dirige, qual foi, possivelmente, a intenção dele ao empregar essa expressão no texto?
3. Se o autor quisesse valorizar um pouco menos a organização da primeira edição do evento, que variação dessa expressão ele poderia ter usado?

Alguns advérbios podem apresentar diferentes gradações, semelhantes àquelas observadas nos adjetivos. Veja a seguir.

> Grau comparativo

- **De superioridade**: *As importações cresceram **mais depressa (do) que** as exportações.*
- **De igualdade**: *As importações cresceram **tão depressa quanto** as exportações.*
- **De inferioridade**: *As importações cresceram **menos depressa (do) que** as exportações.*

> Grau superlativo

- **Superlativo absoluto sintético**: *As importações cresceram **muitíssimo/pouquíssimo**.*
  (Obs.: Os advérbios terminados em -mente, que apresentam esse grau, são formados do seguinte modo: radical + sufixo -íssim- + desinência *a* + sufixo -mente. Ex.: *raríssimamente*).
- **Superlativo absoluto analítico**: *A crise econômica fez **muito mal** aos pequenos produtores.*

> Parece advérbio, mas não é

Certas palavras e locuções não pertencem a nenhuma das dez classes de palavras descritas pela NGB. Elas são invariáveis e frequentemente confundidas com os advérbios. No entanto, não modificam o verbo, o adjetivo, o advérbio ou o enunciado.

No discurso, elas atuam, principalmente, como **operadores argumentativos** e **elementos coesivos**, articulando e relacionando os elementos dos enunciados. A NGB classifica essas palavras e locuções como **denotadores** ou **palavras denotativas**. Veja alguns exemplos.

> Todos gostaram do *show*, **até mesmo** aqueles que não conheciam a banda.
> (Indicam **inclusão**: *também, até, mesmo, até mesmo, inclusive*.)

> Daqueles que tentaram ir ao camarim, **apenas** cinco conseguiram entrar.
> (Indicam **exclusão**: *exceto, menos, salvo, apenas, somente, só*.)

> Ele **é que** não vai ser bobo de ir embora sem guarda-chuva.
> (Indicam **realce**: *lá, cá, é que*.)

> Na próxima semana, a banda tocará em sua terra natal, **ou seja**, em Brasília.
> (Indicam **retificação**: *isto é, ou seja, aliás, ou melhor, melhor dizendo*.)

> **Afinal**, quem negaria isso a seus fãs de carteirinha?
> (Indicam **situação**: *então, afinal, agora, mas, e aí*.)

Diversidade

No grau comparativo, é possível usar as formas *mais bem* ou *melhor* e *mais mal* ou *pior*. Nas variedades urbanas de prestígio, *mais bem* e *mais mal* são empregadas, em geral, antes de adjetivos-particípios. Ex.: *As obras da gestão anterior foram mais bem executadas.* Junto a verbos e após adjetivos-particípios, costuma-se adotar a forma sintética. Ex.: *Os atores se apresentaram melhor desta vez./A segunda montagem da peça foi avaliada pior.*

280

Prática de linguagem

1. Leia um trecho do conto "O elo partido", do escritor mineiro Otto Lara Resende.

   [...] **Só** percebeu que estava descalço quando pisou nos ladrilhos do banheiro social. Sem acender a luz, o medo de não se ver no espelho. O medo de não se reconhecer arrepiou-o. Outra cara, infamiliar, ou quem sabe sem cara. Acendeu a luz: **afinal** era ele mesmo, banalmente. Com alívio, reapertou a calça frouxa do pijama. Saiu do toalete sem apagar a luz e, outra vez na copa, tomou um comprimido para dormir e, com a mão trêmula, levou um copo d'água para o quarto. A mulher dormia tranquila. Todo mundo dormia. Devagarinho, sem alterar a respiração, meteu-se debaixo dos lençóis, de costas, os olhos fechados.

   RESENDE, Otto Lara. *As pompas do mundo & O retrato na gaveta*. São Paulo: Círculo do livro, s.d. p. 26-27.

   a) Com base apenas nesse trecho, o que parece tirar o sono da personagem do conto?
   b) As palavras *só* e *afinal*, destacadas no texto, são classificadas pela NGB como denotadores. A respeito dessas palavras, copie a opção **incorreta**.
      I. Elas contribuem para reforçar o efeito de estranheza nos trechos.
      II. Elas ajudam a reforçar o estado de sonolência da personagem.
      III. Elas chamam a atenção para o que acontece com a personagem, que se surpreende com situações corriqueiras.
   c) O sufixo *-inho*, presente no advérbio *devagarinho*, é característico de substantivos e de adjetivos. Explique que sentido esse sufixo acrescenta ao advérbio no texto.

2. Leia um trecho de anúncio de imóvel oferecido para aluguel.

   ### Casa rua Iracema – Enseada – Guarujá

   Situa-se a 200 m DA PRAIA, em local privilegiado, com todos os recursos muito próximos, como bons supermercados, farmácias, restaurantes conhecidos e demais facilidades.

   Local excelente, sossegado e pertíssimo de tudo para suprimentos, compras, emergências, etc. [...]

   ALUGUEL PARA UMA (01) FAMÍLIA ATÉ 12 PESSOAS NO TOTAL. Trata-se de uma casa de uso familiar e muitíssimo bem equipada e mantida.

   Disponível em: <http://ruairacema.no.comunidades.net/index.php?pagina=1073425273>. Acesso em: 5 fev. 2013.

   a) Embora use descrição, o texto tem caráter essencialmente argumentativo. Explique.
   b) Identifique os advérbios do texto (desconsidere as locuções). Em que grau foram empregados?
   c) Qual parece ser a intenção do anunciante ao usar esses advérbios?

Usina literária

Leia um poema de Ricardo Reis, heterônimo do escritor português Fernando Pessoa.

Sim

Sim, sei bem
Que nunca serei alguém.
Sei de sobra
Que nunca terei uma obra.
Sei, enfim,
Que nunca saberei de mim.
Sim, mas agora,
Enquanto dura esta hora,
Este luar, estes ramos,
Esta paz em que estamos,
Deixem-me crer
O que nunca poderei ser.

PESSOA, Fernando. *Obra poética em um volume*. Rio de Janeiro: Nova Aguilar, 1986. p. 220.

1. Qual a contradição expressa pelo eu lírico nesses versos?
2. De que maneira os advérbios *sim* e *nunca* explicitam essa contradição do eu lírico?
3. Releia os seis primeiros versos do poema.
   a) Qual é o possível significado da palavra *obra* nesse trecho?
   b) Que advérbios ou locuções adverbiais modificam o verbo *saber* nesses versos? Que ideia cada um deles expressa? Como contribuem para a progressão de ideias no texto?
   c) O que esses versos permitem inferir sobre o entendimento do eu lírico acerca da existência humana?
4. Segundo alguns estudiosos, a obra de Ricardo Reis manifesta consciência da "precariedade da vida" (imperfeição, insuficiência). O poema lido reitera ou contraria tal afirmação? Explique.

Língua viva — Os advérbios delimitadores e a especificação

Leia, a seguir, um artigo de opinião de Aron Belinky. Consultor em responsabilidade social e sustentabilidade socioambiental, Belinky atua em projetos ligados ao consumo consciente.

O poder das palavras

Sustentabilidade ou responsabilidade social empresarial? Mas por que apenas social? Não deveria ser responsabilidade socioambiental? E onde foi parar o desenvolvimento sustentável? Essas e outras perguntas parecidas têm rondado as conversas e os pensamentos de muita gente, sinalizando uma perigosa confusão. [...]

É fácil errar quando uma empresa ou seus dirigentes não têm clareza sobre o que de fato significam as bonitas palavras que estão em suas missões e valores ou em seus relatórios e peças de *marketing*. Infelizmente, não passa um dia sem vermos claros sintomas de confusão. O que dizer de uma empresa que mal começou a praticar coleta seletiva e já sai por aí se intitulando "sustentável"? Ou da que anuncia sua "responsabilidade social" divulgando em caros anúncios os trocados que doou a uma creche ou campanha de solidariedade? Na melhor das hipóteses, elas não entenderam o significado desses conceitos. Ou, se formos um pouco mais críticos, diremos tratar-se de oportunismo irresponsável, que não só prejudica a imagem da empresa mas – principalmente – mina a credibilidade de algo muito sério e importante. [...]

Hoje, vejo empresas criando áreas de "sustentabilidade" em paralelo com seus departamentos de "responsabilidade social" ou simplesmente rebatizando as áreas que já tinham. Vejo tratarem "responsabilidade social" como uma ideia fora de moda, envelhecida frente à atualíssima "sustentabilidade". Isso já seria grave pela confusão que cria entre seus funcionários. Porém, ainda mais grave é a dúvida transmitida ao mercado e aos demais *stakeholders*: qual o real compromisso da empresa? É com a construção de um mundo socialmente justo, ecologicamente viável e economicamente próspero? Ou é com seu desejo de parecer atualizada e sintonizada com as prioridades de momento? [...]

Para concluir, um lembrete prático: sustentabilidade é a qualidade do que é sustentável, ou seja, da situação que pode se manter continuamente, pois não exaure os recursos de que necessita. É a situação que a humanidade almeja para não correr o risco de sua autoextinção. Desenvolvimento sustentável é o modelo de progresso econômico e social que permitirá que todos os seres humanos atinjam boas condições de vida – sem comprometer nossa sustentabilidade. Finalmente, ter responsabilidade social empresarial (ou corporativa) é conduzir uma empresa de forma que ela contribua para o desenvolvimento sustentável [...].

Em suma, não são modas novas *versus* antigas ou conceitos que se substituem indiscriminadamente: são faces de um mesmo processo. Peças do mesmo quebra-cabeça que – juntos – estamos aprendendo a montar.

BELINKY, Aron. O poder das palavras. *Guia exame de sustentabilidade*, São Paulo, Abril, 2008.

Vocabulário de apoio

exaurir: gastar, esgotar

stakeholder: termo inglês utilizado no jargão empresarial para se referir aos indivíduos ou às organizações que influenciam ou são influenciados por um projeto ou uma empresa

Sobre o texto

1. O artigo de opinião é um gênero argumentativo em que o autor expõe seu posicionamento acerca de determinado fato e apresenta argumentos que procuram convencer o leitor a aderir a essa ideia. Qual a tese defendida nesse artigo de opinião?

2. No segundo parágrafo, o autor afirma que certas empresas não entenderam o significado de responsabilidade social e sustentabilidade. O que apoia e exemplifica essa afirmação?

3. Por meio dos advérbios, um enunciador pode expressar seu ponto de vista sobre aquilo que ele enuncia. Dê dois exemplos do texto que confirmem essa afirmação. Explique-os.

4. Releia:

> [...] qual o real compromisso da empresa? É com a construção de um mundo **socialmente** justo, **ecologicamente** viável e **economicamente** próspero?

a) A que elementos do texto os advérbios em destaque estão relacionados?
b) De que maneira os advérbios modificam esses elementos?

5. No trecho apresentado na atividade anterior, o autor se refere ao conceito de sustentabilidade. Leia este trecho de outro artigo de opinião, em que esse conceito é definido.

> Por definição, sustentabilidade é atender às necessidades do presente sem comprometer as possibilidades de as futuras gerações atenderem às próprias necessidades. Para ser sustentável, qualquer empreendimento humano deve ser **ecologicamente** correto, **economicamente** viável, **socialmente** justo e **culturalmente** aceito.
>
> RESENDE, Flávio. Sustentabilidade: mais do que uma moda, um modo de ser e agir. Revista *Consumidor moderno*, São Paulo, Grupo Padrão, 19 set. 2008.

Nos dois trechos foram empregados os adjetivos *justo* e *viável*. É possível dizer que o "mundo a ser construído" – na fala de Aron Belinky – e o "empreendimento humano sustentável" – citado por Flávio Resende – compartilham essas qualidades da mesma maneira? Explique.

6. Agora, leia um trecho de uma notícia.

> Em 1993, o governo da Bahia identificou a região [de Itacaré] como uma das áreas de potencial para o ecoturismo e criou ali a Área de Preservação Ambiental (APA) Itacaré-Serra Grande. [...] Dentro dela, teoricamente, o desenvolvimento deve ocorrer de forma organizada, preservando o meio ambiente com manejo sustentável. É claro que, na prática, as coisas não são bem assim.
>
> Consciência ecológica, a chave do sucesso de Itacaré. *O Estado de S. Paulo*, 3 dez. 2003. Suplemento Viagem e Aventura.

a) A que elemento do texto refere-se o advérbio *teoricamente*?

b) Caso o autor não houvesse utilizado esse advérbio, qual seria a mudança de sentido em relação ao anúncio da criação da Área de Preservação Ambiental Itacaré-Serra Grande?

c) Que expresssão do texto tem sentido oposto ao desse advérbio? Como essa expressão poderia ser classificada, considerando as perspectivas morfológica, sintática e semântica?

ANOTE

Alguns advérbios desempenham a função de **delimitadores**, indicando como deve ser interpretado o enunciado ou um de seus elementos. São, portanto, importantes recursos de argumentação, marcando a validade do que se afirma dentro de um domínio do conhecimento específico ou conforme o ponto de vista do enunciador.

Ação e cidadania

O conceito de **sustentabilidade** envolve ações que não se restringem a políticas empresariais ou governamentais. Ele pressupõe o comprometimento de outros setores da sociedade, bem como a adoção de atitudes individuais. Cada pessoa pode contribuir dentro de sua realidade para a construção de um mundo sustentável. Algumas atitudes que podem ser tomadas nesse sentido são: reduzir a produção de lixo; não desperdiçar alimentos; reciclar materiais; economizar energia elétrica; usar a água racionalmente; consumir de forma consciente, avaliando a real necessidade de se comprar uma mercadoria.

O maior benefício da adoção de ações que garantam a sustentabilidade é preservar o meio ambiente, possibilitando a manutenção dos recursos naturais (minerais, florestas, rios, oceanos) e assegurando uma boa qualidade de vida para as gerações futuras.

Texto em construção

Suponha que sua escola vai organizar uma revista semanal com dicas culturais e que você seja convidado a escrever uma **resenha crítica** sobre um filme. Em sua resenha, além de redigir um breve resumo (sem contar o final), você deverá posicionar-se criticamente sobre o filme. Veja as características desse gênero no capítulo 36 (p. 360-367).

Procure avaliar diferentes aspectos do filme: o enredo, a construção das personagens, o figurino, a trilha sonora, entre outros. Especifique os aspectos do filme aos quais sua resenha se refere empregando **advérbios** e **locuções adverbiais**. Por exemplo, um filme pode recriar uma ambientação de modo excelente, mas se equivocar nas referências históricas; ter uma trilha sonora muito contagiante, mas atores pouco expressivos.

Ao final, releia sua resenha e verifique se, além de convencer o leitor, ela apresenta informações precisas e que realmente o auxiliem a escolher ou não esse programa cultural. Troque-a com um colega para que um avalie o texto do outro. Vocês podem usar o quadro proposto no item "Avaliação" (p. 367). Após a avaliação das resenhas e o levantamento dos aspectos que podem ser melhorados, reescreva seu texto e apresente-o para a turma.

283

Em dia com a escrita — Coesão textual pelo emprego de advérbios

Um texto é uma unidade significativa global, regida por mecanismos coesivos que têm a função de estabelecer relações de sentido entre as partes que a constituem. Veja como os advérbios podem fazer o papel desses mecanismos de coesão textual.

1. Leia um trecho do poema "Canto de regresso à patria", de Oswald de Andrade. Ele é uma paródia do poema "Canção do exílio", de Gonçalves Dias.

> Minha terra tem palmares
> Onde gorjeia o mar
> Os passarinhos **daqui**
> Não cantam como os de **lá** [...]
>
> Não permita Deus que eu morra
> Sem que volte pra São Paulo
> Sem que veja a Rua 15
> E o progresso de São Paulo
>
> ANDRADE, Oswald de. *Poesias reunidas*. São Paulo: Difusão Europeia do Livro, 1966. p. 130.

a) A que se refere o advérbio *lá* no quarto verso do poema?

b) A que refere o advérbio *daqui*?

c) É possível dizer que o advérbio *daqui* exerce uma função anafórica no texto (retoma elemento apresentado anteriormente)? Explique.

> **Hipertexto**
>
> Observe na parte de Literatura (**capítulo 3**, p. 36) como o poema **"Canção do exílio"** está estruturado em torno da oposição entre os advérbios *lá* e *cá*. Compare a primeira e a última estrofes com as do poema de Oswald, verificando a semelhança estrutural e temática.

2. Leia um trecho de reportagem.

> Como chegar **lá**
> *Isso envolve bocas de lobo e uma infinidade de escadas.*
> O que vestir
> *Um capacete de mineiro cai bem. [...]*
>
> ### Sob Paris
>
> [...] Paris tem uma conexão bem mais profunda e estranha com seu subsolo que qualquer outra cidade. As artérias e os intestinos de Paris – os milhares de quilômetros de túneis que perfazem as redes de esgoto e de metrô, das mais antigas e densas do mundo – são apenas parte desse universo *underground*. [...]
>
> Ao longo do século 19, extraíam-se desses túneis e cavernas pedras para construção. Em seguida, sitiantes cultivavam cogumelos **ali**. [...] Hoje em dia, perambulam pelos túneis uma comunidade informal, sem líderes, cujos membros às vezes passam dias e noites sob a cidade. Eles são chamados de *catafilistas* – literalmente, amigos das catacumbas.
>
> [...] Alguns catafilistas descobriram que podiam entrar nas pedreiras através de passagens esquecidas no porão de suas escolas. **Dali**, rastejavam para dentro de túneis repletos de ossos – as famosas catacumbas.
>
> SHEA, Neil. Revista *National Geographic Brasil*, São Paulo, Abril, n. 131, p. 94-97, fev. 2011.

Remi Wafflart/Maxppp/Zuma Press/Easypix Brasil

Túnel subterrâneo em Paris, onde estão localizadas as catacumbas. Fotografia de 2010.

Vocabulário de apoio

underground: palavra em inglês que significa "subterrâneo"

a) No texto, *lá* foi usado com função catafórica, antecipando seu referente. Qual é esse referente? Em que outro gênero de texto é comum tópicos do tipo "Como chegar lá"?

b) Quais são os referentes dos advérbios *ali* e *dali*?

c) De que maneira o emprego desses advérbios contribui para a coesão do texto?

3. Leia um trecho de um texto sobre o Butão, país localizado no continente asiático. O texto apresenta características de reportagem e relato de viagem.

> Almoçamos em Paro, cidade com pouco mais de cinco mil habitantes, que já foi a capital do Butão. Apenas uma rua principal com 1 km de extensão e algumas vicinais. Legumes refogados, lentilha, arroz, verduras cozidas e pão. Como complemento, Chencho [o guia turístico] me oferece pimenta e cebola cruas. **Lá** é costume consumir essas especiarias como forma de aumentar o apetite.
>
> PAVIN, Nilton. *Revista da Folha*, São Paulo, 9 jun. 2006.

Vocabulário de apoio

vicinal: diz-se de rua que interliga dois ou mais lugares próximos

a) A falta de clareza em relação ao referente do advérbio *lá* admite duas interpretações para a frase em que ele aparece. Quais são essas interpretações?

b) Reescreva essa frase, substituindo os referentes identificados no item anterior por expressões equivalentes que evitem a sua repetição.

4. Leia esta tira.

Quino.*Toda Mafalda*. São Paulo: Martins Fontes, 1991.

a) No último quadrinho, a fala de Miguelito indica que ele se dirige à sua professora. Qual parece ser o seu objetivo, ao relatar a ela esses eventos desastrosos?
b) A última fala de Miguelito introduz um elemento surpresa, criando humor. Explique.
c) Se os advérbios e locuções adverbiais de tempo fossem suprimidos das falas de Miguelito, seria possível saber o tempo em que as ações aconteceram? Explique.
d) De que maneira eles contribuem para o sentido da fala de Miguelito?

5. Leia um trecho de uma reportagem sobre o cantor Jack Johnson.

> Nos dois meses seguintes ao acidente, ficou em casa, de molho, e o violão transformou-se em seu maior companheiro. Daí, ele decidiu fazer faculdade em Santa Barbara, na Califórnia. Matemática. Logo na primeira semana, deu de cara com uma loirinha de olhos grandes na lanchonete da escola. Aí, meio sem graça, decidiu seguir um conselho que ouviu de um amigo: "nunca, de jeito nenhum, seja o primeiro a desviar o olhar quando fizer contato visual com uma garota". Então, Jack começou a encará-la. E a garota correspondeu. Dez, quinze, vinte segundos. Os dois caíram na risada. Aí, ela foi até a mesa dele. A menina era Kim, seu primeiro amor, com quem ele vive junto até hoje.
>
> Schibuola, Tatiana. Jack Johnson só faz o que gosta. *Capricho*, São Paulo, 18 nov. 2007. Disponível em: <http://capricho.abril.com.br/famosos/jack-johnson-so-faz-gosta-417953.shtml>. Acesso em: 6 fev. 2013.

a) O texto foi publicado em um *site* voltado para adolescentes. Que elementos do texto são marcas desse contexto de produção? Com que finalidade a autora os empregou?
b) Que termos e expressões indicam a sequência dos eventos relatados no texto?
c) Suponha que esse texto precise ser adaptado para um *site* sobre música contemporânea destinado ao público adulto. Escreva uma sugestão de adaptação para ele.

6. Agora, observe os procedimentos sugeridos para a redação de um currículo.
- Apresentar dados pessoais (nome completo, endereço, telefone, idade).
- Indicar áreas de interesse (função ou funções para as quais você está se candidatando).
- Informar formação acadêmica (cursos concluídos, instituição e data).
- Informar conhecimentos em idiomas (nível de fluência em fala, leitura e escrita).
- Descrever sua experiência profissional (empresas, atividades desenvolvidas, período).
- Relatar experiências relevantes (trabalhos voluntários, participação em equipes e competições esportivas, viagens de intercâmbio).
- Usar linguagem formal e evitar gírias.

Imagine que um amigo tenha lhe enviado um *e-mail* pedindo dicas sobre como escrever um currículo. Responda a seu amigo com base nos procedimentos acima. Atenção: sua resposta deverá estar organizada em parágrafos, e não em itens.

ANOTE

Como elementos coesivos, os advérbios podem fazer **referência** a outro elemento do texto, retomando-o ou antecipando-o (coesão referencial). Podem também indicar a **sequência temporal**, permitindo a **continuidade** das ideias. Nos dois casos, os advérbios estabelecem relações entre as partes do texto, contribuindo para a **progressão textual**.

Articulando
Visões sobre a língua: gramáticos × linguistas

Os textos a seguir tratam das diferentes maneiras como a gramática e a linguística abordam o fenômeno da língua. Eles foram escritos por estudiosos da língua e extraídos da revista mensal *Língua Portuguesa*.

Texto 1

Como água e óleo

A diferença entre linguistas e gramáticos é mais ampla que o debate sobre noções de "certo" e "errado"

[...] Vou expor duas diferenças básicas entre o que fazem um linguista e um gramático, na (quase vã) esperança de esclarecer alguma coisa.

A primeira é que o linguista não caracteriza fatos linguísticos em termos de certo ou errado, nem a partir da autoridade de escritores ou da tradição. Classifica fatos como populares, regionais, cultos, literários etc., não como certos ou errados.

Um linguista observa fatos e tenta descrevê-los e explicá-los. E, como disse Saussure, tudo para ele é "matéria", o que significa que leva em consideração qualquer manifestação linguística (de analfabetos, crianças; antigas, atuais etc.), e não só as dos falantes cultos de um período vagamente definido. Para ele, a correção "linguística" é um valor social, que leva em conta, mas como questão social e submetida a regras de um tipo especial, similares às que governam a etiqueta.

Um gramático também observa e organiza fatos, claro, mas ele os coleta em textos definidos como "bons". E, mesmo neles, garimpa só o que serve a certa tradição, que é em parte gramatical e em parte associada à elegância, com base na autoridade dos escritores. Já o linguista procede à maneira dos físicos ou dos botânicos (entre outros): eles não corrigem as plantas ou as fases da Lua... A analogia vai adiante: um botânico até pode assessorar um paisagista (uma espécie de gramático): este define critérios para colocar ou não uma planta numa praça, e aquele poderá dizer se ela sobreviverá e em quais condições. Mas um botânico nunca dirá que uma planta é errada...

Uma diferença que decorre desta é que o linguista não só não diz que certas construções não são erros. Mostra que aí funcionam outras regras, e faz isso com base em fatos adequadamente observados e sistematicamente analisados.

Concordâncias

Um exemplo, simples, é o da concordância nominal: um gramático considera simplesmente um erro dizer "os livro". Um linguista dirá (e provará) que esta é uma variante da regra de concordância e pode ser encontrada na língua desde sempre, até em documentos bem antigos.

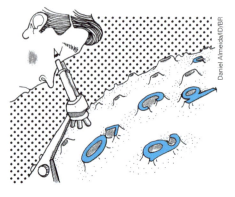

Mas linguista, ao contrário do que se diz, não é gente que incentiva o uso de construções que a sociedade considera erradas – ou as defende. Especialmente, por duas razões:

a) porque a regulação social que impõe uma dada forma da língua em certos espaços também é um fato (como a gíria ou o calão);

b) se não tem preconceito contra falas populares, por que o teria contra formas eruditas?

Decorrência dessas posições é que nenhum capítulo sobre vícios de linguagem faria parte da gramática de um linguista: o regionalismo é só um fato, a cacofonia idem, a redundância é propriedade óbvia de toda língua, como o é a ambiguidade; o mesmo se diga da gíria, do calão ou do jargão: são fatos, que se explicam tanto estrutural quanto sociologicamente.

[...] as diferenças entre gramáticos e linguistas não se restringem à concepção de erro. Na verdade, a diferente consideração do que seja um fato da língua não se resume à inclusão no *corpus* de análise de dados legítimos. Diz respeito à caracterização dos fatos, a sua observação mais acurada. Para fazer outra analogia: trata-se de diferença similar à de usar telescópios para verificar como é a superfície da Lua ou dar-se por satisfeito com o que dizem os astrônomos antigos.

É preciso não só distinguir gramáticos de linguistas (e entender suas diferentes funções profissionais), mas distinguir gramáticos de autores de manuais do tipo "não erre mais". Esses manuais, independentemente de serem úteis ou necessários, não são gramáticas, e seus autores raramente fazem análises, contentando-se em copiar dicionários e (pedaços de) gramáticas, dos quais acabam transmitindo imagem equivocada, porque simplificada.

POSSENTI, Sírio. Revista *Língua Portuguesa*, São Paulo, Segmento, 3 jun. 2009.

Vocabulário de apoio

acurado: feito com muito cuidado
cacofonia: repetição de sons considerada desagradável ao ouvido
calão: fala ou vocabulário próprio de determinado grupo de pessoas
corpus: conjunto de documentos, dados e informações sobre determinado assunto
etiqueta: conjunto de regras do comportamento considerado socialmente adequado

Texto 2

A religião da Gramática

*Campo da linguagem reproduz confronto
similar ao que absorve a ciência e a fé*

Tradicional

A gramática que estudamos na escola, com suas denominações (substantivo, adjetivo, verbo, sujeito, predicado etc.) e seu ímpeto legiferante, remonta a Aristóteles e a gramáticos como Dionísio de Trácia (séculos II-I a.C.), Apolônio Díscolo, Donato (ambos de I d.C.) e Prisciano (século V). Desde seu surgimento, a gramática se propõe a dupla missão de descrever e regulamentar a língua para garantir sua pureza, impedir sua corrupção e auxiliar as pessoas a bem falar e escrever.

Portanto, se uma de suas missões (descrever) a torna precursora das ciências da linguagem (embora a gramática tome como *corpus* de sua descrição a escrita culta, desprezando outras manifestações linguísticas), a outra (regulamentar) a aproxima da atividade legislativa, com a ressalva de que gramáticos não detêm mandato para legislar sobre o idioma. Já a preocupação dos gramáticos com o bem falar e escrever faz deles uma espécie de "estilistas" da língua, decidindo, à maneira dos consultores de moda, o que é elegante ou de mau gosto em matéria de expressão verbal.

Gramáticos

A rigor, qualquer um que publique um livro intitulado *Gramática* pode dizer-se gramático. Sua maior ou menor respeitabilidade dependerá da adesão que seu livro tiver pelos professores. No Brasil, até professor de cursinho com coluna em jornal ou rádio passa a ser considerado autoridade do idioma, não importa que ele não tenha produção científica.

[...]

Mas a principal crítica à gramática é a falta de fundamentação científica, pela ausência de comprovação empírica, escolha de amostras pouco representativas, quantitativa e qualitativamente, e pelo uso de método mais reflexivo-dedutivo do que observacional-indutivo.

Religiosidades

As "explicações" religiosas não se baseiam na lógica nem na experiência, mas em tradição e autoridade. Com o raciocínio gramatical, há o mesmo: um dado uso é correto simplesmente porque o eminente Fulano, em sua *Gramática* de antigamente, afirma que assim deve ser, já que os escritores Sicrano e Beltrano assim escreveram no século XIX.

[...]

Descompasso

Resulta disso um descompasso tão grande entre a gramática e o uso que fazem os falantes cultos quanto o que se verifica entre os mandamentos da Igreja e o comportamento moderno. E, como na religião, a gramática mais ortodoxa tem seguidores, para quem "a língua está se degenerando dia a dia", "ninguém mais sabe falar português" ou "já não se fazem mais escritores como antigamente".

Ao fim e ao cabo, a gramática, que deveria ser instrumento de racionalização da língua para a intercompreensão entre os falantes, acaba sendo o contrário: uma força que obstaculiza a simplificação e a modernização. O resultado? Um conhecimento estático, incólume de geração a geração.

<small>Bizzocchi, Aldo. Revista *Língua Portuguesa*, São Paulo, Segmento, 7 out. 2008.</small>

Vocabulário de apoio

empírico: baseado na experiência e na observação

incólume: inalterado

legiferante: que estabelece leis

ortodoxo: que segue os princípios tradicionais de uma doutrina

---

Debate

1. Após a leitura, procure identificar, com um colega, o posicionamento dos autores, considerando os seguintes aspectos: O que fazem os linguistas? E os gramáticos? Qual é a diferença entre um gramático e um autor de manual de gramática? Que ressalvas devem ser feitas ao trabalho do gramático e do linguista? Como cada área entende o erro e a correção linguística?

2. A sala deve se organizar em três grupos para o debate. O grupo A defenderá o papel da gramática; o grupo B, da linguística; o grupo C atuará como mediador e júri. Previamente, o grupo C deve definir as regras para o debate: quem o iniciará e o tempo para exposição, perguntas, réplicas e tréplicas. Um aluno desse grupo deverá ser o mediador. Os grupos A e B deverão elaborar a linha de defesa e as perguntas. Outros argumentos, além dos apontados nos textos, podem ser utilizados. É importante levar em conta os possíveis contra-argumentos.

3. Durante o debate, cada grupo deve expor seu posicionamento, sustentado por argumentos. Em seguida, os grupos farão perguntas uns aos outros.

4. Após o debate, o grupo C deve se reunir para definir o veredito e, logo depois, apresentá-lo ao restante da turma. Atenção: um veredito também é um posicionamento; logo, ao torná-lo público, o júri deve apresentar os argumentos que o sustentam.

A língua tem dessas coisas

Tumitinhas, virunduns e outros tropeços auditivos

Leia o trecho de uma crônica de Mário Prata em que ele comenta sobre alguns mal-entendidos da língua.

O amor de Tumitinha era pouco e se acabou

Você também deve ter alguma palavra que aprendeu na infância, achava que tinha um certo significado e aquilo ficou impregnado na sua cabeça para sempre. Só anos depois veio a descobrir que a palavra não era bem aquela e nem significava aquilo.

Um exemplo clássico é a frase [...] HOJE É DOMINGO, PÉ DE CACHIMBO. Na verdade não é Pé de Cachimbo, mas sim PEDE (do verbo pedir) cachimbo. Ou seja, pede paz, tranquilidade, moleza [...]. E a gente sempre a imaginar um pé de cachimbo no quintal, todo florido, com cachimbos pendurados, soltando fumaça. [...]

Álibi – Quando eu era garoto, tarado por filmes de bandido e mocinho e gibis, sempre achei que ÁLIBI era o amigo do Mocinho. Claro, o Mocinho sempre tinha um Álibi e o bandido não. O Álibi, nos filmes, geralmente, era um velhinho. Mas resolvia. [...]

Sulfechando – Meu primo Hugo Prata um dia perguntou ao pai dele o que significava o verbo Sulfechar. O pai alegou que esse verbo não existia e teve que provar com dicionário e tudo. Como o garoto insistia em conjugar o verbo, o pai lhe perguntou onde ele tinha ouvido tal disparate. E ele disse e cantarolou aquela música do Tom Jobim: "são as águas de mar sulfechando o verão"... [...]

Tumitinha – Todo mundo conhece a música Ciranda-Cirandinha. Uma amiga minha me confessou que, durante anos e anos, entendia um verso completamente diferente. Quando a letra fala "o amor que tu me tinhas era pouco e se acabou", ela achava que era "o amor de Tumitinha era pouco e se acabou". Tumitinha era um menino, coitado. Ficava com dó do Tumitinha toda vez que cantava a música, porque o amor dele tinha se acabado. E mais, achava que o Tumitinha era um japonesinho. Devia se chamar, na verdade, Tumita. Quando ela descobriu que o Tumitinha não existia, sofreu muito. Faz análise até hoje. [...]

Virundum – O Henfil só depois de grandinho foi que descobriu que o Hino Nacional não se chamava Virundum.

PRATA, Mário. 100 crônicas. São Paulo: Cartaz, 1997. p. 154-155.

1. Como se poderia explicar o fato de a amiga do cronista entender o verso "o amor que tu me tinhas era pouco e se acabou" como "o amor de Tumitinha era pouco e se acabou"?

2. Segundo o autor, o cartunista brasileiro Henfil, durante muito tempo, achou que o nome do Hino Nacional era Virundum. O que teria motivado essa hipótese sobre o título do hino?

O cartunista Henfil (1944-1988) e o jornalista Paulo Francis (1930-1997) teriam, por volta de 1970, utilizado o termo "virundum" para se referir à maneira equivocada de os jogadores da seleção brasileira de futebol cantarem o Hino Nacional. Desde então, a palavra passou a nomear esses frequentes "tropeços auditivos".

Leia o trecho de uma notícia que trata do assunto.

O que é um *virundum*? A ideia não é nova lá fora, mas causa *frisson* agora na internet brasileira o *blog* Virunduns [...]: letras de música que entendíamos errado quando éramos crianças (ou não).

[...] O *blog* http://virunduns.blogger.com.br já conta com centenas de contribuições, que compõem um inventário de virunduns de várias épocas.

Já se percebe, por exemplo, que Djavan e os Paralamas do Sucesso são recordistas absolutos [...]. Djavan colabora com várias canções, mas "Açaí" ("açaí/guardiã/zum de besouro/um ímã") bate todas. Há quem cante "ao sair do avião, um divisor, um limão", "uma irmã"...

Os Paralamas lideram com o trecho "Alagados, Trenchtown/ favela da maré", de "Alagados". Trenchtown vira "cristal", "central", "trens estão", "Flintstones", "Uzbequistão"; "favela da Maré" vira "na beira da maré", "favela do Avaré"...

Na contagem de comentários dos leitores sobre cada item postado, os três rapazes que comandam o *blog* celebram o clássico virundum de "tocando B. B. King sem parar" ("Noite do Prazer", do grupo Brylho). Ali, contabilizam quantas pessoas "trocaram de biquíni sem parar".

SANCHES, Pedro Alexandre. Novo *blog* espalha "virunduns" da MPB. *Folha de S.Paulo*, 18 abr. 2003. Ilustrada.

3. Formem grupos e façam um levantamento de outros "virunduns". Vocês podem consultar *sites*, *blogs* ou conversar com seus familiares. Lembrem-se de coletar também as versões originais das músicas. Para isso, consultem os encartes dos CDs e *sites* oficiais dos compositores ou intérpretes.

4. Após o levantamento, cada grupo deverá selecionar dois ou três "virunduns" mais interessantes. Em dia previamente combinado, os grupos deverão cantar os "virunduns" selecionados, desafiando a classe a citar a letra original.

Vestibular

(FGV-RJ) Texto para a questão 1.

Documento

01   Encontro um caderno antigo, de adolescente. E, em vez das simples anotações que seriam preciosas como documento, descubro que eu só fazia literatura. Afinal, quando é que um adolescente já foi natural? E, folheando aquelas velhas páginas, vejo, compungido, como as comparações caducam. Até as imagens morrem, dizia Brás Cubas. Quero crer que caduquem apenas. Eis aqui uma amostra daquele "diário":

10   "Era tal qual uma noite de tela cinematográfica. Silenciosa, parada, de um suave azul de tinta de escrever. O perfil escuro das árvores recortava-se cuidadosamente naquela imprimadura* unida, igual, que estrelinhas azuis picotavam. Os bangalôs dormiam. Uma? Duas? Três horas da madrugada? Nem a lua sequer o sabia. A lua, relógio parado..."

    Pois vocês já viram que mundo de coisas perdidas?! O cinema não é mais silencioso. Não

20 se usa mais tinta de escrever. Não se usam mais bangalôs.

    E ninguém mais se atreve a invocar a lua depois que os astronautas se invocaram com ela.

QUINTANA, Mário. *Na volta da esquina*. Porto Alegre: Globo, 1979.

---

*imprimadura: s.f. art. plást. 1 ato ou efeito de imprimir
1.1 primeira demão de tinta em tela, madeira etc.

1. Dos comentários seguintes, todos referentes a fatos linguísticos do texto, o único correto é:

a) em "vejo, compungido, como as comparações caducam", ambos os verbos estão no presente, indicando uma ação pontual que ocorre no momento da enunciação.

b) ao flexionar o verbo "usar" (L. 20), primeiro no singular e depois no plural, o autor preferiu a concordância com o complemento e não com o sujeito das respectivas frases.

c) no último período do texto, o autor obtém efeito expressivo, ao empregar uma mesma palavra em acepções e graus de formalidade diferentes.

d) se alterarmos a posição dos adjetivos nos trechos "simples anotações" e "velhas páginas", considerados no contexto, o sentido se mantém.

e) no fragmento "<u>sequer</u> o sabia" (L. 16 e 17), a palavra sublinhada pode ser substituída, sem prejuízo para o sentido, pelo advérbio "jamais".

2. **(Ufam)** Assinale a opção em que o verbo indicado nos parênteses **não** foi corretamente conjugado:

a) O jardineiro da casa água as roseiras todos os dias. (aguar)

b) É necessário que o novo governo remedie as injustiças. (remediar)

c) Nunca se sabe de onde provêm tantos comentários maldosos. (provir)

d) Mesmo não sendo necessário, o diretor interveio no caso. (intervir)

e) Ele não se atém ao que foi indagado, tornando-se prolixo. (ater)

(Fuvest-SP) Texto para a questão 3.

Receita de mulher

As muito feias que me perdoem
Mas beleza é fundamental. É preciso
Que haja qualquer coisa de flor em tudo isso
Qualquer coisa de dança, qualquer coisa de
        [*haute couture**
Em tudo isso (ou então
Que a mulher se socialize elegantemente em azul,
        [como na República Popular Chinesa).
Não há meio-termo possível. É preciso
Que tudo isso seja belo. É preciso que súbito
Tenha-se a impressão de ver uma garça apenas
        [pousada e que um rosto
Adquira de vez em quando essa cor só encontrável
        [no terceiro minuto da aurora.

Vinicius de Moraes

---

*haute couture: alta-costura.

3. Tendo em vista o contexto, o modo verbal predominante no excerto e a razão desse uso são:

a) indicativo; expressar verdades universais.

b) imperativo; traduzir ordens ou exortações.

c) subjuntivo; indicar vontade ou desejo.

d) indicativo; relacionar ações habituais.

e) subjuntivo; sugerir condições hipotéticas.

(ESPM-SP) Texto para a questão 4.

Epigrama 2

És precária e veloz, Felicidade.
Custas a vir e, quando vens, não te demoras. Foste
tu que ensinaste aos homens que havia tempo,
e, para te medir, se inventaram as horas.

Felicidade, és coisa estranha e dolorosa:
Fizeste para sempre a vida ficar triste:
Porque um dia se vê que as horas todas passam,
e um tempo despovoado e profundo persiste.

Cecília Meireles

4. Se as formas verbais (no Presente do Indicativo) dos dois primeiros versos exprimissem **ordem**, na mesma pessoa, teríamos respectivamente:

a) sê, custa, vem, não te demores.

b) seja, custa, vem, não se demore.

c) sede, custai, vinde, não vos demoreis.

d) sê, custa, venha, não te demoras.

e) sê, custe, vem, não te demore.

Vestibular

5. (UFRN) Na oração "[...] definia-se o incêndio." [POMPEIA, Raul. *O Ateneu*. Fortaleza: ABC, 2006. p. 179], a forma verbal está na voz passiva. A opção de resposta que também apresenta verbo na voz passiva é:

a) "Fizeram-se investigações policiais discretas [...]"

b) "Bebe-se para esquecer, para lembrar [...]"

c) "O chefe reservou-se um objetivo ambicioso [...]"

d) "Os homens entreolham-se, cautelosos [...]"

(Segmentos textuais extraídos de: ANDRADE, Carlos Drummond de. *Contos de aprendiz*. 48. ed. Rio de Janeiro: Record, 2004.)

(Mackenzie-SP) Texto para a questão 6.

> A ameaça de uma bomba atômica está mais viva do que nunca. Os conflitos étnicos mataram quase 200 chineses só no mês de julho. Agora uma boa notícia: a paz mundial pode estar a caminho. Segundo estimativas de pesquisadores, o mundo está bem menos sangrento do que já foi. Cerca de 250 mil pessoas morrem por ano em consequência de algum conflito armado. É bem menos do que no século 20, que teve 800 mil mortes anuais em sua 2ª metade e 3,8 milhões por ano até 1950.
>
> O que aconteceu? O psicólogo Steven Pinker diz que o aumento do número de democracias ajudou. Assim como a nossa saúde: como a expectativa de vida subiu, temos mais medo de arriscar o pescoço. Até a globalização teria contribuído: um mundo mais integrado é um mundo mais tolerante, diz Pinker.
>
> Revista *Superinteressante*

6. *Os conflitos étnicos mataram quase 200 chineses só no mês de julho* (linhas 2 e 3).

De acordo com a norma-padrão, passando-se essa frase para a voz passiva analítica, a forma verbal correspondente será:

a) foram mortos.

b) estavam sendo mortos.

c) eram mortos.

d) matou-se.

e) morreram.

7. (Ufam) Assinale a opção em que há erro na conversão da voz passiva analítica na voz passiva sintética:

a) É necessário que sejam garantidos os direitos individuais.

É necessário que se garantam os direitos individuais.

b) Novas creches seriam construídas.

Construir-se-iam novas creches.

c) Têm sido adotadas medidas enérgicas contra a corrupção.

Tem-se adotado medidas enérgicas contra a corrupção.

d) Aqui outrora eram organizados vários campeonatos de xadrez.

Aqui outrora se organizavam vários campeonatos de xadrez.

e) Já teriam sido publicados os editais.

Já se teria publicado os editais.

8. (UEPG-PR) (Extraído do último capítulo de *Memorial de Aires*, de Machado de Assis)

> Há seis ou sete dias que eu não ia ao Flamengo. Agora à tarde lembrou-me lá de passar antes de vir para casa. Fui a pé; achei aberta a porta do jardim, entrei e parei logo.
>
> — Lá estão eles, disse comigo.
>
> Ao fundo, à entrada do saguão, dei com os dois velhos sentados, olhando um para o outro. Aguiar estava sentado ao portal direito, com as mãos sobre os joelhos. D. Carmo, à esquerda, tinha os braços cruzados à cinta. Hesitei entre ir adiante ou desandar o caminho; continuei parado alguns segundos até que recuei pé ante pé. Ao transpor a porta para a rua, vi-lhes no rosto e na atitude uma expressão a que não acho nome certo ou claro; digo o que me pareceu. Queriam ser risonhos e mal podiam se consolar. Consolava-os a saudade de si mesmos.

Assinale as alternativas em que o segmento destacado tem a mesma função morfossintática do vocábulo destacado em: LÁ estão eles, disse comigo.

a) Fui A PÉ; achei aberta a porta do jardim, entrei e parei logo.

b) Ao fundo, À ENTRADA DO SAGUÃO, dei com os dois velhos sentados, olhando um para o outro.

c) ...continuei parado alguns segundos até que recuei PÉ ANTE PÉ.

d) Aguiar estava sentado AO PORTAL DIREITO, com as mãos sobre os joelhos.

e) Hesitei entre ir ADIANTE ou desandar o caminho.

9. (Unicamp-SP) Em transmissão de um jornal noturno televisivo (RedeTV, 7/10/2008), um jornalista afirmou: "Não há uma só medida que o governo possa tomar".

a) Considerando que há duas possibilidades de interpretação do enunciado acima, construa uma paráfrase para cada sentido possível de modo a explicitá-los.

b) Compare o enunciado citado com: *Não há uma medida que só o governo possa tomar*. O termo "só" tem papel fundamental na interpretação de um e outro enunciado. Descreva como funciona o termo em cada um dos enunciados. Explique.

290

Conexões e expressão

UNIDADE 9

No quadro *SINpensar 1* ("Sem pensar 1"), do argentino Chu, é possível visualizar diversas faces de personagens. Graças à maneira como o artista dispôs as linhas e suas intersecções, a cada mudança do ponto de vista do espectador, uma personagem nova se revela. Dispostas de outra maneira, as conexões entre as linhas produziriam imagens completamente diferentes e gerariam outros sentidos. Por sua vez, as faces das personagens expressam diferentes estados de espírito: alegria, tristeza, espanto, tédio, calma, entusiasmo...

Nesta unidade, você conhecerá as conjunções e as preposições. São classes de palavras que, ao conectar palavras e enunciados, auxiliam na construção do sentido global do texto. Estudará também as interjeições, palavras que expressam o estado de espírito do falante no momento da enunciação.

Nesta unidade

30 Preposições, conjunções e interjeições

Julian Pablo Manzelli, também conhecido como Chu, é artista gráfico, *designer* e diretor de animação. Foi um dos pioneiros da arte de rua em Buenos Aires. Sobressaem em seus trabalhos o uso de cores vivas, a presença de personagens divertidas de formas curvas – por vezes remetendo ao universo infantil – e cenários geométrico-abstratos.

CHU. *SINpensar 1*, 2011. 20 cm × 14 cm. Serigrafia/gravura. Coleção particular.

291

CAPÍTULO

30 Preposições, conjunções e interjeições

O que você vai estudar

- Preposição.
- Conjunção.
- Interjeição.
- Propriedade coesiva das conjunções.

Neste capítulo, você vai conhecer as **preposições** e as **conjunções**, classes de palavras que conectam termos e enunciados e, por isso, são chamadas de **conectivos**.

Vai estudar também as **interjeições**, produções linguísticas que, embora apresentadas como uma classe de palavras pela Nomenclatura Gramatical Brasileira, geram controvérsias quanto à sua descrição gramatical.

❯ O conceito de preposição

- Leia o início de uma reportagem.

O nome dele é Max, Max das Pipas

Um menino grande. Essa é a primeira impressão que o engenheiro Max Cardoso, de 51 anos, passa quando está na praça próxima à sua casa, em Bangu, soltando pipas rodeado de crianças. Ele vibra e lamenta cada subida e descida das impressionantes "máquinas" que fabrica. Há 18 anos, em um ato de coragem, Max abandonou o trabalho estável como projetista em uma grande empresa, e também o sobrenome, para virar o Max das Pipas, como é chamado por todos na vizinhança. O *hobby* acaba de render-lhe um campeonato mundial. [...]

GUIMARÃES, Anna Luiza. *Jornal do Brasil*, 6 ago. 2008.

1. A reportagem apresenta Max Cardoso como alguém infantil? Ela cria uma imagem positiva ou negativa do engenheiro? Justifique com trechos do texto.

2. Com relação à expressão "ato de coragem", responda.
   a) A que classe gramatical pertence a palavra *coragem*?
   b) Que adjetivo poderia substituir a expressão "de coragem"?
   c) Qual é o papel da palavra *de* na expressão "de coragem"?

3. Releia:

   > [...] quando está na praça próxima à sua casa, **em Bangu** [...]

   Nesse trecho, a expressão formada pela palavra *em* e pelo substantivo *Bangu* funciona como uma locução adverbial de lugar. Identifique no texto outros trechos em que o grupo *em* + sintagma nominal exerça a função adverbial.

   Preposição é a palavra que conecta dois termos, indicando a função gramatical do segundo em relação ao primeiro. Em alguns casos, a preposição modifica a função sintática de um vocábulo, atribuindo-lhe uma função mais típica de outra classe de palavras.

   Preposições essenciais são aquelas que sempre têm a função de preposição, enquanto **preposições acidentais** referem-se às palavras que, conforme o contexto, podem funcionar como preposição – podem ser adjetivos, advérbios ou numerais. Veja nos quadros a seguir.

Lembre-se

Sintagmas nominais são unidades de sentido cujo núcleo é um **nome** (palavra que se refere aos seres e seus atributos). Já nos **sintagmas verbais** as unidades de sentido organizam-se em torno de **verbos**.

Principais preposições essenciais			
a	com	em	sem
ante	contra	entre	sob
após	de	para	sobre
até	desde	por	

Principais preposições acidentais		
como	exceto	salvo
conforme	fora	segundo
durante	mediante	

A preposição na perspectiva morfológica

Preposições são palavras **invariáveis** formadas por um único **morfema gramatical**.

O conjunto de duas ou mais palavras com função de preposição recebe o nome de **locução prepositiva**. O último elemento de uma locução prepositiva é sempre uma preposição. Veja:

| abaixo de | à custa de | antes de | através de | em vez de | junto a |
| acima de | a fim de | ao invés de | depois de | devido a | junto com |

As preposições podem aparecer unidas a outras palavras. Quando a preposição não sofre redução, há uma **combinação**. Se ocorre redução, há **contração**. Veja os exemplos.

Combinação
preposição *a* + artigo *o* = *ao*
preposição *a* + advérbio *onde* = *aonde*

Contração
preposição *de* + artigo *o/a* = *do/da*
preposição *em* + pronome *ele/ela* = *nele/nela*
preposição *a* + artigo *a* = *à*
preposição *a* + pronome *aquele/aquela* = *àquele/àquela*

A preposição na perspectiva sintática

O papel das preposições nos enunciados é ligar termos. Junto aos substantivos, as preposições formam um **sintagma preposicional** (SP), que pode estar contido em sintagmas nominais (SN) e em sintagmas verbais (SV). Veja ao lado.

O termo anterior à preposição é chamado de **antecedente**, **regente** ou **subordinante**, ao passo que o posterior se denomina **consequente**, **regido** ou **subordinado**.

A preposição mostra o papel que o consequente desempenha no enunciado. Por exemplo, em "A operária precisava *do emprego*", o sintagma nominal "o emprego" complementa o sentido do verbo *precisava*, e essa relação é indicada pela preposição *de*.

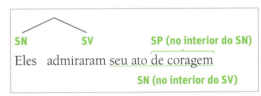

A preposição na perspectiva semântica

A quantidade de preposições em língua portuguesa é relativamente pequena, por isso uma mesma preposição pode assumir outros sentidos além do original.

Conheça algumas relações que as principais preposições indicam.

A	
Destino	Viajei de Belo Horizonte a Teresina.
Meio	Eles só andam a pé; eu, a cavalo.
Modo	Maria fala aos gritos.
Proximidade	Falar ao telefone.
Tempo	O almoço é servido às 12 horas.

DE	
Causa	Gritar de aflição.
Lugar (origem)	Vim direto de casa.
Matéria	Construção de cimento e vidro.
Finalidade	Roupa de sair.
Meio	Andar de bicicleta.
Posse	Leve a mochila de Sandra.
Qualidade	Fazenda de gado.

COM	
Companhia	Conversar com a família.
Instrumento	Cortar com faca.
Modo	Escreveram com capricho.

EM	
Estado ou qualidade	Edifício em chamas.
Lugar	Fazemos entregas em domicílio.
Modo	Estar em lágrimas.
Tempo	Eles decidiram tudo em minutos.

PARA	
Fim	Ela nasceu para dançar.
Lugar	Mudamos para Florianópolis.

Vale saber

Há enunciados em que o valor semântico da preposição se sobressai, como em "Lutou contra a greve" ou "Lutou pela greve". Porém, em casos como "Preciso de dinheiro" e "Agradou ao público", a preposição tem menos destaque, podendo até, em algumas situações, ser omitida sem prejuízo de sentido.

Prática de linguagem

1. Leia a tira.

BROWNE, Dik. *Folha de S.Paulo*, 30 nov. 2002.

a) Que substantivos poderiam substituir *guarda* na fala de Hagar?
b) Explique o mal-entendido que produz o efeito cômico da tira.
c) Normalmente, cabe aos adjetivos a função de caracterizar substantivos. O que permite que o substantivo *guarda* funcione como elemento caracterizador de *cão* na tira?
d) Que relação de sentido a preposição *de* estabelece entre as palavras *cão* e *guarda* na fala de Hagar? E na fala de Eddie? Explique sua resposta.

2. Leia o trecho de uma crônica esportiva para responder às questões.

Barbárie e cidadania

TODA VEZ que os confrontos entre torcedores terminam em morte, como ocorreu nesta semana em São Paulo, proliferam as soluções salvadoras.

As mais frequentes são simplistas e inócuas, como a de permitir a entrada no estádio de só uma torcida, a do clube mandante da partida. Ideia antes de tudo burra, porque **os combates não costumam ocorrer dentro dos estádios, mas em ruas, praças, estradas, estações de metrô.** Com a restrição, prosseguiriam ocorrendo, talvez até mais acirrados.

[...]

COUTO, José Geraldo. *Folha de S.Paulo*, 27 fev. 2010. Esporte.

a) Imagine que a frase destacada no trecho fosse escrita da seguinte forma: "os combates não costumam ocorrer **nos** estádios, mas em ruas, praças, estradas, estações de metrô". O sentido geral do texto se manteria, mas haveria uma perda semântica. Explique.
b) Considerando o ponto de vista defendido pelo autor do texto, por que é possível afirmar que a opção pela locução prepositiva *dentro de* é mais adequada?

3. O trecho abaixo é parte da letra de uma canção de Nando Reis. Leia-o.

Sou dela

Esperei por tanto tempo
Esse tempo agora acabou
Demorou mas fez sentido
Fez sentido que chegou...

Eu pensei
Que não fosse nunca
Mas agora já se foi
Nunca mais parece triste
Triste eu era
Agora passou...

Porque eu estou com ela
Sou dela, sem ela
Não sou!
Porque eu preciso dela
Só dela, com ela
Eu vou! [...]

REIS, Nando. Sou dela. Intérprete: Nando Reis. In: *Luau MTV Nando Reis e os infernais*. São Paulo: Universal, 2007. 1 CD. Faixa 1.

a) As estrofes expressam uma mudança pela qual o eu lírico passou. Do que se trata?
b) Para destacar a relação do eu lírico com uma mulher, o pronome *ela* foi usado em vários versos da terceira estrofe, indicando situações diversas. Transcreva-os em seu caderno.
c) O que a repetição do pronome *ela* nesses versos expressa quanto a essa mulher?
d) As preposições empregadas antes do pronome *ela* contribuem para expressar essa ideia. Aponte o conteúdo semântico de cada preposição nos versos em que aparecem.

O conceito de conjunção

- Leia a tira a seguir.

LAERTE. *Folha de S.Paulo*, 12 maio 2009.

Vocabulário de apoio

aguilhão: vara com ponta de ferro afiada usada para guiar bois

1. A tira baseia-se em uma reflexão feita pela personagem da direita. Explique com suas palavras o que essa personagem pensa a respeito do termo *portanto*.
2. Observe o grifo nas palavras *portanto* e *não* e na frase "não concorda comigo?". Esse recurso gráfico é utilizado como elemento de destaque, reforçando o novo valor morfossintático das palavras e da frase no contexto da tira. A que classe de palavras elas passam a equivaler?
3. Por que a fala da personagem da esquerda está oculta no segundo e no terceiro quadrinhos?
4. A personagem da direita discorda da fala do seu interlocutor ou da atitude dele? Explique.

A tira acima centra-se em uma reflexão sobre o uso da palavra *portanto*, mostrando que ela pode direcionar o interlocutor a concordar com o que é dito pelo enunciador – ou seja, pode ser utilizada como uma estratégia de argumentação e convencimento.

A palavra *portanto* funciona como um **elemento de ligação** entre um enunciado – que apresenta um raciocínio ou uma situação – e outro enunciado – que apresenta uma conclusão sobre o que foi dito anteriormente. Veja, por exemplo, a frase a seguir.

> Fazia exercícios regularmente e alimentava-se bem; **portanto**, buscava hábitos saudáveis.

O termo *portanto* conecta os períodos e indica que "buscar hábitos saudáveis" é uma conclusão do enunciador a respeito de alguém "fazer exercícios regularmente e alimentar-se bem".

Observe novamente o exemplo dado. Nele, podemos notar outra palavra que funciona como elemento de ligação.

> Fazia exercícios regularmente **e** alimentava-se bem; portanto, buscava hábitos saudáveis.

O vocábulo *e* também conecta dois enunciados: "Fazia exercícios regularmente"; "alimentava-se bem". Tais enunciados são sintaticamente independentes entre si, ou seja, um não precisa do outro para funcionar adequadamente. O termo *e* indica uma relação de soma entre eles.

No exemplo apresentado, os termos *e* e *portanto* pertencem à mesma classe de palavras, a qual tem a propriedade de ligar enunciados independentes, ou termos semelhantes em um mesmo enunciado. Trata-se das **conjunções**.

Você viu, no início deste capítulo, que as preposições são conectivos e que algumas delas possibilitam que uma palavra exerça uma nova função sintática em um enunciado. Assim, em "ato de coragem", a palavra *coragem* é conectada à palavra *ato* por meio da preposição *de*, qualificando *coragem* como se fosse um adjetivo.

As conjunções, além da propriedade de conectar enunciados independentes ou termos semelhantes, são capazes de habilitar um enunciado inteiro a exercer, no interior de outro enunciado, a função sintática que poderia ser desempenhada por apenas uma palavra.

Para entender melhor essas afirmações, observe a análise dessa classe de palavras nas perspectivas **sintática**, **morfológica** e **semântica**.

A conjunção na perspectiva sintática

Leia estas frases.

> **A.** As jogadoras conquistaram o campeonato.
> **B.** As jogadoras estão comemorando **porque** *elas conquistaram o campeonato.*

Observe que, em A, a frase "As jogadoras conquistaram o campeonato" constitui um enunciado independente. Já em B, a mesma frase passa a indicar a causa do que se diz no enunciado "As jogadoras estão comemorando". Passa, portanto, a exercer uma função sintática em relação ao primeiro enunciado – chamado de **oração principal**. O elemento que mostra essa mudança de função, ao mesmo tempo que une os dois enunciados, é a palavra *porque*.

Veja agora este exemplo.

> As jogadoras conquistaram o campeonato **e** o clube ganhou com isso.

Nesse enunciado, o *e* tem papel semelhante ao da palavra *porque*, já que conecta duas orações. Entretanto, nenhuma das duas orações tem uma função sintática no interior da outra.

> As jogadoras conquistaram o campeonato.
> O clube ganhou com isso.

Conjunções subordinativas e coordenativas

Conforme a possibilidade de habilitar ou não um enunciado a desempenhar uma função sintática em outro enunciado, as conjunções são classificadas em subordinativas ou coordenativas.

As **conjunções subordinativas** têm por função ligar um enunciado (oração subordinada) a outro enunciado (oração principal), fazendo o primeiro desempenhar no segundo o papel sintático de um substantivo ou advérbio. Exemplo: "Elas disseram **que** o jogo foi desafiador".

As **conjunções coordenativas** conectam enunciados que mantêm independência sintática (não precisam um do outro para funcionar sintaticamente). Exemplo: "Elas foram **e** venceram".

As conjunções coordenativas, além de conectar orações independentes sintaticamente, podem unir palavras e sintagmas, desde que eles exerçam função semelhante no interior de um enunciado. Veja:

- *Eu* **e** *você* vamos à comemoração.
- Ela vivia alternadamente *com* **e** *sem* dinheiro.
- As mudanças aconteceram *lenta* **e** *continuamente*.
- *Mulheres* **e** *homens* podem comemorar juntos.

A conjunção na perspectiva morfológica

Assim como as preposições, as conjunções são palavras compostas unicamente por **morfemas gramaticais** que não sofrem flexão; portanto, são **invariáveis**.

Elas podem ser representadas por uma única palavra – *pois, e, que, mas*, etc. – ou por uma **locução**: *à medida que, de forma que, apesar de que*, etc. Assim como as locuções prepositivas sempre terminam com uma preposição, as **locuções conjuntivas** sempre terminam com uma conjunção.

A conjunção na perspectiva semântica

As conjunções ajudam a criar diferentes **relações semânticas** entre os termos ou enunciados conectados. As **conjunções subordinativas** podem introduzir enunciados que expressam relação de **causa**, **comparação**, **concessão**, **condição**, **conformidade**, **consequência**, **finalidade**, **proporção** e **temporalidade**. Entre as conjunções subordinativas há, ainda, as **integrantes**, que não têm um conteúdo semântico específico. Já as **conjunções coordenativas** ajudam a estabelecer relações de **adição**, **adversidade**, **alternância** ou **exclusão**, **conclusão** e **explicação**.

> **Vale saber**
>
> A palavra *subordinativa* significa "aquilo que subordina". *Subordinar* (*sub* + *ordenar*) quer dizer "ordenar, arrumar de modo a criar uma dependência com outro elemento". A conjunção subordinativa, portanto, subordina um enunciado a outro. A palavra *coordenativa* significa "aquilo que coordena". A conjunção coordenativa "coordena" dois enunciados, "ordena um ao lado do outro". Essa conjunção não cria dependência sintática de um enunciado em relação a outro; ambos mantêm sua integridade sintática. Independência sintática é diferente de independência semântica; dois enunciados coordenados sempre estabelecem uma relação de sentido, mesmo que sejam sintaticamente independentes entre si.

❯ Tipos de conjunção

Veja na tabela os tipos de **conjunção subordinativa** e as relações que ajudam a estabelecer.

	Relação de sentido	Conjunções e locuções conjuntivas	Exemplos de uso
causal	Introduz enunciado que indica a causa do fato apresentado na oração principal.	*porque, porquanto, pois, como* (em início de oração), *já que, visto que, uma vez que*, etc.	Saiu correndo **porque** estava atrasado.
comparativa	Introduz enunciado que traz um dos termos de uma comparação.	*como, que nem, (do) que, qual, quanto*, etc.	A substância sintética é tão eficaz **quanto** a substância natural (é).
concessiva	Inicia enunciado com um fato que poderia inviabilizar o fato apresentado na oração principal, mas não o faz.	*ainda que, embora, mesmo que, por mais que, por menos que, apesar de que, nem que*, etc.	**Ainda que** Cris se atrase, ela fará a prova.
condicional	Introduz enunciado que indica hipótese ou condição necessária para que o fato declarado na oração principal se realize.	*se, contanto que, caso, salvo se, a menos que, a não ser que*, etc.	**Se** houver atrasos, a apresentação será cancelada. (hipótese)
conformativa	Inicia enunciado em relação ao qual o fato apresentado na oração principal está em conformidade; introduz enunciado que atribui a um enunciador determinada declaração.	*segundo, como, conforme, consoante*, etc.	**Conforme** você previu, o teatro está lotado. (conformidade) "Viver é perigoso", **como** dizia Guimarães Rosa. (atribuição)
consecutiva	Introduz enunciado que traz uma consequência do fato apresentado na oração principal.	*que* (combinada com *tal, tanto, tão* ou *tamanho*, presentes na oração principal), *de maneira que, de modo que, de forma que*, etc.	Ela se esforça tanto, **que** está sendo reconhecida.
final	Inicia enunciado que exprime a finalidade do fato da oração principal.	*a fim de que, para que*, etc.	O curso foi implantado **para que** desenvolvam seu talento.
proporcional	Introduz enunciado que expressa em que proporção ocorreu o fato apresentado na oração principal.	*ao passo que, à medida que, à proporção que, quanto mais, quanto menos, quanto maior, quanto menor*	**À medida que** os atores se empolgavam, a plateia também se agitava.
temporal	Inicia enunciado que expressa o tempo da realização do fato indicado na oração principal.	*quando, logo que, antes que, até que, desde que, assim que, enquanto*, etc.	Entrem no palco **quando** a cortina se abrir.
integrante	Introduz enunciado sem contribuir para estabelecer relação semântica específica.	*que, se*, etc.	Ela pensou **que** era feriado. É difícil saber **se** vai chover.

A maior parte das conjunções subordinativas contribui para estabelecer relações de sentido específicas entre os enunciados introduzidos por elas e as orações principais. As conjunções **integrantes** introduzem enunciados, habilitando-os a exercer a função de **substantivo**. As demais conjunções subordinativas habilitam enunciados a exercer a função de **advérbio**.

Veja agora as relações de sentido que as **conjunções coordenativas** ajudam a estabelecer.

	Relação de sentido	Conjunções e locuções conjuntivas	Exemplos de uso
aditiva	Indica soma dos conteúdos de dois elementos (palavras, enunciados).	*e, nem, não só... mas também*, etc.	Ela não dormiu **nem** descansou no final de semana.
adversativa	Indica contraste entre os conteúdos de dois elementos.	*mas, porém, no entanto, contudo*, etc.	O convite foi feito, **mas** foi recusado.
alternativa	Indica exclusão ou alternância entre os conteúdos de dois elementos.	*ou, ora, quer, nem, seja*, etc.	**Ora** se desespera, **ora** fica com o olhar perdido.
conclusiva	Indica conclusão lógica do conteúdo de um enunciado em relação a outro.	*portanto, pois* (depois do verbo), *logo, por isso, assim, por conseguinte*, etc.	Você chegará cedo ao teatro, **portanto** deve conseguir um bom lugar.
explicativa	Indica por que se pode declarar algo em um enunciado em relação a outro.	*porque, que, pois* (antes do verbo), *porquanto*, etc.	Ela vai viajar em breve, **pois** suas malas estão arrumadas.

297

Prática de linguagem

1. Leia este trecho de uma reportagem.

Hipermetropia afeta visão de 65 milhões de brasileiros, aponta conselho
Apesar do número alarmante, o problema pode ser corrigido através do uso de óculos, lentes de contato ou cirurgia

Agência Brasil

Calcula-se que 65 milhões de brasileiros têm hipermetropia e 350 mil ficam cegos por catarata, **segundo** dados divulgados pelo Conselho Brasileiro de Oftalmologia (CBO). A hipermetropia "ocorre **quando** o olho é menor do que o normal. Isso cria uma condição de dificuldade para que o cristalino focalize na retina os objetos colocados próximos ao olho. A maioria das crianças são hipermétropes de grau moderado, condição esta que diminui com a idade. A hipermetropia pode ser corrigida através do uso de óculos, lentes de contato ou cirurgia", informa o conselho.

[...]

O conselho alerta **que** os idosos são os mais afetados por problemas de visão. O risco de cegueira, por exemplo, tende a ser 15 a 30 vezes maior em pessoas com mais de 80 anos em comparação às de 40 anos. O total de cegos no país chega a 1,2 milhão de pessoas. Quanto ao glaucoma, a incidência anual chega a até 2% na população geral **e** aumenta com o avanço da idade. Acima de 70 anos, pode chegar a 7%.
[...]

Os oftalmologistas alertam que os exames preventivos são a melhor maneira de reduzir a incidência da cegueira e doenças oculares no país, como glaucoma e catarata.

Agência Brasil, 15 jan. 2013. Disponível em: <http://agenciabrasil.ebc.com.br/noticia/2013-01-15/hipermetropia-afeta-visao-de-65-milhoes-de-brasileiros-aponta-conselho>. Acesso em: 2 abr. 2013.

a) De acordo com o texto, cirurgia, uso de óculos e lentes de contato são os métodos mais indicados para diminuir a incidência de doenças oculares no país? Justifique.

b) Observe as conjunções destacadas. Quais são as orações ligadas pela conjunção *quando*?

c) A frase poderia ter sido escrita nesta ordem:

> Quando o olho é menor do que o normal, ocorre a hipermetropia.

Que informação fica em destaque na frase acima e o que fica em destaque na frase original?

d) Veja uma possibilidade de reescrita para um trecho do texto.

> O conselho alerta para o fato de os idosos serem os mais afetados por problemas de visão.

No trecho original, a conjunção *que* integra uma oração que exerce a função sintática de coordenação ou de subordinação em relação à que conecta? Explique sua resposta.

e) No trecho:

> [...] a incidência anual chega a até 2% na população geral e aumenta com o avanço da idade. Acima de 70 anos, pode chegar a 7%. [...]

A conjunção *e* introduz uma oração que se coordena ou se subordina à oração a que se liga?

f) Que relação a conjunção *segundo* estabelece entre as orações que liga?

2. Leia o anúncio ao lado, veiculado em uma revista de circulação nacional na semana em que se comemorava o Dia Internacional da Mulher.

> A mulher conquistou seu espaço porque não ficou de braços cruzados.

Revista *Veja*, São Paulo, Abril, p. 33, 1º mar. 2009.

a) No anúncio, a expressão "não ficou de braços cruzados" pode ser entendida de duas formas. Explique-as.
b) Qual dos sentidos está associado ao Dia Internacional da Mulher e qual se relaciona ao produto anunciado?
c) A que imagem da mulher o anúncio pretende associar o produto? Em que o produto teria contribuído para as conquistas femininas?
d) Que relação a conjunção estabelece entre as orações? Explique.
e) Que ideia seria reforçada se, no lugar da frase original, fossem empregadas as frases abaixo?
   I. A mulher conquistou seu espaço; não ficou de braços cruzados.
   II. A mulher não ficou de braços cruzados e conquistou seu espaço.

3. Leia o poema.

Dois e dois: quatro

Como dois e dois são quatro
sei que a vida vale a pena
embora o pão seja caro
e a liberdade, pequena

Como teus olhos são claros
e a tua pele, morena

como é azul o oceano
e a lagoa, serena
como um tempo de alegria
por trás do terror me acena

e a noite carrega o dia
no seu colo de açucena

– sei que dois e dois são quatro
sei que a vida vale a pena
mesmo que o pão seja caro
e a liberdade, pequena.

GULLAR, Ferreira. *Toda poesia*. 14. ed. Rio de Janeiro: José Olympio, 2004. p. 171.

"Dois e dois: quatro" foi publicado em um livro que reúne obras de Ferreira Gullar escritas entre 1962 e 1975. No poema, o eu lírico compara sua certeza de que a vida vale a pena a outras certezas que ele tem. Com base nessas informações e na leitura do poema, responda às questões a seguir.

a) Inicialmente, a que o eu lírico compara sua certeza de que a vida vale a pena? Depois dessa primeira comparação, quais outras são feitas?
b) Qual conjunção é empregada para introduzir as comparações que você apontou no item anterior?
c) Na terceira estrofe, levando em conta o contexto histórico brasileiro da época em que o poema foi escrito, a que o eu lírico provavelmente se refere quando fala em *terror*?
d) Releia a primeira estrofe. Nesses versos, o substantivo concreto *pão* foi empregado no lugar de um substantivo abstrato de sentido mais amplo. Qual é, possivelmente, esse substantivo abstrato? Que nome se dá à figura de linguagem em que o concreto é usado no lugar do abstrato?
e) Que efeito o eu lírico produz ao afirmar e reiterar que o pão é caro e a liberdade é pequena, mesmo assumindo que a vida vale a pena?
f) Que relação as conjunções *embora* e *mesmo que* estabelecem entre a oração que introduzem e a oração principal?
g) Qual das duas conjunções citadas no item anterior é mais enfática ao exprimir concessão? Aponte uma razão para ela ter sido escolhida para a estrofe em que aparece.

299

❯ O conceito de interjeição

- Leia a tira.

GONSALES, Fernando. *Níquel Náusea*: nem tudo que balança cai! São Paulo: Devir, 2003. p. 15.

1. Que elementos verbais e não verbais revelam o sentimento do mutantezinho verde ao perceber que acertara o olho da professora?
2. Mesmo aceitando a ideia de uma escola para mutantes, o leitor é surpreendido no final da tira. Explique por quê.
3. Por que não é "grande vantagem" o feito do pequeno mutante?

As expressões usadas para traduzir sentimentos súbitos e espontâneos são chamadas de **interjeições**. Na fala, as interjeições caracterizam-se pela entonação exclamativa ou interrogativo-exclamativa. Na escrita, essa entonação é marcada, em geral, por ponto de exclamação ou reticências.

Semanticamente, uma mesma interjeição pode corresponder a sentimentos diversos, sempre dependentes do contexto. Sintaticamente, a interjeição não desempenha nenhuma função nos enunciados, tendo existência independente. Morfologicamente, apresenta construções bastante variadas, muitas vezes constituindo-se de mais de uma palavra.

Assim, embora as interjeições sejam indicadas pela Nomenclatura Gramatical Brasileira como uma classe de palavras, o fato de elas terem comportamento muito particular faz com que alguns estudiosos da língua não as considerem como tal. Por sua independência sintática e construção variada, alguns chegam a chamá-las de "palavras-frases".

> **Hipertexto**
>
> Na literatura, o Romantismo é a estética que enfatiza a expressão dos **sentimentos súbitos e espontâneos**. Para isso, emprega frequentemente as **interjeições**, como se observa no fragmento de *Os sofrimentos do jovem Werther*, livro inaugural do Romantismo (parte de Literatura, **capítulo 1**, p. 17).

❯ Tipos de interjeição

As interjeições são classificadas semanticamente, de acordo com as emoções que expressam. Veja a seguir algumas das mais usadas:

- de alegria: *oba!, ah!, oh!*
- de admiração: *ah!, oh!*
- de animação: *vamos!, coragem!*
- de aplauso: *bravo!, viva!, bis!*
- de desejo: *oh!, tomara!, oxalá!*
- de dor: *ai!, ui!*
- de dúvida ou de suspeita: *hem?, hein?, hum?*
- de espanto ou de surpresa: *puxa!, oh!, nossa!*
- de impaciência: *hum!, arre!, puxa!, droga!*
- de invocação: *ei!, olá!, psiu!, alô!*
- de satisfação: *oba!, boa!, upa!*
- de silêncio: *psiu!*
- de suspensão: *basta!*
- de terror: *uh!, ui!, cruzes!*

É importante notar que o valor semântico de uma interjeição depende do contexto em que ela é usada. Os tipos descritos acima podem assumir sentidos distintos na situação efetiva de uso. A entonação com que as interjeições são proferidas também é fundamental na veiculação de sentido.

Há interjeições que são formadas por duas ou mais palavras. Nesse caso, são chamadas de **locuções interjetivas**. Exemplos: *ai de mim!; ora bolas!; valha-me Deus!; oh, céus!; raios o partam!; com mil diabos!; alto lá!*

ANOTE

> **Interjeição** é a expressão com que se traduzem emoções. As interjeições são sintaticamente independentes, ou seja, podem sozinhas constituir uma frase.

Vale saber

A interjeição *oxalá!*, que expressa desejo, vem do árabe *wa sha llah* e significa "E queira Deus". A interjeição de espanto *nossa!* é uma redução de "Nossa Senhora!".

Prática de linguagem

1. Leia esta notícia.

   Tem cara de programa de índio o projeto que o *designer* e artista plástico Alessandro Jordão inaugura nesta semana. Trata-se de um misto de restaurante japonês, bar e galeria (até aí tudo bem), instalado dentro de contêineres itinerantes (hummm), onde haverá lutas de sumô (eita!) e atrações afins. A primeira parada do caixotão de três toneladas – haverá uma mudança de endereço a cada três meses – será na Hípica de Santo Amaro. Como são apenas quarenta lugares, é necessário fazer reserva com antecedência. Ah! E desembolsar 240 reais por cabeça, preço que inclui comida e bebida à vontade. [...]

   LEME, Álvaro. Que tal jantar num contêiner? *Veja São Paulo*, Abril, 11 ago. 2009.

   a) Uma característica do gênero notícia é o "apagamento" da presença do enunciador. Percebe-se essa característica na notícia acima? Explique.
   b) Que sentimento a interjeição *hummm* exprime? E a interjeição *eita!*?
   c) Comente o sentido da interjeição *ah!* na notícia e a opção por utilizá-la ao final do texto.
   d) Explique por que as interjeições do texto parecem ter uma função argumentativa.

2. O artigo "Sua saúde daqui a 10 anos", publicado em uma revista, apresenta estudos que podem trazer melhorias no tratamento de algumas doenças na próxima década. Veja ao lado alguns subtítulos presentes no artigo.

   [...]
   Células-tronco, yes!
   [...]
   Adeus, enxaqueca
   [...]
   Xô, dengue
   [...]
   Sua saúde daqui a 10 anos. *Claudia*, São Paulo, p. 116-120, jul. 2010.

   a) Nos subtítulos, identifique os termos que expressam emoção. O que eles significam?
   b) Que interjeições poderiam substituir o termo *yes* no primeiro subtítulo?
   c) Por que o uso de interjeições nos subtítulos do artigo pode ser considerado um recurso discursivo importante?

   Lembre-se
   A relação estabelecida entre textos diversos denomina-se **intertextualidade**.

Usina literária

O poema a seguir, de José Paulo Paes, dialoga com o célebre poema "Canção do exílio", de Gonçalves Dias. Leia-o e responda às questões.

Canção de exílio facilitada
lá?
ah!

sabiá...
papá...
maná...
sofá...
sinhá...

cá?
bah!

PAES, José Paulo. *Poesia completa*. São Paulo: Companhia das Letras, 2008. p. 194.

1. No poema ao lado, que termo indica o local onde o eu lírico está? Que outro termo indica o lugar do qual ele tem saudade?
2. O poema fornece pistas sobre que lugares especificamente são esses? Explique.
3. Há duas palavras, no texto, que traduzem a sensação do eu lírico ao pensar em cada um desses lugares. Quais são elas e o que cada uma expressa?
4. A segunda estrofe sintetiza as experiências boas do eu lírico em sua terra. A que se refere cada palavra empregada na estrofe?
5. Considerando o título do poema, explique a importância do uso das interjeições em sua construção.

Hipertexto
O poema "Canção do exílio", de Gonçalves Dias, representa a primeira fase da poesia romântica no Brasil. Seus versos exaltam a pátria, abordando a riqueza da paisagem natural e a saudade que esse lugar provoca no eu lírico. Você pode consultar o poema na parte de Literatura (**capítulo 3, p. 36**).

Língua viva — A conjunção como recurso coesivo

Leia este artigo de opinião escrito pelo pernambucano Cristovam Buarque, personalidade atuante no cenário político brasileiro, como governador do Distrito Federal, ministro da Educação e senador da República.

A internacionalização do mundo

Em um debate nos EUA, em setembro de 2000, durante o *State of the World Forum*, no Hotel Hilton em Nova Iorque, um jovem perguntou-me o que pensava sobre a internacionalização da Amazônia. Introduziu sua pergunta dizendo que desejava que a respondesse como humanista, não como brasileiro. [...]

De fato, como brasileiro eu simplesmente responderia ser contra a internacionalização da Amazônia, por mais que nossos governos não estejam cuidando com o devido cuidado desse nosso patrimônio.

Mas reconheci que, como humanista, aceitaria a internacionalização da Amazônia, transformando-a em uma reserva para todos os seres humanos e não permitindo que fosse queimada pela vontade dos brasileiros. Desde que se considerasse igualmente a necessidade de internacionalizar outros patrimônios nacionais importantes para toda a humanidade.

Se a Amazônia, em uma ótica humanista, deve ser internacionalizada, internacionalizemos também as reservas de petróleo do mundo inteiro. O petróleo é tão importante para o bem-estar da humanidade quanto a Amazônia para o nosso futuro. Apesar disso, os donos das reservas de petróleo sentem-se no direito de aumentar ou diminuir a exploração e de subir ou não o seu preço, e os ricos do mundo no direito de queimar esse imenso patrimônio da humanidade.

Da mesma forma, o capital financeiro internacional deveria ser internacionalizado. A queima da Amazônia é tão grave quanto o desemprego provocado pelas decisões arbitrárias dos especuladores globais. Não podemos deixar que as reservas financeiras sirvam para queimar países inteiros na volúpia da especulação.

Antes mesmo da Amazônia, eu gostaria de ver a internacionalização de todos os grandes museus do mundo. O Louvre não deve pertencer apenas à França. Cada museu do mundo é o guardião das mais belas peças produzidas pelo gênio humano. Não se pode deixar que esse patrimônio cultural, como o patrimônio natural amazônico, seja manipulado ou destruído pelo gosto de um proprietário ou de um país. Não faz muito, um milionário japonês decidiu ser sepultado levando uma obra-prima de pintura que lhe pertencia. Antes que isso acontecesse, o quadro deveria ter sido internacionalizado. Ele pertence a toda a humanidade.

Durante o encontro em que ouvi a pergunta, as Nações Unidas reuniam o Fórum do Milênio, mas alguns chefes de governo tiveram dificuldades para comparecer por constrangimentos na fronteira dos EUA. Por isso, eu disse que Nova Iorque, como sede das Nações Unidas, deveria ser internacionalizada. Pelo menos Manhattan deveria pertencer a toda a humanidade. Assim como Paris, Veneza, Roma, Londres, Rio de Janeiro, Brasília, Recife, cada cidade, com sua beleza específica e sua história, deveria pertencer ao mundo inteiro.

Se os EUA querem internacionalizar a Amazônia, pelo risco de deixá-la nas mãos de brasileiros, internacionalizemos todos os arsenais nucleares dos EUA. Até porque eles já demonstraram que são capazes de usar essas armas, provocando uma destruição milhares de vezes maior do que as lamentáveis queimadas feitas nas florestas do Brasil.

Tem-se defendido nos EUA a ideia da internacionalização das reservas florestais, em troca do perdão da dívida externa do país onde estão localizadas. Comecemos usando essa dívida para garantir que cada criança do mundo tenha possibilidade de ir à escola. Internacionalizemos as crianças, tratando todas elas, não importa o país onde nascem, como patrimônio da humanidade, merecendo os cuidados do mundo inteiro. Ainda mais do que merece a Amazônia. Quando os dirigentes mundiais tratarem as crianças pobres do mundo como um patrimônio da humanidade, eles não deixarão que elas trabalhem no lugar de estudar, que morram no lugar de viver.

E concluí: como humanista, aceito defender a internacionalização da Amazônia e do mundo inteiro. Mas, enquanto o mundo me tratar como brasileiro, lutarei para que a Amazônia seja nossa. Só nossa.

BUARQUE, Cristovam. *Os instrangeiro*: a aventura da opinião na fronteira dos séculos. Rio de Janeiro: Garamond, 2005.

Vista aérea da floresta Amazônica. Fotografia de 2012.

Vocabulário de apoio

especulação: operação financeira que obtém lucros elevados por meio das oscilações de mercado

humanista: apoiador e entusiasta dos interesses, das potencialidades e das faculdades do ser humano, com ênfase na capacidade humana de transformação da realidade

volúpia: prazer, deleite

Sobre o texto

1. Sintetize em um *sim* ou um *não*: o autor é favorável à internacionalização da Amazônia?
2. De acordo com o texto, o governo brasileiro não cuida devidamente da Amazônia.
   a) Isso impede o autor de, como brasileiro, ser contra a sua internacionalização?
   b) Que relação é obtida com a conjunção *por mais que* no segundo parágrafo?
3. O segundo parágrafo mostra a opinião do autor sobre a internacionalização da Amazônia como brasileiro, e o terceiro parágrafo apresenta a opinião dele como humanista.
   a) Essas duas opiniões coincidem ou são divergentes?
   b) Que palavra do terceiro parágrafo explicita a relação entre as ideias desses parágrafos?
4. O terceiro parágrafo indica uma condição para a internacionalização da Amazônia.
   a) Qual é essa condição?
   b) Que conjunção introduz a oração que contém tal condição?
5. O quarto parágrafo inicia-se retomando o que foi dito no parágrafo anterior.
   a) Que palavra introduz essa retomada?
   b) A essa retomada se segue uma proposta. É provável que ela seja aceita? Por quê?
6. No quinto parágrafo, o autor faz uma afirmação composta por duas orações.

Serraria com fornos de carvoaria próxima à Reserva Biológica de Gurupi, no Maranhão amazônico. Fotografia de 2012.

> A queima da Amazônia é tão grave quanto o desemprego provocado pelas decisões arbitrárias dos especuladores globais.

   a) Qual dessas orações retoma o tema do texto e qual traz um dado novo?
   b) Que relação a conjunção *quanto* estabelece entre as duas orações?
7. Para sustentar sua opinião, o autor apresenta um único argumento, reiterado continuamente ao longo do texto.
   a) Faça uma lista de tudo aquilo que o autor afirma que deveria ser internacionalizado.
   b) Observe o último item da lista. Que efeito ele pode produzir no leitor? Por quê?
8. Releia o último parágrafo.
   a) Nesse trecho, as conjunções *e* e *mas* não ligam orações em um período. Que unidades textuais elas ligam?
   b) Indique a relação que cada conjunção estabelece entre os termos que liga.
   c) O último parágrafo reafirma a posição do autor sobre a internacionalização da Amazônia. Retome sua resposta à atividade 1 e explique-a com base nos dados do artigo.

ANOTE

As **conjunções** contribuem para a **coesão** dos textos porque conectam palavras, orações, períodos e parágrafos, evidenciando a relação semântica que se estabelece entre eles e contribuindo para que o assunto se desenvolva, sem se desviar do tema.

Texto em construção

Você produzirá um **artigo expositivo** para um *site* **didático**. Escolha como tema um tópico que você esteja estudando em alguma das disciplinas curriculares, mas considere que o *site* tem como público-alvo alunos do Ensino Fundamental I.

O capítulo 34 (p. 342) pode ajudar na elaboração do seu artigo. Leia todos os boxes *Anote* desse capítulo e use o tópico *Planejamento*, na seção *Produzir um artigo expositivo de livro ou de site didático*, como roteiro para a produção do seu texto.

Durante a elaboração, atente-se ao uso das conjunções para que as orações, os períodos e os parágrafos se articulem uns com os outros, de modo que o tema do texto esteja presente em todos os parágrafos e, ao mesmo tempo, haja progressão do assunto.

Após a escrita do texto, troque-o com um colega para avaliação. Verifique se o artigo está de acordo com a variedade urbana de prestígio, se os dados fornecidos são precisos e se a linguagem e o conteúdo estão adequados ao público-alvo. Lembre-se de dar especial atenção às conjunções, verificando se elas expressam adequadamente as relações entre as informações apresentadas. Com base nas observações do seu colega, reescreva seu texto e apresente-o oralmente à classe. Veja com a turma a possibilidade de disponibilizar todos os textos produzidos em um *site* ou *blog*.

Em dia com a escrita — Emprego de preposição antes do pronome relativo

Os pronomes relativos não têm significado próprio: eles são sempre usados para retomar um antecedente. Em algumas situações, o verbo ou o substantivo da oração introduzida pelo pronome relativo exige uma preposição. Nesse caso, essa preposição deverá ser colocada antes do pronome relativo.

Leia, a seguir, o trecho de um poema da escritora portuguesa Florbela Espanca.

[...]
Se me ponho a cismar em outras eras
Em que ri e cantei, em que era querida,
Parece-me que foi noutras esferas,
Parece-me que foi numa outra vida...
[...]

ESPANCA, Florbela. Lágrimas ocultas. In: *Poemas selecionados*. São Paulo: Ciberperfil Literatura Digital, 2012. p. 12. Disponível em: <http://www.dominiopublico.gov.br/download/texto/ph000240.pdf>. Acesso em: 21 fev. 2013.

Lembre-se

Os **pronomes relativos** são: *que, quem, onde, como, quando, o qual, cujo, quanto.*

Observe, no segundo verso, a presença da preposição *em* antes do pronome relativo *que*.

O pronome relativo retoma um termo que já foi mencionado e o representa nas orações seguintes. Assim, se o pronome relativo foi usado depois de "outras eras", ele está no lugar que seria dessa expressão. Observe:

- [...] me ponho a cismar em outras eras **em** que [eu] ri e cantei, **em** que [eu] era querida.
- [...] me ponho a cismar em outras eras. Eu ri e cantei **em** outras eras. Eu era querida **em** outras eras.

A locução adverbial "em outras eras" é introduzida pela preposição *em*. Portanto, o pronome relativo *que*, que equivale a "outras eras", precisa ser introduzido pela mesma preposição.

Se outra preposição fosse necessária (por exemplo, *com*), então ela seria empregada antes do pronome relativo. Veja:

- [...] me ponho a cismar em outras eras **com** que [eu] sonhei.
- [...] me ponho a cismar em outras eras. Eu sonhei com outras eras.

1. Leia a frase, observando a preposição destacada.
   Eu me referi **a** esse livro.
   a) Qual é o antecedente da preposição?
   b) Forme um único período com as duas frases que seguem, empregando o pronome relativo *que*. Observe que a preposição deve ser usada antes do pronome relativo.
      - O livro é ótimo.
      - Eu me referi a esse livro.
   c) Como seria o período formado se a segunda oração fosse "Eu simpatizei com esse livro"?

2. Identifique a preposição e o antecedente.
   a) Gosto deste *blog*.
   b) Preciso do CD.
   c) A menina brincava com a boneca o dia todo.
   d) Já estive naquela cidade.

3. Junte as duas orações em um período usando o pronome relativo *que* regido de preposição.
   a) Este é o *blog*. Gosto do *blog*.
   b) Aqui está o CD. Preciso do CD.
   c) Esta é a boneca. A menina brincava com a boneca o dia todo.
   d) O trem passa por aquela cidade. Já estive naquela cidade.

4. Una as orações usando o pronome relativo *o qual* (e flexões) em vez de *que*.
   a) Foi derrotado o inimigo. Lutou-se contra o inimigo.
   b) Existem regras. A vontade individual deve ceder perante as regras.
   c) Estava quebrada a cama. O gato se deitou debaixo da cama.
   d) Ali fica a escola. Junto à escola você vai encontrar um edifício de escritórios.

5. Copie as frases no caderno, completando-as com a preposição exigida pelo termo destacado.
   a) A pessoa ■ quem mais **admiro** é você.
   b) Aqui está uma pessoa ■ quem sinto uma **admiração** enorme.
   c) Aqui está uma pessoa ■ quem **gosto** muito.
   d) Aqui está uma pessoa ■ quem o estudo é muito **importante**.

6. Copie as frases no caderno, completando-as com a preposição adequada. Atente para a dica apresentada entre parênteses.
   a) Este é o produto ■ cujo rótulo não há data de validade. (Haver algo em um rótulo.)
   b) Chegamos a uma cidadezinha ■ cujas ruas não passava ninguém. (Passar por ruas.)
   c) A escola tem alunos ■ cujas necessidades temos de dar atenção especial. (Dar atenção a necessidades.)
   d) Encontraram uma pessoa ■ cujo nome não se lembravam mais. (Lembrar-se de um nome.)

7. Leia os períodos abaixo, atentando para o emprego de *onde* e de *aonde*.

   > Este é um lugar **onde** se paga muito imposto. (onde = em que/no qual)
   > São Luís é o lugar **aonde** pretendo chegar amanhã. (aonde = ao qual)

   Onde se usa com verbos estáticos. *Aonde* se usa com verbos dinâmicos, que indicam movimento. O pronome *onde* pode ser precedido de outras preposições, como *de* e *por*.
   Complete as frases com *aonde*, *de onde* ou *por onde*.
   a) Sei ■ você foi ontem.
   b) A cidade ■ você passou é turística.
   c) Em Minas, ■ pretendo ir amanhã, está chovendo.
   d) A cidade ■ você veio fica muito longe.

8. Reescreva a frase abaixo, substituindo o verbo *admirar* pelos verbos sugeridos. Na reescrita, atente para a adequação das preposições.

   > O escritor a quem **admiro** lançará um novo livro.

   a) Verbo *gostar* (primeira pessoa do singular do presente do indicativo).
   b) Verbo *falar* (terceira pessoa do singular do pretérito imperfeito).
   c) Verbo *apaixonar-se* (primeira pessoa do singular do pretérito perfeito).
   d) Verbo *basear-se* (primeira pessoa do plural do pretérito perfeito).

9. A notícia reproduzida a seguir divulga um estudo científico. Leia-a.

   ### Todas as cores ■ as quais os cientistas veem nosso Sol

   A NASA publicou esta colagem colorida que mostra o Sol de toda forma possível, usando os instrumentos do Solar Dynamics Observatory (SDO), sonda não tripulada para estudar o Sol e as formas ■ que ele afeta a vida na Terra.

   Quando você tira uma foto com o Sol no plano de fundo, ela só captura a cor amarela que vemos com nossos olhos. Mas nossa estrela emite luz de todas as cores: é que a cor amarela é a mais brilhante, e a luz solar perde os comprimentos de onda azuis quando entra na atmosfera.

   Díaz, Jesus. Gizmodo, 24 jan. 2013. Disponível em: <http://www.gizmodo.com.br/nasa-sdo-cores-do-sol>. Acesso em: 16 maio 2013.

   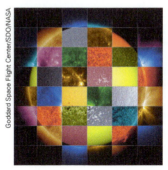

   Montagem feita com imagens captadas pelo Solar Dynamics Observatory, divulgada pela NASA. Nela, aparecem os diferentes aspectos da atmosfera e da superfície do Sol, quando observado em seus vários comprimentos de onda.

   a) De acordo com o texto, qual a diferença entre as imagens captadas pelo SDO e a visão que temos normalmente do Sol?
   b) Que preposição substituiria os sinais ■ adequadamente?
   c) Reescreva os dois períodos em que você identificou a preposição, fazendo as adaptações necessárias para incluí-la.

   ANOTE
   > Quando os verbos ou substantivos das orações introduzidas por um pronome relativo exigem **preposição**, esta deve ser colocada **antes** do **pronome relativo**.

Articulando — O perigo das generalizações

Certo grau de generalização é necessário para a vida em sociedade, para que não seja preciso a todo momento redescobrir como devemos nos comportar e possamos prever qual será o comportamento dos demais. Mas generalizar com base em conhecimentos muito escassos ou superficiais pode nos levar a agir com preconceito. Esse é o assunto dos textos a seguir. Leia-os.

Texto 1

Por uma escola de cidadãos

[...] o problema da cidadania tem várias facetas. Devemos, porém, dar uma atenção especial a uma questão que está presente nas relações cotidianas de todos nós e que deve ser cuidadosamente tratada na escola, onde se manifesta com mais frequência do que gostaríamos de confessar. Além disso, a escola é um local privilegiado não só para discuti-la mas para iniciar um trabalho de atenuação da sua força. Estamos falando da questão do preconceito e da discriminação, em suas mais variadas formas. [...]

Raramente admitimos que temos preconceitos ou que discriminamos alguém. Preconceito, nunca. Temos opiniões bem definidas sobre as coisas. [...]

Afinal todos sabemos (sabemos?) que os franceses não tomam banho; os mexicanos são preguiçosos; os judeus, argentários; os árabes, desonestos, e por aí afora. Sabemos também que os cariocas são folgados; os nordestinos, miseráveis, etc. Sabemos ainda que o negro não tem o mesmo potencial que o branco, a não ser em algumas atividades bem definidas como o esporte, a música, a dança [...]. Sabemos que os mexicanos são preguiçosos, porque eles aparecem sempre dormindo embaixo de seus enormes chapelões enquanto os diligentes americanos cuidam do gado e matam bandidos nos faroestes. Para comprovar que os italianos são ruidosos achamos o bastante frequentar uma cantina no Bixiga. Falamos sobre a inferioridade do negro a partir da observação de sua condição socioeconômica. E achamos que as praias do Rio de Janeiro cheias durante os dias de semana são prova de caráter folgado do cidadão carioca. Quando nos deparamos com uma exceção admitimos que alguém possa ser limpo apesar de francês; trabalhador, apesar de mexicano; discreto, apesar de ser italiano; honesto, apesar de árabe; desprendido do dinheiro, apesar de judeu, e por aí afora. Mas admitimos com relutância e em caráter totalmente excepcional. Raramente nos damos ao trabalho de analisar as nossas afirmações mais a fundo. Não nos preocupamos em estudar, em nos informar sobre o papel que a escravidão teve na formação histórica do negro brasileiro. Pouco atentamos para a realidade social do povo mexicano e de como ele aparece estereotipado no cinema hollywoodiano. Ao invés disso, a nossa tendência é reproduzir, de forma acrítica, esses preconceitos que nos são passados por piadinhas, por tradição familiar, pela religião, pela necessidade de compensar nossa real inferioridade individual por uma pretensa superioridade coletiva que assumimos ao carimbar o "outro" com a marca de qualquer inferioridade. [...]

Um outro fato para o qual devemos estar atentos é que quando essas generalizações negativas atingem uma categoria social que de algum modo é discriminada, então, o prejuízo é maior, pois não só reforçam o "clima negativo" que a envolve, o que por si só já é um grande mal, mas dificultam o processo de crescimento das pessoas que a ela pertencem na medida em que prejudicam a sua autoconfiança, requisito importante para que, inclusive, ela lute contra esse clima negativo.

Obviamente, nem todas as pessoas pertencentes às categorias discriminadas reagem da mesma maneira perante essas observações. [...] Agora, você já parou para pensar no prejuízo que os preconceitos podem causar para uma criança? Se eles afetam pessoas adultas, já amadurecidas, o que dizer de uma criança que está em processo de formação da sua personalidade, de desenvolvimento de sua identidade, inclusive identidade de grupo e que, portanto, necessita de modelos para poder se espelhar? Como fica a autoestima, o sentimento de pertencimento de grupo dessa criança? [...]

Como se observa, existe o preconceito, quando a nossa postura em relação a um grupo é resultado de uma expectativa que construímos ou que nos foi transmitida pelos nossos antepassados a seu respeito. Expectativa essa muitas vezes fruto de injunções históricas, políticas, ou mesmo de imagens que circulam na sociedade. Como consequência, o processo de interação que estabelecemos com os seus membros é quase sempre permeado por essa expectativa. Ou seja, no momento em que passamos a nos relacionar com pessoas do grupo temos a tendência em julgá-las em função desse pertencimento e não do que elas são individualmente. [...]

PINSKY, Jaime; PAHIM, Regina. *Cadernos de educação básica*: série institucional 9. MEC/FNUAP, 1993. Disponível em: <http://www.jaimepinsky.com.br/site/main.php?page=artigo&artigo_id=127>. Acesso em: 25 fev. 2013.

Vocabulário de apoio

argentário: endinheirado
Bixiga: região colonizada por imigrantes italianos localizada na cidade de São Paulo
cantina: restaurante de comida italiana
diligente: que tem prontidão, ativo, zeloso
injunção: exigência, imposição

Texto 2

Imagens e estereótipos do Brasil em reportagens de correspondentes internacionais

Os principais diários internacionais apresentam o Brasil como uma nação assombrosa, oscilando entre paraíso tropical e inferno dantesco [...]

Quatro representações de "Brasis" diferentes foram delimitadas nos seguintes blocos de estereótipos:

Brasil "verde": Um grupo de estereótipos tão antigo quanto os relatos dos descobridores foca a exaltação da beleza natural da paisagem, da flora e da fauna brasileiras. Durante a colonização, tratava das possibilidades de exploração das terras, como os primeiros relatos sobre o pau-brasil e o uso das terras para a agricultura [...], mas esse enfoque foi por muito tempo deixado num segundo plano – talvez retomando sua força com a discussão atual sobre o agronegócio e os biocombustíveis. A maioria das matérias desse grupo aborda a ameaça ambiental e os desafios ecológicos da preservação das florestas e dos povos que dela vivem.

Brasil "de lama": Nesse agrupamento estão textos sobre a (corrupção) política, o subdesenvolvimento e a pobreza endêmica – frequentemente inter-relacionados ou acompanhados pela "violência". [...]

Brasil "de sangue": O principal enfoque negativo é o da violência, que engloba o tráfico de drogas, e causa um cenário de insegurança generalizada. Essa violência comumente é justificada por fatores estruturais, como a omissão/corrupção do governo, a pobreza e a exclusão social (como citados na representação do "Brasil de lama"). A representação de um país "sangrento" também evidencia que ninguém está seguro, pois a violência é aberta e onipresente [...]

Brasil "de plástico": No lado mais otimista e laudatório das representações, está uma visão excessivamente publicitária do país: é a nação das festividades carnavalescas, da liberdade sexual (seja qual for a orientação), dos negócios, da alta sociedade e seus caprichos. Frequentemente trata da cultura como um produto para exportação – ou aluguel turístico [...].

[...] É necessário [...] questionar os efeitos da reprodução de estereótipos como o do tráfico de drogas, da falta de soberania amazônica, da insegurança, da corrupção generalizada, da discriminação, da depredação ambiental, do crime que domina o país e da pobreza (os sete estereótipos mais frequentes nos textos analisados). São imagens que foram criadas e reproduzidas porque simplificam a realidade, mas também porque elas foram escolhidas, por seus autores e por outros antes deles, como representativas. [...] antes eram outras as imagens que traduziam o Brasil – imagens mais sensuais, festivas e exóticas, muito menos dramáticas. A superação desses pontos pode ser vista como uma vitória, pois realmente o Brasil não se reduz ao carnaval e à chanchada. Mas a conotação extremamente negativa dos novos estereótipos, em comparação com as moralmente dúbias representações anteriores, incomoda mesmo considerando que o jornalismo, por essência, interessa-se mais pelas más notícias. [...]

Desfile da escola de samba Vila Isabel, no Rio de Janeiro (RJ). Fotografia de fevereiro de 2013.

PAGANOTTI, Ivan. Disponível em: <http://www3.usp.br/rumores/artigos2.asp?cod_atual=121>. Acesso em: 26 fev. 2013.

Debate

1. Junte-se com quatro colegas e converse sobre as seguintes questões.
   a) Por vezes, os próprios brasileiros referem-se ao país como o lugar do "jeitinho", onde o povo é "folgado" e só há políticos corruptos, etc. Tais estereótipos têm base na realidade? Qual pode ser a origem deles? Que exemplos contradizem tais generalizações?
   b) Se é possível provar que as generalizações sobre os brasileiros são falsas, o que nos levaria a acreditar que as generalizações acerca de outros grupos sejam verdadeiras?
   c) Que exemplos poderiam se contrapor às generalizações mencionadas no texto 1?

2. Debata com os demais grupos as questões propostas sobre as seguintes afirmações:
   - "Raramente admitimos que temos preconceitos ou que discriminamos alguém [...]"
   - "É necessário [...] questionar os efeitos da reprodução de estereótipos [...]"
   a) De que forma o modo como nos expressamos pode reforçar preconceitos? Que ações são possíveis, individual e coletivamente, para evitar o preconceito e a discriminação?
   b) Em que medida interesses políticos podem criar imagens estereotipadas? Que acontecimentos históricos, recentes ou não, ilustram isso?

Vocabulário de apoio

chanchada: espetáculo de baixa ou má qualidade que mescla música e humor

dantesco: refere-se ao poeta italiano Dante Alighieri (1265-1321), cuja descrição do inferno no poema *A Divina Comédia* é marcada por horrores e sofrimento

dúbio: impreciso, ambíguo

endêmico: doença característica de determinada população ou região

laudatório: que exalta, elogioso

Vale saber

A palavra *estereótipo* é formada a partir dos elementos *estereo*, que significa "sólido, fixo", e *tipo*, que significa "modelo, padrão".

A língua tem dessas coisas

Mais vale um *pendrive* na mão do que dois voando

Você conhece os provérbios a seguir? Discuta com seus colegas e professor que ensinamentos eles transmitem e em que situações costumam ser usados.

- Devagar com o andor, que o santo é de barro.
- De tostão em tostão, se vai ao milhão.
- Quem nasceu para dez réis não chega a vintém.
- Aonde vai a corda, vai a caçamba.
- Pelo andar dos bois se conhece o peso da carroça.
- A cavalo dado não se olham os dentes.
- A galinha do vizinho dá um caldo mais gostoso.
- Cada terra com seu uso, cada roca com seu fuso.
- Tanto vai o cão ao moinho que um dia lá deixa o focinho.
- Não há domingo sem missa nem segunda sem preguiça.

Carro de bois no interior do estado de São Paulo, década de 1920.

Roca de fiar, década de 1890.

Provérbios são frases curtas que revelam a sabedoria popular a respeito dos costumes, das regras sociais, da moralidade, etc. Costumam ser usados, nas conversas do dia a dia, para comprovar a verdade de algo que foi dito, para mostrar que algumas situações sempre se repetem, para aconselhar, etc. Aproximam-se, assim, da moral com que se encerram as fábulas.

Transmitidos de geração a geração, muitas vezes os provérbios fazem referência a elementos e hábitos sociais que já não existem no contexto contemporâneo. Ainda assim, na maior parte das vezes os falantes são capazes de compreender a lição que eles veiculam.

Os provérbios apresentados acima fazem menção, entre outras coisas, a costumes relacionados à vida rural e à religião. Um provérbio criado hoje certamente faria referência àquilo que atualmente está no cotidiano da maioria das pessoas: tecnologia, internet, trânsito, globalização, etc. Veja como alguns provérbios poderiam ser adaptados para fazer referência a elementos da vida atual.

Aonde vai a corda, vai a caçamba. → Aonde vai o celular, vão os fones.

Amigos, amigos; negócios à parte. → Amigos, amigos; senhas à parte.

A cavalo dado não se olham os dentes. → A arquivo dado não se olha o formato.

1. Em grupos de até três pessoas, você vai pesquisar o significado de um dos provérbios apresentados no início desta seção. Vale fazer uma pesquisa na internet, conversar com seus pais, familiares e outras pessoas mais velhas. É importante consultar várias fontes para saber se o provérbio sempre é interpretado da mesma forma. Você talvez descubra provérbios que têm sentido semelhante ao do provérbio da sua pesquisa. Apresente os resultados para a turma.

2. Agora, você vai escolher dois ou três provérbios – do início da seção ou dos que aparecem a seguir – e modificá-los, de modo que façam referência a costumes atuais. Para isso, é preciso compreender que tipo de lição eles buscam ensinar, pois isso será mantido. Se for preciso, discuta-os com seus colegas antes de criar a sua versão. Use o humor e a criatividade!

- A melhor espiga é para o pior porco.
- Antes perder a lã que a ovelha.
- Antes só do que mal acompanhado.
- Não há rosa sem espinho.
- O hábito não faz o monge.
- Pelo canto se conhece a ave.
- Onde há fumaça, há fogo.
- De grão em grão a galinha enche o papo.

308

Vestibular e Enem

(FGV-RJ) Leia o texto e responda às questões.

Belas & traídas

Ricas, belas, famosas e... traídas. Este seria o título correto desta crônica, não fosse ele longo. Mais correto ainda, já que mais abrangente, seria acrescentar a palavra "infelizes" antes do ponto-final, consideran-
5 do-se que, nas relações de amor, toda e qualquer deslealdade produz infelicidade.

Mas enfim, de uma maneira ou de outra, vale lembrar que a felicidade não anda de mãos dadas com a beleza, o dinheiro e a fama. Uma celebridade não é
10 obrigatoriamente feliz, como podem pensar algumas jovens sonhadoras, principalmente quando se projetam, carregadas de ilusão, na vida das atrizes de televisão e das modelos que desfilam nas passarelas do mundo. Quase sempre os holofotes em cima de uma
15 mulher, ao mesmo tempo em que a iluminam para os outros, a obscurecem para ela mesma, fazendo com que perca sintonia com a vida real.

Acaba de ir para as livrarias um livro muito interessante e de leitura saborosa: *Divas abandonadas*, da jor-
20 nalista Teté Ribeiro. Para quem não sabe, até porque o termo já não é de uso corrente, divas é o nome que se dá às atrizes e cantoras excepcionais, principalmente as de ópera, além de poder também ser traduzido por deusas. Em nosso país, por exemplo, diva é
25 uma Fernanda Montenegro, uma Marília Pêra, uma Tônia Carrero, uma Marieta Severo, mas também podemos denominar como tal uma escritora como Lygia Fagundes Telles, como o foram Clarice Lispector, Cecília Meireles e Hilda Hilst, entre outras. Pois Teté
30 Ribeiro lista sete estrelas que se enquadram no título e no tema desta crônica. São elas: princesa Diana, Jacqueline Kennedy Onassis, as cantoras Maria Callas e Tina Turner, a poeta Sylvia Plath e as atrizes Ingrid Bergman e Marilyn Monroe, esta última a
35 campeã em todas as modalidades na perigosa arte de viver: bela, rica, famosa, traída e... infelicíssima!

(...)

No livro *A arte de amar,* do escritor paulista Júlio César da Silva, a mulher aparece como predestinada a
40 ser traída. É uma fatalidade, afirmava ele, machista como todos os poetas do começo do século XX. No livro, definido como obra-prima por Monteiro Lobato, podem-se ler estes dois versos bastante elucidativos:

Se ele te engana, perdoa, e não lhe digas nada!
45 *Da mulher o destino é ser sempre enganada.*

Incrível, não acham? Pois é, mas mesmo nos dias de hoje, quase 100 anos depois de esses versos serem escritos, encontraremos quem com eles concorde. Machistas existem desde a criação do mundo, e
50 progresso algum há de acabar com eles. E o poeta, sem esconder o orgulho de ser homem, ainda afirma mais adiante:

A despeito de tudo, ele te engana e mente,
que a um homem não lhe basta uma mulher somente!
55 Posso imaginar a indignação das leitoras diante dessas duas estúpidas afirmações. Mas entre os leitores alguns certamente dirão: "E nós, homens, também não somos vítimas de traição, mesmo quando ricos, belos e famosos? Quando alguém vai escrever
60 um livro contando as agruras pelas quais passam as celebridades masculinas?". Está aí uma sugestão para a mesma Teté Ribeiro, que fez esse livro imperdível.

CARLOS, Manoel. *Veja Rio*, Rio de Janeiro, 22 ago. 2007.

1. *Mas enfim*, que inicia o segundo parágrafo do excerto, indica que:
a) os tempos verbais do segundo parágrafo subordinam-no aos do primeiro.
b) as pessoas célebres não são necessariamente felizes, como são as pessoas simples.
c) as jovens sonhadoras projetam-se na vida das artistas de televisão.
d) a partir daí, o cronista começa a falar realmente do tema, dando por encerrada a introdução.
e) os holofotes fazem as atrizes perder contato com a vida real.

2. Assinale a frase que justifica o emprego de *mas também*. (L. 26)
a) As personalidades mencionadas em seguida não são atrizes.
b) Fernanda Montenegro é uma cantora, além de atriz.
c) Marília Pêra é cantora de ópera e atriz.
d) Clarice Lispector foi abandonada por seu marido.
e) O termo *divas* não é mais de uso corrente.

3. **(Ifal)** Parágrafo do editorial "Nossas crianças, hoje".

> Oportunamente serão divulgados os resultados de tão importante encontro, mas enquanto nordestinos e alagoanos sentimos na pele e na alma a dor dos mais altos índices de sofrimento da infância mais pobre. Nosso Estado e nossa região padece de índices vergonhosos no tocante à mortalidade infantil, à educação básica e tantos outros indicadores terríveis.
>
> *Gazeta de Alagoas*, seção Opinião, 12 out. 2010.

Em que alternativa a seguir, a conjunção "enquanto" apresenta o mesmo sentido expresso no parágrafo?
a) "Enquanto era jovem, viveu intensamente."
b) "Dorme enquanto eu velo..." (Fernando Pessoa)
c) "João enriquece, enquanto o irmão cai na miséria."
d) "A gramática é o estudo da língua enquanto sistema..." (Sílvio Elia)
e) "Eu trabalhava enquanto ele dormia a sono solto."

Vestibular e Enem

(Mackenzie-SP)

Texto 1

Texto 2

> A regra geral básica da conversação é: fala um de cada vez. Pois, na medida em que nem todos falam ao mesmo tempo (em geral um espera o outro concluir) e um só não fala o tempo todo (os falantes se alternam), é sugestivo **imaginar a distribuição de turnos entre os falantes como um fator disciplinador da atividade conversacional**.
>
> Luís Antônio Marcuschi
>
> **Obs.**: *turno*: cada uma das vezes em que o falante está com a palavra durante uma conversação.

4. Pela leitura dos textos, depreende-se corretamente que:
   a) o conceito de *turno conversacional* pode ser vislumbrado nas falas em que o garoto elabora estratégias para assumir a palavra numa conversação.
   b) é impossível imaginar regras conversacionais, já que a comunicação oral se caracteriza pela liberdade e espontaneidade.
   c) as falas do garoto (texto 1) constituem-se como uma paráfrase do texto 2, já que o tratamento dado ao tema é o mesmo.
   d) a história em quadrinhos, por ser escrita em forma de diálogo, conceitua com mais correção a ideia de turno conversacional.
   e) O sentido da fala do tigre – o amigo do garoto – contradiz o conceito teórico apresentado no texto 2.

5. Assinale a alternativa correta.
   a) A conjunção *mas* (4º quadrinho) indica que o garoto não compreendeu a fala do amigo tigre.
   b) Os elementos *quando* e *para* (1º quadrinho), ao relacionar orações, denotam, respectivamente, circunstâncias de temporalidade e finalidade.
   c) A palavra *só* (texto 2, linha 4) caracteriza-se como modificador do evento expresso pelo verbo "falar".
   d) Os dois-pontos depois de *é* (texto 2, linha 1) podem ser substituídos por uma vírgula, sem prejuízo da correção gramatical.
   e) A expressão *na medida em que* (texto 2, linha 2) reforça a ideia conclusiva introduzida por *pois* (texto 2, linha 2).

6. Assinale a alternativa correta.
   a) A preposição *de*, em *pensamentos do outro* (3º quadrinho), indica a mesma relação de sentido evidenciada, por exemplo, em "garotos de fibra".
   b) Os parênteses empregados ao longo do texto 2 apontam correções a afirmações feitas anteriormente.
   c) No segmento *os falantes se alternam* (texto 2, linhas 4 e 5), o pronome expressa ideia de reciprocidade.
   d) O sufixo *-ada*, em *roubada* (2º quadrinho), indica o mesmo acréscimo de sentido identificado na forma "garotada".
   e) Os verbos *rouba* e *corre* (2º quadrinho) indicam ações simultâneas, aspecto reforçado pela conjunção *e* (*rouba a ideia do outro e corre*).

7. (Enem)

> Os filhos de Ana eram bons, uma coisa verdadeira e sumarenta. Cresciam, tomavam banho, exigiam para si, malcriados, instantes cada vez mais completos. A cozinha era enfim espaçosa, o fogão enguiçado dava estouros. O calor era forte no apartamento que estavam aos poucos pagando. **Mas** o vento batendo nas cortinas que ela mesma cortara lembrava-lhe que se quisesse podia parar e enxugar a testa, olhando o calmo horizonte. Como um lavrador. Ela plantara as sementes que tinha na mão, não outras, **mas** essas apenas.
>
> Lispector, C. *Laços de família*. Rio de Janeiro: Rocco, 1998.

A autora emprega por duas vezes o conectivo **mas** no fragmento apresentado. Observando aspectos da organização, estruturação e funcionalidade dos elementos que articulam o texto, o conectivo **mas**:

a) expressa o mesmo conteúdo nas duas situações em que aparece no texto.

b) quebra a fluidez do texto e prejudica a compreensão, se usado no início da frase.

c) ocupa posição fixa, sendo inadequado seu uso na abertura da frase.

d) contém uma ideia de sequência temporal que direciona a conclusão do leitor.

e) assume funções discursivas distintas nos dois contextos de uso.

8. (Enem)

> O Flamengo começou a partida no ataque, *enquanto* o Botafogo procurava fazer uma forte marcação no meio-campo e tentar lançamentos para Victor Simões, isolado entre os zagueiros rubro-negros. *Mesmo* com mais posse de bola, o time dirigido por Cuca tinha grande dificuldade de chegar à área alvinegra *por causa do* bloqueio montado pelo Botafogo na frente da sua área.
>
> *No entanto*, na primeira chance rubro-negra, saiu o gol. *Após* cruzamento da direita de Ibson, a zaga alvinegra rebateu a bola de cabeça para o meio da área. Kléberson apareceu na jogada e cabeceou por cima do goleiro Renan. Ronaldo Angelim apareceu nas costas da defesa e empurrou para o fundo da rede quase que em cima da linha: Flamengo 1 a 0.
>
> Disponível em: <http://momentodofutebol.blogspot.com>. Adaptado.

O texto, que narra uma parte do jogo final do Campeonato Carioca de futebol, realizado em 2009, contém vários conectivos, sendo que:

a) *após* é conectivo de causa, já que apresenta o motivo de a zaga alvinegra ter rebatido a bola de cabeça.

b) *enquanto* tem um significado alternativo, porque conecta duas opções possíveis para serem aplicadas no jogo.

c) *no entanto* tem significado de tempo, porque ordena os fatos observados no jogo em ordem cronológica de ocorrência.

d) *mesmo* traz ideia de concessão, já que "com mais posse de bola" ter dificuldade não é algo naturalmente esperado.

e) *por causa de* indica consequência, porque as tentativas de ataque do Flamengo motivaram o Botafogo a fazer um bloqueio.

9. (Enem)

> ### Diego Souza ironiza torcida do Palmeiras
>
> O Palmeiras venceu o Atlético-GO pelo placar de 1 a 0, com um gol no final da partida. O cenário era para ser de alegria, **já que** a equipe do Verdão venceu e deu um importante passo para conquistar a vaga para as semifinais, **mas** não foi bem isso que aconteceu.
>
> O meia Diego Souza foi substituído no segundo tempo debaixo de vaias dos torcedores palmeirenses e chegou a fazer gestos obscenos respondendo à torcida. Ao final do jogo, o meia chegou a dizer que estava feliz por jogar no Verdão.
>
> — Eu não estou pensando em sair do Palmeiras. Estou muito feliz aqui — disse.
>
> Perguntado sobre as vaias da torcida **enquanto** era substituído, Diego Souza ironizou a torcida do Palmeiras.
>
> — Vaias? Que vaias? — ironiza o camisa 7 do Verdão, antes de descer para os vestiários.
>
> Disponível em: <http://oglobo.globo.com>.
> Acesso em: 29 abr. 2010.

A progressão textual realiza-se por meio de relações semânticas que se estabelecem entre as partes do texto. Tais relações podem ser claramente apresentadas pelo emprego de elementos coesivos ou não ser explicitadas, no caso da justaposição. Considerando-se o texto lido:

a) no primeiro parágrafo, o conectivo **já que** marca uma relação de consequência entre os segmentos do texto.

b) no primeiro parágrafo, o conectivo **mas** explicita uma relação de adição entre os segmentos do texto.

c) entre o primeiro e o segundo parágrafos, está implícita uma relação de causalidade.

d) no quarto parágrafo, o conectivo **enquanto** estabelece uma relação de explicação entre os segmentos do texto.

e) entre o quarto e o quinto parágrafos, está implícita uma relação de oposição.

10. (UEL-PR)

> Mas quando todas as luzes da península se apagaram ao mesmo tempo, *apagón* lhe chamaram depois em Espanha, *negrum* numa aldeia portuguesa ainda inventora de palavras, quando quinhentos e oitenta e um mil quilómetros quadrados de terras se tornaram invisíveis na face do mundo, então não houve mais dúvidas, o fim de tudo chegara. Valeu a extinção total das luzes não ter durado mais do que quinze minutos, até que

311

Vestibular e Enem

se completaram as conexões de emergência que punham em acção os recursos energéticos próprios, nesta altura do ano escassos, pleno verão, Agosto pleno, seca, míngua das albufeiras, escassez das centrais térmicas, as nucleares malditas, mas foi verdadeiramente o pandemónio peninsular, os diabos à solta, o medo frio, o aquelarre, um terramoto não teria sido pior em efeitos morais. Era noite, o princípio dela, quando a maioria das pessoas já recolheram a casa, estão uns sentados a olhar a televisão, nas cozinhas as mulheres preparam o jantar, um pai mais paciente ensina, incerto, o problema de aritmética, parece que a felicidade não é muita, mas logo se viu quanto afinal valia, este pavor, esta escuridão de breu, este borrão de tinta caído sobre a Ibéria, Não nos retires a luz, Senhor, faz que ela volte, e eu te prometo que até ao fim da minha vida não te farei outro pedido, isto diziam os pecadores arrependidos, que sempre exageram.

SARAMAGO, José. *A jangada de pedra*. São Paulo: Companhia das Letras, 1988. p. 35-36.

Sobre o emprego de conectivos no texto, considere as afirmativas a seguir.

I. No trecho "[...] **até que** se completaram as conexões de emergência [...]", a expressão em destaque expressa noção temporal e pode ser substituída por "quando".

II. No trecho "[...] isto diziam os pecadores arrependidos, **que** sempre exageram", o pronome relativo "que" inicia oração que acrescenta uma característica ao termo antecedente.

III. Em "[...] **e** eu te prometo que até o fim da minha vida [...]" o conectivo "e" equivale a "mas", iniciando uma oração coordenada adversativa.

IV. O uso do conectivo "mas" em "[...] parece que a felicidade não é muita, **mas** logo se viu quanto afinal valia" expressa oposição, portanto introduz uma oração coordenada adversativa.

Assinale a alternativa correta.

a) Somente as afirmativas I e III são corretas.
b) Somente as afirmativas I e IV são corretas.
c) Somente as afirmativas II e III são corretas.
d) Somente as afirmativas I, II e IV são corretas.
e) Somente as afirmativas II, III e IV são corretas.

11. (UEL-PR)

Pau de dois bicos

Um morcego estonteado pousou certa vez no ninho da coruja, e ali ficaria de dentro se a coruja ao regressar não investisse contra ele.

— Miserável bicho! Pois te atreves a entrar em minha casa, sabendo que odeio a família dos ratos?

— Achas então que sou rato? Não tenho asas e não voo como tu? Rato, eu? Essa é boa!...

A coruja não sabia discutir e, vencida de tais razões, poupou-lhe a pele.

Dias depois, o finório morcego planta-se no casebre do gato-do-mato. O gato entra, dá com ele e chia de cólera.

— Miserável bicho! Pois te atreves a entrar em minha toca, sabendo que detesto as aves?

— E quem te disse que sou ave? — retruca o cínico — **sou muito bom bicho de pelo, como tu, não vês?**

— **Mas voas!...**

— **Voo de mentira, por fingimento...**

— **Mas tem asas!**

— Asas? Que tolice! O que faz a asa são as penas e quem já viu penas em morcego? Sou animal de pelo, dos legítimos, e inimigo das aves como tu. Ave, eu? É boa...

O gato embasbacou, e o morcego conseguiu retirar-se dali são e salvo.

Moral da estória:
O segredo de certos homens está nesta política do morcego. É vermelho? Tome vermelho. É branco? Viva o branco!

MONTEIRO LOBATO, José Bento. *Fábulas*. 45. ed. São Paulo: Brasiliense, 1993. p. 49.

Considerando o trecho em negrito no texto "Pau de dois bicos", assinale a alternativa correta. Nos dois casos, a palavra "mas":

a) opõe-se ao argumento "sou muito bom bicho de pelo".
b) revela a causa do "voo de mentira".
c) expressa a consequência dos fatos narrados.
d) marca a condição do "voo de mentira".
e) explica o argumento "sou muito bom bicho de pelo".

12. (Ifal)

O gosto da surpresa

Betty Milan
Psicanalista e escritora

Nada é melhor do que se surpreender, olhar o mundo com olhos de criança. Por isso as pessoas gostam de viajar. Nem o trânsito, nem a fila no aeroporto, nem o eventual desconforto do hotel são empecilhos neste caso. Só viajar importa, ir de um para outro lugar e se entregar à cena que se descortina. Como, aliás, no teatro.

O turista compra a viagem baseado nas garantias que a agência de turismo oferece, mas se transporta em busca de surpresa. Porque é dela que nós precisamos mais. Isso explica a célebre frase "navegar é preciso, viver não", erroneamente atribuída a Fernando Pessoa, já que data da Idade Média.

Agora, não é necessário se deslocar no espaço para se surpreender e se renovar. Olhar atentamente uma flor, acompanhar o seu desenvolvimento, do botão à pétala caída, pode ser tão enriquecedor quanto visitar um monumento histórico.

Tudo depende do olhar. A gente tanto pode olhar sem ver nada quanto se maravilhar, uma capacidade natural na criança e que o adulto precisa conquistar, suspendendo a agitação da vida cotidiana e não se deixando absorver por preocupações egocêntricas. Como diz um provérbio chinês, a lua só se reflete perfeitamente numa água tranquila.

O que nós vemos e ouvimos depende de nós. A meditação nos afasta do clamor do cotidiano e nos permite, por exemplo, ouvir a nossa respiração. Quem escuta com o espírito e não com o ouvido, percebe os sons mais sutis. Ouve o silêncio, que é o mais profundo de todos os sons, como bem sabem os músicos. Numa de suas músicas, Caetano Veloso diz que "só o João (Gilberto) é melhor do que o silêncio". Porque o silêncio permite entrar em contato com um outro eu, que só existe quando nos voltamos para nós mesmos.

Há milênios, os asiáticos, que valorizam a longevidade, se exercitam na meditação, enquanto nós, ocidentais, evitamos o desligamento que ela implica. Por imaginarmos que sem estar ligado não é possível existir, ignoramos que o afastamento do circuito habitual propicia uma experiência única de nós mesmos, uma experiência sempre nova.

Desde a Idade Média, muitos séculos se passaram. Mas o lema dos navegadores continua atual. Surpreender-se é preciso. A surpresa é a verdadeira fonte da juventude, promessa de renovação e de vida.

Veja, Editora Abril, edição 2184, ano 43, n. 39, p. 116, 29 set. 2010.

No trecho: "**Agora**, não é necessário se deslocar no espaço para se surpreender e se renovar.", a palavra em destaque:

a) poderia, sem modificar a ideia expressa no texto, ser substituída por qualquer adjunto adverbial de tempo que faça referência ao momento em que se fala.

b) possui sentido semelhante ao de uma conjunção adversativa, podendo ser substituída pela palavra "pois".

c) poderia ser substituída pela conjunção coordenativa explicativa "mas", mantendo-se a ideia expressa no texto.

d) possui valor adversativo e poderia ser substituída pela conjunção "todavia", mantendo-se a ideia expressa no texto.

e) não possui valor sintático nem semântico, razão por que é possível retirá-la e ainda manter a ideia expressa no texto.

13. (UFSC)

> [...] As primeiras vezes as aulas foram difíceis. Eles pouco entendiam e eu ficava irritada: — Vocês têm mesmo certeza de que nasceram no Brasil? — Ia, ia Wol. Isso me enfurecia. Parecia mesmo [5]que o meu alemão melhorava, [2]enquanto [3]o português deles ia <u>para</u> trás. Senti isso numa tarde em [6]que olhava o rio Itajaí-Açu, numa cheia. [7]Era impetuoso, arrastava [4]tudo, os troncos, as tábuas, os toros de madeira. Precisava de muita fibra, para conter essa [1]força de um contingente linguístico, com tão pouca gente falando a língua da pátria. Por isso [8]lutava ainda. Eu representava aqui uma célula, um átomo que teria de se desenvolver a qualquer custo, <u>para</u>, num milagre, realizar o quase impossível.
>
> LAUS, Lausimar. *O guarda-roupa alemão.* 4. ed. Florianópolis: Ed. da UFSC, 2006. p. 35.

Ainda considerando o texto, assinale a(s) proposição(ões) correta(s).

01. A conjunção *enquanto* (ref. 2) expressa, simultaneamente, as noções de *ao mesmo tempo em que* e *ao passo que*.

02. Em "o português deles" (ref. 3), a palavra *deles* é uma contração da preposição *de* com o pronome pessoal *eles*, sendo empregada como pronome possessivo correspondente à terceira pessoa do discurso.

04. A vírgula colocada após a palavra *tudo* (ref. 4) pode ser adequadamente substituída por dois-pontos, anunciando uma enumeração.

08. A preposição *para* indica direção nas duas ocorrências sublinhadas no texto.

16. Nas referências 5 e 6, o vocábulo *que* funciona como pronome relativo, pois retoma um termo antecedente e, ao mesmo tempo, liga orações.

32. As formas verbais *era* (ref. 7) e *lutava* (ref. 8) se encontram no mesmo tempo verbal e expressam, respectivamente, estado e ação que se prolongam no tempo.

313

Produção de texto: construindo os gêneros

UNIDADES

10 Narrar

11 Relatar

12 Expor

13 Argumentar

ORTEGA, Damián. *Puente*, 1997. Cadeiras de madeira e palha, corda de sisal, 214 cm × 374 cm × 45 cm. Centro de Arte Contemporânea Inhotim, Brumadinho.

Os textos produzidos ao longo do tempo, nas mais diversas esferas sociais, adquirem características mais ou menos estáveis, configurando uma grande diversidade de gêneros textuais.

A estabilidade dos gêneros, porém, não significa que eles são constituídos por "peças" prontas, que bastaria ao usuário da língua "montar" na ordem correta. Afinal de contas, produzir textos não se faz à base de "receitas de bolo". É preciso, primeiro, buscar referências sobre o que se quer falar ou escrever. Além disso, os gêneros possibilitam e até exigem a intervenção criativa do produtor de texto para alcançar a finalidade a que se propõem.

Nas próximas unidades, serão analisadas diferentes possibilidades de realização de alguns gêneros de variadas esferas sociais. Ocupam mais espaço os gêneros nos quais predominam as tipologias do expor e do argumentar. Os gêneros relacionados ao expor são essenciais para a aquisição e transmissão de conhecimentos, enquanto os relacionados ao argumentar prestam-se à defesa fundamentada de opiniões.

UNIDADE

10 Narrar

Nesta unidade

31 Crônica

Manuelzão (1904-1997) era um contador de histórias que virou personagem da literatura brasileira em *Manuelzão e Miguilim*, de João Guimarães Rosa (1908-1967), escritor que demonstrou grande apreço pela tradição oral de transmissão da cultura. Fotografia de 1996.

Desde tempos muito remotos, histórias são contadas como forma de ensinamento e de transmissão de cultura. As fábulas, os apólogos, os contos de fadas, as lendas e os "causos" são gêneros da esfera literária que se encarregaram de ensinar e aconselhar crianças e adultos. Contam uma história que contém uma moral, um preceito de convivência em sociedade.

O hábito de contar histórias para educar não se perdeu, mas se transformou muito ao longo do tempo. Por exemplo, as narrativas passaram a ser também visuais, contadas por meio de animações e filmes, ocupando um novo espaço social à medida que a mídia se desenvolvia e incorporava tecnologia sofisticada à arte de narrar.

Nesta unidade, você tomará contato com a crônica, um gênero que se aproxima dessas narrativas morais, mas que aparece com o desenvolvimento da imprensa e do jornal, situando-se, assim, entre o literário e o jornalístico. Por trás da história que a crônica conta, há um ponto de vista sobre a condição humana em sua rotina, em sua vida miúda.

CAPÍTULO 31

Crônica

O que você vai estudar

- Como identificar e produzir uma crônica.
- A crônica como comentário do cotidiano.
- O clichê e o lugar-comum.

A **crônica** é um gênero que se popularizou no Brasil. Misturando ação narrativa, comentário do cotidiano, lirismo e humor, muitas crônicas brasileiras permanecem interessantes e atuais até muito tempo depois de terem sido publicadas em jornais diários, seu principal suporte. Neste capítulo, você vai conhecer melhor esse gênero situado entre o jornalístico e o literário, e depois será a sua vez de produzir uma crônica.

Leitura

- A crônica abaixo foi escrita por Fernando Sabino (1923-2004) e publicada no livro *A companheira de viagem*, de 1965. Leia-a com atenção e responda às questões propostas.

A última crônica

A caminho de casa, entro num botequim da Gávea para tomar um café junto ao balcão. Na realidade estou adiando o momento de escrever.

A perspectiva me assusta. Gostaria de estar inspirado, de coroar com êxito mais um ano nesta busca do pitoresco ou do irrisório no cotidiano de cada um. Eu pretendia apenas recolher da vida diária algo de seu disperso conteúdo humano, fruto da convivência, que a faz mais digna de ser vivida. Visava ao circunstancial, ao episódico. Nesta perseguição do acidental, quer num flagrante de esquina, quer nas palavras de uma criança ou num acidente doméstico, torno-me simples espectador e perco a noção do essencial. Sem mais nada para contar, curvo a cabeça e tomo meu café, enquanto o verso do poeta se repete na lembrança: "assim eu quereria o meu último poema". Não sou poeta e estou sem assunto. Lanço então um último olhar fora de mim, onde vivem os assuntos que merecem uma crônica.

Ao fundo do botequim um casal de pretos acaba de sentar-se, numa das últimas mesas de mármore ao longo da parede de espelhos. A compostura da humildade, na contenção de gestos e palavras, deixa-se acrescentar pela presença de uma negrinha de seus três anos, laço na cabeça, toda arrumadinha no vestido pobre, que se instalou também à mesa: mal ousa balançar as perninhas curtas ou correr os olhos grandes de curiosidade ao redor. Três seres esquivos que compõem em torno à mesa a instituição tradicional da família, célula da sociedade. Vejo, porém, que se preparam para algo mais que matar a fome.

Passo a observá-los. O pai, depois de contar o dinheiro que discretamente retirou do bolso, aborda o garçom, inclinando-se para trás na cadeira, e aponta no balcão um pedaço de bolo sob a redoma. A mãe limita-se a ficar olhando imóvel, vagamente ansiosa, como se aguardasse a aprovação do garçom. Este ouve, concentrado, o pedido do homem e depois se afasta para atendê-lo. A mulher suspira, olhando para os lados, a reassegurar-se da naturalidade de sua presença ali. A meu lado o garçom encaminha a ordem do freguês. O homem atrás do balcão apanha a porção do bolo com a mão, larga-o no pratinho – um bolo simples, amarelo-escuro, apenas uma pequena fatia triangular.

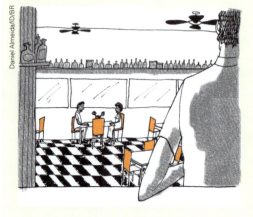

A negrinha, contida na sua expectativa, olha a garrafa de Coca-Cola e o pratinho que o garçom deixou à sua frente. Por que não começa a comer? Vejo que os três, pai, mãe e filha, obedecem em torno à mesa um discreto ritual. A mãe remexe na bolsa de plástico preto e brilhante, retira qualquer coisa. O pai se mune de uma caixa de fósforos, e espera. A filha aguarda também, atenta como um animalzinho. Ninguém mais os observa além de mim.

318

São três velinhas brancas, minúsculas, que a mãe espeta caprichosamente na fatia do bolo. E enquanto ela serve a Coca-Cola, o pai risca o fósforo e acende as velas. Como a um gesto ensaiado, a menininha repousa o queixo no mármore e sopra com força, apagando as chamas. Imediatamente põe-se a bater palmas, muito compenetrada, cantando num balbucio, a que os pais se juntam, discretos: "parabéns pra você, parabéns pra você..." Depois a mãe recolhe as velas, torna a guardá-las na bolsa. A negrinha agarra finalmente o bolo com as duas mãos sôfregas e põe-se a comê-lo. A mulher está olhando para ela com ternura – ajeita-lhe a fitinha no cabelo crespo, limpa o farelo de bolo que lhe cai ao colo. O pai corre os olhos pelo botequim, satisfeito, como a se convencer intimamente do sucesso da celebração. Dá comigo de súbito, a observá-lo, nossos olhos se encontram, ele se perturba, constrangido – vacila, ameaça abaixar a cabeça, mas acaba sustentando o olhar e enfim se abre num sorriso.

Assim eu quereria minha última crônica: que fosse pura como esse sorriso.

SABINO, Fernando. *A companheira de viagem*. 12. ed. Rio de Janeiro: Record, 1998.

Vocabulário de apoio

balbucio: ato de balbuciar – falar (ou cantar) de forma tímida, hesitante, imprecisa

episódico: acidental, ocasional

esquivo: que evita contato, que se intimida na frente de estranhos

irrisório: sem importância, insignificante

munir-se: abastecer-se do necessário para realizar algo

sôfrego: ansioso, impaciente

Situação de produção

Um espaço aberto

As crônicas nascem na **imprensa**, nos espaços reservados às "variedades" dos jornais, quando estes se tornam diários, no século XIX. No Brasil, alguns autores sequer assinavam suas crônicas, pois elas não alcançavam o mesmo prestígio de outros gêneros da esfera literária publicados no jornal, como os romances em fascículos (os folhetins) ou os poemas. Ainda assim, os jornais tiveram cronistas hábeis, que tornaram o gênero apreciado e valorizado. Martins Pena, Joaquim Manoel de Macedo, José de Alencar e Machado de Assis estão entre os autores que se celebrizaram pela produção literária em outros gêneros e também produziam crônicas.

Desde sua origem, a designação *crônica* se aplicava a textos muito diversos, às vezes próximos ao jornalismo de pequenos fatos, outras vezes mais voltados ao entretenimento. Na crônica era possível encontrar humor, comentário político, crítica teatral e cultural e aconselhamento moral, entre outros conteúdos.

Para o crítico literário Antonio Candido (em "A vida ao rés do chão"), é a partir dos anos 1930 que a crônica brasileira atinge sua melhor forma, na expressão de escritores como Mário de Andrade, Manuel Bandeira, Carlos Drummond de Andrade e outros que os seguiram. Nesse momento, abandonando parcialmente a função de informar, a crônica torna-se mais leve e coloquial, passa a utilizar mais o humor e a buscar mais o entretenimento. Aproxima-se, ainda, da poesia, ao alcançar, por meio da linguagem, uma dimensão profunda da condição humana.

A crônica pode se aproximar do **conto** ou do **artigo de opinião**. Não é raro que o cronista a escreva em primeira pessoa e dirija-se diretamente ao leitor, com a intimidade sugerida pela frequência diária ou semanal de seus encontros em jornais e revistas.

Charge publicada na revista *Ba-ta-clan* em 8 de agosto de 1868, representando o escritor José de Alencar num episódio político que protagonizou quando ocupava o cargo de ministro da Justiça. Uma das diversas atividades do autor de *O guarani* foi escrever crônicas, que eram publicadas em jornais.

Hipertexto

Saiba mais sobre esses autores na parte de Literatura (respectivamente nos **capítulos 10, 5, 4 e 13**).

319

〉 Ler uma crônica

1. Considere a situação narrada em "A última crônica".
   a) Qual é o cenário onde se passa a crônica?
   b) Qual é o período de tempo em que se passa a ação narrativa?
   c) Qual é a situação que dá origem à crônica?

   ANOTE

   Embora esse não seja um traço que caracterize todos os textos do gênero, muitas crônicas **contam uma história**. Quando isso acontece, é possível identificar os elementos básicos de uma narrativa: **enredo, tempo, espaço, personagens** e **narrador**.

2. Observe a voz narrativa da crônica.
   a) O texto é narrado em primeira ou em terceira pessoa?
   b) Quem é o narrador do texto?

   ANOTE

   A crônica é um gênero textual em geral vinculado a uma experiência do **cotidiano**. Partindo de uma situação real ou fictícia, ela apresenta uma reflexão sobre a realidade.

AMARAL, Tarsila do. *Segunda classe*, 1933. Óleo sobre tela, 110 cm × 151 cm. Coleção Fanny Feffer, São Paulo.

O quadro *Segunda classe*, de Tarsila do Amaral, ressalta a condição social de suas personagens, assim como o faz a crônica de Fernando Sabino.

3. No segundo parágrafo, o texto define o fazer do cronista.
   a) Escreva com suas palavras como deve ser uma crônica, segundo "A última crônica".
   b) Por que o narrador não conseguia encontrar um assunto para a crônica?

   ANOTE

   A crônica utiliza, muitas vezes, a **metalinguagem**: fala sobre si mesma, sobre a escrita e a observação do cronista, sobre a escolha de palavras e a necessidade de ter ideias; enfim, sobre tudo o que envolve a produção desse gênero textual.

   • Hipertexto

   Veja, na parte de Literatura (**capítulo 16**, p. 139 e 143), dois poemas parnasianos que exploram a **metalinguagem**, defendendo uma certa concepção de arte e de poesia.

4. Releia o terceiro parágrafo, observando como o narrador descreve as personagens que se sentam à mesa ao fundo do botequim.
   a) A crônica sugere uma relação entre a cor da pele das personagens e sua condição social desfavorecida. Levando em conta que o texto foi escrito em 1965, com que objetivo o narrador parece propor essa relação: desqualificar os afrodescendentes ou retratar criticamente uma realidade? Justifique sua resposta com elementos da crônica.
   b) Hoje em dia, usar expressões como *casal de pretos* e *negrinha* para se referir a afrodescendentes pode ser considerado ofensivo, principalmente se não ficar claro, pelo contexto, que não há intenção de ofensa. Se a crônica fosse escrita nos dias de hoje, você imagina que o autor usaria essas expressões? Justifique.
   c) Qual é o efeito, no texto, de associar a cor da pele à condição social das personagens?

   ANOTE

   A crônica, justamente por ter o **cotidiano** como principal fonte temática, revela **aspectos da sociedade** na qual se insere a situação narrada. Muitas crônicas tratam diretamente de temas sociais como a desigualdade, o preconceito e as relações de trabalho. Outras comentam os acontecimentos políticos ou os hábitos sociais.

   Ação e cidadania

   As palavras e o preconceito

   Durante muito tempo, o uso de termos relacionados à cor da pele para designar a condição social de uma pessoa foi considerado normal. Assim, na crônica de Fernando Sabino, a identificação da cor da pele das personagens – com os termos usados na época – é feita não apenas para descrevê-las fisicamente, mas também para indicar a classe social a que pertencem. Hoje esse tipo de associação é considerado inaceitável, especialmente no Brasil, um país constituído por muitas etnias e marcado por desigualdades sociais.

5. "A última crônica" faz referência a "O último poema", de Manuel Bandeira (1886-1968). Essa referência aparece tanto no título quanto no segundo parágrafo do texto ("[...] o verso do poeta se repete na lembrança: 'assim eu quereria o meu último poema'.").

a) Nesse contexto, que sentido é possível atribuir ao adjetivo *última* em sua associação com o substantivo *crônica*?

b) Releia.

> Assim eu quereria minha última crônica: que fosse pura como esse sorriso.

Em sua opinião, a crônica de Fernando Sabino produziu o efeito que o narrador desejava criar em sua "última crônica"? Justifique, citando trechos ou ideias do texto.

ANOTE

A crônica costuma terminar apontando para um **sentido** que está **além do texto**, além do cotidiano. A **reflexão** sobre a condição humana que ela traz desperta as **emoções** do leitor. E no final, com a sensação provocada no leitor, a crônica afirma sua proximidade com a **poesia**.

6. A seguir, estão reproduzidos trechos de uma crônica de Luis Fernando Verissimo (1936-). Leia-os e responda às questões abaixo.

Os homenzinhos de Grork

A ficção científica parte de alguns pressupostos, ou preconceitos, que nunca foram devidamente discutidos. Por exemplo: sempre que uma nave espacial chega à Terra vinda de outro planeta, é um planeta mais adiantado do que o nosso. Os extraterrenos nos intimidam com suas armas fantásticas ou com sua sabedoria exemplar. Pior do que o raio da morte é o seu ar de superioridade moral. A civilização deles é invariavelmente mais organizada e virtuosa do que a da Terra e eles não perdem a oportunidade de nos lembrar disto. Cansado de tanta humilhação, imaginei uma história de ficção diferente. Para começar, o Objeto Voador Não Identificado que chega à Terra, descendo numa planície do Meio-Oeste dos Estados Unidos, chama a atenção por um estranho detalhe: a chaminé.

— Vi com estes olhos, xerife. Ele veio numa trajetória irregular, deu alguns pinotes, tentou subir e depois caiu como uma pedra.

— Deixando um facho de luz atrás?

— Não, um facho de fumaça. Da chaminé.

[...]

Nesse instante, um segmento de um dos painéis do disco, que é todo feito de madeira compensada, é chutado para fora e aparecem três homenzinhos com machadinhas sobre os ombros. Os três saem à procura de mais árvores para cortar. Estão examinando as pernas de um dos policiais, quando este resolve se identificar e aponta um revólver para os homenzinhos.

— Não se mexam ou eu atiro.

[...]

VERISSIMO, Luis Fernando. *O nariz e outras crônicas*. São Paulo: Ática, 2002. p. 40-41 (Coleção Para Gostar de Ler, v. 14).

a) Assim como "A última crônica", "Os homenzinhos de Grork" também tem referências metalinguísticas. Como elas se apresentam no texto de Luis Fernando Verissimo?

b) Com relação ao uso da metalinguagem, qual é a maior semelhança e a maior diferença entre as duas crônicas?

c) O cotidiano está presente em "Os homenzinhos de Grork"? De que forma?

d) A crônica de Verissimo também expõe uma reflexão crítica sobre a realidade. Explique como esse aspecto está presente no texto.

e) O texto de Verissimo cria um contraste entre o que costuma acontecer em histórias de ficção científica e os fatos narrados no texto. Que efeito esse contraste produz?

f) "A última crônica" desperta a emoção do leitor, revelando um tom poético. Em "Os homenzinhos de Grork", que característica se destaca? Justifique sua resposta.

ANOTE

O **humor** é uma característica muito presente nas crônicas. Tratando temas cotidianos com humor, as crônicas podem sustentar um ponto de vista crítico sobre a realidade, sem perder a leveza.

› Entre o texto e o discurso – Comentário do cotidiano

Muitas vezes a crônica não apresenta limites muito claros em relação a outros gêneros, como o conto. Os estudiosos da literatura, no entanto, identificam um aspecto que caracteriza grande parte das crônicas: sua vinculação à **realidade cotidiana**. Isso está bem visível em "O padeiro", de Rubem Braga (1913-1990), escrita no Rio de Janeiro, em maio de 1956. Leia a crônica.

> A situação cotidiana que gera a crônica – um fato inusitado, embora corriqueiro – é vivida pelo próprio narrador e tem vinculação com **aspectos sociais** e **políticos** da época.

> A personagem é apresentada: a **contradição humorística** "ninguém × padeiro" será o centro da crônica.

> O hábito das pessoas, explicação simples e prosaica da contradição anterior, é o que determina o **lugar social** do padeiro (ou a ausência dele).

> A associação entre o jornal e o pão, ambos quentinhos, forma uma **imagem símbolo** da identificação entre os papéis sociais do padeiro e do jornalista.

> O assobio alegre do padeiro ressoando pelas escadas é a mensagem final do texto, que ressoa também ao leitor.

O padeiro

Levanto cedo, faço minhas abluções, ponho a chaleira no fogo para fazer café e abro a porta do apartamento – mas não encontro o pão costumeiro. No mesmo instante me lembro de ter lido alguma coisa nos jornais da véspera sobre a "greve do pão dormido". De resto não é bem uma greve, é um *lockout*, greve dos patrões, que suspenderam o trabalho noturno; acham que obrigando o povo a tomar seu café da manhã com pão dormido conseguirão não sei bem o que do governo.

Está bem. Tomo o meu café com pão dormido, que não é tão ruim assim. E enquanto tomo café vou me lembrando de um homem modesto que conheci antigamente. Quando vinha deixar o pão à porta do apartamento ele apertava a campainha, mas, para não incomodar os moradores, avisava gritando:

— Não é ninguém, é o padeiro!

Interroguei-o uma vez: como tivera a ideia de gritar aquilo? "Então você não é ninguém?"

Ele abriu um sorriso largo. Explicou que aprendera aquilo de ouvido. Muitas vezes lhe acontecera bater a campainha de uma casa e ser atendido por uma empregada ou outra pessoa qualquer, e ouvir uma voz que vinha lá de dentro perguntando quem era; e ouvir a pessoa que o atendera dizer para dentro: "não é ninguém, não senhora, é o padeiro". Assim ficara sabendo que não era ninguém...

Ele me contou isso sem mágoa nenhuma, e se despediu ainda sorrindo. Eu não quis detê-lo para explicar que estava falando com um colega, ainda que menos importante. Naquele tempo eu também, como os padeiros, fazia o trabalho noturno. Era pela madrugada que deixava a redação de jornal, quase sempre depois de uma passagem pela oficina – e muitas vezes saía já levando na mão um dos primeiros exemplares rodados, o jornal ainda quentinho da máquina, como pão saído do forno.

Ah, eu era rapaz, eu era rapaz naquele tempo! E às vezes me julgava importante porque no jornal que levava para casa, além de reportagens ou notas que eu escrevera sem assinar, ia uma crônica ou artigo com o meu nome. O jornal e o pão estariam bem cedinho na porta de cada lar; e dentro do meu coração eu recebi a lição de humildade daquele homem entre todos útil e entre todos alegre; "não é ninguém, é o padeiro!"

E assobiava pelas escadas.

BRAGA, Rubem. *200 crônicas escolhidas.* 27. ed. Rio de Janeiro: Record, 2007. p. 319.

> A aceitação da situação leva o narrador à **lembrança** que será objeto da crônica. Aparece a personagem principal, identificada apenas por sua **qualidade moral**.

> A reflexão sobre o papel social do padeiro desperta **indagações filosóficas, existenciais**: é o estatuto do ser humano que está em questão.

> A aceitação "sem mágoa" de sua condição leva à **identificação** do narrador com o padeiro.

> O nome assinado no artigo jornalístico é o oposto ao "ninguém" declarado pelo padeiro. Por isso a identificação final serve de lição ao jornalista.

Vocabulário de apoio

ablução: lavagem matinal do corpo ou de parte dele

lockout: fechamento de um estabelecimento pelos proprietários para que os empregados aceitem suas propostas

oficina: local onde são impressos jornais

Daniel Almeida/ID/BR

Capítulo 31 ■ Crônica

322

> A crônica e sua tese

Observe como o texto "O padeiro", de Rubem Braga, introduz o seu tema. Assim como em "A última crônica", de Fernando Sabino, a situação de produção é explicitada ao leitor: há uma greve de padeiros e o narrador lembra-se de uma história, ao comer seu "pão dormido".

A história é contada ao leitor como se fosse verdadeira e tivesse se passado com o autor, assim como a de Fernando Sabino. Na verdade, não importa ao leitor se ela é real ou inventada. Mesmo quando é inteiramente ficcional, há uma ideia, uma tese sendo transmitida ao leitor. No caso de Fernando Sabino e Rubem Braga, a identificação com pessoas de outras classes sociais reflete a procura pela igualdade entre os indivíduos.

O escritor Moacyr Scliar (1937-2011) publicava semanalmente, na *Folha de S.Paulo*, uma crônica baseada em uma notícia. Reproduzimos a seguir a notícia que serviu de ponto de partida para uma de suas crônicas.

> A modelo Kate Moss destruiu uma série de gravações inéditas de seu namorado, Jamie Hince, da dupla The Kills. De acordo com o jornal *Daily Mirror*, Moss e Hince se envolveram em uma discussão ao cabo da qual a *top model* britânica arremessou uma bolsa do músico contendo um *notebook* com seis faixas da banda em uma piscina. Hince não conseguiu salvar os dados contidos no computador portátil. "Jamie ficou muito abalado. Ele tentou recuperar o *notebook*, removendo o disco rígido e deixando-o secar em um armário ventilado", disse uma fonte próxima ao músico.
>
> SCLIAR, Moacyr. Música aquática. *Folha de S.Paulo*, 6 jul. 2009. Cotidiano.

Livro aberto

200 crônicas escolhidas, de Rubem Braga
Record, 2002, 20. ed.

Rubem Braga consagrou-se como um dos grandes nomes da crônica brasileira. Em *200 crônicas escolhidas*, o leitor terá acesso a uma grande diversidade de escritos do autor capixaba, que, no entanto, representam apenas uma pequena parte de suas cerca de 15 mil crônicas publicadas em jornais de vários estados brasileiros.

Capa do livro *200 crônicas escolhidas*. Ao lado, foto de Rubem Braga tirada em 1988.

1. Inspirando-se na notícia, faça o planejamento de uma crônica que transmita ao leitor uma tese sobre os conflitos em relacionamentos amorosos. Defina a caracterização das personagens, há quanto tempo elas se relacionam, se as brigas do casal são frequentes ou raras. Como seria a conclusão da crônica a partir desses elementos? Atenção: não é preciso escrever uma crônica inteira, basta fazer o planejamento dela.

2. Agora, o professor lerá a crônica de Moacyr Scliar. Preste atenção à solução que ele deu e compare com a crônica que você planejou.

Observatório da língua

Clichê e lugar-comum × originalidade

Clichês, **chavões** e **frases feitas** são três maneiras diferentes de denominar as expressões consagradas pelo uso que substituem a maneira mais simples de dizer alguma coisa. Dois exemplos: em vez de dizer que ainda é cedo, dizer "a noite é uma criança"; no lugar de "esconder bem", dizer "guardar a sete chaves".

O **lugar-comum**, por sua vez, é também uma fórmula consagrada, mas refere-se mais a situações que propriamente a expressões linguísticas. Por exemplo, é um lugar-comum terminar uma narrativa com a personagem acordando, para sugerir que tudo o que foi narrado pode ter sido um sonho. Essa é, muitas vezes, uma solução fácil, que evita ter de elaborar um desenlace coerente para as tensões da narrativa.

Fórmulas como essas, por serem muito conhecidas, são compreendidas com facilidade pelo público. Por isso, são muito usadas em situações de comunicação de massa como os programas de televisão. No entanto, costumam ser evitadas pelos escritores que valorizam a **originalidade**.

Isso não quer dizer que os chavões e os lugares-comuns não apareçam na literatura. Eles também podem ser usados com originalidade, em situações que brincam com as referências conhecidas e lhes atribuem novos significados. É o caso da crônica "Os homenzinhos de Grork", de Luis Fernando Verissimo, que desde o início avisa que seu assunto são os lugares-comuns de um gênero específico. O narrador explica que faz sua crônica em reação a esse lugar-comum.

- Releia os trechos de "Os homenzinhos de Grork" reproduzidos na página 321.
  a) Cite elementos do texto que contrariam o lugar-comum da ficção científica. Justifique sua resposta.
  b) Reescreva com outras palavras as frases que contêm os clichês "vi com estes olhos" e "caiu como uma pedra", preservando o sentido original.

▸ Produzir uma crônica

› Proposta

Escolha uma das **situações cotidianas** abaixo para transformá-la em uma **crônica**, imaginando que ela será publicada em um jornal de bairro (no caso de uma cidade grande) ou no jornal da cidade (caso você more em uma cidade pequena). O texto deve usar o cotidiano como fonte para uma reflexão sobre a **condição humana**. Para isso, conte uma pequena **história**. Utilize os conhecimentos sobre a crônica abordados neste capítulo. Procure aproveitar todos os recursos possíveis para escrever um texto sensível e divertido.

O café da manhã familiar – situações típicas ou acontecimentos inusitados no café da manhã revelam as motivações e os hábitos de determinada classe social.

O transporte e a cidade – no percurso de casa para a escola é possível observar a vida das pessoas e refletir sobre a condição delas.

O "namoro" de férias – o caráter temporário da experiência de férias expõe fragilidades das relações amorosas.

› Planejamento

1. Observe no quadro abaixo as características do texto a ser produzido.

Gênero textual	Público	Finalidade	Meio	Linguagem	Evitar	Incluir
Crônica	Leitores de jornal	Produzir um texto **narrativo**, construindo um ponto de vista sobre algum aspecto do cotidiano	Jornal do bairro ou da cidade	Leveza; humor; intimidade	Excesso de clichês e de formalidade	Reflexão sobre a condição humana (aspectos sociais, psicológicos e/ou filosóficos)

2. Com base no tema escolhido, responda:
   a) Quais serão as características principais de suas **personagens**? O que elas revelarão sobre o tema da crônica?
   b) A pequena **história** cotidiana que será contada é um fato inusitado ou comum? Aconteceu com você ou com algum conhecido seu? Foi noticiado no jornal ou será inventado?
   c) Sobre o **espaço** em que se passarão os acontecimentos: que detalhes ajudarão a criar o ambiente cotidiano que será apresentado ao leitor?

3. Que **aspecto humano** (social, político, psicológico e/ou filosófico) será abordado?

4. Defina a forma como o texto será apresentado ao leitor:
   a) O texto será narrado em primeira ou em terceira pessoa?
   b) O texto se dirigirá diretamente ao leitor?
   c) Haverá alguma passagem **metalinguística** (em que se discutirá o fazer do cronista)?

5. Defina o modo como o tema será abordado e como a narrativa será iniciada. A reflexão será o ponto de partida ou o texto vai começar com a ação narrativa, deixando a reflexão para depois? Como será estruturada a **introdução**?

6. Defina como você vai terminar a crônica. De que forma o **final** vai apontar para um sentido além do texto, além do cotidiano?

7. Copie e complete o quadro abaixo, produzindo um "esquema" da crônica.

Estrutura	Conteúdo	Sua crônica
Introdução	• abordagem do tema • início da narrativa	
Desenvolvimento	• apresentação de personagens • cenário • situação cotidiana (típica ou inusitada) • história (real ou ficcional)	
Desfecho	• retomada da introdução (opcional) • reflexão, explícita ou apenas sugerida, sobre a condição humana • frase final apontando para um sentido além do texto	

> ## Elaboração

8. Agora você já pode escrever a crônica.
9. Desenvolva o esquema feito durante o planejamento. Para garantir a coesão textual, cuide da conexão entre as partes do texto.
10. Fique atento à linguagem. Cuide para que ela seja engraçada e sensível ao mesmo tempo.

> ## Avaliação

11. Forme uma dupla e troque seu texto com o do colega.
12. Copie o quadro abaixo em uma folha avulsa e preencha-o com base na leitura da crônica de seu colega. Em seguida, faça um comentário geral sobre o texto produzido por ele, apontando as qualidades e sugerindo mudanças que julgar necessárias.

ATENÇÃO
» Utilize **elementos coesivos** comuns na narrativa, como **expressões adverbiais** que indiquem tempo e lugar e expressões que indiquem uma **sequência lógica**.
» Não se esqueça de dar um **título** à sua crônica.

	Sim	Não
Os elementos da narrativa – tempo, espaço, personagens e enredo – estão caracterizados de forma adequada?		
O narrador estabelece proximidade adequada com o leitor? Seu estilo é leve e humorado?		
A crônica propõe uma reflexão sobre o cotidiano? Aborda de maneira adequada os aspectos sociais, psicológicos e/ou filosóficos da condição humana?		
As ideias que o texto transmite são originais? Se houver lugares-comuns, eles são abordados de forma interessante?		
As expressões adverbiais que indicam tempo e lugar contribuem para a coesão textual?		
O final aponta para um sentido além do texto?		
Comentário geral sobre o texto		

> ## Reescrita

13. Devolva o texto de seu colega e receba o seu texto de volta.
    a) Leia com atenção o quadro que ele preencheu avaliando sua crônica.
    b) Releia seu texto, buscando compreender as observações feitas por seu colega.

    DICA: Se estiver trabalhando no computador, confira se o programa permite visualizar claramente as alterações realizadas no texto e recuperar uma passagem eliminada, se for o caso.

14. Reescreva sua crônica.
    a) Faça alterações na história e na linguagem para aproximar a crônica dos objetivos estabelecidos no planejamento.
    b) Faça as modificações que julgar necessárias para aprimorar a coesão textual do seu texto.

Foco da reescrita

Ao reescrever a crônica, dê atenção às ideias prontas e às frases feitas que possam ter sido utilizadas. Aproveite temas e pensamentos já estabelecidos, mas dê a eles o seu toque pessoal. Em vez de usar **clichês**, transforme-os e crie suas próprias ideias sobre o cotidiano. Para isso, mobilize sua experiência, sua forma pessoal de observar as pessoas e o mundo.

Sétima arte

O homem nu
(Brasil, 1997)
Direção de Hugo Carvana
Essa é uma das montagens cinematográficas inspiradas em texto homônimo de Fernando Sabino, situado entre o conto e a crônica, que aborda o lugar-comum da nudez em público, tema recorrente em sonhos e estudado pela psicologia. Em montagem anterior, dirigida por Roberto Santos em 1968, o roteiro que transpôs a narrativa para a linguagem do cinema teve a assinatura do próprio Sabino.

Capa do DVD *O homem nu*.

Vestibular

Em geral, nas provas de redação, os exames vestibulares costumam solicitar que o candidato produza um texto do tipo **dissertativo**. No entanto, por vezes também é oferecida a possibilidade de desenvolver um tema em um texto **narrativo**. Caso optasse pelas propostas aqui reproduzidas, você poderia utilizar seus conhecimentos sobre a **crônica** para produzir uma narrativa.

(UFSC)
PROPOSTA 2

Projeto de lei

O CONGRESSO NACIONAL decreta:
Art. 1º – A Lei nº 8.069, de 13 de julho de 1990, passa a vigorar acrescida dos seguintes artigos:
Art. 17-A. A criança e o adolescente têm o direito de serem educados e cuidados pelos pais, pelos integrantes da família ampliada, pelos responsáveis ou por qualquer pessoa encarregada de cuidar, tratar, educar ou vigiar, sem o uso de castigo corporal ou de tratamento cruel ou degradante, como formas de correção, disciplina, educação, ou qualquer outro pretexto.
Parágrafo único. Para os efeitos desta Lei, considera-se:
I - castigo corporal: ação de natureza disciplinar ou punitiva com o uso da força física que resulte em dor ou lesão à criança ou adolescente.
II - tratamento cruel ou degradante: conduta que humilhe, ameace gravemente ou ridicularize a criança ou o adolescente.
[...]

Disponível em: <http://www.camara.gov.br/sileg/integras/790543.pdf>. Acesso em: 20 out. 2010.

[...] Fabiano sombrio, cambaio, o aió a tiracolo, a cuia pendurada numa correia presa ao cinturão, a espingarda de pederneira no ombro. O menino mais velho e a cachorra Baleia iam atrás.
Os juazeiros aproximaram-se, recuaram, sumiram-se. O menino mais velho pôs-se a chorar, sentou-se no chão.
— Anda, condenado do diabo, gritou-lhe o pai.
Não obtendo resultado, fustigou-o com a bainha da faca de ponta. Mas o pequeno esperneou acuado, depois sossegou, deitou-se, fechou os olhos. Fabiano ainda lhe deu algumas pancadas e esperou que ele se levantasse. Como isto não acontecesse, espiou os quatro cantos, zangado, praguejando baixo.
[...]
Pelo espírito atribulado do sertanejo passou a ideia de abandonar o filho naquele descampado. Pensou nos urubus, nas ossadas, coçou a barba ruiva e suja, irresoluto, examinou os arredores. Sinha Vitória estirou o beiço indicando vagamente uma direção e afirmou com alguns sons guturais que estavam perto. Fabiano meteu a faca na bainha, guardou-a no cinturão, acocorou-se, pegou no pulso do menino, que se encolhia, os joelhos encostados no estômago, frio como um defunto. Aí a cólera desapareceu e Fabiano teve pena. Impossível abandonar o anjinho aos bichos do mato. [...]

RAMOS, Graciliano. *Vidas Secas*. 58. ed. Rio de Janeiro/São Paulo: Record, 1986. p. 9-10.

Com base nos [...] excertos [...], escreva um texto (**conto** ou **crônica**) a partir de uma experiência pessoal.

(Cefet-MG)

Leia o fragmento, do livro *Cadernos de João*, de Aníbal Machado:

Os personagens

Era uma criatura tão sensível, crédula e exagerada, que a mais desprezível carta anônima assumia para ela as proporções de um coro grego. (p. 69)

MACHADO, Aníbal. *Cadernos de João*. Rio de Janeiro: José Olympio, 2004. p. 42-43.

Redija um texto narrativo, dando continuidade ao fragmento acima.

326

UNIDADE

Relatar

11

As biografias estão incluídas entre os relatos. Relatar é transformar a experiência vivida em um discurso oral ou escrito. Para isso, é necessário reduzi-la ao essencial.

A biografia procura transmitir o sentido de uma existência. Pode-se escrever uma biografia para elogiar, criticar, reabilitar ou mesmo dessacralizar o biografado.

Os relatos biográficos articulam o extraordinário – o que há de único em uma existência singular – com o pertencimento a uma ordem histórica. Eles transformam, assim, até mesmo a vida mais exótica em um exemplar de pura experiência humana.

Nesta unidade, você vai aprender a identificar e produzir um gênero que aproximou o jornalismo da literatura. O perfil biográfico realiza uma abordagem mais detida e subjetiva da vida de personalidades que têm certa relevância social.

Nesta unidade

32 Perfil biográfico

Fotografias do cantor e compositor Renato Russo (1960-1996) em três fases de sua vida.

CAPÍTULO 32
Perfil biográfico

O que você vai estudar
- Como identificar e produzir um perfil biográfico.
- Relevância social da pessoa retratada.
- Discursos direto, indireto e indireto livre.

O **perfil biográfico** é um gênero textual que, partindo de uma apuração jornalística, realiza o retrato de uma pessoa que tem certa relevância social. Sua linguagem pode aproximar-se da literatura, ao recriar imagens e relatar detalhes muito particulares da pessoa retratada. Neste capítulo, vamos conhecer melhor esse gênero, e depois será a sua vez de produzir um perfil.

❯ Leitura

- O texto abaixo é um perfil publicado na revista mensal *Vida simples*, em abril de 2007. Leia com atenção o texto e responda às questões propostas.

Zé Peixe
Ele passou a vida dentro d'água, buscando navios a nado. Conheça a incrível história desse velho do mar

por Marcia Bindo

Do alto do barco, dá para ouvir a imensidade de mar chamando. Uma voz macia, sussurrada. Ele apruma os pés na beirada, estende os braços para trás, estufa o peito e salta num voo ligeiro. A água suaviza a queda, envolve-o com um abraço de boas-vindas. Está em casa. Logo os botos vêm chegando, como de costume, para fazer companhia na travessia.

Esta é a história de um peixe chamado José. Há mais de seis décadas ele passa a maior parte do tempo na água. Nada quase diariamente cerca de 10 quilômetros [...], está habituado a saltar de navios de mais de 40 metros de altura e é capaz de façanhas homéricas no mar mesmo com seus 80 anos. Zé Peixe, como é conhecido em Aracaju, é reverenciado por marinheiros dos sete cantos por sua humildade, bravura e profundo conhecimento das coisas do mar.

Uma lenda viva

E, como toda lenda, tem suas particularidades. Desde que começou a trabalhar no porto de Aracaju, Zé Peixe nunca mais tomou um bom banho de chuveiro. Para quê, se está sempre na água? Também quase não bebe água doce. Gosta mesmo é de dar uns golinhos de água salgada nos trajetos que nada. "Faz um bem danado à saúde", diz ele.

Conhece como ninguém os segredos da Boca da Barra, onde o rio Sergipe se abre para o mar e bancos de areia se formam de uma hora para outra, colocando em risco as embarcações. Sabe a profundidade das águas pela cor e as correntezas pela variação de temperatura e direção do vento.

Zé Peixe é o prático mais conhecido do planeta. Prático é o sujeito que ajuda os coman-

Zé Peixe, em seu tradicional salto em direção ao mar. Aos 80 anos, ele ainda nadava cerca de 10 quilômetros por dia. Fotografia de 2002.

dantes a conduzir os barcos na entrada e saída do porto, orientando-os a manobrar com segurança. Sua presença é obrigatória em qualquer cais do mundo no momento de atracagem e saída dos navios. O que faz de Zé Peixe uma espécie rara é a maneira como trabalha: ele vai buscar o navio a nado, enquanto seus colegas recorrem a um barco de apoio. E, quando tira o navio do porto, em vez de voltar de barco ele zapt!, salta no mar. Faz assim: enrola a camisa, coloca junto com os documentos e os trocados em um saco plástico e amarra firme no calção; mergulha e volta para casa com braçadas elegantes, ritmadas, sem movimentar as pernas para não atiçar os tubarões. [...]

Quando Zé Peixe chega ao porto é uma alegria só. Ele curva seu corpo para cumprimentar funcionários, marujos e capitães, como se os estivesse reverenciando. "Não existe ninguém como ele", diz um. "Uma figura lendária de Aracaju", afirma outro. "Peixinho é um ídolo", conta outro homem do mar. [...]

Zé é peixe miudinho. Tem apenas 1,60 metro de altura e 53 quilos. Mesmo franzino, já realizou muitas grandezas. A maior proeza foi quando socorreu o navio Mercury, que ardia em chamas em alto-mar, vindo das plataformas da Petrobras e com funcionários a bordo. Zé pegou carona num rebocador, ligeiro chegou ao navio e conduziu a embarcação até um ponto onde todos pudessem saltar e nadar para terra firme. "Eu só fiz o que tinha de fazer, compreende?" Ele não gosta de falar muito de si mesmo. Por causa de sua condição física exemplar, ele conseguiu salvar inúmeras vidas, conta Brabo, o chefe dos práticos, que há 26 anos convive com Peixinho. Em 1941, ele e toda a população de Aracaju viram na praia os corpos de náufragos de três navios bombardeados por embarcações alemãs na Segunda Guerra Mundial. A partir daí, ninguém nunca mais se afogou perto dele.

Maré cheia

Desde menino novo, Zé dá suas pernadas no rio Sergipe. Os pais, dona Vectúria e seu Nicanor, que ensinaram. De sua casa, era só cruzar a rua de terra para dar no rio. Em tempo de maré cheia, a água vinha bater na porta. Moleque arretado, José Martins Ribeiro Nunes aprendeu a atravessar o rio para chupar caju na outra margem do rio. Aos 12 anos já nadava muito bem. Sua casa era vizinha à Capitania dos Portos e logo foi reparado pelos marinheiros. De observar a destreza do menino, um almirante o batizou novamente: virou Zé Peixe. Quando chegou o tempo certo, com 17 anos, formou-se prático. [...]

Zé nunca saiu da casa onde nasceu, umas das mais antigas de Aracaju. [...] "Vou morrer aqui", diz. "Mas só quando o capitão lá de cima desejar."

Hoje uma avenida asfaltada o separa do rio. [...] O casebre por fora é pintado de branco, mas dentro é todo azul. Está entulhado de cacarecos que juntou pela vida, entre eles títulos e medalhas. Não joga nada fora e não gosta que arrumem sua bagunça. Tudo remete ao mar: miniaturas de barcos espalhados pelos cômodos e desenhos de lápis de cor grudados nas paredes. E muitas imagens de santos católicos. Quem chega da família já vai pedindo a bênção. E tem também quem chega para pedir uns trocados. É que Zé costuma distribuir seu salário aos pedintes. Velhos pescadores que não podem mais trabalhar, desempregados e inválidos conhecem de perto sua bondade.

Espécie rara

Mesmo aposentado há mais de 20 anos, Zé Peixe continua trabalhando por gosto. Acorda cedo, com o escuro. Não tem hora certa para trabalhar. Depende do fluxo de navios no porto. E das marés. Acostumou seu corpo a comer pouquinho, porque barriga cheia não se dá com o mar. Dá gastura. De manhã, basta um pão com café preto. E, depois, só fruta. Quando passa o dia inteiro no porto, faz jejum. O doutor já confirmou: Zé tem coração de menino. Nunca fumou nem bebeu. Seu vício mesmo é o mar.

[...]

"Ele é meu herói", diz o deputado Fernando Gabeira. Quando estava exilado na Alemanha, o deputado viu uma reportagem sobre Zé Peixe. A história do bravo nadador chamou sua atenção. Quando retornou ao Brasil, foi conhecer de perto o tal sergipano. "É uma figura extraordinária. Tentei fazer um filme sobre a vida dele, mas ele não quis", conta.

Zé viveu numa época em que não havia carro nem televisão. Viu o manguezal sendo aterrado e os navios minguando com o impulso rodoviário da década de 1950. Enquanto Aracaju é tomada por edifícios e *shopping centers* que vão transformando os horizontes da cidade, Zé Peixe ainda ensina aos sobrinhos e aos filhos destes os mistérios do rio e do mar. Dizem que o mar não estará para peixe em algumas décadas. Enquanto isso não acontecer, Zé Peixe continuará nadando por lá. E como sempre, ao emergir do mar, fará um pequeno sinal na testa, agradecendo por mais um dia na água.

BINDO, Marcia. Revista *Vida simples*, São Paulo, Abril, abr. 2007.

Situação de produção

Com um pé na literatura

O perfil biográfico é um gênero textual que ganhou força nos anos de 1960 com o **Novo Jornalismo** estadunidense (New Journalism), corrente que realizava o chamado jornalismo literário. Um marco dessa nova forma de reportagem, mais subjetiva e autoral, foi o perfil que Truman Capote traçou do ator Marlon Brando, "O duque em seus domínios", publicado em 1957, na revista *The New Yorker*, como resultado de uma longa entrevista. No Brasil, à mesma época, Joel Silveira já havia se tornado conhecido por seus perfis biográficos.

Diferentemente da biografia em livro, em que o autor deve investigar – às vezes durante anos – minúcias da vida do biografado, o perfil pode focalizar apenas um momento da vida do entrevistado. É um texto mais curto, tanto em extensão quanto no "prazo de validade" das informações, baseadas nas interpretações do repórter.

⟩ Ler um perfil biográfico

1. Releia este trecho: "Ele passou a vida dentro d'água, buscando navios a nado. Conheça a incrível história desse velho do mar". Em sua opinião, a história de Zé Peixe é mesmo incrível? Por quê?
2. Releia os dois primeiros parágrafos e observe como eles formam uma introdução ao perfil biográfico.
    a) Localize no primeiro parágrafo duas expressões que se aproximam da linguagem da poesia. Copie-as no caderno e explique o efeito de sentido que produzem no leitor.
    b) Localize no segundo parágrafo as informações principais sobre Zé Peixe e responda: o que justifica a escolha dessa pessoa para constituir matéria de um perfil biográfico?

ANOTE

> O jornalista seleciona uma **pessoa real** para escrever seu perfil biográfico. O texto mostra suas características distintivas, transformando a pessoa em **personagem**.

3. Releia: "E, como toda lenda, tem suas particularidades". Quais são as particularidades de Zé Peixe?
4. O que diferencia Zé Peixe dos outros práticos?
5. Faça um pequeno resumo da trajetória biográfica de Zé Peixe, enumerando os fatos em ordem cronológica.

ANOTE

> O texto de um perfil biográfico centra seus esforços na exposição e explicação das características da personagem que justificam um relato de sua vida e atividades: sua **relevância social**, suas **peculiaridades** e sua **trajetória pessoal**.

6. Localize no texto todos os trechos em que aparece algum depoimento.
    a) Quantos depoimentos há no texto?
    b) O que eles nos informam sobre Zé Peixe?
7. Há também no perfil biográfico o depoimento de uma "celebridade".
    a) Quem é? Escreva o que você sabe sobre ela.
    b) O que ela diz sobre Zé Peixe?
    c) Você concorda com essa opinião? Localize no texto e copie no caderno uma passagem que justifique sua concordância ou discordância.

ANOTE

> O perfil biográfico recolhe informações privilegiadas, por meio de **depoimentos** de amigos, familiares, colegas de atividade e conhecidos, para oferecer ao leitor uma imagem social da personagem. Também aparecem personalidades conhecidas que, com sua **voz de autoridade**, ajudam a legitimar o perfil traçado.

8. No perfil, há uma grande quantidade de detalhes que revelam a personalidade de Zé Peixe. Faça uma lista para cada item abaixo:
    a) detalhes físicos;
    b) detalhes psicológicos e hábitos pessoais;
    c) detalhes do ambiente em que vive e dos seus objetos.
9. Localize no texto os momentos em que quem fala é o próprio Zé Peixe.
    a) Copie essas falas no caderno.
    b) Que impressão elas causam no leitor?

Repertório

Jornalismo: "pacto de realidade" com o leitor

O texto jornalístico supõe um **"pacto de realidade"** entre jornalista e leitor. O jornal se responsabiliza pela verdade das informações veiculadas, e o leitor supõe que esse compromisso esteja sendo respeitado. No caso do perfil biográfico, que se aproxima muito da literatura, contribui para esse pacto o fato de o leitor encontrar o texto em seções reservadas para esse gênero. Se encontrasse o texto sobre Zé Peixe avulso, recortado da revista, o leitor poderia ficar na dúvida quanto a se tratar de um texto jornalístico ou literário.

Zé Peixe faleceu em 2012, aos 85 anos. Fotografia de 2002.

Ação e cidadania

Zé Peixe: um velho com "coração de menino". Mesmo aos 80 anos, ele continuava trabalhando, mantendo hábitos saudáveis que o ajudaram a ter uma vida longa. Zé Peixe: um herói.

No Brasil de hoje, porém, muitos idosos sofrem maus-tratos. Não são raras em nosso país manchetes como "Maranhão registra média de 30 casos de violência contra idosos por dia" (disponível em: <http://www.ebc.com.br/cidadania/galeria/audios/2013/01/maranhao-registra-media-de-30-casos-de-violencia-contra-idosos-por>, acesso em: 14 fev. 2013). O Estatuto do Idoso, de 2003, ampliou os direitos do cidadão com mais de 60 anos, estabelecendo que ele não pode ser vítima de violência ou negligência e que o cuidado com o idoso é dever de toda a sociedade.

ANOTE

Para compor o perfil biográfico, o **detalhamento** é indispensável. São reveladores as frases típicas, os detalhes referentes à aparência física, aos traços psicológicos, aos objetos que compõem o ambiente de vida e trabalho, etc.

10. Procure identificar, nas expressões abaixo, quais destes recursos linguísticos foram utilizados: metáfora, personificação, discurso indireto livre, onomatopeia. Explique suas respostas.
    a) "Esta é a história de um peixe chamado José."
    b) "A água suaviza a queda, envolve-o com um abraço de boas-vindas."
    c) "Zé Peixe nunca mais tomou um bom banho de chuveiro. Para quê, se está sempre na água?"
    d) "[...] em vez de voltar de barco ele zapt!, salta no mar."
    e) "O que faz de Zé Peixe uma espécie rara é a maneira como trabalha: ele vai buscar os navios a nado, enquanto seus colegas recorrem a um barco de apoio."
    f) "Vou morrer aqui", diz. "Mas só quando o capitão lá de cima desejar."

ANOTE

O perfil biográfico é um dos textos jornalísticos mais próximos da **literatura**. Utiliza metáforas e outras **figuras de linguagem**, valoriza detalhes com significado subjetivo, descreve poeticamente pessoas e cenários e pode usar o discurso indireto livre, entre outros recursos associados à prosa literária.

11. O último parágrafo, a conclusão do texto, apresenta as transformações de Aracaju ao longo da vida de Zé Peixe. Discuta as possibilidades da permanência do modo de vida de Zé Peixe nesse contexto.

Observatório da língua

Discursos direto, indireto e indireto livre

Há três formas possíveis de apresentar falas em textos jornalísticos ou literários: **discurso direto**, **discurso indireto** e **discurso indireto livre**.

O **discurso direto** ocorre quando o texto reproduz uma fala em primeira pessoa, geralmente acompanhada por marcas linguísticas – o travessão ou as aspas – indicando a fala. Pode conter também um verbo *dicendi*. Observe esta passagem do texto sobre Zé Peixe:

> "Faz um bem danado à saúde", diz ele.

O **discurso indireto** ocorre quando o autor utiliza a terceira pessoa, reproduzindo o conteúdo da fala da personagem. Não aparecem marcas linguísticas de fala, mas podem aparecer os verbos *dicendi*:

> Por causa de sua condição física exemplar, ele conseguiu salvar inúmeras vidas, conta Brabo [...]

O **discurso indireto livre** mescla os discursos direto e indireto. Em geral, mantém a terceira pessoa do discurso, mas incorpora a fala da personagem ao discurso do autor ou narrador:

> Acostumou seu corpo a comer pouquinho, porque **barriga cheia não se dá com o mar. Dá gastura.**

- O exemplo de discurso indireto livre acima surgiu provavelmente da conversa entre a jornalista e Zé Peixe, seu biografado. Reescreva o trecho transformando-o em um diálogo, usando discurso direto.

Repertório

Ruptura do "pacto de realidade"

Às nove horas da noite do dia 30 de outubro de 1938, a rádio CBS estadunidense transmite ao vivo uma invasão de marcianos à Terra. Todos os elementos que colaboravam para o efeito de realidade nas transmissões da época foram utilizados. Como se fosse uma edição extraordinária do jornal radiofônico, houve interrupção da programação normal, efeitos sonoros, depoimentos de especialistas, entrevistas, repórteres nas ruas, notícias de última hora. Ao proceder assim, o programa **rompeu o "pacto de realidade"** estabelecido com o ouvinte de noticiários jornalísticos, pois veiculou com o formato de programa noticioso o que era na verdade uma obra de ficção: tratava-se da adaptação de *Guerra dos mundos*, uma obra de ficção científica de H. G. Wells. O resultado dessa adaptação, empreendida pelo jovem Orson Welles, foi o pânico generalizado de milhares de pessoas, com congestionamentos gigantescos e histeria em New Jersey, Nova York e Newark, nos Estados Unidos. Em 2005, uma nova adaptação do livro chegou às telas de cinema pelas mãos de Steven Spielberg.

Cena do filme *Guerra dos mundos* (2005, EUA), baseado no livro de H. G. Wells que tem o mesmo título.

Hipertexto

Os escritores realistas empregaram muitas vezes o **discurso direto** como meio de desmascarar a incoerência entre as ideias e a prática das personagens. Foi o que fez o escritor Raul Pompeia no fragmento do conto "14 de julho na roça" (parte de Literatura, **capítulo 13**, p. 101).

〉 Produzir um perfil biográfico

〉 Proposta

Escolha uma **pessoa de destaque** no seu meio, supondo que o seu texto será publicado no jornal da escola. Dê preferência a alguém próximo, que você possa observar e entrevistar. Depois escreva um **perfil biográfico** sobre a personalidade escolhida. Utilize os conhecimentos que você adquiriu sobre o perfil neste capítulo. Procure aproveitar todos os recursos de que dispõe para redigir um texto que seja, ao mesmo tempo, **informativo** e **poético**.

Os critérios de relevância social variam conforme os órgãos de imprensa em que são publicados. Consulte revistas ou jornais que circulam em sua cidade para observar esses critérios diferentes e verifique se você se identifica com algum deles. Será útil para você definir claramente seu próprio critério de relevância social, ao escolher a personalidade que constituirá o tema de seu perfil biográfico.

〉 Planejamento

1. Observe no quadro abaixo as características do texto que você vai produzir.

Gênero textual	Público	Finalidade	Meio	Linguagem	Evitar	Incluir
perfil biográfico	estudantes de Ensino Médio	relatar uma entrevista e/ou apuração jornalística, caracterizando com expressividade uma personalidade real	jornal da escola	terceira ou primeira pessoa; detalhamento	admiração excessiva pela personalidade retratada	detalhes de toda ordem: do ambiente, da aparência física, de hábitos, gestos, frases, etc.

2. Copie no caderno o roteiro abaixo e complete conforme for recolhendo as informações.
   Perfil biográfico de:

   - idade:
   - profissão:
   - relevância social:
   - aparência física:
   - ambiente em que vive, trabalha ou circula:
   - depoimentos de amigos e pessoas de suas relações:
   - depoimento ou argumento de autoridade:
   - histórias interessantes:
   - frases:
   - particularidades:
   - minhas impressões pessoais:

   DICAS: Não apresente o roteiro acima à pessoa escolhida para o perfil. Converse informalmente com ela, observe-a, deixe-a falar com liberdade. Tome cuidado para não inibi-la com as anotações que você for fazendo. Converse com conhecidos dela. A coleta dos dados do roteiro será o resultado de todas essas ações. Use o último item como base para a aproximação literária: anote sensações e imagens que vêm à cabeça; elas podem ser aproveitadas no momento da escrita.

3. Realize a **apuração jornalística** de sua reportagem-perfil, buscando o máximo de informações e detalhes significativos, humanos e poéticos sobre sua personagem. Separe frases significativas e detalhes interessantes que possam ser usados no texto final.

› Elaboração

4. Agora você já pode escrever o perfil biográfico.

5. Organize a **sequência das informações** que você vai apresentar ao leitor, utilizando o roteiro abaixo.
   a) **Introdução**: apresente os dados principais da personagem, sua relevância social e sua particularidade humana.
   b) **Relato da personalidade**: defina uma sequência de temas e depoimentos para relatar ao leitor todos os detalhes que você recolheu.
   c) **Conclusão**: mude ou faça permanecer a condição da personagem; defina uma informação, imagem ou ideia para fechar o seu perfil.

6. Procure enriquecer seu texto com **recursos expressivos**.
   a) Crie metáforas e/ou outras figuras de linguagem para expressar sua experiência pessoal no contato com a personalidade retratada.
   b) Escolha um ou mais depoimentos que possam ser assumidos pela voz narrativa para serem expressos em discurso indireto livre.

> **ATENÇÃO**
>
> » Observe se o seu texto mantém sempre o **respeito** em relação à personalidade retratada.
> » Dê atenção à transcrição e retextualização de falas ao usar os **discursos direto**, **indireto** e **indireto livre**.

› Avaliação

7. Forme uma dupla e troque o seu texto com o colega.

8. Copie e complete, em uma folha separada, o quadro abaixo, a partir da leitura do perfil biográfico de seu colega. Em seguida, faça um comentário geral, apontando qualidades e sugerindo mudanças.

	Sim	Não
A escolha da personagem está claramente justificada no texto?		
O relato dá conta da trajetória biográfica da personagem até alcançar sua condição atual?		
Há detalhamento de aspectos físicos, psicológicos e do ambiente da personagem?		
Os depoimentos colaboram para a construção da personalidade retratada?		
As frases da personagem são reveladoras sobre quem ela é?		
Os momentos de aproximação com a linguagem literária foram bem realizados?		
O texto consegue compor o esboço de uma personalidade?		
Comentário geral sobre o texto		

› Reescrita

9. Pegue de volta seu texto com o colega e devolva o dele.
   a) Leia com atenção o quadro que ele preparou avaliando o perfil biográfico de sua autoria.
   b) Releia o seu texto, com atenção às observações de seu colega.

   DICA: Mantenha todas as anotações feitas durante o processo da entrevista, da apuração e da elaboração. Elas podem ser úteis para tornar mais claro e interessante o seu texto na reescrita.

   c) Faça todas as alterações que julgar necessárias para adequar seu texto à variedade urbana de prestígio.
   d) Retome suas anotações do planejamento e faça alterações no texto para aproveitar melhor a apuração jornalística.

> **Foco da reescrita**
>
> Verifique se o **detalhamento** do seu texto é suficiente: será que inserir ou reinserir um aspecto que inicialmente você considerou irrelevante não poderia contribuir para o leitor conhecer melhor a personagem em foco?

Vestibular

O vestibular da Universidade da Amazônia (Unama) pedia, como segunda opção para a redação, que se escrevesse uma carta argumentativa. A carta deveria responder ao texto de Fernanda Young, reproduzido na proposta B. Neste texto, a escritora produz um perfil para o Brasil, com o qual o candidato deve concordar ou discordar. Você poderia aproveitar essa proposta para compor um perfil do Brasil segundo a sua opinião pessoal. Você poderia mobilizar os conhecimentos adquiridos no capítulo 32 (*Perfil biográfico*) da unidade 11 (*Relatar*). Observe, por exemplo, as referências no texto de Young à bandeira, ao hino nacional, às características do povo brasileiro, sua imagem e autoimagem, ou seja, ao detalhamento que fornece corpo ao perfil. Observe também como o texto personifica a pátria, o que torna possível a composição de um perfil biográfico.

(Unama-PA)

Estamos lhe apresentando duas propostas temáticas para que, a partir da escolha de uma delas, você desenvolva a sua redação. Após fazer sua escolha, construa seu texto, valendo-se dos elementos da coletânea necessários à elaboração, bem como das experiências que a vida já lhe proporcionou.

Atenção:

- Faça sua redação com o mínimo de 15 linhas e o máximo de 30.
- O uso dos textos de apoio não se deve limitar à mera transcrição.
- Seu texto deve ser escrito em prosa.

PROPOSTA TEMÁTICA B: CARTA ARGUMENTATIVA

Leia, com atenção, a seguinte carta argumentativa:

À Pátria amada

Salve, salve, Como está? Melhorou?

As notícias que recebo de seus filhos não são boas, mas sei que você é forte e há de vencer mais essa. Tantas crises e traições seguidas devem estar abalando você, mas saiba que é amada, idolatrada e jamais será abandonada.

Pátria minha, posso ser sincera com você?

Você é rica, gentil e generosa, mas dá muita bandeira, por isso abusam de sua boa vontade. Aproveitadores prometem servi-la e roubam de seus cofres. Falam besteiras em seu nome, debocham de seus defeitos, sonegam o que lhe devem.

Por outro lado, você nunca esteve tão livre. Tão respeitada pelas colegas. Sua beleza e sua simpatia sempre foram reconhecidas, mas agora elogiam também sua inteligência e seu bom gosto. Copiam o que você veste, querem saber a fonte de sua energia.

Assuma, Pátria, que você é legal, mas vacila. Aprenda a punir quem abusa de seus favores e a tratar bem quem procura seus serviços. Afaste-se dos puxa-sacos e abrace seus desvalidos. Seus verdadeiros amigos não estão nos banquetes em sua honra. A hipocrisia, maldita praga que seu ardor atrai, é a raiz dos seus problemas. Mas, calma, tudo tem jeito, você já resistiu bravamente a dias piores. Quando nem sabia quanto roubavam de você. Quando sujavam seu nome em porões de tortura. Quando seu dinheiro valia tão pouco que era motivo de piada. [...]

Por mim você abandonava de vez esse positivismo cafona e incoerente, que um dia lhe impuseram como lema na bandeira. Não é pela ordem que seus filhos se destacam pelo mundo, é pela bagunça e festa, não é? E o progresso? Vem naturalmente quando se vive em paz, num ambiente fértil. Se é necessário um mote para completar a lacuna, que o escolham de onde sua alma se manifesta: nos para-choques de caminhão.

Já imaginou você de verde-amarelo e, na faixa, em sua testa estrelada escrito assim: "Não tenho tudo que amo, mas amo tudo que tenho." Ou simplesmente: "Existo porque insisto". É atrás da pompa dos palanques que se escondem seus inimigos.

Com amor,

Fernanda Young

(Escritora, roteirista e apresentadora de TV. Texto publicado na revista *Cláudia*, out. 2007.)

Como você pôde constatar, Fernanda Young escreveu uma carta à pátria amada, mostrando virtudes e defeitos desse ente que se materializa em um espaço continental com mais de 180 milhões de habitantes. Ao final da carta, ela rejeita o lema da bandeira brasileira e pede sua substituição.

Agora, propõe-se que você escreva uma carta argumentativa à escritora, concordando com a avaliação crítica que faz da pátria amada e do lema da bandeira, ou dela discordando.

334

UNIDADE

Expor

12

A internet e as publicações impressas têm tornado a exposição de conhecimentos cada vez mais dinâmica e acessível aos estudantes e curiosos de todo o mundo. Nesse contexto, as informações que circulam podem ser mais precisas e fiéis às fontes originais nas quais o conhecimento foi produzido. Ao mesmo tempo, a facilidade de acesso a essas informações e sua mobilidade tornam corriqueira a produção de cópias, de plágios e de falsificações.

Hoje, mais do que nunca, é importante saber diferenciar entre uma exposição consistente de conhecimento e uma apropriação indevida ou irresponsável de informações. Saber expor é poder participar de forma segura e responsável do mundo do conhecimento e garantir, dessa forma, o exercício consciente da cidadania.

Nesta unidade, você vai aprender a identificar e a produzir gêneros que compilam e organizam conhecimentos para torná-los acessíveis a um número crescente de pessoas, seja na esfera pública, seja na esfera escolar.

Nesta unidade

33 Artigo enciclopédico

34 Artigo expositivo de livro ou de *site* didático

Alunos de escola da aldeia Tenonde Porã, dos Guarani, em São Paulo (SP), usam computador em aula: democratização do conhecimento por meio da internet. Fotografia de 2011.

335

CAPÍTULO 33

Artigo enciclopédico

O que você vai estudar

- Como identificar e produzir um artigo enciclopédico.
- Diferentes tipos de enciclopédia.
- Coesão nominal: hipônimos e hiperônimos.

O **artigo enciclopédico**, antes restrito às enciclopédias em papel, está em transformação graças à crescente difusão das enciclopédias *on-line* e digitais. O conhecimento transmitido por meio desse gênero textual é cada vez mais dinâmico, acompanhado de conteúdos multimídia e referências externas instantâneas. Neste capítulo, vamos conhecer melhor esse gênero, e depois será a sua vez de produzir um artigo enciclopédico.

❯ Leitura

- O texto abaixo faz parte de um artigo retirado de uma enciclopédia digital, disponível em DVD-ROM. Leia-o e responda às questões das páginas 338 e 339.

DENGUE (medicina)

DENGUE s.f. *Medicina*. Doença infecciosa das regiões tropicais e subtropicais causada por um vírus. Os primeiros casos de dengue foram registrados entre 1779 e 1780, com ocorrência quase simultânea na Ásia, África e América do Norte.

O vírus da dengue no ambiente é inócuo e não tem capacidade de penetrar no organismo humano; por isso, utiliza-se de um vetor – os mosquitos *Aedes aegypti* e *Aedes albopictus*. No Brasil, o principal transmissor da doença é o *Aedes aegypti*, um mosquito estritamente doméstico. [...]

Imagem de parte do artigo "Dengue (medicina)" da *Enciclopédia e dicionário Koogan Houaiss*.

A doença é transmitida pela picada da fêmea do mosquito. O ciclo da doença é simples: o mosquito é contaminado ao picar uma pessoa doente; o vírus reproduz-se no corpo do inseto e aloja-se em suas glândulas salivares; o mosquito passa a ser um vetor da doença.

Sintomas. Depois de picada, a pessoa passa por um curto período de incubação da doença. Em um período de sete a dez dias aparecem os primeiros sintomas. Há febre alta acompanhada de fortes dores de cabeça, musculares e nas articulações. Além disso, pode haver manifestação de fotofobia (aversão à luz) e dores atrás dos olhos. O doente fica com manchas avermelhadas no corpo, falta de apetite, diarreia e muito cansaço. Pode haver sangramentos.

Uma pessoa com dengue pode não apresentar todos os sintomas da doença. O ideal é procurar um médico para certificar-se do diagnóstico ao surgirem os primeiros sinais. [...]

Depois de uma semana, mais ou menos, os sintomas desaparecem gradualmente.

Tipos de Dengue. Há dois tipos de dengue: a clássica e a hemorrágica. Na dengue hemorrágica ocorrem alterações no sistema de coagulação do sangue. Além dos sintomas já citados, sucedem hemorragias intestinais, vômitos e inflamação do fígado. Nesses casos, a dengue pode ser fatal, principalmente se o doente não receber tratamento adequado.

Existem quatro variedades de vírus causadores da dengue. A pessoa infectada por uma dessas variedades de vírus adquire imunidade e fica protegida contra ela, mas não contra os outros três tipos de vírus. Os vírus tipo 1 e 4 são considerados menos virulentos, enquanto os tipos 2 e 3 são mais agressivos, com potencial para provocar sintomas mais graves. [...]

Vocabulário de apoio

analgésico: medicamento que diminui ou faz cessar a dor

coagulação: processo pelo qual um líquido fica mais espesso até formar uma massa sólida

inócuo: que não é prejudicial

minorar: reduzir, atenuar

vetor: ser vivo capaz de transmitir parasita, bactéria ou vírus a outro

virulento: que se manifesta com grande intensidade

336

Tratamento. Não existe um tratamento específico para a doença. As recomendações médicas são feitas no sentido de minorar os sintomas. O paciente deve respeitar o período de repouso e beber bastante líquido para evitar a desidratação. Para combater a febre e as dores são indicados os analgésicos com base em paracetamol, enquanto que o ácido acetilsalicílico deve ser evitado, pois o seu uso pode favorecer o aparecimento de manifestações hemorrágicas. [...]

Prevenção. Os cientistas ainda não conseguiram desenvolver uma vacina contra a dengue. Portanto, o combate aos mosquitos transmissores é a única forma de evitar a doença. [...]

As medidas de combate ao mosquito são simples e consistem basicamente em interromper o seu ciclo reprodutivo, eliminando os locais onde ele se reproduz. Água limpa e parada é o ambiente ideal para o desenvolvimento das larvas do mosquito. Assim, toda a população deve prestar o máximo de atenção para não deixar água acumulada no interior de garrafas, latas vazias, pneus velhos etc.

As caixas de água, tanques, filtros, ou qualquer outro reservatório de água, dentro ou fora de casa, devem permanecer sempre tampados.

[...] Os pratinhos dos vasos de planta devem ficar cheios de areia para não acumular água. [...]

A Dengue no Brasil. Os vírus da dengue do tipo 1 e 2 estão em circulação em grande faixa do território nacional. [...]

Vários estados estão fazendo uma campanha para alertar a população para o problema da dengue. A conscientização e a colaboração das pessoas é a maior arma para combater o mosquito e prevenir a doença.

Enciclopédia e dicionário Koogan Houaiss. Rio de Janeiro: Delta, 2010. DVD-ROM.

Repertório

Racionalidade × irracionalidade

A *Enciclopédia*, editada por Denis Diderot e Jean le Rond D'Alembert, inaugurou uma forma de compilar, organizar e divulgar o conhecimento que marcou o movimento conhecido como **Iluminismo** ou **Esclarecimento**. No século XVIII, pensadores como Voltaire, Rousseau e Montesquieu (que também colaboraram na *Enciclopédia*) lutaram contra as superstições e o misticismo que dominavam a vida cultural e social da Europa.

A **racionalidade** mantém-se, desde então, como princípio essencial do conhecimento. Posteriormente, alguns filósofos como Friedrich Nietzsche, Henri Bergson e Theodor Adorno questionaram a predominância desse princípio, discutindo a coexistência entre irracionalidade e razão ao longo da história. Para Adorno, por exemplo, o nazismo na Alemanha do século XX constituiu um caso de extrema irracionalidade que ocorreu em um país organizado em torno de um sistema econômico altamente racionalizado.

Situação de produção

Painel universal do conhecimento

O artigo enciclopédico é um gênero textual que se originou no século XVIII, quando os filósofos Jean le Rond D'Alembert e Denis Diderot empreenderam a edição dos 28 volumes da *Enciclopédia*. Esses volumes reuniam artigos diversos, organizados em ordem alfabética. Desde então, as **enciclopédias** compõem um painel universal do conhecimento, a partir da reunião de artigos (os chamados verbetes) dedicados a temas variados.

A disseminação da internet como veículo de transmissão de conhecimentos vem dinamizando os textos de conteúdo enciclopédico. Hoje, além dos recursos com que já contavam no papel (mapas, gráficos, fotos, ilustrações, etc.), os artigos enciclopédicos podem vir acompanhados de conteúdos multimídia, como arquivos de áudio e vídeo, que contribuem para ampliar a informação exposta, e os *hyperlinks*, que permitem acesso imediato a fontes de referência e a informações de outras áreas do conhecimento.

Com o fenômeno das enciclopédias "livres" na internet, o conhecimento também passou a ser compartilhado entre leitores de diversos países, que se tornaram, inclusive, produtores do conteúdo dessas enciclopédias. Com isso, tem-se discutido a validade desses conteúdos acessíveis e produzidos por todos. Como se assegurar de que são confiáveis? A resposta está na citação segura de fontes, por meio de notas e bibliografia completa. Checar as **fontes** citadas torna-se indispensável, assim como consultar várias fontes diferentes (e nunca confiar em apenas uma).

James Watson e Francis Crick, cientistas que descobriram a estrutura da molécula de DNA em 1953. Descobertas científicas estão entre os assuntos mais valorizados em enciclopédias.

⟩ Ler um artigo enciclopédico

1. Em sua opinião, que tipo de leitor pode se interessar pelo artigo enciclopédico "Dengue (medicina)"? Justifique sua resposta.
2. Qual é a importância de **divulgar** o conhecimento expresso nesse artigo?

ANOTE

> O artigo enciclopédico tem como objetivo a **divulgação** de informações que fazem parte do patrimônio constituído pelo conhecimento humano (Ciências, Artes, História, etc.). Em geral, o artigo faz parte de uma **enciclopédia** – conjunto formado pela coleção desses artigos individuais. A palavra que introduz um artigo é chamada de **entrada**.

3. Observe o **título** do artigo, que marca a **entrada** do texto. Por que a palavra *dengue* vem acompanhada do termo *medicina* entre parênteses?
4. Dê mais três exemplos de títulos para artigos enciclopédicos.
5. Localize no artigo a definição de dengue.
   a) Em que parte do artigo aparece essa definição?
   b) Complemente essa definição com outras informações, como a forma de transmissão da doença, os tipos de dengue, os sintomas e tratamento. Use a menor quantidade possível de palavras presentes no artigo enciclopédico.
   c) Que palavras do artigo também constam do seu texto?
   d) Por que você precisou repetir essas palavras?

ANOTE

> O **título** do artigo enciclopédico é a porta de acesso às informações tanto de uma enciclopédia organizada por temas quanto por ordem alfabética. Por isso, deve conter o **tema** tratado, se possível reduzido a uma única palavra ou uma expressão curta: aquela que o artigo vai definir. A **definição** do tema do artigo enciclopédico costuma aparecer logo no início do texto.

6. Que seções aparecem no artigo "Dengue (medicina)"?
7. Localize, no texto, a seção que contém informações sobre as **medidas para se evitar a dengue**.
   a) Em que seção essas medidas são citadas?
   b) Quais são essas medidas?

ANOTE

> O texto de um artigo enciclopédico costuma ser dividido em **seções**, segundo os **subtemas** tratados no artigo. As seções são discriminadas por meio de **intertítulos**.

8. Uma pessoa que já teve dengue pode voltar a contrair a doença? Explique.
9. Localize no texto e copie no caderno:
   a) cinco palavras ou termos que pertençam ao **vocabulário médico-científico**.
   b) duas passagens que incluam **dados numéricos**.
   c) cinco **adjetivos**.
10. Agora analise a função do vocabulário científico, dos dados numéricos e dos adjetivos, respondendo ao que se pede.
    a) Escolha dois termos médico-científicos e explique o sentido deles.
    b) Qual é a importância dos dados numéricos no texto?
    c) Qual é a função dos adjetivos que você selecionou?

ANOTE

> A **linguagem** do artigo enciclopédico tem como objetivo expor o conhecimento de forma neutra, por isso costuma apresentar as informações com máxima objetividade e impessoalidade. Os textos, em geral, usam a **terceira pessoa do discurso**, apresentam **nomes científicos** e **dados numéricos** precisos, usam **adjetivos** somente para favorecer a precisão das informações e dão preferência à **ordem direta** das frases.

•Hipertexto

A classe de palavras que indica as **pessoas do discurso** é o pronome. Recorde os pronomes utilizados para cada pessoa do discurso, consultando os tópicos "O pronome na perspectiva semântica" e "Pronomes pessoais" na parte de Linguagem (**capítulo 26**, p. 235).

11. Leia o texto abaixo, retirado da enciclopédia *Wikipédia*. Ele é um trecho do artigo sobre a dengue.

Sinais de Alerta da Dengue Hemorrágica

- Dor abdominal contínua
- Vômitos persistentes
- Hipotensão postural
- Hipotensão arterial
- Pressão diferencial < 20mmHg (PA convergente)
- Hepatomegalia dolorosa
- Hemorragias importantes (hematêmese e/ou melena)
- Extremidades frias, cianose
- Pulso rápido e fino
- Agitação e/ou letargia
- Diminuição da diurese
- Diminuição repentina da temperatura corpórea ou hipotermia
- Aumento repentino do hematócrito
- Desconforto respiratório

Disponível em: <http://pt.wikipedia.org/wiki/Dengue>. Acesso em: 19 fev. 2013.

---

a) A qual seção do artigo "Dengue (medicina)" esse texto poderia ser associado? Explique.

b) Os destaques em azul no texto acima também constam da página da internet da qual ele foi extraído. O que esses destaques indicam? Para que servem?

> **ANOTE**
> Os artigos enciclopédicos tornaram-se mais acessíveis com a disseminação da **internet** como fonte de informação. Adaptados ao novo meio de circulação, passaram a oferecer *hyperlinks* ou **hipertextos**, que são ligações temáticas instantâneas com outros artigos relacionados, facilitando a continuidade da pesquisa.

Passaporte digital

A *Wikipédia*

A *Wikipédia* é uma enciclopédia virtual colaborativa, aberta à contribuição de qualquer internauta interessado em criar ou em editar artigos. Para garantir uma mínima uniformidade na redação, na formatação e na organização dos artigos, o *site* da enciclopédia recomenda que seus colaboradores leiam o "Livro de estilo", que orienta como fazer o **título**, o **parágrafo introdutório**, as **notas** e outros elementos que podem ser utilizados no artigo. Essas recomendações também podem ser úteis na elaboração do seu artigo enciclopédico.

Página do "Livro de estilo" da *Wikipédia*.

Disponível em: <http://pt.wikipedia.org/wiki/Wikipedia:Livro_de_estilo>. Acesso em: 19 fev. 2013.

Observatório da língua

Coesão textual: hipônimos e hiperônimos

Em textos expositivos, é comum o uso de hipônimos e de hiperônimos para apresentar e detalhar informações. Observe um exemplo.

> Em um período de sete a dez dias aparecem os primeiros sintomas:
> *(hiperônimo)*
> febre alta com fortes dores de cabeça, musculares e nas articulações.
> *(hipônimos)*

A expressão "primeiros sintomas" é um **hiperônimo** (possui sentido mais amplo), enquanto os itens citados na sequência (febre alta, fortes dores de cabeça, musculares e nas articulações) são **hipônimos**, pois são casos particulares de sintomas.

Cada um desses itens representa um hipônimo em relação ao hiperônimo "primeiros sintomas", ou seja, são termos específicos que se relacionam com o termo geral.

1. Cite pelo menos quatro hipônimos para cada um dos seguintes hiperônimos:
   a) áreas do conhecimento;   b) emoções;   c) esportes olímpicos.

2. Crie um hiperônimo adequado para cada grupo de palavras abaixo:
   a) pradaria, floresta tropical, cerrado, caatinga, manguezal, savana;
   b) leitura, exercícios, provas, trabalhos, seminários, lição de casa;
   c) plantar, construir, curar, criar, ensinar, limpar, escrever, cozinhar.

Hipertexto

Além de funcionar como recurso de coesão textual, os **hiperônimos** podem ser usados para expressar a posição do enunciador diante dos fatos. Veja um exemplo desse uso na parte de Linguagem (**capítulo 21**, p. 187, exercício 5).

❯ Produzir um artigo enciclopédico

❯ Proposta

Você vai escrever um **artigo enciclopédico**, supondo que seu texto fará parte de uma enciclopédia formada por artigos produzidos pelas turmas do Ensino Médio da sua escola. A enciclopédia terá cinco volumes temáticos. Escolha um dos volumes abaixo e defina o tema de seu artigo. Consulte três fontes diferentes para obter informações sobre o tema e utilize os conhecimentos que adquiriu neste capítulo para escrever seu texto. Procure aproveitar todos os recursos de que dispõe para redigir um artigo **consistente** e **objetivo**.

Volume I – Universo
Cometa, planeta, Sistema Solar, Lua, Sol, Terra, nebulosa, galáxia, buraco negro, meteoro, satélite, viagem espacial, foguete, etc.

Volume II – Sociedades antigas
Povos pré-colombianos, Machu Picchu, Babilônia, Egito Antigo, múmia, faraó, povos indígenas, pajé, cruzada, pirataria, Império Romano, etc.

Volume III – Animais e plantas
Sapo, aracnídeo, dinossauro, cachorro, orquídea, bonsai, jequitibá, samambaia, rosa, girassol, etc.

Volume IV – Alimentação
Obesidade, anorexia, transgênicos, gordura trans, orgânicos, dieta, pirâmide alimentar, etc.

Volume V – Política e sociedade
Classes sociais, eleição, desigualdade social, formas de governo, os três poderes (Legislativo, Executivo e Judiciário), utopia, ditadura, comunidade alternativa, etc.

Estudantes fazendo consultas na biblioteca. Com apoio da internet, é possível complementar a pesquisa utilizando fontes de informação variadas.

❯ Planejamento

1. Observe no quadro abaixo as características do texto que você vai produzir.

Gênero textual	Público	Finalidade	Meio	Linguagem	Evitar	Incluir
artigo enciclopédico	estudantes de Ensino Médio	expor conhecimento objetivo sobre um tema delimitado	enciclopédia escolar	terceira pessoa; objetividade; precisão	cópia dos textos consultados	seções e intertítulos; referências bibliográficas

2. Defina o **tema** e o **título** de seu artigo.

3. Consulte três fontes diferentes sobre o tema. Copie e complete o quadro abaixo, para registrar as informações obtidas nas três fontes.

Tema	Fonte 1	Fonte 2	Fonte 3
Referência bibliográfica completa			
Definição			
Informações sobre o tema (dados, características, história, exemplos, funcionamento, etc.)			
Imagens (selecione ilustrações ou fotos pertinentes e anote suas referências)			

4. Divida as informações em **seções** e atribua um **intertítulo** a cada uma delas.

> Elaboração

5. Tenha bastante clareza quanto aos termos científicos que você usará em seu texto. Certifique-se de que entende bem todos eles e sabe explicá-los com simplicidade.
6. Lembre-se de usar dados numéricos precisos.
7. Só empregue adjetivos que se referem a características objetivas; nesse gênero textual, não cabem adjetivos que expressam opiniões pessoais.

> Avaliação

8. Junte-se a um colega e troque seu texto com o dele.
9. Copie e complete o quadro abaixo em uma folha avulsa, com base na leitura do artigo de seu colega. Em seguida, faça um comentário geral sobre o texto dele, apontando qualidades e sugerindo mudanças.

	Sim	Não
O título e os intertítulos do texto estão adequados?		
A linguagem do texto está adequada (há impessoalidade, objetividade, precisão científica)?		
As informações estão divididas em seções com sentido claro?		
O conteúdo é consistente? (Observe cada seção do texto.)		
As fontes foram citadas adequadamente?		
Comentário geral sobre o texto		

> Reescrita

10. Pegue de volta seu texto e devolva o de seu colega.
    a) Leia com atenção a avaliação que ele fez do seu artigo.
    b) Releia o seu texto, buscando compreender todas as observações de seu colega.

    DICA: Se você estiver com um lápis à mão, já pode ir anotando no seu texto as possíveis modificações.

11. Reescreva seu artigo enciclopédico.
    a) Faça todas as alterações que julgar necessárias para adequar seu texto à norma-padrão.
    b) Consulte novamente suas anotações e acrescente informações que estejam faltando ou corrija eventuais erros.
    c) Reveja a divisão de seu texto em seções e troque informações de lugar, se for necessário.
    d) Depois de pronto, cole no texto as imagens que você selecionou.

Foco da reescrita

Em um artigo enciclopédico, as **seções** do texto devem apresentar conteúdos (dados, ideias ou conceitos) agrupados segundo critérios claros de associação. Ao reescrever seu artigo enciclopédico, observe se a **organização das informações** está adequada. O uso de **hipônimos** e **hiperônimos** também pode colaborar nesse sentido.

ATENÇÃO

» Garanta a **validade** das informações pesquisadas (em *sites* institucionais, em livros ou em outras publicações).

» As informações do artigo enciclopédico têm de ser **confiáveis**, o que significa que as fontes consultadas devem ser reconhecidas como legítimos veículos de conhecimento. As informações que as fontes contêm (dados, fatos, conceitos e afirmações) devem ter sido desenvolvidas segundo um **padrão científico**.

» Tome cuidado com as enciclopédias "livres", ou seja, produzidas em um sistema de compartilhamento de informações por pessoas que não são especialistas no assunto. Essas enciclopédias têm tido sua **validade** questionada.

Repertório

Conhecimento atualizado

Conhecimentos se modificam ao longo do tempo; por isso, as enciclopédias são reeditadas e atualizadas frequentemente. São incluídos novos artigos, relativos a invenções e descobertas recentes, assim como são corrigidos artigos publicados anteriormente, conforme evoluem os conhecimentos humanos e científicos. Isso explica por que enciclopédias muito antigas podem trazer informações hoje consideradas equivocadas. As enciclopédias *on-line* e digitais, publicadas na *internet* e em CD-ROM, por exemplo, costumam receber atualizações frequentes.

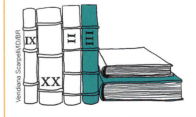

CAPÍTULO 34
Artigo expositivo de livro ou de *site* didático

O que você vai estudar

- Como identificar e produzir um artigo expositivo de livro ou de *site* didático.
- Progressão textual.
- Numerais empregados como recurso de coesão.

O objetivo principal do **artigo expositivo de livro ou de *site* didático** é transmitir conteúdos considerados fundamentais para a formação escolar dos estudantes. Neste capítulo, você conhecerá melhor esse gênero, e depois será sua vez de produzi-lo.

> Leitura

- O texto abaixo foi produzido especialmente para um *site* especializado em educação. Leia com atenção o texto e responda às questões propostas.

Direitos Humanos
Declaração Universal completa 60 anos

Antonio Carlos Olivieri

Em 10 de dezembro de 2008, completa 60 anos a Declaração Universal dos Direitos Humanos, aprovada pela Assembleia Geral da Organização das Nações Unidas, no dia 10 de dezembro de 1948, sob a presidência do jurista australiano Herbert Evatt. Entre os países que defenderam com maior vigor o documento, destacaram-se o Reino Unido, o Canadá e os países latino-americanos.

Representante do Brasil na Assembleia, o advogado e intelectual Austregésilo de Athayde saudou aquele instante como o início de "uma nova era de liberdade e de justiça". Nenhum dos países-membros da ONU votou contra o texto do documento, embora as nações ligadas à União Soviética, a África do Sul e a Arábia Saudita tenham optado pela abstenção.

A Declaração era principalmente uma resposta da comunidade internacional à intolerância étnica e racial verificada na Europa e nas colônias europeias no início dos anos 1930 e ao longo dos anos 1940. Mais especificamente, à grande tragédia em que consistira a Segunda Guerra Mundial, caracterizada pelas armas de destruição em larga escala e pelos campos de concentração e extermínio do regime nazista.

Valores morais e éticos

O contexto mundial, porém, já era o da Guerra Fria, com a polarização político-ideológica que colocava em confronto os sistemas capitalista e socialista e se manifestava, na prática, na disputa entre os Estados Unidos e a União Soviética, e os países alinhados a essas duas potências. Num panorama como esse, era especialmente importante a afirmação de que toda a humanidade compartilhava de um conjunto comum de valores morais e éticos.

Basicamente, a Declaração tinha – e ainda tem – importância por reconhecer que a dignidade de todo homem consiste em ele ser uma pessoa, que tem de ser respeitada em sua individualidade, bem como integridade física e psicológica. O que fundamenta esse direito (do qual decorrem os outros) é pura e simplesmente a existência de cada ser humano. Basta nascer para usufruir dele.

Além disso, convém destacar o caráter universal desses direitos, que valem igualmente para todos os seres humanos,

A figura representa o senado romano durante sessão, em 63 a.C. O senado foi uma instituição reguladora do Estado romano, precursora das assembleias legislativas atuais.

Maccari, Cesari. *Senado acusa Catilina de conspiração em 21 de outubro de 63 a.C.*, 1880. Afresco. Palazzo Madama, Roma, Itália.

Acervo do Palazzo Madama, Roma. Fotografia: The Granger Collection, New York/Otherimages

sem que se possa estabelecer ao termo "humano" qualquer tipo de restrição ou especificação, com base na raça, no credo, na posição socioeconômica, etc. Nesse sentido, a Declaração de 1948 é o apogeu de um longo processo histórico, cujas origens remontam à Antiguidade, à democracia grega e à república romana, e que tem como marco fundamental a Revolução Francesa.

Naquela época, contudo, os direitos eram restritos aos cidadãos da Grécia ou de Roma, nos quais não estavam incluídos, por exemplo, os estrangeiros ou as mulheres. Ao longo dos séculos, com maior ou menor intensidade, não só esses direitos foram se estendendo a um número cada vez maior de pessoas, como também foram compreendidos de uma maneira cada vez mais ampla.

Direitos e problemas

No mundo contemporâneo, quando se fala em direitos humanos, compreende-se basicamente três tipos de direito: a) os direitos de liberdade, que limitam o poder do Estado sobre os cidadãos; b) os direitos políticos, que facultam a todo homem, através da representação eleitoral, a participação na direção dos negócios públicos; c) e os direitos sociais ou econômico-sociais, relacionados ao trabalho, à educação, à saúde e ao lazer.

Compreender, reconhecer e declarar os direitos humanos foram passos importantes. No entanto, obviamente isso não significa que esses direitos passaram a ter vigência ou foram totalmente implementados. Em primeiro lugar, porque a Declaração não é um documento que tem força de lei, ainda que tenha inspirado, orientado ou servido como base para legislação internacional.

Em segundo lugar, por haver uma defasagem entre as normas estabelecidas e sua aplicação. Nesse sentido, a questão consiste nos problemas que as nações signatárias da Declaração e dos tratados e convenções nela inspirados têm para pôr em prática os direitos humanos, por meio de planos nacionais, de programas de ação e de legislação própria.

Consiste ainda no enfrentamento às resistências locais contra a implementação desses direitos. De maneira geral, o caráter universal dos direitos humanos implica o combate a privilégios, o que naturalmente contraria interesses de indivíduos ou grupos.

Violações gravíssimas

Por outro lado, quanto mais cresce a demanda por direitos humanos e quanto mais os países se manifestam dispostos a aceitá-los e colocá-los em vigor, tanto mais se alastram os problemas e conflitos sociais e políticos, pelos mais diversos motivos, resultando, precisamente, na violação daqueles direitos, em especial do direito fundamental à vida.

Desse modo, seis décadas após a aprovação da Declaração Universal dos Direitos Humanos, ainda são comuns e frequentes violações gravíssimas como o genocídio, as mutilações físicas e o trabalho escravo. Elas ocorrem em praticamente todos os países do mundo, independentemente do seu grau de desenvolvimento, embora prevaleçam nos países subdesenvolvidos ou em desenvolvimento.

OLIVIERI, Antonio Carlos. Direitos humanos. *UOL Educação*. Disponível em: <http://educacao.uol.com.br/disciplinas/atualidades/direitos-humanos-declaracao-universal-completa-60-anos.htm>. Acesso em: 14 jan. 2013.

Vocabulário de apoio

apogeu: auge; ponto mais alto

credo: crença religiosa

facultar: conceder

genocídio: extermínio de um grupo de pessoas por motivos religiosos, raciais, étnicos ou políticos

polarização: divisão em grupos opostos

signatário: que assina um documento

ter vigência: vigorar, ter uso efetivo

Situação de produção

Textos destinados aos estudantes

Os artigos expositivos de livro didático são muito utilizados no contexto escolar, ao qual se destinam. Essa classificação também compreende textos expositivos didáticos veiculados em apostilas e em folhas soltas de papel entregues aos estudantes, pois o que importa aqui é a finalidade didática desses textos, o público estudantil a que se destinam e algumas características decorrentes dessa situação de produção.

Por esse mesmo motivo, este capítulo também contempla os artigos expositivos veiculados em *sites* didáticos (como o texto "Direitos Humanos", reproduzido neste capítulo). Conforme se moderniza a tecnologia disponível nas escolas, também se amplia o uso dos computadores e da internet como recurso didático, não só para pesquisa mas também para atividades com materiais específicos de *sites* didáticos ou educativos.

❯ Ler um artigo expositivo de *site* didático

1. Qual ocasião deu origem ao artigo expositivo de *site* didático "Direitos Humanos"?
2. Qual é o objetivo desse texto? A quem ele se dirige?
3. Releia.

> Nenhum dos países-membros da ONU votou contra o texto do documento, embora as nações ligadas à União Soviética, a África do Sul e a Arábia Saudita tenham optado pela abstenção.

Em votações legislativas, os membros representantes podem votar a favor, contra ou abster-se de votar. A partir do texto, explique o significado da palavra *abstenção*.

ANOTE

O objetivo do artigo expositivo de livro ou de *site* didático é **transmitir conhecimento socialmente relevante** a um grupo presumido de leitores. Características atribuídas aos possíveis leitores, como idade e interesses comuns, influenciam na escolha do vocabulário, na construção do texto e no aprofundamento conceitual dele.

4. O texto "Direitos Humanos" inicia-se com uma **introdução** ao tema, que trata da ocasião em que a Declaração Universal dos Direitos Humanos foi aprovada pela ONU.
    a) Qual foi o papel do Brasil na ocasião?
    b) A Declaração foi formulada como uma reação mundial a que acontecimentos?
5. A seção "Valores morais e éticos" inicia-se detalhando o **contexto** mundial da Declaração, como uma forma de explicar a sua importância.
    a) Qual era a situação mundial na época?
    b) Por que a Declaração foi importante naquele momento?

ANOTE

Todo saber está vinculado a uma cultura em determinado momento no tempo. O **contexto histórico** imediatamente associado ao tema tratado é um conteúdo importante e muito frequente em artigos expositivos de livros ou *sites* didáticos.

6. Qual é o direito fundamental atribuído aos seres humanos pela Declaração? Explique.
7. Defina com as suas palavras os três tipos de direitos que compõem os direitos humanos e comente sua situação no Brasil.
    a) direitos de liberdade;
    b) direitos políticos;
    c) direitos sociais.

Mulheres judias húngaras no campo de concentração nazista de Auschwitz-Birkenau, localizado na Polônia. Fotografia de 1944. A Declaração Universal dos Direitos Humanos tinha por objetivo tentar combater abusos de poder de Estados ditatoriais, como os que ocorreram durante a Segunda Guerra Mundial.

ANOTE

O artigo expositivo de livro ou *site* didático constrói uma **rede de conteúdos** que explicam e detalham o tema. Assim, o tema se divide em subtemas ou aspectos. A divisão em parágrafos costuma acompanhar a divisão em subtemas, em aspectos ou a introdução de conteúdos novos.

8. Localize as referências a períodos históricos distantes, citados na seção "Valores morais e éticos".
    a) Quais são esses períodos?
    b) Escreva o que você sabe sobre eles.
    c) A partir da resposta do item anterior, explique por que eles foram citados no texto.

ANOTE

O artigo expositivo de livro ou de *site* didático frequentemente busca recuperar o **processo histórico** no qual se insere o tema abordado.

9. O texto diz que os direitos humanos são universais. Isso significa que eles são respeitados no mundo todo? Explique.

10. Segundo o texto, quais são os principais impedimentos para que os direitos humanos sejam respeitados?

11. O tema do texto é a Declaração Universal dos Direitos Humanos. Que palavras o autor emprega para se referir a essa declaração ao longo do texto?

> **ANOTE**
>
> Para garantir a **manutenção do tema**, ou seja, sinalizar constantemente ao leitor que o texto inteiro se organiza em torno desse tema, o artigo expositivo de livro ou de *site* didático refere-se repetidamente a ele, de maneiras diferentes.

12. Releia.

> O contexto mundial, porém, já era o da Guerra Fria [...].

Na língua portuguesa, a conjunção *porém* é empregada para relacionar dois elementos diferentes que apresentam algum tipo de contraste entre si. No caso do texto, quais são os dois elementos diferentes contrastados pela conjunção *porém*? Explique.

13. O texto refere-se a períodos históricos muito antigos e ao momento atual. Localize nos parágrafos sétimo e oitavo as expressões empregadas para introduzir esses períodos históricos no texto.

> **ANOTE**
>
> O artigo expositivo de livro ou de *site* didático pode empregar **locuções adverbiais** e **conjunções** para introduzir **subtemas** que fazem o texto avançar.

14. Leia abaixo um trecho de artigo expositivo de *site* didático sobre a estrutura de cometas.

> **Partes de um cometa**
>
> Cometas possuem três partes principais: o núcleo, a cabeleira e a cauda – e são formados principalmente de rocha, poeira e gelo.
>
> **Núcleo**: todos os fenômenos que ocorrem no cometa têm origem a partir de seu núcleo. Ele é feito de gelo (um gelo bem sujo) e pode pesar de um quilo a algumas dezenas de toneladas. Ao se aproximar do Sol, o núcleo dá origem à cabeleira e à cauda do cometa. Por ser um corpo pequeno (de baixa atração gravitacional) e se movimentar muito rápido, a cada passagem perto do enorme calor do Sol o núcleo gelado derrete e a cauda do cometa aumenta. Até que, um dia, o núcleo se desgasta completamente e o cometa "morre". A vida média dos cometas não ultrapassa os 10 milhões de anos.
>
> **Cabeleira**: ela é mais brilhante do que a cauda. A presença predominante de componentes simples, à base de hidrogênio e oxigênio, revela que a maior parte da constituição do cometa é água em dois estados: o sólido (gelo) e o gasoso (vapor de água). É na cabeleira do cometa, a parte que lembra a juba do leão, que a água está em estado gasoso.
>
> **Cauda**: os cometas possuem dois tipos de caudas: uma feita de poeira neutra e a outra de elétrons e gases ionizados. A primeira tem cor amarelada que reflete a luz solar. A segunda é azulada, produzida principalmente pelo CO (monóxido de carbono). A cauda é formada pela pressão eletromagnética (exercida pelos raios solares) e pelo vento solar. A cabeleira e a cauda têm, em média, de 10 mil a 100 milhões de vezes o diâmetro do núcleo.
>
> Imagem do cometa Hale-Bopp, de 1997. Um cometa é composto de três partes: núcleo, cabeleira e cauda.
>
> APRILE, Mariana. Cometas: formados por gelo, rochas e gases. *UOL Educação*. Disponível em: <http://educacao.uol.com.br/ciencias/ult1686u70.jhtm>. Acesso em: 14 jan. 2013.

a) Explique a organização em parágrafos desse trecho.
b) Como as partes do cometa – núcleo, cabeleira e cauda – se relacionam?
c) As partes de um cometa não aparecem separadas na natureza. Como se poderia justificar, então, que no texto cada uma delas seja explicada em parágrafos separados?

> **ANOTE**
>
> Uma forma possível de iniciar um artigo expositivo de livro ou de *site* didático é **apresentar no primeiro parágrafo os subtemas** que serão desenvolvidos nos parágrafos seguintes.

Hipertexto

A **manutenção do tema** deve-se à **coesão textual**. Além do pronome, outras classes de palavra podem atuar na coesão: substantivo, numeral, advérbio e conjunção. O emprego coesivo dessas classes é estudado na parte de Linguagem (páginas 186, 224, 284 e 302, respectivamente).

Vocabulário de apoio

elétron: partícula do átomo com carga elétrica negativa

ionizado: que perdeu ou ganhou elétrons, que adquire carga elétrica

❯ Entre o texto e o discurso –
A progressão textual

O artigo expositivo de livro ou *site* didático expõe conteúdos e informações para torná-los acessíveis a estudantes e interessados em geral. Para isso, realiza uma progressão, ou seja, desenvolve o tema exposto acrescentando-lhe subtemas e aspectos novos.

Vamos observar essa progressão do conteúdo em mais um texto de *site* didático. Preste atenção às informações dadas nos boxes laterais.

Tropicalismo
Movimento mudou a cultura brasileira

> **[Definição do tropicalismo e identificação dos artistas participantes.]**

O tropicalismo foi um movimento brasileiro de ruptura cultural que, na música, tem como marco o lançamento, em 1968, do disco *Tropicália ou Panis et Circencis*. Seus participantes foram os cantores-compositores Caetano Veloso, Gilberto Gil e Tom Zé, a cantora Gal Costa, a banda Os Mutantes e o maestro Rogério Duprat. A cantora Nara Leão e os letristas José Carlos Capinan e Torquato Neto completaram o grupo, que teve também o artista gráfico, compositor e poeta Rogério Duarte como um de seus principais mentores.

> **[Origem do nome.]**

O nome Tropicália surgiu a partir de uma obra do artista Hélio Oiticica, que propunha uma experiência sensorial a partir de elementos que eram considerados característicos do Brasil.

> **[Histórico e consolidação.]**

Um momento importante para a definição e consolidação do tropicalismo foi um dos Festivais de Música Popular Brasileira promovido pela Rede Record, em São Paulo, no ano de 1967. Nesse festival, Caetano Veloso cantou a música "Alegria, alegria" – e Gilberto Gil, juntamente com os Mutantes, "Domingo no parque". No ano seguinte, o festival foi considerado totalmente tropicalista, com Tom Zé apresentando a canção "São São Paulo".

> **[Influências recebidas pelo tropicalismo.]**

O movimento foi influenciado por correntes artísticas internacionais da época (como o *rock* e o concretismo), às quais se adicionaram elementos tradicionais da cultura brasileira (samba, baião, etc.). A utilização de elementos estrangeiros na sonoridade, como as guitarras, despertou a crítica dos adeptos de outro movimento musical, a bossa nova.

> **[O intertítulo exerce duas funções: dá um "respiro" ao leitor, evitando que a massa de texto se torne muito compacta, e abre uma seção que destaca dois outros aspectos que serão desenvolvidos pelo texto.]**

Política e irreverência

> **[Implicações políticas do tropicalismo e relação com outros artistas.]**

Nascidos sob o regime militar brasileiro, os tropicalistas tinham, inclusive, objetivos políticos e sociais, mas acreditavam que a experiência estética era um instrumento social revolucionário independente de uma prática que promovesse mudanças políticas. Isso provocava críticas de outros artistas, abertamente engajados, que consideravam os tropicalistas muito vagos em suas manifestações contra a ditadura existente no Brasil naquela época.

> **[O comportamento irreverente dos tropicalistas torna-se uma tendência.]**

O movimento tropicalista marcou pela irreverência e pela ironia de suas obras, e provocou transformações não só na música, mas também na moral e no comportamento. Por meio dele, a contracultura *hippie* foi assimilada, com a adoção da moda dos cabelos longos encaracolados e das roupas escandalosamente coloridas.

> **[O final do texto destaca que o tropicalismo teve grande influência sobre a cultura brasileira posterior, evidenciando, assim, sua relevância social como objeto de conhecimento.]**

O tropicalismo, libertário por excelência, durou pouco mais de um ano e acabou reprimido pela ditadura militar. Seu fim começou com a prisão de Gil e Caetano, em dezembro de 1968. Mas, depois deles, a cultura brasileira nunca mais seria a mesma.

ALENCAR, Valéria Peixoto de. *UOL Educação*. Disponível em: <http://educacao.uol.com.br/disciplinas/artes/tropicalismo-movimento-mudou-a-cultura-brasileira.htm>. Acesso em: 14 jan. 2013.

› Manutenção do tema e introdução de subtemas

Diferentemente do texto inicial deste capítulo, o texto "Tropicalismo" apresenta uma **definição** do tema tratado e, a partir dela, constrói uma **rede de conteúdos** que descrevem, explicam e detalham o tema. Desse modo, o tema (objeto da definição) se divide em subtemas ou aspectos, tratados cada um em um parágrafo separado.

No caso específico do texto "Tropicalismo", a **repetição** do termo *tropicalismo* (ou *movimento*, ou *movimento tropicalista*) ocorre no início de quase todos os parágrafos, garantindo a **manutenção do tema** como fio condutor do texto inteiro.

Já a **progressão**, nesse texto, ocorre sob a forma de um novo aspecto introduzido em cada um dos parágrafos que se seguem à definição. Eles apresentam informações novas, que vão se somando às anteriores. O tema central se divide e se especializa em **aspectos** ou **subtemas**: origem do nome, histórico, influências recebidas, etc.

O **intertítulo** contribui para a progressão, já que anuncia sinteticamente dois novos aspectos que serão considerados na sequência do texto.

1. Releia os dois parágrafos iniciais do artigo expositivo "Direitos Humanos" e explique de que forma se dá a progressão do primeiro para o segundo parágrafo.

2. Escolha um dos temas abaixo e faça uma lista dos aspectos que você considera necessário abordar para proporcionar uma visão abrangente do tema a um leitor que esteja frequentando o Ensino Médio. Redija um parágrafo para cada um dos seguintes aspectos:
   a) os métodos de ensino utilizados na escola atual;
   b) os direitos dos adolescentes;
   c) as perspectivas de emprego para os adolescentes brasileiros;
   d) as relações entre pais e filhos na sua geração.

Fone de ouvido

Tropicália ou panis et circencis, de Gilberto Gil, Caetano Veloso, Rogério Duprat, Torquato Neto, Os Mutantes, Tom Zé, Capinam, Gal Costa e Nara Leão
Philips, 1968

Considerado o marco inicial do tropicalismo, este álbum mostra bem a mistura de referências que caracterizou o movimento: as letras inusitadas, escritas por Caetano Veloso, Gilberto Gil e Torquato Neto; o vanguardismo erudito do maestro Rogério Duprat; o *rock* dos Mutantes; e a força da tradição musical brasileira, reafirmada em meio a tantos elementos que apontavam para o novo.

Capa do álbum musical *Tropicália ou panis et circensis*.

Observatório da língua

Emprego do numeral como recurso de coesão

No trecho do texto "Partes de um cometa" (p. 345) reproduzido a seguir, constata-se o emprego do numeral como recurso que contribui para a coesão. Observe.

> **Cauda:** os cometas possuem **dois** tipos de caudas: uma feita de poeira neutra e a outra de elétrons e gases ionizados. A **primeira** tem cor amarelada que reflete a luz solar. A **segunda** é azulada, produzida principalmente pelo CO (monóxido de carbono). A cauda é formada pela pressão eletromagnética (exercida pelos raios solares) e pelo vento solar. A cabeleira e a cauda têm, em média, de 10 mil a 100 milhões de vezes o diâmetro do núcleo.

O emprego do numeral cardinal *dois* informa rapidamente quantos são os tipos de cauda, cada um deles introduzido e explicado em seguida pelo uso dos numerais ordinais *primeira* e *segunda*.

- Releia estes dois parágrafos retirados do texto "Direitos Humanos". Empregando numerais, construa um parágrafo introdutório listando os aspectos que serão desenvolvidos. Em seguida, reescreva estes dois parágrafos também empregando numerais.

> Basicamente, a Declaração tinha – e ainda tem – importância por reconhecer que a dignidade de todo homem consiste em ele ser uma pessoa, que tem de ser respeitada em sua individualidade, bem como integridade física e psicológica. O que fundamenta esse direito (do qual decorrem os outros) é pura e simplesmente a existência de cada ser humano. Basta nascer para usufruir dele.
>
> Além disso, convém destacar o caráter universal desses direitos, que valem igualmente para todos os seres humanos, sem que se possa estabelecer ao termo "humano" qualquer tipo de restrição ou especificação, com base na raça, no credo, na posição socioeconômica, etc. Nesse sentido, a Declaração de 1948 é o apogeu de um longo processo histórico, cujas origens remontam à Antiguidade, à democracia grega e à república romana, e que tem como marco fundamental a Revolução Francesa.

〉 Produzir um artigo expositivo de livro ou de *site* didático

〉 Proposta

Você vai produzir um **artigo expositivo de livro ou de *site* didático** supondo que ele fará parte de um material didático escrito pela sua escola para ser utilizado pelo MEC (Ministério da Educação) em escolas de Ensino Fundamental I (1º ao 5º ano) de todo o país. Para isso, escolha um dos três temas abaixo (retirados dos **PCNs**, os **Parâmetros Curriculares Nacionais**) e selecione o conteúdo que você vai expor. O seu texto deve ensinar esse conteúdo e estar de acordo com os princípios expressos no tema que você escolheu. Utilize os conhecimentos que adquiriu neste capítulo. Procure aproveitar todos os recursos de que você dispõe para produzir um texto que efetivamente possa transmitir conhecimento.

Temas

- **Pluralidade cultural** – Princípios: "conhecimento e valorização de características étnicas e culturais dos diferentes grupos sociais".

  OBJETOS: povos indígenas no Brasil de hoje, acessibilidade e/ou direitos de pessoas portadoras de deficiência, racismo, imigração, religiões, cultura africana, etc.

- **Ética** – Princípios: "construção de valores pessoais socialmente justificados".

  OBJETOS: cola, violência juvenil, roubo, curiosidade pelo saber, consumo e mercadoria, a polícia e a escola, cotas raciais e/ou sociais, justiça restaurativa, etc.

- **Meio ambiente** – Princípios: "inter-relações e interdependência dos diversos elementos na constituição e manutenção da vida".

  OBJETOS: Amazônia, Mata Atlântica, desmatamento, lixo, reutilização e/ou reciclagem, poluição de rios, poluição urbana, aquecimento global, agrotóxicos, transgênicos, pegada ecológica, produção de energia, moradias sustentáveis e/ou ecologicamente corretas, etc.

Fonte de pesquisa: Fundo Nacional de Desenvolvimento da Educação (FNDE)/Parâmetros Curriculares Nacionais (PCN).

〉 Planejamento

1. Observe no quadro abaixo as características do texto que você vai produzir.

Gênero textual	Público	Finalidade	Meio	Linguagem	Evitar	Incluir
artigo expositivo de livro ou de *site* didático	estudantes de Ensino Fundamental I (alunos do 1º ao 5º ano)	produzir um texto **expositivo** para transmitir conhecimento socialmente relevante	material didático para escolas de todo o país	terceira pessoa; objetividade	desrespeito aos princípios éticos	manutenção do tema; progressão do texto por meio de subtemas

2. Defina o tema de seu texto.

3. Pesquise o assunto em pelo menos três fontes diferentes.
   a) Selecione, em cada uma delas, as informações que você vai utilizar.
   b) Copie e complete o quadro abaixo, para registrar as informações coletadas.

Tema	Fonte 1	Fonte 2	Fonte 3
Referência bibliográfica completa			
Definição do tema			
Processo histórico que conduziu o tema ao seu estado atual			
Contexto histórico atual			
Importância do tema			
Características			

> Elaboração

4. Agora você já pode escrever o seu artigo expositivo.
5. Divida as informações em **parágrafos** e organize a **sequência** em que serão expostas.
6. Tenha sempre em mente os princípios definidos para cada tema. Releia-os para não se confundir.

> Avaliação

7. Forme uma dupla e troque o seu texto.
8. Copie e complete, em uma folha separada, o quadro abaixo, a partir da leitura do texto de seu colega. Em seguida, faça um comentário geral sobre o texto, apontando qualidades e sugerindo mudanças.

	Sim	Não
O texto está escrito em conformidade com a norma-padrão? (Observe a pontuação, ortografia, regência e concordância.)		
O conteúdo exposto é consistente (foram consultadas fontes seguras)?		
A divisão do texto em parágrafos está adequada (o tema central foi adequadamente desenvolvido em subtemas)?		
O texto está de acordo com a proposta?		
O texto garante a manutenção do tema e a progressão do texto?		
Comentário geral sobre o texto		

ATENÇÃO

» Defina sua estratégia geral. Você fará uma introdução, como no texto "Direitos Humanos", ou entrará direto no assunto, como em "Tropicalismo"? Existe ainda outro modelo: o texto "Partes de um cometa", que anuncia logo no primeiro parágrafo os subtemas que desenvolverá nos parágrafos seguintes.

» Seja especialmente cuidadoso com a língua: o artigo expositivo de livro ou de *site* didático deve ser modelo de utilização das **variedades urbanas de prestígio**.

> Reescrita

9. Troque novamente o texto com seu colega.
    a) Leia com atenção o quadro em que seu colega fez anotações sobre o artigo que você elaborou.
    b) Releia o seu artigo, buscando compreender as intervenções propostas por seu colega.

    DICA: Se estiver com um lápis na mão, já pode ir anotando no seu texto as possíveis modificações. Caso tenha alguma dúvida, peça ajuda ao professor.

10. Reescreva seu artigo expositivo de livro ou de *site* didático.
    a) Faça todas as alterações que julgar necessárias para adequar seu texto à norma-padrão e para garantir a coesão textual.
    b) Faça alterações no texto para que ele se aproxime mais dos objetivos estabelecidos no planejamento.
    c) Revise com cuidado o vocabulário utilizado no seu texto. Os alunos do Ensino Fundamental I conhecem bem menos palavras que você. Procure substituir palavras complicadas por outras mais fáceis de entender.

Foco da reescrita

Ao reescrever o seu texto, dê atenção à **manutenção do tema** e à **progressão**. Observe se você usou ao longo do artigo referências diferentes para nomear o tema central. Verifique se o texto progride explorando subtemas a cada novo parágrafo.

Sétima arte

Uma verdade inconveniente
(EUA, 2006)
Direção de Davis Guggenheim
Estrelado pelo ex-vice-presidente estadunidense Al Gore, esse documentário apresenta uma grande quantidade de dados sobre o aquecimento global. O filme, que vem sendo exibido em escolas de vários países, tem a finalidade explícita de sensibilizar o público para a necessidade de uma mudança geral de comportamento em relação ao meio ambiente.

Capa do DVD *Uma verdade inconveniente*.

349

Vestibular

(Unicamp-SP)

Imagine-se na posição de um **leigo em informática** que, ao ler a matéria "Cabeça nas nuvens", reproduzida abaixo, decide buscar informações sobre o que chamam de *computação em nuvem*. Após conversar com usuários de computador e ler vários textos sobre o assunto (alguns dos quais reproduzidos abaixo em I, II e III), você conclui que o conceito é pouco conhecido e resolve elaborar um **verbete** para explicá-lo. Nesse verbete, que será publicado em uma **enciclopédia *on-line*** destinada a **pessoas que não são especializadas em informática**, você deverá:

- definir *computação em nuvem*, fornecendo dois exemplos para mostrar que ela já está presente em atividades realizadas cotidianamente pela maioria dos usuários de computador;
- apresentar uma vantagem e uma desvantagem que a aplicação da *computação em nuvem* poderá ter em um futuro próximo.

Cabeça nas nuvens

Quando foi convidado para participar da feira de educação da Microsoft, Diogo Machado já sabia que projeto desenvolver. O estagiário de informática da Escola Estadual Professor Francisco Coelho Ávila Júnior, em Cachoeiro de Itapemirim (ES), estava cansado de ouvir reclamações de alunos que perdiam arquivos no computador. Decidiu criar um sistema para salvar trabalhos na própria internet, como ele já fazia com seus códigos de programação. Dessa forma, se o computador desse pau, o conteúdo ficaria seguro e poderia ser acessado de qualquer máquina. A ideia do recém-formado técnico em informática se baseava em *clouding computing* (ou *computação em nuvem*), tecnologia que é a aposta de gigantes como Apple e Google para o armazenamento de dados no futuro.

Em três meses, Diogo desenvolveu o Escola na nuvem (escolananuvem.com.br), um portal em que estudantes e professores se cadastram e podem armazenar e trocar conteúdos, como o trabalho de matemática ou os tópicos da aula anterior. As informações ficam em um disco virtual, sempre disponíveis para consulta via *web*.

Extraído de *Galileu*, São Paulo, Globo, n. 241, p. 79, ago. 2011.

I

"Você quer ter uma máquina de lavar ou quer ter a roupa lavada?"

Essa pergunta resume de forma brilhante o conceito de *computação em nuvem*, que foi abordado em um documentário veiculado recentemente na TV.

Disponível em: <http://toprenda.net/2010/04/computacao-em-nuvem-voce-ja-usa-e-nem-sabia>. Adaptado.

II

Vamos dizer que você é o executivo de uma grande empresa. Suas responsabilidades incluem assegurar que todos os seus empregados tenham o *software* e o *hardware* de que precisam para fazer o seu trabalho. Comprar computadores para todos não é suficiente – você também tem de comprar *software* ou licenças de *software* para dar aos empregados as ferramentas que eles exigem.

Em breve, deve haver uma alternativa para executivos como você. Em vez de instalar uma suíte de aplicativos em cada computador, você só teria de carregar uma aplicação. Essa aplicação permitiria aos trabalhadores logar-se em um serviço baseado na *web* que hospeda todos os programas de que o usuário precisa para o seu trabalho. Máquinas remotas de outra empresa rodariam tudo – de *e-mail* a processador de textos e a complexos programas de análise de dados. Isso é chamado *computação em nuvem* e poderia mudar toda a indústria de computadores.

Se você tem uma conta de *e-mail* com um serviço baseado na *web*, como Hotmail, Yahoo! ou Gmail, então você já teve experiência com computação em nuvem. Em vez de rodar um programa de *e-mail* no seu computador, você se loga numa conta de *e-mail* remotamente pela *web*.

Adaptado de STRICKLAND, Jonathan. Como funciona a computação em nuvem. Disponível em: <http://informatica.hsw.uol.com.br/computacao-em-nuvem.htm>.

III

A simples ideia de determinadas informações ficarem armazenadas em computadores de terceiros (no caso, os fornecedores de serviço), mesmo com documentos garantindo a privacidade e o sigilo, preocupa pessoas, órgãos do governo e, principalmente, empresas. Além disso, há outras questões, como o problema da dependência de acesso à internet: o que fazer quando a conexão cair? Algumas companhias já trabalham em formas de sincronizar aplicações *off-line* com *on-line*, mas tecnologias para isso ainda precisam evoluir bastante.

Adaptado de *O que é cloud computing?* Disponível em: <http://www.infowester.com/cloudcomputing.php>.

Argumentar

UNIDADE 13

Saber argumentar dá ao cidadão o poder de participar mais ativamente da sociedade. Os gêneros textuais orais e escritos baseados na argumentação permitem a seus produtores defender opiniões sobre assuntos socialmente relevantes. Para isso, é importante saber criar e reconhecer um ponto de vista, compreender e refutar argumentos em uma discussão e justificar posições com base em argumentos lógicos e valores sociais.

Nesta unidade, você vai aprender a identificar e produzir gêneros textuais em que predomina a argumentação. Eles circulam nas esferas política, jornalística e cultural e possibilitam a participação em discussões relevantes na formação da cidadania.

Nesta unidade

35 Editorial

36 Resenha crítica

37 Debate regrado

38 Fala em audiência pública

Debate político com candidatos à presidência nas eleições de 2010, na Universidade Católica de Brasília (UCB), *campus* de Taguatinga.

CAPÍTULO

35

Editorial

O que você vai estudar

- Como identificar e produzir um editorial.
- A validade do argumento e o posicionamento ideológico.
- A antonímia no texto argumentativo.

O **editorial** é um dos mais importantes textos de opinião de publicações periódicas como jornais e revistas, pois tem a função de declarar a posição desse veículo sobre os principais acontecimentos noticiados. Neste capítulo, você vai conhecer melhor esse gênero e, depois, será a sua vez de produzir um editorial.

› Leitura

- Você vai ler um editorial e, a seguir, a reportagem mencionada por ele. Os dois textos foram publicados em fevereiro de 2013 em um jornal de Fortaleza (CE). Leia-os com atenção e responda às questões propostas nas páginas 354 e 355.

O Povo
Terça-feira, 19 de fevereiro de 2013

Editorial

Resíduos sólidos em Fortaleza: como coletar e reciclar

O problema é que só existem duas usinas de reciclagem de entulho: em Fortaleza e Itaitinga

Executar o Plano Municipal de Gestão Integrada de Resíduos Sólidos, exigido pela Política Nacional de Resíduos Sólidos, bem como fazer valer o artigo 550 do Código de Obras e Posturas do Município, que proíbe depositar lixo e detritos em geral nas calçadas e vias públicas, é um desafio para Fortaleza, que apresenta uma média de geração de resíduos sólidos maior do que a média nacional: 1,9 quilo de lixo por habitante/dia, contra 1,2 quilo de lixo por habitante/dia, no conjunto do País.

O incrível é que 35% desse volume são formados por entulho puro proveniente da construção civil, que poderia ser reciclado e receber um valor agregado e devolvido ao mercado. No entanto, é desperdiçado depois de ir parar em aterros sanitários.

A política correta deveria ser a prevenção, impedindo que os restos de material de construção sejam depositados em calçadas, praças e ruas. Se isso acontece, imediatamente se forma uma rampa para depósito de todo o tipo de lixo. É o que comumente acontece, como constatou uma reportagem do O POVO publicada, ontem, depois de uma pequena incursão em algumas ruas que flagrou mais de 30 pontos de entulho. Isso apesar de uma legislação municipal determinar que quem produz o entulho é responsável pelo seu descarte final, isto é, pelo seu encaminhamento ao aterro sanitário.

Estamos, portanto, diante de dois problemas: a) como criar a melhor forma de aproveitar economicamente esse material que poderia dar um retorno economicamente compensatório; b) como conscientizar a população para que não deposite os detritos nos espaços públicos.

No primeiro caso, a própria destinação aos aterros sanitários está ameaçada pela desativação progressiva desse tipo de depósito de detritos. A alternativa impositiva é reciclar. O problema é que só existem duas usinas de reciclagem de entulho: uma no bairro Cajazeiras, em Fortaleza, e outra no município de Itaitinga, a 25 quilômetros da Capital. Ambas só recebem conjuntamente metade do entulho gerado pela construção civil, e reciclam menos ainda: 5% do total recebido.

O desafio está posto e tem de ter uma resposta rápida, pois o quadro está se complicando cada vez mais. Quanto à população, é preciso envolver suas entidades comunitárias no processo educativo de coleta.

O Povo, Fortaleza, p. 6, 19 fev. 2013.

O Povo
Segunda-feira, 18 de fevereiro de 2013

FORTALEZA

O que fazer com o entulho da reforma ou construção?

Nada de calçadas, terrenos baldios ou carroceiro. O entulho deve ter um destino certo: usina de reciclagem ou aterro sanitário. Abandonar o lixo por aí, além de render multa, resulta em prejuízos ambientais e sanitários

Tu és responsável por todo entulho que produzes. A frase não é mandamento bíblico, mas dever de todo cidadão que resolver reformar ou construir alguma coisa. Dever previsto em lei e sob pena de multa se desrespeitado. Mas o tanto de entulho que cobre calçadas e calçadas desta Cidade só revela que ou a população não sabe o que fazer com o entulho gerado ou o problema é de educação mesmo. Você sabe o que fazer com o lixo da reforma da sua casa ou comércio?

O POVO avistou pelo menos 30 pontos de entulho em passeio pelos bairros Parque Araxá, Fátima, Porangabuçu, Monte Castelo, Joaquim Távora e Jacarecanga. Não raro podas de árvores, colchões, restos de móveis e sofás estacionavam junto. [...]

Lei

Uma lei municipal prevê multa para quem coloca lixo em local inadequado. Segundo o artigo 550 do Código de Obras e Posturas do Município, é proibido depositar seja nas ruas seja nas calçadas, praças, canais ou canteiros "lixo, resíduos, detritos, animais mortos, material de construção e entulhos, mobiliário usado, folhagem, material de podações" etc. [...]

Apesar da lei, são recolhidas, em média, 11 mil toneladas de entulho por mês, das ruas e calçadas de Fortaleza. Quem diz é o superintendente da Ecofor Ambiental, João Júlio de Holanda. [...] "Se o gerador produzir mais de 100 litros de entulho por dia, é obrigação dele contratar uma empresa privada para recolher o entulho ou mesmo a Emlurb (Empresa Municipal de Limpeza e Urbanização de Fortaleza), que tem esse serviço, mas é pago", afirma.

Abaixo desse volume de 100 litros, o gerador do entulho pode separá-lo em duas partes de 50 litros dentro de sacos de cimento, colocar na calçada no dia da coleta de lixo domiciliar para que o caminhão recolha. "Não chame carroceiro. Ele não sabe o destino correto desse entulho e despacha em qualquer lugar", alerta o superintendente. Segundo ele, o destino final do entulho deve ser a usina de reciclagem ou o Aterro Sanitário Metropolitano de Caucaia.

O titular da Secretaria de Conservação e Serviços Públicos, João Pupo, avalia que o entulho é um grave problema na Cidade. "Um ponto de entulho rapidamente vira ponto de lixo. Todo mundo sabe as consequências sanitárias disso. Quando chove então é pior ainda", diz. O secretário garante que está iniciando trabalho de fiscalização mais ostensiva para saber a origem desse lixo e punir. "Contamos com a população também para que denuncie. O prejuízo do lixo na rua é para toda a sociedade", finaliza. [...]

Entulho dificulta passagem de pedestres em rua de Fortaleza (CE). Fotografia de 2013.

ENTENDA A NOTÍCIA

No último dia 6 de dezembro, a Prefeitura divulgou o Plano Municipal de Gestão Integrada de Resíduos Sólidos. Exigido pela Política Nacional de Resíduos Sólidos, conduz prefeitos e cidadãos à "redução, reutilização, reciclagem e tratamento dos resíduos sólidos". [...]

O Povo, Fortaleza, 18 fev. 2013.

Situação de produção

Um texto parcial

Os textos destas páginas reproduzem uma situação de produção comum aos editoriais: um fato já tratado no jornal em uma reportagem ou notícia (no caso, o lixo e o entulho acumulados em vias públicas) é novamente abordado, dessa vez na forma de um texto de opinião.

Embora calcado em informações objetivas selecionadas para fortalecer seus argumentos, o editorial claramente toma posição em relação ao fato em questão e tenta convencer o leitor de sua tese.

O editorial é escrito por um **editorialista** (jornalista que pode ou não acumular outras funções no jornal), mas em geral seu nome não aparece. A assinatura desse gênero é **institucional**: o editorial representa a **opinião da publicação**, não a de um indivíduo.

Por isso, o ponto de vista do editorial é sempre **parcial**, assumido pela direção ou conselho editorial do veículo que o publica (jornal, revista, emissora de televisão ou rádio, etc.)

> Ler um editorial

1. Compare o editorial (p. 352) com a reportagem citada por ele (p. 353).
   a) Em que parágrafo do editorial há uma referência à reportagem?
   b) Que informações da reportagem são retomadas pelo editorial?
   c) Que dados dos dois textos permitem supor que o assunto abordado é importante para os leitores do jornal?

2. Releia o primeiro parágrafo do editorial.
   a) A reportagem fornece informações que ajudam o leitor a compreender esse parágrafo. Explique.
   b) Segundo o editorial, pôr em prática as políticas públicas de tratamento dos resíduos sólidos é um desafio para a cidade de Fortaleza. Que argumento justifica essa afirmação?

Homem descarrega madeira em pilha de móveis usados em Fortaleza (CE). Fotografia de 2013.

> **ANOTE**
>
> O editorial, em geral, trata de assuntos importantes do dia ou da semana, muitas vezes referindo-se diretamente a matérias divulgadas pelo próprio veículo que o publica. A importância de um **fato** é dada por sua gravidade ou abrangência. Quais as suas consequências? Quantas pessoas estão envolvidas? A referência feita no texto ao fato ou acontecimento original é chamada **gancho**.

3. Releia.

   > I. Abaixo desse volume de 100 litros, o gerador do entulho pode separá-lo em duas partes de 50 litros dentro de sacos de cimento [...].
   > II. A política correta deveria ser a prevenção, impedindo que os restos de material de construção sejam depositados em calçadas, praças e ruas.

   a) Qual das frases acima faz parte da reportagem? E do editorial?
   b) Seria possível descobrir isso sem precisar voltar aos textos? Por quê?

> **ANOTE**
>
> O editorial expõe a opinião do veículo que o publica, utilizando a **norma-padrão**, num **registro mais formal** do que o de grande parte dos outros gêneros textuais da esfera jornalística. O vocabulário é em geral **mais complexo** do que o utilizado em notícias e reportagens e não há restrição à formulação explícita de **juízos de valor**.

4. Releia o título e o subtítulo do editorial.
   a) O título esclarece a posição assumida pelo editorial quanto ao tratamento dos resíduos sólidos? Explique.
   b) A necessidade do tratamento de resíduos sólidos pela reciclagem é um consenso social, isto é, uma ideia aceita por todos. Que contraste entre essa ideia e a realidade é expresso pelo subtítulo?

5. O editorial analisa dois problemas relacionados aos resíduos sólidos.
   a) Que problemas são esses? Em que parágrafo eles são apresentados?
   b) Em sua opinião, que imagem o jornal transmite ao leitor, ao se dizer a favor da reciclagem do entulho produzido na construção civil?

> **ANOTE**
>
> O editorial exige do leitor uma compreensão que vai além do que está dito de forma explícita. Por meio dele, é possível vislumbrar **o conjunto de ideias da instituição** e os valores sociais envolvidos nas suas afirmações.

6. Qual é a tese defendida pelo editorial?

Ação e cidadania

Um projeto inovador de um professor de Planaltina, cidade-satélite de Brasília (DF), foi um dos ganhadores do Prêmio Professores do Brasil de 2012, que tem o objetivo de reconhecer experiências pedagógicas criativas de professores das redes públicas.

O professor Gilvan França motivou alunos e comunidade escolar em um projeto que podia parecer ambicioso: construir uma sala de aula inteira usando apenas material reciclado. O resultado foi um sucesso: o professor garante que a estrutura da sala ambientalmente correta, formada por garrafas de refrigerante e bambu, é melhor do que a de muitas escolas brasileiras.

Fonte de pesquisa: *Correio Braziliense*. Disponível em: <http://www.correiobraziliense.com.br/app/noticia/eu-estudante/ensino_educacaobasica/2012/12/14/ensino_educacaobasica_interna,339215/educacao-inovadora-garante-reconhecimento-do-mec-a-40-professores-do-brasil.shtml>. Acesso em: 25 fev. 2013.

Cartaz do 6º Prêmio Professores do Brasil. A "ecossala" do professor Gilvan foi uma das 40 iniciativas premiadas.

7. Releia.

> O incrível é que 35% desse volume são formados por entulho puro proveniente da construção civil, que poderia ser reciclado e receber um valor agregado e devolvido ao mercado. No entanto, é desperdiçado depois de ir parar em aterros sanitários.

O editorial é contrário ao mau aproveitamento econômico dos detritos. Que palavras do trecho orientam o leitor a perceber isso? Explique.

8. O interlocutor direto do editorial é o leitor do jornal. Porém, pela própria natureza do tema tratado, há também um **interlocutor implícito**. Identifique-o e explique sua resposta.

9. Palavras como *desafio* e *problema* fazem o leitor acreditar que as soluções propostas pelo editorial são simples ou complexas? Justifique.

10. O editorial culpa de modo explícito a administração municipal pela ausência de mais usinas de reciclagem? Explique sua resposta.

11. Em sua opinião, o que teria levado o editorial a optar por essa estratégia argumentativa? Pense em uma explicação possível.

Vale saber

Ideologia é um conjunto de ideias que representam o ponto de vista de um determinado grupo social: uma classe socioeconômica, uma corrente política, uma religião, etc. Assim, por exemplo, é comum falar em ideologia "de direita", "de esquerda", entre outras, pois existem vários conjuntos de ideias baseadas em diferentes **valores**.

ANOTE

Os argumentos de um editorial aparentam sempre ser de ordem coletiva, jamais individual ou em defesa de interesses particulares. É em nome do **bem comum, público e coletivo** que o editorial emite a sua opinião. Cabe ao leitor o **papel crítico**: no subterrâneo do texto, é possível descobrir a **posição ideológica** da publicação.

12. Releia o último parágrafo do editorial "Resíduos sólidos em Fortaleza: como coletar e reciclar".
    a) Com base na argumentação exposta pelo editorial, o leitor pode deduzir qual é a "resposta rápida" esperada por ele? Justifique.
    b) Relacione as soluções sugeridas pelo editorial aos dois problemas apontados anteriormente no texto.

ANOTE

O editorial comenta os fatos e aponta soluções, procurando levar os leitores a **participar** do debate público sobre os acontecimentos. Sua forma muitas vezes é um **convite à ação**, que se expressa em geral na frase final, dirigida à sociedade e às suas potencialidades. Por isso são comuns na conclusão de editoriais frases como "é preciso envolver todos", "é hora de agir", "em um momento como esse a sociedade não pode se omitir", etc.

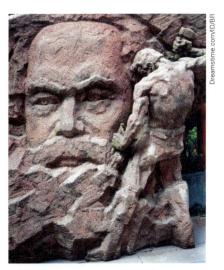

Escultura na cidade chinesa de Chongqing representando o rosto de Karl Marx e o próprio ato de esculpi-la. Karl Marx foi o pensador que popularizou o conceito de ideologia.

Repertório

Um editorial polêmico

Em editorial do dia 17 de fevereiro de 2009, o jornal *Folha de S.Paulo* referiu-se à ditadura brasileira da seguinte forma: "[...] as chamadas 'ditabrandas' – caso do Brasil entre 1964 e 1985 [...]". O jogo de palavras entre *dura* e *branda* na refererência a esse período histórico provocou a reação de muitos leitores, que não aceitaram a suavização linguística da violência e dos cerceamentos sofridos durante a repressão militar. Cartas de intelectuais conhecidos foram respondidas pelo veículo de forma pouco cordial, o que mobilizou um abaixo-assinado na internet. Em poucos dias, o documento acumulou aproximadamente 3 mil assinaturas. Atos públicos foram realizados e outras publicações comentaram o caso.

Policiais militares dissolvem passeata de estudantes na rua 25 de Março em São Paulo (SP), em 15 de junho de 1977.

❯ Entre o texto e o discurso – A validade do argumento

No discurso argumentativo, frequentemente a **validade de um argumento** se realiza como uma **construção lógica**. No entanto, no editorial e em artigos de opinião, ela também está ancorada nos **valores sociais** afirmados nas premissas e na conclusão do texto. Leia o editorial.

Gancho: uso indevido de passagens aéreas destinadas apenas ao exercício da função parlamentar.

Vocabulário de apoio

anedótico: relativo a algo curioso e de menor importância
arcaísmo: algo antiquado
a todos os títulos: certamente, de todo modo
compulsório: obrigatório
contrafeito: contrariado
corveia: na Idade Média, trabalho gratuito obrigatório do servo em favor do senhor feudal
cronificar: tornar crônico, permanente
impunidade: falta de punição
repúdio: rejeição
vaga: grande movimento de pessoas
veemente: intenso, forte
venial: desculpável

Argumento: há um problema de representatividade política.

Argumento: a distância entre representantes e representados gera impunidade política.

Folha de S.Paulo
São Paulo, domingo, 26 de abril de 2009

Opinião

Voto facultativo

Distância entre sociedade e seus representantes cresce a cada escândalo, favorecida pelo arcaísmo do sistema eleitoral

SERIA IMPRÓPRIO classificar de simplesmente "moralistas" as violentas reações da opinião pública diante dos abusos cometidos no Congresso Nacional, em particular na célebre farra das passagens aéreas gratuitas.

Tem-se, na verdade, um movimento generalizado e veemente de indignação diante de revelações que só na aparência se reduzem ao anedótico, ao secundário, ao venial. No caso das passagens aéreas, atingiu especial visibilidade – e, talvez, seu ponto de máxima saturação – um fenômeno que se tornou crônico no sistema político brasileiro.

Os assim chamados "representantes da população" parecem representar, antes de tudo, a si mesmos – e uma rede de contatos no mundo privado e doméstico que se mantêm, na maior parte do tempo, invisíveis e fora do controle dos cidadãos.

Regras cada vez mais rígidas de transparência constituem sem dúvida a arma mais eficiente para combater essa situação. Mesmo assim, e apesar das recorrentes vagas de repúdio que cada novo escândalo suscita, um problema básico permanece.

Representantes e representados parecem habitar mundos à parte, com escassos pontos de comunicação. A certeza da impunidade, tão disseminada entre governantes e parlamentares brasileiros, não se restringe apenas ao âmbito do Código Penal. Vigora também uma confiança na impunidade política, que se confirma toda vez que figuras cercadas das mais fortes evidências de corrupção terminam vitoriosas em novas eleições.

Folha de S.Paulo, p. A2, 26 abr. 2009.

Isso ocorre sem que, por outro lado, a população abandone sua permanente repugnância pelos políticos que, entretanto, consente em reeleger. A superação desse estado de coisas depende, como é óbvio, de um longo processo de desenvolvimento da maturação política e do mais amplo acesso à informação.

Mesmo assim, haveria no mínimo uma mudança fundamental e simples, no campo em geral bastante técnico e polêmico das reformas institucionais, cuja oportunidade se manifesta com clareza, em meio a um descrédito da atividade política a todos os títulos nocivo para a democracia.

O Brasil é um dos raros países do mundo onde vigora o sistema do voto compulsório. Não há sentido em encarar um direito dos cidadãos – o de participar livremente das eleições de seus representantes – como um dever imposto pelo Estado.

O indivíduo que vota apenas por obrigação não se coloca no papel de soberano, e sim de subordinado no processo político.

Cronifica-se, com isso, a tendência histórica de encarar os governantes e os parlamentares não como homens públicos a serviço da população, mas como detentores de um poder de mando e de uma série de privilégios pessoais, aos quais o cidadão se curva numa espécie de corveia eleitoral. Oferece-lhes, contrafeito, um mandato que será exercido na impunidade e na arrogância, e haverá de encará-los, forçosamente, com ressentimento e com desprezo.

Tese: defesa do voto opcional.

Argumento: superação da distância depende de processo longo.

Prenúncio de argumento: há algo fundamental que pode ser feito de forma simples e rápida.

Argumento implícito: se o voto opcional predomina sobre o voto obrigatório no mundo, deve haver um bom motivo para isso.

Argumento: há troca de direito por dever no voto obrigatório brasileiro.

Conclusão: o voto obrigatório tira a soberania do eleitor e colabora para a impunidade dos detentores do poder.

> A validade do argumento e os valores sociais

Para a ciência lógica, um argumento é válido se as premissas aceitas levarem necessariamente à conclusão. Observe a seguir a construção do raciocínio no **silogismo**, em um exemplo clássico atribuído a Aristóteles (384 a.C.-322 a.C.).

Premissa maior [afirmação universal]
Todo homem é mortal.
Premissa menor [afirmação particular]
Sócrates é homem.
Conclusão [afirmação necessária]
Logo, Sócrates é mortal.

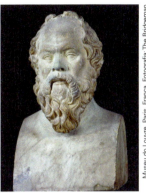

Sócrates. Escultura romana, século I d.C. Mármore, 33,5 cm de altura. Museu do Louvre, Paris, França.

Sócrates (469 a.C.-399 a.C.), um dos filósofos gregos mais conhecidos.

Observe um silogismo presente implicitamente no editorial "Voto facultativo".

Premissa maior

Tudo que **contribui para a impunidade política** (observada, por exemplo, na seguida reeleição de políticos envolvidos em escândalos) alimenta a **falta de representatividade política** no Brasil (ou seja, a distância entre aquilo que os políticos fazem e aquilo que seus eleitores gostariam que eles fizessem).

Premissa menor

O **voto obrigatório**, ao transformar um direito em dever, leva às urnas uma parcela de cidadãos que vota apenas por obrigação, **contribuindo para a impunidade política**.

Conclusão

Logo, o **voto obrigatório** alimenta a **falta de representatividade política** no Brasil.

A aceitabilidade das premissas depende de o leitor compartilhar certos **valores sociais** com a publicação, porque as premissas de textos argumentativos **não veiculam verdades universais** (como na lógica), mas interpretações de fatos e princípios norteadores da ação política e social.

1. O que significa *facultativo*? A que palavras do editorial esse adjetivo se opõe?
2. O editorial defende a inclusão de todos na participação política? Explique.
3. Para você, o que contribui mais para a cidadania autônoma e soberana: o voto opcional ou o obrigatório? Justifique seu ponto de vista com argumentos.
4. Formule um **silogismo** para cada tema abaixo, optando pela afirmação ou pela negação.
   a) O jovem de 16 ou 17 anos (não) deve votar.   b) Brasileiro (não) sabe votar.

Observatório da língua

A antonímia no texto argumentativo

A **antonímia** é uma relação de oposição de sentido que se estabelece entre duas palavras ou expressões. As antonímias de uso mais corrente são registradas pelos dicionários (quente/frio, subir/descer, riqueza/pobreza, etc.); outras são criadas no contexto, em consequência do uso específico em uma situação discursiva. Veja um exemplo do editorial "Voto facultativo".

> Os assim chamados "**representantes da população**" parecem **representar**, antes de tudo, **a si mesmos**.

Partindo do sentido próprio da palavra *representante* – aquele que se apresenta no lugar de outro –, o editorialista cria o antônimo "representante de si mesmo", em alusão ao comportamento ético discutível de parte dos membros do Congresso Nacional.

Prosseguindo em seu raciocínio, destaca o abismo entre representantes e representados.

> **Representantes** e **representados** parecem habitar mundos à parte, com escassos pontos de comunicação.

Ao enfatizar a razão da existência de governantes – a **representação** –, o produtor do texto assinala a contradição de que *representantes* e *representados* pertençam a esferas distintas e incomunicáveis da vida social. Embora essas palavras não sejam consideradas antônimas quando tomadas em seu sentido próprio, no contexto do editorial elas ressaltam a perda de sentido da existência de representantes que desconhecem aqueles que deviam representar – e vice-versa.

Assim, a antonímia adquire valor argumentativo ao pôr em relevo contrastes e contradições.

- Identifique no editorial "Voto facultativo" mais dois exemplos de antonímia e explique qual é o seu valor argumentativo no texto.

❯ Produzir um editorial

❯ Proposta

Você vai produzir um **editorial** para o jornal do seu bairro, de sua cidade ou da comunidade. Para isso, escolha a **notícia da semana** que teve mais repercussão ou que foi mais importante para sua comunidade. Comente a evolução do caso e formule uma **opinião crítica**. Você deve utilizar os conhecimentos que adquiriu sobre o editorial neste capítulo. Procure aproveitar os recursos de que dispõe para defender o **bem comum**.

Exemplos de acontecimentos de fevereiro de 2013, no Brasil.

Fotografia A: Segurança pública em Recife (PE): "Incêndio destrói prédio na Avenida Marquês de Olinda, no Centro do Recife". *Jornal do Commercio*, Recife, 21 fev. 2013.

Fotografia B: Prejuízos causados por chuvas no litoral paulista: "Máquinas fazem a limpeza das ruas atingidas pelas chuvas, em Boiçucanga, São Sebastião". *Folha de S.Paulo*, São Paulo, 24 fev. 2013.

Fotografia C: Mobilidade urbana no Rio de Janeiro (RJ): "Fechamento de duas estações do metrô deixa a estação de Siqueira Campos, em Copacabana, com grandes filas nos ônibus da companhia". *O Globo*, Rio de Janeiro, 25 fev. 2013.

❯ Planejamento

1. Observe no quadro abaixo as características do texto que você vai produzir.

Texto	Público	Finalidade	Meio	Linguagem	Evitar	Incluir
editorial	jovens e adultos da comunidade que são leitores de jornal	produzir um texto **argumentativo** que apresente um posicionamento crítico diante de uma notícia	jornal do bairro, da cidade ou da comunidade	terceira pessoa; objetividade; argumentação	informalidade; opiniões sem embasamento	**antonímias** com valor argumentativo; propostas de solução para os problemas apontados

2. Faça uma pequena lista dos principais **valores sociais** que norteiam a instituição ou organização responsável pelo jornal que vai publicar o seu editorial (por exemplo: sustentabilidade, justiça social, educação de qualidade, etc.). Você pode inventar a publicação.

3. Defina o **tema** de seu editorial com base na notícia selecionada. Lembre-se: seu tema deve ser relevante para o público leitor e afetar a comunidade como um todo.

4. Formule a **tese** de seu editorial. Qual será a ideia norteadora de seu texto, que você vai expressar logo na introdução?

5. Colete no noticiário os fatos que compõem o seu tema. Eles são importantes porque vão ajudar a sustentar os **argumentos** de seu texto.
6. Qual será a **proposta de solução** de seu editorial?
7. Formule um **silogismo** que comprove a eficácia dessa solução.
8. Os argumentos devem levar à **conclusão** do texto, que reafirma, em outras palavras, a tese inicial e sugere os rumos que o caso deve tomar em nome do bem público. Formule clara e enfaticamente essa opinião.
9. Você vai usar, no final do editorial, alguma expressão para **convidar o leitor a agir**? Que expressão poderia ser essa?

> **ATENÇÃO**
> » Dê um **título** sugestivo e adequado ao texto.
> » Observe se a linguagem está adequada à **norma-padrão**. Ela é utilizada nos editoriais dos jornais mais influentes do país.

> Elaboração

10. Organize o material que você levantou no Planejamento, assim como os tópicos de seu texto, e escreva seu editorial.

> Avaliação

11. Forme uma dupla e troque seu texto com o do colega.
12. Copie e complete o quadro abaixo em uma folha avulsa, com base na leitura do texto de seu colega. Em seguida, faça um comentário geral sobre o editorial dele, apontando qualidades e sugerindo mudanças.

	Sim	Não
A linguagem está de acordo com a norma-padrão da língua portuguesa?		
Há uma tese clara na introdução do texto?		
Os fatos, os princípios e as ideias usados como argumentos são adequados e consistentes? O texto os explica bem?		
Os argumentos são válidos? Estão relacionados de forma a levar à aceitação da conclusão?		
A conclusão é clara e aponta soluções para o caso?		
O texto parece de acordo com uma busca pelo bem comum?		
Comentário geral sobre o texto		

> Reescrita

13. Devolva o texto do colega e pegue o seu com ele.
    a) Leia com atenção o quadro de avaliação preenchido por ele.
    b) Releia seu editorial, com atenção às análises e sugestões feitas.
    DICA: Anote no seu texto, com um lápis, as possíveis modificações. Se necessário, peça ajuda ao professor.
14. Reescreva seu editorial.
    a) Faça todas as alterações necessárias para adequar seu texto à norma-padrão.
    b) Faça alterações no texto para que ele se aproxime mais dos objetivos enunciados no planejamento.

Foco da reescrita

Ao reescrever o seu editorial, dê atenção à **antonímia**. Verifique se você conseguiu usá-la tanto para expressar a oposição das ideias mais importantes quanto para deixar seus argumentos mais claros.

Ação e cidadania

Nos últimos anos, o aumento no número de registros de violência doméstica contra a mulher cresceu no Brasil, certamente em razão de um esforço da sociedade para conscientizar a população de que agredir uma mulher é crime. Nesse sentido, a Lei Maria da Penha, de 2006, veio assegurar direitos às vítimas desse tipo de violência e é considerada modelo internacionalmente. Essa lei, que recebe o nome da cearense que ficou paraplégica depois de ter sido atingida por um tiro disparado pelo próprio marido, concebe a violência contra a mulher não apenas como um problema criminal mas também como uma questão social. Ela prevê, entre outros dispositivos, uma rede de acolhimento às mulheres agredidas.

A ativista pelos direitos das mulheres Maria da Penha. Fotografia de 2010.

CAPÍTULO 36

Resenha crítica

O que você vai estudar

- Como identificar e produzir uma resenha crítica.
- Critérios para formular uma opinião.
- O valor argumentativo dos adjetivos.

A **resenha crítica** é um texto que avalia uma produção artística ou intelectual. Seu objetivo é orientar o leitor, alertando-o para as qualidades e os defeitos de um bem cultural, que pode ser livro, filme, CD, exposição, peça de teatro, entre outros. A resenha se fundamenta no conhecimento especializado do crítico e na sua argumentação para convencer o leitor a conhecer ou não a obra. Neste capítulo, você vai estudar esse gênero e, depois, será a sua vez de produzir uma resenha.

▶ Leitura

- O texto abaixo é uma resenha crítica que avalia um romance escrito por Chico Buarque, artista muito conhecido desde a década de 1960, quando iniciou sua carreira como compositor e cantor de música popular. Leia-o com atenção e responda às questões propostas nas páginas 362 e 363.

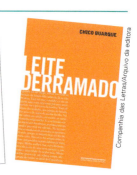

Leite derramado: o livro foi publicado com duas versões de capa.

Vocabulário de apoio

caricatural: relativo à caricatura; grotesco, simplificado
embotado: que perdeu a sensibilidade
esbulho: apropriação, roubalheira
fragmentário: separado em fragmentos, disperso
mazela: infortúnio, falha moral
morfina: substância utilizada para aliviar a dor
pandemônio: confusão
prosaico: relativo à prosa; corriqueiro
sexismo: discriminação fundamentada no sexo
sina: destino
tempo dos afonsinhos: antigamente

LIVROS

Memórias quase póstumas

Chico Buarque segue os passos de Machado de Assis e retrata, com desgosto, a elite brasileira

Carlos Graieb

Parece ser uma sina inescapável para os escritores brasileiros fazer uma oferenda, cedo ou tarde, no altar de Machado de Assis. A oferenda de Chico Buarque acaba de ser entregue: o seu quarto romance, *Leite Derramado* (Companhia das Letras; 196 páginas; 36 reais). O espírito do livro não poderia ser mais machadiano: com um misto de amargura pelos próprios fracassos e desdém senhorial pelas pessoas que o cercam, Eulálio Montenegro D'Assumpção, um filho da classe alta brasileira, relembra a sua história de maneira não inteiramente honesta. Mas também nos detalhes as dívidas com Machado se revelam. De *Dom Casmurro* vem, por exemplo, o tema do ciúme doentio que acaba por destruir a vida de uma mulher. E, se as *Memórias Póstumas de Brás Cubas* são narradas, de maneira inusitada, por um "defunto autor", *Leite Derramado* se esforça em busca de um efeito próximo: com mais de 100 anos, e meio embotado pela morfina, o anti-herói Eulálio agoniza no "ambiente pestilento" de um hospital público do subúrbio carioca, onde desfia seu monólogo para enfermeiras distraídas.

Leite Derramado pretende fazer um diagnóstico crítico da sociedade brasileira. Filho de senador da República, neto de nobre do

O escritor e compositor Chico Buarque na Festa Literária Internacional de Paraty (Flip) de 2004.

Império, bisneto de um figurão da corte de dom João VI – e assim por diante, até o tempo dos afonsinhos –, Eulálio é herdeiro de todos os vícios e preconceitos de seus antepassados. Ele seria a prova viva de como males ancestrais ainda infectam o presente. O problema é que, nascido em 1907, Eulálio não é, verdadeiramente, um homem do tempo atual. Na verdade, ele quase não é um homem do século XX. Tudo o que aconteceu no Brasil a partir dos anos 50 mal se reflete em sua narrativa. Novamente, a sombra de Machado de Assis se impõe. Machado apontou mazelas concretas de seu tempo. Chico Buarque, ao contrário, não fala de como o racismo, o sexismo, a corrupção ou o esbulho das coisas públicas se manifestam no Brasil contemporâneo – fala apenas das peculiaridades odiosas de um homem muito velho, criado 100 anos atrás. Sua pretensão sociológica naufraga nas águas rasas do esquerdismo. O que sobra é a denúncia, vazia e caricatural, de uma "elite podre".

Isso não significa que *Leite Derramado* seja uma má leitura. Desde o seu primeiro livro, *Estorvo*, Chico Buarque pratica um estilo em que o prosaico se mistura a efetivos achados poéticos. Esse estilo leve arrasta o leitor para dentro da história. A maneira fragmentária como Eulálio vai arrancando lembranças do "pandemônio da memória" também cria lacunas e um certo suspense. O maior enigma é a natureza do sumiço de Matilde, a amada esposa de Eulálio. Ela fugiu com outro homem? Foi acometida por uma doença terrível? Ou recebeu um castigo imerecido? Longe de ser um fracasso como narrativa, o novo livro de Chico Buarque apenas deixa de realizar todas as suas ambições – e mostra que nunca é seguro para um escritor seguir as pegadas de Machado de Assis.

GRAIEB, Carlos. Memórias quase póstumas. *Veja*, São Paulo, Abril, p. 117, 1º abr. 2009.

Quase três meses após a publicação da resenha na revista *Veja*, o livro *Leite derramado* ocupava a quinta posição entre os livros de ficção mais vendidos na lista feita pelo jornal *Folha de S.Paulo*. Por ser a revista de maior circulação nacional, *Veja* pode ter contribuído para aumentar a visibilidade do livro.

Folha de S.Paulo, p. E7, 20 jun. 2009.

Situação de produção

Texto formador de opinião

A resenha crítica está presente em **jornais** e **revistas**, orientando o público que aprecia literatura, artes plásticas, artes visuais, cinema, teatro, música, etc.

Em jornais e revistas, as resenhas críticas normalmente apresentam **linguagem acessível** e poucos termos técnicos. Exigem, porém, **conhecimento especializado** de quem as escreve. A opinião do resenhista deve basear-se em seu conhecimento prévio sobre o assunto e não em seu gosto pessoal. Assim, em geral, músicos ou especialistas em música escrevem sobre música; críticos literários ou escritores escrevem sobre literatura; curadores ou críticos de arte escrevem sobre arte; e assim por diante.

A resenha costuma oferecer ao leitor argumentos que comprovam a validade da opinião do crítico sobre a obra resenhada. O público leitor da resenha, em geral, não conhece ainda a obra analisada e pode ser influenciado pela opinião do resenhista, decidindo, com base nas suas palavras, se ela merece ser conhecida ou não.

Repertório

Chico Buarque

Francisco Buarque de Holanda (1944-), filho do intelectual Sergio Buarque de Holanda, abandonou a faculdade de arquitetura e urbanismo para ser compositor. Seu talento para dar voz a personagens – especialmente as femininas –, sua participação na resistência artística à ditadura militar e a qualidade de suas canções conquistaram o público e lhe garantiram uma posição de destaque no cenário artístico brasileiro.

Sua estreia como romancista ocorreu em 1991, com a publicação do livro *Estorvo*. Publicou também *Benjamin*, em 1995, *Budapeste*, em 2003, e *Leite derramado*, em 2009. A exemplo do que ocorreu com alguns de seus romances anteriores, *Leite derramado* conquistou importantes concursos literários, como o Prêmio Jabuti de Livro do Ano de Ficção e o Prêmio Portugal Telecom de Literatura na categoria Romance, ambos em 2010.

Cena do filme *Budapeste*, mostrando as personagens Vanda (Giovanna Antonelli) e José Costa (Leonardo Medeiros). O filme é uma adaptação do livro homônimo de Chico Buaque.

⟩ Ler uma resenha crítica

1. Qual foi o acontecimento que deu origem à resenha crítica "Memórias quase póstumas"?
2. Quem é o autor da resenha?
3. Com base na leitura da resenha "Memórias quase póstumas", o leitor é incentivado a ler o livro de Chico Buarque? Justifique sua resposta.

> **ANOTE**
>
> Antes de lançar uma obra literária no mercado, algumas editoras a apresentam a jornalistas e críticos especializados, a fim de que eles a avaliem e publiquem sua opinião em resenhas. Essas resenhas servem como **divulgação** da obra nas mais diversas mídias (jornais, revistas, *sites*, etc.).

4. Com base nas informações da resenha, escreva no caderno um pequeno resumo do livro *Leite derramado*. Para isso, desconsidere todas as avaliações presentes no texto e procure exclusivamente as **informações** veiculadas sobre o livro de Chico Buarque.

> **ANOTE**
>
> A resenha crítica costuma fornecer um **resumo** da obra avaliada, informando o leitor sobre os principais dados dela. O resumo pode ser apresentado separadamente, no início do texto, ou aparecer mesclado à opinião do resenhista, ao longo da argumentação que ele constrói.

5. Observe como é desenvolvida a **tese** da resenha crítica lida.
   a) Releia o primeiro parágrafo e procure explicar, com base nele, quais os pontos em comum entre os livros *Leite derramado*, de Chico Buarque, e *Memórias póstumas de Brás Cubas*, de Machado de Assis.
   b) Releia o segundo parágrafo da resenha e explique as diferenças entre os dois livros.
   c) Qual é a **tese** da resenha crítica em relação à obra *Leite derramado*, de Chico Buarque?

6. Pode-se afirmar que o crítico Carlos Graieb escolheu um título propositadamente ambíguo para sua resenha: "Memórias quase póstumas". Explique essa ambiguidade, relacionando-a com a tese adotada pelo crítico a respeito do livro *Leite derramado*.

> **ANOTE**
>
> A resenha formula uma opinião crítica – a **tese** – fundamentada em **argumentos**. A tese expressa a aprovação ou desaprovação de um produto cultural ou artístico, segundo determinados critérios. Já os argumentos são construídos a partir da descrição e da análise da obra, geralmente apresentando comparações ou relações com outras referências culturais.

7. Leia a seguir trechos de duas outras resenhas sobre o livro *Leite derramado*, a primeira escrita por Reinaldo Moraes e a segunda por Roberto Schwarz. No caderno, indique se os fragmentos são favoráveis ou desfavoráveis à obra e justifique sua resposta.

> [...] Enfim, se Chico resolveu mesmo atacar de sociólogo e historiador no marco de uma linguagem e uma narrativa essencialmente literárias, com altíssimo rendimento estético – e poético, o que faltou salientar aqui –, o fato é que se deu bem. [...]
>
> MORAES, Reinaldo. Com o Brasil nas mãos. *Jornal do Brasil*, Rio de Janeiro, 28 mar. 2009. Cultura.

Sétima arte

Memórias póstumas de Brás Cubas (Brasil, 2001)
Direção de André Klotzel

A obra adapta para o cinema o livro *Memórias póstumas de Brás Cubas*, de Machado de Assis. Publicado em 1880, esse livro representou uma importante mudança na cena literária brasileira. Com muita ironia e humor, o romance descreve a vida vazia de um membro da elite carioca da época, partindo de uma situação narrativa nada convencional: Brás Cubas está morto e, do além, conta sua morte e vida. Como abertura do texto, tem-se a célebre dedicatória: "Ao verme que primeiro roeu as frias carnes do meu cadáver dedico com saudosa lembrança estas memórias póstumas".

Cena do filme *Memórias póstumas de Brás Cubas*.

•Hipertexto

Advérbios são palavras que podem modificar mais de um elemento numa frase. Essa característica cria, por vezes, **ambiguidade**, como ocorre com o emprego do advérbio *quase* no título da resenha. Veja, na parte de Linguagem (**capítulo 29**, p. 279, exercício 5), outros exemplos em que o emprego do advérbio possibilita diferentes interpretações.

[...] é o vaivém entre antes e agora, operado pela agilidade da prosa. Os jardins dos casarões de Botafogo são substituídos por estacionamentos, os chalés de Copacabana por arranha-céus, as fazendas por favelas e rodovias, e as negociatas antigas por outras novas, talvez menos exclusivas. A relação desconcertante dessa periodização com as ideias correntes de progresso – ou de retrocesso – faz a força do livro, que é brincalhão, mas não ingênuo. [...]

SCHWARZ, Roberto. Brincalhão, mas não ingênuo. *Folha de S.Paulo*, 28 mar. 2009. Ilustrada.

> **ANOTE**
>
> Uma mesma obra pode ser resenhada por **críticos diferentes**. Nem sempre todos apresentam a mesma avaliação sobre ela.

8. Leia um trecho do livro *Leite derramado*, no qual o narrador-personagem, empobrecido, muda-se para o subúrbio carioca, em 2007.

Perplexa, Maria Eulália olhava aqueles homens de calção à beira da estrada, as meninas grávidas ostentando as panças, os moleques que atravessavam a pista correndo atrás de uma bola. São os pobres, expliquei, mas para minha filha eles podiam ao menos se dar ao trabalho de caiar suas casas, plantar umas orquídeas. Orquídeas talvez não vingassem naquela terra dura, e o calor dentro da camionete piorou quando abri a janela. Saímos da rodovia por uma rua poeirenta, e o motorista perguntou pela igreja do pastor Adelton a um travesti, que nos mandou seguir em frente até a curva do valão. O valão era um rio quase estagnado de tão lamacento, quando se deslocava dava a impressão de arrastar consigo as margens imundas. Era um rio podre, contudo eu ainda via alguma graça ali onde ele fazia a curva, no modo peculiar daquela curva, penso que a curva é o gesto de um rio. E assim o reconheci, como às vezes se reconhece num homem velho o trejeito infantil, mais lento apenas. Aquele era o ribeirão da minha fazenda na raiz da serra. E à beira-rio uma mangueira me pareceu tão familiar, que por pouco eu não ouvia o preto Balbino lá no alto: ó Lalá, vai querer manga, ó Lalá? Adiante a casa amarela, com o letreiro Igreja do Terceiro Templo na fachada, estava erguida provavelmente sobre os escombros da capela que o cardeal arcebispo abençoou em mil oitocentos e lá vai fumaça. E ao entrar na casinha ao lado da igreja, me trouxe certo conforto saber que debaixo do meu chão estava o cemitério onde meu avô repousava. [...] Penoso era acordar toda manhã com o alto-falante da igreja, suas orações e cantorias.

BUARQUE, Chico. *Leite derramado*. São Paulo: Companhia das Letras, 2009. p. 177-178.

O resenhista Carlos Graieb afirma que "tudo o que aconteceu no Brasil a partir dos anos 50 mal se reflete" na narrativa de Eulálio Montenegro D'Assumpção (página 360). No entanto, o trecho acima faz referência ao processo de favelização que ocorreu nas cidades brasileiras bem após a década de 1950. Mesmo existindo esse trecho no livro, a afirmativa do resenhista poderia continuar válida? Justifique.

9. No último parágrafo, a resenha aponta as qualidades da obra que amenizam a opinião negativa desenvolvida no parágrafo anterior.

a) Quais são as qualidades apontadas pela resenha?

b) Essas qualidades modificam a opinião do resenhista? Explique.

10. A última frase da resenha funciona como uma conclusão. Releia-a e explique o sentido das palavras em destaque, considerando a resenha como um todo.

Longe de ser um **fracasso** como narrativa, o novo livro de Chico Buarque apenas deixa de realizar todas as suas **ambições** – e mostra que nunca é seguro para um escritor seguir as **pegadas** de Machado de Assis.

> **ANOTE**
>
> A resenha crítica costuma destacar **aspectos positivos** e **negativos** de uma obra: valoriza suas qualidades, mas também aponta seus defeitos. Uma crítica negativa, por exemplo, tende também a citar virtudes da obra. Já uma crítica positiva tende a apontar inclusive seus defeitos, se houver. Essas ressalvas, porém, são feitas de modo a não entrar em contradição com a tese do texto.

❯ Entre o texto e o discurso – Formulando uma opinião

A resenha crítica realiza uma avaliação de um bem cultural, segundo o conhecimento especializado do resenhista. Observe, na resenha abaixo, de que maneira a opinião do crítico é construída.

Vocabulário de apoio

cromático: relativo à cor

escrupuloso: cuidadoso, zeloso

maniqueísmo: maneira de julgar que reduz uma questão à oposição entre o bem e o mal

modelar: que pode servir de modelo, exemplar

solavanco: movimento ou mudança brusca

CRÍTICA

Narrativa retrata a fusão entre o caipira e o urbano

José Geraldo Couto

Tese: o filme é encantador; na introdução já aparece a opinião favorável do crítico.

Não é preciso gostar de Zezé di Camargo e Luciano para se encantar com "2 Filhos de Francisco".

Ao narrar a saga da dupla, o diretor Breno Silveira conta uma história modelar, centrada em Zezé, aliás Mirosmar Camargo: menino nascido na roça que, depois de inúmeros percalços, vira cantor popular e conquista fama e fortuna. A estrela sobe, como em tantos outros filmes.

Resumo do enredo e ressalva em relação à opinião favorável: a história não é novidade.

Argumentos positivos: foco no pai; atitude em relação às personagens; a urbanização brasileira como pano de fundo.

Mas várias coisas marcam a diferença aqui: o foco inicialmente voltado para o pai dos futuros cantores, Francisco (vivido por Ângelo Antônio), obcecado pelo sonho de torná-los astros; o olhar atento e caloroso, isento de maniqueísmo, a todos os personagens; a maneira sutil como se conta, nas entrelinhas, o avanço da urbanização brasileira.

Há um paralelo evidente entre os solavancos na vida da família Camargo – a troca da lavoura pela construção civil, do lampião pela luz elétrica, do rádio pela televisão – e as mudanças sofridas pela velha música caipira rumo à constituição do atual gênero sertanejo (ou "breganejo"). Esse trajeto do campo para a cidade, do isolamento à integração na cultura de massa, é mostrado com notável limpidez.

Detalhamento de um dos argumentos expostos no parágrafo anterior: relação entre episódios da vida das personagens e a urbanização brasileira; reafirma-se a opinião favorável.

Argumento negativo: desequilíbrio; defeito é apontado, mas atenuado pelo crítico.

Há um certo desequilíbrio, talvez inevitável, entre as duas metades do filme.

Na primeira, em que a dupla mirim Camargo e Camarguinho é forjada meio à força pelo pai e se apresenta pelo interior, salta à vista a homogeneidade estética (sobretudo cromática).

A partir do início da carreira solo de Zezé, antes de formar uma nova dupla com Welson/Luciano, a profusão de cores e ruídos é análoga ao processo de "contaminação" da música caipira pela indústria cultural.

Detalhamento do argumento apontado no parágrafo anterior: o desequilíbrio é inevitável entre as duas partes, pois a segunda acompanha na forma o conteúdo – a modernização da música caipira.

Argumentos complementares como conclusão: 1. Respeito aos fãs e preferência pela tradição.

Breno Silveira, jovem cineasta de formação sofisticada, mostra um respeito escrupuloso por essa música e seus fãs, embora seja clara sua preferência pela vertente mais antiga e "pura" da tradição rural ("Tristeza do Jeca", "Cálix Bento" etc.).

Os melhores achados cinematográficos estão na primeira parte: a cena em que o pai revela a luz elétrica à família, o modo terrível como a mãe (Dira Paes) mostra a Mirosmar onde está seu irmão. Mas a voltagem emocional volta a subir no final, com a aparição dos verdadeiros Zezé e Luciano.

3. Ótimo elenco.

No ótimo elenco cabe destacar José Dumont (o empresário patife dos meninos) e os novatos Dablio Moreira (Mirosmar) e Marcos Henrique (Emival).

2. Achados cinematográficos e final emocionante.

2 Filhos de Francisco
* * *

Direção: Breno Silveira
Produção: Brasil, 2005
Com: Márcio Kieling, Dira Paes
Quando: a partir de hoje nos cines Bristol, Interlagos, Lapa e circuito

COUTO, José Geraldo. *Folha de S.Paulo*, 19 ago. 2005. Ilustrada.

› O conhecimento especializado: critério principal para a construção do juízo de valor

A resenha crítica sobre o filme *2 filhos de Francisco* se inicia declarando uma **opinião** positiva em relação à obra – segundo o texto, ela deve agradar até mesmo aqueles que não são fãs da dupla sertaneja. A tese que retrata essa opinião já está no título: a fusão entre o caipira e o urbano é a principal responsável pela qualidade da obra, como se verá adiante.

Em seguida, a resenha apresenta um **resumo** do filme. Nesse momento aparece uma **ressalva** à opinião positiva – a de que a história não é nova.

O texto expõe, na sequência, três argumentos, dos quais o mais importante será desenvolvido e detalhado no parágrafo seguinte. São eles: o foco em Francisco, pai dos protagonistas; o tratamento dado às personagens; e o papel que a modernização exerce na narrativa.

O filme *2 filhos de Francisco* revela a transformação e a urbanização da música caipira, ao contar a trajetória da dupla sertaneja Zezé di Camargo e Luciano.

O **argumento principal** é, então, desenvolvido: a modernização, responsável pelo avanço da urbanização, aparece na transformação da vida da família e do gênero musical caipira. Essa associação, feita sutilmente, é responsável ao mesmo tempo pelo maior **defeito** do filme, o desequilíbrio entre as duas metades. Sendo, porém, um desequilíbrio que reflete o processo de urbanização relacionado às personagens, a resenha desculpa o filme e diminui os efeitos da crítica negativa, ao detalhar o argumento.

Para terminar, a resenha acrescenta outras qualidades do filme e reforça sua avaliação positiva.

Observe como o resenhista lida com **conhecimentos especializados** para formular sua opinião, uma vez que avalia a construção da narrativa e a realização cinematográfica da obra (foco narrativo, tratamento dado às personagens, atuação dos atores, construção do enredo, fluidez da história, carga emocional, fotografia, etc.).

- Retome a resenha "Memórias quase póstumas" e faça, no caderno, um comentário analítico sobre cada parágrafo, do mesmo modo que foi feito nos quadros da página anterior nas laterais da resenha "Narrativa retrata a fusão entre o caipira e o urbano". Destaque o que é mais relevante em relação à construção da opinião do resenhista.

Observatório da língua

O valor argumentativo dos adjetivos

Em um texto argumentativo como a resenha crítica, o uso dos **adjetivos** constrói o ponto de vista do produtor do texto sobre o objeto cultural analisado. Por meio dos adjetivos, o resenhista aprova, desaprova, suaviza, intensifica, ironiza... Observe a seguir alguns trechos das resenhas lidas neste capítulo.

> [...] o olhar **atento** e **caloroso**, isento de maniqueísmo, a todos os personagens; a maneira **sutil** como se conta, nas entrelinhas, o avanço da urbanização brasileira.

Os adjetivos *atento*, *caloroso* e *sutil* expressam aprovação e compõem uma argumentação elogiosa da obra.

> Sua pretensão sociológica naufraga nas águas **rasas** do esquerdismo. O que sobra é a denúncia, **vazia** e **caricatural**, de uma "elite podre".

Nesse outro trecho, os adjetivos foram utilizados de forma negativa; *rasas*, *vazia* e *caricatural* reforçam o sentido pejorativo já presente nos substantivos *pretensão* e *esquerdismo*.

> Há um **certo** desequilíbrio, talvez **inevitável**, entre as duas metades do filme.

Aqui, o uso dos adjetivos visa equilibrar as cargas positivas e negativas do juízo de valor. *Certo* e *inevitável* amenizam a carga negativa do substantivo *desequilíbrio*. Os adjetivos ajudam a construir a ressalva aos elogios anteriores, sem contradizer a tese do texto.

- Encontre, nas resenhas críticas deste capítulo, outros três exemplos significativos do emprego de adjetivos. Copie-os no caderno e explique seu valor argumentativo: indique se eles têm valor negativo, positivo ou apresentam uma ressalva à opinião anterior.

Hipertexto

Ao empregar os **adjetivos**, deve-se também considerar que eles podem estar pospostos ou antepostos aos substantivos. Essas duas posições estão associadas a distintos valores semânticos do adjetivo. Observe na parte de Linguagem (**capítulo 25, p. 232, exercício 6**) os efeitos de sentido criados pela posição dos adjetivos presentes na crônica "Um pé de milho", de Rubem Braga.

❯ Produzir uma resenha crítica

› Proposta

Você vai produzir uma **resenha crítica**, supondo que ela será publicada na revista semanal do seu bairro, da sua cidade ou da comunidade. Para isso, escolha um dos filmes abaixo. Assista ao filme com atenção, já preparando o conteúdo do texto que você vai escrever. Utilize os conhecimentos adquiridos sobre resenha crítica neste capítulo. Procure aproveitar todos os recursos de que dispõe para realizar uma avaliação justa e convincente.

Avatar (2009), direção de James Cameron.

Memórias póstumas de Brás Cubas (2001), direção de André Klotzel.

O palhaço (2011), direção de Selton Mello.

Cidade de Deus (2002), direção de Fernando Meirelles.

› Planejamento

1. Observe no quadro abaixo as características do texto que você vai produzir.

Gênero textual	Público	Finalidade	Meio	Linguagem	Evitar	Incluir
resenha crítica	jovens e adultos da comunidade	produzir um texto **argumentativo** que avalie um bem cultural	revista do bairro, da cidade ou comunidade	uso argumentativo de **adjetivos**	opiniões não fundamentadas; contradição entre a tese e os argumentos	**resumo** da obra; concessões à opinião contrária

2. Assista ao filme escolhido, prestando atenção nos seguintes aspectos:
   a) Qual é o objetivo principal do filme? Ele foi atingido?
   b) O que foi bem realizado?
   c) O que não foi bem realizado?
   d) Que características podem ser destacadas (música, fotografia, figurino, atuação, direção, enredo, diálogos, edição, efeitos especiais, etc.)?

3. Copie no caderno os tópicos a seguir, completando-os com as informações necessárias sobre a obra.
   - título
   - dados principais (diretor, ano, país de origem, elenco)
   - resumo do enredo
   - qualidades
   - defeitos
   - objetivo principal

> ## Elaboração

4. Agora você já pode escrever a sua resenha crítica. Fique atento aos aspectos destacados a seguir.
5. Formule a **tese** de seu texto. Qual é a sua opinião geral sobre o filme a que assistiu?
6. Faça um **resumo** sucinto da obra, mas que informe ao leitor o enredo (não conte o final!) e os dados principais que serão usados na sua argumentação. Você pode também pesquisar e acrescentar informações relevantes sobre o percurso profissional do diretor, por exemplo.
7. Defina os principais **argumentos** que vão amparar a sua opinião. Se ela for positiva, destaque as qualidades do filme e a proposta (objetivo) dele. Se for negativa, os defeitos e a proposta podem ajudar a justificar a sua opinião.
8. Inclua **ressalvas** ou **concessões** à opinião contrária. Se você elogiou o filme, cite seus pontos mais fracos. Se criticou, encontre qualidades.
9. Acrescente a **conclusão** do seu texto. Se quiser, formule uma frase de efeito como final ou retome a tese enunciada no início do texto.

> ## Avaliação

10. Junte-se a um colega e troque seu texto com o dele.
11. Em uma folha avulsa, copie o quadro abaixo. Complete-o com base na leitura da resenha de seu colega. Em seguida, faça um comentário geral sobre o texto dele, apontando qualidades e sugerindo mudanças.

ATENÇÃO
» Lembre-se de dar um **título** sugestivo e adequado ao seu texto. Se quiser, crie também um subtítulo. Ambos podem revelar parcialmente a tese do texto e instigar o leitor a saber mais.
» Escolha conscientemente os **adjetivos**: eles ajudam a revelar seu ponto de vista sobre obra.

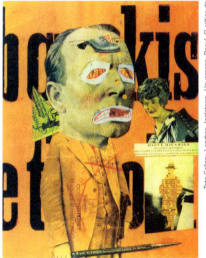

HAUSMANN, Raoul. *O crítico de arte*, 1919-1920. Fotomontagem, 25,4 cm × 31,7 cm. Tate Gallery, Londres, Inglaterra.

Nas resenhas críticas, um crítico de arte opina sobre o trabalho de um artista. Nessa imagem invertem-se os papéis: o artista é que expressa sua opinião sobre os críticos de arte em geral (e não é uma opinião muito favorável). Segundo alguns estudiosos dessa composição, a nota de dinheiro que aparece atrás da nuca do crítico de arte lança suspeita sobre sua pretensa imparcialidade em relação aos jogos de interesse do mercado.

	Sim	Não
A linguagem está de acordo com a norma-padrão da língua portuguesa?		
A tese está clara (há uma opinião sobre o filme)?		
O resumo é breve e dá uma boa ideia do filme?		
Os argumentos são adequados e consistentes?		
As ressalvas ou concessões à opinião contrária contradizem a tese?		
Os adjetivos foram bem usados (são precisos e significativos)?		
Comentário geral sobre o texto		

> ## Reescrita

12. Troque novamente o texto com seu colega.
    a) Leia com atenção o quadro que ele preparou.
    b) Releia seu texto, buscando compreender as intervenções dele.
    DICA: Você já pode ir anotando no seu texto, a lápis, possíveis modificações. Se necessário, peça ajuda ao professor.
13. Reescreva sua resenha crítica. Faça todas as alterações necessárias para adequar seu texto à norma-padrão.

Foco da reescrita
Ao reescrever sua resenha crítica, dê atenção aos **adjetivos**. Eles podem ajudá-lo a suavizar ou a intensificar o conteúdo de suas afirmações, de acordo com o seu propósito. Além disso, podem contribuir para a precisão da linguagem, ao caracterizar detalhes objetivos ou subjetivos.

CAPÍTULO

37

Debate regrado

O que você vai estudar

- Como identificar e produzir um debate regrado.
- Estudando o oponente: reformular e refutar.
- A modalização no discurso.

O **debate regrado** é um texto produzido oralmente por um grupo de pessoas que exprimem opiniões divergentes sobre temas polêmicos. Ele tem uma função importante no exercício da democracia. Neste capítulo, você vai conhecer melhor esse gênero.

› Leitura

- O texto abaixo é uma transcrição de um breve debate transmitido por uma emissora de televisão pública, a TV Cultura, durante o *Jornal da Cultura*, em 4 de março de 2008. Leia-o com atenção e responda às questões propostas nas páginas 370-371.

Células-tronco

Heródoto Barbeiro: Bem, aqui no estúdio nós temos dois convidados para falar sobre a questão do uso das células-tronco de embriões. Está aqui conosco o padre Vando Valentini, que é coordenador do Núcleo de Fé e Cultura da PUC de São Paulo, e o professor da USP e diretor do Laboratório de Genética e Cardiologia do Instituto do Coração, professor José Eduardo Krieger.

Professor, qual é a opinião do senhor em relação a essas pesquisas com células-tronco embrionárias? Elas devem prosseguir ou não?

Krieger: Eu acho que elas devem prosseguir, e o principal aspecto que eu acho importante ressaltar é que a despeito de alocarmos dois terços do que é gasto em saúde no mundo com as doenças crônico-degenerativas, aquelas que mais matam, que começam a se manifestar à medida que a população envelhece, ainda assim há uma série de casos que a medicina não atende. Exemplos disso são várias doenças neurológicas, doenças cardiovasculares – com as quais trabalho –, doenças endocrinológicas como a diabetes, etc. Nesse contexto, a pesquisa de regeneração, de reparação de órgãos adultos aparece como um aspecto promissor. As células-tronco têm um papel a ser desempenhado.

H: Padre Vando Valentini, qual é a opinião do senhor?

Valentini: O problema é muito simples. A primeira coisa que eu queria dizer é que não falo no nível da fé. Mas eu quero observar as questões éticas que nascem da ciência. Então a questão é muito simples, apesar de parecer tão complicada. Parece que a Igreja agora não está defendendo mais a cura das doenças mais graves. Isso é um absurdo, evidentemente. Imagina se a Igreja não quer que se façam essas pesquisas? Tem de se fazer, e muitas. Só que não se pode, para salvar um ser humano, penitenciar outro, tirar a vida do outro. Esse é o problema. E o problema é que os embriões são vida. Potencialmente, é claro, mas tem tudo no embrião: um DNA completo, já está escrito lá se é homem, se é mulher, que tipo de cabelo tem, quanto vai ter de altura... Está tudo pronto lá, só falta se desenvolver. Usar um embrião para pesquisa é usar um ser humano – potencial – para pesquisa. Mesmo que se queira salvar a vida do outro, isso é muito grave.

H: Claro. Professor Krieger, então eu posso entender que usar um embrião é a mesma coisa que fazer um aborto?

K: Não, eu acho que não, de maneira alguma. Todas essas questões...

H: Interrompe a vida, pelo que eu entendi.

K: Todas essas questões são complexas, mas eu gostaria de chamar a atenção para um aspecto que eu não entendo muito bem. Há pouco houve uma discussão no Supremo [Tribunal Federal] para decidir quando é que a vida começa. Eu tenho um pouco de dificuldade com esse conceito, porque a partir do momento que você começa com um espermatozoide e um óvulo, está tudo vivo. O que nós precisamos é, à medida que as necessidades vão surgindo, ter contratos sociais. O que significa isso? No final da década de 1950, começo da década de 1960, quando começaram os transplantes cardíacos, eu precisava de um doador. Não posso tirar o órgão de uma pessoa que morreu. O coração está parado. O coração tem de estar batendo. Criou-se então um problema. Como é que eu vou poder tirar esse coração para dar para uma pessoa? Nós tivemos de desenvolver o conceito de morte cerebral. Isso foi um acordo social. Porque, se eu tiver um indivíduo que está em coma, ele está com o coração batendo, ele está respirando às vezes com auxílio ou não de aparelhos, mas enquanto sociedade nós decidimos que,

Capítulo 37 ▪ Debate regrado

368

quando você não tiver atividade elétrica no sistema nervoso, nós poderíamos considerar aquilo como morte cerebral, e a partir daquele momento retirar o órgão para que fosse feito o transplante. Da mesma maneira, nós vamos ter de desenvolver um novo contrato social. [...]

H: Para equilibrar, professor. Padre Vando Valentini, quando começa a vida?

V: Primeiro, quem decide quando começa a vida não somos nós, é um fato objetivo. A gente poderia dizer Deus, mas mesmo que a gente não acredite em Deus, é a Natureza que diz isso. Temos de reconhecer objetivamente. [...] Mas tem uma outra questão que no meu entender é fundamental. É o que se faz com esses embriões que já existem e que estão congelados. Isso é um problema dramático, né? E evidentemente enquanto nós estamos falando estão sendo produzidos embriões, que depois serão descartados [...]. Quer dizer, seres humanos potenciais que vão ser jogados fora. Isso é dramático. Esse problema também tem de ser olhado. [...]

H: Então esses embriões são conseguidos nas clínicas de fertilização *in vitro*.

K: Exatamente.

H: Se o tribunal então entender que não pode ter pesquisa, não podem ter mais clínicas de fertilização *in vitro* onde os embriões são obtidos para fazer pesquisa. É isso?

K: É, essa poderia ser uma interpretação, mas acho que vamos ter de evoluir para um conceito um pouco diferente. A partir do momento em que a gente vive em sociedade, nós temos todos de fazer algumas concessões e decidir para onde vamos. Então eu acho que a questão sempre é pesar riscos e benefícios. Essa não é uma coisa simples, é complexa, e vejo que o papel do cientista nisso é descrever a natureza com detalhes para que a população possa tomar as decisões. [...] Como pesquisador e médico, vemos dilemas muito grandes de pessoas que eventualmente poderiam se beneficiar disso.
[...]

H: Padre Vando Valentini. Bom, então diante do problema do descarte dos embriões, o que aconteceria com as clínicas de reprodução assistida? Elas teriam de fechar também.

V: A Igreja sempre foi contra isso [...] não só pelo fato da fecundação fora do útero da mulher, que vai fora do sistema natural normal, mas sobretudo por causa dessas coisas. Quer dizer, se fecundam uma média de oito a dez embriões, desses oito a dez embriões, três, os "melhores", são implantados, os outros são congelados. Dos três implantados, se escolhe o melhor, que se implanta melhor e os outros são, se diz, descartados, quer dizer, são mortos praticamente. São seres humanos potenciais que são eliminados. Eu acredito que nem as mulheres que fazem esse tipo de técnica estão conscientes com clareza daquilo que estão fazendo.

H: Entendo.

V: Eu não estou dizendo que seja fácil resolver esse problema...

H: Sei.

V: Meu pai tem [mal de] Parkinson...

H: Claro.

V: ...então eu entendo perfeitamente. O desejo que tenho é de que se achasse uma cura, evidentemente. Então, eu não sou contra a pesquisa, só que...

H: OK.

V: ...a pesquisa pode ser feita de outra maneira. Esse também é um outro assunto muito interessante...

H: Está OK. Padre Valentini. Professor Krieger. Muito obrigado pela gentileza dos dois, por esse debate franco, aberto, democrático. E tenho a certeza que isso vai ajudar o telespectador a formar a sua própria opinião a respeito de um assunto tão controverso. Muito obrigado.

K/V: Obrigado.

Micrografia eletrônica de célula-tronco embrionária.

Vocabulário de apoio

a despeito de: apesar de

alocar: destinar verba

doença crônico-degenerativa: doença em que células ou órgãos perdem progressivamente suas funções normais ou originais

doença endocrinológica: doença relacionada ao funcionamento das glândulas do corpo humano

mal de Parkinson: doença neurológica que afeta os músculos do corpo humano

penitenciar: punir

potencial: que tem possibilidade de existir

Debate com Vando Valentini e José Eduardo Krieger no programa *Jornal da Cultura*, da TV Cultura, veiculado em 4 mar. 2008. Transcrição feita para esta edição.

Situação de produção

Instrumento da cidadania

Como ocorre na situação televisiva reproduzida nestas páginas, o debate regrado é um instrumento importante no **exercício da cidadania**. É utilizado para expor opiniões divergentes sobre assuntos que envolvem decisões coletivas. Assim, é usado na política pública ou estudantil, em eleições governamentais ou de grêmios escolares e representantes de classe.

O debate tem ainda um potencial esclarecedor muito grande, porque realiza "ao vivo" o diálogo que dá origem ao pensamento filosófico e científico, formado pela **oposição contínua de ideias**, construídas argumentativamente.

O jornalista Heródoto Barbeiro (à esquerda) medeia debate entre o cientista José Eduardo Krieger (ao centro) e o religioso Vando Valentini. Fotografia de 4 de março de 2008.

> Ler um debate regrado

1. Observe a transcrição da fala do jornalista Heródoto Barbeiro que introduz o debate "Células-tronco":

> O Supremo Tribunal Federal começa a decidir amanhã se os embriões que estão congelados em laboratórios há mais de três anos podem ou não ser usados em pesquisas científicas. A pesquisa com células-tronco embrionárias é vista por cientistas como um caminho promissor para encontrar a cura de várias doenças. Mas setores religiosos alegam que o uso de embriões fere o direito à vida, que é garantido pela Constituição brasileira, e querem a proibição.
> *Jornal da Cultura*, TV Cultura, 4 mar. 2008. Transcrição feita para esta edição.

   a) Qual é o contexto que dá origem ao debate, realizado no dia 4 de março de 2008?
   b) Quais setores da sociedade estão em desacordo? Por quê?
   c) Considerando as respostas anteriores, qual é o motivo da escolha de José Eduardo Krieger e Vando Valentini como convidados para o debate?

2. Quem é o jornalista e qual é a sua função nesse debate?

ANOTE

> O debate regrado é o **texto coletivo e oral** resultante das falas de seus participantes: indivíduos ou grupos com pontos de vista diferentes e o mediador que os reúne. É função do **mediador** realizar a abertura e o fechamento do debate, oferecer o mesmo tempo de palavra aos dois participantes, zelar pelo respeito entre os adversários e pela obediência às regras preestabelecidas.

3. Observe que a primeira pergunta feita pelo mediador é repetida aos dois participantes.
   a) Qual é a importância dessa pergunta para o debate?
   b) Qual é a opinião do professor José Eduardo Krieger? Explique.
   c) Qual é a opinião do padre Vando Valentini? Explique.

4. Heródoto Barbeiro, após a primeira fala do padre Vando Valentini, pergunta ao professor Krieger se usar embriões "é a mesma coisa que fazer um aborto". E ainda acrescenta: "Interrompe a vida, pelo que eu entendi."
   a) Compare a expressão "fazer um aborto" com a expressão "tirar a vida" usada anteriormente pelo padre. Quais são as semelhanças e diferenças entre elas?
   b) Por que o mediador usou a expressão "fazer um aborto"?

5. Como resposta à questão do mediador (sobre o aborto), o professor Krieger expõe o seu principal argumento nesse debate.
   a) Qual é a tese de Krieger sobre o contrato social? Explique o exemplo que ele dá para esclarecer essa tese.
   b) Por que ela se aplicaria ao uso de células-tronco retiradas de embriões em pesquisas científicas?
   c) Comente a relação. Você concorda que se trata de casos semelhantes?

ANOTE

> Em um debate regrado, como em qualquer texto argumentativo, também se desenvolvem **argumentos** fundamentados em informações, dados e exemplos que contribuem para dar consistência à opinião defendida pelo indivíduo ou grupo participante.

6. Releia:

> Primeiro, quem decide quando começa a vida não somos nós, é um fato objetivo. A gente poderia dizer Deus, mas mesmo que a gente não acredite em Deus, é a Natureza que diz isso.

Considerando que a frase foi dita pelo padre, procure explicar por que ele diz "mesmo que a gente não acredite em Deus".

7. Releia:

> Todas essas questões são complexas, mas eu gostaria de chamar a atenção para um aspecto que eu não entendo muito bem. Há pouco houve uma discussão no Supremo [Tribunal Federal] para decidir quando é que a vida começa. Eu tenho um pouco de dificuldade com esse conceito, porque a partir do momento que você começa com um espermatozoide e um óvulo, está tudo vivo.

Considerando que a frase foi dita pelo cientista, procure explicar por que ele usa a expressão "eu não entendo muito bem".

ANOTE

O participante de um debate costuma **estudar os outros participantes** e estar consciente de como o grupo a que eles pertencem são socialmente vistos. Os argumentos de um debate são construídos nesse diálogo entre **vozes sociais discordantes**. O participante refuta ideias preconcebidas sobre sua posição social e critica a posição adversária.

8. Releia as intervenções do mediador Heródoto Barbeiro. Que regras do funcionamento desse debate podem ser deduzidas a partir das falas do jornalista?

ANOTE

O debate regrado define-se pela presença de **regras claras e democráticas** que procuram garantir que cada participante seja ouvido e desenvolva seus argumentos em igualdade de condições. Para isso, são regulamentados o tempo de fala e a interação dos participantes. Em debates políticos televisionados, por exemplo, há tempo limitado para perguntas e respostas; réplicas e tréplicas são previstas; há sorteios dos temas e da ordem dos participantes.

9. Ao final do debate "Células-tronco", o mediador parece ter encontrado dificuldade para tomar a palavra.
    a) Quantas vezes o jornalista tenta tomar a vez de falar (o turno)? Por que ele quer tomar o turno?
    b) Por que o padre resiste a entregar o turno?

ANOTE

O discurso oral se organiza em **turnos**, que são os momentos em que alguém fala e os outros escutam. Mas **o turno é negociado** entre os falantes. Quem está ouvindo deve ter a **polidez** de esperar a conclusão de um raciocínio ou uma brecha para tomar o turno e poder então falar. No caso do debate, o mediador organiza os turnos de fala, cedendo a vez de falar aos participantes e interrompendo-os, quando necessário.

Repertório

Liberação da pesquisa com células-tronco embrionárias

No dia 29 de maio de 2008, o Supremo Tribunal Federal (STF) liberou a pesquisa com células-tronco embrionárias.

Seis ministros (contra cinco) votaram pela não alteração na Lei de Biossegurança, afirmando que ela é constitucional. O STF decidiu que as pesquisas não violam o direito à vida e à dignidade da pessoa humana, argumentos usados pelo procurador da República com o objetivo de impedir as pesquisas científicas dessa linha.

Pessoas com doenças degenerativas, vítimas de acidentes, atletas com deficiência, parentes e representantes de cinquenta entidades favoráveis à liberação de pesquisas com células-tronco embrionárias fazem manifestação, diante do prédio do STF, em Brasília, em abril de 2008.

❯ Entre o texto e o discurso – Estudando o ponto de vista do oponente

O debate de ideias estabelece uma comunicação estreita entre argumentos apresentados por pontos de vista opostos. Para negar a argumentação adversária, retomá-la e adaptá-la ao pensamento que se vai desenvolver, é preciso compreendê-la. Em um debate regrado, a argumentação necessita **reformular** o que já foi dito para **refutar** a opinião adversária.

Observe como fez Nietzsche no trecho abaixo.

Friedrich Nietzsche (1844-1900), filósofo alemão considerado um dos mais importantes e influentes pensadores modernos. Fotografia de 1882.

> O tema do texto é apresentado como resposta a uma questão. Unida à apresentação do tema, uma **reformulação** do pensamento oposto – a compaixão como um ato altruísta de esquecimento de si – é oferecida.

> **Argumento**: a tragédia alheia pode tocar-nos de muitos modos, e todos confirmam a **motivação pessoal** da compaixão. O texto cita sentimentos: impotência, covardia, honra e percepção de perigo.

> As motivações pessoais da compaixão permitem a **crítica social**: a compaixão não implica abrir mão da felicidade de não estar em situação miserável nem é uma preocupação essencial; apenas rompe de vez em quando o tédio.

133. "NÃO PENSAR MAIS EM SI"

Seria necessário refletir sobre isso seriamente: por que saltamos à água para socorrer alguém que está se afogando, embora não tenhamos por ele qualquer simpatia particular? Por compaixão: só pensamos no próximo – responde o irrefletido. Por que sentimos a dor e o mal-estar daquele que cospe sangue, embora na realidade não lhe queiramos bem? Por compaixão: nesse momento não pensamos mais em nós – responde o mesmo irrefletido. A verdade é que na compaixão – quero dizer, no que costumamos chamar erradamente de compaixão – não pensamos certamente em nós de modo consciente, mas *inconscientemente* pensamos e pensamos *muito*, da mesma maneira que, quando escorregamos, executamos inconscientemente os movimentos contrários que restabelecem o equilíbrio, pondo nisso todo o nosso bom senso. O acidente do outro nos toca e faria sentir nossa impotência, talvez nossa covardia, se não o socorrêssemos. Ou então traz consigo mesmo uma diminuição de nossa honra perante os outros ou diante de nós mesmos. Ou ainda vemos nos acidentes e no sofrimento dos outros um aviso de perigo que também nos espia; mesmo que fosse como simples indício da incerteza e da fragilidade humanas que pode produzir em nós um efeito penoso. Rechaçamos esse tipo de miséria e de ofensa e respondemos com um ato de compaixão que pode encerrar uma sutil defesa ou até uma vingança. Podemos imaginar que no fundo é em nós que pensamos, considerando a decisão que tomamos em todos os casos em que podemos evitar o espetáculo daqueles que sofrem, gemem e estão na miséria: decidimos não deixar de evitar, sempre que podemos vir a desempenhar o papel de homens fortes e salvadores, certos da aprovação, sempre que queremos experimentar o inverso de nossa felicidade ou mesmo quando esperamos nos divertir com nosso aborrecimento. Fazemos confusão ao chamar compaixão ao sofrimento que nos causa um tal espetáculo e que pode ser de natureza muito variada, pois em todos os casos é um sofrimento de que está *isento* aquele que sofre diante de nós: diz-nos respeito a nós tal como o dele diz respeito a ele. Ora, só nos libertamos desse *sofrimento pessoal* quando nos entregamos a atos de compaixão. [...]

NIETZSCHE, Friedrich. *Aurora*. Trad. Antonio Carlos Braga. São Paulo: Escala, 2007. p. 104-105.

> O conceito psicanalítico de inconsciente é **premissa** da refutação: pensamos *inconscientemente* em nós mesmos na compaixão. O texto fornece um exemplo de pensamento inconsciente que guia a ação (escorregão).

> **Desdobramento do argumento**: o texto parte para a **ação** da compaixão, afetada por sentimentos.

> Aqui fecha-se a **refutação**: a compaixão não é um sentimento de esquecimento de si. Mas sim obedece a impulsos, ainda que inconscientes, de evitar o próprio sofrimento (e não o do outro).

Vocabulário de apoio

irrefletido: que não pensa sobre algum assunto

rechaçar: opor-se

Capítulo 37 ▪ Debate regrado

372

> ### Reformular e refutar

O texto de Friedrich Nietzsche, que compõe o excerto 133 de *Aurora*, livro em que o filósofo procura apresentar uma nova moralidade, faz uma crítica à ideia de compaixão aceita pelo coletivo. Para isso retoma o principal argumento do senso comum, o reformula e realiza uma refutação.

Observe como o dicionário define *compaixão*:

> **compaixão** s.f. [...] sentimento piedoso de simpatia para com a tragédia pessoal de outrem, acompanhado do desejo de minorá-la; participação espiritual na infelicidade alheia que suscita um impulso altruísta de ternura para com o sofredor.
>
> Houaiss, Antônio; Villar, Mauro de Salles. *Dicionário Houaiss da língua portuguesa*. Rio de Janeiro: Objetiva, 2001. p. 773.

1. Agora responda às questões propostas.
   a) Em que as definições do dicionário e do texto de Nietzsche concordam sobre a compaixão?
   b) Em que as definições discordam?
2. Escreva a sua definição de compaixão.
   a) O texto deve expor e argumentar a sua **opinião** sobre o tema.
   b) Escolha alguma afirmação do texto "Não pensar mais em si" para **reformulá-la e refutá-la**, como parte de sua argumentação.
   c) Se preferir, reformule e refute algum pensamento do senso comum sobre a compaixão, apoiado na definição do dicionário.
   d) Dê um exemplo que confirme suas afirmações.

Livro aberto

Em que creem os que não creem, de Umberto Eco e Carlo Maria Martini. Record, 2009, 12. ed.

De um lado, Carlo Maria Martini, cardeal da igreja de Roma; do outro, Umberto Eco, considerado um dos maiores pensadores laicos (não religiosos) da atualidade. Durante cerca de um ano, os dois debateram por correspondência sobre diversos temas: a existência de Deus, os fundamentos da ética, o aborto e outros assuntos polêmicos. O resultado está nesse livro, uma verdadeira aula sobre como discutir ideias com alto nível de argumentação e de respeito pelo interlocutor.

Capa do livro *Em que creem os que não creem*.

Observatório da língua

A modalização

A **modalização** é a presença de **marcas de subjetividade** que indicam as intenções, os sentimentos ou atitudes do autor de um discurso em relação ao que é dito. Essas marcas oferecem nuances ao discurso e revelam a responsabilidade do autor em relação às suas afirmações.

As modalizações podem expressar o **saber** (certeza ou probabilidade das afirmações), a **conduta** (proibição ou permissividade) e a **subjetividade** (as emoções relacionadas às afirmações).

Em debates, os participantes costumam usar modalizações de *saber* ligadas à formação da opinião, como "eu acho", "na minha opinião", "no meu modo de ver", etc., que permitem suavizar as afirmações e oferecê-las ao debate público. Observe:

> **Eu acho** que elas devem prosseguir, e o principal aspecto que **eu acho importante ressaltar** [...]

Nesse trecho, o professor Krieger usa duas vezes a expressão "eu acho", que marca seu envolvimento pessoal e circunscreve o saber ao âmbito de uma opinião.

No entanto, em seguida, a expressão "importante ressaltar" enfatiza antecipadamente o que será dito e recoloca a autoridade do saber do cientista.

Agora releia a passagem que segue.

> Mas tem uma outra questão que **no meu entender é fundamental**.

Na fala do padre, encontram-se as marcas da opinião pessoal e o reforço do argumento seguinte, com a expressão "é fundamental".

> ... então **eu entendo perfeitamente**, o desejo que tenho é de que se achasse uma cura, **evidentemente**.

Aqui o padre modaliza o seu discurso para suavizar seu ponto de vista contrário ao tema do debate. Iniciando com a expressão "eu entendo perfeitamente", ele concede sentido à posição adversária. Também modaliza a afirmação ao final, com o termo *evidentemente*. Com isso, ele rebate críticas: o fato de não ser contrário às pesquisas em geral reforça sua restrição à pesquisa com células embrionárias.

> **O que nós precisamos é**, à medida que as necessidades vão surgindo, **ter** contratos sociais.

Nessa fala de Krieger aparece a modalização indicando uma conduta aos ouvintes. A fala procura indicar aos ouvintes os caminhos da ação.

- Encontre outras duas modalizações no texto "Células-tronco" (p. 368-369) e explique-as.

❯ Produzir um debate regrado

❯ Proposta

Você vai participar de um **debate regrado** com sua turma. A classe deve escolher uma das questões polêmicas abaixo e dividir-se em dois lados: o lado que defende o "sim" e o lado que defende o "não".

Deve ser escolhido um mediador para o debate, a ser realizado em dois blocos. No primeiro, os grupos apresentam seus argumentos para sustentar a resposta "sim" ou "não" em relação à pergunta tema. No segundo bloco, os grupos fazem perguntas ao adversário e comentam suas respostas.

Você e seus colegas poderão utilizar os conhecimentos adquiridos sobre o gênero debate regrado neste capítulo. Procure aproveitar todos os recursos de que você dispõe para participar de forma convincente e cidadã. Seguem as questões polêmicas propostas.

A. A educação domiciliar (possibilidade de os pais educarem seus filhos em casa) deveria ser regulamentada no Brasil?

B. A inclusão de crianças e adolescentes com necessidades educativas especiais em escolas regulares é benéfica para seu processo de aprendizado?

C. O uso de telefones celulares nas salas de aula e na escola em geral atrapalha o desempenho dos alunos?

D. As cotas étnicas e/ou sociais para ingresso nas universidades públicas terão impactos positivos na educação no Brasil?

❯ Planejamento

1. Observe no quadro abaixo as características do texto que você vai produzir.

Gênero textual	Público	Finalidade	Meio	Linguagem	Evitar	Incluir
debate regrado	estudantes do Ensino Médio	produzir um texto oral e coletivo que argumente a favor ou contra uma opinião sobre um tema polêmico	"ao vivo" (o debate pode ser gravado em áudio ou vídeo)	reformulações e modalizações	desrespeitos às regras, despreparo, argumentos frágeis	informações, dados, exemplos, refutações

2. Discuta com seus colegas de grupo sobre possíveis argumentos para defender sua posição no debate. Anote-os no caderno.

3. Faça uma pesquisa para recolher dados, exemplos e informações que confirmem e fundamentem um ou mais argumentos da sua lista (o grupo pode dividir-se para a pesquisa). Anote, de forma organizada, todas as informações em folhas separadas para que sejam utilizadas no momento do debate.

4. Formule com o seu grupo uma resposta para a questão do debate.
    a) Explique sua posição com a maior clareza possível.
    b) Dê pelo menos dois argumentos consistentes para justificá-la.
    c) Imagine o que dirá o grupo adversário e pense em uma refutação.

5. Formule perguntas ao grupo adversário. Para isso, considere:
    a) Quais são as principais fragilidades da opinião adversária?
    b) Quais são os temas em que o seu grupo é forte e que podem ser aproveitados no momento de comentar a resposta adversária?

6. Imagine quais pontos fracos da opinião defendida por seu grupo poderão ser explorados pelo adversário.
    a) Pesquise dados, informações e exemplos sobre esses pontos.
    b) Formule respostas.

> ## Elaboração

7. Agora você já pode iniciar sua participação no debate.
   a) O mediador introduz o tema do debate e apresenta os participantes.
   b) Depois, declara regras para tempo de fala e interação entre os grupos.
   c) No primeiro bloco, cada grupo expõe argumentativamente sua opinião sobre a questão escolhida pela classe.
   d) No segundo bloco, um grupo pergunta ao outro e comenta sua resposta, e vice-versa.
   e) Se houver tempo, repete-se o procedimento anterior uma ou mais vezes, até todos os participantes considerarem satisfatório.
   f) O mediador encerra o debate.
8. Durante o debate faça anotações a respeito das falas de seu grupo e do grupo adversário. O que pode ser contestado? Anote as ideias e pensamentos que colaborem para a argumentação de seu grupo.

> **ATENÇÃO**
> » Dialogue com a **polidez** necessária ao debate democrático de ideias.
> » **Modalize** suas afirmações, para tornar clara a forma como você se responsabiliza pelo que diz.

> ## Avaliação

9. Com base na reprodução em áudio ou vídeo e/ou nas anotações feitas durante o debate, complete o quadro abaixo no caderno.

	Sim	Não
O debate transcorreu dentro das regras estabelecidas? Você colaborou para isso?		
O debate contribuiu para esclarecer o assunto em questão?		
Os argumentos planejados por você e seu grupo foram bem aproveitados?		
Os dados, as informações e os exemplos reunidos no planejamento foram usados adequadamente?		
A participação do seu grupo foi convincente? Todos os participantes colaboraram?		
O grupo adversário apresentou bons argumentos? Refutou de maneira coerente as falas do seu grupo?		

10. Escreva um comentário geral sobre o debate, considerando: o desempenho do seu grupo e o do grupo adversário; as principais dificuldades enfrentadas pelo seu grupo e as que você enfrentou individualmente.
11. O debate levou a uma conclusão ou solução? Qual?

> ## Reelaboração

12. Se possível, realizem um novo debate sobre o tema, de forma que os pontos problemáticos levantados na avaliação sejam melhorados.

> **Foco da reelaboração**
> Atente às **modalizações** do discurso. Dê nuances às suas afirmações, tornando-as mais aceitáveis e respeitosas com o adversário. Com isso, o argumento também pode se tornar mais preciso e convincente.

> **Repertório**
>
> **Debates na imprensa escrita**
>
> Alguns jornais brasileiros mantêm uma seção de debates em que os debatedores não dialogam diretamente. A seção propõe um tema, em forma de pergunta, e encomenda dois artigos de opinião, um com resposta positiva e outro com resposta negativa. Cabe ao leitor comparar os argumentos de cada um para construir sua posição a respeito do tema proposto.

375

CAPÍTULO 38
Fala em audiência pública

O que você vai estudar

- Como identificar e produzir uma fala em audiência pública.
- A representação dos interesses de um grupo social.
- A topicalização na oralidade.

A **fala em audiência pública** é uma das formas mais diretas de participação dos cidadãos nos debates sobre questões de relevância social junto à administração pública. Neste capítulo, você vai observar o funcionamento desse gênero textual e depois será a sua vez de produzir uma fala em audiência pública.

› Leitura

- O texto a seguir é uma retextualização de parte da fala do manauense Yann Evanovick, à época presidente da União Brasileira dos Estudantes Secundaristas (Ubes), durante uma audiência pública sobre violência nas escolas, realizada pela Comissão de Direitos Humanos e Legislação Participativa (CDH) do Senado Federal em 2011 e transmitida ao vivo pela TV Senado. Leia-o com atenção e responda às questões propostas. Recorde alguns sinais gráficos que indicam ocorrências típicas da oralidade: as reticências (...), que indicam pausa ou hesitação; a barra oblíqua (/), que indica truncamento (palavra ou frase interrompida pelo meio, reformulação); e a sequência de dois-pontos (::), que indica alongamento de vogal ou consoante.

Yann Evanovick fala na audiência pública sobre violência nas escolas, realizada no Senado Federal em 2011.

Cumprimento a iniciativa do/do Congresso Nacional, do Senado Federal e da Comissão de Direitos Humanos... de:: fazer um debate mesmo... que::... a iniciativa do senador Paulo Paim de chamar essa audiência tenha oc/corrido antes... do::... do atentado de Realengo, mas uma audiência que con/acontece no momento certo, já que se pauta hoje... com muita força pela sociedade, mas em especial... pelos meios de comunicação a violência... na escola. [...] Mas eu acho... que::... é::... esse caso de Realengo... ele faz com que a sociedade... possa... entender... a situação que hoje se encontra... a escola pública... brasileira mas a escola como um todo porque... a violência, e eu acho que... apesar de ter diferenças e falou aqui o representante da Unesco, entre violência e o *bullying*, mas eu acho que... a população brasileira, a forma... mais fácil del/dela entender, é que quando você ofende... é quando/seja fisicamente ou verbalmente, isso também é... uma violência. Isso acontece diariamente na escola. O que aconteceu em Realengo... foi... algo extraordinário [...]. Mas o que nós temos que fazer... o debate que nós precisamos fazer... é da violência que acontece diariamente na escola. Dessa violência ordinária que tá todo dia na escola... que acontece... do estudante para o professor e do professor para o estudante. E isso acontece... porque muitas das vezes, seja de ordem familiar... e aí eu quero ressaltar aqui o papel decisivo da família também na formação do jovem, do caráter... do jovem enquanto cidadão mas também da escola... mas acontece muitas das vezes porque a materialização... dos problemas que a escola tem... sejam é::... da ordem pedagógica mas sejam de ordem estr/estrutural, às vezes se dá numa figura do professor... a materialização de todo aquele problema para o estudante às vezes se/está ali naquele professor e vice-versa, às vezes a ma/a materialização dos problemas da escola para o professor está no estudante. Vamo pensar que uma escola... desestruturada, sem quadra poliesportiva, com professor mal remunerado, uma sala de aula com quarenta estudantes, de fato, o que que tá se p/se passando ali naquela sala de aula? O que que o estudante tá aprend/tá aprendendo ali? De fato, quais são as condições de trabalho que o profissional da educação tem... para poder passar uma boa aula... pra aquele estudante? Então... eu acho... que nós precisamos partir daí. Nós não concordamos com essa lógica de transformar a escola em presídio. Não concordamos. [aplausos] Acho que a nossa escola não pode virar um presídio, não vai ser isso que vai respon/resolver... e responder... aos problemas sociais. A escola pública brasileira... tem que passar por um processo de afirmação de valores também, de valores importantes, valores coletivos, valores não de tolerância, mas de respeito aos/à se/aos à::... à menina... ou o menino que é negro, ao menino ou à menina [...] homossexual [aplausos], à menina ou ao menino que optou... por usar uma roupa diferente, de cor, nós temos que... afirmar alguns valores, valores coletivos... na escola, valores mais humanos... na escola, é assim que nós vamos combater de forma prática a violência, mas também... fazendo com que o Estado brasileiro, de forma prática, Secretária, encare, e Senador, a educação como prioridade. E não venham me dizer... que a educação no nosso país, élé/ela é... a principal prioridade porque não é. Basta nós vermos quanto se investe do Pro/do Produto Interno Bruto, do PIB em educação, se investe menos de cinco por cento do PIB em educação. O Brasil paga milhares e milhares de re/de reais na dívida pública, mas investe menos de cinco por cento do seu PIB... em educação, portanto não é prioridade. É óbvio, no último período, o::... movimento educacional brasileiro, o movimento estudantil, o movimento sindical, aqueles que têm compromisso com a pauta da educação, com a pauta de país, porque a pauta da educação, ela é uma pauta do Brasil... é::... conquistaram muito, [...] mais de setecentos mil jovens através do Prouni, se dobrou as vagas da universidade pública, se construiu... é::... mais escolas técnicas e/em oito anos do que em cem anos desde a fundação... do ensino técnico brasileiro... nós tivemos muitos avanços... mas, hoje, da nossa população, somente catorze por cento tem acesso à universidade... e oitenta por cento das vagas que são ofertadas hoje para nós estudantes... são... de universidades privadas. Mais de cinquenta por cento... dos estudantes do Ensino Médio, isso não são dados meus, são dados do próprio Ministério... da Educação se evadem, ou seja, a média dos estudantes de dezessete a dezoito anos anualmente, Senador, cinquenta por cento dos estudantes que aden/mais de cinquenta por cento dos estudantes que adentram o Ensino Médio... não concluem o Ensino Médio. Aí esses estudantes vão para onde? Vão pra rua. Então, o Estado brasileiro... tem que acordar. Acordar porque... nós não aceitamos mais esse "papo mole", e desculpe... a expressão, de que nós somos o futuro. Nós somos o futuro, mas queremos investimento no presente. [aplausos] Nós queremos ser prioridade do governo... e do país no presente, porque nós não vamo poder ter... um futuro, podendo desempenhar um papel mais decisivo na sociedade, seja no mercado de trabalho, seja na política, seja em qu/qualquer âmbito da nação, se nós recebermos... investimentos no presente, pra que nós não venhamos repetir... o gesto da professora, que foi um/um bonito gesto... de pedir desculpa a nós, para que nós não venhamos pedi/pedir desculpa no futuro... aos nossos filhos, o Estado brasileiro precisa... investir agora, nós tamo cansado de esperar. [...]

Fala de Yann Evanovick na audiência pública sobre violência nas escolas da Comissão de Direitos Humanos e Legislação Participativa (CDH) do Senado Federal, transmitida pela TV Senado em 18 abr. 2011. Transcrição feita para esta edição.

Vocabulário de apoio

bullying: agressão física ou verbal intencional e repetitiva, com atitudes discriminatórias e uso de força para intimidar ou perseguir alguém

evadir: abandonar, sumir

pauta: tema colocado em debate, agenda ou roteiro dos assuntos mais importantes

Produto Interno Bruto: soma de todos os valores gerados por bens e serviços no país

Prouni: programa federal de concessão de bolsas de estudo em instituições privadas de Ensino Superior para pessoas de baixa renda

Situação de produção

Debate sobre temas de interesse coletivo

A audiência pública é um dispositivo social, previsto em lei, que possibilita o amplo debate de temas relacionados a interesses coletivos por um grupo composto de autoridades públicas, representantes de entidades civis, especialistas e pela população em geral.

Sua realização é obrigatória, quando solicitada pelo Ministério Público, por uma entidade civil ou por um grupo de mais de 50 cidadãos. O pedido é encaminhado a uma das comissões técnicas da Câmara ou do Senado. A audiência é divulgada por meio de edital de convocação.

No dia da audiência, presidida por um membro da comissão técnica responsável, compõe-se uma mesa de debatedores previamente convidados que representam diferentes partes interessadas no tema. As falas de cada debatedor ocorrem durante um tempo determinado e, posteriormente, abre-se espaço para que o público se manifeste, mediante inscrições prévias e também com tempo determinado.

O debate feito na audiência é registrado em ata ou relatório, posteriormente encaminhado ao órgão responsável pelas decisões ou iniciativas relacionadas ao tema debatido.

Yann Evanovick entre os debatedores da mesa da audiência pública sobre violência nas escolas, presidida pelo então senador Paulo Paim. Fotografia de 2011.

> Ler uma fala em audiência pública

1. Observe o modo como Yann Evanovick inicia sua fala na audiência pública promovida pela Comissão de Direitos Humanos do Senado Federal.
   a) A quem ele se dirige?
   b) Em nome de quem ele fala (que grupo social representa)?

2. Yann Evanovick usa como mote para introduzir sua fala um acontecimento recente à época da audiência pública.
   a) Que acontecimento é esse? O que você sabe sobre ele?
   b) Qual é a relação entre esse acontecimento e o tema da audiência pública na qual se insere a fala de Yann?

ANOTE

> A fala em audiência pública costuma dedicar atenção às **saudações** aos debatedores da mesa, aos organizadores da audiência e ao público. É comum que essa fala utilize um **mote**, uma ideia central que será retomada e reiterada. Esse mote pode ser um fato recente relacionado ao tema da audiência pública.

3. Segundo Yann Evanovick, a violência que deve ser discutida na audiência pública não é aquela que gerou a tragédia da escola de Realengo.
   a) Que tipo de violência escolar ele defende que seja debatida?
   b) Que antonímia o orador utiliza para qualificar e diferenciar os dois tipos de violência? Que sentido ele atribui a essa antonímia?

4. Yann Evanovick assume um posicionamento claro quanto às medidas a serem tomadas pelos órgãos governamentais para enfrentar a questão da violência nas escolas.
   a) Para ele, o que deve ser feito?
   b) Para ele, o que não deve ser feito?

5. Releia este trecho.

   > Nós não concordamos com essa lógica de transformar a escola em presídio. Não concordamos. [aplausos] [...]

   a) Considerando o contexto de produção em que Yann Evanovick profere sua fala, levante uma hipótese para explicar o que teria motivado essa afirmação do orador.
   b) Por que, provavelmente, Yann é aplaudido nesse momento de sua fala?

ANOTE

> A fala em audiência pública deve ser **representativa**, ou seja, deve refletir os anseios do grupo social representado pelo orador. O orador posiciona-se de forma a fazer avançar a compreensão sobre o tema, contribuindo com encaminhamentos possíveis para os problemas abordados.

6. Yann Evanovick afirma que a educação não é uma prioridade governamental no Brasil.
   a) Que dados ele apresenta para sustentar sua afirmação?
   b) Que dados ele utiliza para modalizar essa mesma afirmação, ou seja, para relativizá-la?

7. Releia este trecho, em que Yann Evanovick faz referência à fala de outra debatedora da mesa.

   > [...] ... pra que nós não venhamos repetir... o gesto da professora, que foi um/um bonito gesto... de pedir desculpa a nós, para que nós não venhamos pedi/pedir desculpa no futuro... aos nossos filhos, o Estado brasileiro precisa... investir agora, nós tamo cansado de esperar. [...]

Sétima arte

Tiros em Columbine (EUA, 2002)
Direção de Michael Moore

Partindo de uma ocorrência semelhante à da escola de Realengo – um atentado realizado por dois estudantes do colégio Columbine, na pequena cidade de Littleton, no estado do Colorado – o cineasta estadunidense Michael Moore põe em debate a verdadeira paixão dos habitantes dos EUA pelas armas de fogo. Premiado com o Oscar em 2003, o documentário evidencia, entre outras coisas, a força que a indústria de armas possui na política estadunidense e a facilidade com que qualquer cidadão do país pode adquirir uma arma de fogo.

Michael Moore, cineasta crítico da sociedade dos EUA, no Festival de Cinema de Tribeca, em Nova York. Fotografia de 2012.

a) Com base no trecho, deduza o provável conteúdo da fala da debatedora.
b) Ao mesmo tempo em que Yann Evanovick elogia a fala da debatedora, faz uma crítica a essa fala. Explique em que medida essa atitude revela uma estratégia argumentativa.

> **Hipertexto**
> Para refletir sobre os valores diversos da **escrita** e da **fala** em nossa sociedade, consulte a seção *Articulando* na parte de Linguagem (p. 244-245) que aborda "O valor social da escrita".

ANOTE

Na fala em audiência pública, há a defesa de um **ponto de vista** a cada aspecto desenvolvido. A argumentação dirige-se ao convencimento das demais partes interessadas no tema debatido. Para isso, o orador expõe o problema segundo a visão do grupo representado por ele e encaminha soluções que estejam de acordo com esse ponto de vista.

8. A fala em audiência pública é um gênero textual oral da esfera pública formal.
   a) Que características próprias da oralidade você consegue perceber no texto? Copie no caderno dois exemplos que comprovem sua resposta.
   b) Transcreva dois exemplos que comprovem que a fala de Yann Evanovick é predominantemente formal.
   c) A declaração das teses e o desenvolvimento dos argumentos não ocorrem de modo linear na fala de Yann: há intercalações, desvios, interrupções. Comprove com um exemplo.

ANOTE

Em uma audiência pública, o orador tem um **tempo predeterminado** para falar e precisa garantir a abordagem dos principais interesses do grupo representado por ele. Por isso, é comum que ele baseie sua fala em um **esquema ou texto escrito** previamente. Ao proferi-lo, ele não deve simplesmente ler o texto, mas atualizá-lo para o público com comentários, exemplos, interpelações aos participantes da mesa, ênfases, repetições com valor argumentativo, etc.

9. Há um momento da fala de Yann Evanovick em que ele utiliza uma expressão típica de um registro mais informal e pede desculpas por isso.
   a) Que momento é esse? Transcreva-o no caderno.
   b) Que efeito de sentido o orador produz ao utilizar essa expressão?

10. Além do trecho citado na atividade 5, há outros dois em que Yann Evanovick é aplaudido.
    a) Que momentos são esses?
    b) O que os aplausos revelam quanto à interação de Yann Evanovick com a plateia? Explique.
    c) Você considera que o orador conseguiu expor de forma satisfatória o ponto de vista dos estudantes sobre a violência nas escolas? Justifique.

ANOTE

A fala em audiência pública configura um momento de **interação** entre o orador, os demais debatedores e a plateia. Trata-se de uma situação privilegiada para a mobilização de forças sociais em prol de uma causa coletiva.

Observatório da língua

A topicalização na oralidade

A preocupação do orador de se fazer compreender e ter uma interação bem-sucedida o leva a escolhas que obedecem a critérios diferentes dos considerados na escrita. É bastante comum, por exemplo, o procedimento de **topicalização** no português falado no Brasil: primeiro o falante anuncia o tema sobre o qual vai falar e, em seguida, faz o comentário ou a declaração sobre esse tema. Observe.

> [...] **esse caso de Realengo... ele** faz com que a sociedade... possa... entender... a situação que hoje se encontra... a escola pública... brasileira [...].

A topicalização pode ajudar a explicar as pausas, muito comuns na oralidade do português brasileiro, entre sujeito e predicado, o que ocasiona muitas vezes problemas na escrita (como o uso de vírgula entre esses elementos).

1. Copie o trecho a seguir no caderno e explique o procedimento de topicalização realizado nele.

> E não venham me dizer... que a educação no nosso país, éle/ela é... a principal prioridade porque não é.

2. Encontre outro exemplo de topicalização na fala de Yann Evanovick e transcreva-o no caderno.

Produzir uma fala em audiência pública

> Proposta

Você vai realizar uma **fala em audiência pública** a ser organizada pela sua turma. Façam uma votação para escolher um tema relevante que envolva interesses coletivos de alunos, professores e funcionários da escola. No dia da audiência, o aluno cuja fala (de até cinco minutos) tenha sido considerada a mais adequada para representar a turma será o seu orador. Seguem algumas sugestões de tema.

Conservação do espaço da escola – como manter em bom estado os espaços e equipamentos da escola (salas de aula, banheiros, janelas, mesas, lousas, sala de informática, biblioteca, armários, etc.).

Relacionamento entre alunos, professores e funcionários – como garantir que essas relações sejam harmoniosas, pautadas pelo respeito e pela valorização mútua.

Valorização da cultura local – como promover ações de valorização da cultura da comunidade local e ampliar as oportunidades de interação entre a escola e o seu entorno.

Reforma organizada por voluntários do Projeto Mãos que Ajudam na Escola Estadual Flavia Vizibelli Pirro, no Jabaquara, em São Paulo (SP). Fotografia de 2010.

> Planejamento

1. Observe no quadro abaixo as características do texto que você vai produzir.

Gênero textual	Público	Finalidade	Meio	Linguagem	Evitar	Incluir
fala em audiência pública	comunidade escolar	produzir texto oral que sintetize anseios dos estudantes a respeito de tema de interesse coletivo	audiência pública (a fala pode ser gravada em áudio ou vídeo)	formal; polidez, objetividade e ênfase	apenas ler um texto ou esquema escrito	saudações, mote, argumentos

2. Após a escolha do tema da audiência pública, a turma deve se organizar para realizá-la.
    a) Deve-se definir a data (com pelo menos um mês de antecedência) e reservar um espaço.
    b) A turma deve convidar formalmente um representante de cada grupo interessado no tema para compor a mesa de debatedores.
    c) A direção da escola também deve ser formalmente convidada a comparecer.
    d) Uma pessoa deve ser escolhida para presidir a audiência. Ela iniciará os trabalhos e realizará o seu encerramento, apresentará o tema e os debatedores da mesa e passará a palavra aos debatedores e ao público.
    e) A comunidade escolar deve ser informada sobre a audiência e convidada a participar.
    f) No dia da audiência, também deve ser previsto um tempo para a manifestação do público, mediante inscrição prévia com representantes da turma.
    g) A audiência deve ser gravada em áudio ou vídeo para a elaboração de um relatório final.

3. Definido o tema e feitos os preparativos da audiência, inicie o planejamento da sua fala.
    a) Escreva, em poucas palavras, que posição você pretende defender em relação ao tema. Lembre-se: você é representante de um grupo e deve estar sintonizado com os anseios dele. Se julgar necessário, converse com colegas de outras turmas para colher opiniões.
    b) Que argumentos você apresentará para sustentar seu ponto de vista?
    c) Que argumentos podem vir a ser utilizados por quem possui um ponto de vista divergente do seu? Como você poderia refutar esses argumentos?

4. Planeje a **introdução** de sua fala.
    a) Pense em como saudar os organizadores do evento, os debatedores e a plateia.
    b) Escreva, em poucas palavras, como você vai se apresentar (qual é o seu nome, a sua turma, há quanto tempo estuda na escola, etc.).
    c) Elabore um breve comentário sobre a importância do tema a ser debatido.
    d) Pense em como você vai declarar sua posição diante do tema (você usará um mote?).

5. Faça um esquema da sua **argumentação**.
   a) Qual é a principal questão relativa ao tema que precisa ser resolvida?
   b) Que encaminhamento você vai propor para resolver a questão?
   c) Liste dois ou três argumentos para defender sua posição.
   d) Escolha o mais forte deles para desenvolver detalhadamente, com análise do problema e exemplos de situações reais.
   e) Faça o mesmo com os outros argumentos.

6. **Escreva um texto** a partir das anotações realizadas.
   a) Leia o texto em voz alta, com calma, e avalie se ele está adequado a uma fala de até cinco minutos.
   b) Se estiver longo, corte os argumentos supérfluos ou reduza exemplos. Se estiver curto, volte ao esquema e crie mais um ou dois argumentos.
   c) Digite o texto em fonte tamanho 14 e espaço duplo.

7. Se desejar, transforme seu texto escrito em um **esquema** que contemple todo o conteúdo que você vai atualizar durante a fala, na mesma sequência em que pretende dizê-la.

8. **Ensaie** sua fala. Se possível, grave-a ou apresente-a a alguém.

> **Elaboração**

9. Agora você está pronto para apresentar a primeira versão da sua fala para a turma. Mantenha a calma e fale com naturalidade, consultando o texto e/ou o esquema elaborado, sem simplesmente lê-lo.

> **Avaliação**

10. O quadro a seguir indica os critérios para a avaliação das falas. A cada apresentação, atribua no caderno uma nota de 1 a 3 para cada item:
    1 – Item precisa ser melhorado.
    2 – Item realizado de forma satisfatória.
    3 – Item realizado de forma excelente.

> **ATENÇÃO**
> » Seja **firme** sem ser agressivo; seja **enfático** sem ser exagerado.
> » Use as **anotações** feitas – tanto o esquema quanto o texto corrido podem ajudar.

Sétima arte

Entre os muros da escola (França, 2007)
Direção de Laurent Cantet
Este documentário mostra o relacionamento tumultuado entre um professor e sua turma em uma escola francesa. Ao assistir ao filme, pode-se comparar a situação retratada nele à situação atual das escolas no Brasil. A educação é considerada um setor vital para que o país consiga diminuir suas desigualdades sociais.

Entre os muros da escola: conflitos entre professor e alunos em uma escola francesa.

Ficha de avaliação da fala em audiência pública	Nota
O orador dirigiu saudações aos presentes, apresentou-se e comentou a importância do tema da audiência?	
O orador expôs claramente seu ponto de vista sobre o tema e foi fiel aos principais anseios do grupo que ele representa?	
O ponto de vista foi sustentado com bons argumentos?	
O orador fez um contraponto respeitoso a possíveis argumentos de pessoas que tenham um ponto de vista divergente?	
O orador fez bom uso do texto ou esquema escrito, atualizando-o com comentários, exemplos e interpelações ao público e à mesa?	
O orador utilizou linguagem formal e polida, tom de voz adequado e defendeu suas opiniões com energia?	

11. Após as apresentações, verifique qual dos colegas teve a maior nota segundo a sua avaliação.

12. O professor vai anotar na lousa os nomes dos alunos com as maiores notas. Caso haja empate, a turma fará uma votação para escolher o orador.

> **Reelaboração**

13. No dia da audiência pública, o orador escolhido pela turma apresentará sua fala. Todos devem estar empenhados para que o evento se realize da melhor forma possível.

Foco da reelaboração

No dia da audiência pública, o orador falará para um grande número de pessoas e isso pode gerar nervosismo. Para se sentir seguro, é importante que ele esteja bem preparado e tenha ensaiado sua fala várias vezes. Os colegas devem ajudá-lo a fazer **bom uso do seu texto ou esquema escrito**, estimulando-o a atualizá-lo com vivacidade durante sua fala.

Vestibular

O vestibular da PUC-Campinas-SP costuma apresentar um **editorial** para leitura e interpretação do candidato. Os temas ligados à arte e cultura refletem discussões iniciadas no capítulo sobre a **resenha crítica**. Formar opinião com base em textos e fontes diversas é participar de um debate de ideias tal como o estudado no capítulo sobre o **debate regrado**. Para atender às propostas de redação a seguir, use os conhecimentos que adquiriu nesta unidade.

(PUC-Campinas-SP)
PROPOSTA I

Leia o editorial abaixo procurando apreender o tema nele desenvolvido. Em seguida, elabore uma dissertação, na qual você exporá, de modo claro e coerente, suas ideias acerca desse tema.

> Descendentes de um grande escritor brasileiro já desaparecido tentaram evitar que uma publicação veiculasse fotografia do pai com um determinado tipo de gravata. Consideravam que o autor só poderia aparecer com o modelo borboleta, seu predileto. O episódio é apenas um exemplo dos excessos cometidos por famílias na suposta tentativa de proteger a imagem de seus famosos parentes mortos. Há muitos casos análogos, que envolvem, além da imagem e do nome, o direito de relatar fatos biográficos, criticar e reproduzir obras em meios como livros, revistas e catálogos. Ambições pecuniárias, leis problemáticas e decisões judiciais infelizes conspiram para conferir aos herdeiros um poder desmedido sobre bens que possuem evidente dimensão pública.
>
> O episódio mais recente envolveu a Bienal de São Paulo e a associação O Mundo de Lygia Clark, dirigida pelo filho da pintora. Diante de imposições, os responsáveis preferiram retirar a artista da mostra. "Queriam até controlar quem poderia escrever sobre ela", afirmou o curador Agnaldo Farias.
>
> A associação argumenta que tem custos e precisa cobri-los. Ainda que fosse assim (e que se precise avançar em políticas públicas de aquisição de acervos na área das artes visuais), o argumento não bastaria para impedir a presença de obras da artista na Bienal, a reedição de um livro e o uso de seu nome numa exposição com depoimentos em vídeo acerca de seu trabalho.
>
> Em breve o Ministério da Cultura levará a consulta pública a revisão da Lei de Direito Autoral. É provável que aspectos relativos às novas tecnologias dominem o debate – mas isso não deveria impedir que se criassem regras para reequilibrar as relações entre direitos de herdeiros e o caráter público do patrimônio cultural.
>
> *Folha de S.Paulo*, segunda-feira, 7 jun. 2010. Opinião, p. A2.

PROPOSTA II

Leia com atenção o texto que segue.

> A escola é uma instituição voltada para a formação do indivíduo, entendida esta como o reconhecimento e a prática de valores **positivos**.
>
> Ocorre, no entanto, que a escola também se volta para a literatura, e o aluno entra em contato com grandes escritores, que nem sempre tratam de valores positivos; os melhores prosadores e poetas podem abordar aspectos negativos do homem e da sociedade: a força da ambição, o autoritarismo, a injustiça, a violência, as carências de toda espécie, o ódio, o ciúme, o despeito...

Com base no que diz o texto acima, redija uma **dissertação** na qual você discutirá a seguinte frase:
A literatura não apregoa bons costumes, mas estimula nosso senso crítico.

PROPOSTA III

Leia o editorial abaixo procurando apreender o tema nele desenvolvido. Em seguida, elabore uma dissertação na qual você exporá, de modo claro e coerente, suas ideias acerca desse tema.

> A boliviana Idalena Furtado vive há cinco anos no Brasil e, como tantos outros imigrantes sul-americanos, veio trabalhar numa confecção de roupas no bairro paulistano do Bom Retiro.
>
> Seu relato, publicado nesta ***Folha***, descreve condições análogas às de uma situação de trabalho escravo. Trabalhava 15 horas por dia. Comia sobre a máquina de costura e dormia em um cômodo, "todo mundo amontoado".
>
> Aliciados em seus países de origem, bolivianos, peruanos e paraguaios se juntam a trabalhadores brasileiros para viver em oficinas clandestinas, sem direito a férias e a um dia de descanso semanal, enredados numa espiral de dívidas e degradação. O ambiente de clausura em que trabalham não poderia oferecer maior contraste com o das lojas de grife para as quais fornecem seus produtos.

382

Vistorias do Ministério do Trabalho responsabilizaram algumas marcas conceituadas por compactuar com o abuso. Nas oficinas que confeccionam roupas para suas lojas, verificou-se um regime de hiperexploração do trabalho: funcionários das empresas clandestinas tinham, por exemplo, de pedir autorização para deixar o local onde costuravam e viviam.

Relatos das condições nas chamadas "*sweatshops*" (oficinas-suadouro), em especial nos países em desenvolvimento, renderam publicidade negativa a marcas de artigos esportivos, brinquedos e roupas que, para uma sociedade ofuscada pelo brilho do consumo, parecem assim ainda associadas a prazer, desejo e sedução.

O consumidor raras vezes tem acesso à realidade que pode ocultar-se sob a aparência reluzente. A inclinação para o "consumo consciente" – trate-se de móveis de madeira certificada, empresas com responsabilidade social ou selos atestando compromisso contra o trabalho infantil – é algo relativamente recente no Brasil.

Depende, para fortalecer-se, do empuxo de fiscalização do Estado, que revela o avesso de algumas grifes. Ciente de fatos assim, o consumidor também se torna responsável, como pagante, pela degradação de seres humanos.

Folha de S.Paulo, sábado, 20 ago. 2011. Opinião, p. A2. Adaptado.

PROPOSTA IV

Leia o editorial abaixo procurando apreender o tema nele desenvolvido. Em seguida, elabore uma dissertação, na qual você exporá, de modo claro e coerente, suas ideias acerca desse tema.

O problema da obesidade infantil é grave e não tem solução fácil.

O Brasil segue a mesma rota epidêmica dos EUA. Lá, demógrafos chegam a prever que, devido às doenças associadas ao excesso de peso, as gerações futuras viverão menos anos do que as de seus pais.

Salvo se uma droga milagrosa for descoberta, a melhor forma de enfrentar o problema é uma combinação de menor ingestão de calorias com maior dispêndio energético (atividade física). Como ambas contrariam nossos apetites naturais, um incentivo do poder público pode ser útil.

Não se trata de promover o paternalismo do Estado. O mundo moderno oferece ferramentas tributárias e mercadológicas para que autoridades possam atuar de forma eficaz e não autoritária.

Os mais óbvios instrumentos são os impostos. Em vez de concentrar a atenção sobre medidas de alcance na melhor das hipóteses limitado, como restrições à publicidade para o público infantil (decisões de compra costumam caber aos pais), seria melhor elaborar uma mescla de incentivos e gravames* que favoreça a alimentação equilibrada e deixar a propaganda na esfera da autorregulamentação.

Vilões nutricionais, como refrigerantes e salgadinhos industrializados, em vez de banidos, como sugerem os mais afoitos, deveriam ter a carga de impostos majorada. Alimentos saudáveis, como frutas e legumes, poderiam ser agraciados com subvenções.

É possível até mesmo, por essa via, tornar um pouco mais benignos produtos hoje insalubres. Bastaria fixar as alíquotas de acordo com a quantidade de nutrientes deletérios, como sódio e gorduras saturadas, presente no alimento.

A abordagem fiscal não obrigaria ninguém a fazer o que não queira. Ao confiar na autonomia do cidadão e na autorregulamentação da indústria, tem mais chance de dar certo. E ainda dá aos fabricantes a oportunidade de veicular peças publicitárias que enfatizem a preocupação com a qualidade nutricional de seus produtos, o que contribuiria para fomentar a cultura da alimentação saudável.

Obs.: *gravames: impostos pesados.

Folha de S.Paulo, sexta-feira, 10 ago. 2012. Opinião, p. A2.

PROPOSTA V

Leia com atenção os textos seguintes.

I. Talvez uma característica essencial de nosso tempo seja o valor absoluto que se dá ao fenômeno da conectividade. Explico-me: parece que hoje a vida de cada um depende de estarmos conectados a algo ou a alguém, via celular, internet, *videogame*, *i-pod*, tv interativa, ou o que seja. É como se nossa identidade mesma se firmasse a partir de alguma conexão, por meio de algum suporte eletrônico, com o meio externo. Que fim levou a tal da vida interior? Ainda faz sentido falar nela?

II. Quando vejo a vizinha, já velhinha e solitária, acionar seu *laptop* e vagarosamente digitar como quem reaprende a ler e a escrever, penso que estamos vivendo uma época em que a solidão humana vai sendo progressivamente afastada. Num toque de dedo acessamos o outro, os outros, o mundo, participando assim de uma comunidade verdadeiramente globalizada. A moderna socialização deixou para trás, parece que definitivamente, o triste confinamento dos indivíduos.

Esses textos defendem posições opostas. Escreva uma **dissertação** em prosa, na qual você argumentará a favor da posição com a qual mais se identifica.

PROJETO 1

Casa da Pessoa – museu da comunidade

O que você vai fazer

Neste projeto, inspirado no Museu da Pessoa, criado em São Paulo em 2001 (visite: ‹www.museudapessoa.net›), você e seus colegas vão criar a **Casa da Pessoa**, um museu de histórias pessoais. As equipes farão entrevistas para levantar histórias na comunidade escolar e na vizinhança e, com base nelas, montarão fichas biográficas que funcionarão como um **perfil** dos participantes. Junto com o áudio e/ou a transcrição das narrativas, essas fichas serão organizadas e arquivadas na internet ou em caixas--arquivo, compondo um retrato da vida cotidiana na comunidade, como faz a **crônica**.

Objetivo do projeto

- Formar uma rede de histórias pessoais que constitua uma memória social da comunidade, valorizando a pluralidade e as riquezas culturais desse grupo.

Elaboração

A elaboração desse projeto contará com cinco etapas, descritas a seguir.

1. Organização das equipes

- O primeiro passo do projeto será definir sete equipes de trabalho.
- Cinco equipes ficarão responsáveis pela busca de pessoas e histórias entre os seguintes grupos:
  a) Professores e funcionários da escola (pode incluir amigos e familiares deles).
  b) Colegas de turma e amigos de colegas.
  c) Vizinhos da escola.
  d) Familiares dos estudantes.
  e) Personalidades reconhecidas pela comunidade.

Uma iniciativa como a criação da Casa da Pessoa pode ser uma maneira de pôr em evidência a riqueza cultural e a diversidade das pessoas que constituem esse grupo social.

- Uma equipe será responsável pelo arquivamento: deverá organizar os documentos produzidos pelas demais equipes nas caixas-arquivo ou criar um *blog* na internet.
- Essa mesma equipe criará um modelo de **ficha biográfica** para cada participante do museu, com espaço para a inserção de uma imagem da pessoa (foto ou ilustração) e dados pessoais, como nome, data e local de nascimento, apelido, características, hábitos, etc. Seria interessante que o participante inserisse também uma história que considerasse particularmente significativa na sua vida.
- Caso a classe organize o museu na internet, é importante que o grupo preveja e oriente as outras equipes quanto ao formato do material a ser inserido: que tipos de arquivo, documentos e imagens e que limites de espaço ou memória serão possíveis para cada ficha.
- A sétima equipe será responsável pela inauguração do museu. Deverá preparar e organizar o evento de inauguração da Casa da Pessoa e sua divulgação.

2. Entrevistas

- As equipes devem realizar as entrevistas com o objetivo de preencher as fichas biográficas no formato criado pela equipe de arquivamento.
- Fotos, desenhos, textos, documentos ou o próprio áudio da entrevista podem enriquecer muito o trabalho, se as pessoas entrevistadas puderem cedê-los. Lembre-se: para fotografar os entrevistados é preciso uma autorização por escrito.
- Cada equipe deve se organizar para digitar todos os textos a serem inseridos no *blog* ou preparar as fichas-arquivo conforme a recomendação do grupo responsável pelo arquivamento. Providencie versões digitais de baixa resolução (imagens com extensão ".gif") para as imagens a serem inseridas na internet ou realize cópias de fotos e ilustrações para serem incorporadas às fichas em papel.

3. Implantação da Casa da Pessoa

- Depois de preparado o material, as cinco equipes devem se reunir alternadamente com o grupo responsável pelo arquivamento na sala de informática ou em outro local adequado para incluir as fichas (virtuais ou de papel) no museu. Acrescente sua ficha pessoal.
- O grupo de arquivamento deve receber o material das outras equipes e reuni-lo ao conjunto já pertencente ao museu, organizando as fichas biográficas.
- É importante que as fichas sejam numeradas e catalogadas, e passem a fazer parte de índices temáticos ou alfabéticos. Os índices podem ajudar os usuários do museu (virtual ou em papel) a acessar o seu conteúdo de forma dinâmica e integrada. Na internet pode-se compor uma página de abertura (*home*) do conteúdo digital.

4. Inauguração da Casa da Pessoa

- Assim que a Casa da Pessoa estiver pronta e acessível a usuários da internet ou a frequentadores do local do arquivo – sala de leitura, de informática, biblioteca ou local cedido por algum membro da comunidade –, já será possível confirmar a data de inauguração. Combine o local da inauguração com o professor e com a direção da escola. Veja se é necessário reservá-lo com antecedência.
- A equipe responsável pela inauguração poderá produzir o material de divulgação tanto do próprio museu como do evento. Grandes painéis reproduzindo fichas ou histórias selecionadas podem ser expostos para compor o cenário do evento.
- Discuta com a classe formas de recepcionar os convidados e explicar o funcionamento do museu.

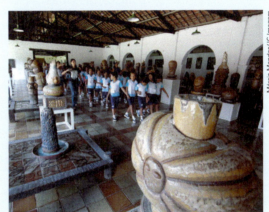

Estudantes em visita monitorada no Instituto Brennand, no Recife (PE). Em muitos museus, há monitores que explicam aos visitantes as obras expostas e dão orientações gerais que possibilitam ao público o melhor aproveitamento de cada museu. Fotografia de 2007.

5. Avaliação do projeto

- Depois de realizado todo o trabalho, reúna-se com sua equipe, elenque as principais dificuldades encontradas, os acertos e os resultados do projeto.
- Verifique se você e sua equipe obtiveram sucesso em relação às expectativas iniciais e nas tarefas que tiveram de realizar. A Casa da Pessoa cumpriu seus objetivos? Produza com sua equipe um texto de avaliação do projeto e adicione ao conteúdo do museu.

Revista literária da comunidade

O que você vai fazer

Neste projeto, você e seus colegas vão organizar a publicação de uma revista literária para divulgar a produção da comunidade. A revista deverá ter entre 16 e 32 páginas. Além de textos literários ilustrados, deverá também apresentar o perfil dos autores.

Objetivos do projeto

- Incentivar a produção e a divulgação das obras de escritores da sua localidade.
- Trocar experiências literárias, valorizando a cultura local e a participação social criativa.

Elaboração

A elaboração desse projeto contará com oito etapas, descritas a seguir.

1. Pesquisa na comunidade

- A classe deve se organizar em grupos de até cinco alunos. Cada grupo deve encontrar um ou dois autores na comunidade para compor a revista. Pode-se começar a busca na escola: há escritores entre os seus colegas? Quem gosta de escrever textos literários?
- O grupo deve buscar pessoas (na escola, na família, na vizinhança onde mora) que já tenham algum texto pronto, que queiram escrever ou demonstrem vontade de participar do projeto. Elas também podem indicar outros que queiram participar da revista como autores e até ilustradores.
- Procure obter telefone ou *e-mail* dos autores. Entre em contato e marque um encontro de sua equipe com eles.

O Coletivo Dulcineia Catadora produz livretos com capas de papelão. Comprados de catadores de papel, os papelões são cortados e pintados com guache para que se tornem capas. Os textos publicados nos livretos são de autoria dos próprios catadores de papel, de autores em domínio público e escritores que cedem seus direitos, como Glauco Mattoso e Manoel de Barros. Em 2013, os livretos eram vendidos a seis reais. Visite o *site*: <http://www.dulcineiacatadora.com.br> (acesso em 26 abr. 2013).

2. Encontro com os autores

- No encontro do grupo com os autores, busque conhecer a produção deles e apresente o projeto da revista. Se eles demonstrarem interesse, poderão mostrar seus textos.
- O grupo deve levar os textos, dividir a leitura e marcar um encontro para definir quais serão selecionados.

3. Perfil dos autores

- O grupo deve marcar um novo encontro com os autores selecionados e coletar dados para compor seu perfil (dados pessoais, história de vida, relação com a escrita, autores preferidos, etc). Peça fotos e solicite autorização para divulgá-las na revista.
- A partir do que foi coletado, o grupo de trabalho elabora um perfil dos autores, apresentando-os ao público da revista. A relação deles com a linguagem e a literatura, bem como suas qualidades como escritores, são dados importantes. Acrescente as fotos.

4. Ilustração

- Depois de definidos os textos que farão parte desse número da revista, pode-se realizar um mutirão de ilustração. O grupo deve se reunir e definir quem fará a ilustração de cada texto (podem ser integrantes do grupo ou interessados da comunidade). Se possível, aprove cada ilustração com o autor do texto literário.

5. Preparação do original

- Todos os grupos de trabalho devem reunir os textos literários selecionados, o perfil dos autores e as ilustrações elaboradas.
- A classe deve, então, se organizar para montar a revista.
- Uma equipe monta um "boneco" do original: páginas em ordem; ilustrações aplicadas; letras, espaçamentos e margens escolhidos. Ao definir o formato da revista, atentar para o aproveitamento do papel.
- Outra equipe faz uma revisão de todas as páginas do boneco montado e corrige os erros. Compõe, então, um novo boneco sem os erros apontados.
- O último boneco, sem rasuras, pode ser declarado o original ou modelo para produção dos exemplares da revista.

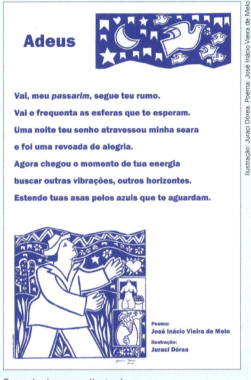

Exemplo de poema ilustrado.

MELO, José Inácio Vieira de. Adeus. Disponível em: <http://grupoconcriz.blogspot.com/2007/12/adeus-de-jos-incio-vieira-de-melo.html>. Acesso em: 26 abr. 2013.

6. Reprodução do original em cópias e finalização da revista

- Caso seja feita em computador, podem-se imprimir as páginas da revista. Se isso não for possível, imprime-se uma cópia e cada grupo fica responsável por certo número de cópias das páginas que elaborou. Esse número deve ser definido pela classe.
- Com as cópias feitas, pode-se organizar cada exemplar, acrescentar a capa de papel grosso, como cartolina ou papel-cartão, e grampear.

7. Sarau da revista literária da comunidade

- Com os exemplares prontos, a classe deve combinar como serão distribuídos. Para o lançamento da revista, os autores ou outras pessoas da comunidade (inclusive alguém da classe) poderão declamar, ler ou interpretar os textos literários.
- Com o professor e a escola, a classe deve definir horário e local para o lançamento da revista, a leitura dos textos e a distribuição dos exemplares.
Lembre-se de consultar os autores para saber de sua disponibilidade.
- O evento deve ser divulgado na comunidade. Decida com seus colegas a melhor maneira de fazer isso e distribua as tarefas de divulgação.

8. Avaliação do projeto

Cada grupo de trabalho deve fazer uma avaliação de sua participação no projeto, a partir de um balanço entre os resultados alcançados e as expectativas iniciais. Compare suas conclusões com as dos demais grupos.

Anexo

■ Anexo – Verbos

Modelo de conjugação dos verbos regulares

1ª conjugação – gostar

Modo indicativo				
Presente	Pretérito perfeito simples	Pretérito perfeito composto	Pretérito imperfeito	Pretérito mais-que--perfeito simples
gosto	gostei	tenho gostado	gostava	gostara
gostas	gostaste	tens gostado	gostavas	gostaras
gosta	gostou	tem gostado	gostava	gostara
gostamos	gostamos	temos gostado	gostávamos	gostáramos
gostais	gostastes	tendes gostado	gostáveis	gostáreis
gostam	gostaram	têm gostado	gostavam	gostaram
Pretérito mais-que--perfeito composto	Futuro do presente simples	Futuro do presente composto	Futuro do pretérito simples	Futuro do pretérito composto
tinha gostado	gostarei	terei gostado	gostaria	teria gostado
tinhas gostado	gostarás	terás gostado	gostarias	terias gostado
tinha gostado	gostará	terá gostado	gostaria	teria gostado
tínhamos gostado	gostaremos	teremos gostado	gostaríamos	teríamos gostado
tínheis gostado	gostareis	tereis gostado	gostaríeis	teríeis gostado
tinham gostado	gostarão	terão gostado	gostariam	teriam gostado

Modo subjuntivo					
Presente	Pretérito imperfeito	Pretérito perfeito	Pretérito mais-que-perfeito	Futuro simples	Futuro composto
goste	gostasse	tenha gostado	tivesse gostado	gostar	tiver gostado
gostes	gostasses	tenhas gostado	tivesses gostado	gostares	tiveres gostado
goste	gostasse	tenha gostado	tivesse gostado	gostar	tiver gostado
gostemos	gostássemos	tenhamos gostado	tivéssemos gostado	gostarmos	tivermos gostado
gosteis	gostásseis	tenhais gostado	tivésseis gostado	gostardes	tiverdes gostado
gostem	gostassem	tenham gostado	tivessem gostado	gostarem	tiverem gostado

Modo imperativo	
Afirmativo	Negativo
gosta (tu)	não gostes (tu)
goste (você)	não goste (você)
gostemos (nós)	não gostemos (nós)
gostai (vós)	não gosteis (vós)
gostem (vocês)	não gostem (vocês)

Formas nominais					
Infinitivo impessoal	Infinitivo impessoal composto	Gerúndio	Gerúndio composto	Infinitivo pessoal	Infinitivo pessoal composto
gostar	ter gostado	gostando	tendo gostado	gostar	ter gostado
				gostares	teres gostado
				gostar	ter gostado
				gostarmos	termos gostado
				gostardes	terdes gostado
				gostarem	terem gostado

388

2ª conjugação – entender

Modo indicativo

Presente	Pretérito perfeito simples	Pretérito perfeito composto	Pretérito imperfeito	Pretérito mais-que--perfeito simples
entendo	entendi	tenho entendido	entendia	entendera
entendes	entendeste	tens entendido	entendias	entenderas
entende	entendeu	tem entendido	entendia	entendera
entendemos	entendemos	temos entendido	entendíamos	entendêramos
entendeis	entendestes	tendes entendido	entendíeis	entendêreis
entendem	entenderam	têm entendido	entendiam	entenderam
Pretérito mais-que--perfeito composto	**Futuro do presente simples**	**Futuro do presente composto**	**Futuro do pretérito simples**	**Futuro do pretérito composto**
tinha entendido	entenderei	terei entendido	entenderia	teria entendido
tinhas entendido	entenderás	terás entendido	entenderias	terias entendido
tinha entendido	entenderá	terá entendido	entenderia	teria entendido
tínhamos entendido	entenderemos	teremos entendido	entenderíamos	teríamos entendido
tínheis entendido	entendereis	tereis entendido	entenderíeis	teríeis entendido
tinham entendido	entenderão	terão entendido	entenderiam	teriam entendido

Modo subjuntivo

Presente	Pretérito imperfeito	Pretérito perfeito	Pretérito mais-que-perfeito	Futuro simples	Futuro composto
entenda	entendesse	tenha entendido	tivesse entendido	entender	tiver entendido
entendas	entendesses	tenhas entendido	tivesses entendido	entenderes	tiveres entendido
entenda	entendesse	tenha entendido	tivesse entendido	entender	tiver entendido
entendamos	entendêssemos	tenhamos entendido	tivéssemos entendido	entendermos	tivermos entendido
entendais	entendêsseis	tenhais entendido	tivésseis entendido	entenderdes	tiverdes entendido
entendam	entendessem	tenham entendido	tivessem entendido	entenderem	tiverem entendido

Modo imperativo

Afirmativo	Negativo
entende (tu)	não entendas (tu)
entenda (você)	não entenda (você)
entendamos (nós)	não entendamos (nós)
entendei (vós)	não entendais (vós)
entendam (vocês)	não entendam (vocês)

Formas nominais

Infinitivo impessoal	Infinitivo impessoal composto	Gerúndio	Gerúndio composto	Infinitivo pessoal	Infinitivo pessoal composto
entender	ter entendido	entendendo	tendo entendido	entender	ter entendido
				entenderes	teres entendido
				entender	ter entendido
				entendermos	termos entendido
				entenderdes	terdes entendido
				entenderem	terem entendido

Anexo

3ª conjugação – nutrir

Modo indicativo				
Presente	Pretérito perfeito simples	Pretérito perfeito composto	Pretérito imperfeito	Pretérito mais-que--perfeito simples
nutro	nutri	tenho nutrido	nutria	nutrira
nutres	nutriste	tens nutrido	nutrias	nutriras
nutre	nutriu	tem nutrido	nutria	nutrira
nutrimos	nutrimos	temos nutrido	nutríamos	nutríramos
nutris	nutristes	tendes nutrido	nutríeis	nutríreis
nutrem	nutriram	têm nutrido	nutriam	nutriram
Pretérito mais-que--perfeito composto	Futuro do presente simples	Futuro do presente composto	Futuro do pretérito simples	Futuro do pretérito composto
tinha nutrido	nutrirei	terei nutrido	nutriria	teria nutrido
tinhas nutrido	nutrirás	terás nutrido	nutririas	terias nutrido
tinha nutrido	nutrirá	terá nutrido	nutriria	teria nutrido
tínhamos nutrido	nutriremos	teremos nutrido	nutriríamos	teríamos nutrido
tínheis nutrido	nutrireis	tereis nutrido	nutriríeis	teríeis nutrido
tinham nutrido	nutrirão	terão nutrido	nutririam	teriam nutrido

Modo subjuntivo					
Presente	Pretérito imperfeito	Pretérito perfeito	Pretérito mais-que-perfeito	Futuro simples	Futuro composto
nutra	nutrisse	tenha nutrido	tivesse nutrido	nutrir	tiver nutrido
nutras	nutrisses	tenhas nutrido	tivesses nutrido	nutrires	tiveres nutrido
nutra	nutrisse	tenha nutrido	tivesse nutrido	nutrir	tiver nutrido
nutramos	nutríssemos	tenhamos nutrido	tivéssemos nutrido	nutrirmos	tivermos nutrido
nutrais	nutrísseis	tenhais nutrido	tivésseis nutrido	nutrirdes	tiverdes nutrido
nutram	nutrissem	tenham nutrido	tivessem nutrido	nutrirem	tiverem nutrido

Modo imperativo	
Afirmativo	Negativo
nutre (tu)	não nutras (tu)
nutra (você)	não nutra (você)
nutramos (nós)	não nutramos (nós)
nutri (vós)	não nutrais (vós)
nutram (vocês)	não nutram (vocês)

Formas nominais					
Infinitivo impessoal	Infinitivo impessoal composto	Gerúndio	Gerúndio composto	Infinitivo pessoal	Infinitivo pessoal composto
nutrir	ter nutrido	nutrindo	tendo nutrido	nutrir	ter nutrido
				nutrires	teres nutrido
				nutrir	ter nutrido
				nutrirmos	termos nutrido
				nutrirdes	terdes nutrido
				nutrirem	terem nutrido

Referências bibliográficas

Literatura

ABDALA JÚNIOR, Benjamim; CAMPEDELLI, Samira. *Tempos da literatura brasileira*. São Paulo: Ática, 1985.

ABREU, Casimiro de. *Poesia*. 4. ed. Rio de Janeiro: Agir, 1974.

_____. *Os melhores poemas de Casimiro de Abreu*. 2. ed. São Paulo: Global, 2000.

ALENCASTRO, Luís Felipe de. Vida privada e ordem privada no Império. In: NOVAIS, Fernando A. (Coord.). *História da vida privada no Brasil*: Império. São Paulo: Companhia das Letras, 1997.

ALVES, Castro. *Poesia*. 5. ed. Rio de Janeiro: Agir, 1977.

_____. *Poesias completas*. 18. ed. Rio de Janeiro: Ediouro, 1995.

_____. *Melhores poesias*. São Paulo: Núcleo, 1996.

_____. *Melhores poemas*. 5. ed. São Paulo: Global, 2000.

ANDRADE, Mário de. Amor e medo. In: *Aspectos da literatura brasileira*. 5. ed. São Paulo: Martins, 1974.

AUERBACH, Erich. Germinie Lacerteux. In: *Mimesis*: a representação da realidade na literatura ocidental. São Paulo: Perspectiva, 1971.

AZEVEDO, Álvares de. *Poesia*. Rio de Janeiro: Agir, 1957.

_____. *Poesias completas*. 9. ed. Rio de Janeiro: Ediouro, 1996.

_____. *Os melhores poemas de Álvares de Azevedo*. 5. ed. São Paulo: Global, 2002.

BALAKIAN, Anna. *O simbolismo*. Trad. José Bonifácio A. Caldas. São Paulo: Perspectiva, 1985.

BASTIDE, Roger. Quatro estudos sobre Cruz e Sousa. In: *A poesia afro-brasileira*. São Paulo: Martins, 1943.

BOSI, Alfredo. *História concisa da literatura brasileira*. 3. ed. São Paulo: Cultrix, 1991.

_____. *Machado de Assis*: o enigma do olhar. São Paulo: Ática, 2000.

CANDIDO, Antonio. *O discurso e a cidade*. São Paulo: Duas Cidades, 1998.

_____. *Formação da literatura brasileira*: momentos decisivos. 6. ed. Belo Horizonte: Itatiaia, 1981.

_____; CASTELLO, J. Aderaldo. *Presença da literatura brasileira*. São Paulo: Difel, 1968.

COUTINHO, Afrânio (Dir.). *A literatura no Brasil*. 4. ed. rev. e atual. São Paulo: Global, 1997.

DIAS, Elaine D. A pintura de paisagem de Félix-Émile Taunay. *Rotunda*: revista do Cepab, Instituto de Artes da Unicamp, Campinas, n. 1, abr. 2003.

DIAS, Gonçalves. *Poesia*. 8. ed. Rio de Janeiro: Agir, 1977.

_____. *Os melhores poemas de Gonçalves Dias*. 7. ed. São Paulo: Global, 2001.

FAORO, Raymundo. *A pirâmide e o trapézio*. São Paulo: Companhia Editora Nacional, 1974.

FRIEDRICH, Hugo. *Estrutura da lírica moderna*: da metade do século XIX a meados do século XX. 2. ed. São Paulo: Duas Cidades, 1991.

GOMES, Álvaro Cardoso; VECHI, Carlos Alberto. *A estética romântica*: textos doutrinários comentados. Trad. Maria Antônia Simões Nunes – textos alemães, espanhóis, franceses e ingleses; Duílio Colombini – textos italianos. São Paulo: Atlas, 1992.

GONÇALVES, Magaly Trindade; AQUINO, Zélia Thomaz de; BELLODI, Zina C. (Org.). *Antologia comentada de literatura brasileira*: poesia e prosa. Petrópolis: Vozes, 2006.

GUINSBURG, Jacob (Org.). *O Romantismo*. São Paulo: Perspectiva, 1978.

JUNKES, Lauro. (Seleção e prefácio). *Simbolismo*. São Paulo: Global, 2006.

MACY, John. *História da literatura mundial*. Trad. Monteiro Lobato. 5. ed. São Paulo: Companhia Editora Nacional, 1967.

MOISÉS, Massaud. *A literatura brasileira através dos textos*. 22. ed. São Paulo: Cultrix, 2006.

_____. *A literatura portuguesa através dos textos*. 24. ed. São Paulo: Cultrix, 1995.

_____. *A literatura portuguesa*. 26. ed. São Paulo: Cultrix, 1991.

PROENÇA, Domício. *Estilos de época na literatura*. São Paulo: Ática, 1978.

RABELLO, Ivone Daré. *Um canto à margem*: uma leitura da poética de Cruz e Sousa. São Paulo: Nankin/Edusp, 2006.

RICIERI, Francine (Org.). *Antologia da poesia simbolista e decadente brasileira*. São Paulo: Companhia Editora Nacional/Lazuli Editora, 2007.

SARAIVA, António José; LOPES, Oscar. *História da literatura portuguesa*. Porto: Porto Editora, 1969.

SCHWARCZ, Lilia Moritz. *As barbas do imperador*: D. Pedro II, um monarca nos trópicos. São Paulo: Companhia das Letras, 1998.

SCHWARZ, Roberto. *Um mestre na periferia do capitalismo*: Machado de Assis. São Paulo: Duas Cidades, 1990.

_____. *Ao vencedor as batatas*: forma literária e processo social nos inícios do romance brasileiro. São Paulo: Duas Cidades/Ed. 34, 2000.

SODRÉ, Nelson Werneck. *História da literatura brasileira*. 9. ed. Rio de Janeiro: Bertrand Brasil, 1995.

VARELA, Fagundes. *Poemas de Fagundes Varela*. São Paulo: Cultrix, 1982.

_____. *Melhores poemas*. São Paulo: Global, 2005.

_____. *Poesias*. 2. ed. Rio de Janeiro: Ediouro, s/d.

Linguagem

ABAURRE, Maria B. M.; RODRIGUES, Angela C. S. (Org.). *Gramática do português falado*. Campinas: Ed. da Unicamp, 2002.

ABREU, Antônio Suárez. *Curso de redação*. 12. ed. São Paulo: Ática, 2004.

BASILIO, Margarida. *Teoria lexical*. 8. ed. São Paulo: Ática, 2007 (Coleção Princípios).

BECHARA, Evanildo. *Ensino da gramática. Opressão? Liberdade?* São Paulo: Ática, 2007.

_____. *Moderna gramática portuguesa*. 38. ed. rev. e ampl. Rio de Janeiro: Lucerna, 2005.

_____. *O que muda com o novo acordo ortográfico*. Rio de Janeiro: Nova Fronteira, 2008.

BENVENISTE, Émile. *Problemas de linguística geral*. Trad. Maria da G. Novak e Luiza Neri. São Paulo: Nacional, 1976.

BRANDÃO, Roberto de Oliveira. *As figuras de linguagem*. São Paulo: Ática, 1989.

CHARAUDEAU, Patrick; MAINGUENEAU, Dominique. *Dicionário de análise do discurso*. São Paulo: Contexto, 2004.

CUNHA, Celso; CINTRA, L. F. Lindley. *Nova gramática do português contemporâneo*. 3. ed. Rio de Janeiro: Nova Fronteira, 1985.

ILARI, Rodolfo. *A expressão do tempo em português*. São Paulo: Contexto, 1997.

_____; GERALDI, João W. *Semântica*. São Paulo: Ática, 1999.

JAKOBSON, Roman. *Linguística e comunicação*. 14. ed. São Paulo: Cultrix, 1991.

KOCH, Ingedore Villaça. *A coesão textual*. São Paulo: Contexto, 2008.

_____. *O texto e a construção dos sentidos*. São Paulo: Contexto, 2005.

_____. *A coerência textual*. São Paulo: Contexto, 2008.

_____. *A inter-ação pela linguagem*. São Paulo: Contexto, 2004.

_____; TRAVAGLIA, Luiz C. *A coerência textual*. São Paulo: Contexto, 1995.

LOPES, Edward. *Fundamentos da linguística contemporânea*. 3. ed. São Paulo: Cultrix, 1979.

MACAMBIRA, José Rebouças. *A estrutura morfossintática do português*: aplicação do estruturalismo linguístico. 8. ed. São Paulo: Pioneira, 1997.

MARCUSCHI, Luiz A. *Fenômenos da linguagem*. Rio de Janeiro: Lucerna, 2007.

MORAIS, Artur Gomes de. *Ortografia*: ensinar e aprender. São Paulo: Ática, 2006.

_____. *O aprendizado da ortografia*. Belo Horizonte: Autêntica, 2002.

MUSSALIM, Fernanda; BENTES, Anna C. *Introdução à linguística*. São Paulo: Cortez, 2005.

NEVES, Maria Helena de Moura. *Gramática de usos do português*. São Paulo: Ed. da Unesp, 2000.

ORLANDI, Eni Pulcinelli. *O que é linguística*. São Paulo: Brasiliense, 1986 (Coleção Primeiros Passos).

PERINI, Mário A. *Gramática descritiva do português*. São Paulo: Ática, 2006.

SAUSSURE, Ferdinand de. *Curso de linguística geral*. 19. ed. São Paulo: Cultrix, 1996.

SOUZA-E-SILVA, M. Cecília P. de; KOCH, Ingedore Villaça. *Linguística aplicada ao português*: morfologia. São Paulo: Cortez, 1983.

VILELA, Mário; KOCH, Ingedore Villaça. *Gramática da língua portuguesa*. Coimbra: Almedina, 2001.

Referências bibliográficas

Produção de texto

ADORNO, Theodor W.; HORKHEIMER, Max. *Dialética do esclarecimento*. Rio de Janeiro: Jorge Zahar, 1985.

BRÄKLING, Kátia Lomba. Estudando a paragrafação de verbetes enciclopédicos. Disponível em: <http://revistaescola.abril.com.br/lingua-portuguesa/pratica-pedagogica/estudando-a-paragrafacao-de-verbetes-enciclopedicos-426212.shtml>. Acesso em: 27 abr. 2013.

CANDIDO, Antonio et al. *A crônica*: o gênero, sua fixação e suas transformações no Brasil. Campinas: Ed. da Unicamp; Rio de Janeiro: Fundação Casa de Rui Barbosa, 1992.

CARVALHO, Gisele de. Crítica de livros: um breve estudo da linguagem da avaliação. Revista *Linguagem em (Dis)curso*, Tubarão, Santa Catarina, v. 6, n. 2, maio/ago. 2006. Disponível em: <http://www.portaldeperiodicos.unisul.br/index.php/Linguagem_Discurso/article/view/331>. Acesso em: 27 abr. 2013.

CONTE, Maria-Elisabeth. Encapsulamento anafórico. In: CAVALCANTE, Mônica Magalhães; RODRIGUES, Bernardete Biasi; CIULLA, Alena (Org.). *Referenciação*. São Paulo: Contexto, 2003.

CURTIUS, Ernst Robert. *Literatura europeia e Idade Média Latina*. Trad. Teodoro Cabral e Paulo Rónai. São Paulo: Hucitec/Edusp, 1996.

GUIMARÃES, Antonio Sérgio Alfredo. *Classes, raças e democracia*. São Paulo: Fundação de Apoio à Universidade de São Paulo/Ed. 34, 2002.

KOCH, Ingedore Villaça; PENNA, Maria Angélica de Oliveira. Construção/reconstrução de objetos de discurso: manutenção tópica e progressão textual. *Cadernos de estudos linguísticos*: revista do Instituto de Estudos da Linguagem da Unicamp, Campinas, n. 48 (1), p. 23-31, 2006.

LENE, Hérica. O personagem em destaque. Disponível em: <http://www.observatoriodaimprensa.com.br/news/view/o_personagem_em_destaque>. Acesso em: 27 abr. 2013.

MANDELLI, Mariana Carolina. O perfil jornalístico: um gênero em discussão na obra de Joel Silveira. In: XXX Congresso Brasileiro de Ciências da Comunicação, Santos, 2007. São Paulo: Sociedade Brasileira de Estudos Interdisciplinares da Comunicação (Intercom). Disponível em: <http://intercom.org.br/papers/nacionais/2007/resumos/R2175-1.pdf>. Acesso em: 27 abr. 2013.

MARCUSCHI, Luiz Antônio. Referenciação e progressão tópica: aspectos cognitivos e textuais. *Cadernos de estudos linguísticos*: revista do Instituto de Estudos da Linguagem da Unicamp, Campinas, n. 48 (1), p. 7-22, 2006.

MARX, Karl; ENGELS, Friedrich. *A ideologia alemã*. Trad. Luis Claudio de Castro e Costa. São Paulo: Martins Fontes, 2002.

MEYER, Marlyse. Voláteis e versáteis. De variedades e folhetins se fez a crônica. In: CANDIDO, Antonio et al. *A crônica*: o gênero, sua fixação e suas tranformações no Brasil. Campinas: Ed. da Unicamp; Rio de Janeiro: Fundação Casa de Rui Barbosa, 1992.

MORAES NETO, Geneton. A vida imita o poema na morte de Joel Silveira. Disponível em: <http://www.geneton.com.br/archives/000249.html>. Acesso em: 27 abr. 2013.

ORTRIWANO, Gisela Swetlana. A invasão dos marcianos: A Guerra dos Mundos que o rádio venceu. Instituto Gutenberg. Boletim n. 24, série eletrônica, jan.-fev. 1999. Disponível em: <http://www.igutenberg.org/guerra124.html>. Acesso em: 27 abr. 2013.

SCHNEUWLY, Bernard; DOLZ, Joaquim et al. *Gêneros orais e escritos na escola*. Trad. Roxane Rojo e Glaís Sales Cordeiro. Campinas: Mercado de Letras, 2007.

VILAS BOAS, Sergio. *Perfis e como escrevê-los*. São Paulo: Summus, 2003.

Siglas dos exames e das universidades

Cefet-MG – Centro Federal de Educação Tecnológica de Minas Gerais
Enem – Exame Nacional do Ensino Médio
ESPM-SP – Escola Superior de Propaganda e Marketing
Faap-SP – Fundação Armando Álvares Penteado
FGV-RJ – Fundação Getúlio Vargas
FGV-SP – Fundação Getúlio Vargas
Fuvest-SP – Fundação Universitária para o Vestibular
Ifal – Instituto Federal de Educação, Ciência e Tecnologia de Alagoas
Insper-SP – Instituto de Ensino e Pesquisa
Mackenzie-SP – Universidade Presbiteriana Mackenzie
PUC-Campinas-SP – Pontifícia Universidade Católica de Campinas
PUC-PR – Pontifícia Universidade Católica do Paraná
Udesc – Universidade do Estado de Santa Catarina
UEL-PR – Universidade Estadual de Londrina
Uema – Universidade Estadual do Maranhão
Uepa – Universidade Estadual do Pará
UEPG-PR – Universidade Estadual de Ponta Grossa

Uerj – Universidade Estadual do Rio de Janeiro
Uern – Universidade do Estado do Rio Grande do Norte
Uesc-BA – Universidade Estadual de Santa Cruz
Uespi – Universidade Estadual do Piauí
Ufam – Universidade Federal do Amazonas
UFPA – Universidade Federal do Pará
UFPI – Universidade Federal do Piauí
UFRJ – Universidade Federal do Rio de Janeiro
UFRN – Universidade Federal do Rio Grande do Norte
UFSC – Universidade Federal de Santa Catarina
Unama-PA – Universidade da Amazônia
Unesp – Universidade Estadual Paulista Júlio de Mesquita Filho
Unicamp-SP – Universidade Estadual de Campinas
Unifesp-SP – Universidade Federal de São Paulo
Unir-RO – Universidade Federal de Rondônia
UPE – Universidade de Pernambuco
Vunesp – Fundação para o Vestibular da Universidade Estadual Paulista

Créditos complementares de textos

p. 150 Carlos Drummond de Andrade © Graña Drummond. www.carlosdrummond.com.br

p. 183 Carlos Drummond de Andrade © Graña Drummond. www.carlosdrummond.com.br

p. 221 © by Elena Quintana

p. 222 © O PEREGRINO, o colar e o perfumista. In: *Histórias para ler sem pressa*. Tradução de Mamede Mustafá Jarouche. São Paulo: Globo, 2008, pp. 13-14.

p. 256 "Amores silenciosos", de Contardo Calligaris, *Folha de S.Paulo*, 26.6.2008. Fornecido pela Folhapress.

p. 288 "Novo *blog* espalha 'virunduns' da MPB", de Pedro Alexandre Sanches, *Folha de S.Paulo*, 18.4.2003. Fornecido pela Folhapress.

p. 356 "Voto facultativo", *Folha de S.Paulo*, 26.4.2009. Fornecido pela Folhapress.

p. 364 "Narrativa retrata a fusão entre o caipira e o urbano", de José Geraldo Couto, *Folha de S.Paulo*, 19.8.2005. Fornecido pela Folhapress.